辽金历史与考古

第十三辑

辽宁省博物馆 辽宁省辽金契丹女真史研究会 编

科学出版社

北京

内 容 简 介

本书涉及纪念阎万章先生100周年诞辰、考古发现与研究、历史研究、文物研究、碑志研究5个栏目，刊登辽金史研究原创性学术论文43篇。其中，纪念阎万章先生100周年诞辰文章7篇；考古发现与研究论文4篇，包括辽代墓葬考古发掘简报、辽金墓制与城址研究等；历史研究15篇，多结合传世文献史料和考古资料对辽金史重点难点问题进行研究探讨；文物研究8篇，对近年出土的辽金文物进行深入分析和研究；碑志研究9篇，为本书的常设特色栏目。

本书适合文物考古研究工作者及大专院校师生参阅。

图书在版编目（CIP）数据

辽金历史与考古. 第十三辑 / 辽宁省博物馆，辽宁省辽金契丹女真史研究会编. —北京：科学出版社，2022.12
 ISBN 978-7-03-074105-9

Ⅰ.①辽… Ⅱ.①辽…②辽… Ⅲ.①中国历史—研究—辽金时代 ②考古—研究—中国—辽金时代 Ⅳ.① K246.07 ② K871.44

中国版本图书馆CIP数据核字（2022）第231171号

责任编辑：王琳玮 / 责任校对：邹慧卿
责任印制：肖　兴 / 封面设计：北京美光设计制版有限公司

科 学 出 版 社 出版
北京东黄城根北街16号
邮政编码：100717
http://www.sciencep.com

北京中科印刷有限公司 印刷
科学出版社发行　各地新华书店经销

*

2022年12月第　一　版　开本：787×1092　1/16
2022年12月第一次印刷　印张：27
字数：640 000

定价：238.00元
（如有印装质量问题，我社负责调换）

《辽金历史与考古》编委会

主　　编：刘　宁

副 主 编：张　力　　么乃亮　　王忠华

特邀编审：张国庆　　姚义田　　李宇峰

编　　辑：都惜青　　马　卉

　　　　　黄晓雷　　郑　毅

目 录

纪念阎万章先生100周年诞辰

纪念阎万章先生/徐秉琨 ……………………………………………………（3）

回忆阎万章先生/刘凤翥 ……………………………………………………（7）

我与阎万章先生的两代"师道情缘"——纪念阎万章先生百年诞辰/王绵厚 …（10）

从几帧审稿手迹忆起——纪念阎万章先生百年诞辰/李宇峰 ………………（15）

辽太祖诸弟家族分地问题浅探/都兴智 ……………………………………（24）

辽《秦德昌墓志》"记事"发覆/张国庆 ……………………………………（30）

纪念我的祖父——阎万章先生诞辰百年/阎玉婷 …………………………（51）

考古发现与研究

辽代契丹贵族家族墓地考古发现述略/都惜青　李宇峰 …………………（57）

北票市韩杖子村二号辽墓调查记略/白　梅　王永兰 ……………………（71）

本溪千金沟发现金代铜钱窖藏/姜大鹏 ……………………………………（83）

考古遗存所见东北地区东部山区辽金时期社会与族群/孟庆旭　李宁宁 ……（93）

历 史 研 究

欧阳修的契丹世界
　　——以《新五代史》所记辽世宗、穆宗史事为中心/姚　江 …………（107）

辽太祖升天殿并东楼准其地望考/郑福贵　郑宏达 ………………………（116）

《辽史·地理志》上京临潢府记载辨析/邱靖嘉 …………………………（126）

辽代中京大定府建城考述/刘思佳　王胜斌 ………………………………（142）

辽祖州建城时间与功能浅考/葛华廷 ………………………………………（154）

辽朝对河西地区的经略研究/陈德洋 ………………………………………（161）

辽代节镇的军事职能研究/陈俊达　王　征 ………………………………（168）

南京儒士群体与辽代政治研究/陈晓敏 ……………………………………（182）

银州建城及得名时间考/刘文革 …………………………………………………（193）
《辽代佛教文化》序/王绵厚 …………………………………………………（200）
德音昭昭，仰之弥高
　　——读武玉环教授《辽金职官管理制度研究》/郑美蒙 ………………（203）
四十多年来鲜演及其思想研究述评/谭　睿 ………………………………（211）
试探辽金时期的鼻骨德部族/赵文生 ………………………………………（220）
户籍视野下的金代富民阶层浅探/王　雷　赵少军 ………………………（239）
俄罗斯阿穆尔河（黑龙江）沿岸地区的女真国家体制/
　　麦德维杰夫·维塔利·叶戈罗维奇　著　王俊铮　译 …………………（252）

文 物 研 究

建平县博物馆藏辽代白瓷器/张　微 ………………………………………（267）
阜新地区出土的鸡冠壶/刘　梓 ……………………………………………（278）
渊源有自——浅谈"鸡冠壶"的器型/王亚平　赵　科 ……………………（285）
辽墓所见金属网络相关问题试析/李媛媛 …………………………………（291）
浅析北方地区辽金时期墓葬壁画中的犬图像/周　怡 ……………………（299）
辽金时期摩羯纹对比初探/刘志敏 …………………………………………（308）
简述辽宁凌源金代石拱桥建造形制的显著特点及其价值意义/李飞泉 …（330）
唐密曼陀罗在银山塔林中的消融/江寿国　张路南 ………………………（337）

碑 志 研 究

辽代石刻研究现状与前瞻/齐　伟 …………………………………………（353）
辽代耶律弘仁墓志补考/王英新 ……………………………………………（363）
辽耶律弘仁、耶律弘义墓志铭勘误/李俊义　武忠俊 ……………………（369）
辽代《萧宁墓志》《安定公主墓志》考释/么乃亮　李宇峰 ………………（377）
萧琳墓及其墓志铭详考/郑福贵 ……………………………………………（384）
辽代《刘继文墓志》考——以辽汉关系为核心/韩靖宇 …………………（390）
新出北宋碑志所见辽朝及宋辽关系史料考/李浩楠 ………………………（399）
《耶律公迪墓志》为赝品/尹　珑 ……………………………………………（410）
金中都"玄真观弘道悟正真人本行碑"残石内容考/侯海洋 ……………（413）

《辽金历史与考古》征稿启事 ………………………………………………（423）

辽金历史与考古·第十三辑

纪念阎万章先生100周年诞辰

纪念阎万章先生100周年诞辰

纪念阎万章先生

徐秉琨

时光真快，不知不觉，阎万章先生已去世二十多年，今年已是他100周年诞辰。

阎先生是东北博物馆建馆的元老之一。他本来在北京大学学的是中文，研究中国戏曲史。毕业后先在长白师范学院任教，1949年到东北文物处工作，旋调东北博物馆参加建馆。当时参与建馆工作的主要业务人员只有李文信、阎万章等几个人，工作的繁重可想而知。其他业务人员都是后来调入的。我1950年到馆，当时阎先生和胡文效先生二人共在博物馆后院西北角的一间小平房内办公。胡西装革履，阎则朴朴素素，形成鲜明对比。1953年，胡、阎定职为副研究员，我定职为研究生，都搬到展楼东侧靠近东墙的研究室大屋，从此，我们就一直在同一间办公室工作。后来研究室的办公房间几次调整，至20世纪60年代初，研究人员分在后院靠西墙的三间屋子办公，阎先生、朱子方先生和我，三人还是共在其中的一间办公室。

1954年，国家文物局（当时称文化部社会文化事业管理局）在京举办"全国基本建设中出土文物展览会"，通知各大区送文物参展。东北区的文物集中到沈阳，由我带同傅新华、吕遵禄（皆系松江省文物干部）二同志送京。吉林省送来的文物中有一件敦化出土的"渤海贞惠公主墓碑"，碑虽不大，但很沉重，不便运输，也怕运输中摔坏，于是决定拓一份拓片报送，而将碑石暂留沈阳，待展览结束后与其他展品一并送还吉林。阎先生遂得对碑文进行研究，后来写出《渤海贞惠公主墓碑的研究》一文，在《考古学报》发表。这篇文章的主要贡献是发现了前所不知的渤海"宝历"年号并对之展开研究。多年后，吉林又发现了渤海"贞孝公主墓碑"（其实是碑形墓志），阎先生对有关渤海史事又做了进一步的研究。

阎先生的一大贡献是对契丹国书"大字"的发现和研究。

1951年，辽宁锦西西孤山辽墓出土了一合墓志。志盖的背面刻汉文志文，志石刻契丹文字志文。这种契丹文字与此前在辽陵哀册上见到的契丹文字不同，哀册文字都是叠床架屋，每一个字皆由几个"小原字"组合而成，而西孤山墓志上的契丹字却是疏疏朗朗，单字没有或很少叠构现象。这种样式的文字过去在一方《故太师铭石记》墓志上出现过，但该石文字或被认为是女真文，或被认为是伪造的。《辽史》记载契丹文有"大字""小字"两种，但实物一直无法确定和判断。阎先生通过对文献和有关实物的多方分析研究，认定西孤山契丹字是一种"过去久不知的另一种契丹字"，而且据此断定《故太师铭石记》不是后人伪造。

这是一个重大的发现。由于他的研究，还了《故太师铭石记》志石的清白，更重要的是，学术界从此确认了《辽史》等文献记载的契丹文"大字""小字"两种字的存在，实物具在。这是阎先生对古代少数民族文化史研究的一大贡献。

当时对西孤山墓志契丹文进行研究的还有金光平、曾毅公两位先生，他们也写了文章，两篇文章分别寄到了《考古学报》和《考古通讯》杂志。中国科学院考古所请金毓黻先生审稿。金先生认为金、曾两位的文章"使用资料及所举论证尚不如阎文之丰富致密，还有待于修正、补充"，因而支持发表阎文。同时认为金、曾文中的几个重要观点可补阎文之不足，并将其摘要揭示于阎文"附记"之中。金、曾二先生同样为契丹文这一文体的发现和研究做出了贡献。需要提出的是，阎文当时沿用一种旧说并论证发展之，主张辽陵哀册文字是契丹大字而西孤山文字自然是小字，而金毓黻先生是主张哀册文字属于小字的。金、曾二位这方面的意见同于金毓黻，而金毓黻先生仍然支持阎文作为主要文章发表，这让人钦佩这位学术大师的公心。而阎先生多年后通过自己的研究，主要是悟到《辽史》说小字"数少而该贯"的"数少"是指组成单体文字的"小原字"数量少而非单体字的数量少，接受了哀册文字为小字，西孤山文字为大字的说法。这种实事求是、勇于放弃的科学态度也是值得我们学习的。

阎先生对历史文物研究的另一项重要贡献是推翻了历史上对一级品文物宋代书法《蔡行敕》作者为"宋太宗"的结论。

由于历史的机缘，东北博物馆收藏有一批宋元书画，且是重要特藏。其中有宋徽宗的《草书千字文》和"宋太宗"的《蔡行敕》（敕的内容是拒绝蔡行要求辞去"殿中省"职务的申请）。每逢特展，这两件宋人书法同在一个展室展出，大家看看这件，看看那件，觉得很像是同一个人的书迹。加之以蔡京为首的蔡氏家族在徽宗朝权倾一时，颇疑蔡行也是蔡族的一员。《蔡行敕》的作者或者也是徽宗而非太宗。但此《蔡行敕》经过明清几位著名的鉴藏家和清朝馆臣的鉴定，收入《三希堂法帖》，虽有疑惑，也未深究。而阎先生却以此为课题，考索文献，进行了深入的研究。他首先对《蔡行敕》文中"殿中省"这一职官进行了考证，查明该职官的设置时间。进一步从多条文献查明，蔡行是蔡京之子蔡攸的儿子，即蔡京的孙子，在徽宗朝做官。这样就彻底弄清楚了蔡行的身份及其存在的时间段，从而为这幅书法作品查明了它真正的作者和创作时间。但这还不算完，他又从卷后题跋的真伪考证出此卷被误为太宗所书的来龙去脉。通过如此严密而完美的论证，推翻了此前的权威鉴定意见。他将这一研究成果写成了《蔡行敕非宋太宗所书考》一文，至1963年，香港《大公报》副刊《艺林》的主编陈凡先生来馆约稿，此文即在该报发表。之后再接再厉，他又应邀写了《宋徽宗行书方丘礼成答妃嫔起居敕》，对古代和宋徽宗时期的郊祀及方丘、圜丘的祭礼情况做了论述，也在《大公报》发表。改革开放后，香港《大公报》社长费彝民先生来辽宁省博物馆参观访问，还和我说起了当年的事，说"辽博的文章质量很高的"。

1961年，"大跃进"的热潮退去，博物馆界不再学习苏联的"地志博物馆"模式，辽宁省博物馆恢复为"历史艺术性博物馆"。这时，辽宁省委的领导同志为了使辽宁人民和各级干部了解一些地方历史及文物情况，指示辽宁省博物馆编写几本书。任务落到了研究室。经研究，决定编三本书：《辽宁史迹资料》、《辽宁古诗选》和《辽宁名胜古迹》。《辽宁史迹资料》的编写，参加者为李文信、朱子方、胡文效、阎万章、孙守道、徐秉琨六人。由胡文效主持编务，大家讨论篇章条目，分头撰写。另两本主要由胡去完成。《辽宁史迹资料》写出初稿后报省委审阅，李荒书记曾任《东北日报》社长，又是辽宁人，了解情况。他对书稿提出多条修改意见并亲自动笔改了几页文稿。文稿在1962年以"内部资料"形式印出。阎先生具体承担了哪些条目我已记不清，但大家总的感觉是书中所收内容太少，应该加以补充。于是在1963年11月，由胡文效、朱子方、阎万章和我组成一个小组，又邀请鞍山的张喜荣同志参加，赴辽南进行考古调查。

这次调查有一项重要收获，即发现了汉代安市县城遗址。当我们在营口县（现营口市）汤池村调查时，村民反映附近的"英守沟"田野里有很多灰红色砖的残块。我意识到应该有汉墓群，砖块即是破碎的汉代墓砖，这类汉墓群在辽阳、鞍山、海域一带多有发现。我们遂去查看。那确是一处汉墓群，但附近又有一处大体作方框形的土岗隆起。每边长约200米。这些土岗形状和过去在辽阳附近发现的汉代居旧县城残址相似，规模也差不多，可以认定为土筑城墙坍塌的遗迹。城址内发现汉代瓦片，城外有大片墓地，都是汉城址的特点。可以确认，这里原是一座汉城。回到沈阳，告知李文信先生，大家一致认为发现的应该是汉代的安市县城遗址。从地理位置上说，当地距高句丽的安市城址不远，这也是高句丽沿袭汉城城名的由来。对这次发现，当时新华社还发了消息。可惜的是，"文化大革命"突然到来，工作停止，人员下放，《辽宁史迹资料》的内容补充工作未能进行，这成了一大遗憾。"文化大革命"后，阎先生根据这次考古发现，结合文献考证，写出《汉代安市城址与高句丽安市城非一地考》一文，在《地理学研究》发表，算是对这一发现做了交代。

这次调查还发现汤池附近有一处岩厦式结构的采矿场，村民说曾采集到一些采矿工具和铁渣。阎先生一直认为辽代的铁州（地名）不是如一般认为的那样在鞍山旧堡，而是在《辽史·地理志》记载的"本汉安市县"，现在采矿场的发现又增加了考古上的证据，更增强了他的信心，他又写了《辽代铁州城址考》一文发表。

阎先生虽然主要从事历史文献研究，但作为博物馆工作者，在文物研究方面，他也倾注了很多精力，涉及书画、陶瓷、版画、古地图以及陈列、保管工作诸多方面，他和郭文宣同志合写的《辽代陶瓷》（《中国陶瓷史》第八节）最早提出"'矮身横梁式鸡冠壶'此种器型的渊源较早"，又指出馆藏的一件褐点纹鸡形壶是"倒流壶"，即不属于鸡冠壶系列。

他研究《辽史》，写了《辽代画家考》。1985年，辽博的"中国明清绘画展"作为文化部和联邦德国（当时东西德尚未统一）的文化交流项目在科隆博物馆展出，代表团成员为我和阎先生二人。当地为我们组织了一个学术报告会，我讲的题目是明代绘画，阎先生讲的是清代绘画。我的讲稿事后丢失，他的讲稿我记得还在，不知为什么《阎万章文集》中不见。包恩梨写了一篇关于《子方扁舟傲睨图》（馆藏元代绘画）的研究文章请他提意见，他说据他所知，元代有好几个"子方"，但你考证的这个"子方"最为近实。说明他对此画早做了考察研究，只是未写文章而已。

他研究戏曲史，偶尔也写点散曲，"文化大革命"后期，我们分别从辽西插队回来，他给我看一首短曲，是记述下放的生活和心情的，具体词句已不记得。他在入馆之前，还写过关于戏曲史研究的文章，《阎万章文集》如能再版，望能找到补加进去，或在馆刊发表也好。

冯素弗墓简报在《文物》发表后，宿白先生和刘观民同志几次催促我写出正式报告。我也觉得有些意见在简报中未能展开。还有些新的研究可以补充。但当时正忙着整理叶茂台辽墓材料，有些左支右绌，头绪纷杂。他安慰我说，考古报告分两种：一种是发掘报告，要限时间发表；另一种是研究报告，发表可以不限时间。冯素弗墓简报已将资料发表，内容比较详细，可以权作发掘报告看待，现在只要做好研究报告就行。后来，我在谢辰生同志的一篇文章中果然看到对"研究报告"的提法，可以不限时间。对他的关怀，我非常感谢。

阎万章先生为人谦和，他对工作和科学研究十分认真，一丝不苟，有时甚或有些"执拗"。他一直写宋体字，几十年不变，也是一字不苟。纪念他，就是要学习他一丝不苟的这种宝贵的认真精神，切切实实地做好我们的工作和研究。也希望有更多的青年学子，特别是有志于辽史的研究者，能来读一读《阎万章文集》，这里有不少精彩的考证，会给人以启发。

（徐秉琨　辽宁省博物馆）

纪念阎万章先生100周年诞辰

回忆阎万章先生

刘凤翥

　　2022年是契丹文字出土100周年，也是契丹大字研究先驱阎万章先生100周年诞辰，辽宁省博物馆的么乃亮先生命我写篇纪念阎万章先生的文章，盛情难却，只好命笔如下。

　　忆昔1962年，我毕业于北京大学历史系历史专业中国古代史专门化。同时考取了中国科学院民族研究所（此研究所1977年划归中国社会科学院）陈述（字玉书，1911～1992）教授招收的东北古代民族史专业四年制的研究生。临来民族研究所报到之前，我于当年9月16日晚上去燕东园18号楼向翦伯赞先生辞行。翦老再三嘱咐我到民族研究所之后务必学习一两门诸如契丹字、女真字、西夏字之类的古民族文字。他说："学习民族古文字不影响你研究民族史，对你研究民族史可能会有帮助，说不定会对你终生受用无穷。"我对翦老一向很崇拜，对他的"终身受用无穷"叮咛铭记于心，决心按照他的叮咛去做。

　　我到民族研究所报到没几天，有一位名叫史金波的研究生也来报到。他是王静如教授招收的西夏文字专业的研究生。我二人是民族研究所招收的首届研究生，也是我们各自导师招收的首届研究生，我二人同在2号楼258号房间学习办公，同住6号楼4169号房间，朝夕相处，亲如兄弟。

　　经过一段时间了解，我发现向老先生学习民族古文字是不实际的，也是不可能的，只有自学一条路。既然史金波同志科班学的西夏文字，我就不涉及西夏文字，我要自学契丹文字和女真文字。自学方法就是在研究生学习之余，凡见刊物上有契丹文字或女真文字的文章，我都全文抄录。民族研究所图书馆旧期刊很多，抄录起来很方便。

　　阎万章先生是我国解读契丹大字的先驱，他在《考古学报》1957年第2期发表的《锦西西孤山出土契丹文墓志研究》很快就被我抄录和学习。这是我首先接触的契丹大字资料。对于阎先生的解读成果我尽量学习，记住。

　　阎先生考释的《锦西西孤山出土的契丹文墓志》正确命名应为"契丹大字《萧孝忠墓志铭》"，志盖背面刻有汉字墓志铭，志石刻有契丹大字墓志铭。阎先生根据汉字墓志铭，释出了契丹大字墓志铭第17行的 奀伓五米十二月廿五日 为"大安五年十二月二十五日"。实际只有"大安"和"年"三个字。其他契丹大字都是借用的汉字。

　　阎先生把契丹大字墓志第4行的 丞孤廿三伓米五 释为"重熙廿三马年五月"，实际只有"重熙"和"马"三个字。其他契丹大字都是借用的汉字。

阎先生还把第7行的 ᚨᚲ三ᚴᚫ月十卅ᚬ释为"大安三年□月十□日"。后来经过我研究，阎先生的这条释文是错误的。年号ᚨᚲ与ᚨᚸ是有区别的。年号ᚨᚲ不是"大安"，而是"大康"。ᚨᚲ三ᚴᚫ月十卅ᚬ应释为"大康三年正月十四日于"。ᚬ是日字与时位格词尾寺连接在一起了。

阎先生把第八行和第九行的 ᚨᚲ三ᚳᚴ三ᚹᚺ月廿ᚻᚼᚽᚾ释为"大安三兔年三木龙月廿□□□日"。如前所述ᚨᚲ不是年号"大安"而是"大康"，所以这条释文基本上是错误的，只有把ᚹᚺ释为"木龙"沾点边，契丹语究竟是用五行还是五色表示天干？经过长期争论，契丹语是用五色表示天干的意见是正确的。所以ᚹ应释为"青"。契丹大字的"龙"作ᚺ，不作ᚺ，两字字形相近，容易混淆，阎先生就把ᚺ误作ᚺ了。

ᚨᚲ三ᚳᚴ三ᚹᚺ月廿ᚻᚼᚽᚾ应释为"大康三蛇年三青龙月二十六黑鼠日"。

阎先生文章第二章的题目是"墓志文字应是契丹小字"。认为《萧孝忠墓志铭》中的契丹文字是契丹小字。处理阎先生稿件的编辑是金毓黻先生。金先生编过《辽陵石刻集录》（1934年奉天省政府印刷局刊印）。金先生在《辽陵石刻集录》绪言中说："则兴宗、道宗二陵内国书哀册必契丹小字也。"明显不同意阎先生把不同于庆陵哀册的《萧孝忠墓志铭》契丹字称契丹小字的看法，所以在阎先生的文章之后加了金光平、曾毅公二人的一篇文章的摘要，大意是认为《萧孝忠墓志铭》中的契丹字是契丹大字。从而展开了《萧孝忠墓志铭》中的契丹字究竟是契丹大字还是契丹小字的讨论。

阎先生的文章还提到《故太师铭石记》，认为《故太师铭石记》中的契丹字也是契丹小字。《故太师铭石记》从一出现在奉天（今沈阳）古董店就被认为是契丹小字。1939年9月27日奉天的《盛京时报》和新京（今长春市）的《大唐报》都发表了稻叶君山的谈话。他在谈话中提到《故太师铭石记》时说："此是世界最初发现的契丹小字。……经（稻叶君山）博士鉴定的结果，（《故太师铭石记》）不是女真字，而是契丹小字。遂为文献上的一大发现。"

把《故太师铭石记》看成契丹小字是因为先有王静如把契丹小字说成"契丹小字乃仿回鹘字。……则其为袭回鹘字母拼以契丹语则无疑矣，其与契丹大字则不同"。既然把契丹小字说明白了，不言而喻把庆陵出土的哀册当成契丹大字，说契丹小字是"袭回鹘字母拼以契丹语"显然是没有根据的臆测。

阎万章先生长期坚持《萧孝忠墓志铭》类型的契丹文字是契丹小字的观点，他自己没有想清楚、弄明白绝不放弃，《萧袍鲁墓志盖》背面的契丹字可以称为契丹大字《萧袍鲁墓志铭》。1988年在北京召开民族古文字研究会的研讨会，阎先生带着《契丹文萧袍鲁墓志铭考释》的论文来参会，他对我说："题目用'契丹文'而不用'契丹大字'是我还没有弄明白大小字的区别。所以用了笼统的'契丹文'。"当他发表《北票出土契丹小字〈耶律仁先墓志铭〉考释》（载《辽海文物学刊》1992年第2期）时说明他已经弄明白了契丹大小字的区别。所以在《耶律仁先墓志铭》前加修饰语"契丹小字"。这种学术坚持，自己弄明白了，勇于放弃自己错误的意见是一种美德。

约在1973年，阎先生到北京出差，住在和平里招待所，我听说之后，在一个晚上去拜访他，这是我们首次见面，相聚甚欢。1975年10月，我去辽宁省博物馆拓制拓片，阎先生住在博物馆展厅后面西边一栋小楼内，我顺便拜访了他。这是我们第二次相见，1980年8月，中国民族古文字研究会在承德召开成立大会，我和阎先生均应邀出席。会议期间，我和阎先生接触甚多，交流契丹文字方面的问题。此后，每次中国民族古文字研究会召开的会议，他都参加，我们接触的机会就更多了。他凡发表新的文章，都会寄一份给我，我也如此。我凡指出他文章中的不足或错误，他都会虚心接受，我也如此。互相切磋，学术才能发展。我们都厌恶死要面子不认错的行为。

1990年春，日本京都大学的西夏文字研究专家西田龙雄教授来北京出差，他与我见面，并与我谈了两个问题。一是劝我多写些评论契丹文字方面的文章。评论一本书或一篇文章均可以。在国外写了一本书最欢迎有评论，如果没有评论是令人最不愉快的事，有评论甚至负面的评论也受欢迎。好的评论都可以得学位。二为他计划在日本召开一次契丹文字研讨会。中国可以派四个人参加，往返机票和在日本的食宿由日方承担。四个人中他内定两个人，即我和陈乃雄。另外两个人由我推荐，出席的人必须有论文，并且带着新出土的契丹文墓志的拓片去展览。我推荐了阎万章先生和苏赫先生。阎先生给我写信说，他愿意去参加会，并写了文章，计划带契丹大字《萧袍鲁墓志铭》的拓片去展览。后来他给我来信说，因身体欠佳不能出席会议，大会把他的论文油印散发，作为书面发言。会议由于收到的论文较少，高质量的更少，所以会议没有出版论文集。

阎万章先生作古之后，我把阎先生的书面发言《关于契丹小字〈辽道宗皇帝哀册〉的考释问题》寄给《辽海文物学刊》的编辑姚义田同志。他就刊登在《辽海文物学刊》的终刊号即1997年第2期上。后来收入辽宁省博物馆编《阎万章文集》（辽海出版社，2009年版）。

1994年8月，我去辽宁省北镇县（现北镇市）拓制契丹小字《耶律宗教墓志铭》，接着去沈阳参加中国民族史学会在沈阳召开的学术研讨会。我去拜访阎先生，他拿出收藏的契丹小字《耶律宗教墓志铭》的早期拓本给我看。虽然拓本的质量并不理想，但年号部分的 又（大）令芬（中央）吴关（契丹）玊刘（辽）几夹有（国的）完整不缺。而我新拓的拓片却残去了 吴关 和 玊刘 两个关键字。这就是早期拓本的优越之处，《耶律宗教墓志铭》刻于重熙二十二年（1053），这个时期汉字文献称辽国为"契丹"，契丹文字中则称辽国为"契丹·辽"的双国号。契丹小字《耶律宗教墓志铭》再一次证明了这一点。这一次与阎先生相谈甚欢，万万没有想到，这次相见竟是永别。

我与阎先生之间经常通信，主要内容是互通契丹文字方面的消息，互相切磋学问，互相通报研究心得。大连民族大学的李俊义教授从我处借了阎万章先生给我的十七封信，加以汇编注释发表在《辽宁省博物馆馆刊》（2021年号），从中亦可窥见我与阎先生亲密无间的一个侧面。

谨以上述文字纪念阎万章先生100周年诞辰和契丹文字出土100周年。

（刘凤翥　中国社会科学院民族与人类研究所）

纪念阎万章先生100周年诞辰

我与阎万章先生的两代"师道情缘"

——纪念阎万章先生百年诞辰

王绵厚

壬寅年（2022）是阎万章先生百年诞辰和逝世26周年，也是我与先生交识50整年。回首往事，历历在目，恍如昨日。

与阎万章先生相识，应当从大学和大学毕业谈起。如我在2022年刚出版的《长白山区系考古与民族要论》的后记中说：1965年春在北大考古学系资料室，由宿白先生引见，我第一次认识了阎文儒先生（后来得知阎文儒先生是阎万章先生的堂叔）。当时，两位先生（宿先生和阎先生）推荐我读金毓黻先生的《东北通史》。正是两位先生对我这个"东北老乡"的偏爱，才奠定了我至今在这个领域学习探索的"师道情缘"。其后，阎文儒先生未给本科生讲课，所以聆教较少；而宿白先生则在半个世纪间（至21世纪初）予我有多次面授聆教。我曾经在另一本《东北考古六十年》中回忆道："'文革'中被分配到辽北开原从教，当时从未奢想能调任省城，因为同一公社的五七战士中竟有当时的省文教局局长张力达先生（抗战时参加革命）。一次在上肥地公社开会，与张力达见过一面。闲聊时，他也感慨北大学考古的竟然来乡下教中学。我说：连您都下乡了，何况我一个普通大学生。"后来到辽博后听赵洪山先生等介绍，方知我和姜念思是幸运者。原来1971年恢复文博专业时，北大考古学系老师曾向省里推荐过我们两个，这才有了我到辽博的机会。那年他（赵洪山）和傅仁义去开原为我调转工作出公差时，在县教育局楼内见到过我，但当时县领导不让与我交谈。次年（1972），我奉调到辽博。回眸这段带有传奇的经历，旨在引出我与阎万章先生相识刚好50年。

在阎万章先生74岁逝世时，我们已相交25年，其中同室共事10年。20年前我曾写过纪念阎先生的文章和学术年谱。值此先生百年诞辰之际，再补充几件鲜为人知的往事，以悼念我从业路上的这位启蒙老师和良师益友。

一、一位终身向学、儒雅至诚的真学者

如我开篇所讲，1972年调入辽宁省博物馆后，与阎万章先生相识。经他告之，我才知道在北大读书时推荐我读《东北通史》的阎文儒先生，就是他的本家堂叔（祖籍辽

宁义县）。而且阎万章先生也从小受叔父影响，后在1947年从北京大学中文系毕业并辗转到今辽博工作。从这个意义上讲，我与先生的师道情缘又多了一层，可谓两代师缘。但刚入辽博的头三年属"文革"动乱之末，馆内尚未恢复业务体制。所以入馆初先后参加了考古队的北票丰下发掘、朝阳鸽子洞发掘和盖州东汉墓调查，并参加了展览部的"'文化大革命'期间出土文物"简介的编写。直到1975年馆内恢复研究室建制，我与阎万章、杨仁恺、孙守道、徐秉琨先生等同任职于研究室。在当时人才济济的研究室里，我属于资历最浅的后学者。但当时领导可能出于培养年轻干部的目的（或者因为我是党员），馆长张辉同志任命我为研究室副主任（"跑腿的副主任"）。这确实给了我更多向老馆长李文信（养病在家）和研究室诸位先生学习服务的机会。阎万章先生即是当时接触最多的前辈之一。特别是1978年老主任郭文宣先生逝世后，阎万章先生继任为主任，我仍为副主任，做他的助手。直到1984年调任副馆长前，我们朝夕同室有六年之久（其间赴吉大专修离职一年）。

　　人们常说，只有近距离而且心灵相通，才能成为知音。回忆我心目中的阎万章先生，如同北大、吉大业师苏秉琦、宿白、阎文儒、金景芳等一样，用五个字概括就是"真正的学者"。我在早年《桃李不言·下自成蹊——深切怀念阎万章先生》中已谈道：阎先生早年毕业于北大中文系，曾关注传统戏剧史研究，青年时代即发表论文，具有扎实的文学和国学基础。1950年左右他应聘东北博物馆（今辽博）后，参加过新中国初期的东北文物征集整理工作，并曾为东北考古文物培训班讲授版画、古地图及文献课程。自此转向文物考古学研究，专攻辽金史、契丹文字、渤海史、古地图及辽代陶瓷研究。他保持中国传统学者"无证不言"的治学传统，注重考据学和文献学与金石学考证，尤在辽史、契丹文字以及东北历史地理与辽代陶瓷研究中成就斐然，是20世纪辽史、契丹文字研究的开拓者之一。他也是与郭文宣先生共同执笔第一部辽代陶瓷史（《中国陶瓷史》"辽代陶瓷"）的著名专家，同时还是最早参与《清史简编》编著的民族史专家。他的业务经历和学术贡献，我在以往介绍中已有评述，不拟赘言。这里想以与他二十多年同业和师生的身份，对他常常教导我的"左图右史、读书实践"的治学至理名言给予阐释。我去过他家无数次，几乎每一次去他都只做一件事：读书写作。此外在20世纪80年代初，我们共同参加的两次野外考古调查也令我印象深刻。在考古调查现场，他的蝇头小楷笔记和当场绘图功夫，让我这个受过专门训练的考古学专业学生都深感钦佩。这里举1981年春与先生调查汉城和高句丽山城的例子：在盖县（今盖州市）青石岭"建安城"内，先生当场拿出"文革"前调查时记录的笔记本并翻看当时手绘的门枕石线图。先生的字迹清秀，线图的线条亦十分准确。回到招待所后，我向先生借笔记本并描下了那张图。20年后当我的《高句丽古城研究》出版时，先生已作古五年，书中的那张图似成为永恒的纪念。先生的治学风范也深深影响着我，时至今日我也经常提醒增珑、乃亮、惜青、科学等青年学子，养成多读（文献）、多看（文物史迹）、多写（勤于动笔）的"三多"治学之本。恪守"左图右史、读书实践"，是自己从业后在李文信、阎万章等先生引导下领悟到并奉为座右铭的终身受用不尽的精神财富。

二、奖掖后学的大家风范

在与阎万章先生相识相处的二十多年里，有许多他作为学术前辈奖掖后学的故事。如我在《东北考古六十年》中的回忆：在我的师道情缘中，除小学的付恒文、中学时代的袁大方以及大学和研究生班时的宿白、阎文儒、金景芳等以外，从业之师永远不忘的是李文信、阎万章先生，用唐宋八大家之首韩愈的一句话总结即"道之所存，师之所存也"。

20世纪70年代上半叶，我在辽博住单身宿舍八年，公余拜学最多的是李、阎二师。从李文信先生手里最早借读《辽海丛书》和《三国史记》，对李先生的读书批注曾习作评论。而阎万章则是当年在宿舍与念思兄手抄《契丹国志》《大金国志》的借书者和启蒙老师。这里仅举两件小事，可见先生对我这个后学的格外关爱。在阎万章先生接任研究室主任后，当年除陈列内容设计等工作外，最集中的工作是编订《辽宁史迹资料》。当时先生和我说："这是一项集体工作，馆里交办给研究室，一定做好。你年轻又学过考古，多组织跑跑野外调查，我来协调上下和总撰的事。"所以从1979年到1983年（包括我离职去吉林大学学习）的前后近五年中，特别是与先生共同参加的两次考古调查，是我早年从业中专门进行考古调查实践的难得机遇。而且每次调查回来，我都向他详细汇报收获和疑难，常常得到他和李文信等先生的指导。比如，我在回乡期间调查辽阳西南唐马寨后，认为该地可能是唐代（东征）驿路上增设的州县治所（从采集的辽代陶片判断），先生帮我分析时指出唐马寨按地理方位看很可能是"东京衍州"。又如，1981年，他有近一年的时间借调到辽大统编《清史简编》（我独自在馆），几乎每周都会回馆关心研究室的工作。可以说在协助先生工作的那几年中，是我在专业和管理工作中受历练和学习最多的岁月。

在这一时期，还有两件事让我至今难以忘怀。一是1982年春，辽宁省交通厅交通史志编写办公室来馆查找专业资料，馆里交给研究室接待。我担心业务不熟悉，望与先生一块出面。先生出于鼓励后学，让我单独出面并鼓励说："绵厚，没问题，你先把我们这几次调查介绍给他们，有难处回来商量。"后来实践证明，这次的接待和领受"辽宁省古代交通史述略"文稿的编写，是促成我后半生东北交通史研究的最大机遇和动因。我在《东北考古六十年》中回忆这段机缘时，感到人生有些机缘是可遇不可求的。也许没有这个机会或者说由别人领受这个任务，我可能与交通史研究就擦肩而过了，即便没有也至少晚启动十年。而次年（1983）初，当我向先生坦露想做东北古代交通研究并计划先在沈抚做考古调查时，阎万章先生以他当时省地名学会副会长身份（后余亦忝列该职），帮我联系地名办薛作标先生共同调查新民辽滨塔、巨流河、高台山、公主屯、永安桥以及抚顺关、清原、海龙（梅河口）山城子等，开启了我十余年东北交通史考古调查的关键一步。可以说从20世纪80年代初开始（连续十年），几乎与《辽宁史迹资料》整理同步推动的交通史研究，见证了我在辽东、辽西的"考古践行之路"。每忆及此，我总会想起开篇讲的"师道情缘"中与李文信、阎万章先生等忘年之交的学术恩泽。

三、人品与学品堪称楷模的长者之风

在阎万章先生百年诞辰之际，最后我想举三件亲历"小事"以彰显先生的学品和人品之优。

第一件事发生在1983年夏。省文化厅和馆领导推荐我去吉林大学古文献研究生班学习。临行前，负责业务的副馆长杨仁恺先生让我向阎先生交代一下手头的事。我与先生在办公室汇报自己手里存的调查材料和少量陶片标本（以前先生让我保管）。交谈中谈到将来《辽宁史迹资料》出版时的署名问题（后因"二普"发现更多等原因未出版）。我当时兼顾历史和现实工作，建议应由李文信、阎万章共同主编。先生说："再说吧，这是馆里老任务，主编还是李先生。"我说："这几年具体事都是由研究室承担的。"先生最后说："非要署个人名，我最多是副主编。"听了先生的话，我再未说话，但心里油然产生一种敬佩。这就是先生作为老一代学者顾全大局的人格学品。还记得当年在阎万章先生入党的讨论会上，我作为支部书记向支部成员重点介绍了先生的人品与学品兼优的学者风范。

第二件事发生在1984年秋。当时我已从吉林大学古文献研究生班结业，回馆后履任副馆长。中国科学院自然科学史研究所主持国家重大项目《中国古代地图集》的编写，我和先生代表辽博出席了在北京召开的编委会议，并承担了九边图和两仪玄览图等编写任务。会后先生对我说："这样的国家项目不容易碰上，文章由你来写，完了我帮你修改。我快退休了，已上报研究馆员，用不着了。你连副研究馆员还不是。"我深知这是先生在为我提供机会。在先生前期成果基础上，我用了近半年的时间完成两篇初稿。先生拿到初稿后，用一个多月时间分别进行了认真的修改。几年后，在去北京交付出版前，我曾去先生家商量共同署名的事。先生说："使不得！你执笔的文章，我作点修改，要上面有我的名字，别人不会认为是你写的。"先生的一席高风肺腑之言，使我想起几年前他对《辽宁史迹资料》署名的意见，堪称卓然大家学品之典范。我无言，尊重了先生的意见。去年我曾在电话中向乃亮、惜青、科学三人，提出几个符合他们各自研究方向的课题。我建议乃亮可选"医巫闾山（辽西）辽代墓志疏证"，惜青可选"耶律倍与医巫闾山"，科学可在"长白山区系考古与民族论纲"项目后选"长白山区系女真研究"。并建议他们以个人名义申报，我尽可能在资料等方面提供帮助或指导，而不采取师生课题组方式。如同当年阎万章先生的做法，这是我对先生生前学品和学风传统的一种体悟，也是对后学的真正关怀。

第三件事是我感悟最深的，发生在1987年。当年申报副研究馆员职称时，我正在业务副馆长任上，还承担了国家"七五规划项目"《东北历史地理》第一卷（两位主编之一）的编写，并且有十来篇文章发表。我自以为报副研究馆员问题不大，馆务会议也向省厅推荐了。可是，评审会后一直没动静。我这才从当时已调任省文化厅文管办副主任的姜念思同学处知道，我俩的申报材料根本没拿到评委会。听到这一消息后我有些想不通，但碍于当时大小是个处级干部，不想公开表露。我带着这种心情来到了阎万章先生办公室，因为我知道他是高职评委，应该了解情况。就在我们二人独处一室谈起此事,一向无话不谈的先生,沉思半刻说:"可能什么资历硬件把你们卡下了吧。绵厚,与其名不符实,不如实过于名。"说完这句话,他再未透露其他信息。先生平时在专业上与我是无话不谈的,在面对评职称这样一个敏感话题时,表现出一位长者对我这个忘年交的坦诚、严谨又关爱的风范。所以我在最早一篇悼念他的文章《桃李不言·下自成蹊——深切怀念阎万章先生》中提过这句"与其名不符实,不如实过于名"。先生当年的这句箴言,与其说是开导我,不如说是他自己的真实写照。他和我说过:自己什么奖也没得过,但求一些成果能留下来。当我十几年前与徐英章先生共同整理阎万章先生文集时,他的这句话一直萦绕在耳边,这就是先生的人品与学品堪为典范的长者之风。"仁心在内、淡泊坦诚",这八个字是我对先生人品的感念和一直仿效的为人处世之道。

  当我结束这篇简短回忆时还想坦告的是,这篇流年忆旧并不是对阎万章先生业务经历和学术成就的全部记述,而只是就个人与先生交往中亲历的几件小事。"见微而知著。"以鲜为人知的点点滴滴,彰显先生人品和学品的高尚。特别巧合的是,先生与家母同庚,均生于1922年。我带着对父母辈的敬意,多少年来一直把先生等前辈的品行操守,作为自己人生的努力方向。这些老一代的高风亮节,应当是一切后来人永恒的无形文化遗产和优秀的精神财富。

(王绵厚　辽宁省博物馆)

纪念阎万章先生100周年诞辰

从几帧审稿手迹忆起

——纪念阎万章先生百年诞辰

李宇峰

阎万章先生于1922年7月14日生于辽宁省义县头道河子乡阎家屯，2022年7月14日是先生百年诞辰纪念日。先生是我国老一辈辽史专家和博物馆学家，蜚声中外的研究契丹语言文字的著名学者。值此纪念先生百年诞辰之际，现以手里珍藏多年的先生审稿手迹为题和亲身体会，对先生严谨的治学风范和奖掖晚辈、提携后学的伯乐美德谈点滴感受，献给先生在天之灵，以寄托我无边的哀思和怀念之情。

一

早在20世纪70年代初，我由农村插队的下乡知识青年抽调回省城沈阳到辽宁省博物馆从事文博工作不久，就听老同志们谈起，在辽宁省博物馆研究室的五位先生（李文信、朱子方、杨仁恺、胡文效、阎万章）中，阎万章先生最年轻，但学历最高。先生早年毕业于北京大学中文系，古文献及国学功底深厚，擅长考据，尤其精于辽史和契丹文字的研究，成果斐然。我心里便一直默默地怀着深深的敬意，期盼着能有机会向先生请教读书治学之道，当面聆听教诲。

1979年5月的一天，我在参加全国第二次文物普查时，在朝阳县台子乡山嘴村一户村民家马棚里见到了出土不久的赵为干墓志和四神石棺，随即做了拓片，抄录志文。后经调查了解，1972年朝阳地区博物馆馆长邓宝学先生在此清理了赵匡禹（赵为干之父）墓。1977年，朝阳县文化馆文物干部孙国平先生在相距不远的馒头营子乡商家沟清理了赵府君墓。根据赵匡禹墓志记载，这是一处与建州（今朝阳市龙城区大平房镇黄花滩城址）有关的赵氏家族墓地，埋葬的是辽初汉臣名将卢龙赵思温的一支后裔子孙，这是很重要的考古发现。于是我们三人商议，将三个墓的材料合在一起，由我执笔写考古报告，这是我第一次接触到有关辽代墓志考古资料，按当时的学识水平，据墓志考史，难度较大。于是经人指点，登门拜访请教先生。先生热情地接待了我，看了我写的初稿后，让我到辽宁省图书馆去查阅元代学者王恽所著《秋涧先生大全文集》卷四十八《卢龙赵氏家传》。后又认真审改了初稿，对考释部分涉及的百官志和地理志的相关内容，提出宝贵意见。拙稿《辽宁朝阳辽赵氏族墓》一文，因为是考古新资料，很快就在《文物》1983年第9期发表。

卢龙赵氏自唐朝以来就颇为知名，赵氏家族在辽代的第一代人物赵思温，《辽史》有传，本为后唐平州刺史兼平、营、蓟三州都指挥使，于辽太祖天赞二年（923）降辽后，以武功发迹起家，依靠勇武善战而得到辽朝太祖、太宗两位皇帝的信任，成为辽初归降汉人将领中仕辽最为成功的范例。在赵思温家族中，先后有赵思温、赵延宁、赵匡尧、赵为航四人担任建州保静军节度使，与建州有着千丝万缕的联系。赵思温五子赵延威一支更是以建州为家，死后亦葬于建州附近白杨口，形成聚族而葬的家族墓地。在先生的指导下，我们在文章里详细列出卢龙赵氏从赵少阳至赵睿九世族系表，使湮没已久的久居建州的赵氏家族一支族系得以理顺，这对罗继祖先生所作《辽汉臣世系表》是重要补充。碑志益于考史证史，此为一例。自此以后，我即立下志愿，以收集和研究辽代碑志为重点，学习和研读辽史，逐步深入，渐有所得，坚持不懈，直至退休之后，乐此不疲，从中尝到读书治学的无穷乐趣。庆幸自己在涉猎辽代历史与考古之初就遇到了先生。耳提面命，聆听教诲，受益终身。自此便一直保持与先生的联系和交往，经常到府上请教读书治学之道。

二

1987年5月，我在阜新蒙古族自治县进行文物复查时，在县文物管理所的库房里见到了辽圣宗太平九年（1029）的萧仅墓志一合，据县文物管理所袁海波介绍，萧仅墓位于阜新蒙古族自治县八家子乡果树村的乌兰木图山南坡，早年被盗掘，1981年1月果树村村民发现该墓后及时上报，县文物管理所派袁海波等前往调查清理，并将出土的墓志收藏在所里，其余皆为陶瓷器残片等。当我听到袁海波介绍后，又看了墓志志文，当时就意识到，这是一方重要的辽代后族萧氏的墓志，对《辽史》尤其是外戚表将会是重要订正和补充。因此建议尽快整理发表，让考古第一手资料与学界同人共享，嘉惠学林。后经协商，经县文物管理所所长吕振奎同意，由我和袁海波合作联名发表萧仅墓资料。随后我和袁海波一起到萧仅墓现场进行调查核实材料，调查中我们发现萧仅墓位于乌兰木图山南坡，乌兰木图山海拔831.4米，为阜新市境内第一高峰，属医巫闾山系，汇入大凌河水系的牤牛河即发源于乌兰木图山西坡。墓对面远处即是一小山峰，墓坐北朝南，方向正对东南山口，整个地势呈椅背形，这种地理环境正是辽代契丹贵族皇族和后族选择家族墓地的理想地点。依据地貌环境及当地村民介绍附近还有王坟（指辽墓）的情况，我们分析，这里应当是辽代后族萧仅一支的家族墓地。后来1996年7月在此地又发现了道宗清宁四年（1058）的萧旻墓。2010年10月发现了兴宗重熙二十年（1051）的平原公主与驸马萧忠的合葬墓，证实了我们当年的分析是对的。萧仅、萧忠是兄弟，萧旻是萧忠长子。因为萧仅墓志志文涉及萧仅先祖及世系等事比较复杂，一时不知从何做起，于是登门请教阎万章先生。先生审稿的习惯非常尊重作者的劳动，从不在原稿上随意删改，而是用工整的宋楷将审稿意见写在稿纸上，或长或短，一目了然。许多意见引经据典写得十分详尽，有时多达几页稿纸，亦一丝不苟。近读徐秉琨先生在《东博忆往续一》一文，《辽宁省博物馆馆刊（2020）》（科学出版社，2020年）言："阎万章初来馆时兼管资料室工作，我们现在仍可看到一些原来比较残破的书籍被修整装潢，其封面和书脊上用宋体字整齐地写着书名，就是他的手笔。他写稿也是字迹整齐清楚，一丝不苟。他还擅篆刻，有时刻图章送人。"我无缘见到当年先生的手稿，但在省博物馆资料室经常看到徐秉琨先生文中提到图书上的手迹，始知乃是当年先生所书，甚是敬佩。审稿写意见，特别是辽代文稿，要查阅古籍和碑志等材料，还有烦琐的注释索引等。要做到一丝不苟，字体工整，确实不容易，而先生则坚持一生。就以萧仅墓志为例，先生审稿的意见就长达3页稿纸近600字，可谓十分详尽（图一），如若冠以题目，就是一篇考据精当的文章。我们将先生的考释意见融会贯通，写在简报的结语部分。《辽宁阜新辽萧仅墓》一文在《北方文物》1988年第2期发表后，立即引起学术界的关注与重视，诸多学者对其进行校勘、补正和研究。其中有刘凤翥：《萧仅墓志铭校勘》，《辽金契丹女真史研究》1988年第1期；朱子方：《辽陈国公主，萧仅墓志刍议》，《辽海文物学刊》1988年第1期；陈志健：《萧仅墓志校勘补正》，《阜新矿业学院学报》1989年第1期；唐统天：《萧仅墓志铭中萧撒剌其人及其后裔》，《辽金契丹女真史研究》1989年第1期；魏奎阁：《萧仅墓志铭新考》，《阜新师专学报》1992年第2期。这些文章主要就萧仅的先祖和族系进行热烈的讨论，各抒己见，百家争鸣，互相切磋，是学术繁荣和进步的表现。围绕萧仅的高祖到底是谁，目前学术界有三说，或认为是《辽史》有传的萧痕笃，或认为是辽太祖外祖父萧剔剌，或以为是淳钦皇后弟萧阿古只。笔者以为萧仅的高祖应是魏奎阁先生文章主张的淳钦皇后弟萧阿古只。萧阿古只，《辽史》有传，而萧仅家族墓地埋葬的是萧阿古只另一支的后裔子孙，这对辽史外戚表和今人冯永谦先生的《辽史外戚表补证》（《社会科学辑刊》1979年第3、4期）、蔡美彪先生的《辽史外戚表新编》（《社会科学战线》1994年第2期）都是重要补充和订正。

三

1986年5月中旬，辽宁省盘山县城郊乡宋家店村村民徐法森在其承包的水田里劳作时，拾到两方古代铜印，1987年夏，徐法森拿着铜印来到辽宁省文物考古研究所请求鉴定，当时由我接待。我看到其中一方铜印的文字并非汉字，好像契丹文字，但是契丹大字还是契丹小字呢，似不敢强定。于是拓留了印模，记录了形制、尺寸等基本材料后，请他到太原街辽宁省文物店做鉴定。我将印文与已经发表的铜印比较，可以认定为契丹大字。阎先生是我国最早研究契丹文字的学者，他在《考古学报》1957年第2期上发表的《锦西西孤山出土契丹文墓志研究》是中国学者关于契丹文字研究的开拓性论著。我登门请教先生并赠印模，先生帮助查阅资料，又写了详细的审稿意见供我参考（图二）。我对契丹语言文字一窍不通，完全按照先生的审稿意见写篇小稿《辽宁盘山县发现辽契丹大字铜印》在《考古》1990年第12期发表。这方契丹大字铜印为竖排两行4字，其中除第四字由先生早年首先识读为"印"为学术界公认无误外，其余三字究竟释作什么字，现在尚不能肯定。如第一字颇似汉字的"都"字，在契丹大字《北大王墓志》第十三行中，就有借用汉字之"都"字。这样把第一字释作"都"字应为一种解释。1973年，在辽宁省喀喇沁左翼蒙古族自治县南公营子乡镇南村出土的契丹大字铜印

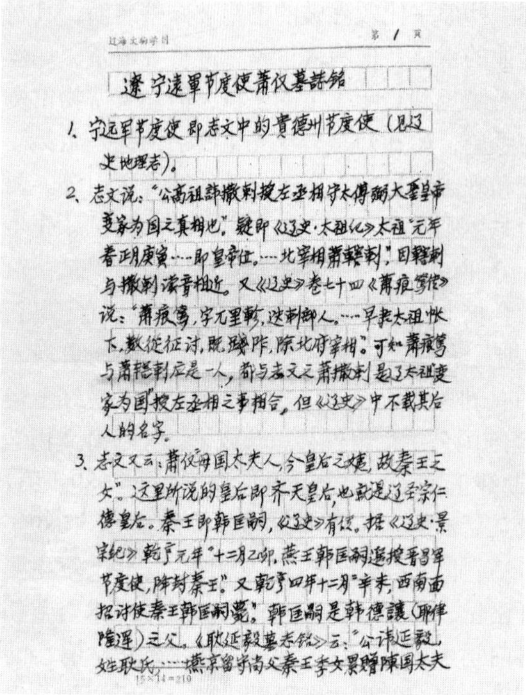

辽海文物学刊　　第 1 頁

遼宁远軍节度使萧仪墓誌銘

1、宁远军节度使即志文中的貴德州节度使（見辽史地理志）。

2、志文说："公高祖諱撒剌授左丞相守太傅爾大聖皇帝変家为国之真相也"。疑即《辽史·太祖紀》太祖"元年春正月庚寅……即皇帝位。……北宰相萧辖剌"，因辖剌与撒剌读音相近。又《辽史》卷七十四《萧痕篤传》说："萧痕篤，字兀里軫，迭剌部人。……早隶太祖帐下，数從征讨，既踐阼，除北府宰相"。可知萧痕篤与萧辖剌应是一人，都与志文之萧撒剌是辽太祖变家为国授左丞相之事相合。但《辽史》中不載其后人的名字。

3、志文又云："萧仪母国太夫人，今皇后之姨，故秦王之女"。这里所说的皇后即齐天皇后，也就是辽圣宗仁德皇后。秦王即韩匡嗣，《辽史》有传。据《辽史·景宗紀》乾亨元年"十二月乙卯，燕王韩匡嗣遥授晋昌军节度使，降封秦王"。又乾亨四年十二月"辛未，西南面招讨使秦王韩匡嗣薨"。韩匡嗣是韩德讓（耶律隆運）之父。《耿延毅墓志銘》云："公讳延毅，姓耿氏，……燕京留守尚父秦王季女累赠陳国太夫

15×14=210

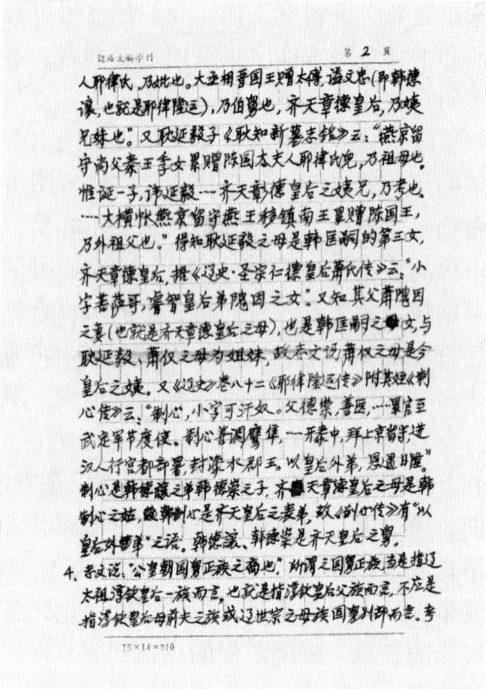

辽海文物学刊　　第 2 頁

人耶律氏，乃妣也。大丞相晋国王赠太傅，谥文忠（即韩德讓，也就是耶律隆运），乃伯舅也，齐天章德皇后，乃姨兄妹也"。又耿延毅子《耿知新墓志銘》云："燕京留守尚父秦王季女累赠陈国太夫人耶律氏儿，乃祖母也。惟诞一子，讳延毅……齐天彰德皇后之姨兄，乃考也。……大横帐燕京留守燕王移镇南王累赠陈国王，乃外祖父也。"得知耿延毅之母是韩匡嗣的第三女，齐天章德皇后，据《辽史·圣宗仁德皇后萧氏传》云："小字菩萨哥，睿智皇后弟隗因之女"。又知其父萧隗因之妻（也就是齐天章德皇后之母），也是韩匡嗣之女，与耿延毅、萧仪之母为姐妹，故志文说萧仪之母是今皇后之姨。又《辽史》卷八十二《耶律隆运传》附其姪《制心传》云："制心，小字可汗奴。父德崇，善医，……累官至武定军节度使。制心善调鹰隼，……开泰中，拜上京留守，进汉人行宫都部署，封漆水郡王。以皇后外弟，恩遇日隆"。制心是韩德讓之弟韩德崇之子，齐天章德皇后之母是韩制心之姑，故韩制心是齐天皇后之表弟，故《制心传》有"以皇后外弟"之语。韩德讓、韩德崇是齐天皇后之舅。

4、志文说："公皇朝国舅正族之裔也"。所谓之国舅正族，当是指辽太祖淳钦皇后一族而言，也就是指淳钦皇后父族而言，不应是指淳钦皇后母前夫之族或辽世宗之母族国舅别部而言。考

15×14=210

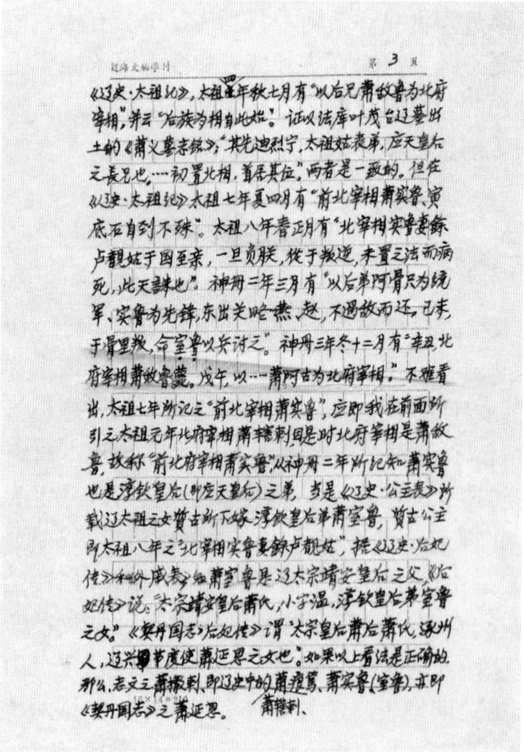

辽海文物学刊　　第 3 頁

《辽史·太祖紀》，太祖四年秋七月有"以后兄萧敌鲁为北府宰相"，并云"后族为相自此始"。证以法库叶茂台辽墓出土的《萧义墓志銘》："其先迪烈宁，太祖姑表弟，应天皇后之長兄也，……初置北相，首居其位"，两者是一致的。但在《辽史·太祖紀》太祖七年夏四月有"前北宰相萧实鲁、寅底石自刭不殊"。太祖八年春正月有"北宰相实鲁妻餘卢覩姑于国至亲，一旦负朕，從于叛逆，未置之法而病死，此天誅也"。神册二年三月有"以后弟阿骨只为统军、实鲁为先鋒，东出关略燕、赵，不遇敌而还。己未，于骨里叛，命室鲁以兵讨之"。神册三年冬十二月有"辛丑，北府宰相萧敌鲁薨。戊午，以……萧阿古为北府宰相"。不难看出，太祖七年所记之"前北宰相萧实鲁"，应即我在前面所引之太祖元年北府宰相萧辖剌，因是时北府宰相是萧敌鲁，故称"前北府宰相萧实鲁"。从神册二年所记知萧实鲁也是淳钦皇后（即应天皇后）之弟，当是《辽史·公主表》所載辽太祖之女質古所下嫁淳钦皇后弟萧室鲁，質古公主即太祖八年之"北宰相实鲁妻餘卢覩姑"，据《辽史·后妃传》和外戚表，知萧室鲁是辽太宗靖安皇后之父，《后妃传》说："太宗靖安皇后萧氏，小字温，淳钦皇后弟室鲁之女"。《契丹国志·后妃传》谓"太宗皇后萧后萧氏，涿州人，辽兴军节度使萧延思之女也"。如果以上看法是正确的，那么，志文之萧撒剌，即辽史中的萧辖剌、萧痕篤、萧实鲁（室鲁），亦即《契丹国志》之萧延思。

15×14=210

图一　阎万章先生审阅萧仪墓志手迹

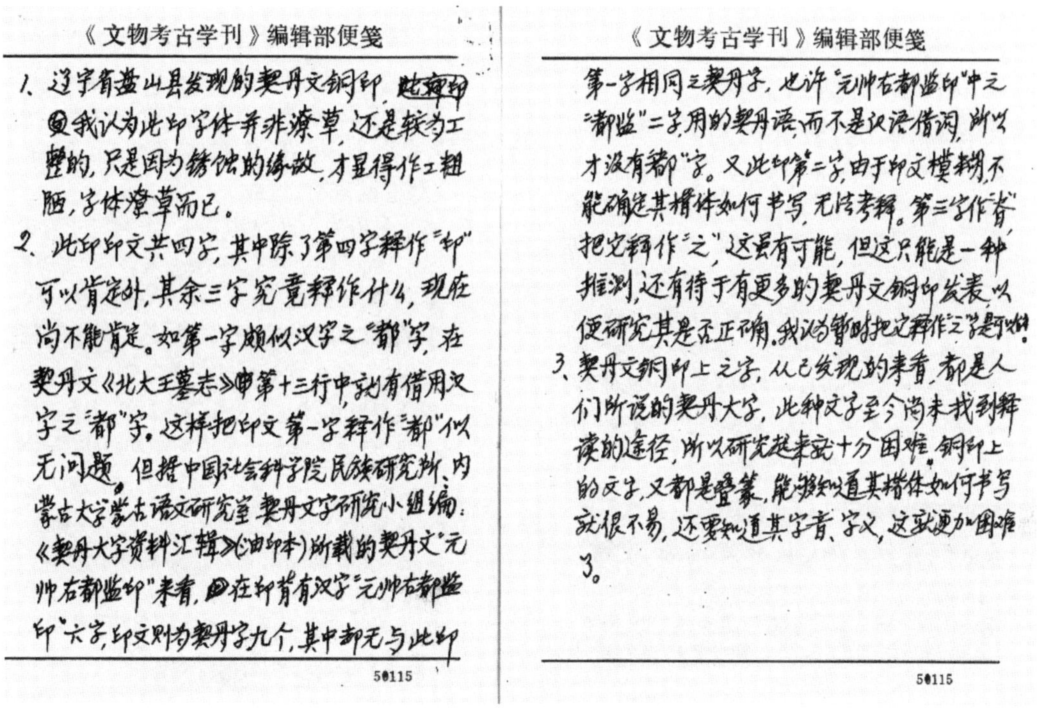

《文物考古学刊》编辑部便笺

1. 辽宁省盘山县发现的契丹文铜印，我认为此印字体并非潦草，还是较为工整的，只是因为锈蚀的缘故，才显得作工粗陋，字体潦草而已。

2. 此印印文共四字，其中除了第四字释作"印"可以肯定外，其余三字究竟释作什么，现在尚不能肯定。如第一字颇似汉字之"都"字，在契丹文《北大王墓志》中第十三行中就有借用汉字之"都"字，这样把印文第一字释作"都"似无问题。但据中国社会科学院民族研究所、内蒙古大学蒙古语文研究室、契丹文字研究小组编：《契丹大字资料汇辑》（油印本）所载的契丹文"元帅右都监印"来看，在印背有汉字"元帅右都监印"六字，印文则为契丹字九个，其中都无与此印

50115

《文物考古学刊》编辑部便笺

第一字相同之契丹字。也许"元帅右都监印"中之"都监"二字用的契丹语，而不是汉语借词，所以才没有"都"字。又此印第二字，由于印文模糊，不能确定其楷体如何书写，无法考释。第三字作"沓"，把它释作"之"，这虽有可能，但这只能是一种推测，还有待于有更多的契丹文铜印发表，以便研究其是否正确。我认为暂时把它释作"之"是可以的。

3. 契丹文铜印上之字，从已发现的来看，都是人们所说的契丹大字，此种文字至今尚未找到释读的途径，所以研究起来就十分困难。铜印上的文字，又都是叠篆，能够知道其楷体如何书写就很不易，还要知道其字音、字义，这就更加困难了。

50115

图二　阎万章先生审阅契丹大字铜印手迹

第一字亦是借用汉字“都”字（刘新民：《喀左县博物馆藏古代铜印》，《辽宁省考古博物馆学会第二次年会论文集》油印本）。此印的第二字，由于印文模糊，不能确定其楷体如何书写，无法考释。第三字似“沓”字，将其释作汉字“之”字，虽有可能，但这仅仅是一种推测，因为这是依据汉文铜印的行文习惯套用到契丹大字铜印之中，并不一定合适，暂且存疑。迄今为止，见于发表的契丹文铜印均为契丹大字铜印，而且印文亦多为竖排两行4字，从阳刻九叠篆体的字形分析亦多与上述盘山县出土的契丹大字印相似，但大都限于发表资料，解读意释的文章较少。契丹大字的解读至今尚未找到释读的途径，目前仍处于不断探索中。

四

1989年9月，是辽宁省博物馆建馆40周年的喜庆日子，馆里决定利用《辽海文物学刊》1989年第1期版面，编辑出版《辽宁省博物馆建馆四十周年纪念特刊》，当时，先生任主编，承蒙徐秉琨馆长厚爱，拙稿《辽代鸡冠壶初步研究》一文编入文集。徐馆长嘱我将文稿送先生审定。先生认真审阅了拙稿，用工整娟秀的小楷写了6条详细修改意见（图三），对拙稿中不妥之处提出了改进的意见。当我仔细拜读先生审稿的手迹时，从内心深处由衷地敬佩先生一丝不苟的治学精神，堪称学界楷模。拙稿利用我于1987年5月在阜新蒙古族自治县旧庙乡海力板村发掘一座辽墓出土的矮身横梁鸡冠壶与扁身单

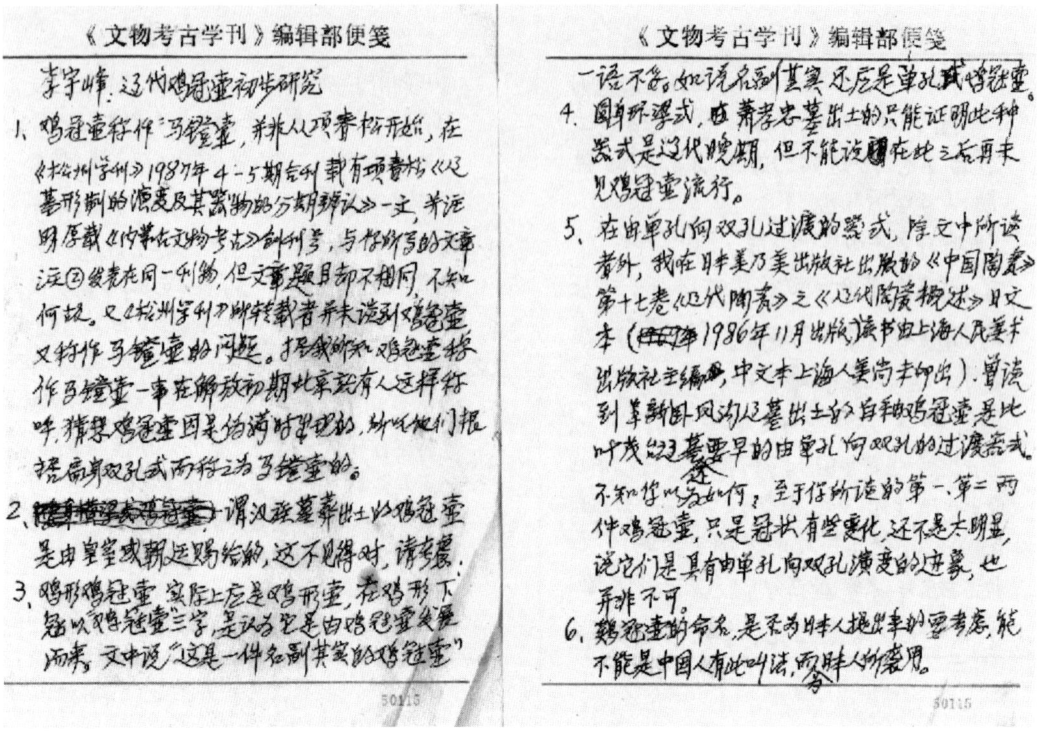

图三　阎万章先生审阅《辽代鸡冠壶初步研究》一文的手迹

孔鸡冠壶首次共存一墓的最新考古资料，第一次较系统地提出将辽代鸡冠壶分为两个系列研究的新观点，得到了先生和学术界的认同，是有关辽代鸡冠壶研究的一次突破。我将先生审稿的6条意见融汇于文稿之中，经先生润色后发表。这篇文章后于1991年被辽宁省文化厅评为全省文博系统优秀论文。

从1986年《辽海文物学刊》创刊时起，先生即任主编，至1990年止，前后五年，期间审阅每期稿件，都不改初衷，字迹工整清晰，一丝不苟，要耗费先生多少时间、精力与心血，谁也说不清楚，只有先生自己知道。这种甘为人梯、褒奖后学的无私奉献精神，即使在先生所代表的老一辈知识分子中，也是不多见的，而先生却默默地做了几十年，终生无悔。试想如果利用这些时间与精力为个人著书立说，那先生会有更多的研究成果发表，或许会有个人专著和论文结集出版。每念及此，我总觉得有一种淡淡的遗憾，更加感到先生无私坦荡、淡泊名利精神的高尚与可贵。

五

1991年5月，锦州市文物考古队鲁宝林、辛发、吴鹏在北镇满族自治市鲍家乡高起村西北山谷之中，抢救清理了早年曾多次被盗的一座辽代砖室墓，所剩遗物无几，但可喜的是在墓里出土一合辽代皇族耶律宗教的汉文墓志，并在墓志盖内阴刻契丹小字志文。据墓志记载耶律宗教卒于辽兴宗重熙二十二年（1053），是圣宗之弟孝贞皇太叔耶律隆庆之胤子。虽然《辽史》无传，但其汉名耶律宗教和契丹名旅坟（驴粪）多次在《辽史》见及。尤其是志盖内阴刻的千余字契丹小字志文是迄今为止已发现的契丹小字石刻中年代最早的例子。据汉文墓志记载，耶律宗教陪葬辽景宗乾陵，这是很重要的考古发现，立即引起学术界的高度重视与关注。1993年夏，负责执笔编写发掘简报的鲁宝林将写好的简报初稿寄我，因为考释和结语部分写得过于简略，嘱托我在省里代为查阅相关资料补充后向《辽海文物学刊》编辑部投稿。因为有契丹小字志文，我在征得锦州同志意见后，将文稿送阎先生审阅，并请先生写一篇契丹小字的考释文章与简报同期发表，以求相得益彰。但当时先生已患病卧床，足不出户。我踌躇再三，最后还是登门拜访了先生。说明来意后，先生并没有推托，在仔细看了全部材料后，说是重要发现，让我把材料留下，答应写一篇契丹小字的考释文章与简报一起发表，并嘱我向锦州同志要一份契丹小字墓志拓片。最近发表的李俊义、徐玥辑注的《阎万章先生致刘凤翥先生书札辑注》一文中的第十三通书札中详细记叙了此事（详见《辽宁省博物馆馆刊（2021）》，科学出版社，2021年，第390页），与我的记述可互为印证。我看到先生身体欠佳，悔不该来打扰。但又知道先生对契丹文字的执着追求与深厚的功底，有了考古新发现，我又怎能不告诉他呢！临走时，先生十分艰难地从摞得很高的书架顶上，取下一本陈述先生主编的《辽金史论集（第五辑）》送我，内有一篇先生的大作《辽〈陈万墓志铭〉考证》一文。我后来听辽宁省博物馆资料室主任姚义田先生讲，阎先生极少将自己的著述赠人。我能够荣幸地得到先生垂青，无非是多年来形成的学术交往的默契，也是先生对我这个后学晚辈在辽史研究方面的鼓励。其后不久，先生即托人捎信于我，约我再到府上，将审稿意见3页稿纸交给我（图四）。我根据先生的意见将简报的考释与结语做了增补和修改。《北镇辽耶律宗教墓》与先生的大作《契丹小字〈耶律宗教墓志铭〉考释》很快就在《辽海文物学刊》1993年第2期上发表，为辽史和契丹小字的研究增加了新资料。

　　阎先生平时不善言辞，记得在一次仅有的长谈中，先生告诉我不要因为某个课题去查阅辽史，而要通读辽史，精读辽史，从读书中发现问题进而研究问题，并叮嘱我要利用考古优势和联系广泛的条件，多方收集积累资料。做学问切忌急功近利，浅尝辄止，只有这样，做起学问来，才能触类旁通，游刃有余。使我感到汗颜的是，至今我亦未能做到通读辽史，实在惭愧。但我对读书治学很有兴趣，自知并非天资聪颖，还略显愚钝，但我一直在努力，相信笨鸟先飞，勤能补拙的道理。郭大顺先生说过，当他临近退休时，当时还健在的苏秉琦先生赠他一句话："六十岁，新起点。"这句话我曾反复研读，获益颇多。2007年1月我退休以后，觉得这是我有生以来最好的时光，精力充沛，时间充裕。家有贤妻王福芝，默默地承担了全部家务，使我可以集中精力认真读书著述，由少聚多，每年在学术上都有新收获。努力按照西班牙著名女影星埃琳娜·安娜亚座右铭："日复一日，一步一个脚印，脚踏实地的工作。"少说多做，笔耕不辍，退而不休，奉献余热。逐步落实晚年以收集和研究辽代碑志为主的读书写作计划，争取笔耕至耄耋之年，努力将一生的读书积累转化为更多的学术成果，虽已年过七旬，两鬓渐白，但仍需自勉再加鞭，加快脚步，多做贡献，争取在学术领域盛开的百花园里取得更加丰硕的成果，在辽宁省文博界和辽金史学术界留下一名跋涉者的足迹。

　　阎万章先生学识渊博，学养深厚，著述丰厚，待人谦和，是受人尊敬的前辈师长和

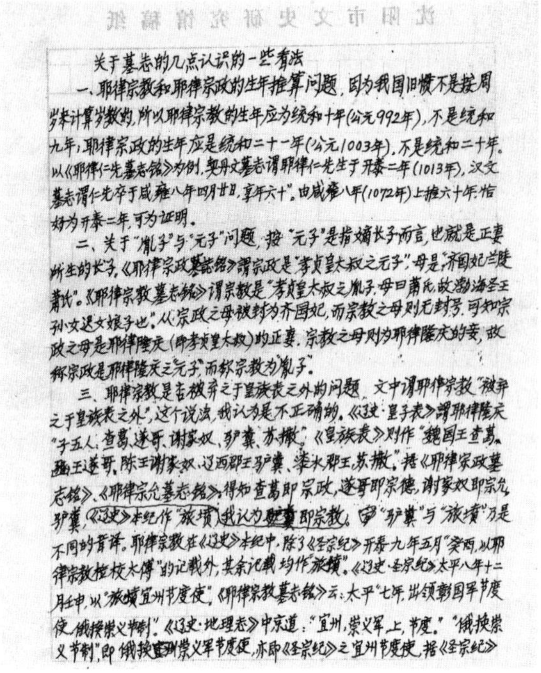

图四　阎万章先生审阅耶律宗教墓志手迹

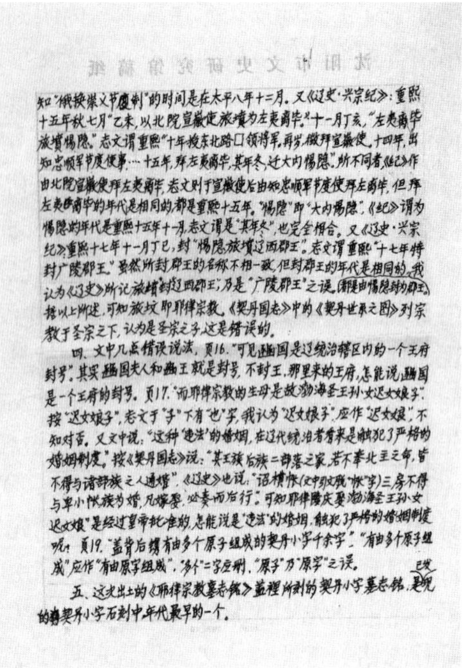

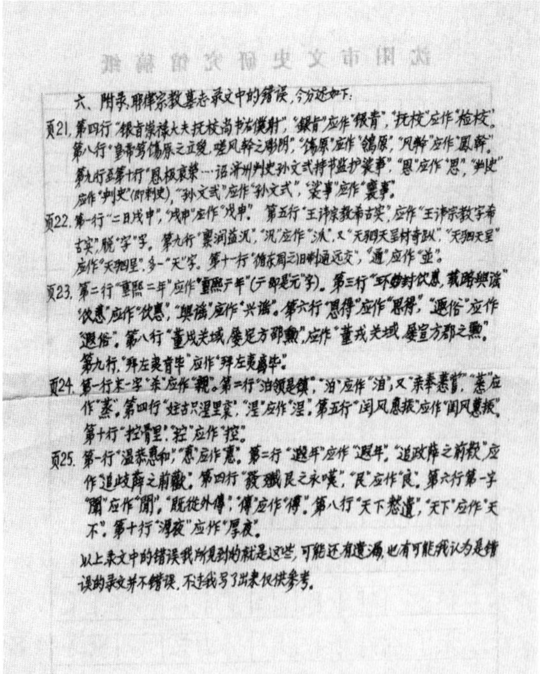

学术大家。在渤海史、辽史、契丹语言文字、辽代陶瓷、辽代历史地理、版画、古地图等诸多领域，都有很深的造诣和丰硕的成果。年过七旬以后，因年高体衰，更多的学术成果没能及时整理发表，至为可惜。就连计划多年的准备与王绵厚先生合作编著的《辽史地理志疏证》一书亦未能启动完成，诚为憾事。但可以告慰先生的是，2009年9月在辽宁省博物馆建馆60周年之际，由辽宁省博物馆编《阎万章文集》精装本已由辽海出版社出版。作为后学晚辈，我们要将先生谦逊谨慎、治学严谨的学风发扬光大，传承下去，激励我们奋力前行。

写于2022年端午节

（李宇峰　辽宁省文物考古研究院）

纪念阎万章先生100周年诞辰

辽太祖诸弟家族分地问题浅探

都兴智

内容提要：辽代契丹贵族的分地，又称领地，即部族和家族封地。辽太祖诸弟的家族分地到底在哪里，这是一个值得探讨的问题。通过对近些年新发现的考古资料进行考察，同时结合史料记载初步探讨发现，太祖同母幼弟安端因其子察割弑世宗而绝嗣，无分地。其余诸弟的分地大体如下：二弟剌葛的家族分地在今内蒙古赤峰市元宝山区小五家子乡一带；三弟迭剌家族分地在今内蒙古喀喇沁旗境内；四弟寅底石家族分地在今辽宁阜新县卧凤沟乡一带；同父异母弟耶律苏的家族分地在今通辽市开鲁县东风镇附近。

关键词：分地　剌葛家族　迭剌家族　寅底石家族　耶律苏家族

《辽史·营卫志中·部族上》记："旧《志》曰：'契丹之初，草居野次，靡有定所。至涅里始制部族，各有分地。'"所谓部族分地，即部族封地，也就是部落或家族的领地，与后世蒙古人"兀鲁思"的概念基本相似。辽代宗室及其他贵族的分地具体分布在今天的什么地方，这个问题很值得研究。迄今为止，在辽代契丹族生活过的地方发现了许多契丹贵族的墓葬，出土了墓志、碑刻和其他有价值的文物，为我们了解相关问题提供了丰富的资料，本文充分利用这些珍贵的资料，并借助前贤的研究成果，试对辽太祖几个弟弟的家族分地问题做粗浅探讨。

一、剌葛家族的分地

辽太祖耶律阿保机有兄弟六人，其中同胞五人：太祖居长；二弟剌葛，字率懒；三弟迭剌，字云独昆；四弟寅底石，字阿辛；五弟安端，字猥隐。六弟名苏，字云独昆，与太祖同父异母。

辽代九个皇帝、孝文皇太弟律律隆庆、两个太后各建一个宫卫，契丹语称为"斡鲁朵"，一个地位特殊的大臣韩德让建"文中王府"，合称"十二宫一府"，其他贵族大臣有的建有投下州。宫卫和投下州所领的州县就是皇帝、皇后和韩德让及贵族大臣的私人分地。太祖所建的宫卫称弘义宫。关于太祖弟弟们的分地在什么地方，文献上是很少记载的。

太祖二弟剌葛的分地，有两方墓志和一通碑文的记载为我们提供了一些信息。2000

年8月12日，在今内蒙古自治区赤峰市元宝山区小五家子回族大营子村一座辽墓中出土了两方墓志：一方是契丹大字墓志，另一方是汉字墓志。根据两方墓志志文内容，结合《创建静安寺碑铭》的记载，知这是一座夫妻合葬墓，契丹大字墓志主人是辽代宗室贵族耶律昌允，该墓志被契丹文字研究专家命名为《耶律昌允墓志》。汉字墓志主人是昌允之妻萧氏，称为《兰陵郡夫人萧氏墓志》[1]。据刘凤翥先生对《耶律昌允墓志》的解读，其志文第5行记昌允的先祖是"天金皇帝之同胞之弟剌葛"，第6～7行记载，剌葛第三子为"孩里·拔里得令公"。拔里得长子留隐·海里大王。按，"天金皇帝"，即指辽太祖。孩里·拔里得，《辽史·皇族表》记剌葛有二子，为赛宝、拔里。拔里，《辽史》卷76本传记作拔里得。谓"耶律拔里得，字孩邻，太祖弟剌葛之子。太宗即位，以亲爱见任"。《契丹国志》记："麻荅，太宗之从弟也。"[2] 麻荅，即拔里得。由《耶律昌允墓志》志文知拔里得是剌葛第三子，孩里，孩邻，亦作"海里"，为同音异译，是拔里得的第二个契丹名，《辽史》称为字。留隐·海里大王，即《辽史》及《创建静安寺碑铭》所记的南大王耶律璟。刘凤翥、王云龙据《创建静安寺碑铭》的内容考证出耶律昌允家族的具体世系是：一世剌葛；二世孩里·拔里得；三世"留隐·海里"（耶律璟）；四世耶律宁；五世耶律昌允[3]。关于耶律昌允夫妇墓葬的具体位置，《兰陵郡夫人萧氏墓志》记："归（葬）于义州北塔山之阳。大安八年壬申岁正月壬寅二日乙酉癸时，启先太师之茔合祔焉，礼也。"按，塔山，即墓葬所在的小山，以山上有一座辽塔而得名。据相关考古发掘材料介绍，曾在同一墓地另一座辽墓中发现墓志碎片，上有"佛山"字样，知此山又名佛山。《耶律昌允墓志》第21行记有："祖父大王之墓。"祖父大王无疑是指昌允之祖南大王耶律璟。虽然以下的契丹大字尚不能解读，但这应该是叙述昌允下葬在其祖父墓侧的具体位置，说明此处就是剌葛的家族墓地。《创建静安寺碑铭》记耶律昌允，"协辅王室，许国之勋即著，并啟土宇，裂壤之锡斯在。天邑之北，仅余百里，则公之故地焉。岚凝翠叠，曰佛山。山之足，民屋聚居，郡邑之大曰义州，今兰陵郡夫人萧氏主之，即太师公（昌允）之妻也"[4]。关于义州，《辽史·地理志》失载，但《契丹国志》卷22《诸藩臣投下州二十三处》中记有义州。学术界以前对于辽代义州的地望问题研究也是众说纷纭，《辽代地理志汇释》将辽代义州义丰县旧治比定在今内蒙古翁牛特旗东北西拉木伦河南岸[5]。其说不确。天邑，即都城。此碑文中所记的天邑是指辽中京大定府，旧址在今内蒙古宁城县大明乡古城，因辽代中后期，中京实际上已经成为全国的统治中心。经考古调查发现，在今大营子村附近的塔子川地方有一座辽代古城址，东西宽400多米，南北长800余米。城址正好位于辽中京旧址北50余千米之处，从城址的规模、方位等综合分析，应该就是义州旧治。义州既称"裂壤之锡"、耶律昌允的故地，无疑是其家族的投下州。据上引墓志和碑文所记，

---

1 《契丹大字耶律昌允墓志铭》《汉字耶律昌允妻兰陵郡夫人萧氏墓志铭》，详见刘凤翥《契丹文字研究类编》第二册，中华书局，2014年，第523、529页。
2 （宋）叶隆礼撰，贾册敬、林荣贵点校：《契丹国志》卷17《麻荅传》，上海古籍出版社，1985年。
3 刘凤翥、王云龙：《契丹大字耶律昌允墓志铭之研究》，《燕京学报》2004年第17期。
4 《创建静安寺碑铭》，《全辽文》，中华书局，1982年，第199页。
5 张修桂、赖青寿：《辽史地理志汇释》，安徽教育出版社，2001年，第42页。

知昌允先逝，死后由其妻萧氏主领义州。由此不难得出结论，今大营子村耶律昌允家族墓地及当时的义州所统之地就是剌葛家族的分地。

二、迭剌家族分地

太祖三弟迭剌是个非常聪明的人，太祖对他的评价是："迭剌之智，卒然图功，吾所不及；缓以谋事，不如我。"[6]契丹人本不懂回纥语，迭剌与回纥使者相处两旬，遂通其语言文字，并根据回纥语言文字的造字原理，创制了契丹小字。关于迭剌的后裔，《辽史·皇族表》只记有其孙合住，镇国节度使。合住之名，见诸《宋朝事实类苑》、《太平治迹统类》及《续资治通鉴长编》等宋朝文献。其《辽史》本传记："耶律合住，字粘衮，太祖弟迭剌之孙。"[7]合住，《辽史·景宗纪》保宁六年三月作"昌主"。《续资治通鉴长编》作"昌术"。按"昌"当为"曷"字之讹，曷术、曷主与合住是其契丹孩子名的同音异译。

合住汉名琮，其墓葬在今内蒙古赤峰市喀喇沁旗西桥乡松岭之铁匠营子村，墓前原立有神道碑，1971年遭人为破坏，今碑已不存。碑文记载："公讳琮，字伯玉，列祖讳匀睹衮，乃大圣皇帝之同母弟也。"又颂扬匀睹衮的功绩曰"肇敞国章，殆兴文规"[8]。按，"匀睹衮"，即迭剌第二个契丹名"云独昆"的汉字同音异译。"肇敞国章，殆兴文规"则是指迭剌创制契丹小字之事。更为可贵的是，碑文上记载了耶律琮的父名："列考讳允，与嗣圣皇帝为从昆弟。"嗣圣皇帝，指辽太宗耶律德光。耶律琮之父耶律允，其名《辽史·皇族表》与《辽史·合住传》均失载，此可补《辽史》之缺。碑文中有"分茅列土，东郊末□□于伯禽"，所损两字虽不明，但这两句话显然是指迭剌家族分封土地之事。

碑文又记，耶律琮死后，其妻携二子及门生故吏到马盂山考察，最后为他选定了墓地，说明他下葬的地方并不是祖坟地。马盂山是老哈河的发源地，其墓葬所在地应该是迭剌家族的领地范围。耶律琮一直在辽宋边境地区为官，死后归葬故里，是人之常情，因为他绝不可能葬在别人的领地上。碑文同时还记载了两大封建庄园及庄主，为"马盂山庄主首李琼美""凌河庄主首李琼营"。两个庄主为同姓，很可能是兄弟关系。从姓氏来看，应该是汉人或渤海人。迭剌家族是否在喀喇沁建有投下州，不得而知，但这两个封建庄园无疑是耶律琮家族的部曲。

1995年5月，在喀喇沁旗宫营子乡（今马鞍山乡）郑家卧堡村，发现了契丹小字《永宁郎君墓志》。据乌拉熙春教授研究后认为，永宁郎君也是迭剌的后裔，为迭剌另一个儿子某令公六世孙，并在相关的研究文章中列出了迭剌家族详细的世系表[9]。《永

---

6 《辽史》卷64《皇子表》，中华书局，1974年。
7 《辽史》卷86《耶律律合住传》，中华书局，1974年。
8 朱子方：《辽耶律琮神道碑碑文校正与阐释》，《辽海文物学刊》1996年第2期；李逸友：《辽耶律琮墓石刻及神道碑铭》，《东北历史与考古（第1辑）》，文物出版社，1982年。
9 详见乌拉熙春：《初鲁得氏族考》，《爱新觉罗乌拉熙春女真契丹学研究》，松香堂书店，2009年，第221页。

宁郎君墓志》与《耶律琮神道碑》发现地相距不过15华里。以上所说的考古发现证明迭刺家族的分地无疑在今喀喇沁旗境内。

三、寅底石家族的分地

　　太祖四弟寅底石生性懦弱，虽然多次参与以刺葛为首发动的反对太祖的叛乱，但太祖始终优容之。太祖临终前，封寅底石为守太师、政事令，命其辅佐东丹王耶律倍。寅底石与太祖淳钦皇后不和，太祖崩，寅底石往东丹赴任，淳钦皇后遣司徒划沙截杀寅底石于途中。兴宗重熙年间，追封寅底石为许国王。关于寅底石的后裔，《辽史·皇子表》只记有一孙名阿烈，《辽史·皇族表》记其四子之名，即刘哥、盆都、化葛里和奚蹇，孙阿烈官中书令，从所列世系表看，阿烈是寅底石另一个儿之子，说明寅底石至少有五个儿子。据《辽史》记载，刘哥生性骄狠凶顽，对淳钦皇后杀其父一直耿耿于怀。太宗灭晋，崩于返程途中，世宗不上请而即皇位于镇阳，激怒祖母淳钦太后，祖孙兵戎相见，双方对阵于潢河横渡。刘哥与皇叔安端领本部兵马助阵，坚定地站在世宗一边。"横渡之约"缔结后，淳钦太后质问刘哥："汝何怨而叛？"刘哥对曰："臣父无罪，太后杀之，以此怨耳。"[10]刘哥后来因参与萧翰谋反案，被流放乌古部，死于边地。同母弟盆都，异母弟化葛里和奚蹇，后来皆因参加谋反而遭诛杀。估计这兄弟四人的后代可能都被杀绝了，所以留下来的只有孙阿烈这一支。《辽史·皇族表》又记寅底石有八世孙混同郡王斡特剌。耶律斡特剌，《辽史》有传。其本传记："耶律斡特剌，字乙辛隐，许国王寅底石六世孙。"[11]所记之世系与《辽史·皇族表》稍异，不知二者哪个为准。

　　1975年秋，在辽宁阜新蒙古族自治县卧凤沟乡白台沟村的流井沟山坡上发现一座辽墓，墓中出土一合契丹小字墓志，经过契丹文专家对墓志志文的释读和研究，认定墓主人即耶律斡特剌，简称《许王墓志》。墓志刻于天祚帝乾统五年（1105）。《许王墓志》志盖中央刻"遼国许王墓誌"两行六个汉字，右刻一行稍小一点的汉字为"掩闭日甘露降"，左刻一行契丹小字，与右边的汉字是对译的。迄今为止发现的契丹小字石刻资料只有这件和陕西唐乾陵的金代《郎君纪行》是契丹文与汉文对译的，故弥足珍贵，志盖上的对译汉字和契丹小字已被编入初中历史课本中。契丹小字的志文刻在志石的正面、侧面和背面，除去残损的，共存2162字。根据刘凤翥先生解读出来的志文，其第8行记墓主人的名字是："孩子名斡特剌，第二个名乙辛隐。"与《辽史》本传所记相符。第5行记墓主人"先祖天金皇帝之胞弟"。下面的契丹小字由三个原字组成，应是"寅底石"三字的拼写[12]。志文还记载，墓主人之父名兀哩，曾追封中书令兼侍中，母封晋国夫人，斡特剌是其第二子。这说明他还有其他兄弟。墓主人官至洛京留守、开府仪同三司兼中书令，封混同郡王，死后追封于越、尚父、许王。死于乾统五年，享年70

10　《辽史》卷113《刘哥传》，中华书局，1974年。
11　《辽史》卷97《耶律斡特剌传》，中华书局，1974年。
12　参见刘凤翥：《契丹文字研究类编》第三册下，中华书局，2014年，第927页。

岁。他有四个妻子，生了一大群儿女，志文中所记的儿子就有彭寿、长寿、思寿、德寿、荣寿、福寿、清寿等，可见其家族人丁兴旺。据墓葬所在地推断，寅底石后裔家族的分地应当在今阜新县卧凤沟乡一带。

至于太祖同母幼弟安端，因其子察割弑世宗，后被处决，察割诸子系逆党直系，亦"皆伏诛"[13]，估计这支已经绝后了。

四、耶律苏家族的分地

太祖异母弟耶律苏，其契丹孩子名与迭剌相同，也为"云独昆"。《辽史》卷110《耶律燕哥传》："耶律燕哥，字善宁，季父房之后。四世祖鐸稳，太祖异母弟。"中华书局《辽史》校勘记："疑鐸稳即是云独昆。"[14]《辽史·皇子表》记耶律苏为人"言无隐情，太祖尤爱之"。说明他是一个性格直率之人。剌葛领其他几个兄弟发动叛乱，反对太祖，双方以武力对决过程中，耶律苏左右斡旋，最后说服剌葛等放下武器，归服太祖，耶律苏在太祖平定诸弟反叛过程中起到很重要的作用。他对太祖忠心耿耿，所以受到太祖的赏识和重用，成为太祖朝二十功臣之一。神册五年出任大内惕隐，翌年拜南府宰相。大内惕隐是管理耶律氏宗室成员的最高机构大内惕隐司的长官，其职位历来都是由皇帝宠信的宗室资历辈分较高的成员担任，从不轻易授人。但耶律苏在担任南府宰相过程中却名声不佳，据说有受贿行为，曾引起民怨。

关于耶律苏的后裔，《辽史·皇族表》记有孙尚父耶律奴瓜，为第三世；第五世有奴瓜孙北院枢密使颇的、惕隐蒲古；第六世北院枢密使霞抹（颇的之子）、铁骊（蒲古之子）。

2016年6月，内蒙古考古研究所与开鲁县博物馆的部分考古工作者组成联合考古队，清理发掘了通辽市开鲁县东风镇金宝屯附近的两座大型辽墓，编号为一号和二号墓。在一号墓中发现了类似墓志的墨书题记。题记内容虽然残缺不全，但仍然透露出许多有价值的历史信息。两座辽墓位于金宝屯东南约5千米，墨书题记原题写在一号墓甬道的白灰墙壁上，分别为汉字和契丹大字。可惜的是，该墓已多次被盗，墓中遭到严重破坏，随葬品所剩无几，发掘时墨书题字几乎从墙壁上脱落殆尽，变成碎片。经过初步研究，能识别出来的有百余字。汉字能识别出来的有"蒲骨""夷离""惕隐""削铭志""浑源""为生""四女""男""女""六""聟（音xu，同婿）""小二人""一人早（亡）""纔启""妻生""人小若""长而""罹难""葬于龙化州西"等。2018年8月，由韩世明、连吉林和笔者三人对墨书碎片又进行了认真的拼对，并请契丹文字专家刘风翥先生对墨书碎片中契丹大字进行识辨。目前能解读出来的契丹大字有"孩子（至少出现三次）""之祗侯""龙（辰）""夫（府）""之""大""女""二十"等。

根据辨认出的题记文字推测，墓主人的妻子可能先后生了六个儿女，为四女二男，

---

13 《辽史》卷112《察割传》，中华书局，1974年。
14 《辽史》卷66《皇族表》校勘记（二十），中华书局，1974年。

其中一男早亡。汉字和契丹字中均有"辰（龙）"字，当是叙述天干地支龙年的。"□西日"可能是墓主人下葬的日子。一号墓的墓主人是谁？主持发掘的连吉林先生及其他参加发掘的考古专业人士根据墨书题记中"蒲骨""夷离""惕隐""削铭志"等文字记载和墓葬的规模及随葬品档次，初步推测此人就是《辽史》上所记的耶律蒲古。"耶律蒲古，字提隐，太祖弟苏四世孙，以勇武著称"。蒲古曾先后担任涿州刺史、上京内客省副使、广德军（乾州）节度使、东京统军使等职。"（圣宗太平）九年，大延琳叛，以书结保州。夏行美执其人送蒲古，蒲古入据保州，延琳气沮。以功拜惕隐。十一年，为其子铁骊所弑。"[15]

通过进一步对墨书题记碎片的拼对和识辨，笔者认为该墓发掘者当初对墓主人身份的推测是完全站得住脚的，理由有以下几点：

第一，一号墓和二号墓都是规模很大的贵族墓，左右排列，主人很可能是兄弟。墓室内壁均绘有精美的彩色壁画，特别是一号墓，壁画门楣下绘有飞龙形象，还有从墓中发现的许多高级金银随葬品，墓室用琉璃砖砌成。辽代贵族包括许多高级的契丹和汉族贵族墓葬罕见使用琉璃砖的。迄今为止，墓葬使用琉璃砖砌成者只有耶律羽之墓，此为已发现辽代契丹贵族墓之第二例。这些都说明此墓主人无疑应属于皇族成员，其身份与耶律蒲古的身份相符。

第二，墨书题记中有"蒲骨"二字，应该是墓主人的契丹名。"蒲骨"，与《辽史》所记的"蒲古"为同一契丹语的不同汉字异译。墨书题记中出现"惕隐"这一官名，与《辽史》本传所记蒲古的最后任职完全相同。蒲古是在平定了大延琳之乱后以功晋惕隐之职。按皇族世系排，蒲古与景宗同辈，为圣宗长辈，加之平叛有功，故得授此职。题记中"惕隐"当是叙述墓主人所任的官名。

第三，从墓室内壁画的绘画特点和风格及随葬品的特征来看，一号墓的下葬时间应在辽代中期。《辽史》本传明确记载，耶律蒲古死于圣宗太平十一年（1031），时间亦基本相符。

第四，墨书题记中有"罹难""殁"字样，"难"字在碎片中左边虽有残缺，但基本上能看出字形来。罹难，即遭遇不幸，殁，死亡。这三个字出现在题记中，就是委婉地叙述墓主人遭遇不幸而死，这与《辽史》所记耶律蒲古最后被其子所弑的人生结局又完全吻合。用罹难而殁不过是书写题记者的曲笔而已。

根据考古工作者对金宝屯辽墓一、二号墓附近的勘探和调查证明，在已经发掘的两座墓葬周围，还有数座规模相似的大型辽墓。所以笔者推测，那里应该是耶律苏的家族墓地。进而推断，今开鲁之地应该是皇族耶律苏家族的领地。

（都兴智　辽宁师范大学）

15　《辽史》卷87《耶律蒲古传》，中华书局，1974年，第1336页。

纪念阎万章先生100周年诞辰

辽《秦德昌墓志》"记事"发覆

张国庆

内容提要：辽《秦德昌墓志》"记事"比较丰富，除了依墓志铭体例必记之内容，诸如志主家世生平、职阶勋爵以及妻子儿女等，还有另外一些"记事"，则从不同侧面反映了契丹辽朝某些社会与文化现象。比如，墓志铭到底由谁撰写才能趋正避错，多实少虚；官宦子弟可入官侍御，由此走上仕宦坦途；奇婚异俗下生"子"，反映了辽人非常之纲伦；外事交涉中，"非礼"与"遵规"可以辩证运用；墓志铭或人物传记作者可为昭告官贵人士吉凶祸福皆有因而编造各种"兆象"，亦可为显示佛教信徒生命终点均见果而杜撰相关"灵异"；志主家人祈望逝者安息有佳所，常另迁家族墓地于新址，等等。总之，《秦德昌墓志》"记事"中反映的各种社会与文化现象，是为颇具时代与地域特色的辽文化之一侧。

关键词：契丹辽朝　《秦德昌墓志》　记事　发覆　社会文化现象

辽道宗大康四年（1078）镌刻的《秦德昌墓志》，1990年6月出土于辽宁省朝阳市建平县三家子乡五十家子村东南波大沟一座辽墓中。据"志文"记载，志主秦德昌病逝于辽道宗咸雍十年（1074），"享寿七十八"。古人年龄均以虚岁计，以此前推，秦德昌当出生于辽圣宗统和十五年（997）。"志文"记载秦德昌的职官阶衔为"彰德军节度、湘沣泾渭等州观察处置等使"。"彰德军"为北宋相州军号，而"湘沣泾渭等州"也不在契丹辽国境内（辽有一头下州"渭州"，属上京道，非秦德昌结衔所涉之州），可知这些官职应为秦德昌的遥领虚衔。秦德昌的一生主要活动在辽朝中后期的圣宗、兴宗和道宗三朝。圣宗朝后期至兴宗朝，秦德昌一直任职于朝廷，时间较长，官衔虽不高，但职位比较重要。"太平初，自左番殿直一入阁门垂四十载。凡正升兼领之务，常三印五印为之佩，然非苏相国之俦，亦当世荣之。盖心膂手足之任，不可外也。"兴宗朝末期至道宗朝前期，秦德昌被外放地方任职。"重熙末，始辍外官，历安、营、恩、榆等四郡刺史，永、利二州观察使，玄宁、奉陵、天城、保安等九军节度使。"[1]《秦德昌墓志》出土后，有都兴智、田立坤二先生合作撰写《辽〈秦德昌墓志〉考》[2]

1　向南、张国庆、李宇峰辑注：《辽代石刻文续编》，辽宁人民出版社，2010年，第166、167页。
2　都兴智、田立坤：《辽〈秦德昌墓志〉考》，《辽海文物学刊》1995年第2期。

一文，对秦德昌的家世生平、秦德昌的官职及阶勋爵禄、秦德昌任职地方所涉历史地理、秦德昌出使北宋与西夏事迹以及秦德昌的妻子儿女等，均做了考证，对我们释读"志文"，了解辽朝中后期朝野史事，大有裨益。但细读《秦德昌墓志》文字，笔者发现其中一些"记事"所反映的问题，仍让人云里雾里，难窥全豹。所以，有必要以《秦德昌墓志》"记事"内容为底本，检索相关出土石刻文字，结合《辽史》等传世文献，对《秦德昌墓志》"记事"内容所反映的一些社会与文化现象，做一番发覆考索，以期开释契丹辽朝某些史事之谜团。

一、"实"与"不实"：墓志铭由谁撰写的纠结

《秦德昌墓志》"记事"：

墓志铭撰写者："文慧大师赐紫沙门□□。"

由"沙门□□"撰写《秦德昌墓志》之缘由："乃者，镇国寺文□□主、诠圆大德、赐紫蕴才持其先君行状以扣余曰：皇考之实，朝野词人谙之，□□□□来门馆之虚□□□□，□承其命，虽有子举进士，宜扬父之美，恐来者以自衒为罪而不之信。""师之于人，情无妄交，言不妄发，硕志石□□□□□之耿光，不坠于地。"[3]

十多年前，笔者曾撰文，将出土的辽人墓志铭撰写者详细分类[4]。若做大致归纳，主要为两种人：一是墓主家人与戚属；二是相识并熟悉的外人，或不熟但与丧家有某种关联的外人。

不管是否为表面文章，古人撰写墓志铭，都言称要做到真实不虚，详尽无误。但往往为丧家荣誉计，在撰写过程中，为逝者讳恶溢美，为家族攀附虚夸等，也都心知肚明，难以回避。诚如北宋胡楷请范仲淹为其父胡则撰写墓志铭时所言："《礼经》谓称扬先祖之美，以明著于后世，此孝子孝孙之心也。"[5]辽人亦不例外。那么，墓志铭到底该由谁来撰写，才能做到真实而不虚假呢？秦德昌次子、赐紫沙门蕴才即认为：父亲的墓志铭若请外人撰写，或可做到"情无妄交，言不妄发"，避免虚夸，事迹真实；如果由"举进士"的秦德昌"幼子"秦琪来写，就很可能因"扬父之美"，致"来者以自衒为罪而不之信"。于是，蕴才便决定邀请与秦家相熟的"文慧大师赐紫沙门□□"来为亡父撰写墓志铭。

检索出土辽代墓志石刻，笔者发现，辽人对由谁来为逝者撰写墓志铭更接近客观真实，少些溢美虚夸与遗漏错讹，确是颇为纠结。

由外人撰写墓志铭，如果撰写者是为逝者相熟的生前好友、同僚或属下，如果丧家为撰写者提供的逝者"行状"真实细致，没有向撰写者施加压力，提出任何不合理的

3　向南、张国庆、李宇峰辑注：《辽代石刻文续编》，辽宁人民出版社，2010年，第166页。

4　张国庆、于航：《辽代丧葬礼俗：生者为亡者镌志刻幢——以辽代石刻为史料》，《东北史地》2009年第1期。

5　（宋）范仲淹撰，（清）范能濬编集，薛正兴点校：《范仲淹全集·范文正公文集》卷13《兵部侍郎致仕胡公墓志铭》，凤凰出版社，2004年，第284页。

撰写请求，那么，在这种情况下写出来的墓志铭，大多应该真实可信。譬如，辽道宗寿昌四年（1098）的《邓中举墓志》撰写者为"右拾遗龚谊"。龚谊曾为邓中举的衙府僚属与多年好友，二人相熟。邓中举的儿子即认为，请龚谊为父亲撰写墓志铭，应该能够做到真实详尽。"葬得日，次子纯曰：'先君之待子有素矣！子之知先君有年矣，敢请以文铭。'应曰：'诺！'"[6]与之相类的例子还有天祚帝乾统十年（1110）的《宁鉴墓志》撰写者"史馆修撰虞仲文"。虞仲文与志主宁鉴生前为多年朋友，又是同科加同僚。宁鉴去世六年后入葬，宁鉴之子请虞仲文为父亲撰写墓志铭，也是为使墓志铭的内容真实不虚。"仲文浃日病卧，汤药镬石莫入。家奴云：故忠顺军副使仲子福惠至。出其兄手书，且言先君葬有日，来请铭。读未尽纸，忽不觉疾已。仲文始识君于马城，一见固已相奇。及同年登科，又俱宦江北，定生死交。后十余年，先我物故，儿女细弱，使孤骨客他土，不得归葬。每一思之，涕与血下。书来，喜可知也，能不铭？"[7]在《宁鉴墓志铭》中，虞仲文对宁鉴的生平事迹，也的确做到了客观书写。比如宁鉴在道宗朝曾受张孝杰案牵连，"流议中君"；宁鉴在天祚帝乾统二年（1102）任"接伴南宋人使，以小心得过，出为忠顺军节度副使"，等等，虞仲文均如实记录于"志文"。

但"请讬"外人撰写墓志铭也不是没有短板。因为撰写者即便与志主或丧家相熟，也不可能事事详知，件件了然，如果丧家不能提供逝者详尽的"行状"，或提供的"行状"内容有错，那么，如此情形下写出来的墓志铭，很可能会有所遗漏，或出现错讹。如果撰写者仅仅是为丧家花钱"请讬"，与逝者并不十分熟悉，而且逝者子女为了家族荣誉又向撰写者提出了某种特殊要求，那么，在这种背景下写出来的墓志铭，出现隐讳溢美、夸大不实以及遗漏错讹等现象，也就在所难免了。

检索出土辽人墓志铭，"志文"内容出现一些常识性错误或者硬伤，确实多为"外人"所撰写。譬如，辽道宗大康九年（1083）《耶律元佐墓志》的作者为"宣义郎、守尚书虞部员外郎、骑都尉、赐绯鱼袋高士宁"。高士宁为耶律元佐撰写墓志铭即属"请讬"。"请镌碣石，永秘泉扃，牢让诚难，谨书铭曰。"高士宁在"志文"中介绍志主先辈官职爵衔时即出现了严重错误。"公姓耶律，讳元佐。祖，故燕京留守、枢密使、尚父、秦王讳知古。翁，西南面五押招讨使、同政事门下平章事耶律德威。父，故大内惕隐，同中书门下平章事，讳遂正，公即长子也。"[8]耶律元佐本姓"韩"，是辽代汉人世家大族韩知古韩氏家族后人，"耶律"为赐姓。"志文"中的"知古"应指"韩知古"。韩知古是耶律（韩）元佐的高祖，但生前死后均未封赠王爵。因而，"志文"中的"秦王"显然是耶律（韩）元佐的曾祖韩匡嗣。辽圣宗统和三年（985）的《韩匡嗣墓志》记载："东井分野，西汉山河，将启真封，允归元辅，授（韩匡嗣）晋昌军节度使，加尚父、京兆尹，进封秦王。"[9]高士宁张冠李戴，将"韩匡嗣"错书为"韩知古"，将原本是韩匡嗣的王爵硬加在了韩知古头上。大错也！

6　向南：《辽代石刻文编》，河北教育出版社，1995年，第489页。
7　向南：《辽代石刻文编》，河北教育出版社，1995年，第606页。
8　向南、张国庆、李宇峰辑注：《辽代石刻文续编》，辽宁人民出版社，2010年，第177页。
9　向南、张国庆、李宇峰辑注：《辽代石刻文续编》，辽宁人民出版社，2010年，第24页。

相类的例证还见于天祚帝乾统七年（1107）的《梁国太妃墓志》。该墓志的撰写者为"乾文阁直学士、乾文阁待制、臣杨丘文"。对梁国太妃耶律氏来说，杨丘文亦属"外人"。杨丘文是否与丧家相熟，不得而知，因为杨丘文为梁国太妃耶律氏撰写墓志铭，属于"奉敕撰"，即遵从天祚帝的诏命而为之。杨丘文在"志文"中介绍志主梁国太妃的母亲姓氏时，出现了严重失误。"臣丘文谨按：妃姓耶律氏，即今仁文睿武元德大和神智圣孝天祚皇帝之外祖母也。出横帐第二族，乃玄祖皇帝之次男隋国王之后胤。曾大王父讳室罗，兼中书令。王父讳萨割里，左皮室详稳。父查剌囗鄬引，南宰相、漆水郡王。事兴朝以友视之。娶别胥耶律氏生妃。"[10]辽代契丹婚俗，皇族耶律氏与后族萧氏互为婚配。所以，在一个契丹人家庭内，子女和母亲绝对不可能为同一姓氏。在杨丘文撰写的墓志文中，"（梁国太）妃姓耶律氏"，出身于耶律姓横帐仲父房，属纯皇族血统。"隋国王"名耶律释鲁，是梁国太妃的远祖。梁国太妃的父亲契丹语名耶律鄬引，汉语名耶律思忠；长兄为耶律仁先，《辽史》有传，并有墓志铭出土。梁国太妃姓"耶律"，那么，她的母亲就应该姓"萧"。但杨丘文在墓志文中却记为：梁国太妃之父耶律鄬引"娶别胥耶律氏生妃"。"别胥"，契丹语夫人或妻子。按杨丘文所记，梁国太妃的母亲也姓"耶律"。大缪也！

由于丧家"请托"的外人好多并不熟知志主的全部人生轨迹，加之受学识水平等其他因素的影响，所以，在撰写墓志铭的过程中，出现择要而书、挂一漏万等现象也是屡见不鲜。这一点，撰志者大都心知肚明。比如，辽道宗大安九年（1093）《张匡正墓志》的作者（未见署名，应为志主之孙张世卿的朋友）在墓志铭的最后自述中，即明确表达了此种心态："大安九年岁次癸酉四月丁巳朔十五日辛酉乙时，改葬于雄武本郡之西北，增广茔所。无弃偏庸，请为记录。切以昭回，乃玄乡之曲，悉宗派间一寒士也，少习文墨，举进士业，辞翰之场，频战不利，虽三赴御殿，犹未捷于甲乙，乡人视之，寔厚颜矣。即日与孙男右班殿直卿，以心相友，虽翁殊母别，其相待与同气无异，而分义由是于行从之中，齿列在季孙世裔之上，故命予以为辞。处料才识学不能尽善人之美，凡公平生操履可称者，于十数之中，但记其三四尔，奈何！秉笔之下，文不可阙，聊为之铭。"[11]

外人被"请托"撰写墓志铭有一个难以回避的问题，那就是在丧家的要求或暗示之下，对志主家世郡望、事功德行等方面所作的假托溢美和隐讳虚饰。诚如《封氏闻见记·碑碣》所言："近代碑稍众，有力之家，多辇金帛以祈作者，虽人子罔极之心，顺情虚饰，遂成风俗。"[12]辽代墓志石刻中较为典型的例证，应以辽圣宗统和三年（985）《韩匡嗣墓志》中的志主韩匡嗣，以及辽道宗清宁四年（1058）《圣宗钦哀皇后哀册》中的圣宗钦哀皇后萧耨斤为最。《韩匡嗣墓志》和《圣宗钦哀皇后哀册》的作

10　向南、张国庆、李宇峰辑注：《辽代石刻文续编》，辽宁人民出版社，2010年，第257页。
11　向南、张国庆、李宇峰辑注：《辽代石刻文续编》，辽宁人民出版社，2010年，第214、215页。
12　（唐）封演：《封氏闻见记》卷6《碑碣》，（台湾）商务印书馆，1986年景印文渊阁四库全书，第862册，第445页。

者是如何对二人讳恶溢美的，可参见笔者《史学视域下的辽人墓志之用典》[13]一文，此不赘述。

由熟悉逝者的家人或戚属撰写墓志铭，或许是减少逝者事迹缺漏、讹误的一种选择。譬如，辽兴宗重熙二十二年（1053）的《王泽墓志》撰写者为志主次子、"尚书兵部侍郎"王纲。王纲之所以要亲自为亡父撰写墓志铭而不是"请托"外人，就是因为王纲的弟兄们认为他熟悉父亲的一切，由他写出来的墓志铭会详尽而全面，少有错讹和遗漏；倘若"请托"外人，不仅要向其提供父亲的"行状"，还担心写出来的文字出现虚假不实而遭人非议。王纲在"志文"的最后即阐述："子产云亡，遗爱动宣尼之泣；陈寔既殁，高行见蔡邕之铭。今诸孤等方在哀迷，思求论撰。谓纲曰：'若以编修行状，请托词人，况摅□□难周，虑加浮而取议。汝虽居丧，制不合文言，奈庭训久亲，家猷备悉，宜恭志于盛烈，俾垂信于大年，可谓孝乎，寔为□矣！'（纲）难遵礼让，少抒哀情，搦笔挥涕，强写岵瞻之思；攻珉镂德，庶过陵易之期。"[14]

类似的事例还有不少。如天祚帝天庆三年（1113）《马直温妻张馆墓志》的作者、"知忠顺军节度副使"张峤，是志主张馆的胞弟。张馆去世，马直温之所以函请张峤为其撰写墓志铭，亦是因为弟弟熟知姐姐的生平。"志文"云："适有人至，致马君之讣曰：'四月六日，小姐夫人云逝。仆年七十有二，牙齿动摇，耳目眩惑，志气渐弱，毛发日衰，老病沉锢，能久存乎？夫人舍我先逝，斯所谓少者殁而长者存，强者亡而病者全。'峤惊惶号恸，欲绝者数四。书尾又云：'去冬见子于燕，获请子之辞以志其夫妇。知生死之分，预营窀穸，以从先内翰侍郎夫人之兆也，幸愧其可。今夫人将以日月葬，必求子之铭，是其死而不为辱也。'峤乃夫人次三弟也，昔在未冠，击拂蒙困，皆自马君与夫人惠爱之德。况二宗族世名氏德业又甚详，敢不终始而铭之？"[15]

正是因为家人或戚属熟知逝者的生平事迹，由他们写出来的墓志铭可能会给人以全面和真实的感觉，所以，"征"与"实"也便成了他们撰写已故亲人墓志铭的追求与目标。譬如，辽道宗清宁三年（1057）《丁求谨墓志》的作者概为志主丁求谨的表姊（妹）婿，他在墓志文中即曾表述：自己撰写的（妻）表兄（弟）墓志铭，"既令德之有征，在属辞而无□（佞）"[16]。又如辽道宗清宁六年（1060）《赵匡禹墓志》的作者为志主赵匡禹的重孙、"守秘书省校书郎"赵潚。赵潚为曾祖父撰写墓志铭，也曾信誓旦旦地表示，他写出来的曾祖父事迹均属实录，绝无虚假。"志文"云："潚早承庇荫，未预云玄。奉先愧乏于孝恭，颂德惭刘于才藻。怀恩洒涕，且倍于常情；闻命属词，但征于实录。"[17]

由逝者的家人或戚属撰写的墓志铭果真能做到全而无遗、实而不虚吗？话题又回到

13　张国庆：《史学视域下的辽人墓志之用典》，《辽金历史与考古（第十一辑）》，科学出版社，2021年。

14　向南：《辽代石刻文编》，河北教育出版社，1995年，第262页。

15　向南：《辽代石刻文编》，河北教育出版社，1995年，第633页。

16　向南、张国庆、李宇峰辑注：《辽代石刻文续编》，辽宁人民出版社，2010年，第111页。

17　向南：《辽代石刻文编》，河北教育出版社，1995年，第301页。

《秦德昌墓志》上来。前已述及，秦德昌之子、沙门蕴才的观点正好与之相反。这样，在墓志铭的撰写问题上便出现了两难选择：墓志铭到底该由谁来写？是家人还是外人？这种无解之纠结，不仅仅出现在10～12世纪的辽代，受墓志铭文体及其特殊用途的影响，大约自"墓志铭"产生的那天就开始了。于是，也便有了历朝历代的一些文人学者对墓志铭记事，特别是涉及志主道德品行和军功政绩等方面"记事"的极度不信任。因而，有人亦便极力主张"禁碑"。如南朝刘宋著名史学家裴松之《请禁私碑表》即云："勒铭寡取信之实，刊石成虚伪之常，真假相蒙，殆使合美者不贵"，若"不加禁裁，其弊无已。"[18] 也有人认为墓志铭中只有记录志主先人世次、任官职衔、年龄寿数及乡里地名等内容尚较真实，其他则一概不论。如北宋著名学者欧阳修即言："其为毁誉难信盖如此，故余于碑志，惟取其世次、官、寿、乡里为正，至于功过善恶，未尝为据者以此也。"[19] 诸种观点，其说不一，孰是孰非，莫衷一是。

二、入宫伴射：皇帝身边侍臣的仕进一径

《秦德昌墓志》"记事"：

> 公初十六，会秦晋国王宅燕，见其体貌魁秀，知后必为伟器，因荐于圣宗，果顾之亦□□于禁掖，赐养母以育之。凡帐幄、敷设、饮食、服乘，随季所赐，与诸王子无异。侍御、仆从亦非内不出，常御手与之束带，饮侑将李太白调羹之宠，亦彼此一时也。初奉旨学饮，自小罂半而进之。不三数日，上欣然曰：秦德昌已得三盏矣！后非百觥不醉，时人谓之酒仙。时在东宫伴射而独善，故谓之秦破贴[20]。

这段"记事"比较详细地描述了年仅十六岁的燕京官宦子弟秦德昌，被时任燕京留守、圣宗之弟（皇太弟）、秦晋国王耶律隆庆看中，推荐入宫，深得圣宗皇帝崇爱，培训饮酒，伴射皇储之过程。

检索出土辽代石刻文字资料及《辽史》等文献史料，有辽一代，类似秦德昌这样的官宦子弟，青幼之年入宫，被当朝皇帝（或皇储）看重，与太子伴射或伴读，经过皇帝身边侍臣阶段，最终成为朝廷重臣或封疆大吏的事例还真是不少。诸如兴宗朝的耶律仁先。辽道宗咸雍八年（1072）的《耶律仁先墓志》记载："王（耶律仁先）幼而英敏，落落有体貌。兴宗皇帝始在储邸，一见如旧。暨登龙位，诏从銮跸。寻授左千牛卫将军，出入禁闼，给事左右。"[21] 出身契丹耶律氏皇族第二横帐的耶律仁先，青幼之年即与皇储耶律宗真一见如故，结为好友。其墓志铭虽然未明确记载被推荐入宫，但单凭他

18　（清）严可均辑：《全宋文》，商务印书馆，1999年，第153页。
19　（宋）欧阳棐：《集古录目》（行素草堂金石丛书本），光绪十四年（1888年），汇印本。
20　向南、张国庆、李宇峰辑注：《辽代石刻文续编》，辽宁人民出版社，2010年，第166页。
21　向南：《辽代石刻文编》，河北教育出版社，1995年，第352页。

与皇太子的亲密关系，经常出入"储邸"（东宫）是可能的。也正是因为有如此之经历和特殊之人脉，耶律宗真继承皇位之后，年纪轻轻的耶律仁先便很快被兴宗皇帝选拔为身边侍臣，颇受崇信，"诏从銮跸""出入禁闼""给事左右"，由此走上仕宦坦途。譬如，耶律仁先"兼领禁卫"，"又迁殿前副点检"，负责宫廷的保卫工作，兴宗皇帝便经常夸赞："唐有大亮，我有仁先，古今二人，彼此一时。""大亮"，即李大亮，唐初曾佐李渊和李世民御敌安边，侍卫东宫，有大功于唐。又如，高丽和女真犯边，在朝议领兵御敌的人选时，兴宗皇帝张口便说："仁先可往！"可见对其信任程度之高。重熙十三年（1044），时任"燕京留守同知"的耶律仁先等率军平定了武清李宜儿武装叛乱，事毕，兴宗皇帝不仅为耶律仁先加官晋爵，还将他和另一位平叛将领喻为唐初凌烟阁二十四功臣中的房玄龄和杜如晦，并赋诗赞美曰："自古贤臣耳所闻，今来良佐眼亲见。"至道宗朝，时任"南院枢密使"的耶律仁先在平定皇叔耶律宗元父子叛乱中，再立新功，被道宗皇帝敕"授北面枢密使、加尚父、守太傅、安邦卫社尽忠平乱同德功臣"[22]。

耶律仁先的四弟耶律智先、五弟耶律信先亦同长兄一样，曾享受青幼被荐入宫、深得当朝皇帝青睐、与皇子友善、忝列侍臣之位而步入仕途的特殊恩遇。如《辽史·耶律信先传》记载："信先，兴宗以其父瑰引为刺血友，幼养于宫，善骑射。重熙十四年为左护卫太保，同知殿前点检司事。"[23]至道宗清宁初年，耶律信先已升任南面林牙之职。另据辽道宗大安十年（1094）的《耶律智先墓志》记载："（耶律智先）七八岁，孝友谦敬，得于性受。弱冠，富文武器，兴宗皇帝召以赴阙，置之近班，凡服用骑乘皆府厩给。未几，授小将军。"与长兄及五弟所走仕途稍有不同的是，耶律智先"赴阙"侍御不久，便以父母年老需要照顾为由，离开了宫廷。"俾还其家，朝夕供侍，未尝离几杖。及宰相别胥薨，庐于坟侧。"此后，耶律智先在家乡组织团练，协助官兵剿灭以范则为首的匪患，亦得到朝廷嘉奖，"累官果州防御使"[24]。

有辽一代，一些被推荐入宫的年轻官宦子弟，在宫中伴射或伴读时，不仅享受着优厚的物质生活待遇，"凡帐幄、敷设、饮食、服乘，随季所赐，与诸王子无异。侍御、仆从亦非内不出"，"凡服用骑乘皆府厩给"[25]；同时，还享着另一种崇高的政治待遇，那就是被视为皇帝"养子"，与皇子"联名"。如圣宗、兴宗和道宗三朝元老耶律宗福。耶律宗福本姓"韩"，是韩知古韩氏家族后裔。"耶律"是其赐姓，"宗福"为其赐名（与皇子"耶律宗真"联名）。辽圣宗统和年间，年轻的耶律宗福被选拔入宫，先是在皇帝身边为近侍，再任南府宰相，最后赐封韩王，走上了一条与秦德昌、耶律仁先等相似的仕宦之路。辽道宗咸雍八年（1072）的《耶律宗福墓志》记载："王（耶律宗福）生而魁伟，性以聪颖。才幼而有成人之器，未童而有济世之量。玉兔岂凡尘所混，奋迹月中；石麟非浊世可縻，踊身天上。时统和中，特蒙圣宗皇帝升于子息之曹，

22　向南：《辽代石刻文编》，河北教育出版社，1995年，第352～354页。
23　《辽史》卷90《耶律信先传》，中华书局，1974年，第1357页。
24　向南、张国庆、李宇峰辑注：《辽代石刻文续编》，辽宁人民出版社，2010年，第222页。
25　向南、张国庆、李宇峰辑注：《辽代石刻文续编》，辽宁人民出版社，2010年，第166、222页。

令与兴宗皇帝参于昆弟之列。贵处宸禁，荣连御名，宠也。特诏主掌叔父思母相公之籍产，恩也。主上以环卫之列，切在严毅，齐率之员，必须雄干。王虽妙年，乃副是选，授南北面都护卫太保。"[26]大安八年（1092）的《萧乌卢本娘子墓志》亦云："曾在圣宗皇帝宫中为养子，御赐与兴宗连讳宗福。"[27]耶律宗福契丹名耶律涤鲁。有关耶律宗福入宫为圣宗皇帝"养子"，与皇子宗真"联名"，兄弟相称，《辽史·耶律涤鲁传》亦有记载："涤鲁，字遵宁。幼养宫中，授小将军。……涤鲁神情秀彻，圣宗子视之，兴宗待以兄礼，虽贵愈谦。"[28]因与皇帝或皇子的关系特殊，享有崇高的政治待遇，无疑为这些青幼入宫的官宦子弟日后仕进之路顺畅通达，奠定了良好的基础[29]。

三、外事交涉："非礼"与"遵规"的辩证运用

《秦德昌墓志》"记事"：

> 重熙中，兴宗问罪于西夏，遣公召夏王李元昊，奉命既严，乃曰：李王据虎狼之国，不可以柔而致。遂直诣其厅之前以下马，入厅限内见之。李王欲正坐，公请并坐，曰：何得倨见上国使臣，及辱万乘，亲征行銮咫尺而不朝见，毋恃小小土疆，至如十倍于此，亦不劳瓦解。李王愠色，殊无礼待。公曰：草莽之身，直如亡命，亦且无憾。李王遂朝。初在阁门，嘱公以简其礼及不呼名。公尽依常礼，通名喝李王，左右掩耳声苦，皆欲奋剑而刺之。自兹愈宠于前，凡所呼召皆不名之。尝曰：秦阁使不在左右，一如无人[30]。

这是一段纪实性描述。说的是秦德昌作为兴宗皇帝崇信的使臣，奉命出使西夏，敦促夏王李元昊觐见兴宗皇帝，以及在兴宗皇帝的行宫接待"遂朝"之夏王李元昊的情形。这也是一次宗主国（辽）与附属国（西夏）[31]之间的外事交涉活动。在整个事件发展进程中，作为辽国使臣的秦德昌对西夏国王李元昊，表现出了种种"非礼"行为，诸如"直诣其厅之前以下马""公请并坐""通名喝李王"等。秦德昌之所以胆敢"非

26　向南、张国庆、李宇峰辑注：《辽代石刻文续编》，辽宁人民出版社，2010年，第141页。
27　向南、张国庆、李宇峰辑注：《辽代石刻文续编》，辽宁人民出版社，2010年，第205页。
28　《辽史》卷82《耶律涤鲁传》，中华书局，1974年，第1291、1292页。
29　辽朝侍臣与皇帝的近密关系，往往会表现为臣忠尽节和君恩浩荡。譬如景宗至圣宗朝的耶律延宁。辽圣宗统和四年（986）的《耶律延宁墓志》记载："景宗皇帝念是忠臣之子，致于近侍。始授保义功臣、崇禄大夫、检校太保、行左金吾卫大将军、兼御史大夫、上柱国、漆水县开国子、食邑五百户。公（耶律延宁）尽忠尽节，竭力竭身。景宗皇帝卧朝之日，愿随从死。今皇帝念此忠赤，特宠章临。超授保义奉节功臣、羽厥里节度使、特进、检校太尉、同政事门下平章事、上柱国、漆水县开国伯、食邑七百户。"（向南：《辽代石刻文编》，河北教育出版社，1995年，第85页。）
30　向南、张国庆、李宇峰辑注：《辽代石刻文续编》，辽宁人民出版社，2010年，第167页。
31　辽、夏之间的宗主和附属关系，可参见《辽史》卷115《二国外记·西夏》。

礼"李元昊，是有前因的。作为向契丹辽国定期朝贡的西夏，本应该处于事事顺从的依附状态。但自李元昊继承王位之后，颇做了几件使兴宗皇帝不高兴的事。诸如，李元昊与妻子（契丹辽国与之和亲的兴平公主）"不谐"，妻子（兴平公主）又不明原因死亡；李元昊出兵侵扰契丹辽国境内的党项部落；李元昊纳降契丹辽国山西境内的党项部族，等等。于是便有兴宗皇帝御驾亲征，出兵讨伐李元昊，并派遣秦德昌等出使西夏王庭，敦促夏王李元昊"入朝"谢罪等一系列举措。

笔者检索相关史料发现，在契丹辽国的外事交涉中，如果是对方有错在先，契丹辽国一方又处于强势地位，那么，差遣之侍臣对待被出使国人员往往就会"不可以柔而致"，呈现出某种"非礼"状态。譬如天祚帝朝的牛温舒。《辽史·牛温舒传》载：乾统"五年，夏为宋所攻，来请和解。温舒与萧得里底使宋。方大宴，优人为道士装，索土泥药炉。优曰：'土少不能和。'温舒遽起，以手藉土怀之。宋主问其故，温舒对曰：'臣奉天子威命来和，若不从，则当卷土收去。'宋人大惊，遂许夏和"。牛温舒等奉命出使北宋，意在调解当时宋夏紧张关系，前因即是"夏为宋所攻"，况且，宋军攻扰的又是与契丹辽国有附属和朝贡关系的西夏，所以，契丹辽国理所当然地认为是北宋有错在先，于是，参与调解的辽国使臣牛温舒便在宋徽宗于宫廷举办的招待使团宴会上，借微醺之酒力，上演了一场"以手藉土怀之"的滑稽剧，大大"非礼"了北宋君臣一把。然而结局却出人意料，"宋人大惊，遂许夏和"。契丹辽国使团回国后，有"非礼"行为的副使牛温舒不仅没有受到天祚帝的责怪与惩处，而且得到了"加中书令"的奖赏[32]。

但在没有战争的和平岁月，与邻交好，互遣使臣，双方都进行着例行的外事交聘活动。互聘的两国帝王都希望通过信使的往来，维护得之不易的和平环境，增进双方的友谊。所以，在和平的国际环境下，使臣的一言一行，都要符合外交礼节，体现出对被出使国的尊重。如果还像秦德昌对待李元昊那样粗野强硬，又如牛温舒那般"卷土收去"，使臣归国后，必定要受到严厉惩处。譬如兴宗朝的耶律合里只就是显例。据《辽史·耶律合里只传》记载："耶律合里只，字特满，六院夷离堇蒲古只之后。重熙中，累迁西南面招讨都监。充宋国生辰使，馆于白沟驿。宋宴劳，优者嘲萧惠河西之败。合里只曰：'胜负兵家常事。我嗣圣皇帝俘石重贵，至今兴中有石家寨。惠之一败，何足较哉？'宋人惭服。帝（辽兴宗）闻之曰：'优人失辞，何可伤两国交好！'鞭之二百，免官。"[33]耶律合里只使宋贺宋帝生辰，在辽宋边界宋方一侧的白沟驿，接受北宋接伴使的宴请。酒席宴上，北宋伶官借文娱表演，讥讽不久前辽军征讨西夏军帅萧惠兵败之事。辽国使臣耶律合里只大为不悦，便借当年辽太宗耶律德光灭石晋俘晋主石重贵北迁一事予以驳说，以此证明"胜负乃兵家常事"。按说耶律合里只的回怼看似合乎情理，但兴宗皇帝却认为，作为"北朝"大国之使臣，在友邦招待酒宴的外事场合，有如优伶"失辞"般没有涵养，既有辱国格，也会"伤两国交好"，于是，便有耶律合里只回国后遭到"鞭之二百，免官"的处罚。

---

32 《辽史》卷86《牛温舒传》，中华书局，1974年，第1325页。
33 《辽史》卷86《耶律合里只传》，中华书局，1974年，第1327页。

四、非常人伦：与"子"相关的奇风异俗

《秦德昌墓志》"记事"：

> 公之夫人，乃后唐庄宗四代孙，故上京大盈库使李佚之女。有三男：长曰绶，仕至六宅使，□（早）卒。次即蕴才。少曰运艅，镇国寺诠教大德。女二：长即度支右丞王譿之故室湝阳郡太夫人。其次出家，法号圆敬，宗敬寺妙行大德。孙男一：曰綨，即前所谓举进士者也，本长息吕氏之所出也，公爱之弥深，遂闻于上，而升为己子[34]。

此段"记事"告诉我们，秦德昌生前原有三子二女一孙。孙子名綨，为长子秦绶与长媳吕氏所生。大概是因为秦德昌长子秦绶早逝，加之次子、三子均剃度出家，所以，孙子秦綨便格外受到祖父秦德昌的喜爱。最终，"喜爱"到秦德昌奏请皇帝诏准，将孙子秦綨"升为己子"的程度。于是，也便有了"志文"中"有子（綨）举进士""幼子綨"等字样的出现。依辽人同辈兄弟命名之规律，秦綨之"綨"与其生身之父秦绶之"绶"均为"绞丝旁"，由此推断，"秦綨"之名的取得，应该是在其父已死、祖父秦德昌将其"升为己子"之后。"志文"最后又见"前双州双城县令、男进士龙湘书"字样。都兴智、田立坤二先生认为，此中进士、任县令的"龙湘"，可能就是秦綨最初的字，升格为"子"后才改名为"綨"[35]。《秦德昌墓志》又载："孙男一：曰□哥。孙女二：长曰妙哥，次曰端哥。"此一男二女，应是秦綨的子女，按正常辈分，应该是秦德昌的重孙和重孙女。但"志文"也将他们升格为秦德昌的孙子、孙女辈。孙子变儿子，重孙变孙子，属非常之人伦，怪异之纲序，但均被作者无讳如实地记入秦德昌的墓志铭中。

与秦德昌"升孙为子"相类的事例，还见于辽兴宗重熙十五年（1046）的《刘日泳墓志》。"志文"记载，刘日泳有"妻二人。先娶燕京故永兴宫□□使梁公之孟女，惠睦宗亲，礼严闺阁，未终琴瑟，却返蓬莱。次娶翰林使李公之仲女，淑德有闻，令仪不忒，难违仙限，返归巫山"。刘日泳"有子六人。孟曰从敏，任神水县商曲都监，未余岁纪，俄逐逝波。仲曰从举，娶故尚药奉御李公之长女。季曰从文，娶燕京故制衙提辖使梁公之孟女。金未在镕，风将巢阁。谷莺而方迁乔木，池蛟而欲兴大波。而又素颢星辉，银河皎洁。青鸟而姻缘美丽，媚闺而邂逅相逢。岂假良媒，自有晨月之会；宁劳謇手，暗契牛女之期，梁氏乃虽在于香闺，又于孤嫂杨氏□暮孜长，得一儿，名曰从质。澄清碧沼，难朝百谷之渊；偃亚青松，莫接千仞之顶。成允成功，唯忠唯孝。早亲南国，已浮鱼水之欢；不弃东都，永结丝罗之愿。乃砌绿珠，名曰韩氏。次曰湘，……

---

34 向南、张国庆、李宇峰辑注：《辽代石刻文续编》，辽宁人民出版社，2010年，第167页。
35 都兴智、田立坤：《辽〈秦德昌墓志〉考》，《辽海文物学刊》1995年第2期。

次曰济，……次曰润"[36]。依据"志文"所记，刘日泳的六子，应该是指刘从敏、刘从举、刘从文、刘湘、刘济、刘润。令人不解的是，前三人的名字均为三个字，中间字均为"从"；后三人的名字均为两个字，都是"三点水"旁。同父兄弟，取名形式却不同，笔者揣测，前三人概为一奶同胞，其母应为刘日泳前妻梁氏；后三人概为一奶同胞，其母应为刘日泳后妻李氏。在这里，笔者重点要说的是"志文"中记载的另一个人"刘从质"。墓志铭作者、志主刘日泳第四子刘湘在"志文"中并没有明指"刘从质"是刘日泳的儿子。但我们从其名字中间亦为"从"字看，他似乎也应是刘日泳之子，与刘从敏、刘从举、刘从文为兄弟关系。若以此推论，"刘从质"似乎是刘日泳与"孤嫂杨氏"所生。并且，刘日泳与"孤嫂杨氏""晨月之会""牛女之期"时，第一任妻子"梁氏"仍"在于香阁"。辽人确有"抱寡嫂"成婚之习俗，刘日泳与"杨氏"是否即属此例？

但刘湘在《刘日泳墓志》中记述"刘从质"身世是在介绍三兄"刘从文"之后，并且，刘从文的妻子亦为"梁氏"，刘从文的长兄刘从敏亦早逝，"志文"亦没有介绍刘从敏的配偶情况。如果按"墓志铭"书写顺序分析，"刘从质"似乎为刘从文与"孤嫂杨氏"（"杨氏"或即刘从敏之妻，因其次兄刘从举之妻"志文"已明确记为"李氏"）所生。如果真是这样，那么，"抱寡嫂"成婚的就不是刘日泳而是其子刘从文了。笔者的观点倾向后者，即"刘从文""刘从质"为血缘父子关系。但仍有一个难题无法开释：从汉人命名习俗上看，"刘从文""刘从质"二人又似乎为兄弟关系。要解此谜团，应借鉴上述《秦德昌墓志》"记事"之内容。"秦绶"亲生儿子名为"秦祺"，二人似为兄弟关系。笔者与都兴智、田立坤二先生都认为"秦祺"之名取得是在秦绶已故、秦祺被皇帝诏批升任祖父秦德昌之"子"后。那么，"刘从文"之子取名"刘从质"，是否也是被刘日泳"升为己子"之后？

辽是中古时期以北方草原游牧民族契丹人为主，联合汉、渤海、奚、女真等民族建立的多民族国家政权。因而，辽人的文化习俗便比较特殊，既有与中原汉族农耕文化相同或相近的内容，也有诸多与之相异、颇具北方草原游牧民族文化特色的成分。除上述秦德昌、刘日泳变孙为子之外，笔者检索出土辽人墓志石刻文字及传世《辽史》文献，发现辽人与生"子"相关的奇风异俗（以婚俗为主）还有很多。

譬如"妻姐妹婚"生子。辽代汉人和契丹人中均盛行"妻姊妹婚"，即一个男子可以同时或先后娶同胞姊妹为妻，辽初时，还将其订立为一项婚姻法条，即鳏夫继娶时必须娶已故妻子的未婚姊妹；同时，妻子的未婚姊妹也要优先嫁给他们的姊妹夫[37]。辽人中妻姊妹婚而生子的例子有很多。如圣宗太平九年（1029）的《萧仅墓志》记载：萧仅娶"耶律留守之女，莠容媛丽，懿行柔闲，不永霞龄，先归蒿里，有子二人。再婚其舍，闺仪毕备，女训爱周，有子五人"。这就是说，耶律氏姊妹二人共为萧仅先后生了

---

36 向南：《辽代石刻文编》，河北教育出版社，1995年，第244、245页。
37 辽太宗会同三年（940），耶律德光曾一度诏令废除此法。《辽史》卷4《太宗纪下》记载：会同三年（940）十一月，"除姊亡妹续之法"。但有辽一代，"姊亡妹续"的"妻姐妹婚"之事实一直存在。

七个儿子:"孟曰徒骨底,侍仁主克勤,罚女真彰勇;仲曰提列戛,当正殿之趋驰,授东头之供奉;季曰胡都古;次曰阿离斯里;次曰洪霸;次曰徒骨思;次曰桃素里。"[38]又天祚帝天庆三年(1113)的《马直温妻张馆墓志》亦载:马直温与张馆"女五人,(长女)曰枢哥,适殿中少监、大理寺知正耶律筠,……从荫封咸阳县君,早卒。瞻望不能,易散彩云之影;笑言如在,已为黄壤之尘。……(五女)曰省哥,续适姊夫鸿胪少卿、北面主事耶律筠,封咸阳县君。岭梅苑杏,皆掌上之名花;鹄渚凤箫,俱天边之灵匹"[39],等等。

又如不限尊卑辈分的"表亲联姻"生子。辽代契丹人婚俗中,最为流行的就是这种交错的从表婚形式。在契丹皇族耶律氏和后族萧氏的交错婚姻中,从宫廷到民间,甥舅、甥姨或表姑侄两辈人婚配,乃至外孙女嫁外祖父的现象都较常见。辽代契丹人的这种表亲联姻,不限尊卑辈分而婚配生子的例子也有很多。如辽太祖阿保机与淳钦皇后生女名质古,"下嫁淳钦皇后弟萧室鲁"[40],即是舅(萧室鲁)娶外甥女(耶律质古)而成婚。又,"太宗靖安皇后萧氏,小字温,淳钦皇后弟室鲁之女"[41]。静安皇后是耶律质古与萧室鲁所生之女,按辈分是太宗耶律德光的外甥女,二人仍为甥舅婚。

辽代契丹人中最难以让中原汉族文人无法理解和接受的是"子妻庶母"或"侄娶寡婶"等乱伦长辈收继婚生子。但契丹人却认为俗当如此,且为契丹法律所允准。宋人文惟简《虏廷事实》即云:"虏人风俗,娶妇于家,而其夫身死,不令妇归宗,则兄弟侄皆得以聘之。有妻其继母者,与犬豕无异。汉人则不然,知其非法也。"最为典型的事例,可举辽道宗清宁五年(1059)《耶律庶几墓志》记载的耶律惯宁之子耶律求哥。耶律求哥在父亲去世后,与庶母萧骨欲同居,并生得一儿一女。"志文"云:"重熙元年十一月日牒:耶律惯宁,统和二十九年七月,任燕京马□。开泰元年十月,耶律惯宁任霸州。开泰五年四月日,耶律惯宁任祖州。……惯宁相公求得神得奚王女蒲里不夫人,生得……第三个儿名求哥。蒲里不夫人故,□求得挞里麼奚王儿查鲁太保女,名骨欲夫人,生得大儿监你钵郎君。……惯宁相公故,大儿求哥其继母骨欲夫人宿卧,生得女一个,名阿僧娘子,长得儿一个,名迭剌将军。继母骨欲夫人故,□重熙十三,任霸州□□墨太保为媒,求得刘令公孙女寿哥夫人为妇,生得女一,名拜失娘子。"[42]这就是说,骨欲夫人与耶律惯宁结婚生子名耶律监你钵。耶律惯宁死后,骨欲夫人又与惯宁之子耶律求哥同居,生子名耶律迭剌。那么,耶律监你钵与耶律迭剌是一奶同胞兄弟还是叔侄?

圣宗朝的耶律宗政曾拒绝妻庶母,亦佐证了此种婚俗的存在。据辽道宗清宁八年(1062)的《耶律宗政墓志》记载:"先是,圣宗皇帝藩戚间,逼王(耶律宗政)娶妃。王性介特,辞以违卜,不即奉诏。自是不复请婚,以至无子。呜呼!虽有周公之

---

38 向南:《辽代石刻文编》,河北教育出版社,1995年,第191、192页。
39 向南:《辽代石刻文编》,河北教育出版社,1995年,第635页。
40 《辽史》卷65《公主表》,中华书局,1974年,第999、1000页。
41 《辽史》卷71《后妃传》,中华书局,1974年,第1200页。
42 向南:《辽代石刻文编》,河北教育出版社,1995年,第295、296页。

德，而无伯禽之嗣。惜哉！"[43]耶律宗政是辽圣宗耶律隆绪之侄、皇太弟耶律隆庆之子。圣宗皇帝"逼王娶妃"之"妃"，即秦晋国王耶律隆庆的王妃、耶律宗政的庶母。辽圣宗诏命耶律宗政迎娶寡居的庶母秦晋国妃，耶律宗政"辞以违卜，不即奉诏"。但耶律宗政此举的代价却是沉重的，以致终生未婚，绝了子嗣。圣宗皇帝"逼王娶妃"，亦说明契丹辽朝"子妻庶母"的长辈乱伦收继婚是被政府允准和受法律保护的。

五、编造"兆象"：昭为官者吉凶福祸皆有因

《秦德昌墓志》"记事"：

> 公童幼时，遇一老人，六月衣裘，日给公钱百文，不啻月余，忽留言曰：但不得割小指，当为节度。果验之[44]。

崇尚"兆象"，是古人一种没有任何科学根据的迷信行为。一般是编造者将自然界出现的某种特殊现象附会到"某人"（或"某一人群"）身上，昭示其将有某种吉凶福祸[45]，以此来达到某种政治或其他目的。有时，即使没有什么特殊的自然现象出现，编造者也会弄个时空、因果倒置，在先有"果"的情况下，反向推演，根据"果"再编造出"兆象"来。最终，在墓志铭或个人传记的文本书写时，将时空、因果再做正序排列。笔者推测，《秦德昌墓志》的这段"记事"内容概即如此：先有撰志者"文慧大师、沙门□□"通过秦德昌之子、沙门蕴才提供的"先君行状"，了解到志主秦德昌生前曾有出任"玄宁、奉陵、天城、保安等九军节度使"的不凡经历，以及秦德昌为官期间尚有勤政清廉、受民拥戴等上好表现[46]，所以，才编造出当年"六月衣裘"的老者叮嘱"童幼"秦德昌"不得割小指，当为节度"的兆言。

检索出土石刻文字资料及传世文献史料，在辽朝官员（多数为底层平民出身）中，早年呈现"吉兆"，或昭告其一生能官运亨通、大富大贵，或预示其将来将长于翰墨、金榜题名者，事例颇多，举不胜举。譬如，辽道宗寿昌三年（1097）的《贾师训墓志》

---

43 向南：《辽代石刻文编》，河北教育出版社，1995年，第308页。
44 向南、张国庆、李宇峰辑注：《辽代石刻文续编》，辽宁人民出版社，2010年，第167页。
45 譬如，辽道宗咸雍八年（1072）的《耶律仁先墓志》即记载一则所谓"天象"凶兆，用以对应志主耶律仁先的薨逝："无何，（咸雍）八年四月廿日，（耶律仁先）以疾薨于位，享年六十。皇上闻讣震悼，辍朝三日。是岁二月二十四日夜，太白犯昂。识者谓太白犯昂，大将死期，惟宋王（耶律仁先）乎？"（向南：《辽代石刻文编》，河北教育出版社，1995年，第354页。）
46 据《秦德昌墓志》记载，出任诸军州节度使的秦德昌应是一位好官，尽管志文不乏溢美虚夸成分。"苟岁之歉俭，公所莅处，糜不丰乐；或元阳请雨，亦未曾不应诚而足。每考满而后攀辕卧辙而留、乐送泣别而去者，不可殚纪。素于铁骊国创祥州，以厝新民，□公国版筑，其蠲恤力役，存抚疲□事各有法。功毕将归，人赍钱二百二十万以报之，一无所纳，唯以银花红带为赆行之美。"（向南、张国庆、李宇峰辑注：《辽代石刻文续编》，辽宁人民出版社，2010年，第167页。）

即记载了贾师训的母亲（沙氏，死后追封鲁国太夫人）怀孕期间，曾有"异僧"预言："'当生男，必大贵。'夫人阴志之，后果生公（贾师训）。""异僧"的话，即兆示贾师训将来必定官运亨通，贵为人臣。果然，贾师训"年十四，举进士，由乡解抵京师。……十九，试礼部，奏御。三十有五，登第，授秘书省著作佐郎，调恩州军事判官"。此后，贾师训的官职一路迁升，先后出任锦州永乐县令、大理寺丞、太子洗马、中京留守推官、大理寺正、同知永州军州事、鸿胪少卿、枢密都承旨、枢密直学士、枢密副使、礼部侍郎、参知政事、尚书左仆射、中京留守，等等[47]。又如道宗朝的耶律乙辛，其母曾"梦兆"未出生的他日后能封王。《辽史·耶律乙辛传》记载："耶律乙辛，字胡睹衮，五院部人。父迭剌，家贫，服用不给，部人号'穷迭剌'。初，乙辛母方娠，夜梦手搏殺羊，拔其角尾。既寤占之，术者曰：'此吉兆也。羊去角尾为王字，汝后有子当王。'……清宁五年，为南院枢密使，改知北院，封赵王。"[48]

总而言之，在后世一些读史者眼里，无论是贾师训还是耶律乙辛，都是因为他们人生的不同阶段曾呈现过"吉兆"，所以才有后来的仕途通达与高官厚禄。实际上，墓志铭或史籍中这些"吉兆"的出现与志主或传主仕宦人生的文本叙述，全然是时空、因果逻辑关系的倒置。他们中的一些人在飞黄腾达之前，属于社会下层小人物，身份卑微，穷困潦倒，但经过个人的一番努力与拼搏，最终争得了较高的社会地位，步入了官宦阶层。于是，当他们去世之后，为其撰写墓志铭或人物传记的作者，便先入为主地为他们编造了一个个"吉兆"在先、"发达"于后、精彩而荒诞的励志故事。

在记入辽人墓志铭的"吉兆"故事里还有另外一种类型，那就是对富有文才，或在学术上有一定成就的人，撰写者亦会编造出一个个与"文"相关的"兆象"来。如道宗朝的"监修国史、知枢密院事"梁援，既是一位高官，又是富有文才的学士。据天祚帝乾统元年（1101）的《梁援墓志》记载，梁援的文学天赋始自幼年："五岁诵《孝经》《论语》《尔雅》，十一通五经大义，十三作牵马岭碑文，人颇异之。始弱冠，与兄拣同举进士，因有所得，固以试卷易名以奉其兄，于是预中甲奏籍。清宁五年，公（梁援）二十有六岁，乃登甲科，实我大孝文皇帝龙飞之第一榜也，所作辞赋世称其能。"为此，墓志铭的作者孟初便与梁援的家人合作，编造出一则梁援出生时，其母梦"吉兆"入怀的故事，以此渲染并强化梁援于文学方面的天赋与才能："母郑氏，累赠齐国太夫人。公（梁援）诞育之夕，太夫人梦异僧乘白云自空而下，化为彩凤入于怀，盖文章之象也。"[49]

辽人墓志铭撰写者或《辽史》人物传记的史官，有时也会编造一些半吉半凶或纯凶无吉的"兆象"故事，以对应那些人生有瑕疵者。譬如道宗朝的张孝杰。据《辽史·张孝杰传》记载，张孝杰曾官至北府宰相，被赐姓"耶律"，赐名"人杰"，一时颇得道宗皇帝的崇信，"汉人贵幸无比"。"群臣侍宴，上曰：'先帝用仁先、化葛，以贤智也。朕有孝杰、乙辛，不在仁先、化葛下，诚为得人。'"但因张孝杰后来曾与耶律

---

[47] 向南：《辽代石刻文编》，河北教育出版社，1995年，第477～479页。
[48] 《辽史》卷110《奸臣上·耶律乙辛传》，中华书局，1974年，第1483、1484页。
[49] 向南：《辽代石刻文编》，河北教育出版社，1995年，第520页。

乙辛合谋,陷害皇后与太子,加之晚年又走私贪腐,事发,被削爵贬官,"大安中,死于乡。乾统初,剖棺戮尸,以族产分赐臣下"。鉴于张孝杰的人生曾先红后黑,大起大落,所以,史官在为其撰写传记时,便编造了一则张孝杰刚刚步入仕途时先吉后凶的"兆象"故事:"初,孝杰及第,诣佛寺,忽迅风吹孝杰幞头,与浮屠齐,坠地而碎。有老僧曰:'此人必骤贵,然亦不得其死。'竟如其言。"[50]

"兆象"故事本荒诞不经,无真实可言,但有辽一代却常常或被时人记入逝者的墓志铭,或被史官写进辽朝某些官员的传记。"兆象"故事编造者的目的,或是想借"兆象"故事来宣扬人生善恶有报,以此昭告为官者要多做好事,不干坏事,常行慈善,勿践恶行。

六、杜撰"灵异":示信佛人生命终点均见果

《秦德昌墓志》"记事":

> 公(秦德昌)咸雍十年八月二十五日端坐,屈指念佛,捐馆于榆州公署,享寿七十八。垂终之日,于黑雾中有霹雳声,西北而去,兜率之兆也。焚殓时,殊无秽气,舌牙与颔,确然不灰,盖生平持莲经不谈他短之致也[51]。

我们从"志文"所记秦德昌临终前仍"屈指念佛""生平持莲经",以及死后火葬[52],二子一女出家为僧尼[53]等情况判定,他生前应该是一位虔诚的俗家佛教信徒。"莲经",即佛典《妙法莲华经》的简称。按佛教信徒之信仰理念,一个人若终生诵经念佛,行善布施,临终的"果愿",便是往生净土,永享极乐。这或是《秦德昌墓志》作者在叙写秦德昌临终前后状况时,与其家人合作,特意杜撰一则"灵异"故事的根本原因。"兜率",亦称"兜率天",梵语之音译,意译为"知足天"或"喜乐天",为佛教欲界六天之第四天,其内院便是弥勒菩萨的净土。《法华经·劝发品》即云:"若有人受持、读诵,解其义趣,是人命终……即往兜率天弥勒菩萨所。"佛教信徒秦德昌因生前经常诵读《莲华经》,为官清廉,受民爱戴,死后当然要去往

---

50 《辽史》卷110《奸臣上·张孝杰传》,中华书局,1974年,第1486、1487页。

51 向南、张国庆、李宇峰辑注:《辽代石刻文续编》,辽宁人民出版社,2010年,第167页。

52 辽道宗大康四年(1078)《秦德昌墓志》:"焚殓时,殊无秽气,舌牙与颔,确然不灰。"(向南、张国庆、李宇峰辑注:《辽代石刻文续编》,辽宁人民出版社,2010年,第167页。)

53 辽道宗大康四年(1078)《秦德昌墓志》:"镇国寺文□□主、诠圆大德、赐紫蕴才。……有三男:长曰绶,仕至六宅使,□(早)卒。次即蕴才。少曰运豫,镇国寺诠教大德。女二:长即度支右丞王譓之故室浉阳郡太夫人。其次出家,法号圆敬,宗敬寺妙行大德。"(向南、张国庆、李宇峰辑注:《辽代石刻文续编》,辽宁人民出版社,2010年,第166、167页。)

"兜率"净土了[54]。

辽代佛教盛行，辽人中信佛、崇佛者众。诸信佛、崇佛者的临终"果愿"应该大致相同：殁后徙居净土，永享彼岸极乐。因而，见诸出土辽代石刻文字，辽人中好多信佛、崇佛者，无论汉、契，不分民族；无论官、民，不分阶层；无论僧、俗，不分群类；无论男、女，不分性别，在他们的生命走向终点之前后，大都被墓志铭的撰写者或人物传记的书写者杜撰出一个个类似《秦德昌墓志》"记事"中的临终"果愿"之"灵异"故事。

譬如，辽道宗咸雍四年（1068）《萧知行墓志》中的志主萧知行，民族：契丹；阶层：贵族；职业：官员。萧知行生前是一位常做善事的虔诚佛教信徒。"公之□性也，执温柔之德，敦谦厚之谷。去彼□□尚于施赈，重佛法之执岁。行无怨□言，言有善应。自幼及长，以善为名。□万之尊，不仅□□□□□。不言之唯呼善，太尉向已矣。□至□善，岂招如此之美。侍佛行口含真经，未曾寝食动静之间。"缘于萧知行一生崇佛行善，颇得时人美赞，因而，墓志文的作者、"乡贡进士张□□"便在叙述萧知行患病及去世过程中，杜撰了佛教诸神前来迎接的"灵异"故事："不寿，薨于三宝也。当此□□，非公所愿。□□仲春□□□因德□□□□□□行帐至于境所，暴染□疾，□□难施，针药御医，无□□□。公□□□之妻□□□□□，□□间，亲见药师□观音菩萨采莲之祖。次夜，公自见异光盈幄，□见其状。无何，三月五日卯时，薨于巉岈山之别所，春秋四十有四。"[55]

天祚帝乾统四年（1104）《龚祥墓志》中的志主龚祥，民族：汉；阶层：平民。龚祥是位平民阶层的崇佛人士，"谛崇佛法，恤念孤贫，宽庶恕亲，罔知官府，拯济乏□（困），暇常以佛经为务"。因而，在叙述龚祥死后状况时，"志文"的作者也便杜撰出一则龚祥已往生佛国的"灵异"故事："（龚祥）亡始未旬，有二妇人所梦皆同，见祥秉卢鲜服，处道场中，回翔举步，皆金莲捧足，言曰：'余得生净土矣！'告讫，乃隐隐正西而去，谅其吉善者也。诘其所服，与昔日皆验。"[56]

天祚帝天庆六年（1116）《忏悔正慧大师遗行记》中的"忏悔正慧大师"，生前为燕京永泰寺的专职僧人，一生"遍济贫人，约二十余亿□□□"。"遗行记"的作者在记述忏悔正慧大师圆寂前后状况时，也杜撰了一则大师被佛教诸神迎往西方极乐世界的"灵异"故事："天庆六年正月二十六日，忽于禅室内，现霞光七道。大师自见天帝释并诸圣众，同共来迎。□是夜更，乃顺世无常，缘终示□（灭）。……至后二月二十八日，备荼毗之则，广积香檀幡盖。殡送之众，数过百万。当期天降五色祥云，地踊四色

---

[54] 此类事例，于辽人墓志铭中多有记载。譬如天祚帝乾统七年（1107）的《梁援妻张氏墓志》即记载崇佛信教的梁援，"既薨，往生竺域"（向南：《辽代石刻文编》，河北教育出版社，1995年，第568页）。又如乾统八年（1108）的《耶律弘益妻萧氏墓志》亦记载，萧氏"幼以履仁，长而近善。筵僧营佛，莫尽其称量；育老赈贫，孰测其涯漈。造次而往想佛国，斯须而留心圣经。"（向南：《辽代石刻文编》，河北教育出版社，1995年，第591页。）等。

[55] 向南、张国庆、李宇峰辑注：《辽代石刻文续编》，辽宁人民出版社，2010年，第124页。

[56] 向南：《辽代石刻文编》，河北教育出版社，1995年，第754页。

莲花。"[57]

杜撰"灵异"故事与编造"兆象"故事有所不同的是，编造"兆象"故事是先有"果"（官贵发达），回返而求"因"（吉兆）；而杜撰"灵异"故事则是先有"因"（崇佛行善），然后有"果"（去往兜率）。但不管是杜撰"灵异"故事，还是编造"兆象"故事，都是墓志铭及《辽史》人物传记撰写者没有任何科学根据的迷信做法，仅仅反映了他们期望世人趋善向好的一种心愿。

七、茔园另迁：祈望逝者安息有佳处

《秦德昌墓志》"记事"：

> 其先丘垅（垄）本在池水故里，以桑河之所犯，遂徙于幽燕附郭之南原。今幼子祺以公宅于霤都之久，因于都北不远一舍吴家里创以别墅。大康四年四月十八日，迁柩于里东桃港而茔之[58]。

"丘垅（垄）"，坟墓也。前已述及，《秦德昌墓志》出土于辽宁省建平县三家子乡五十家子村附近，这里应该就是辽代后期秦德昌死后秦氏家族的新茔园之所在。根据"志文"记载，秦德昌先人的家族墓地原在"桑河"岸边的"池水故里"，后因桑河洪水泛滥，危及秦氏家族墓地，所以，便将其迁到了"幽燕附郭之南原"。"桑河"，概为桑干河的简称。"池水"，古地名，应在桑干河流域某处。"幽燕附郭"，即辽南京道析津府之附郭析津县。辽道宗咸雍十年（1074）八月二十五日，秦德昌在榆州（旧址在今辽宁省凌源市凌河乡十八里堡附近）公署去世，家人先将他的灵柩临时安葬（权厝）在"霤都"之北"吴家里"的"别墅"附近。四年后的大康四年（1078）四月十八日，由孙变子的秦祺，将秦德昌的棺柩迁到"吴家里"之东的"桃港而茔之"。"霤都"，指辽中京，旧址在今内蒙古赤峰市宁城县大明镇附近。"里东桃港"，应即秦德昌墓志出土的地方，此处西南距大明镇辽中京城遗址约25千米。秦德昌死后，秦氏家人之所以另选都北里东"桃港"为家族茔园之新址，概因秦德昌生前"宅于霤都之久"，儿女子孙也都聚居于此，将家族墓地置于附近，也是为方便后辈祭祀先人。

检索出土辽代石刻文字资料，类似秦德昌秦氏家族茔园的迁移状况在辽代还有多例，原因也不尽相同，譬如，遭遇水浸，毁坏茔园；墓地狭小，难容后葬；远离居处，不便祭祀；皇帝赐地，务必迁入，等等。总而言之，对于亡者而言，新茔园应该是好处多多，不论是新选爽垲之塬，远离水患，还是再择风水宝地，扩大墓域；也不论是因家族新居而随迁阴宅于附近，或奉敕入葬皇帝恩赐之茔地，都应该是他们理想的地下安息之所。

---

57 向南：《辽代石刻文编》，河北教育出版社，1995年，第659页。
58 向南、张国庆、李宇峰辑注：《辽代石刻文续编》，辽宁人民出版社，2010年，第167页。

譬如辽兴宗重熙十三年（1044）的《李继成暨妻马氏墓志》记载李继成李氏家族茔园的迁移，主要原因就是为了避免水浸棺椁和便于家人祭祀。"公（李继成）穆作神明之宰，士元淹卿相之才，历金马上玉堂有日矣！无何，福善则灵，有违辅德，降年不永，忽叹奸良。于统和二十三年正月六日寝疾，薨于燕京西时和坊之私第，享年三十有四。当年二月二十五日于幽都县广老乡真宰里祔先茔而权窆焉。……重熙十一祀……秋九月，（李继成妻马氏）忽染沉疴，俄终大限。是月六日薨于回车之公署，享年七十有四。十三年，奉护灵榇，归葬故乡。谓土薄则浸渍毁于棺椁，谓茔远则祭祝阙于蒸尝。于当年岁次甲申八月庚寅朔二十五日甲寅，迁先郎中（李继成）之神柩就爽垲之地，于元辅乡贺代里卜新茔合祔焉，礼也。"[59]《李继成暨妻子马氏墓志》2000年出土于北京市丰台区丰台路口南侧，推测此处即为李继成李氏家族迁移后新茔园之所在。

辽道宗大安九年（1093）的《张文藻墓志》记载张氏家族原墓地之茔域过于狭小，张氏族人在张文藻侄子张世卿的带领下，于大安九年（1093），将咸雍十年（1074）去世的张文藻棺柩起出，迁葬至新的茔园。"志文"云："咸雍十年二月二十五日（张文藻）寝疾，无何，凶变乃卒。于是，寻具哀礼，权之柩。犹子右班殿直世卿，追念其事，与诸同气议于私第曰：虽室家之事已修，而祖考之茔未遂增广。至大安九年岁次癸酉四月丁巳朔十五日辛酉乙时，改葬于州北之隅，以示孝敬。"[60]"犹子"，侄子也。与张文藻同时迁葬张氏家族新茔园的还有卒于辽道宗清宁四年（1058）的张文藻父亲张匡正。大安九年（1093）的《张匡正墓志》记载了张匡正棺柩被迁葬张氏家族新茔园的过程："至清宁四年秋八月十八日，（张匡正）寝疾（卒）于私第，寻权其葬，礼而柩之，公之春秋七十有五。……至大安九年岁次癸酉四月丁巳朔十五日辛酉乙时，改葬于雄武本郡之西北，增广茔所。"[61]《张匡正墓志》与《张文藻墓志》均于1993年出土于河北省张家口市宣化城西下八里村东北山南坡，此处应即张氏家族迁葬后的新茔园之所在。

张氏家族茔园迁移新址后，张氏族人再有逝者，亦均葬在了新墓地。如张文藻之子张世古。天祚帝天庆七年（1117）的《张世古墓志》记载："无何，洎乾统八年戊子岁五月十九日，（张世古）倏抛侍养，俄返泉台，享年五十有九。备棺椁之仪，发引毕，灵榇权置于井亭院。至天庆七年丁酉岁四月己未朔十五日癸酉甲时，葬于郡西北山之阳。"[62]又如张匡正之孙张世卿。天祚帝天庆六年（1116）的《张世卿墓志》记载："天庆六年丙申岁闰正月四日（张世卿）遘疾而终，享年七十有四。遵命依西天荼毗礼毕，……四月甲子朔十日癸酉甲时，葬于兴福、七口（宝）二山之阳，祔于先茔，礼也。"[63]再如张世古之子张恭诱。天祚帝天庆七年（1117）的《张恭诱墓志》记载："至天庆三年癸巳岁十二月朔日，（张恭诱）不幸去世，享年四十有五。备礼发引毕，

---

59 向南、张国庆、李宇峰辑注：《辽代石刻文续编》，辽宁人民出版社，2010年，第88页。
60 向南、张国庆、李宇峰辑注：《辽代石刻文续编》，辽宁人民出版社，2010年，第216页。
61 向南、张国庆、李宇峰辑注：《辽代石刻文续编》，辽宁人民出版社，2010年，第214页。
62 向南、张国庆、李宇峰辑注：《辽代石刻文续编》，辽宁人民出版社，2010年，第294页。
63 向南：《辽代石刻文编》，河北教育出版社，1995年，第656页。

至天庆七年岁丁酉月孟夏,蕣生满叶日癸酉甲时掩闭,葬于兴福、七宝二山之阳。"[64]《张世卿墓志》《张恭诱墓志》《张世古墓志》分别于1974年、1989年和1993年出土于河北省张家口市宣化城西下八里村东北山(辽代称"兴福山"和"七宝山")南坡,即辽代张氏家族迁移后的新茔园所在地。

辽代中后期的梁援梁氏家族墓地之所以选址在辽西医巫闾山脚下,则是为梁援曾祖梁廷嗣奏请、景宗皇帝御赐之故。据天祚帝乾统元年(1101)的《梁援墓志》记载:梁援高祖梁文规于辽太宗耶律德光天显年间,契丹大军南下中原灭后唐、立后晋过程中归降契丹辽国。至景宗朝,梁援曾祖梁廷嗣"奏乞医巫闾山之近地永为别业,上嘉其内徙,命即赐之。诏奉先军节度使崔匡道为营寿藏,以监周峪为茔所,仍用居民三十户租赋赡给之。且以高阳旧茔时有水害,远奉辒车来葬于新地,其诸近属仍隶故乡"[65]。这就是说,经梁援曾祖梁廷嗣奏请,景宗皇帝诏准,御赐梁家"巫闾山之近地永为别业"。从此,梁氏家族中的梁廷嗣一支便在医巫闾山脚下定居。"别业",梁廷嗣家族的新居。梁廷嗣家族于医巫闾山脚下定居后,景宗皇帝又诏命"奉先军节度使崔匡道",在梁家新居附近名为"周峪"的地方,监造梁家新的茔园。所谓"寿藏",即人在世时所建之墓圹。梁氏家族祖籍"定州",其家族茔地原在"高阳",此两地辽时均属北宋。"志文"云:"高阳旧茔时有水害,远奉辒车来葬于新地,其诸近属仍隶故乡。"这就是说,因高阳梁氏家族旧茔遭遇水浸,在辽梁氏家人曾千里迢迢,将其直系先祖灵柩迁至医巫闾山脚下新茔安葬。但这跨辽、宋两国的长途迁移,不知是如何做到的。梁援的曾祖梁廷嗣、祖父梁延敬、父亲梁仲方死后均葬了医巫闾山周峪梁氏家族新茔园。梁援于天祚帝乾统元年(1101)去世,也即葬于此处。"志文"即云:"遂以其年十月日葬于先茔之次。"[66] "先茔",指梁援父、祖的坟茔。《梁援墓志》出土于辽宁省锦州市义县大榆树堡乡四道岔子村,其西侧便是医巫闾山,此处应即景宗皇帝赐予梁家新茔园"周峪"之所在。至天祚帝朝,梁援的妻子、赵国夫人张氏病逝于"白霅私第",即辽中京大定府私宅,其灵柩也最终归葬于医巫闾山周峪梁氏家族新茔园。天祚帝乾统七年(1107)的《梁援妻张氏墓志》记载:"(张氏)因寝疾至乾统七年三月二日如眠,薨于白霅私第。……以当年四月十七日癸酉,祔葬于闾岳景宗所赐坟地,从中书令(梁援)之故茔也。"[67]

八、结 语

中古时期墓志铭"记事",大致可分为两类:第一类是依墓志铭体例所撰写的内容,亦即每一篇墓志铭都必须依此而写者。明人王行《墓铭举例》中罗列墓志铭应该记述的"十三事",即基本概括了此类"记事"的主要内容:"凡墓志铭书法有例,其大

---

64 向南、张国庆、李宇峰辑注:《辽代石刻文续编》,辽宁人民出版社,2010年,第296页。
65 向南:《辽代石刻文编》,河北教育出版社,1995年,第520页。
66 向南:《辽代石刻文编》,河北教育出版社,1995年,第522页。
67 向南:《辽代石刻文编》,河北教育出版社,1995年,第566页。

要十有三事焉。曰讳、曰字、曰姓氏、曰乡邑、曰族出、曰行治、曰履历、曰卒日、曰寿年、曰妻、曰子、曰葬日、曰葬地，其序如此，如韩文公《集贤校理石君墓志铭》是也；其曰姓氏、曰乡邑、曰族出、曰讳、曰字、曰行治、曰履历、曰卒日、曰寿年、曰葬日、曰葬地、曰妻、曰子，其序如此，如韩文《故中散大夫河南尹杜君墓志铭》是也。其他虽序次或有先后，要不越此十余事而已，此正例也，其有例所有而不书，例所无而书之者，又其变例，各以其故也。"[68]也就是说，此类"记事"之内容要求每篇墓志铭均要有之，只不过是先后顺序稍有不同罢了。检索出土辽人墓志铭，也大致如此。比较典型者，如辽道宗咸雍五年（1069）的《秦晋国妃墓志》"志序"前半部分，作者即大致按此程式而书写："……大王父母也。……王父母也。……考妣也。……爱妹也。……妃先出适之所天也。……妃次奉诏所归之佳偶也。……（妃）后有诏亲奉左右者也。……前后所封之国号也。……所薨之时也。……所殁之地也。……所享之寿也。……敕遣祭奠监护灵輀之臣也。……奉命营办襄事之臣也。……所葬之时也。"[69]又如前引都兴智、田立坤二先生所作《辽〈秦德昌墓志〉考》，其考证之内容亦属此类"记事"。而笔者本文发覆考索之《秦德昌墓志》其他七项"记事"，则属于第二类。这第二类"记事"内容因人而异，并不是每篇墓志铭都有记述，此即为与第一类"记事"不同之处。换言之，于墓志铭"志主"而言，第一类"记事"具有"必然性"和"普遍性"。因为中古时期（包括辽代）墓志铭的"志主"多为官贵人士以及他们的配偶，因而，王行《墓铭举例》中所举"十三事"之内容，"志主"们大都具备。为撰写墓志铭务求"实录"的需要，"志文"的撰写者尽力将其记述全面和书写翔实是必需的。而墓志铭的第二类"记事"内容于志主而言则具有"偶然性"或"特殊性"，即每一种"记事"的发生，对某一个人来说，都不具有"必然性"和"普遍性"。诚如《秦晋国妃墓志》作者陈觉所言："夫志者，记也。记其生平所行之实也。以妃之族望，妃之高贵，汤沐之优封，车服之峻等。暨我朝尊崇之礼，固不假形容于翰墨。今之所言，盖志其异于寻常者。"[70]因而，"志文"的后半段，陈觉便专门记述了秦晋国妃雅好丹青飞白，擅长骑射渔猎，喜欢品藻人物，热衷咨询国政等"异于寻常"诸事。诚然，此类"记事"中的某一项，若以概率计，一般都不会"独此一份"。如果相同内容的"记事"发生在某几个志主身上，便有可能成为某一朝代一种比较独特的社会文化现象。笔者上述发覆考索之《秦德昌墓志》中的七项"记事"，即属此。

《秦德昌墓志》第二类"记事"反映的辽朝社会特殊文化现象，从其内涵与外延的双重维度视察，更多体现的是辽文化的"多元性"和"融合性"特征。辽是由契丹贵族建立，契丹、汉、渤海、奚、女真等多民族组成的国家政权，因而，辽文化亦便是由契丹、女真等民族的草原游牧、山林渔猎诸文化和汉、渤海等民族的乡野农耕、城镇商贸诸文化融汇杂合而成的综合性文化联合体。具体到上述《秦德昌墓志》第二类"记事"反映的各种特殊文化现象，诸如与"生子"相关的奇特婚俗，更多反映的即是源于

68　（清）朱记荣辑：《金石全例》（上册），北京图书馆出版社，2008年，第257页。
69　向南：《辽代石刻文编》，河北教育出版社，1995年，第340、341页。
70　向南：《辽代石刻文编》，河北教育出版社，1995年，第341页。

契丹等游牧民族固有的草原原生文化，即宋人文惟简于《虏廷事实》中所言之"虏人风俗"；而与杜撰"灵异"现象相关的佛教信仰，则是来自中原农耕区域的汉地宗教文化（主流）。中古时期，中华大地上的民族融合，更多体现的是在思想、文化认同基础之上的相汇与互融，最终的结局，便是你中有我，我中有你，融会贯通，相契和合。具体到契丹辽地，盛行于契丹人中的奇特婚俗，至辽代中后期，在契丹化的汉人中亦开始流行。如辽代汉人世家大族韩知古韩氏家族的后人中，就已经有人接受了这些婚俗。韩知古家族第六代韩涤鲁（又名耶律承规），娶萧乌卢本（又名萧斡里本）为妻。萧乌卢本是韩涤鲁（耶律承规）姐姐当哥夫人与萧胡都古太师所生之女，按辈分是韩涤鲁（耶律承规）的外甥女，二人即是典型的甥舅婚[71]。而原本盛行于中原汉地的佛教文化，被辽初北上塞外草原的汉人带到契丹辽地后，很快就被当地的契丹人所接受。有辽一代，辽地契丹人中，上到皇帝后妃、王公贵族，下到州县官吏、平民百姓，崇佛信教已经成为他们日常生活必不可缺的内容之一。契丹人崇佛、信佛的事例，于出土辽代石刻文字及《辽史》等传世文献中记载颇多，此不一一。总而言之，《秦德昌墓志》"记事"中反映的各种社会文化现象，就是颇具时代与地域特色的辽文化的重要组成部分。

附记：本文援引辽代墓志石刻文字资料，曾参考周阿根先生《辽代墓志校注》，对原引文字及标点错误予以改正。诚以致谢！

（张国庆　辽宁大学历史学院）

71　参见〔日〕吉本智慧子、乌拉熙春：《辽金史与契丹女真文》，（日本）东亚历史研究会，2004年，第117页。

纪念阎万章先生100周年诞辰

纪念我的祖父

——阎万章先生诞辰百年

阎玉婷

我的祖父阎万章先生1922年出生于辽宁省义县头道河子乡侯家岭村阎家屯，逝于1996年，享年74岁。我的祖父与祖母叶青云女士相守一生，我自幼便成长于祖父祖母膝下。祖父离去时我还是个孩子，我对祖父很多的记忆来自其方寸大小的书房，其余更多的是来自祖母回忆她与祖父的陈年往事。

受邀撰写这篇纪念之文，我的内心是有些惶恐的。一来我并没有任何的学术基奠可以评说祖父的学术贡献，二来自幼祖父教导我最多的便是温养谦卑之心。他一直对我说，谦卑心可以令人敦其若朴、旷兮若谷。面对历史、自然要有敬畏之心。这让我不由感怀，作为后人感念这样的祖训，以悼念之文以歌功颂德的美文辞藻来赞美我的祖父会令他老人家认为我不孝。祖父已逝快近三十个春秋，犹如白驹过隙，但祖父的精神一直庇佑着我的成长，指引着我在每一次人生彷徨之际做出正确的决定，因此谨以此文代全家人表达对祖父无限的缅怀之情。

说来我们这支阎姓的祖辈来自辽宁义县，这里也是我的祖先与祖父出生的地方，这里有座医巫闾山，满语为"翠绿的山"的意思，据说山脚下的山神庙即北镇庙，内供医巫闾山山神。元、明、清帝王登基时，即于此殿举行仪式，以遥祭此山山神。在义县还有一处北魏的万佛堂石窟，我时常会回到这里转转，或许这就是故土的召唤。百年岁月，也希望我的祖父可以魂归故里，灵魂安息。

祖父生于"传统旧学"与"新潮思想"更迭岁月，儿时上过私塾，受到基础传统国学的熏染。1943年也蒙受祖父的三叔，也就是我的三曾祖父阎文儒先生的照拂，由北京私立志成中学考入北京大学中文系。阎文儒先生，字述祖，又名成凡，号真斋主人，晚号三万老人，是北京大学文科研究所历史系教授，作为我国著名的考古学家，他将毕生奉献给我国石窟考古与艺术考古事业。祖父对于历史与文化的热爱，理应也得益于曾祖辈的文化熏染。小时候常常听祖父讲起与三曾祖父在北京的时光（1940~1947），也是他寒窗苦读的日子，那是一个历史动荡的年代，经历过战争岁月洗礼的人才懂得和平的来之不易。这样的岁月带给一代人的记忆印象是刻在灵魂中的思想钢印，我虽难以感同身受，但仍能感受到在祖父的回忆里那是一个孕育着思想更迭、推陈出新且激情燃烧的岁月，理想使苦难的苒苒岁月，不空负年华。

祖父在北京大学读的是中文系，并对戏曲以及诸宫调颇有研究，孩时的我并不经世事，很难理解祖父口中来自中国传统文化的古韵风雅与广博精深，快到而立之年才开始粗浅有了些许意会。在我看来中文与戏曲充满着太多中国传统文化的古韵浪漫，以文会古。而史学多以考据、史料推论等严谨的治学方式。因此我很难理解由文转史需要进行怎样的思维转变与研学积累，想必祖父一定是非常热爱辽土的历史文明，最终穷极一生都沉浸在他的历史研究里。在我的记忆里，祖父一生淡泊名利、朴素至简、不喜言谈。几乎日日夜夜坐在桌子前看书、一页页地用他工整的仿宋体撰写着文章，似乎历史才是他的活生生的世界，现实只是他小憩的别处。

祖父从文转向史学应该始于1949年受聘于东北博物馆（今辽宁省博物馆），在这之后的几十年里他一直从事辽史、契丹文、清代历史及相关历史研究，并将余生都贡献给了他的事业。我是出生于辽博家属院的孩子，自我记事起，祖父和我的母亲刘莉女士便带着我在博物馆展厅里讲述这些文物的来由，从红山女神像到契丹文物的考古过程，从唐代簪花仕女图、宋代清明上河图到溥仪清宫散佚的历史故事，那时的我只觉得像是跨越时空的历史神话与古代话本，直到成年后整理祖父的材料才开始渐渐理解，祖父从事的历史学术研究是一项如此艰苦的工作，翻阅起来我竟难以读解一二。祖父晚年主要在研究辽史与契丹文，这一项近乎成为死文字的研究领域，几十载的日夜钻研或许只换来寥寥数个文字的解译。历史长河的沧海一粟，需要一代代学者穷极一生的笃信，时空流转，历史千年，在我看来像极了精卫填海，以生命赋予岁月以文明，令历史以延绵。我们这代人应该向每一代坚守在学术研究的前辈学者叩首感念，薪火相传。

祖父的暮光之年一直都在家中以书为伴，他的研究工作一直持续至他躺在医院的病床上，临终前还交代了很多未完成的研究工作。至今家中依然保留着祖父居住时的样子，一个陈年的老衣柜、一张木板床、一张写字台、一屋子祖父视若珍宝的书籍，每每进入，我都恍如隔世。祖父的学术成就作为非专业的我不应赘言，应由学界与后来的学者评判，但我想他治学严谨的精神与为人方正的品格，与他相识的友人都会铭记与挂怀。

最后我也希望将祖父在我儿时对我的启蒙，让我习字的一篇诸葛亮的《诫子书》呈现于此，一方面借此表达作为家中唯一的孙女对祖父的深切怀念，一方面也送与同辈人共勉，借古人智慧与先人品格使中华文明得以绵延悠远。

> 夫君子之行，静以修身，俭以养德。非淡泊无以明志，非宁静无以致远。夫学须静也，才须学也，非学无以广才，非志无以成学。淫慢则不能励精，险躁则不能治性。年与时驰，意与日去，遂成枯落，多不接世，悲守穷庐，将复何及！

——出自诸葛亮《诫子书》

今年是祖父的百年诞辰，寥寥数字难以言表，我谨以此文代表全家人即我的父亲阎国华先生，我的母亲刘莉女士，我的三位姑姑阎碧云女士、阎碧君女士、阎碧玉女士及后代子孙表达缅怀之情,也缅怀我的祖母叶青云女士一生照拂家人。最后,感谢辽宁省博物馆多年来对我的祖父阎万章先生的支持,并在这样特殊的岁月撰写此文以念。

(阎玉婷　昊美术馆、左右文化)

辽金历史与考古·第十三辑

考古发现与研究

考古发现与研究

辽代契丹贵族家族墓地考古发现述略

都惜青　李宇峰

内容提要：受中原地区汉族名门望族聚族而葬的埋葬习俗的影响，辽代契丹贵族主要是皇族耶律氏和后族萧氏从辽代中期圣宗时起即聚族而葬，形成较大的家族墓地。本文择其七处重要的契丹贵族家族墓地详述之，以期推动有关辽代堪舆制度的研究。

关键词：辽代　契丹贵族　耶律氏　萧氏　家族墓地

郭大顺先生在为《朝阳龙城出土文物精粹》一书所写的序中提出对辽代家族墓园整体认识的新观点笔者十分赞同[1]。已有学者指出，在我国中原地区，自东汉以来世家大族即聚族而葬，形成家族墓地[2]。这种埋葬习俗渐次影响至边陲地区。以辽宁为例，在东汉末年至魏晋时期，在辽东郡首府襄平（今辽阳市）附近考古发现就有北园、棒台子、三道壕、鹅房四处较大的公孙氏统治下的世家大族的家族墓地[3]。在辽西朝阳地区，自唐安史之乱以后，为避中原战乱，汉族名门望族多举家迁居相对稳定的朝阳地区，死后聚族而葬，从而形成中原汉族大姓后裔子孙的家族墓地。以纪年墓志为例，有唐代的孙则家族墓地[4]；蔡泽、蔡须达父子墓地[5]。辽代的韩瑜、韩橁父子墓地[6]；耿延毅家族墓地[7]；赵匡禹家族墓地[8]，刘承嗣家族墓地[9]；张建立家族墓地[10]，刘知新家族墓

1　朝阳市龙城区博物馆：《朝阳龙城出土文物精粹》序，辽宁人民出版社，2018年，第1页。
2　黄展岳：《说坟》，《文物》1981年第2期。
3　李龙彬、马鑫、邹宝库编著：《汉魏晋辽阳壁画墓》，辽宁人民出版社，2020年，第53页。
4　辽宁省文物考古研究所、日本奈良文化财研究所编著：《朝阳隋唐墓葬发现与研究》，科学出版社，2012年，第7页。
5　尚晓波等：《辽宁朝阳北朝及唐代墓葬》，《文物》1998年第3期。
6　毕任庸：《辽韩瑜韩橁墓铭考证》，《人文》17卷3期1936年。
7　朱子方、徐基：《辽宁朝阳姑营子辽耿氏墓发掘报告》，《考古学集刊（3）》，中国社会科学出版社，1983年。
8　邓宝学、孙国平、李宇峰：《辽宁朝阳辽赵氏族墓》，《文物》1983年第9期，第30页。
9　王成生：《辽宁朝阳市辽刘承嗣族墓》，《考古》1987年第2期，第131页。
10　田立坤、冯文学：《张公墓志跋》，《辽金史论集（4）》，书目文献出版社，1989年。

地[11]。这些中原汉族大姓聚族而葬的埋葬习俗，逐渐影响了日趋封建化、仰慕中原文化的辽代皇族耶律氏和后族萧氏。从考古发现来看，从辽代中期的圣宗开始，契丹贵族死后即聚族而葬，形成较大规模的家族墓地。最早对辽代契丹贵族家族墓地提出"族墓园"概念的是李文信先生[12]。他在主持义县清河门辽代萧慎微祖墓群发掘时，就有了对整个墓地全面勘查并发掘的意识。现以经过考古发掘的时间先后顺序，择其重要，对契丹贵族家族墓地的概况做综合述略，并略陈己见，以求共勉。

一、义县清河门萧慎微家族墓地

清河门在20世纪50年代初行政区划尚属辽西省锦州市义县管辖，是义县第十区政府所在地，后划归辽宁省阜新市管辖为清河门区至今。清河门萧慎微家族墓地是1949年发现的，1950年由李文信先生带队调查发掘，是新中国成立后首次发掘的辽代后族萧氏家族墓地。当时清理发掘四座墓，分别编为一至四号墓。当时就已意识到在墓地正前方（东南方向）"小丘前方有一砖瓦建筑古址"可能与墓地有关。现在看来，这处砖瓦建筑古址似应是墓园的祭殿或享堂之类的建筑遗址。因为一号墓出土佐移离毕萧相公墓志盖及残碎墓志，始知是属于辽代后族萧氏的家族墓地。这四座墓的排列与分布是后两座墓即第二号及第三号墓后面与左右方都逼近山冈，按埋葬习俗，一般都由高位埋起，渐次低位。因此二号及三号墓可能是行老辈的，前两座墓一号及四号墓应当是晚辈的（图一）。据一号墓的墓志有"葬宜州北闾山西、附先令公之茔"记载（宜州即今义县县城[13]。闾山即指北镇市医巫闾山），可知一号墓即"佐移离毕萧相公"是附葬在他父亲（先令公）之茔地的，后面的二号墓出土契丹文墓志铭和壁画，随葬品亦很丰厚，很可能是先令公之墓。根据墓志记载推测一号墓主人萧相公应当葬在兴宗重熙十三年（1044）之前。因为据《高丽史》记载萧相公的次子萧慎微曾以辽国外交使臣身份于兴宗重熙十二年（1043）和重熙十六年（1047）两次出使高丽，并且两次官级都很高，应当是在他父亲萧相公死后，才有可能晋级高官显位。近有学者据《契丹小字耶律宗教墓志》考释，认为耶律宗教妻惕隐夫人是乙室已国舅之父房涅里衮迪里都相公谐领夫人之第五女，封韩国夫人，而涅里衮迪里都相公其人正是清河门一号墓主人佐移离毕萧相公，两者为同一人[14]。此说甚是，笔者赞同。至于该文论及，佐移离毕萧相公其人或即《辽史》有传的萧敌烈的说法我们不敢苟同。因据《辽史》有传的《萧敌烈传》记载[15]，萧敌烈仅有族子忽古。而据《佐移离毕萧相公墓志》记萧相公有二子，其次子萧慎微两次出使高丽，两者并不相符。因此认为一号墓主人佐移离毕萧相公或即《辽史》有传的萧敌烈未免有些牵强，可暂备一说。

---

11 李道新：《辽代刘知新三兄弟墓志考释》，《辽金历史与考古（第八辑）》，科学出版社，2017年，第299页。
12 李文信：《义县清河门辽墓发掘报告》，《考古学报》第8册，1954年，第163页。
13 冯永谦：《辽宁地区辽代建置考述》，《辽海文物学刊》1987年第1期，第108页。
14 〔日〕乌拉熙春：《契丹语言文学研究》，日本、东亚历史文化研究会，2004年，第226页。
15 《辽史》卷88《萧敌烈传》，中华书局，1975年，第1339页。

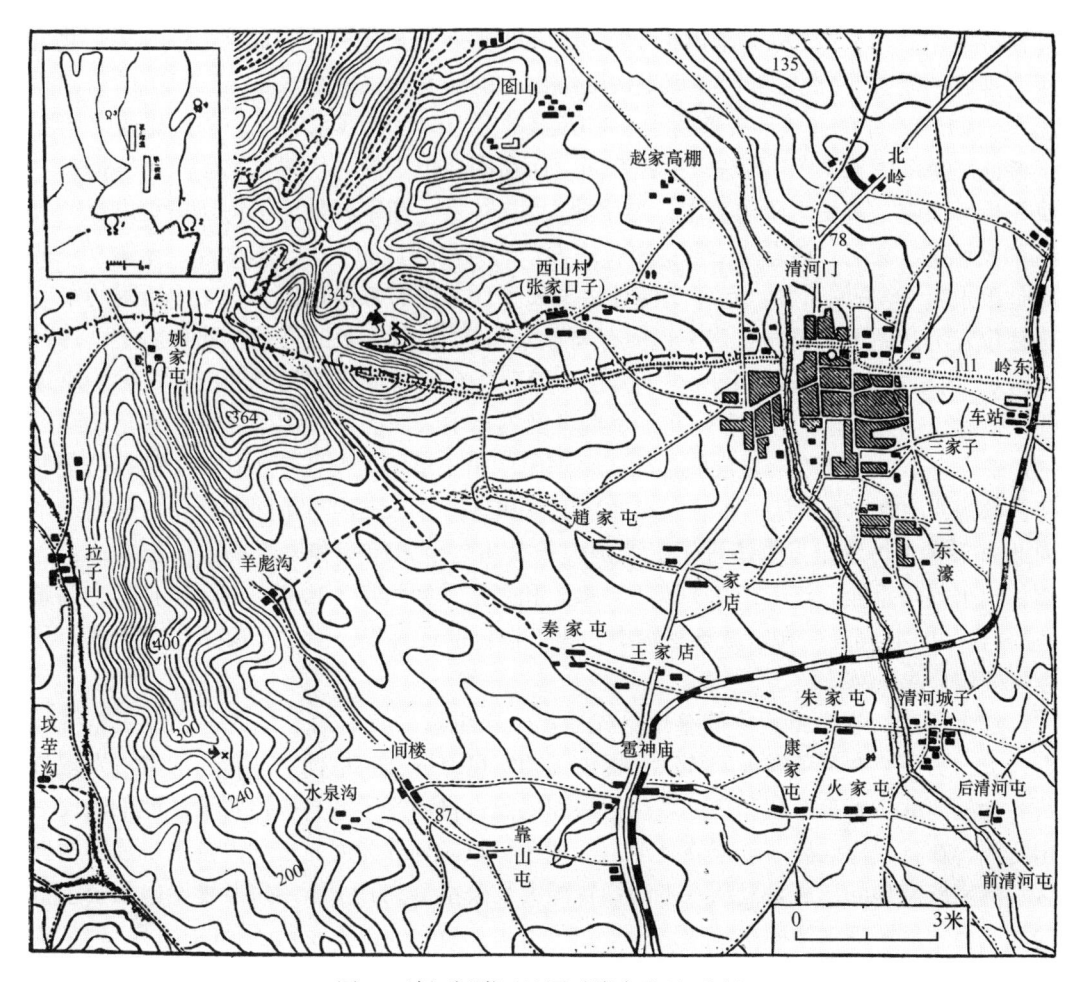

图一　清河门附近地图（附古墓平面图）

二、萧继远家族墓地

萧继远家族是辽代有影响的后族之一，其家族墓地位于河北省平泉市蒙和乌苏乡八王沟，与内蒙古自治区赤峰市宁城县头道营子乡埋王沟仅一山之隔，同属辽代后族萧继远家族墓地（1949年平泉县尚属热河省管辖，1954年热河省撤销后划归河北省改县为市管辖至今）。在八王沟最早发现的是萧继远之妻秦晋国大长公主墓。该墓在清代就两次被盗掘，1949年又遭盗掘破坏，当时热河省博物馆筹备处的郑绍宗先生进行抢救性清理发掘，出土四神石棺、木俑和墓志一合，志盖已佚，仅存志石[16]。1993年内蒙古文物考古研究所在宁城县头道营子乡埋王沟发现四座辽墓，编为一至四号墓，其中三号墓出土道宗咸雍七年（1071）的萧阎墓志，可知三号墓是萧阎夫妻合葬墓，埋王沟墓地是辽代后族萧继远后裔子孙的家族墓地。又在四号墓里出土道宗大康六年（1080）萧阎之子

16　郑绍宗：《契丹秦晋国大长公主墓志铭》，《考古》1962年第8期，第429页。

萧勃特夲墓志。一、二号墓未出纪年文物，这四座墓以萧闍夫妻合葬墓为中心，东北至西南排成一线[17]。除此之外，在埋王沟陆续出土的还有道宗咸雍八年（1072）的萧闸墓志[18]；1995年8月在宁城县头道营子乡喇嘛洞村出土的辽代残墓志（一），据盖之庸先生考证应是萧闾墓志[19]，甚是，笔者赞同。而在同地出土的辽代残墓志（三），据盖之庸先生考证应是萧安之子的墓志，名字缺失[20]，甚是。在宁城县埋王沟辽墓里出土"故马军太师墓志文记"墓志盖一方，志石缺失。这方墓志盖的主人马军太师，据笔者考证应是萧永[21]。经查阅可知，在《宁城县岳家杖子辽萧府君墓清理记》一文中所附的萧府君墓位置示意图上距萧府君墓不远标有马军太师墓[22]，其志盖或许就在此墓出土。1995年8月，内蒙古文物考古研究所在宁城县头道营子乡喇嘛洞村的鸽子洞山下发掘一座辽代壁画墓[23]，依据出土的墓志残文，发掘者推测墓主人应当是萧绍宗之子，亦是萧继远的后裔子孙。2004年在宁城县头道营子乡埋王沟出土道宗大安九年（1093）的萧公妻耶律氏墓志[24]。2012年10月，在河北省平泉市蒙和乌苏乡八王沟秦晋国大长公主墓附近，河北省平泉市博物馆发掘清理了秦晋国大长公主之子萧绍宗和妻子秦国长公主的合葬墓，出土兴宗重熙七年（1038）萧绍宗墓志和兴宗重熙六年（1037）的秦国长公主墓志各一合。2014年6月，在宁城县福峰山一座被盗掘的辽墓里，出土了萧绍宗次子萧宁和妻子安定公主的墓志[25]。

综上所述，在萧继远家族墓地已先后出土萧继远一支后裔子孙的墓志经粗略统计有16方，为研究有关萧继远家族谱系提供了翔实可靠的文字依据。从目前的考古发现分析，地处河北省平泉市蒙和乌苏乡八王沟和内蒙古自治区宁城县头道营子乡埋王沟仅一山之隔，在辽代应同属一个家族墓地，按现在行政区划分为河北省和内蒙古自治区两省区，其家族墓地的形成是先从八王沟秦晋国大长公主墓和其子萧绍宗及妻秦国长公主墓起始。而宁城县埋王沟则是萧绍宗三个儿子萧永、萧宁、萧安及其子孙的墓区。埋王沟细分还可分成三个小区，即埋王沟是萧永及其子萧闍及其孙萧勃特夲一支墓地；福峰山应是萧宁一支的墓地；鸽子洞或是萧安一支的墓地。若其分析得不误，其分布应有一定规律。

---

17 吉平、塔拉：《宁城县埋王沟辽代墓地发掘简报》，《内蒙古文物考古文集（第2辑）》，中国大百科全书出版社，1997年，第609页。
18 盖之庸编著：《内蒙古辽代石刻文研究》（增订本），内蒙古大学出版社，2007年，第341页。
19 盖之庸编著：《内蒙古辽代石刻文研究》（增订本），内蒙古大学出版社，2007年，第356页。
20 盖之庸编著：《内蒙古辽代石刻文研究》（增订本），内蒙古大学出版社，2007年，第364页。
21 李宇峰：《辽代萧继远家族墓地研究》，《辽金历史与考古（第八辑）》，科学出版社，2017年，第103页。
22 内蒙古文物考古研究研所、赤峰市博物馆：《宁城县岳家杖子辽萧府君墓清理记》，《内蒙古文物考古文集（第1辑）》，中国大百科全书出版社，1994年，第548页。
23 内蒙古文物考古研究所、辽中京博物馆：《宁城县鸽子洞辽代壁画墓》，《内蒙古文物考古文集（第2辑）》，中国大百科全书出版社，1997年，第631页。
24 向南、张国庆、李宇峰辑注：《辽代石刻文续编》，辽宁人民出版社，2010年，第220页。
25 赤峰市博物馆、宁城县文物局：《赤峰宁城县福峰山辽代墓葬》，《草原文物》2018年第1期，第49页。

三、法库县叶茂台萧氏家族墓地

辽宁法库县叶茂台辽代墓地是全国重点文物保护单位，自从1953年发现辽代石室壁画墓以来[26]，迄今为止共发现26座辽墓，其中比较重要的有3座，即七号墓[27]、十六号墓[28]、二十三号墓[29]。其中因为十六号墓出土一方天祚帝天庆二年（1112）的萧义墓志，学术界一致认为叶茂台墓地应是辽代后族萧氏的家族墓地。据朱子方先生考证，萧义即《辽史》有传的萧常哥，二者为同一人[30]，萧义为汉名，萧常哥为契丹名。二十三号墓墓主的具体身份，依据刘凤翥先生对出土契丹小字墓志的分析解读，似与宰相涅里衮第六女有关[31]。但七号墓因未出土任何文字记载明确年代及墓主身份的资料，长期以来学术界对七号墓的年代及墓主身份颇存争议，仁者见仁，智者见智，始终是未解之谜。首先对于七号墓的年代，发掘简报认为是辽代前期[32]。曹汛先生[33]、笔者[34]、冯永谦先生和温丽和[35]都认为七号墓的时代应在辽代中期圣宗时期。

关于七号墓墓主的身份，目前学术界有四种说法。简报作者认为七号墓的主人是契丹贵族妇女，或与皇室有一定关系[36]；曹汛先生认为，七号墓的主人当属皇亲国戚之流[37]；王秋华认为，七号墓的主人与皇族有关[38]；笔者认为七号墓的主人应当是辽代皇室的公主[39]。因为法库县叶茂台墓地是一处辽代后族萧氏的家族墓地，因此七号墓的主人身份只能是皇室耶律氏。

---

26 刘谦：《辽宁法库县叶茂台辽墓调查》，《考古通讯》1956年第3期，第48页。
27 辽宁省博物馆、辽宁铁岭地区文物组发掘小组：《法库县叶茂台辽墓记略》，《文物》1975年第12期，第26页。
28 温丽和：《辽宁法库县叶茂台辽萧义墓》，《考古》1989年第4期。
29 辽宁省文物考古研究所、沈阳市文物考古研究所：《辽宁法库县叶茂台23号辽墓发掘简报》，《考古》2010年第1期。
30 朱子方：《跋法库叶茂台出土辽萧义墓志铭》，《中国历史博物馆馆刊》1985年第7期。
31 辽宁省文物考古研究所、沈阳市文物考古研究所：《辽宁法库县叶茂台23号辽墓发掘简报》，《考古》2010年第1期。
32 辽宁省博物馆、辽宁铁岭地区文物组发掘小组：《法库县叶茂台辽墓记略》，《文物》1975年第12期，第26页。
33 曹汛：《叶茂台辽墓中的棺床小帐》，《文物》1975年第12期，第49页。
34 李宇峰：《辽宁地区未纪年辽墓及相关问题》，《中国北方古代文化国际学术研讨会论文集》，中国文史出版社，1995年。
35 冯永谦、温丽和著：《法库县文物志》，辽宁民族出版社，1996年，第99页。
36 辽宁省博物馆、辽宁铁岭地区文物组发掘小组：《法库县叶茂台辽墓记略》，《文物》1975年第12期，第26页。
37 曹汛：《叶茂台辽墓中的棺床小帐》，《文物》1975年第12期，第49页。
38 王秋华著：《惊世叶茂台》，百花文艺出版社，2022年，第127页。
39 李宇峰：《辽宁法库叶茂台七号辽墓的年代及墓主身份》，《辽金历史与考古（第十辑）》，科学出版社，2019年，第108页。

关于法库叶茂台墓地的分区与分布，由于发掘报告一书尚未出版，根据现有资料，目前学术界对叶茂台墓地分区有两种说法，冯永谦先生认为，叶茂台墓地可分为三区[40]，王秋华认为叶茂台墓地可分为五区[41]（图二）。笔者基本同意王秋华将其分为五个墓区的说法。在已发现的26座为五个墓区辽墓中，以七号的年代为最早，相当于辽代中期圣宗统和年间，墓地的形成即由七号墓起始，逐渐扩展成五个墓区。统观26座辽墓的时代，多数属于辽代晚期，十六号墓出土的萧义墓志记载萧义下葬于天祚帝天庆二年（1112），已近辽末，说明叶茂台墓地从圣宗统和年间一直延续至辽末，延续了百余年。值得引起注意的是，在叶茂台墓地附近考古发现三座辽代城址，即法库县叶茂台镇西二台子城址、法库县包家屯乡南土城子城址、彰武县苇子沟乡土城子城址，据冯永谦先生论及。此三座城址，均为辽代后族国舅萧氏所建的头下州，叶茂台墓地应是国舅后族萧氏的家族墓地[42]。依笔者进一步推断，上述所论的三座辽代头下州城址中，以法库县叶茂台镇西二台子城址，毗邻叶茂台墓地，冯永谦先生论及西二台子城址为辽代头下州渭州，为"驸马都尉萧昌裔建。尚秦晋国王隆庆女韩国长公主，以所赐媵臣建州

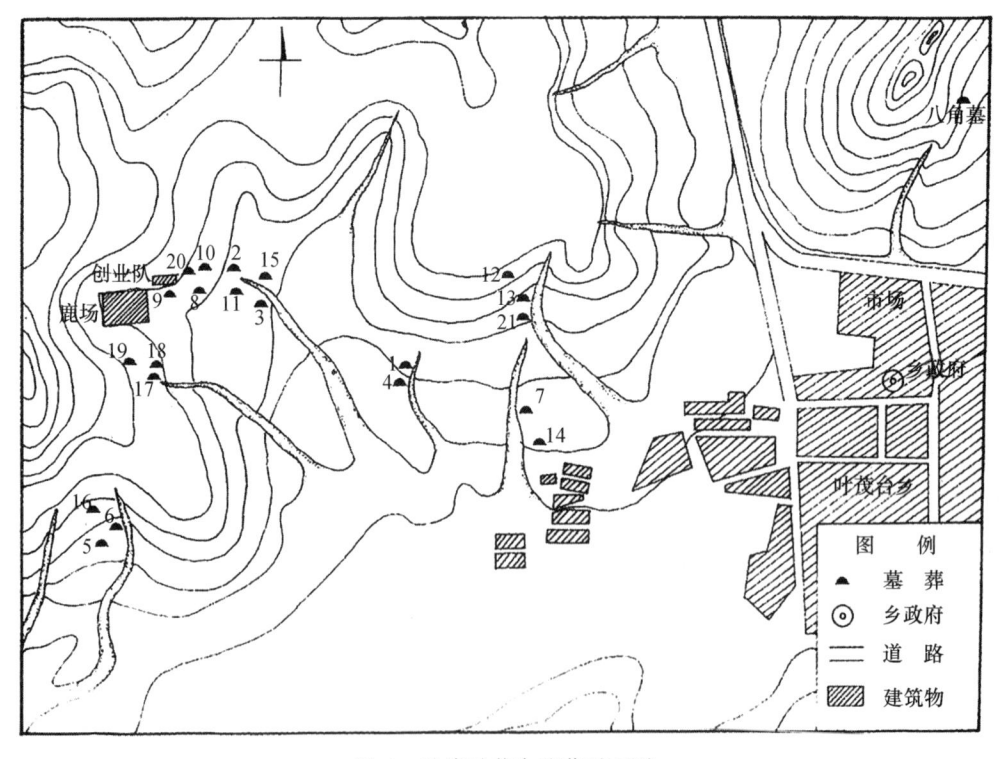

图二　法库叶茂台墓葬平面图

40　冯永谦、温丽和著：《法库县文物志》，辽宁民族出版社，1996年，第99页。
41　王秋华著：《惊世叶茂台》，百花文艺出版社，2022年，第127页。
42　冯永谦著：《东北考古研究（一）》，《法库叶茂台辽墓》，中州古籍出版社，1994年，第163页。

城"[43]。则叶茂台墓地极有可能是国舅萧昌裔后裔子孙的家族墓地。

四、耶律仁先家族墓地

耶律仁先是辽代皇族著名儒将，兴、道两朝的朝廷重臣，精通兵法韬略，是文武兼备的政治家，凡六次命将，五次封王，并为尚父，于越，是有十字封号的功臣，族支庞大。其家族墓地位于辽宁省北票市小塔子乡莲花山，是一处保存完整规模较大的辽代皇族家族墓地，现为辽宁省文物保护单位。该墓地曾于清光绪二十二年（1896）、1959年及1962年三次遭到盗掘破坏。1983年5～9月，经国家文物局批准，辽宁省博物馆文物工作队对其进行抢救性清理发掘。墓园建在莲花山南面的一个向东开口的山谷里，西高东低，现在墓园的墙垣仍保存较清楚的遗迹，呈低矮土垅状，由后向前屈曲。门在东面，墓垣建于较低矮山冈的半山间（图三）。墓园的前部有建筑遗址，当是享堂遗存。

图三 耶律仁先家族墓地理环境

这次发掘共开掘97条探沟，探出墓葬14座。共发掘三座大型辽墓和一座小墓。发掘的三座大墓位于墓园内的右侧，一号墓为耶律仁先墓，位于墓园内右侧的中部，三号墓为其子耶律庆嗣墓，在一号墓的后部，二号墓因墓志被打碎散失，不知墓主姓名，在一号墓的前方。三座墓都很庞大，并有精美的彩色壁画。一号墓出土耶律仁先墓志，志石汉文，在其志盖的下面阴刻有5100字的契丹小字志文，这是迄今为止，出土契丹小字文字最多的墓志，其史料价值弥足珍贵，引起学术界的高度重视与关注。三号墓出土耶律

---

43 冯永谦：《辽志十六头下州地理考》，《辽海文物学刊》1988年第1期，第79页。

庆嗣汉文墓志[44]。1998年8月，在耶律仁先墓的近旁，北票市文物管理所又抢救清理了耶律仁先四弟耶律智先墓，出汉文和契丹小字墓志各一方[45]。耶律仁先、耶律智先、耶律庆嗣三方汉文墓志的出土，为研究辽代皇族耶律仁先一支的先祖及世系以及家世、生平事略提供了翔实可靠的文字资料，对《辽史》是重要补充和订正。已有学者分别就耶律仁先墓志[46]、耶律智先墓志进行考释[47]。自从耶律仁先、耶律智先契丹小字墓志发现以后，学术界就契丹小字的解读，发表了许多研究成果[48]，将契丹小字的识读考释工作又向前推进了一步。

有关耶律仁先家族墓园的墓葬排列顺序与布局，从发掘的四座墓和开掘探沟暴露出来的墓葬情况看是长辈居前，晚辈居后，即晚辈墓处在长辈墓的后边且地势在山坡的较高处。最明显的实例，是耶律庆嗣墓在其父耶律仁先墓的后方高位置上，这种排列布局在已发掘的辽墓中是不多见的，为研究契丹贵族家族墓地的埋葬习俗提供了有纪年依据的实例，是弥足珍贵的考古资料。

五、耶律霞兹家族墓地

辽代皇族耶律霞兹家族墓地位于辽宁省建平县青松岭乡丰山村长加哈达屯西北2.5千米的菊花山西侧的山洼之中，东、西、北三面环山，形成椅背式山洼，南面为谷口，地势开阔平坦，墓地有十余座墓均坐北朝南。1991年6月，该墓地遭到盗掘破坏，从7月2日至8月2日，辽宁省文物考古研究所对其中的四座墓进行抢救性清理发掘，由东至西一字排列，按发掘顺序分别编为一、二、三、四号墓，其中一号墓因出土辽圣宗太平元年（1021）的耶律霞兹墓志始知为辽代皇族耶律霞兹的家族墓地[49]。耶律霞兹，《辽史》无传，其他纪传里亦未见其名。据墓志记载"其先□□天朝皇帝伯"，志文中的天朝皇帝应指辽太祖耶律阿保机，耶律霞兹的先祖应源自太祖耶律阿保机伯父一支。关于耶律霞兹家族墓地的形成排列布局。发掘的四座墓呈自东至西一字排列，根据墓葬形制，其中只有三号墓为主室方形两耳室长方形的多室墓，其时间要早于其余三座圆形单室墓，甬道右侧残留壁画侍奉图，出土文物较多，可见这一组四座墓应以等级身份最高的时间较早的三号墓为中心依次排列成排，较有规律。

---

44 冯永谦、韩宝兴：《发掘北票莲花山辽耶律仁先族墓的收获》，《辽金契丹女真史研究动态》1984年总16期。

45 陈金梅：《辽宁北票发现辽耶律智先墓》，《中国文物报》1999年6月30日。

46 李宇峰：《辽代汉文〈耶律仁先墓志〉考释》，《辽宁省博物馆馆刊（2010）》，辽海出版社，2010年，第137页。

47 于秀丽、陈金梅：《辽耶律智先墓志浅释》，《辽金历史与考古（第六辑）》，辽宁教育出版社，2015年，第342页。

48 李宇峰：《辽代汉文〈耶律仁先墓志考释〉》注释⑤，《辽宁省博物馆馆刊（2010）》，辽海出版社，2010年。

49 韩宝兴、李宇峰：《辽宁建平县丰山村辽耶律霞兹墓地发掘简报》，《辽金历史与考古（第一辑）》，辽宁教育出版社，2009年，第41页。

六、凌源市小喇嘛沟墓地

凌源市小喇嘛沟墓地位于凌源市城关镇八里堡村小喇嘛沟屯西北约600米的山坡上，墓地北倚北山，东西两侧山峦环抱，面对一条东南向的狭长沟谷，地形特征十分符合辽代契丹贵族墓地的选址规制（图四）。小喇嘛沟墓地于1993年4月遭到盗掘破坏。凌源市博物馆抢救清理了一号墓，1994年9~11月，辽宁省文物考古研究所对该墓地进行全面的抢救性发掘，共发掘包括一号墓在内的11座辽墓和2座殉马坑。由辽宁省文物考古研究所编著的《凌源小喇嘛沟辽墓》一书已由文物出版社出版[50]。现择其要点简述，由于小喇嘛洞辽墓未出任何纪年文字或题记，因此对其族属年代及一号墓主人身份的判断只能依据墓葬形制、葬俗及随葬品综合分析后，认为这是一处辽代契丹贵族的家族墓地当无疑义。墓地的时代以一号墓为最早，相当于辽代中期圣宗时期，整个墓地以一号墓为中心，横向一字排开，较有规律（图五）。关于一号墓主人的身份目前学术界有两种说法。

图四　小喇嘛沟墓地全景

笔者认为，从一号墓出土的两件男女各一的鎏金银冠。其样式和材质尺寸均与辽陈国公主墓所出完全相同分析[51]，一号墓主人的身份亦应当是公主与驸马一级的显贵

50　辽宁省文物考古研究所编著：《凌源小喇嘛沟辽墓》，文物出版社，2015年。
51　孙建华、张郁：《辽陈国公主驸马合葬墓发掘简报》，《文物》1987年第11期。

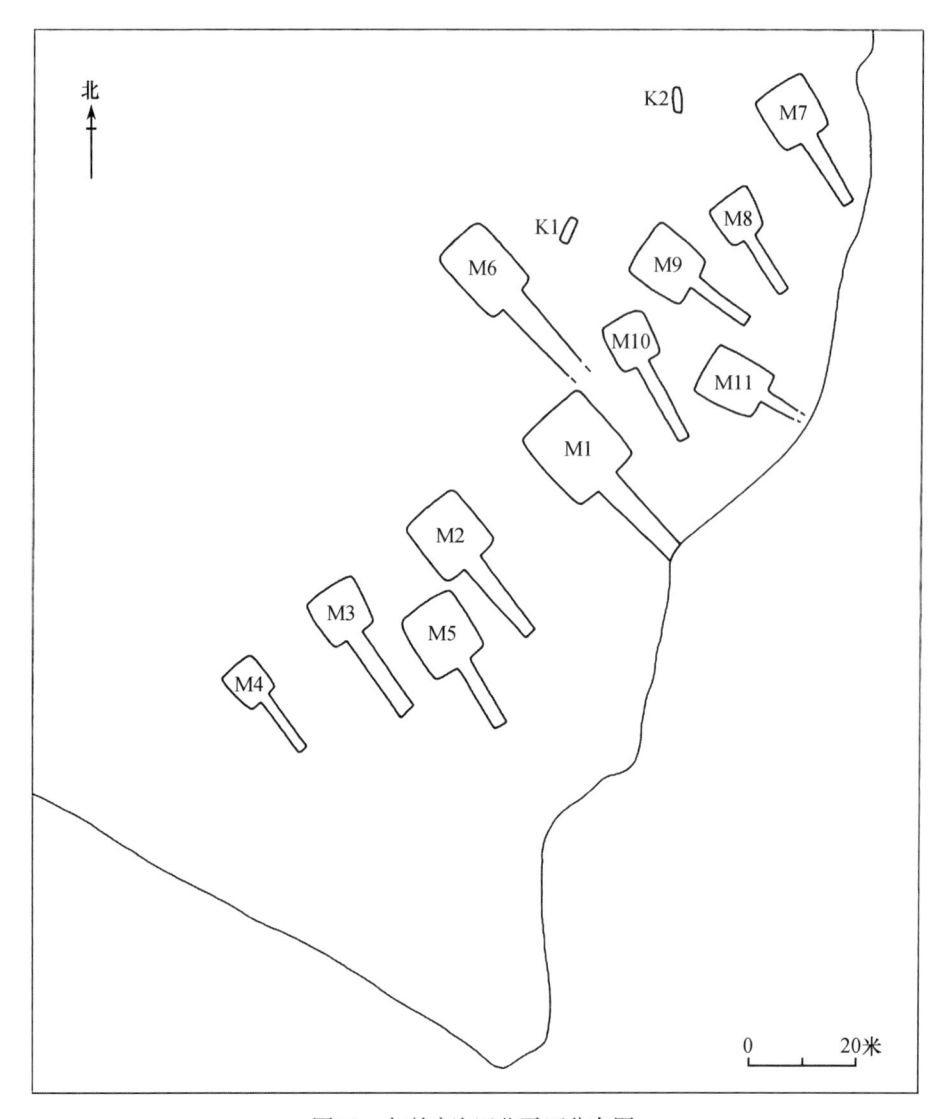

图五　小喇嘛沟辽墓平面分布图

人物[52]。若分析不误，小喇嘛沟墓地则应是辽代后族萧氏的一处家族墓地。《凌源小喇嘛沟辽墓》一书的编著者认为该墓地属辽代契丹贵族墓地，可能与横帐解里家族有关，或许就是解里的后裔子孙。之所以这样推测，是因为距小喇嘛沟墓地西南约4千米有一座辽代城址即当地人称十八里堡城址，有学者考证此城应是辽中京道所辖之榆州[53]。

52　李宇峰：《建国以来辽宁地区辽墓考古发现与研究》，《北方民族文化新论》，哈尔滨出版社，2001年。
53　冯永谦：《辽宁地区辽代建置考述》，《辽海文物学刊》1987年第1期，第108页。

据《辽史》记载，榆州为横帐解里所建的头下州[54]，有学者论及榆州建于太宗天显初年，是有据可考的最早的头下州[55]。另据邓广铭先生考证，横帐解里即宋琪在《平燕蓟十策》一文中提到的麻苔，亦即太祖弟剌葛之子耶律拔里得[56]。耶律拔里得，《辽史》有传[57]，字孩邻，太祖弟剌葛之子，太宗会同七年（944），随太宗南征后晋少帝石重贵。攻下德州，擒刺史师居璠等将吏27人。会同九年（946），再征后晋，降杜重威，太宗入汴京（今河南省开封市）灭后晋，以功授安国军节度使，世宗继位，迁中京留守，卒。据1983年在凌源市宋杖子镇二十里堡村出土的景宗保宁元年（969）的《张建立墓志》记载[58]，张建立即是辽太祖时被解里俘掠入辽的，后来又以解里家奴的身份任榆州刺史，榆州地理所在的十八里堡城址与张建立墓志出土地二十里堡村北山近在咫尺，是张建立的家族墓地。又据《张守节墓志》记载[59]，从张建立任榆州刺史起，其子孙又有张彦英、张彦胜、张文煦、张守节四世五人都曾任榆州刺史，与榆州有着千丝万缕的联系。

辽代的头下军州实行严格的世袭制度，头下军州最初都归属建城者私有，大概只有在两种情况下才会被朝廷籍没归国家所有，变为行政州，由国家任命刺史等官吏。一是叛逆，一是绝嗣。从横帐解里的情况分析，解里（耶律拔里得），《辽史》有传，卒于世宗初年中京留守任上，既得善终，不属叛逆。又据《辽史》记载，榆州于圣宗开泰中没入，变为国家所有，改为行政州归中京道管辖，说明解里可能绝嗣无以为继。至于小喇嘛沟一号墓主人的身份，笔者认为应是解里的后裔子孙，女主人似为解里之女，男主人应为后族萧氏子弟。若推测不误，一号墓女主人贵为皇族之女，虽非公主，但因身份高贵，才会与夫婿均头戴陈国公主与驸马几近相同的鎏金银冠和鎏金银面具，其身份应相当于准公主一级。

七、萧和家族墓地

萧和家族墓地位于辽宁省阜新蒙古族自治县大巴镇车新村北部的山洼内（原关山种畜场二道沟鹿场），是一处保存完整的辽代后族萧和一支的家族墓地，包括两个独立的墓区，东南的山洼名为"王坟沟"，有三座墓，编号一至三号墓，西北的山洼名为"马掌洼"，有6座墓，编号四至九号墓，两墓区之间仅相隔一道低矮山梁，相距约500米（图六）。

---

54 《辽史》卷39《地理志三》："榆州、高平军、下、刺史、本汉临渝县地，后隶右北平骊城县。唐载初二年，析慎州置黎州、处靺鞨部落，后为奚人所据。太宗南征、横帐解里以所俘镇州民置州，开泰中没入，属中京，统县二。"中华书局，1975年，第484页。

55 刘浦江：《辽朝的头下制度与头下军州》，《中国史研究》2000年第3期。

56 《辽史·兵卫志中的"御帐亲军""大首领部族军"两事目考源辨误》，《邓广铭治史丛稿》，北京大学出版社，1997年，第15页。

57 《辽史》卷76《耶律拔里得传》，中华书局，1975年，第1246页。

58 田立坤、冯文学：《张公墓志跋》，《辽金史论集（4）》，书目文献出版社，1989年。

59 张力：《辽〈张守节墓志〉考》，《辽金历史与考古（第三辑）》，辽宁教育出版社，2011年，第316页。

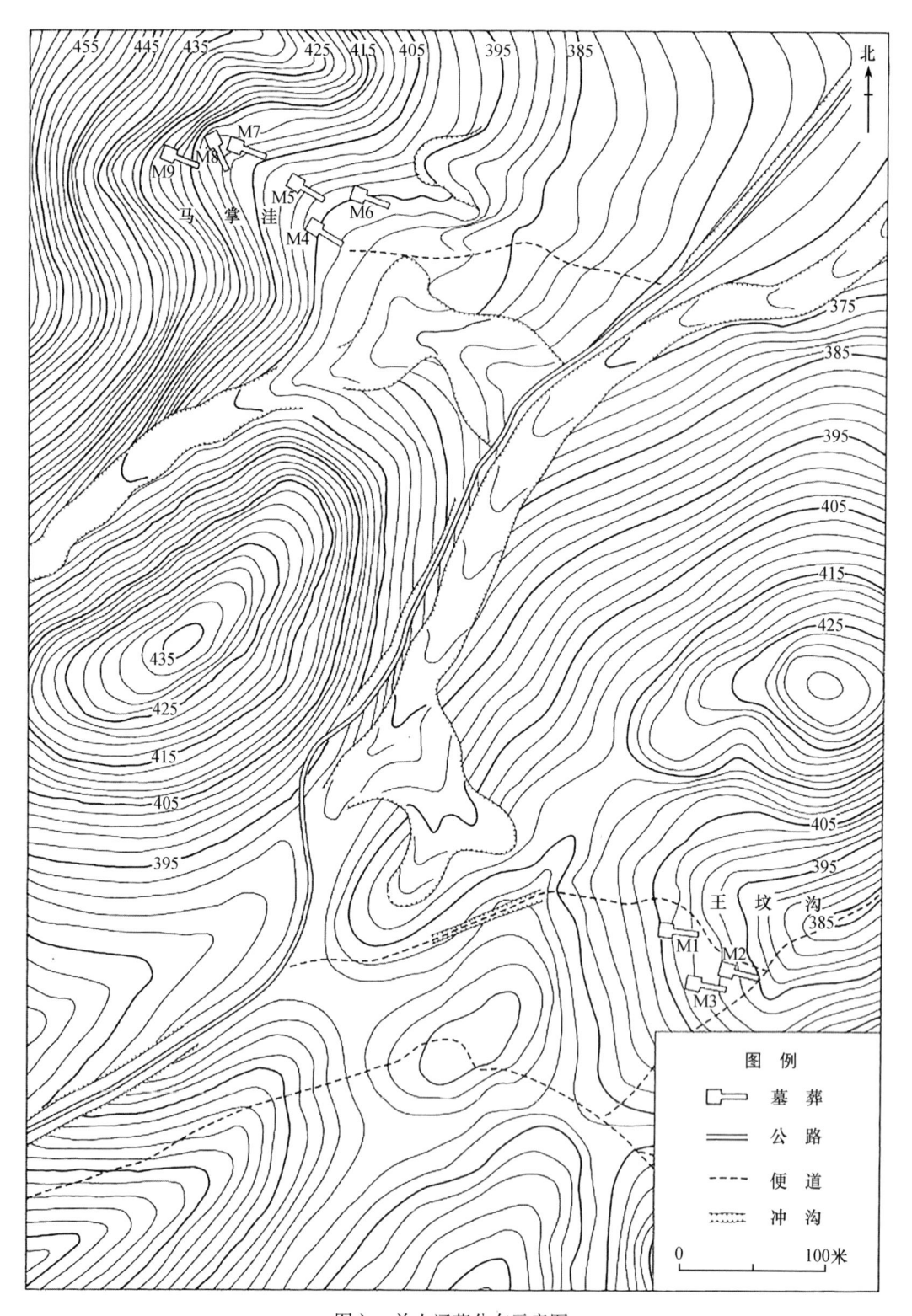

图六　关山辽墓分布示意图

由辽宁省文物考古研究所编著的《关山辽墓》一书已由文物出版社出版[60]。《关山辽墓》一书是目前所见编著较好的辽代田野考古报告，关于它的学术价值，笔者曾撰写有《关山辽墓评介》一文[61]，恕不详述。关山辽墓的发现史最早可以追溯到20世初时，距今已近百年。据2009年出版的《李文信考古文集》（增订本）的下编，发表的李文信先生有关萧德温墓十日发掘日记记载，1944年11月，李文信先生参加了由日本学者山本守主持的萧德温墓的发掘[62]。2000年冬，关山种畜场境内萧德恭墓被盗掘，2001年及2002年，由辽宁省文物考古研究所主持，对"王坟沟"及"马掌洼"已经发现的9座大型辽墓进行发掘，包括20世纪初发现的后来编为一号墓的萧德温墓。根据出土的墓志记载，这是一处保存完整的辽代后族萧和家族墓地，分马掌洼、王坟沟两个墓区，以四号墓萧和夫妻合葬墓为中心，虽然茔区范围、茔墙和四号墓前面的祭祀遗址未能调查清楚和清理，甚为可惜。但作为排列有序的萧和家族墓地经过科学考古发掘的实例，为辽代堪舆制度的研究提供了翔实的考古资料。在墓地选址、墓地布局、墓地选位上，注重家庭成员身份地位的等级差异，依照生前地位的高低分葬两区，马掌洼墓区明显高于王坟沟墓区，没有遵循传统的长幼辈分依次排列的方法，而是灵活安排，呈现出一种较为无序的状态。萧和家族作为辽中晚期最为显赫的后族，自萧和时起，历任圣、兴、道、天祚四朝，共传六代绵延百年而不衰。共出皇后5人，皇妃3人，王妃16人，封王者15人，任北府宰相者14人，枢密使者9人，招驸马都尉者11人，这在辽朝二百余年的历史上是绝无仅有的。

八、结　　语

首先，辽代契丹贵族家族墓地主要分为皇族耶律氏和后族萧氏，墓地四周建有茔墙，辟有园门，墓前建有祭祀建筑址，对于祭祀建筑址的名称，学术界至今说法不一，有称祭殿或享堂等。笔者认为，从东汉的茔域制度而言，称祠堂较为贴切。经过考古发掘的辽代家族墓园的祠堂遗址，依据发表资料，目前仅有1例，即辽宁省彰武县朝阳沟墓地一号墓前的祠堂遗址[63]。过去考古学界对辽代墓群前的祠堂遗址都未加注意，今后发掘应当给予足够的重视。

其次，有关辽代契丹贵族家族墓地的排列与布局，目前所知可分为四种：

1）萧慎微家族墓地长辈在高位，晚辈在低位的自上而下的排列布局。

2）内蒙古自治区宁城县埋王沟墓地、辽宁省建平县耶律霞兹墓地、辽宁省凌源市小喇嘛沟墓地，三处均为以一座高等级墓葬为中心，其余墓葬围绕中心墓葬，横向一字排开，依次而葬的排列与布局。

60　辽宁省文物考古研究所编著：《关山辽墓》，文物出版社，2011年。
61　李宇峰：《关山辽墓评介》，《辽金西夏研究（2012）》，北京日报报业集团，同心出版社，2014年，第94页。
62　李文信著：《李文信考古文集》（增订本）（下编），辽宁人民出版社，2009年，第626页。
63　李宇峰等：《彰武朝阳沟辽代墓地》，《辽宁考古文集》，辽宁民族出版社，2003年，第83页。

3）辽宁省北票市耶律仁先家族墓地是长辈居下，晚辈居上，自下而上的排列与布局。

4）辽宁省阜新蒙古族自治县关山墓地，分为马掌洼与王坟沟两个墓区，依照生前官爵的高低分葬两区，灵活安排，呈现一种较为无序的状态。

另外，辽宁省法库叶茂台家族墓地分为五区，但排列与布局尚需进一步研究探讨。

最后，由于辽代契丹贵族家族墓地是辽代考古重要课题的认识，还处于探索阶段，因此笔者建议，今后应选择重要家族墓地，如保存较好的辽宁省北票市莲花山辽代皇族耶律仁先家族墓地在1983年发掘基础上，对其已经探明的14座墓及祠堂遗址、茔墙等进行全面调查与发掘，并编辑出版一部考古报告，这应当是21世纪辽宁省辽代考古的重要课题之一，从中获得有关辽代契丹贵族家族墓园的完整资料，推动有关辽代堪舆制度的研究。

（都惜青　辽宁省博物馆　李宇峰　辽宁省文物考古研究院）

考古发现与研究

北票市韩杖子村二号辽墓调查记略

白 梅 王永兰

内容提要：北票市韩杖子村二号辽墓是朝阳地区近年来发现的一座重要辽墓，虽遭盗掘破坏，但通过抢救性清理，出土文物十分丰富，现均藏于北票市博物馆，其中不乏精品文物，尤以四件形制相同的绿釉双孔鸡冠壶弥足珍贵，其他诸如鎏金银鞍桥饰、双鱼形铜带饰、白瓷凤首瓶等。其中的鎏金银鞍桥饰[1]、绿釉双孔鸡冠壶[2]、白瓷凤首瓶均已发表[3]。现将二号辽墓的资料全部发表，并略述我们的认识，以供学界同人参考利用。

关键词：北票市　韩杖子村　二号辽墓

一、发现经过及墓葬简况

2003年3月，在北票市西官营镇韩杖子村附近一座辽墓被盗掘，闻讯后，北票市文物管理所派员迅速赶赴现场调查，并进行了抢救性清理。据现场调查，墓为砖筑，由墓道、墓门、甬道、单室圆形墓室组成。因墓已被扰乱破坏，人骨及葬式不清楚。二号辽墓出土文物十分丰富，瓷器以白瓷为主，有凤首瓶、鸡冠壶、长颈壶、碗，而以瓜棱罐为大宗，出土件数较多，形制相同。绿釉瓷器中，以四件形制相同的双孔鸡冠壶弥足珍贵，在辽墓里鲜见。下面分别介绍如下。

二、出土文物

（一）瓷器

1. 白瓷

1）白瓷凤首瓶，2件，形制相同。

1　王永兰、赵志伟：《北票市发现辽代鎏金摩羯纹银鞍饰》，《辽金历史与考古（第五辑）》，辽宁教育出版社，2014年，第341页。
2　王永兰、赵志伟：《北票市发现一件肩部似辽代鸱吻型的双孔鸡冠壶》，《辽金历史与考古（第六辑）》，辽宁教育出版社，2015年，第298页。
3　王永兰、赵志伟：《北票市博物馆藏辽白瓷雌雄凤首瓶》，《辽金历史与考古（第八辑）》，科学出版社，2017年，第272页。

瓷胎洁白细腻坚硬，上白色化妆土，通体施白釉至足际，施釉均匀，釉质莹润。四瓣花式杯口，在凤冠下贴塑凤首、凤尾。凤首精雕细刻。屈喙闭合，眉目清晰，眼珠采用点睛技法，生动传神。凤尾短而上卷，置于凤首后部，细长颈，颈上各饰竹节状复线弦纹两组，肩部硕圆，高圆腹，腹下部弧线内收，圈足底。肩与腹部相接处有一周明显的粗弦纹作为界栏。肩顶部饰一周较短的不规则圆弧纹，腹部采用剔划技法，饰缠枝大牡丹花，花叶舒展，筋脉清晰，自然顺畅。腹下部剔出一周圆弧纹作衬，更使所饰纹饰主次分明，错落有致。其中的1件口径13、高47.5、底径9.9厘米（图一）。这对白瓷凤首瓶应为辽瓷中的上品。

2）白瓷长颈瓶，1件。

灰白瓷胎较细，通体施白釉，施釉均匀。侈口，圆唇，长颈，颈部中间及肩部各饰一周凸弦纹。广圆肩，斜长腹内收至平底。口径14、高50.1、底径15.6厘米（图二）。

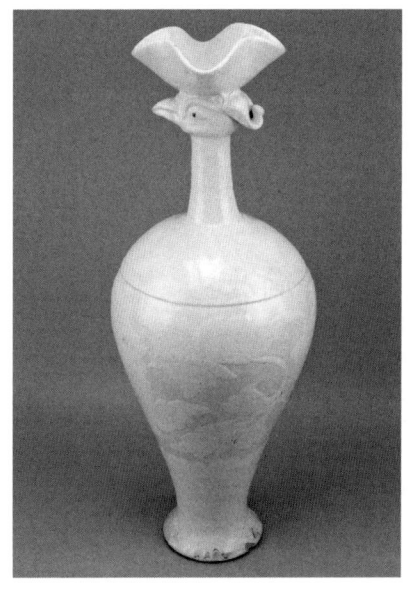

图一　白瓷凤首瓶 　　　　　　图二　白瓷长颈瓶

3）白瓷横梁鸡冠壶，1件。

灰白瓷胎较细，通体施白釉，釉色晶润均匀。管状口，横提梁，上腹扁平，下部圆鼓，呈皮囊状，在管状注口的基部绕以圆圈纹的棱线，由此引起一根凸棱线，分别在腹部两侧呈皮带式装饰，连接到弓形横梁的末端。口径2.8、高20、底径9厘米（图三）。

4）白瓷瓜棱罐，13件，形制相同。

灰白胎较细，通体施白釉，釉色均匀。敛口，圆唇，短颈，颈部有一周凸弦纹，广肩，腹部呈瓜棱形，圈足，平底。其中较大的1件口径10.9、高11.2、底径7.8厘米（图四）。

5）白瓷罐，1件。

灰白瓷胎较细，通体施白釉，釉色均匀。侈口，圆唇，短颈，广肩，圆腹，圈足，平底。口径9.7、高10.3、底径7.6厘米（图五）。

图三　白瓷横梁鸡冠壶 　　　　　　　图四　白瓷瓜棱罐

6）白瓷碗，1件。

灰白瓷胎较细，通体施白釉，釉色均匀，敞口，圆唇，深腹，圈足，平底。口径10.5、高3.9、底径10.9厘米（图六）。

图五　白瓷罐 　　　　　　　图六　白瓷碗

2. 绿釉瓷器

1）双孔鸡冠壶，4件，形制相同。

灰白胎，挂白粉衣，通体施绿釉，釉色均匀，釉质莹润，釉面下面满布细微开片。管状口流，流口外壁饰三组不规则的"⊠"纹饰，前后面及侧面各饰一组，均为粗凹弦纹，流口对应的另一侧置一大鸥吻，鸥吻的尾部竖直，尾尖内曲，形似鸟喙，尾末端呈圆弧形，稍高于流口。肩中部又置一小鸥吻，小鸥吻全尾部与流口外壁相连，尾尖亦内曲，与大鸥吻的尾尖方向相对，稍低于流口，尾部末端呈稍向上的斜直状。两鸥吻一大一小，似两个喙部相对的"鸟头"。两鸥吻中间形成一个深圆凹槽形间隙，上窄下宽。

在两鸥吻中部均有一个近似椭圆形的穿孔,其中大鸥吻的穿孔为通透口,小鸥吻的穿孔未穿透,只在壶体两侧做出穿孔痕迹,似鸟的"双眼"。壶身正面略呈长方形扁平体,上腹部略扁,下腹部肥硕。侧面近似长边等腰三角形。近底处内收,椭圆形底,底心中凹。其中1件口径5.5、高31、底径10.5厘米(图七)。是辽代鸡冠壶中的上品之作,弥足珍贵。

2)绿釉长颈壶,1件。

灰白胎较细,通体施绿釉,釉色不匀,有流釉痕。侈口,圆唇,长颈,颈部及肩部饰三周凸弦纹。广圆肩,斜长腹内收至平底。口径16.6、高60.2、底径15.8厘米(图八)。

图七　绿釉双孔鸡冠壶

图八　绿釉长颈壶

3)绿釉砚,1件。

灰白胎,通体施绿釉,釉不至底,有流釉痕。体呈束腰形,上部为浅盘形圆砚台面,中为束腰,束腰中部对应四个两两相对的心形镂孔,下为喇叭形底座。口径14.3、高8.8、底径14厘米(图九)。

4)绿釉盆,1件。

灰白胎,通体施绿釉,釉色均匀。敞口,圆唇,浅腹,平底。口径46.7、高10、底径36.4厘米(图一〇)。

图九　绿釉砚

图一〇　绿釉盆

3. 茶末釉瓷器

茶末釉鸡腿瓶，1件。

灰白胎较粗，胎体上有数周挖坯痕，通体施茶末釉，釉色不匀，偶有露胎痕迹。直口，圆唇，短颈，溜肩，斜长腹内收至底，小底内凹。口径8.4、高48、底径14.6厘米（图一一）。

图一一　茶末釉鸡腿瓶

（二）马具

1）鎏金银鞍桥饰，1副2件。

这副鞍桥外侧的包饰，前后桥均为凸面凹背的半圆形鎏金银饰，保存基本完整。地纹均为海水，前桥高20、最宽处35厘米。中部锤压錾刻"双龙戏珠"。火焰珠位于鞍桥拱形梁中央，由圆珠和火焰两部分组成。珠呈椭圆形，由内至外分为三层，除第一层外，二、三层间均有细密的短斜线做放射状排列。珠周围有火焰升腾，下面为滔滔海水，有火珠跃出海面之势。二游龙对称錾于火焰珠左右两侧，头相向，侧身昂首，曲颈，挺腹，曲尾。龙身头部、前两肢、尾大部腾出水面，龙身中部及尾尖隐入水中，双龙各伸一前爪向上争持火珠，另一爪向后蹬开水面，头部颇具神韵，瞪目张口，雄视火珠，口中具尖牙，上唇向上翻卷，下颌和鳃部各饰一绺弯曲的粗长须。双角末端微上曲，头部具鬣，鬣毛较短。颈背及尾部露出水面部分饰三角形连峰式鳍，身饰椭圆形鳞片，腹呈蛇腹形，足作三爪，似鹰爪，劲健犀利。前肢关节处鬣毛呈三角形钩状。整条龙线条流畅，动感十足，矫健威猛，栩栩如生。鞍桥边缘所饰忍冬纹清晰，线条流畅，花纹均鎏金（图一二）。

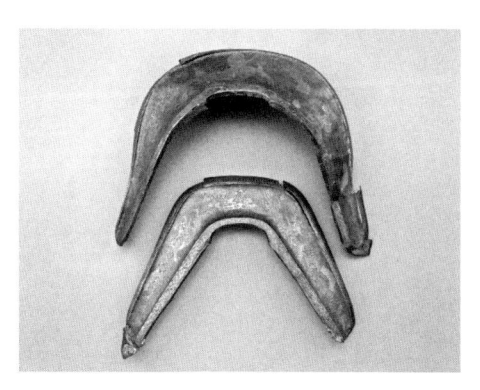

图一二　鎏金银鞍桥饰（上后桥、下前桥）

后桥高30厘米，最宽处36厘米，右下角稍残。錾刻的主体纹饰为"单龙戏珠""摩羯戏珠""摩羯追鱼"三幅图案。"单龙戏珠"为一条龙戏二火焰珠：一龙位于鞍桥饰拱形梁中央，为正身龙，做俯首腾飞状，体呈反"3"字形，头居中，稍右转，目视斜下方；三角形鼻；两前肢分别向左右两侧蹬开，足亦作三爪，腹呈蛇腹形，身饰鳞片，鳞爪及两前肢关节处鬣毛的造型与前鞍饰二游龙相同部位的造型十分相似。二火焰珠对称分布在鞍桥饰拱形梁稍向下弯曲的部位，位于上下边缘中间，珠呈扁圆形，珠上纹饰呈旋涡状，纹饰起点从珠心下方开始，向四周呈扁圆形渐开状，由内至外亦分为三层，除第一层外，二、三层每层间均有细密的短斜线做放射状排列，珠周围有火焰升腾。鞍桥饰左右两侧对称錾一摩羯，摩羯上方火焰珠下方靠近鞍桥饰内侧边缘处各錾一鱼，即"摩羯戏珠""摩羯追鱼"图案。摩羯呈龙头鱼尾形，头部、颈部和尾部露出水面，身体中部隐入水中。头部较粗大，向上昂起，鼓目卷鼻张口龇牙，直视上方火焰珠，面目凶狠。颈下部饰鳞，鳞片形状与前桥鞍饰二游龙鳞片形状相似，尾末端向内侧弯曲上扬，势如拨水状。此图案左侧摩羯纹清晰，右侧摩羯头部不甚清晰，但尾部清晰。二鱼头相对，呈立姿浮于水中，只露出头部和身体的一小部分，身体大部隐入水中。鱼尖嘴，闭口，瞪眼，鳃部饱满，鱼身露出水面的少许部分满饰扇形鳞片（图一三）。

2) 鎏金银马鞍桥饰，2件，形制相同。

钣金成形，纹饰隐起并鎏金。是马鞍具的一部分。呈弯月形，两者相对，外边缘凹槽内为五组如意卷云纹，正面出五个鞢韀銙带均凸起，顶部略大有"壸门"形孔系穿鞧带之孔，另四个一排于侧边均斜向，而且自上而下，渐次缩小。"壸门"孔尖向上凸起忍冬花纹，珍珠地，背面均有"丰"字符。左侧1具中间的第二、三两孔仍遗有皮革鞧带残段。左侧长25.7、宽8.6厘米，右侧长25.9、宽8.6厘米（图一四）。

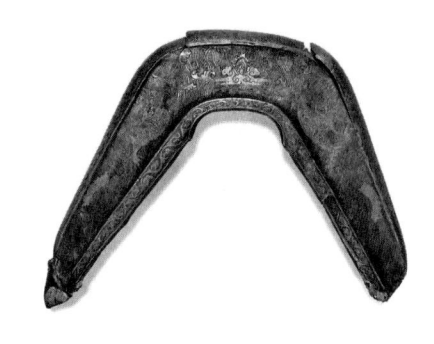

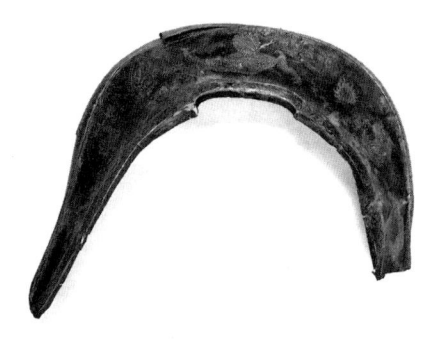

图一三　鎏金摩羯纹银鞍桥

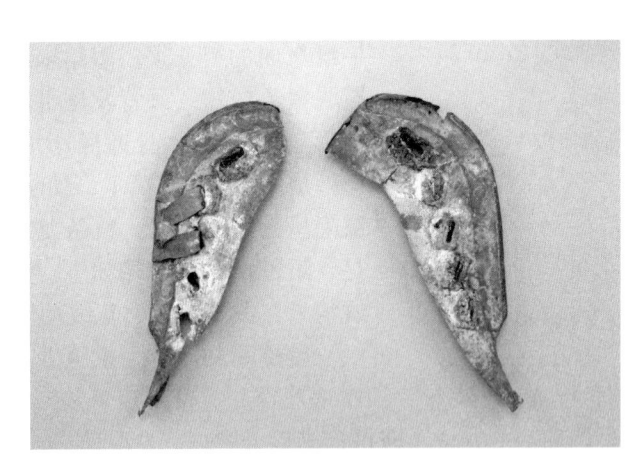

图一四　鎏金银马鞍桥饰

3) 扁月形鎏金银桥饰，2件，形制相同。

钣金制作，体呈扁月形，纹饰隐起并鎏金。一边平，水波纹地，平面饰三朵莲花纹，凹面饰忍冬纹带。长17.8、宽5.1、厚1.5厘米（图一五）。

4) 双面人头鎏金铜铃，1件。

打制成形，上部为双面人头形，男性，光头，头项顶中有一圆孔，面目清晰，浓眉大眼，大耳，宽鼻。下部呈覆钵形，为六面体，下沿外侈，表面鎏金。口径2.4、高7.6、底径6.6厘米（图一六）。

图一五 扁月形鎏金银桥饰　　　　　图一六 双面人头鎏金铜铃

5）铜马坠饰，1件。

由青铜铸制而成。叉形，素面，坠饰背面均有青铜片托底，坠饰顶部中间穿一圆孔作鼻，下端出叶状的三个角，并以三根铆钉牢固于革带上，残余的革带及织物仍留于饰片与铜片之间。这类坠饰通常悬垂于马臀或胸前作装饰之用。长5.7、宽5.5、厚0.7厘米（图一七）。

6）鎏金铜节约，7件，形制相同。

其中两件背部还带有革带。青铜铸造，正面鎏金。体呈"丁"字形，以镂空浅浮雕凤为主纹，中间圆凸部位及三翼均镂雕一凤，每一饰件均有青铜片托于底部，并用铆钉将其固定在革带上。其中一件背面青铜片已脱落无存。长9.8、宽6.9、厚3.3厘米（图一八）。

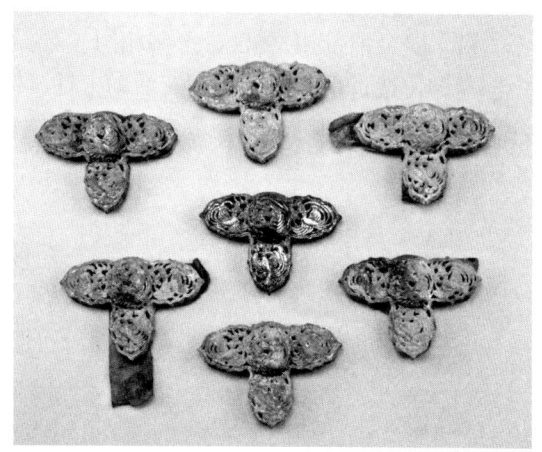

图一七 铜马坠饰　　　　　图一八 鎏金铜节约

7）鎏金铜节约，3件，形制相同。

青铜铸造，正面鎏金。体呈圆形，素面，有三孔，有革带穿过三孔分别与圭形铊尾相连，背面有三铆钉间夹革带与铁背板固定成一体，铁背板有脱落。长7.2、宽5.1、厚

1.3厘米（图一九）。

8）鎏金铜带銙，34件，形制相同。

青铜铸成，正面鎏金。体近菱角形，镂空透雕凤纹，背有四个铆钉间夹革带与背板固定成一体，其中28件背板为铜质、5件背板为铁质、1件背板缺失。铁背板多已脱落，间夹革带还有遗留。长5、宽3.3、厚1.4厘米（图二〇）。

图一九　鎏金铜节约

图二〇　鎏金铜带銙

9）鎏金铜马具饰件，10件，形制相同。

青铜铸造，正面鎏金。体呈圭形，镂空透雕凤纹。长5.2、宽3.2、厚1.5厘米（图二一）。

10）鎏金铜铃，14件，其中大铃5件、小铃9件，形制相同。

青铜铸造，表面鎏金。扁鼻，中部为一道卯接棱，顶部正间穿一圆孔系穿带之用。大铃高6.8、直径5.9、纽高0.9、孔径0.5厘米（图二二）；小铃高2.7、直径2.1、纽高0.6、孔径0.1厘米（图二三）。

11）鎏金铜带扣，5件，形制相同。

青铜铸造，正面鎏金。带有活动卡针，镂空透雕凤纹，均与长方形卷草纹的带籀套合在一起，背有铆钉，间夹革带与背面的铜背板固定成一体。长7.5、宽4.4、厚2.5厘米（图二四）。

图二一　鎏金铜马具饰件

图二二　鎏金铜铃（大）

图二三　鎏金铜铃（小）　　　　　　　　图二四　鎏金铜带扣

（三）带具

1）三角形铜带饰，2件，形制相同。

青铜铸造。体呈三角形，中间凸出的拱形下端有一长方形孔，间夹革带用铆钉可与背面的背板固定成一体。背板均缺失。长8.7、宽2.5、厚1.1厘米（图二五）。

2）凹曲形鎏金铜带饰，3件，形制相同。

青铜铸造，正面鎏金。体呈凹曲形，中间凸出的拱形下端有一长方形孔，两边上翘为尖锥形。长5.7、宽2.6、厚1厘米（图二六）。

图二五　三角形铜带饰　　　　　　　　图二六　凹曲形鎏金铜带饰

3）伎舞纹鎏金铜带头，一组3件。

青铜铸造，正面鎏金。中间1件为方形，两侧各为一圭形带头。3件中间均为一凸起圆形，圆内用浮雕手法雕塑一伎舞纹。间夹革带用铆钉与后面的背板连成一体。中间的方形长4、宽3.8、厚9厘米。两侧的圭形带头长7、宽4.2、厚8.8厘米（图二七）。

4）鎏金铜带銙，3件，形制相同。

青铜铸造，正面鎏金。体呈椭圆形，下端中间有一长方形孔，系与桥形垂饰及葫芦形垂饰三者由上至下组成一组带饰，间夹革带用铆钉与后面的铁背板固定成一体。长3.8、宽3、厚1.4厘米（图二八）。

图二七　伎舞纹鎏金铜带头

图二八　鎏金铜带銙

5）双鱼形铜带饰，2件，形制相同。

青铜铸造。体呈双鱼形，由上至下两两相对，双鱼头顶上为一长方矩形，中间一长方形孔为佩带之用，间夹革带用铆钉与后面的铁背板固定成一体。长6.1、宽4.7、厚0.8厘米（图二九）。

（四）长方形石镇纸

1件。石质，体呈扁平长方形，中间断裂，已修复完整。长19.1、宽2.1、厚2.1厘米（图三〇）。

图二九　双鱼形铜带饰

图三〇　长方形石镇纸

三、结　　语

（一）二号墓的族属与年代

北票市韩杖子村二号辽墓是近年来朝阳地区发现的一座重要辽墓，关于墓的族属，从出土的白瓷凤首瓶、白瓷横梁鸡冠壶、茶末釉鸡腿瓶，以及鎏金银鞍桥饰等马具带具分析，墓主人的族属应为契丹贵族无疑。因为二号墓未出墓志和纪年文字资料，墓主人的身份难以判断，但从随葬一套6件鎏金银鞍桥饰来看，墓主人的身份级别应较高，或许是相当于节度使级别的高官显贵。关于二号墓的时代，从墓的形制结构看，为砖筑圆形单室墓。这是辽代早期墓葬形制之一，系由唐代的单室圆形墓发展演变而来，从出土的瓷器分析以白瓷为主、绿釉瓷次之，其中的白瓷横梁鸡冠壶是辽代早期鸡冠壶之一，这件鸡冠壶与阜新蒙古族自治县海力板村辽墓出土的两件矮身横梁白瓷鸡冠壶相同[4]。白瓷长颈瓶和绿釉长颈瓶则与朝阳县吐须沟村辽墓出土的白瓷绿彩长颈壶相似[5]，这类长颈瓶亦是辽代早期墓里常见的瓷器之一。还有种类比较齐全的马具、带具等都具有浓郁的早期特征。因此，我们认为二号辽墓的时代应为辽代早期。

（二）关于绿釉双孔鸡冠壶

二号辽墓出土4件形制相同的绿釉双孔鸡冠壶是目前所知在辽墓里首次出土，弥足珍贵。为鸡冠壶分序列研究中，由单孔向双孔过渡提供了一个难得的环节性实例。我们认为，这件鸡冠壶的形制恰好介于李宇峰先生在《辽代鸡冠壶初步研究》[6]一文中论及的由茶末绿釉长方口单孔鸡冠壶，向阜新县卧凤沟乡辽墓出土的白釉单孔鸡冠壶过渡的中间环节，具有填补空白的重要学术价值。

（三）关于鎏金银鞍桥饰的认识

二号辽墓出土的一套6件鎏金银鞍桥饰十分重要。有关鎏金银桥饰的考古发现，目前见于发表的有5例。内蒙古自治区赤峰市大营子辽驸马墓出土一件鎏金双凤纹银鞍桥饰[7]，辽陈国公主墓出土两套鎏金银鞍桥饰，饰件外缘围以铆钉孔，用以牢固于木马鞍上[8]，内蒙古自治区赤峰市敖汉旗新地乡七号辽墓出土鎏金双凤纹银鞍饰一副[9]，香港中文大学文物馆收藏龙纹鎏金银鞍饰一套6件，还有双凤纹鎏金银鞍桥饰一副[10]；内蒙古

4　李宇峰：《阜新海力板辽墓》，《辽海文物学刊》1991年第1期，第106页。

5　宋艳伟：《朝阳县吐须沟村辽墓出土文物考述》，《辽金历史与考古（第十二辑）》，科学出版社，2021年，第160页。

6　李宇峰：《辽代鸡冠壶初步研究》，《辽海文物学刊》1989年第1期，第195页。

7　郑绍宗：《赤峰县大营子辽墓发掘报告》，《考古学报》1956年第3期。

8　孙建华、张郁：《辽陈国公主驸马合葬墓发掘简报》，《文物》1987年第11期。

9　邵国田主编：《敖汉文物精华》，内蒙古文化出版社，2004年，第121页。

10　苏芳淑：《松漠风华》，香港中文大学文物馆，2004年，第272、276页。

自治区赤峰市巴林左旗契丹博物馆收藏一套6件鎏金银鞍桥饰[11]。这次北票市韩杖子村二号辽墓亦出土一套6件鎏金银鞍桥饰，包括前鞍桥和两侧饰、后鞍桥和两个带板，组成完整的一套马鞍饰，与陈国公主墓出土的两套马鞍饰和香港中文大学文物馆及内蒙古自治区赤峰市巴林左旗契丹博物馆收藏的一套6件马鞍饰相同。除了后鞍桥两旁的带板是兼具装饰和实用功能外，其他四块饰片只作装饰用途。带板上的一列穿孔，可供悬挂革带及饰物，或是狩猎用具及猎获的鸟兽等。

二号辽墓出土的鎏金银鞍桥饰上均錾刻有摩羯纹。摩羯纹最早起源于古印度，除印度外，摩羯纹在中亚地区，阿富汗及中南半岛亦广为流行[12]。古印度关于摩羯纹的神话于4世纪末通过佛经的翻译释读传入中国。唐代时摩羯纹与中国传统文化"鱼龙变"相结合，逐渐演变成中国式的摩羯纹。辽代继承唐代文化的余绪，摩羯纹图案十分盛行，反映出中亚文化的交流。

（白　梅　王永兰　北票市博物馆）

11　唐彩兰主编：《契丹遗珍》，线装书局，2011年，第92～99页。
12　岑蕊：《摩竭纹考略》，《文物》1983年第10期，第78页。

考古发现与研究

本溪千金沟发现金代铜钱窖藏

姜大鹏

内容提要：本溪千金沟发现一处金代铜钱窖藏，经抢救性发掘后，窖藏铜钱由市博物馆收藏、清理并向社会展示。本文对该窖藏中的铜钱进行了整理和分类，并测量和记录各种铜钱的形制，同时，结合古代史料和前辈学者的相关论述，对该窖藏的特征予以梳理分析，对窖藏形成的历史背景进行考证。

关键词：千金沟 金代 铜钱 窖藏

本溪市千金沟发现了一处金代铜钱窖藏，其铜钱数量之大、种类之丰、价值之高、跨越时代之久，在本溪金代遗址遗迹中极为罕见，为研究金代本溪地区的经济和货币流通状况提供了新的重要资料，对研究金代历史特别是金代钱币历史具有重要的史料价值。本文简要介绍该窖藏的发现、发掘、清理、展示的概况，并按照时代和钱文对取样整理的窖藏铜钱进行分类、测量和记录，同时，结合《金史》等史料和前辈学者的相关论述，对该窖藏的特征以及形成的历史背景加以梳理和考证。

一、窖藏的发现和处置

2017年3月14日17时许，本溪市110报警指挥中心接到群众报警称，在平山区千金街道办事处千金沟304国道旁土坡上发现古代铜钱，有人在私自挖取。千金派出所民警迅速赶到现场，并与市文广局文物处取得联系，文物处立即派出工作人员与执勤民警共同研究保护措施并整晚看守现场。

3月15日早6点30分，受市文广局委派，时任市博物馆馆长李青山、专家梁志龙率考古专业人员到达现场，认定该处是古代铜钱窖藏，开始进行抢救性发掘（图一）。窖藏中的铜钱，储存在一口瓷缸中，瓷缸埋在地下，经数小时紧张工作，考古专业人员将瓷缸清理出来（图二）。瓷缸为酱釉，口沿上距地表0.7米，下距国道路面1.3米，口径0.5、最大腹径0.75、高0.8米，疑似被群众私挖时破坏而残损，所失残片未能寻得。15时，将瓷缸及缸里的铜钱整体包装运回市博物馆。

随后，市博物馆组织考古、陈列、保管等部门专业人员，修复瓷缸，取出铜钱并取样清洗整理。铜钱重量共约550斤，数量约7万枚。根据初步清理成果，陈列部制作了临时展览"千金遗宝——千金沟铜钱窖藏的发现"，社会各界反响较好。

图一　铜钱窖藏发掘现场

图二　铜钱窖藏俯瞰

二、窖藏铜钱的种类

整理出的铜钱，时代跨度较大，种类较多，同一时代的铜钱，也有大小、轻重、成分、质料、版别、钱面文字、钱背符号等诸多区别，均可作为分类依据。本文按照时代和钱文将之分为46种，其中汉五铢1种、隋五铢1种、唐代铜钱2种、五代十国铜钱3种、宋代铜钱37种、金代铜钱2种，现综述如下。

（一）汉代铜钱

五铢，均腐蚀较重，钱文漫漶，推断应为东汉时期所铸，钱文篆书。直径2.5、孔径1.1厘米，重约2.7克。

（二）隋代铜钱

五铢，钱文篆书。直径2.5、孔径0.9厘米，重约2.6克。

（三）唐代铜钱

共2种，其中"开元通宝"在窖藏中数量占比第二高，最高者为北宋铜钱。

1）开元通宝，唐武德四年（621）始铸，钱文楷书，直读。直径2.5、孔径0.7厘米，重约4克（图三）。

图三　开元通宝

2）乾元重宝，唐乾元元年（758）始铸，钱文隶书，直读。钱有大小之分，大钱直径2.8、孔径0.7厘米，重8克；小钱直径2.4、孔径0.7厘米，重约4克。

（四）五代十国铜钱

1）乾德元宝，平钱，顺正公乾德年间（919～924）铸行，钱文楷书，右旋读。直径2.4、孔径0.6厘米，重约4克。

2）周元通宝，平钱，五代后周显德二年（955）始铸，钱文隶书，直读。直径2.5、孔径0.6厘米，重约3.5克。

3）唐国通宝，平钱，南唐元宗交泰元年（958）始铸，钱文篆书，直读。直径2.4、孔径0.5厘米，重约3.5克。此钱钱文应有篆、隶、楷三种书体，但在此次出土的窖藏中，未发现其他两种。

（五）宋代铜钱

窖藏中宋代铜钱数量最大，北宋铜钱33种、南宋铜钱4种，以北宋铜钱为大宗。

1. 北宋

1）宋元通宝，平钱，北宋开国铜币，太祖建隆元年（960）始铸，钱文仿八分书，直读。直径2.5、孔径0.6厘米，重约4克（图四）。

图四　宋元通宝

2）太平通宝，平钱，太宗太平兴国年间（976～984）铸，钱文隶书，直读。直径2.5、孔径0.6厘米，重约4克。

3）淳化元宝，平钱，太宗淳化元年（990）始铸，对文钱，钱文有真、行、草三种书体，右旋读。直径2.4、孔径0.6厘米，重约3.9克。

4）至道元宝，平钱，太宗至道年间（995～997）铸，对文钱，钱文有真、行、草三种书体，右旋读。直径2.5、孔径0.6厘米，重约3.6克。

5）咸平元宝，平钱，真宗咸平元年（998）铸，钱文真书，右旋读。直径2.5、孔径0.6厘米，重约3.9克。

6）景德元宝，平钱，真宗景德年间（1004～1007）铸，钱文真书，右旋读。直径2.5、孔径0.6厘米，重约3.8克。

7）祥符元宝，平钱，真宗大中祥符年间（1008～1016）铸，钱文真书，右旋读。直径2.5、孔径0.6厘米，重约3.9克。

8）祥符通宝，平钱，真宗大中祥符年间（1008～1016）铸，钱文真书，右旋读。直径2.5、孔径0.6厘米，重约3.9克。

9）天禧通宝，平钱，真宗天禧年间（1017～1021）铸，钱文真书，右旋读。钱文字有大小之分，均直径2.5、孔径0.6厘米，重约3.9克。

10）天圣元宝，平钱，仁宗天圣年间（1023～1032）铸，对文钱，钱文有篆、真两种书体，均右旋读。直径2.5、孔径0.7厘米，重约3.8克。

11）明道元宝，平钱，仁宗明道年间（1032～1033）铸，对文钱，钱文有篆、真两种书体，均右旋读。直径2.5、孔径0.7厘米，重约4克。

12）景祐元宝，平钱，仁宗景祐年间（1034～1038）铸，钱文有篆书、楷书二体，均右旋读。直径2.5、孔径0.7厘米，重约3.9克。

13）皇宋通宝，平钱，仁宗宝元元年（1038）始铸，对文钱，钱文有篆、真两种书体，均直读。直径2.5、孔径0.7厘米，重约3.8克。

14）庆历重宝，当十大钱，仁宗庆历年间（1041～1048）铸，钱文真书，右旋读。直径3.1、孔径0.7厘米，重约7克。

15）至和元宝，平钱，仁宗至和年间（1054～1056）铸，对文钱，钱文分篆、隶、真三种书体，右旋读。直径2.4、孔径0.6厘米，重约3.5克。

16）至和通宝，平钱，仁宗至和年间（1054～1056）铸，对文钱，钱文分篆、隶、真三种书体，直读。直径2.4、孔径0.6厘米，重约3.5克。

17）嘉祐元宝，平钱，仁宗嘉祐年间（1056～1063）铸，对文钱，钱文分真、篆两种，右旋读。直径2.4、孔径0.6厘米，重约3.6克。

18）嘉祐通宝，平钱，仁宗嘉祐年间（1056～1063）铸，对文钱，钱文分真篆两种，直读。直径2.4、孔径0.6厘米，重约3.6克。

19）治平元宝，平钱，英宗治平年间（1064～1067）铸，对文钱，钱文分真、篆两种，右旋读。直径2.5、孔径0.7厘米，重约3.7克。

20）治平通宝，平钱，英宗治平年间（1064～1067）铸，对文钱，钱文分真、篆两种，千金窖藏中只见真文钱，钱文直读。直径2.5、孔径0.7厘米，重约3.7克。

21）熙宁元宝，平钱，神宗熙宁年间（1068～1077）铸，钱文篆书，右旋读。直径2.4、孔径0.7厘米，重约3.6克。

22）熙宁重宝，折二钱，神宗熙宁年间（1068～1077）铸，对文钱，钱文分隶、篆两种书体，右旋读。直径3、孔径0.7厘米，重约7.5克。

23）元丰通宝，平钱，神宗元丰年间（1078～1085）铸，对文钱，钱文分行、篆两种书体，右旋读。直径2.5、孔径0.6厘米，重约3.6克（图五）。

图五　元丰通宝对文钱

24）元祐通宝，平钱，哲宗元祐年间（1086～1094）铸，钱文行书，右旋读。直径2.4、孔径0.6厘米，重约3.6克。

25）元祐重宝，哲宗元祐年间（1086～1094）铸，钱文篆书，右旋读。形制与元祐通宝同。

26）绍圣元宝，哲宗绍圣年间（1094～1097）铸，对文钱，钱文分行、篆两种书体，右旋读。有平钱、折二钱，平钱直径2.5、孔径0.6厘米，重约4克；折二钱直径3、孔径0.7厘米，重约8克。

27）元符通宝，哲宗元符年间（1098～1100）铸，对文钱，钱文分行、篆两种书体，右旋读。有平钱、折二钱，平钱直径2.4、孔径0.6厘米，重约4.1克；折二钱直径3、孔径0.7厘米，重约8.2克。

28）圣宋元宝，徽宗建中靖国元年（1101）始铸，对文钱，钱文分行、篆两种书体，右旋读。有平钱、折二钱，平钱直径2.4、孔径0.6厘米，重约3.7克；折二钱直径3、孔径0.6厘米，重约7.2克。

29）崇宁通宝，折十钱，徽宗崇宁年间（1102～1106）铸，钱文真书瘦金体，宋徽宗书，右旋读。直径3.5、孔径0.8厘米，重约12克。

30）崇宁重宝，折十钱，钱文隶书，形制与崇宁通宝同。

31）大观通宝，平钱，徽宗大观年间（1107～1110）铸，钱文真书瘦金体，右旋读。直径2.4、孔径0.6厘米，重约3.9克。

32）政和通宝，有平钱、折二钱，徽宗政和年间（1111～1118）铸，钱文有真、隶、篆三种书体，直读。平钱直径2.5、孔径0.6厘米，重约3.7克。折二钱直径2.9、孔径0.6厘米，重约7克。

33）宣和通宝，徽宗宣和年间（1119～1125）铸，钱文有隶、篆两种书体，直读。有平钱、折二钱，平钱直径2.5、孔径0.6厘米，重约3.8克。折二钱直径3、孔径0.6厘米，重约7.4克。

2. 南宋

34）建炎通宝，折二钱，建炎年间（1127～1130）铸，钱文篆书，直读。直径2.8、孔径0.7厘米，重约7克。

35）绍兴通宝，折二钱，绍兴年间（1131～1162）铸，钱文真书，直读。直径2.9、孔径0.7厘米，重约5.6克。

36）绍兴元宝，折二钱，绍兴年间（1131～1162）铸，钱文真书，右旋读。直径2.8、孔径0.7厘米，重约5.6克。

37）淳熙元宝，折二钱，淳熙年间（1174～1189）铸，钱文真书，右旋读。直径3、孔径0.7厘米，重约6.8克（图六）。

图六　淳熙元宝

（六）金代铜钱

1）正隆元宝，正隆三年（1158）始铸，钱文楷书，右旋读。直径2.4、孔径0.6厘米，重约3.5克。

2）大定通宝，大定十八年（1178）始铸，钱文楷书仿瘦金体，直读。直径2.5、孔径0.6厘米，重约3.5克。

三、窖藏铜钱的特征

千金沟铜钱窖藏的埋藏时间，从窖藏铜钱的种类看，南宋"淳熙元宝"（1174年始铸）和金"大定通宝"（1178年始铸），是所有铜钱中铸行年代最晚的两种。"淳熙"为南宋孝宗年号，从1174～1189年，"大定"为金世宗年号，从1161～1189年。由此可见，窖藏的埋藏时间应当在金世宗（1161～1189）与金章宗（1190～1208）之间，或者更晚，窖藏应属金代晚期遗存，因此我们将此窖藏定名为千金沟金代铜钱窖藏。

千金沟铜钱窖藏的铜钱品种繁多庞杂，同时储存着汉、隋、唐、五代、宋、金等多个朝代不同年号的铜钱，历史跨度一千余载。五铢自秦汉以来流通最久且广，隋时尚铸，至唐"高祖即位，仍用隋之五铢钱"[1]，近年许多唐代墓葬出土了汉隋五铢[2]，说明即使"武德四年七月，废五铢钱，行开元通宝钱"[3]，唐代民间仍然流通或存储前代五铢。中原地区"自五代以来，相承用唐旧钱，其别铸者殊鲜"[4]，即唐代及以前时期的"旧钱"到五代、宋时仍在流通使用。《金史·食货志》没有记载金代用汉唐铜钱，但是明确指出"金初用辽、宋旧钱"[5]，这"旧钱"也应包括在宋地使用的汉唐铜钱。因

1　《旧唐书》卷48《志第二十八·食货上》，中华书局，1975年，第2094页。
2　参见赵会军、郭宏涛：《河南偃师三座唐墓发掘简报》，《中原文物》2009年第5期，第4～16页；刘俊喜、高峰：《大同市南关唐墓》，《文物》2001年第7期，第52～57页；洛阳市第二文物工作队：《洛阳涧西区唐代墓葬发掘简报》，《文物》2011年第6期，第12～20页。
3　《旧唐书》卷48《志第二十八·食货上》，中华书局，1975年，第2094页。
4　《宋史》卷180《志第一百三十三·食货下二》，中华书局，1977年，第4375页。
5　《金史》卷49《志第二十九·食货三》，中华书局，1975年，第1069页。

此，汉唐铜钱包括五铢、"开元通宝"等会出现在金代铜钱窖藏当中。

千金沟铜钱窖藏虽是金代遗存，但不以金代铜钱为主，金代铜钱数量相对稀少且品种单一，以唐开元钱和两宋年号钱为多，尤以北宋钱为最多，未发现辽代铜钱。宋金钱的数量和种类皆不成比例，究其原因，一则北宋钱版别较多，且多"对文钱"，二则金朝本身铸币量少，三则南宋时期铸币量不大，多沿用北宋旧钱，四则南宋"淳熙元宝"与金朝"大定通宝"铸行时间已在金后期，彼时金地广行纸钞。故而窖藏中北宋铜钱比南宋铜钱多，宋钱比金钱多。

千金沟铜钱窖藏的储存方式是盛器贮藏，窖藏铜钱存放在瓷缸内，埋藏时应有缸盖，盖或木制，已经腐烂。铜钱虽然混杂黏合成一整堆，但多能分辨出成串形态，我们推测其本以缗线穿系成串，盘旋堆置缸中，然因锈蚀严重，缗线又多为麻绳，易于朽腐，故窖藏中难以寻见较为完整的缗线。

千金沟铜钱窖藏的许多特征，与近些年辽、吉、黑、冀、鲁、豫等地出土的金代铜钱窖藏特征高度相似[6]。

四、窖藏形成的历史背景

金朝是我国古代东北地区女真族建立的地方政权。金建国前，社会经济形式主要是畜牧、采集、渔猎，农业生产方式非常落后，没有市井，贸易方式是原始的以物易物，不用钱币。金建国初期，从自然经济阶段发展到货币经济阶段，开始使用钱币贸易，但以物易物仍然普遍存在，对货币的需求并不强烈，因此，金朝初期太祖、太宗、熙宗三朝近40年未曾铸造本国货币，主要使用唐五代和宋辽旧铜钱，"金初用辽、宋旧钱，天会末，虽刘豫'阜昌元宝'、'阜昌重宝'亦用之"[7]。

金海陵王正隆二年（1157），"始议鼓铸"[8]。次年（1158）二月，在中都、京兆等地设置钱监，名为宝源、宝丰、利用，所铸铜钱命名"正隆通宝"，金朝铸钱的历史由此开始，所铸新钱"与旧钱通用"[9]。世宗"大定十八年，代州立监铸钱……其钱文曰：大定通宝"，且"大定通宝"质量比"正隆通宝"还要优良，因铸钱时"微用银"[10]。金朝末年，金章宗泰和四年（1204）八月，"铸大钱，一值十，篆书曰'泰和重宝'，与钞参行"[11]。金朝铸造铜钱除上述正隆通宝、大定通宝、泰和通宝外，还有金

6　参见张崴、王德朋：《金代窖藏铜钱研究》，《辽金历史与考古（第三辑）》，辽宁教育出版社，2011年，第70～82页；吴鹏：《营口出土的金代窖藏铜币的历史研究》，《学理论》2012年第7期，第129、130页；杨焕成：《鲁山县发现一批古钱》，《考古》1976年第4期，第276页；杨建东：《山东微山县出土一批古币》，《中国钱币》1987年第2期，第75页；张晓峥：《河北金代窖藏钱币之探究》，《赤峰学院学报（汉文哲学社会科学版）》2016年第5期，第19～21页。

7　《金史》卷48《志第二十九·食货三》，中华书局，1975年，第1069页。

8　《金史》卷48《志第二十九·食货三》，中华书局，1975年，第1069页。

9　《金史》卷48《志第二十九·食货三》，中华书局，1975年，第1069页。

10　《金史》卷48《志第二十九·食货三》，中华书局，1975年，第1071页。

11　《金史》卷48《志第二十九·食货三》，中华书局，1975年，第1079页。

卫绍王崇庆元年（1212）铸行的崇庆通宝、崇庆元宝，金宣宗贞祐年间（1213～1217）铸行的贞祐通宝、贞祐元宝等数种，在千金沟铜钱窖藏中只见正隆元宝、大定通宝两种。

金朝受到严重缺铜等多重客观因素的极大制约，铜钱铸造数量较少、流通有限，不能完全满足经济需求，新铸之钱投入流通后与旧钱并用的记载屡见于史料，"旧钱"则以宋钱居多。金地的宋钱来源主要有战争和贸易两种。金在与宋的战争中，取胜颇多，掠得巨额宋钱；另外，宋自知军力处于弱势，向金输送"岁币""代租钱"，用钱帛换和平。宋金双方虽然政治分裂、军事对抗，但贸易始终存在，两国边界设立榷场，宋钱为双方共同持有并承认，通过贸易大量进入金国货币流通领域。

随着人口数量激增，经济日渐发达，铸钱缺铜严重，钱荒开始凸显，对这一问题，金朝统治者的解决方法是发行纸币交钞。金朝印制交钞始于贞元二年（1154），比铸行"正隆通宝"的时间（1158）还要早。金朝先印纸币后铸铜钱的做法，在中国历史特别是货币史上是首次出现。交钞的流通，起初效果相对良好，一定程度上缓解了经济困境。可是到金中后期，交钞发行量大增且无限制流通，加之多次换发新钞，造成币值下跌，促使通货膨胀，"当时钱币之所以不够，与其说数量太少，不如说是价值不高……纸币发行增加，使铜钱实价高于名价，铸造成本过高"[12]。

金章宗为稳定本国货币体系，确保交钞能正常发挥功用，颁布了限制铜钱法令，"时交钞稍滞，命西京、北京、临潢、辽东等路，一贯以上俱用银钞、宝货，不许用钱"[13]。这道法令的实施，客观上反致交钞地位进一步下降。金国向来缺铜严重，铜钱本身作为稀缺金属的本体价值进一步放大。两相比较，形成铜贵钞贱的局势，民间纷纷以交钞易换铜钱并储存，尤其是官僚豪强大量囤积铜钱，《金史》载：金大定五年时，"民间钱所以难得，以官豪家多积故也"[14]。又，大定二十八年（1188），金世宗对大臣们说："今者外路见钱其数甚多，闻有六千余万贯，皆在僻处积贮。既不流散，公私无益，与无等尔。"[15]大量铜钱被囤积起来，造成了钱币流通量的减少，加剧了通货紧缩。

千金沟铜钱窖藏可能是此时所埋，铜钱的主人应是当时当地的官僚、贵族或者商贾富户。金代晚期，因着形势动荡，铜钱的主人选择离开家园，逃往相对安全的所在。逃难路上，携带大量沉重的铜钱显然是不现实和不安全的，于是他或将窖藏的铜钱继续留在地下，或将家中的积贮铜钱深埋土中，以待将来兵患止息、局势安稳时，再回乡取出。奈何一去，终未回还，这缸铜钱在地下也就埋藏了近千年。总之，金代铜钱窖藏形成的主要原因，综合学界观点而言，一是金朝失败的货币政策，二是金朝晚期的动荡形势。

值得一提的是，金朝虽然创造了本民族的文字——女真大字和女真小字，但是政

12　彭信威：《中国货币史》，上海人民出版社，1965年，第581页。
13　《金史》卷48《志第二十九·食货三》，中华书局，1975年，第1076页。
14　《金史》卷48《志第二十九·食货三》，中华书局，1975年，第1072页。
15　《金史》卷48《志第二十九·食货三》，中华书局，1975年，第1072页。

府铸造铜钱时，却仿用中原通行的"年号钱"，钱文亦使用汉字，甚至"大定通宝"钱文字体都使用宋徽宗所创的"瘦金体"。金朝统治者对汉字书法非常喜爱，靖康元年（1126）十二月，曾向宋朝"指名取索书籍甚多，又取苏（轼）文墨迹"[16]，还求索与书画直接相关的"係笔、和墨、雕刻、图画工匠三百余人"[17]。金章宗更是竭力追摹"瘦金体"，在他的带动下，出现了一批本土书法名家，金朝书法在章宗时期空前繁荣[18]。

宋徽宗虽治国昏庸，"靖康之难"时，与宋钦宗一起被金俘虏北去，但却是中国历代皇帝中才情极高者，其所创书法"瘦金体"，线条瘦劲，运笔骏快，别具一格，影响深远，"崇宁通宝""大观通宝"（图七、图八）钱文皆是徽宗所书。金朝"大定通宝"（图九）钱文模仿"瘦金体"，但明显书写笔力略弱，结构呆板乏神，艺术水平不如"崇宁通宝"等。然而采用"年号钱"、使用"瘦金体"等现象，反映出金朝特别是其统治阶级对中原先进文化的高度认可、接受和发扬，证明了包括书法在内的中华民族优秀文化传统能量巨大，具有极强的影响力和感染力。

图七　崇宁通宝

图八　大观通宝 　　　　　图九　大定通宝

金朝时本溪市区及本溪县归属辽阳府，桓仁县归属婆速府。近年，随着考古调查勘探工作的不断深入开展，本溪地区发现了许多金代遗址遗迹，包括多处窖藏。按照藏品

16　（宋）徐梦莘：《三朝北盟会编》卷73，《文渊阁四库全书》，台湾商务印书馆影印本，1982年，第1页。
17　（宋）徐梦莘：《三朝北盟会编》卷77，《文渊阁四库全书》，台湾商务印书馆影印本，1982年，第13页。
18　曹宝麟：《中国书法史·宋辽金卷》，江苏凤凰教育出版社，2009年，第392页。

内容可将这些窖藏大致分为三种：一是瓷器和日常用品窖藏，如平山区北台镇通天沟日常用品窖藏；二是佛教法器窖藏，如高新区边牛山城密宗法器窖藏；三是铜钱窖藏，以千金沟铜钱窖藏为代表。围绕这些文物进行研究和考证，是本溪考古和历史研究领域的重要课题，对于深刻认知本溪金代历史文化无疑具有重要意义。管窥蠡测，不揣鄙薄，虔望斧正，诚希引玉。

（姜大鹏　本溪市文物保护中心）

考古发现与研究

考古遗存所见东北地区东部山区辽金时期社会与族群

孟庆旭　李宁宁

内容提要：文章对东北地区东部山区的辽金时期遗存进行了重新梳理，认为海林市木兰集遗址与靺鞨族群有关。通过遗物对比认为穆棱市自平遗址、岚峰林场出土遗物与女真五国部有关。桦甸苏密城遗址以及德惠城岗子等城址考古发掘的遗存年代为辽代，与渤海遗民相关。通过对出土遗物的分析认为敦化敖东城内存在先后两个族群，其一是渤海遗民，另一部分属于女真遗存。辽宁岫岩境内的遗址可分为高句丽、渤海和女真三类遗存。东部山区西侧在辽末金初则分布有以墓葬为代表的女真家族势力。金朝建立后，在东部山区修建了长白山神庙和磐石八面佛等佛教遗存。金末，东夏国以磨盘村山城为南京建立政权，留下了江东、林胜等"二十四块石"类的官式建筑。

关键词：辽代　金代　遗存　陶器

我国东北地区三面环山，东部地区主要山脉为南北走向的长白山脉，其中北部起黑龙江省完达山，向南至吉林省境内有老爷岭、张广才岭和哈达岭等，到南部辽东半岛主要为千山山脉。山脉之间，又发育了大量水系。松花江、鸭绿江、图们江等河流及其支流切割出的河谷构成了山脉之间交通沟通的通道。同时，河流冲积出的盆地和谷地也为人类生存提供了重要的舞台。

和龙大洞遗址[1]、抚松枫林遗址[2]等的发掘表明这一区域自旧石器时代即有人类生活于此，并依托长白山地区特有的黑曜岩形成了具有东北地区特色石器工业[3]。和龙兴城

1　吉林大学边疆考古研究中心、河北师范大学历史文化学院：《延边和龙大洞旧石器遗址（2007）试掘简报》，《边疆考古研究（第20辑）》，科学出版社，2016年。
2　徐廷：《吉林抚松枫林遗址》，《大众考古》2020年第8期。
3　赵海龙：《黑曜石两面尖状器实验研究及废片分析——以和龙大洞遗址为案例》，吉林大学博士学位论文，2012年；方启：《吉林省东部地区黑曜岩石器微痕研究》，吉林大学博士学位论文，2009年；刘爽、陈全家等：《吉林省东部旧石器时代晚期遗址黑曜岩制品原料来源探索》，《边疆考古研究（第16辑）》，科学出版社，2014年；赵海龙、徐廷等：《吉林和龙大洞遗址黑曜岩雕刻器的制作技术与功能》，《人类学学报》2016年第4期。

遗址[4]的发掘表明自新石器时代至青铜时期这一区域一直有人类活动。在此之后，该区域居民以肃慎、沃沮等名称始见于文献之中，并与中原地区产生了见诸史的交流，经过长期发展，在汉唐之际先后建立了高句丽和渤海等地方政权。

辽攻灭渤海以后，先以耶律倍为东丹王统治渤海腹地，即包括东北东部地区。东丹国废除后，东北地区东部山地南部划归辽东京道管辖，北部山地归黄龙府辖制。但随着辽统治力的下降，这一区域逐渐被女真诸部所占据。金王朝建立后，东北地区山地北部主要划归上京路管辖，建有胡里改路、中部区域建有曷懒路。南部山地主要归东京路管辖，建有婆速路。与中原地区唐宋时期建制不同的是，除婆速路所辖辽东地区建有盖州、复州等少量州县外，金代东北地区东部山区很少设置州县，多设置有女真特色的猛安谋克，这种现象与当地社会经济发展水平较低、部族势力纷杂密切相关。

东北地区东部山区在辽金时期的考古学面貌上亦呈现出复杂性。1992年，黑龙江省文物考古研究所对海林市木兰集遗址进行了考古发掘[5]，遗址位于牡丹江东岸的阶地上，遗址内地层可分为三层，其中第1层和第2层又可细分为两个小层，第2层为主要文化层。遗址内遗迹现象较多且复杂，发掘清理出两座房址和多个灰坑，并出土了大量陶器，发掘者根据第2层两个小层内出土陶器陶质陶色的变化认为遗存存在前后两个阶段，并结合文献认为木兰集遗址属于金代女真人遗存。

从出土陶器的陶质陶色来看，木兰集遗址出土陶器以泥质灰陶为主，但也存在着大量的泥质灰褐陶、夹砂灰褐陶、夹砂黄褐陶，东北地区其他金代遗址陶器绝大多数都是泥质灰陶，基本不见其他陶质陶色。木兰集遗址陶器上遗留了早期陶器的特点。从器型上看，木兰集陶器以罐、钵、壶为主。在金代，由于瓷器的大量生产流通，在其他遗址，基本不见使用陶钵的迹象。遗址内出土的卷沿陶罐多数为半卷沿，还有部分陶罐保存重唇口的特征。半卷沿陶器，多见于辽代或金代早期遗址。重唇口陶器，多见于渤海时期或辽代早中期遗址，基本不见于其他金代遗址。上述陶器特点，均说明木兰集遗址年代上应该早于金代。

从木兰集遗址出土的陶罐形态来看，多数都是侈口，弧腹，平底，还有少量陶罐近直腹，保持了筒形罐的形态，基本不见鼓腹罐。而邻近的三江平原地区女真遗存，如绥滨中兴墓地[6]、奥里米墓地[7]等，出土陶罐皆为圆腹罐。可知木兰集遗址性质与三江平原女真五国部有异。发掘者根据文献记载"居完颜部仆干水之涯"，认为仆干水即牡丹江，进而认为木兰集遗址为金代女真人遗存。居住于牡丹江一带的完颜部女真早在金朝建立之前就已经迁居至按出虎水，即今阿什河一带。近年来，在阿什河、拉林河一

---

4 吉林省文物考古研究所、延边朝鲜族自治州博物馆：《和龙兴城——新石器及青铜时代遗址发掘报告》，文物出版社，2001年。

5 黑龙江省文物考古研究所：《黑龙江省海林市木兰集金代遗址发掘简报》，《北方文物》1995年第4期。

6 黑龙江省文物考古工作队：《黑龙江畔绥滨中兴古城和金代墓葬》，《文物》1977年第4期；胡秀杰、田华：《黑龙江省绥滨中兴墓群出土的文物》，《北方文物》1991年第4期。

7 黑龙江省文物考古工作队：《松花江下游奥里米古城及周围的金代墓群》，《文物》1977年第4期。

带辨识出一批可早至辽代的女真遗存，即应是女真完颜部遗存[8]，该类遗存的主要器类以盆、圆腹罐为主，与木兰集遗址陶器器类差异较大。木兰集遗址应亦与女真完颜部无关。

木兰集遗址的弧腹罐类陶器基本不见于其他金代遗址，其中部分重唇口陶罐形态与海林北站渤海墓地[9]、海林市羊草沟墓地[10]出土的深腹罐相类，两处墓地被认为是渤海时期靺鞨墓地。木兰集遗址陶罐多数口沿重唇特征已经退化，在时代上应该晚于上述靺鞨墓地，结合木兰集遗址出土陶器与金代遗址陶器的不同，同时考虑金代靺鞨与女真已经完全融合。故而推测木兰集遗址应该属于辽代乃至金代早期尚未与女真融合的靺鞨族群（图一）。

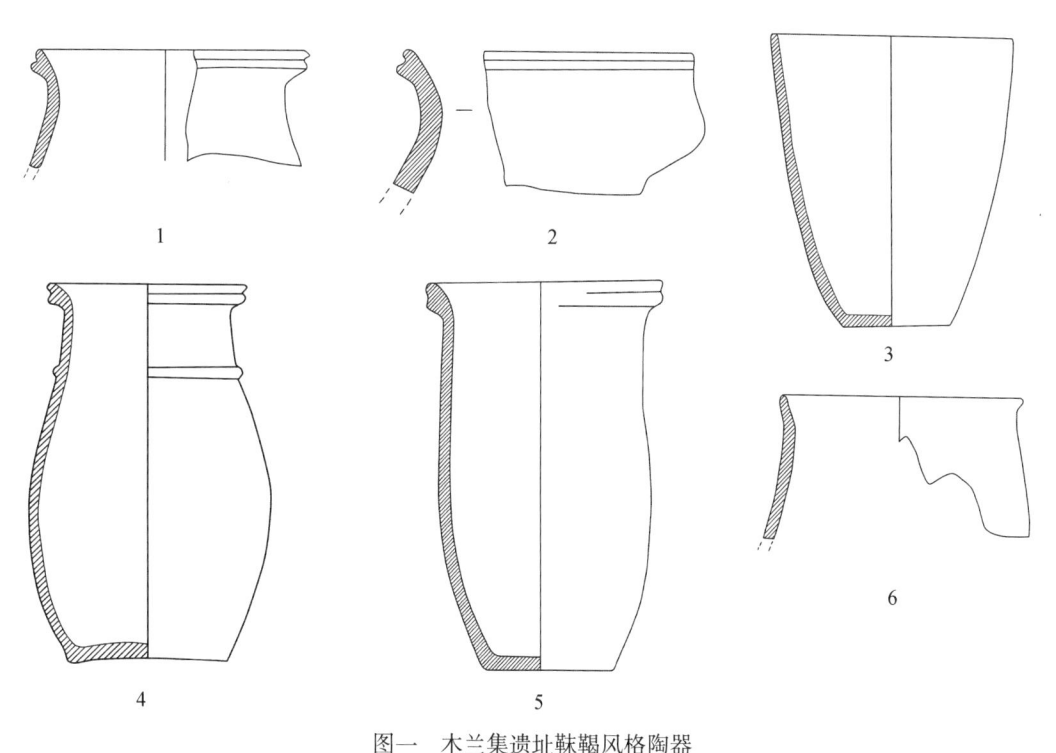

图一　木兰集遗址靺鞨风格陶器
1～3、6. 木兰集遗址陶罐（H15∶1、H17∶2、H22∶1、H22∶8）
4. 海林北站墓地陶罐（83HBM3∶2）　5. 羊草沟墓地陶罐（M104∶4）

1991年，黑龙江省文物工作者在穆棱市自平遗址征集了一批遗物[11]，主要为陶器、铁器和铜器。陶器器类包括钵、罐和塔式器，铁器器类包括锅、镰、铲、斧、刀和车辖，铜器器类为铜镜和铜钱。调查者根据出土的铜镜和铁锅对比研究，认为该遗址为金

8　孟庆旭、赵里萌：《试析西流松花江及拉林河流域的一批辽金遗存》，《北方民族考古（第10辑）》，科学出版社，2021年第1期。
9　黑龙江省文物考古研究所：《黑龙江海林北站渤海墓试掘》，《北方文物》1987年第1期。
10　黑龙江省文物考古研究所：《黑龙江省海林市羊草沟墓地的发掘》，《北方文物》1998年第3期。
11　倪春野、黄金波：《黑龙江省穆棱市自平遗址调查简报》，《北方文物》2002年第1期。

代遗址。

1998年，佳木斯市文物工作者在桦南县岚峰林场征集到一批文物[12]，主要有铜镜1面、陶罐1件、铁斧2件、铁锅1件、铁马衔1件。调查者根据出土的铜镜和铁锅对比研究，认为这批文物年代为金代。

金代厉行铜禁，以世宗朝尤甚，所有铜器须经过官府登记勘验后方可流通使用，自平遗址出土的铜镜刻有"泰州主簿记"，岚峰林场出土铜镜上刻有"官"字款，说明以铜镜为代表的这批遗物年代确应属于金代。

自平遗址与岚峰林场出土的铁锅形态相近，都为微敛口，口沿外有数道弦纹，下接一周腰錾，圜底，下接三个兽蹄形足。在东北地区中西部出土的金代铁锅腰錾多简化为六个錾耳形态，其下亦不见三足。腰錾形态的铁锅更多保留了早期渤海铁锅的特征。此类铁锅多见于三江平原地区，如绥滨中兴墓群[13]、桦南县龙王庙遗址[14]等。

除铁锅外，上述两处遗址出土的陶器皆以陶罐为主，其形态多为侈口，矮颈，上腹较鼓，平底，整体器身较矮，此类陶罐，亦多见于三江平原地区，绥滨奥里米墓群和中兴墓群出土陶器（图二，4）亦以此类陶罐为主，部分陶罐上还带有印压纹饰。三江平原地区的此类遗存通常被认为是女真五国部遗存，自平遗址与岚峰林场皆处于三江平原周边，地域相连，文化相类，陶器不见早期印压纹饰，年代应该略晚于辽代女真五国部遗存，应与金代五国部女真有关。

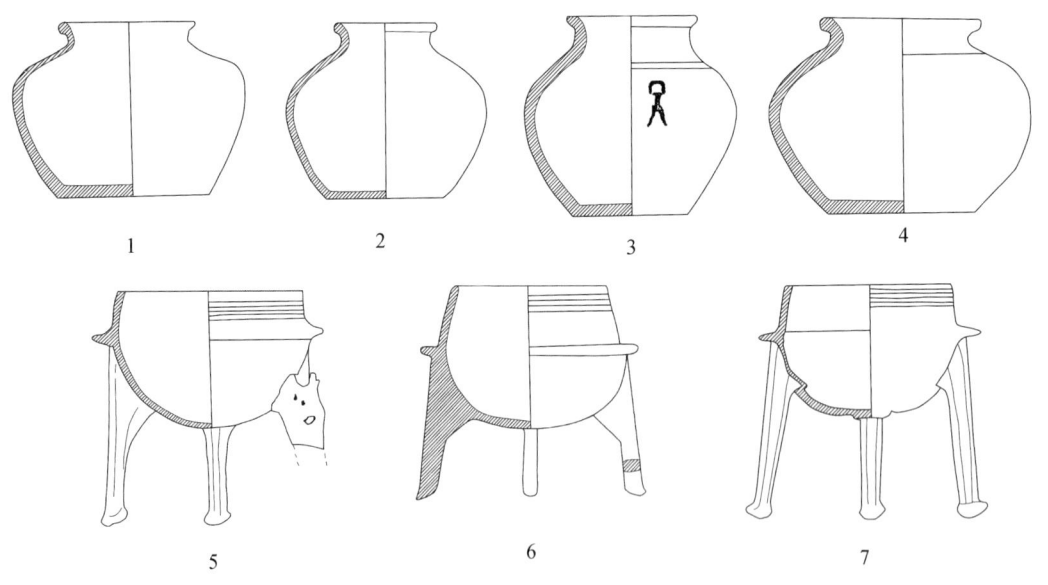

图二　岚峰林场、自平遗址、中兴墓地五国部风格遗物

1～4.陶罐（岚峰林场采集、自平遗址MFZ∶15、自平遗址MFZ∶16、中兴墓地M5∶3）

5～7.铁锅（岚峰林场采集、自平遗址MFZ∶1、中兴墓地M5∶1）

12　佳木斯市文物管理站：《黑龙江省桦南县岚峰林场出土的金代文物》，《北方文物》2000年第2期。

13　胡秀杰、田华：《黑龙江省绥滨中兴墓群出土的文物》，《北方文物》1991年第4期。

14　鄂善君、王树楼：《桦南县龙王庙遗址出土的金代窖藏铁器》，《北方文物》1995年第3期。

2013年，吉林省文物考古研究所对桦甸市苏密城城址进行了考古发掘[15]，苏密城位于辉发河南岸，由内外两重城垣构成，2013年主要对外城南瓮城进行了发掘，发掘清理出一批遗物，以铁器和陶器为主，铁器主要是铁镞、铁甲片等兵器。陶器多以平折沿或实心唇口陶罐为主，部分陶器口沿下还有一周凸棱。发掘者认为该批遗物皆为典型的渤海遗物。

苏密城过去通常被认为是渤海长岭府[16]，赵里萌博士在梳理了整个东北地区辽金时期城址的基础上，结合文献记载分析认为苏密城应该为渤海扶余府与辽代早期黄龙府[17]。辽灭渤海以后，在其故地建立了东丹国继续维持统治，至燕颇起义后，才大量废弃城池，迁徙渤海居民。苏密城外城南瓮城内文化层只有一层，出土大量铁质兵器，应该是战争行为的遗留，出土的陶器有少量辽代风格的篦纹陶片，说明该文化层年代上限不早于辽代，应该是辽代渤海遗民燕颇起义时的遗留。也即苏密城外城南瓮城出土的遗存，虽然绝大多数是渤海风格遗物，但是年代上应该已经到辽代，属于辽代早期渤海人遗存。

此类遗存除苏密城外，在吉林省中部的德惠城岗子城址[18]、前郭县那拉街城址[19]等地都有发现，这些遗存的陶器除具有明显渤海风格外，器身多饰有辽代风格的篦纹，应该是纳入辽统治的渤海人遗存，时代上应略晚于苏密城外城南瓮城出土的遗存。

2002~2003年，吉林省文物考古研究所与吉林大学边疆考古研究中心对敦化市敖东城进行了考古发掘[20]，发掘者认为发掘清理出的第2、3层文化层及遗迹内出土遗物呈现高度一致性，通过与东北地区其他金代遗址出土遗物对比认为此次发掘出的遗存年代为金代晚期，通过解剖确认城墙建筑在金代地层之上，倒塌堆积内未发现晚于金代的遗物，判定敖东城为金代城址。

2002年的发掘显示，城址内文化层可分为两层，即第2、3层文化层，两层文化层下都开口有遗迹，可知城址使用时间较长。从出土遗物来看，以02DAH3为代表的灰坑内出土陶器多为平折沿，部分罐类器物颈肩处有一周凸棱。此类风格陶器不见于塔虎城[21]、揽头窝堡遗址[22]等典型金代中晚期遗址。而与苏密城、城岗子等出土的陶器平折

---

15 吉林省文物考古研究所、桦甸市文物管理所：《吉林省桦甸市苏密城外城南瓮城考古发掘简报》，《边疆考古研究（第19辑）》，科学出版社，2016年。
16 李健才：《桦甸苏密城考》，《黑龙江文物丛刊》1983年第2期。
17 赵里萌：《中国东北地区辽金元城址的考古学研究》，吉林大学博士学位论文，2019年，第581~588页。
18 吉林省文物考古研究所、德惠市文物管理所：《吉林德惠市城岗子城址2018年发掘简报》，《考古与文物》2022年第6期。
19 吉林省文物考古研究所：《吉林前郭县那拉街城址及窑址调查简报》，《草原文物》2021年第2期。
20 吉林大学边疆考古研究中心、吉林省文物考古研究所：《吉林敦化市敖东城遗址发掘简报》，《考古》2006年第9期。
21 吉林省文物考古研究所、吉林大学边疆考古研究中心：《前郭塔虎城——2000年考古发掘报告》，科学出版社，2017年。
22 吉林省揽头窝堡遗址考古队：《吉林德惠市揽头窝堡遗址六号房址的发掘》，《考古》2003年第8期。

沿风格有一定的相似性。也有部分器物平折沿特征不明显或退化，其年代应该晚于苏密城、城岗子等遗存，其年代上限应不早于辽代早期。

此外，02DAH3内还出土多孔器一件（图三，7），按照赵里萌博士的分类属于造型较为简单的甲类多孔器[23]，此类多孔器亦多流行于渤海时期。敖东城所在区域为渤海腹地，以02DAH3为代表的遗存可能是尚未与女真融合的渤海遗民遗存，其器类上与苏密城、城岗子等遗址的差异可能与地域相关。

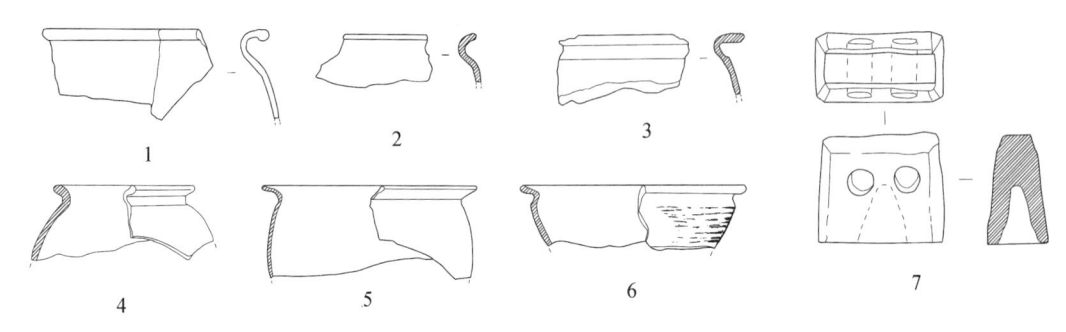

图三　苏密城与敖东城渤海风格遗物

1～4.陶罐（苏密城2013HSWⅡT2③：1、苏密城2013HSWⅡT2③：3、苏密城2013HSWⅡT5③：4、敖东城02DAH3：5）　5、6.陶盆（敖东城02DAH3：8、敖东城02DAH3：6）　7.多孔器（敖东城02DAH3：1）

02DAF1内出土的陶盆口沿为半卷沿结构，与金代晚期的大卷沿有一定的差别，显示出较早的年代特点。同时房址内出土的铁锅口沿微敛，口沿下还存有数周弦纹，亦体现出较早的年代风格，结合城址内文化层堆积较厚，城址使用时间可能并不局限于金代晚期。从02DAF1出土的遗物看，这批遗存年代应可以早至金代中期。

也即在敖东城实际上存在着不同时期的两个人群，在辽灭渤海后，部分渤海遗民仍生活于此，留下了以02DAH3为代表的遗存，最晚至金代中期以后，使用卷沿陶器的女真人进入这一区域，两个族群逐渐融合，最终形成了敖东城的遗存。

这种现象不仅见于敦化敖东城，2021年，吉林省文物考古研究所对吉林省东部山城进行了系统的考古调查，在汪清县广兴山城、龙井市城子沟山城等，都发现渤海风格遗物与金代早中期遗物共存的迹象。这种大范围内的共存迹象，说明在渤海灭亡以后，女真人逐渐进入渤海区域，并与渤海遗民共存并逐渐融合。

自1985年以来，辽宁省文物工作者先后对辽宁岫岩旧城进行了三次考古发掘[24]，清理出大量辽金时期遗物。其中邮电小区地点地层堆积可分三层，第1层为表土层，第2层为明清时期文化层，第3层为辽金时期文化层。中医院地点地层第3层亦为辽金时期文化层。发掘清理出灰坑、灰沟和灶址等遗迹，出土了以陶瓷器为主的大量遗物。发掘者根据遗物对比研究认为该批遗存属于辽金时期。

23　赵里萌：《多孔器研究》，吉林大学硕士学位论文，2016年。
24　鞍山市岫岩满族博物馆、岫岩满族博物馆管理部：《辽宁岫岩镇辽金遗址》，《北方文物》2004年第3期。

1990年，辽宁省文物工作者对岫岩县长兴遗址进行了考古发掘[25]，发掘显示遗址地层可分为三层，第1层为耕土层，第2层为文化层，其下开口房址，出土泥质灰陶片和白瓷片，第3层为文化层，其下开口有灰坑、灶址等遗迹，出土泥质灰陶片、白瓷片及铁器等遗物。发掘者根据遗物对比认为岫岩县长兴遗址属于辽金时期遗存。

对于上述两处遗址出土陶器，发掘者亦提出，岫岩镇遗址内出土的部分陶器（图四，3~5）口沿上的重唇、凹槽等工艺特征及宽折沿、横桥耳等风格与高句丽、渤海遗民有关。岫岩长兴遗址出土的深腹盆、对称横錾耳甑等具有高句丽文化风格。通过对长兴遗址文化层底部木炭测年结果为850年±55年，已经超出了辽建国的年代。同时岫岩镇遗址邮电小区地点部分遗迹如H8、H12开口层位为第3层中部和第3层中部偏下，可知实际上第3层至少应划分三层。两处遗址底层堆积及出土遗物一致性较高，可知从年代上看两处遗址的年代上限超过辽代，其次，简报中的辽金遗存跨越时代范围较大，有一进步分期分类的可能。

正如简报中所言，早在隋唐时期，高句丽人分布范围包括了辽东地区。高句丽政权覆亡并不意味着居民的直接消失，大量的遗民亦散居当地，两地出土的高句丽风格的深腹盆、横錾耳甑等陶器应该属于本地高句丽遗民，其年代上限由岫岩镇邮电小区测年结果可知，不晚于辽建国以前。第二类遗存为两地出土的宽折沿、横桥耳及重唇风格的陶器，具有明显的渤海时期特点，应该是辽代早期迁徙至此的渤海遗民的遗存。其年代上限应晚于本区域高句丽遗存。此类遗存即应与辽代早期攻灭渤海后迁徙至此的渤海遗民有关。第三类遗存以腹部饰多周的抹光弦纹陶罐为主，此类遗存与拉林河、阿什河流域辽末金初女真遗存[26]相类，应该属于辽代征伐女真过程中俘获迁徙至此的女真族群。这些遗存在长期生活中不断融合，形成了《金史》中记载的辽末金初系辽籍女真。到金代以后，这些族群长期融合，在器物风格上渐趋一致，形成了以大卷沿陶罐、陶盆和涩圈瓷器为主的金代遗存。

1979~1980年，吉林省考古工作者在吉林省舒兰市小城镇完颜希尹家族墓地进行调查与发掘[27]。确认该墓群为金代贵族完颜希尹家族墓地，并将整个墓地划分为五个墓区。2011年，吉林大学边疆考古研究中心与吉林省文物考古研究所对完颜希尹家族墓地及附近的小型城址进行了系统的调查[28]，并对墓地的石象生进行测绘，认为墓地附近的小城为金代祭奠完颜希尹的纳里浑庄或是完颜希尹家族聚落。

1988年，长春市文物工作者对长春市丰产村石碑岭上的金代墓群进行了调查清理[29]，确认该墓地为金代贵族完颜娄室家族墓地，发掘清理了碑亭等遗迹，出土了龟趺

---

25 辽宁省文物考古研究所、岫岩满族博物馆：《辽宁岫岩县长兴辽金遗址发掘简报》，《考古》1999年第6期。

26 孟庆旭、赵里萌：《试析西流松花江及拉林河流域的一批辽金遗存》，《北方民族考古（第10辑）》，科学出版社，2021年第1期。

27 庞志国：《1979—1980年间完颜希尹家族墓地的调查与发掘》，《东北史地》2010年第4期。

28 吉林大学边疆考古研究中心、吉林省文物考古研究所：《吉林省舒兰市金代完颜希尹家族墓地及其私城的复查》，《边疆考古研究（第11辑）》，科学出版社，2012年。

29 刘红宇、安文荣：《长春市石碑岭金代墓地发掘简报》，《考古》1991年第4期；刘红宇：《长春市郊完颜娄室墓地考古新收获》，《北方文物》1990年第4期。

岫岩地区高句丽风格陶器

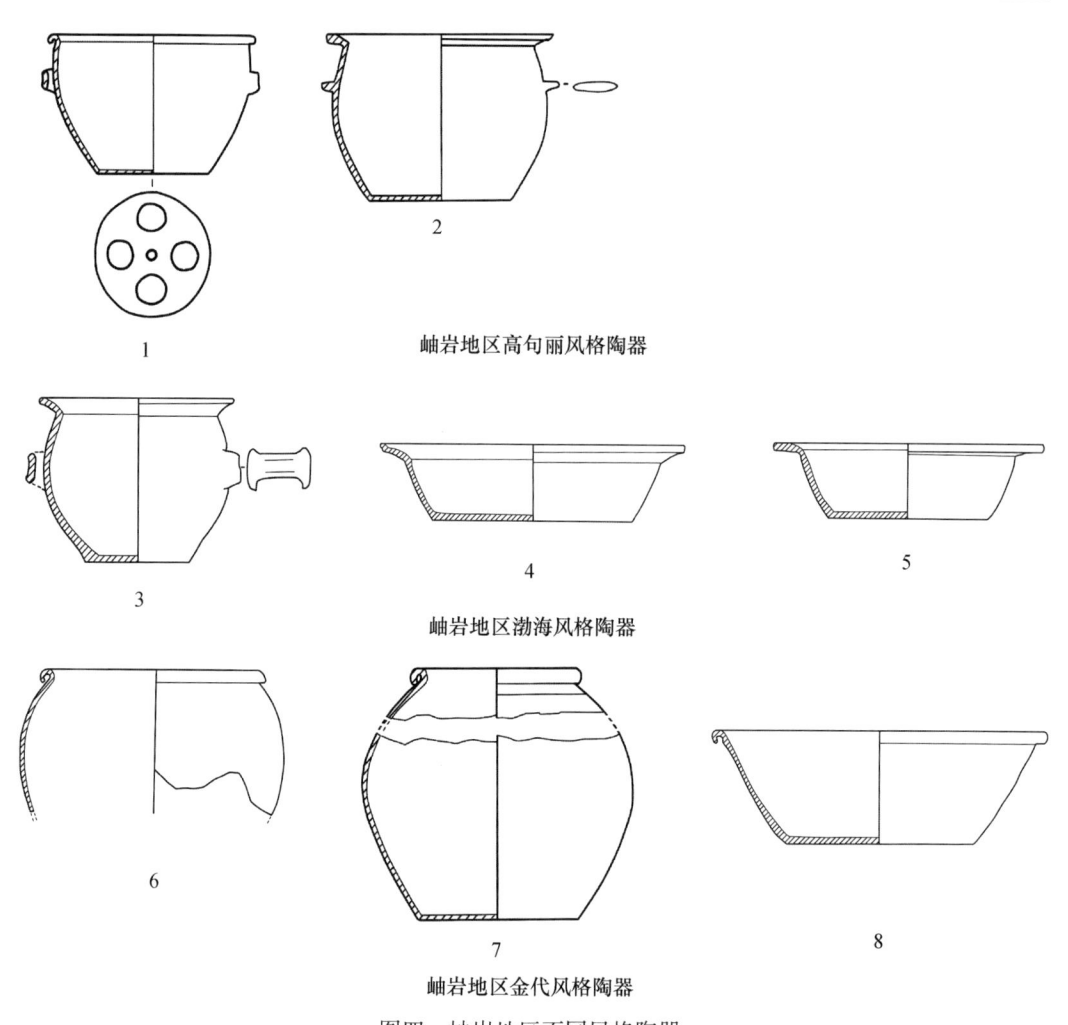

岫岩地区渤海风格陶器

岫岩地区金代风格陶器

图四 岫岩地区不同风格陶器

1. 陶甑（长兴遗址T2③：9） 2～5、8.陶盆（长兴遗址T17③：11、岫岩镇H8：18、岫岩H10：59、岫岩镇H12：62、岫岩镇H12：65） 6、7.陶罐（岫岩镇T2③：19、长兴遗址T20③：5）

和石碑碎块。

1994年，吉林省文物考古研究所对长春市郊南阳堡金代遗址进行了考古发掘[30]，发掘清理出一处金代聚落址，包括房址4座、灰坑6个，清理出大量的陶、瓷器等遗物，其中两件仿定窑白瓷碗外底上有红色篆书"完"字，该聚落距离完颜娄室家族墓地不远，应该是完颜娄室家族统治下的金代聚落。

此外，1988年，黑龙江省文物考古研究所对阿城市巨源乡城子村金代墓葬进行了发掘清理[31]，清理出石棺木椁墓一座，出土了大量丝织品及金银器。根据出土的墨书"太尉开府仪同三司事齐国王"字样木牌，结合文献记载，认为该墓葬属于金代贵族完颜宴。

---

30 吉林省文物考古研究所：《长春市郊南阳堡金代村落址的发掘》，《北方文物》1998年第4期。
31 黑龙江省文物考古研究所：《黑龙江阿城巨源金代齐国王墓发掘简报》，《文物》1989年第10期。

由上述发掘资料可知，东北地区东部山区的西侧边缘地带，分布有一系列以高等级墓葬为主的金代早期遗存，这些遗存性质，多为金代早期贵族家族墓地，同时周边的聚落遗址也反映了金代贵族的势力范围。完颜希尹与完颜娄室等家族，在辽末金初的政治军事活动中都曾以半独立的姿态登上过历史的舞台，这种现象，与其家族势力的分布有着直接的关系。

2014~2017年，吉林省文物考古研究所与吉林大学边疆考古研究中心对吉林省安图县长白山神庙遗址进行了为期4年的考古发掘工作[32]。发掘清理出以一组工字形台基式建筑址为核心的、前部带有门殿和围墙的院落遗址，出土了大量建筑构件及铁器、铜器等遗物。出土遗迹遗物显示，该建筑为金代长白山地区高等级建筑址，并出土带"癸丑"等字样的汉白玉玉册，发掘者根据发掘资料结合文献研究判断该建筑址为金代祭祀长白山的神庙。

金代长白山神庙是金世宗大定十二年（1172）所修建，此后每年春秋祭祀。金章宗明昌四年（1193）以玉册等仪物册封长白山为开天弘圣帝。金世宗时期，为巩固对东北地区的统治，不仅修建了长白山神庙，对混同江的东北地区的名山大川都修庙致祭。同时考古发掘表明世宗时期还修复了金上京会宁府[33]，大力推动东北地区社会经济恢复与发展。

2014~2015年，吉林省文物考古研究所对吉林省磐石市八面佛遗址进行了考古发掘[34]，清理出以两座台基式建筑为主体，周围分布房址、灰坑、陶窑等遗迹，出土了砖瓦、陶器及铁器等遗物。发掘者根据出土遗物研究判断八面佛遗址为金代中晚期佛教寺庙遗址。

除此之外，1980年，吉林省文物工作者对海龙镇北郊的辽金时期建筑址进行了发掘清理[35]，清理出一座八角形建筑基址，中部带有石圹，清理出大量砖瓦、造像的遗物，发掘者认为该遗址为辽末金初与佛教相关遗存。该遗址所处区域在辽末已经属于女真族群的分布范围，辽人无法在女真族群聚居地修建佛教建筑，辽末金初女真尚崇信原始萨满教，亦不会修建佛寺类建筑。本次发掘出土的瓦当形态与安图长白山神庙出土瓦当相类，年代亦应相近，故海龙镇北郊的佛教遗存也应为金代中晚期所修建。

2014年，吉林省文物考古研究所对东辽县杨树排子地遗址进行了考古发掘[36]，清理

---

32 吉林大学边疆考古研究中心：《吉林安图县宝马城遗址2014年发掘简报》，《考古》2017年第6期；吉林省文物考古研究所、吉林大学边疆考古研究中心：《吉林安图县金代长白山神庙遗址》，《考古》2018年第7期；吉林大学考古学院、吉林省文物考古研究所：《吉林安图金代长白山神庙遗址2015年发掘简报》，《文物》2021年第3期。

33 黑龙江省文物考古研究所：《哈尔滨市阿城区金上京皇城西部建筑址2015年发掘简报》，《考古》2017年第6期。

34 吉林省文物考古研究所、磐石市文物管理所：《2014年度磐石八面佛遗址考古发掘报告》，《边疆考古研究》2017年第1期；吉林省文物考古研究所、磐石市文物管理所：《2015年度磐石八面佛遗址考古发掘报告》，《边疆考古研究（第24辑）》，科学出版社，2018年。

35 洪峰、志立：《吉林海龙镇郊辽金时期建筑遗址的发掘》，《北方文物》1988年第1期。

36 吉林省文物考古研究所、辽源市文物管理所、东辽县文物管理所：《吉林省东辽县杨树排子地遗址考古发掘简报》，《北方文物》2015年第2期。

出灶址、灰坑等遗迹，出土了大量陶瓷器，同时还有瓦当等建筑构件，发掘者根据出土遗物对比研究认为杨树排子地遗址存在两期遗存，早期为带有砖瓦构件的大型建筑遗存，晚期为以灰坑、灶址为代表的普通遗存。杨树排子地遗址出土的砖瓦类与揽头窝堡遗址相类，年代亦应为金代晚期。

2013~2015年，吉林省文物考古研究所对图们市磨盘村山城进行了考古发掘[37]，发掘清理了城址的东门、北门、1号角楼以及城址内的大型建筑址和冶炼址，清理出多个密集础石式台基建筑、大型院落以及冶炼址等。清理出以陶器、铁器为代表的大批遗物。发掘者根据出土的东夏国时期官印及其他出土遗物，确认该城址为金末元初东北地区地方割据政权东夏国南京。

2002年，吉林省文物考古研究所与吉林大学边疆考古研究中心对敦化市永胜遗址进行了考古发掘[38]，发掘清理出的一号建筑址为大型夯土台基式建筑，其上发现带火炕的房址和柱础，并清理出大量陶器、铁器等遗物。发掘者根据出土遗物对比研究认为该建筑址为金代晚期佛教相关遗存。与其他辽金时期佛教遗存不同的是该遗址并未出土任何与佛教相关的塑像类遗物，此类带有火炕和柱础的大型台基式建筑还见于金上京和磨盘村山城，都属于大型官式居住类建筑，永胜遗址亦应该是金代晚期或东夏时期的大型官式建筑。

2005年，吉林省文物考古研究所等对敦化市江东"二十四块石"遗迹和林胜"二十四块石"遗迹进行了发掘[39]，清理出密集础石式建筑址，并出土了砖瓦和铁钉等遗物，发掘者根据出土遗物对比认为两处"二十四块石"遗迹年代为辽金时期。"二十四块石"遗迹在吉林省、黑龙江省东部和朝鲜北部都有发现，形制一致，应该是统一的官式建筑，通过对磨盘山城的发掘可知此类密集础石式建筑为东夏时期所建，与粮食收储有关。因此，敦化市清理出的两处"二十四块石"遗迹亦应是金末元初东夏国所建的官式建筑。

从上述考古遗存可知，东北地区东部山区辽金时期遗存分布较为分散，跨越年代较长，各个遗址的性质、族群亦有差异。但是在漫长历史时空着有两条明确的发展脉络贯穿着这些遗址，使其成为一个有机的整体。

第一即是边疆族群的融合史。东北地区东部山区，在辽代之前，北有靺鞨，中部有渤海，南部有高句丽，在辽代之前亦有融合迹象，但是从海林市木兰集遗址和岫岩长兴遗址来看，至少在辽代，各族群在使用陶器上依然有着自己的特色。由于在东北地区东部山区尚未发现有明显契丹—辽风格的遗存，可知，即便辽王朝建立后，对该区域的统治亦未能深入。但辽代为了巩固统治，采取了大量迁徙本地族群的措施，将东北地区东部山区的渤海遗民大量南迁，促进了渤海遗民与高句丽、女真等族群的融合，在东北地

---

37 吉林省文物考古研究所、延边朝鲜族自治州文物保护中心：《吉林省图们市磨盘村山城2013~2015年发掘简报》，《边疆考古研究（第24辑）》，科学出版社，2018年。
38 吉林大学边疆考古研究中心、吉林省文物考古研究所：《吉林敦化市永胜金代遗址一号建筑基址》，《考古》2007年第2期。
39 吉林省文物考古研究所、敦化市文物管理所：《吉林敦化市江东、林胜"二十四块石"遗迹的调查和发掘》，《考古》2009年第6期。

区东部山区南部形成了系辽籍女真族群,或称曷苏馆女真。

最迟至辽代中期,以卷沿陶器为主要特征的女真族群出现,并迅速占据了东北地区东部山区的主要区域,并与本地区的渤海遗民融合。其势力最远抵达长白山西侧台地,即今长春东部一线,留下了一批女真贵族家族墓葬。随着金政权的建立和扩张,这批女真族群迅速南下,与曷苏馆女真融合,构成了金王朝统治的核心族群,并在金王朝统治中原后不断内迁与中原融合。

第二即是边疆地区的中原化历程。辽灭渤海以后,东北地区东部山区原渤海国设置的州县大多数被废弃,随着辽代统治力的下降,东北地区东部山区又退回至部落时代。考古工作发现的辽末金初女真各贵族家族墓地即反映了此时期女真以家族、部族为单位的势力划分。金王朝建立稳定的统治后,即着手对东北地区进行重新建制,"将其纳入全国统一的仿照汉法建立的以路制为核心的行政建置之下。与此同时,由于东北地区生活有众多民族,在各民族的聚居区内,经济发展水平呈现出不平衡的状态,因此金统治者又因地制宜地设置了具有各民族特色的行政建置"[40]。

同时,金世宗还仿照中原系统在东北地区推行山川祭祀,除考古发现的长白山神庙外,对东北地区的名山大川都立庙祭祀,扩大了中原礼仪制度在东北的影响。同时,佛教也随着金代统治者的喜好进入东北地区东部山区,出现了以磐石八面佛为代表的遗存。这些佛教遗存与岳镇海渎庙一样,为东北地区带来的不仅仅是文化方面的影响,还包括相应的建筑技术及整套的运行体系。

到金末,东夏国建立以后,为了维护统治,在东北地区东部山区大力推行行政建制,在磨盘村山城设立了南京。同时从出土的官印来看,东夏国使用的是中原式的官制。磨盘村山城以及敦化等地的密集础石式建筑址的发掘表明东夏国在东北地区东部山区建立了整套的粮食收储体系,同时各地出土的砝码也表明,东夏国时期社会经济运行也依赖于中原地区的度量衡系统。至此,东北地区东部山区在行政、经济、文化上都已经与中原地区连为一体。

上述考古遗存的发现,为现代统一的多民族国家的形成提供了实物支撑,为边疆地区的稳固与安全提供了历史的证据。

附记:本文系吉林省省级文物保护项目"吉林省东部金—东夏遗存考古调查项目"研究成果。

(孟庆旭　李宁宁　吉林省文物考古研究所)

40　李西亚:《浅析金代东北的行政建置》,《吉林师范大学学报》2003年第3期。

辽金历史与考古·第十三辑

历史研究

历史研究

欧阳修的契丹世界

——以《新五代史》所记辽世宗、穆宗史事为中心

姚 江

内容提要：本文通过稽考诸史指出，欧阳修在《新五代史》中对辽世宗、穆宗的记述多与史实不符。在《新五代史》中，他打造了属于自己的契丹世界，因而极力将辽世宗及其周围的契丹人塑造为夷狄之属，将辽穆宗勾勒为"昏殆"之君，这皆是受到北宋中叶以来华夷之辨与王者大一统思想的影响。

关键词：欧阳修　辽世宗　辽穆宗　夷夏之别　王者大一统

契丹人建立的辽朝是中国历史上重要的王朝之一。因辽宋书禁甚严，留存至今的辽人著述甚为罕见[1]。纂修于元末，虽多取材于辽朝实录的《辽史》也以"疏略"著称。故而，今人多借助与之并立的五代与宋人所记相关史事，一窥辽朝究竟。

然而北方的辽与南方中原政权立场各异，双方撰著历史之人也因观念不同，造成南北文献对同一史事莫衷一是，若昧于甄别，则对后世史家采撷史料造成困扰。本文拟对《新五代史》所记辽世宗、穆宗史事加以考辨，进而探讨宋人欧阳修《新五代史》极力涂抹他们的原因。

一、《新五代史》所记辽世宗遇弑原因之辨

辽世宗耶律阮，小字兀欲，东丹王耶律倍长子。天禄五年（后周广顺元年，951）九月，世宗南下军援北汉，于新州火神淀遇弑，史称火神淀之乱[2]。

有关世宗遇刺一事，《五代会要》《旧五代史》《辽史》诸史记载略同，直言世宗死于燕王耶律牒蜡（字述兰，又作述轧）与太宁王耶律察割（字呕里僧，又作沤僧、

---

[1] 刘浦江：《穷尽·旁通·预流：辽金史研究的困厄与出路》，《宋辽金史论集》，中华书局，2017年，第4页。
[2] 参见《资治通鉴》卷290后周纪一太祖上广顺元年九月，中华书局，1956年，第9462、9463页；《新五代史》卷73《四夷附录二》，中华书局，2016年，第1022页；《辽史》卷4《世宗纪》，中华书局，2016年，第74页。

欧辛）谋逆[3]；而《新五代史》、《资治通鉴》（以下简称《通鉴》）、《契丹国志》（以下简称《国志》）三书则将火神淀之乱归咎于世宗强迫契丹南下，结怨诸部贵族，造就牒蜡、察割二王作乱。一言以蔽之，世宗死于南征。长久以来，随着《新五代史》《通鉴》二书影响力渐升，后世学者鲜有质疑，迄今仍被不少研究者径直引述。

发动火神淀之乱的察割一党最终为寿安王耶律璟与耶律屋质一系所诛，寿安王继位于柩前，史称辽穆宗[4]。近来李桂芝、曹流等学者虽未直接质疑《新五代史》世宗遇弑与南征有关，但他们已从契丹游牧贵族大会和两后族角力皇位继承等视角，通过详尽的分析指出火神淀之乱确为一场有预谋的政变，此可谓不刊之论[5]。此后，林鹄在《南望——辽前期政治史》一书中更是明确提出"世宗遇弑与南征无关"，世宗之死只是契丹内部"帝位之争"[6]。书中虽对《新五代史》诸书略作驳斥，但仍未能彻底敲定世宗之死与强迫诸部南下无关。

在探究世宗遇弑与南征有无关系之前，我们首先要厘清持此观点的三种史料之间的关系。《新五代史》载："会诸部酋长，复谋入寇，诸部大人皆不欲，（世宗）兀欲强之。"[7]《通鉴》记："契丹欲引兵会之，与酋长议于九十九泉。诸部皆不欲南寇，契丹主（兀欲）强之。"[8]《国志》亦言："帝（世宗）欲引兵会之，与酋长议于九十九泉。诸部皆不欲南，帝强之。"[9]刘浦江早已指出，《国志》乃元初书贾拼凑抄录宋代文献之伪书[10]。对比《国志》《通鉴》记载，不难发现《国志》该段记载显系抄自《通鉴》。《通鉴》成书虽晚于《新五代史》，窥两书所言，《通鉴》与《新五代史》或系出同源。为便于言说，下文就以《新五代史》为例，探讨火神淀世宗被杀之因。笔者认为世宗之死与南征绝无干系。

其一，从史源学角度，时间稍早的南方史料与源自辽官方故牍的北方记载均未言火神淀之乱与配合北汉南征有关，唯以《新五代史》为代表的晚出之书言之凿凿。王溥《五代会要》、薛居正《旧五代史》等南方文献皆为北宋初年撰修之书，书中多据五代实录、时人见闻，史料可靠性已毋庸多言，但在记述火神淀之乱时却不言与世宗南征一丝一缕联系。巧合的是，部分脱胎于辽朝官方实录的《辽史》，虽被冠以"疏略"之名，却在参与火神淀之乱的诸王列传中详细披露了当日政变的细节，同样一字未提谋逆

---

3 参见《五代会要》卷29《契丹》，中华书局，1978年，第461页；《旧五代史》卷111《后周太祖纪二》，中华书局，2015年，第1717页；《辽史》卷112《耶律察割传》，中华书局，2016年，第1650页；卷113《耶律牒蜡传》，中华书局，2016年，第1657页。

4 《辽史》卷6《穆宗纪上》，中华书局，2016年，第77页。

5 参见李桂芝：《契丹贵族大会钩沉》，《历史研究》1999年第6期；林鹄：《辽世宗朝史事考》，《中华文史论丛》2012年第4期；曹流：《子凭母贵与辽代即位三案》，《中央民族大学学报（哲学社会科学版）》2019年第5期。

6 林鹄：《南望——辽前期政治史》，生活·读书·新知三联书店，2018年，第131~138页。

7 《新五代史》卷73《四夷附录二》，中华书局，2016年，第1022页。

8 《资治通鉴》卷290后周纪一太祖上广顺元年九月，中华书局，1956年，第9463页。

9 旧题（宋）叶隆礼撰，贾敬颜、林荣贵校：《契丹国志》卷4《世宗天授皇帝》，中华书局，2014年，第55页。

10 刘浦江：《关于〈契丹国志〉的若干问题》，《辽金史论》，中华书局，2019年，第281页。

者有"不欲南寇"这一动机[11]。若诸王真为黎明苍生"不欲南寇"而杀世宗，辽朝史官断不会将辽人内耗互相仇杀的阴暗丑事刊诸枣梨，而早已将诸王为避免生灵涂炭而杀世宗大书特书了。早期南北方亲历者的记载，让半个多世纪后才成书的《新五代史》记载的真实性大打折扣。

其二，从史事角度来看，正如有学者指出的，时隔仅一月辽穆宗继位后便再应北汉之邀派兵南下。若世宗真因南征而被杀，甫一继位的穆宗当会吸取教训，断不会短短一月又兴兵南讨[12]。显然，从穆宗南讨并不在意诸部酋长是否强烈厌战来看，《新五代史》所言"诸部皆不欲南寇"站不住脚[13]。

其三，从契丹人的传统与战果来看，身为游牧民族的契丹人自身尚武，在历次"打草谷"的传统中所获颇丰，契丹诸部贵族因畏战不愿南下有悖常理。首先，契丹人生于草原，天生骁勇，精于骑射，爬梳史籍可知，世宗之前的太祖、太宗二朝，契丹将士奋力南征，并不怯战，更不消说有阵前倒戈的记载。其次，契丹诸部南下"打草谷"胜多败少，诸将军士斩获甚众。就在太宗灭后晋入主中原后，契丹军士四处"打草谷"，诸部贵族也大肆掳掠。《耶律琮神道碑》言：此时契丹人"发仓廪，开府库，搜宝器，取珍玩，子女、玉帛、药草、羽毛、难得之货，雾集云屯，稀代之宝，山高岳积，人竞贪取，以实私家"[14]。因此，对于曾深入中原腹地的契丹诸部贵族来说，很难想象不愿再次南下劫掠。

质言之，从史源上说，较早的南北史料互相印证，未言世宗死于南征；从史事上言，穆宗不久南下反证世宗遇弑也与南征无关；从传统与战果看，契丹诸部贵族的激烈反对乃至谋逆行为于情理不合。《新五代史》记述世宗死于"诸部皆不欲南寇"实系欧阳修有意为之。

二、《新五代史》所记辽穆宗三失之辩

辽穆宗虽在位十九年，但限于《新五代史》时间断限，记述有关穆宗史事则起于后周广顺元年（辽应历元年，951）止于显德七年（辽应历十年，960），仅只十年。即便如此，欧阳修却在《新五代史》中选取了辽穆宗酗饮嗜睡、"不复南寇"、消极应战失去关南这三件失败之事加以叙写[15]。如上文所言，欧阳修对于辽世宗之死都能加以编造，那记述辽穆宗的"三失"是否可靠呢？

首先，穆宗酗饮嗜睡，有"睡王"之名，已为学界共识，《新五代史》如此记述似

---

11 参见《辽史》卷77《耶律屋质传》，中华书局，2016年，第1388页；卷112《耶律察割传》，中华书局，2016年，第1650、1651页；卷112《耶律娄国传》，中华书局，2016年，第1651页；卷113《耶律牒蜡传》，中华书局，2016年，第1657页；卷113《耶律朗传》，中华书局，2016年，第1657页；卷113《耶律敌猎传》，中华书局，2016年，第1660页。
12 林鹄：《南望——辽前期政治史》，生活·读书·新知三联书店，2018年，第132页。
13 林鹄：《南望——辽前期政治史》，生活·读书·新知三联书店，2018年，第132页。
14 郭奇：《耶律琮神道碑》，《辽代石刻文编》，河北教育出版社，1995年，第58页。
15 《新五代史》卷73《四夷附录二》，中华书局，2016年，第1022页。

无不可。但有趣的是，欧阳还记载了穆宗不能近妇人、嗜好畋猎以致不恤国事。《新五代史》如此书写穆宗，意在指明穆宗实为昏君，却全然未能记述或考量穆宗何以至此。幸而，近来有学者已从医疗史与政治史多方考证，穆宗嗜睡、不近妇人等皆为罹患生理疾病以及经历辽朝内部激烈的政治斗争所致[16]。

其次，《新五代史》所言穆宗"不复南寇"更是不合史实。稽考《旧五代史》《册府元龟》《通鉴》诸史可知，随着刘崇割据河东建立北汉，穆宗对北汉的频繁"乞师"，几乎每求必应。除了应援北汉外，辽人还亲自上阵袭扰后周河北诸州。后周广顺三年（应历三年，953）正月"契丹寇定州，围义丰军"[17]。同年九月，"契丹寇乐寿，齐州戍兵右保宁都头刘彦章杀都监杜延熙，谋应契丹"[18]。不仅如此，穆宗更是积极配合南唐扰边。《辽史》记载，应历八年（后周显德五年，958）后周"攻（南唐）扬州，上（穆宗）遣（萧）思温蹑其后……（思温）拔（后周）缘边数城而还"[19]，穆宗"遣人劳之"[20]。

最后，《新五代史》对显德六年（辽应历九年，959）周世宗夺取关南之地一事着墨甚多。欧阳修不仅详细记述了后周军将获得关南的全过程，以此突出周世宗的军事才干，更重要的是以辽穆宗"以汉地还汉"之语凸显其对燕云汉地的消极态度。欧阳修对穆宗消极态度的记述甚至影响到了元人。《契丹国志》便因袭了《新五代史》中穆宗"以汉地还汉"的消极之语[21]。一些学者虽已质疑"以汉地还汉"恐非穆宗真实想法，实乃迫于形势的掩饰之辞[22]，但仍可进一步深入论述。

其一，正如上文所述，在穆宗当政前十年，不仅积极出兵应援北汉，而且袭扰后周为南唐分忧，甚至直接袭击后周河北诸州，为牵制消耗后周可谓不遗余力，何来消极之言。其二，穆宗当政前十年，辽朝内叛不断，应历二年（952）忽古质谋反、同年耶律娄国叛乱、应历三年（953）李胡子耶律宛谋逆，为此穆宗数次平叛。周世宗夺取关南之地的同年——应历九年（959），穆宗还经历了耶律敌烈谋反。这一系列的内忧使得穆宗不得不将施政策略转向稳健[23]，也即说并非穆宗消极应对后周军事行动，而是说"以汉地还汉"是迫于形势无力应对的托词。其实，在《新五代史》之前成书的《册府元龟》已指出"（穆宗）其国乱，久绝南牧之意"[24]。其三，穆宗永失关南之地，与周

---

16 参见王金秋：《辽穆宗精神分裂疾病问题研究》，《赤峰学院学报》2019年第10期；林鹄：《南望——辽前期政治史》，生活·读书·新知三联书店，2018年，第205～213页。

17 《资治通鉴》卷291后周纪二太祖上广顺三年闰月，中华书局，1956年，第9489页。

18 《资治通鉴》卷291后周纪二太祖上广顺三年九月己亥，中华书局，1956年，第9496页。

19 《辽史》卷78《萧思温传》，中华书局，2016年，第1397页。

20 《辽史》卷6《穆宗纪上》，中华书局，2016年，第83页。

21 《契丹国志》卷5《穆宗天授皇帝》："瀛、莫之失，幽州急递以闻，帝曰：'三关本汉地，今以还汉，何失之有？'"，中华书局，2014年，第62页。

22 参见陈述：《契丹政治史稿》，人民出版社，1986年，第121、122页；林鹄：《辽穆宗草原本位政策辨——兼评宋太祖"先南后北"战略》，《中国史研究》2016年第1期。

23 林鹄：《辽穆宗草原本位政策辨——兼评宋太祖"先南后北"战略》，《中国史研究》2016年第1期。

24 《册府元龟》卷956《外臣部一·总序》，凤凰出版社，2006年，第11066页。

世宗励精图治、疏浚河道、戍兵关隘以应契丹攻伐不无关系。后周显德二年（辽应历五年，955）周世宗为阻挡辽朝骑兵横冲直撞，采纳大臣建议，"浚胡芦河，筑城于李晏口，留兵戍之"，后又听从德州刺史张藏英建议，"列置戍兵，募边人骁勇者，厚其禀给"。不仅如此，更是给予守将"便宜讨击"的灵活自主权。经过几次成功阻击后，"契丹不敢涉胡卢河，河南之民始得休息"[25]。周世宗的这一系列举措，使得穆宗再无机会夺回关南之地，这给误认为穆宗对待燕云汉地持消极态度者以口实。

因此，《新五代史》所谓穆宗嗜睡怠政实为有恙在身又困于权位之争，信口穆宗"不复南寇"却又与史实不符，言及穆宗"以汉地还汉"之语实际是既迫于内忧又困于周世宗防御得当的无奈之语，根本不能说明穆宗的消极态度。

三、夷夏之别与大一统：《新五代史》涂抹辽世宗、穆宗之因

然而，并非无人注意到《新五代史》记载不实之问题，清人王鸣盛就曾通过对比两五代史的史料采撷与去取，一针见血地指出："欧史喜采小说，薛史多本实录。"[26]其实，早在王鸣盛之前，南宋人洪迈虽未明言欧阳修选择史料失实，但也批评过宋人佞信野史杂说，他在《容斋随笔》中言："野史杂说，多有得之传闻及好事者缘饰，故类多失实，虽前辈不能免，而士大夫颇信之。"[27]

有意思的是，欧阳修为何在《新五代史》中抛却了先前《旧五代史》诸书对辽世宗、穆宗的记述，而极力以自己想法勾勒契丹世界，将辽世宗之死与南征勾连在一起，同时刻意夸大穆宗三失呢？

（一）夷夏之别：《新五代史》涂抹辽世宗之因

其实，《新五代史》记载辽世宗史事时，并不只记述了上文所述世宗死于南征一事，而是围绕世宗及其周边之人叙写了五事，为世人塑造了一群契丹人的"夷狄"形象。欧阳修所记五事如下。

其一，记述世宗生父东丹王突欲逃奔，得后唐收留，并特意介绍他的变态怪癖，说他"好饮人血……（对）左右姬妾，多刺其臂吮之，其小过辄挑目、刲灼，不胜其毒"[28]；其二，言说世宗为坐稳皇位而擒赵延寿，幽囚其祖母述律后；其三，介绍世宗族叔镇州守将麻荅"尤酷虐，多略中国人，剥面、抉目、拔发、断腕而杀之，出入常以钳凿挑割之具自随，寝处前后挂人肝、胫、手、足，言笑自若，镇、定之人不胜其毒"，因而被镇、定百姓驱逐[29]；其四，记录后汉乾祐元年（辽天禄二年，948）世宗率军南下攻陷内丘，天象异常导致大败，人马折损过半；其五，也即上文所辨，后周广

---

25 《资治通鉴》卷292后周纪三太祖下显德二年正月辛卯，中华书局，1956年，第9523、9524页。
26 （清）王鸣盛：《十七史商榷》卷93《新旧五代史一》"欧史喜采小说，薛史多本实录"，陈文和：《嘉定王鸣盛全集》，中华书局，2010年，第1369页。
27 （宋）洪迈：《容斋随笔》卷4《野史不可信》，中华书局，2005年，第53页。
28 《新五代史》卷73《四夷附录二》，中华书局，2016年，第1019页。
29 《新五代史》卷73《四夷附录二》，中华书局，2016年，第1021页。

顺元年（辽天禄五年，951）世宗强迫诸部再次南下，被谋刺身亡。

我们稍作分析便可知，欧阳修虽写五事，但实言两个主题：一是，夷狄之人，可得而诛之；二是，天意不可违，华夏不可得。很显然，《新五代史》所载的第一至三事不管是记述世宗生父东丹王刺臂饮血、叔父麻荅剥面剖膛而言笑自若，还是记录世宗本人不顾亲情囚禁祖母，欧阳修都是通过描摹世宗及周围契丹人的倒行逆施、泯灭人伦凸显契丹"夷狄"本性不改。契丹人的"夷狄"所为自然与华夏不容，"镇、定之人不胜其毒"将之驱逐的行为也顺理成章，也因此夷狄必然会"得中国不能有"[30]。

欧阳修记述第四、五两事存在着"天命不可违"的内在逻辑，且叙述层层递进。不言而喻，在《新五代史》中记述乾祐元年（辽天禄二年，949）世宗率兵南下攻陷内丘，因天象异常最终大败而归，实际是明面上告诉世人"天命不可违"，夷狄注定不可得华夏。而广顺元年（辽天禄五年，951）因"诸部皆不欲南寇"最终引发世宗遇弑这一记载则是沿着这一内在逻辑暗示读者夷狄违抗天命，必遭天谴。为了让这一内在逻辑贯穿如一，欧阳修在记述广顺元年一事时，承接前文用了"复谋入寇"。因此，他将世宗死于南征的"人祸"与上一次的南下"天灾"紧密勾连在了一起，使两事浑然一体。

在此，欧阳修通过五事的叙述，不仅使辽世宗不顾人伦、有违天意的形象跃然纸上，而且将其与周围契丹人凶残无比的夷狄形象刻画得入木三分。那么，欧阳修何以在记述辽世宗时如此着力渲染契丹人夷狄这一形象呢？

这就不得不从欧阳修纂修《新五代史》的目的谈起了。该书系欧阳修在北宋仁宗年间耗时十七年完成[31]，是自唐以降唯一一部私修正史，因而浸润着欧阳修强烈的个人意志。其子欧阳发就说：欧阳修"于五代史尤所留心，褒贬善恶，为法精密，发论必以'呜呼'"。他还记述欧阳修立志要效法"孔子作《春秋》，因乱世而立治法"[32]。由于欧阳修受到了北宋中叶儒学复兴运动中士大夫对"五季"持续负面评价的影响[33]，所以他痛斥五代为"干戈贼乱之世也，礼乐崩坏，三纲五常之道绝，而先王之制度文章扫地而尽于是矣"[34]。欧阳修重写《五代史》是为了"以治法而正乱君""正纲常""别华夷"，而非追求事实，因此他在《新五代史》中对史料的取舍秉持"常事不书"的原则，以"纪大而略小""取其要者"的方式，选取最能体现人物性格的典型事件[35]，用以阐释自己的想法与观念。因而，我们也就不难理解他对辽世宗和穆宗的涂抹与重构了。

---

30 《新五代史》卷73《四夷附录二》，中华书局，2016年，第1021页。

31 从宋仁宗景祐四年（辽重熙六年，1037）开始到皇祐五年（辽重熙二十二年，1053）。参见黄永年：《唐史史料学》，中华书局，2015年，第35页。

32 欧阳发等述：《先公事迹》，《欧阳修全集》附录二，中华书局，2001年，第2628页。

33 刘浦江：《正统论下的五代史观》，《正统与华夷：中国传统政治文化研究》，中华书局，2017年，第46、47页。

34 《新五代史》卷17《晋家人传》，中华书局，2016年，第216页。

35 张新科、任竞泽：《褒贬祖〈春秋〉，叙述祖〈史记〉——欧阳修〈新五代史〉传记风格探微》，《陕西师范大学学报（哲学社会科学版）》2012年第2期。

具体到欧阳修在书写辽世宗时突出契丹人夷狄属性与华夏不可得两点，则需从北宋中叶的时局谈起。宋辽澶渊之盟虽使双方保持和平，但未从根本上消解双方的对抗。与此同时，北宋西北缘边之地不时受到西夏的袭扰，而辽人又趁机讹诈，严重的边患使得宋人的华夷观念趋于保守，更为严苛。他们抛却了唐五代时期以文化论华夷的标准，强调以种族血缘区别华夷。他们处理"华夷"关系已经不再将唐人"惠此中夏，以绥四方"的原则奉为圭臬[36]，而是重拾"华夷相隔"的原则。他们处理民族关系时，极大地继承了西晋江统在《徙戎论》中"戎晋不杂，并得其所……纵有猾夏之心，风尘之警，则绝远中国，隔阂山河，虽为寇暴，所害不广矣"的主张[37]。

在这种强调"夷夏之辨"的大环境影响下，宋人自然对辽圣宗以来极力追求正统的努力嗤之以鼻[38]。受时风影响，欧阳修这种华夷之别的思想深深地刻在了《新唐书》《新五代史》中[39]。在《新五代史》一书中，他自然是着力刻画辽朝"夷狄之邦"的形象。首先，该书在体例上将已经称帝建国的契丹与吐谷浑、党项等大小不一的部落并列，均归入全书最末的《四夷附录》，此举直接将契丹定性为夷狄。当然，这必然招致辽朝大臣的极大不满[40]。其次，书中每言及契丹君主往往直呼其名不言尊号或庙号，甚至常对契丹施以蔑称，如"北虏""虏主""虏众"等。那么，欧阳修围绕这一主题选取材料描摹辽世宗及其周遭契丹人的夷狄之属也就理所应当了。

当然，上文已言欧阳修欲效仿孔子作《春秋》，故而在他的思想世界中也就极为认同孔子"裔不谋夏，夷不乱华"的主张[41]。在这种"夷不乱华""尊王攘夷"的思想指导下，欧阳修笔下夷狄之主辽世宗"南寇"任丘必然属于"以夷乱华"的行为，乃逆天而行，失败是注定的。此后，世宗再违天意南下，在欧阳修眼中，世宗被契丹诸部豪酋所恨也就合情合理了，至于被弑更是咎由自取。这一系列叙述都是为了告诉世人，华夷之别与夷狄绝不可得中国。

（二）王者大统一：《新五代史》塑造辽穆宗"昏殆"之因

前文已言，欧阳修在《新五代史》中选取了三件失败之事来塑造他心中辽穆宗的形象，或虽为事实，但未能深入挖掘背后原因；或与史实出入较大，故作夸张。

---

36 （宋）欧阳修、宋祁撰：《新唐书》卷215《突厥传上》，中华书局，1975年，第6023页。

37 （唐）房玄龄等撰：《晋书》卷56《江统传》，中华书局，1974年，第1532页。

38 刘浦江：《德运之争与辽金王朝的正统性》，《正统与华夷：中国传统政治文化研究》，中华书局，2017年，第92、93页。

39 如《新唐书·突厥传》（第6023页）："荒服之外，声教所不逮，其叛不为之劳师，其降不为之释备，严守御，险走集，使其为寇不能也，为臣不得也。"《新五代史·四夷附录一》（第1001页）："虽尝置之治外，而羁縻制驭恩威之际，不可失也。其得之未必为利，失之有足为患。"

40 《辽史》卷104《刘辉传》（第1604页）："寿隆二年，（刘辉）复上书曰：'宋欧阳修编《五代史》，附我朝于四夷，妄加贬訾。且宋人赖我朝宽大，许通和好，得尽兄弟之礼。今反令臣下妄意作史，恬不经意。臣请以赵氏初起事迹，详附国史。'上嘉其言，迁礼部郎中。"

41 《春秋左传正义》卷56定公十年夏，（清）阮元校刻：《十三经注疏》，中华书局，1980年影印本，第2148页上栏。

三失之第一失即是"睡王"之称，其实在欧阳修之前宋人已说穆宗嗜睡[42]，单就此而言《新五代史》记述是符合史实的，但却忽视了造成穆宗这一行为的原因。反而，欧阳修沿着"睡王"这一逻辑，进一步推演和加深了穆宗怠政这一形象。三失之第二失"不复南寇"，毋庸赘言此与史实不符。但有意思的是，若欧阳修对史籍稍加翻阅，也不会得出如此结论。那么，欧阳修真没有稽考这一时期的史事吗？答案显然是否定的。欧氏罔顾事实下"不复南寇"断语的唯一目的就是刻画穆宗的怯懦。三失之第三失"以汉地还汉"以致失去关南之地，上文已证这是穆宗迫不得已的托词，而欧阳修极力刻画的就是穆宗的消极。欧阳修笔下的怠政、怯懦、消极共同构筑了穆宗的"昏殆"形象[43]。

穆宗"昏殆"自然导致战场失利，周世宗北伐一举夺回关南之地。欧阳修将夷狄之君的"昏殆"与周世宗北伐的胜利以一种因果关系紧密地联系在一起，并且欧阳修不惜违背编纂《新五代史》兵事的原则——"五代乱世，兵无虚日，不可悉书"[44]，在书中详细叙述了后周夺取关南之地的全过程。这实际上是欧阳修追求"王者大一统"在《新五代史》中的表现[45]。

从石敬瑭献幽云十六州于辽太宗耶律德光伊始，包括幽云在内的大部分汉唐旧地为辽人所有。北宋建国之初即失燕山屏障，此后宋太宗数次北伐又连连受挫，最终抱憾而终。"燕云未复"使宋人如鲠在喉，作为华夏正统的大宋必须完成"王者大一统"成了他们心中的执念。虽然后周显德六年世宗北伐未能全取燕云，但至少夺回了二州三关之地，部分满足了宋人"王者大一统"的想象，因此周世宗渐为宋人推崇。欧阳修在这一观念指导下，在《新五代史》中不仅详述周世宗夺取关南之地的过程，而且给予了他"北取三关，兵不血刃"的高度评价[46]。

那么，探寻周世宗能战胜契丹夺取关南之地的原因则对北宋实现"王者大一统"极具借鉴意义。欧阳修也确实在《新五代史·四夷附录二》中探讨了周世宗夺取关南之地以及未能乘胜再接再厉的三个原因：其一，"中国"要制御"夷狄"一定要根据其内部盛衰，最好趁其虚弱之际出兵；其二，周世宗能兵不血刃夺取关南之地正是看准了辽穆宗"昏殆"这一可乘之机；其三，周世宗功业未遂是后期作战未看准时机所致[47]。他又在《周世宗本纪》的《赞》中再次强调周世宗"料强弱、较彼我而乘述律之殆，得不可失之机"才是他取胜的关键。

值得注意的是，欧阳修一再强调周世宗北伐取得成功在于抓住了辽穆宗"昏殆"之机。那么，为了证明该论点，《新五代史》所述辽穆宗史事无疑会着力凸显其"昏殆"

---

42 辽穆宗"睡王"的称号最早见于北宋初宋琪的奏章。见《宋史》卷264《宋琪传》，中华书局，1977年，第9125页。

43 《新五代史》卷73《四夷附录二》，中华书局，2016年，第1023页。

44 《新五代史》卷2《梁太祖纪下》，中华书局，2016年，第17页。

45 《欧阳修全集》卷16《正统论上》，中华书局，2001年，第267页；刘浦江：《正统论下的五代史观》，《正统与华夷：中国传统政治文化研究》，中华书局，2017年，第48、49页。

46 《新五代史》卷12《周世宗本纪》，中华书局，2016年，第148页。

47 《新五代史》卷73《四夷附录二》，中华书局，2016年，第1022、1023页。

一面。

综上所述，欧阳修在《新五代史》中对辽世宗、穆宗的记述多与史实不符，他极力将辽世宗及其周围的契丹人塑造为夷狄之属，同时以辽穆宗三失将之勾勒为"昏殆"之君，皆是受到了北宋中叶以来华夷之辩与王者大一统思想的影响。

附记：本文系2019年国家社科基金专项、2022年国家民委古籍整理研究专项"五代之际辽与中原各政权交往交流交融史料辑考"、2022年中央民族大学研究生课程思政示范课培育项目"中国古代史史料学"阶段性成果。在本文写作过程中，曹流、姚喆、姜可人、李木石、李季娴、白音娜、王子涵等师友提出了诸多宝贵意见，谨致谢忱！

（姚　江　中央民族大学历史文化学院博士生）

历史研究

辽太祖升天殿并东楼准其地望考

郑福贵　郑宏达

内容提要：辽太祖所崩行宫后建升天殿，寻找到对应遗迹是南城子石刻群。从驾崩地多角度记述中，考察出大部落东楼之地。通过对《坤舆万国全图》所示东楼方位的研究，确定东楼在金山东。经调查确有叫东楼的村庄，考察其遗迹、遗物并测距与辽朝东楼史吻合。经多方印证，东楼地名从辽代传承至今，准其地望在怀德镇北楼上村遗址。

关键词：辽太祖升天殿　南城子石刻群　《坤舆万国全图》东楼

辽太祖升天殿，在辽史研究中并不引人注意，但它却很重要。太祖举兵东征渤海，西还辽上京途中驾崩。驾崩之地有三种记述："太祖所崩行宫在扶余城西南两河之间，后建升天殿于此，而以扶余为黄龙府云。"[1]太祖所崩行宫之地后建升天殿。又"龙州，黄龙府。本渤海扶余府。太祖平渤海还，至此崩，有黄龙见，更名"[2]。太祖所崩之地属扶余府，有黄龙见更名为黄龙府。又"龙化州，兴国军……契丹始祖奇首可汗居此，称龙庭。太祖于此建东楼。……天显元年，崩于东楼"[3]，太祖所崩之地接近龙化州东楼。太祖崩于行宫的具体情形是："甲戌，次扶余府，上不豫。是夕，大星陨于幄前。辛巳平旦，子城上见黄龙缭绕，可长一里，光耀夺目，入于行宫。有紫黑气蔽天，逾日乃散。是日，上崩，年五十五。"[4]行宫安于扶余城子城附近。太祖从甲戌不豫到辛巳驾崩，共经七天，次扶余府后，又转移到子城。可长一里的黄龙在子城上空即入行宫，说明行宫距离子城仅里许。行宫和子城并在扶余城西南两河之间，地近东楼。辽太宗以太祖所卒曰龙化，其地因置龙化州；又因有黄龙见，更名扶余府为黄龙府。两地相连，升天殿是龙化州和龙州（黄龙府）的标志地。辽太祖升天殿曾真实存在，至今未闻发现相关遗迹。今以《辽史》记述为线索，寻找升天殿对应的区位和遗迹，首先确定扶余城的区位。

1　《辽史》卷2，中华书局，1974年，第24页。
2　《辽史》卷38，中华书局，1974年，第470页。
3　《辽史》卷37，中华书局，1974年，第447页。
4　《辽史》卷2，中华书局，1974年，第23页。

一、前、后黄龙府与扶余城

辽朝先后两置黄龙府。辽太宗将扶余府改名黄龙府，景宗时因黄龙府守将燕颇叛，余党内迁而府废。"龙州，黄龙府。……保宁七年军将燕颇叛，府废。开泰九年，迁城于东北，以宗州、檀州汉户一千复置。"[5]从保宁七年（975）到开泰九年（1020）黄龙府废止45年。圣宗于前黄龙府城东北，以汉户复置新城，此乃后黄龙府。今吉林省农安县黄龙府遗址是后黄龙府治所的遗存。该城存续时间较长，金灭辽时，金太祖完颜阿骨打首先攻占黄龙府，后来升为隆安府。辽龙州，金改隆州，"隆州……古扶余之地，辽太祖时，有黄龙见，遂名黄龙府。……贞祐初，升为隆安府，户一万一百八十"[6]。元朝称龙安，明朝冯胜征纳哈出于龙安一秃河，即此，今称农安。前黄龙府治所是在后黄龙府治所的西南方，辽太祖征渤海时首先围攻扶余城。"拔扶余城，留觌烈与寅底石守之。"[7]这个扶余城因子城有黄龙见，府改为黄龙府，扶余城是前黄龙府府城，在农安县城西南。北纬44°线以北，在农安县及原怀德县交界区域内，有多处辽金古城址，虽无法判定哪一个是扶余城，但都在黄龙府遗址的西南方。扶余城周边有什么重要地理标志呢？首先考察攻打扶余城来时的路线。

二、商岭与小辽河、姜小河

辽太祖天赞四年十二月决定征渤海大諲撰："闰月壬辰，祠木叶山。壬寅，以青牛白马祭天地于乌山。己酉，次撒葛山，射鬼箭。丁巳，次商岭，夜围扶馀府。天显元年春正月己未，白气贯日。庚申，拔扶馀城，诛其守将。"[8]从木叶山，一路向东，次商岭当夜即围扶余府。从丁巳到庚申，共经过两整天的战斗，即拔城诛其守将，中间没有行军过程，说明扶余城地近商岭。商岭是什么地方呢？经乌山、撒葛山次商岭，在辽河平原上，除"双辽火山群"七座山之外，方圆千里再无山可言。在东进的方向上，则必经现名为玻璃山和小哈拉巴山北部，进入今吉林省长岭县境内。从长春市西至通榆县横亘约三百里的沙岭，在地理学上称"松辽分水岭"，松花江与辽河两大水系至此而分。如图一所示，从怀德镇北到农安县波罗泡西，这段分水岭，近乎南北走向，以莲花山—太平山为岭脊，平均海拔220米。该岭在1907年清朝放垦前，还是草木茂密、涵养丰沛的水源地，当地人称"长岭"，吉林省长岭县由此得名。渤海国也曾有长岭府，今不好确定位置。"商岭"一词，出现在《辽史》中仅此一次。检索该史本纪，秋防出猎沙岭，圣宗两次、道宗六次和天祚帝两次，因松辽分水岭是沙质而辽时称沙岭，故商岭是沙岭或长岭之讹音，即扶余城地近松辽分水岭。在农安县黄龙府遗址西南，怀德县双城

---

5 《辽史》卷38，中华书局，1974年，第470页。
6 《金史》卷24，中华书局，1975年，第552页。
7 《辽史》卷75，中华书局，1974年，第1237页。
8 《辽史》卷2，中华书局，1974年，第21页。

堡镇东北，有偏脸城村、双城堡村、小城子屯、黄花城村四处古城址，故址犹存[9]。其一应是扶余城。

农安县黄龙府遗址的西南方，靠近分水岭的一个古城址应为扶余城，其西南方三百里范围内，只有小辽河与姜小河。两河分别发源于长岭县三县堡乡和前进乡的分水岭上。它们西南流，被双辽火山群和松辽分水岭两侧高地所夹而南流，两河在十屋镇合流，汇入东辽河。只有这两条河，是唯一可指的，太祖所崩行宫必在这两河之间。

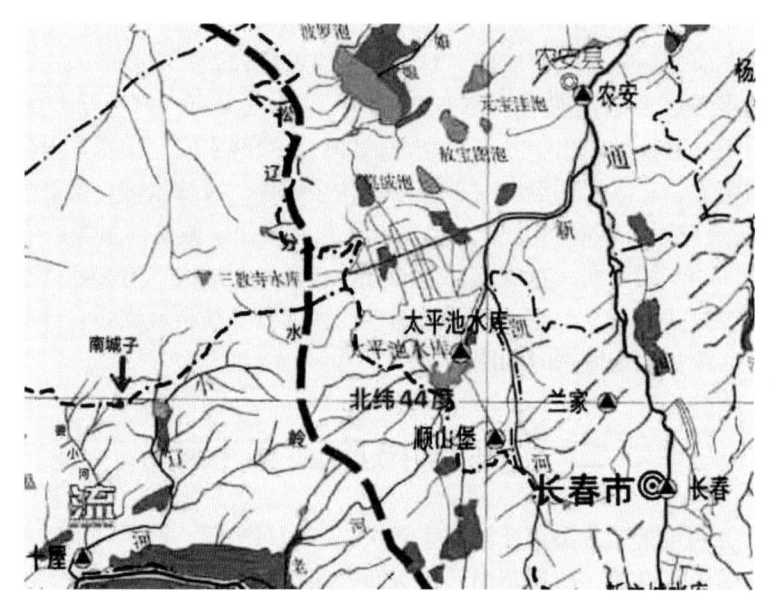

图一　吉林省水系分布图之截图

三、太祖行宫建拜谒场所升天殿

辽太祖天显元年七月崩于两河之间行宫。辽太宗于天显四年（929），"夏四月壬子，谒太祖庙。癸丑，谒太祖行宫。甲寅，幸天城军，谒祖陵"[10]。至此之后，射柳于太祖行宫，告出师于太祖行宫，告功于太祖行宫，率百僚谒太祖行宫。直至会同八年（945），"十二月癸亥朔，朝谒太祖行宫"[11]。在这十七年间，太宗曾率百僚之众拜谒太祖行宫，这里必建拜谒场所。由上可知，于太祖所崩行宫后建升天殿属实。之所以叫"太祖升天殿"，是因为天显元年九月，"己巳，上谥升天皇帝，庙号太祖"[12]。太祖升天殿，即升天皇帝的宫殿，拜太祖行宫即在此参拜。在古代凡是皇家之陵、殿、庙、祠等参拜场所前行的道路都筑成神道。神道是由石人、种类和数量不等的石兽和门阙组成，同类两两相对列于道路两旁。筑神道这种形制，起自秦，兴于汉，盛于唐，乱

9　怀德县志编纂委员会：《怀德县志》卷26，吉林文史出版社，1996年，第804页。
10　《辽史》卷3，中华书局，1974年，第30页。
11　《辽史》卷4，中华书局，1974年，第56页。
12　《辽史》卷2，中华书局，1974年，第23页。

于宋。石人像又叫"石翁仲",是秦朝大将阮翁仲的石像,排在神道最前面,本为帝陵专用。汉武帝为表彰霍去病功绩而特在自己的茂陵之东修建霍去病墓,称功臣配享。霍光时配享神道,"起三出阙,筑神道,北临昭陵……而幽良人婢妾守之"[13]。后世认为三出阙有越礼制,只能皇帝专用。有的朝代皇帝赐予功臣配享神道而无三出阙,并近邻帝陵。太祖行宫处后建升天殿是一个规模较大的建筑,两河之间的区域内定有重要遗迹。

在吉林省长岭县前进乡政府南约5千米处有南城子村。该村坐落在南城子古城址上,故址犹存。村西北约700米处,有6尊石刻像:两石人、两石羊、两石虎,自西北向东南两两相对排列,中间夹道曾是长岭和怀德两县界线。现在称作"南城子石刻群"[14](图二)。它们所处位置在小辽河与姜小河之间,近邻北纬44°线南侧。石刻群孤零零地耸立在这里,也没有史料记载。村民相传,1940年被日本人占领时,周围遮挡着进行挖掘,不知道挖掘的东西是什么。石刻群还是照样排列着。石刻群究竟是干什么用的?石刻群近邻古城址有什么特殊关系呢?南城子石刻群并古城址,同时具备《辽史》记载辽太祖所崩行宫的三个条件:扶余城西南、两河之间、行宫旁有子城,且相距一里许。当石刻群是辽太祖所崩行宫的位置,古城址应该是扶余城子城的位置。石像两两相对中间的过道应该是辽太祖升天殿的神道,靠石人一侧应该有升天殿基址,另一边则是门阙的基址。南城子石刻群在荒山野地之中,近无帝陵,不会是功臣配享神道。虽然石刻群

图二 南城子石刻群

---

13 《汉书》卷68《霍光传》,中华书局,2007年,第681页。
14 怀德县志编纂委员会:《怀德县志》卷首图,吉林文史出版社,1996年,第25页。

与子城的位置关系和它们共处于扶余城西南两河之间的地理位置，满足史载的充分必要条件，但为了证明南城子石刻群是辽太祖升天殿神道的唯一性，尚需从地理位置上考察具有排他性。在北方，只有辽太祖肇国辽东，并延续统治此地二百余年。据《耿延毅墓志铭》载："公讳延毅。姓耿氏。皇祖讳崇美。家于上谷。……当李唐末。会我圣元皇帝肇国辽东。破上谷。乃归于我。"[15]辽朝虽肇国辽东，但细数皇帝都各有葬所，近臣配享又都各有附陵。金、元、明、清在这个地区的设置都是弱统治，这里只能是殿、庙、祠等参拜场所的神道。行宫和子城并存于两河之间，不应该是孤立的，应与辽太祖驾崩一地的多角度记载相统一。

四、左大部凤州在大凤凰岭上

辽太祖天显元年崩于东楼，行宫地近东楼。东楼另记为："降圣州，开国军……本大部落东楼之地。太祖春月行帐多驻此。应天皇后梦神人……遂生太宗。……穆宗建州。"[16]大部落和东楼为同位语，系指一地，辽太祖所崩东楼之地，也是大部落所在地。辽之大部落，即"五院部。其先曰益古，凡六营。阻午可汗时，与弟撒里本领之，曰迭剌部"[17]。迭剌部之府，称大迭剌（烈）府，迭剌部习称大部落。大部落"又有右大部、左大部"[18]之分，怎样划分的呢？辽太祖以大迭剌府夷离堇即位，发生"诸弟之乱"后，以迭剌部强大难制，天赞元年析为二院："分迭剌部为二院：斜涅赤为北院夷离堇，绾思为南院夷离堇。"[19]太宗于会同元年，"升北、南二院及乙室夷离堇为王"[20]，故名北、南院王府，简称北、南王府。辽右大部在祖州，"祖州，……本辽右八部世没里地。太祖秋猎多于此，始置西楼。后因建城，号祖州"[21]。右大部地在西，以西楼为标志；左大部地在东，以东楼为标志，故称大部落东楼之地。左大部之地在凤州，为头下州。"凤州。藳离国故地，渤海之安宁郡境，南王府五帐分地。在韩州北二百里，西北至上京九百里。户四千。"[22]契丹故俗，分地而居，合族而处。南王府五帐是横帐五兄弟，分地在凤州，牧地在遂州。凤州具体位置可以测量，因辽上京和韩州遗址已定。由辽地志，"韩州，东平军……本藳离国旧治柳河县。……统县一：柳河县"[23]。据曹廷杰《八面城即韩州考》一文，记有"韩州刺史铜镜"出土[24]。1958年有

15　刘凤翥等：《辽上京地区出土的辽代碑刻汇辑》，社会科学文献出版社，2009年，第71页。
16　《辽史》卷37，中华书局，1974年，第447页。
17　《辽史》卷32，中华书局，1974年，第384页。
18　《辽史》卷33，中华书局，1974年，第381页。
19　《辽史》卷2，中华书局，1974年，第18页。
20　《辽史》卷4，中华书局，1974年，第45页。
21　《辽史》卷37，中华书局，1974年，第442页。
22　《辽史》卷37，中华书局，1974年，第449页。
23　《辽史》卷38，中华书局，1974年，第468页。
24　丛佩远、赵鸣歧编：《曹廷杰集》，中华书局，1985年，第157页。

"柳河县印"[25]出土。双重印证，今辽宁省昌图县八面城镇东南古城址为辽韩州，已无疑义。

测量的方法：辽代沿用唐朝尺度，现存唐尺约25把，每把尺子长度略有差异，只有四把唐尺长度相同，等于今公制0.304米，分别是北京历史博物馆藏和西安出土各一鎏金镂花铜尺、日本正仓院和日本奈良正仓院藏各一绿牙尺[26]。唐朝尺子除统一长度单位外，朝廷还以精美红、绿牙尺为礼物赠送外域使节。日本正仓院藏绿牙尺，应是唐朝宫廷赠品。故用0.304米/尺作为唐尺标度。（唐）1里＝300步，1步＝5尺[27]。折算：0.304米/尺×5尺/步×300步/里＝456米/里。以456米/里（唐、辽里）为标度，辽九百里为今410.4千米，二百里为今91.2千米。在卫星地图上，以辽上京遗址为圆点，410.4千米为半径向东南作一短弧线；以八面城韩州遗址为圆点，91.2千米为半径向北作一短弧线，两条弧线交会于吉林省原怀德县大、小凤凰岭之间。大、小凤凰岭是松辽分水岭的余脉，形同凤翔。大凤凰岭上的小五星乡就有多处古遗址：大凤凰岭屯、凤翔村、牛沟屯、老房身、新立村、下台子村、贾家沟屯遗址，其中贾家沟屯遗址有"铁铧、铁锅、石臼、柱础"出土[28]。柱础说明曾有过大型建筑。方向所指，里程所约，凤州地在大凤凰岭上，这也许是凤州名称的由来。户四千与祖州相同。南城子石刻群和大凤凰岭遗址群相距只有10千米左右。辽太祖崩于东楼之地，左大部和东楼在一地，东楼距此地也应该不远。

五、东楼在《坤舆万国全图》上的位置

意大利耶稣会传教士利玛窦于明万历三十年（1602）在中国所刻制的世界地图，称为《坤舆万国全图》。原刻本都收藏在境外，内地仅存据刻本摹绘的彩色《坤舆万国全图》，现藏于南京博物院。2019年5月在杭州展出时，笔者幸得见。图中竟然标有"东楼"，其位置在黄龙府南，开元北的诸山之东，与西楼东西相对。该地图，在标着宁夏、贺兰字样的上方空白处写有"中国郡名不能详只载曾测景者"（图三）。说明在1602年前东楼尚有实景可见。利玛窦是否测到实景呢？《利玛窦中国札记》设专章，通过耶稣会兄弟的远游，对契丹遗迹进行了实地考察，记述契丹与中国是同一个国家。

在图三中，黄龙府和开原之间画出来一撮群山，这群山可以成为独一无二的最可靠的参照坐标。在辽河平原上，只有这一处是各自突兀的火成岩山体，以今双辽市为中心，在地质学上，称"双辽火山群"。七座山呈西南东北方向排列。其中，东北端的三座山在今双辽市双山镇境内，双山镇东北叫大哈拉巴山，西北叫小哈拉巴山，西叫敖包山。明朝时分别称东金山、西金山、曲吕金山，元末明初并称金山。《读史方舆纪要》

---

[25] （金）王寂著，张博泉诠释：《辽东行部志注释》，黑龙江人民出版社，1984年，第59页。
[26] 张传玺主编：《中国古代史教学参考手册》续表，北京大学出版社，1985年，第510、511页。
[27] 魏励：《中国文史简表汇编》，商务印书馆，2007年，第202页。
[28] 怀德县志编纂委员会：《怀德县志》卷26，吉林文史出版社，1996年，第793～801页。

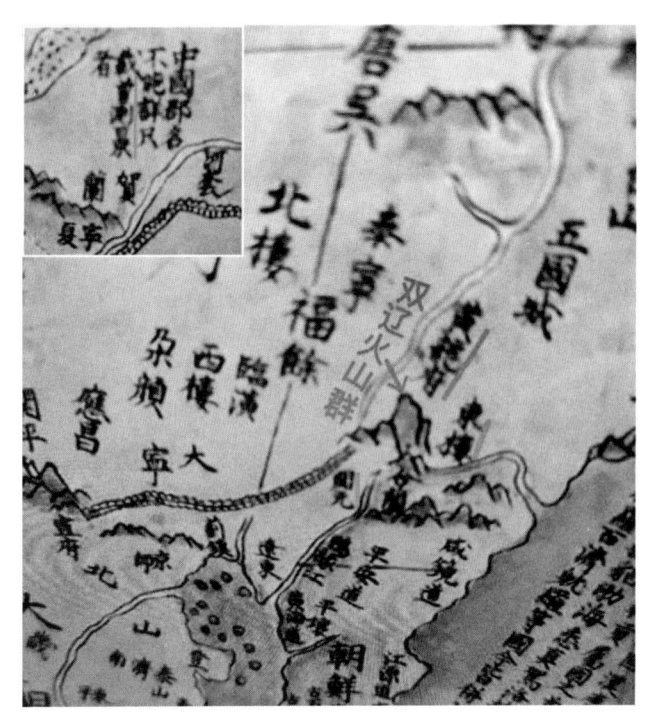

图三　摹绘《坤舆万国全图》

载："金山在泰宁卫东境,近辽东开元卫界。……明初洪武二十年,命冯胜讨纳哈出,太祖命之曰:先克庆州,则以全师径讨金山。……庆州下,遂渡辽河而东,驻金山西。又逾山至女直苦屯地。初,纳哈出分兵为三营……一曰龙安一秃河。至是大军逼之,遂降。"[29]龙安一秃河即今农安伊通河,农安黄龙府遗址在伊通河西岸。"龙安一秃河在金山之北,东北流入松花江。明初,纳哈出别营于此。"[30]金山方位的两条记述与《坤舆万国全图》完全相合。

龙安南之金山,即今哈拉巴山。按图索骥,东楼在金山东,吉林省双辽市双山镇以东是原怀德县境,在怀德镇北确有名叫东楼、腰楼、西楼的村庄。

六、东楼遗闻、遗迹、遗物和实测

关于东楼地名的来历,经走访长者,相传这里曾有个钟鼓楼,后来倒塌,只留下一口大铁钟。清朝设怀德县于其南八家镇,同治年间重铸加大的新钟,在县城重建钟鼓楼。建于县城的钟鼓楼毁于战火,今仅存大铁钟,悬挂在怀德镇政府后院。钟上体铸有"风调雨顺国泰民安",下八角分别铸八卦字:"乾、坤、震、巽、坎、离、艮、兑。"(图四)钟鼓楼上敲钟击鼓是古代的一种报时报警方式。城市报时管理、边防

29　(清)顾祖禹撰,贺次君等点校:《读史方舆纪要》卷18,中华书局,2019年,第827页。
30　(清)顾祖禹撰,贺次君等点校:《读史方舆纪要》卷18,中华书局,2019年,第828页。

警戒用兵、寺院僧徒参禅，历朝历代各有规定。如唐代实施晨钟暮鼓，钟鸣城门开启，鼓响城门关闭。

东楼、腰楼、西楼三个村庄，呈东北西南排列，东楼至西楼2.5千米，腰楼居中，又称楼上村，楼上村辖东楼、腰楼、西楼三个自然屯，隶属原怀德县怀德镇北的平安乡。在东楼和腰楼之间，有一处以楼上村命名的遗址，出土"白瓷片、青砖、布纹瓦、板状六耳锅、冶铁残余物"[31]，冶铁残余物与两次铸钟有关。

辽朝东楼位置可以近似测定。据《读史方舆纪要》载："四楼，《北廷杂记》：契丹阿保机于所居大部落置楼，谓之西楼，今谓之上京。……又于其东千里置楼，谓之东楼。"[32]于西楼之东千里起东楼，欧阳修出使辽上京后也有同样记载。西楼在祖州，祖州遗址考古发掘已经确定。以辽一里为今456米为标度，千里相当于现在456千米。经实测：从祖州遗址到楼上村遗址之间，在卫星地图上的直线距离为448千米。方向所指相同，里程近似，东楼地名与史料指向相同，与《坤舆万国全图》上的位置一致，楼上村遗址即辽朝东楼地。东楼地名不是巧合，而是历史传承。

图四　清代重铸铁钟

七、东楼地名从辽代传承至今的原因

村庄名叫东楼，起自何时？没人知道。辽朝初期置四楼，其形制和功用至今说法不一，也不见《辽史》记述，但就西楼和东楼而言，则是太祖置楼，太宗设州。辽初州县未置，地名未命，常用众人熟知的西楼和东楼作为地名泛指。如《金史》云："临潢府……地名西楼，辽为上京，国初因称之，天眷元年改为北京。"[33]又如辽太祖获僧人崇文等五十人归西楼，建天雄寺以居之，说明西楼实属地名，并非用来居住。而东楼作为地名，建有钟鼓楼为标志，并设有接待使者的驿站。北宋陈襄使辽，杨规中等接伴，"过摘星岭，臣襄问：'此松结实否？'规中言：'惟东楼接女真、高丽者有之。'宿柳河馆"[34]。东楼接女真、高丽使者，如同雄州白沟驿接待宋朝使者，东楼是驿站所在地。东楼地近女真、高丽，而金山是固定的地理标志。"明初洪武二十年，命冯胜等讨

31　怀德县志编纂委员会：《怀德县志》卷26，吉林文史出版社，1996年，第799页。

32　（清）顾祖禹撰，贺次君等点校：《读史方舆纪要》卷18，中华书局，2019年，第830页。

33　《金史》卷24，中华书局，1975年，第561页。

34　赵永春辑注：《奉使辽金行程录》陈襄使辽语录，商务印书馆，2017年，第72页。

纳哈出，纳哈出闻之，弃金山，巢穴营于新泰州……即故长春县矣。"[35]故长春县与金山连营，东楼在二者之间。长春县本辽朝所置，"长春州，韶阳军，……统县一：长春县"[36]。重熙八年十一月建长春城，金承安三年改置泰州于此，领长春县。边人谓之新泰州。长春县明初属三万卫。清朝嘉庆五年，于长春堡置长春厅。道光五年徙治，仍用旧名，长春县域未变。伪满洲扩长春城至今。"盖长春去女真最近也。"[37]长春离高丽也最近，东二百里今吉林市地区辽朝称鸡林。《萧仅墓志铭》载："今上亲驭六龙之驾，专征三韩之邦。公横驱虎旅之师，怒罚鸡林之域。"[38]这是说萧仅随辽圣宗征高丽，师横吉林之域。东楼遗址东与今长春相连，西距金山百里，东楼这个地名与长春和金山一并记忆下来的原因有四：第一，金山自古是兵家必争之地。唐朝薛仁贵征高丽，也是先破金山大阵。"高宗手敕劳之曰：'金山大阵，凶党实繁。卿身先士卒，奋不顾命……致斯克捷。宜善建功业，全此令名也。'仁贵乘胜领二千人进攻扶余城……杀获万余人，遂拔扶余城。扶余川四十余城，乘风震慑，一时送款。"[39]金山名称的流变始于明末，因满蒙交互占据这个地区，流民曾俗称黑虎山，清朝蒙旗治下译成蒙语称哈拉巴山，但至今双山镇仍保留"大金山堡""金山屯"村名。第二，金灭辽，金山至楼上村遗址之间为契丹人居住。金末元初，耶律留哥反金起兵于隆安和韩州之间，会元将按陈那衍于金山，刑白马、白牛，折矢以盟，即此金山，后建"东辽"辖此地带。东楼地名与金山、长春一并被契丹人传承下来。第三，东楼地是交通要道的节点。辽太祖置东楼，东北通女真，东南通高丽，是西通契丹大部落的交通枢纽。东楼至西楼有通往契丹的古直道。从楼上村遗址通往辽上京遗址，经双辽市、科左中旗、原通辽县、开鲁县、阿鲁科尔沁旗至林东镇，是千里古直道。该道路在东、西辽河北岸，只需要过几条季节性无尾细流，四季无阻。唐朝把这条直道称契丹道，阿保机蚕食渤海国初置东楼，戍境内，居境外。第四，东楼至金山之间有一道高句丽土长城。高句丽荣留王建武惧唐伐其国，乃筑长城，东北自扶余西南至海，千有余里。西部大人盖苏文监其役，共用时十六年，约658年完成。近年考古工作者已经考察清楚，在怀德县段是从边岗到小边岗之间，遗迹犹在，地处金山和东楼之间。薛仁贵破金山大阵后，只领二千人进攻扶余城而杀获万余人，是因为金山东有长城关隘。辽朝东楼在高句丽土长城之外，报时报警兼而有之。明万历三十年利玛窦刻制《坤舆万国全图》时，东楼名实具在。四百年后楼虽然不复存在，但东楼地名随同金山、长春、吉林、农安、怀德等辽代地名相伴流传，东楼地成为清朝满蒙通道节点记忆至今。

八、结　语

辽太祖驾崩曰龙化，意旨真龙升天，黄龙接驾。所崩行宫在扶余城子城旁，太宗于

35　（清）顾祖禹撰，贺次君等点校：《读史方舆纪要》卷18，中华书局，2019年，第824页。
36　《辽史》卷37，中华书局，1974年，第445页。
37　（清）顾祖禹撰，贺次君等点校：《读史方舆纪要》卷18，中华书局，2019年，第824页。
38　刘凤翥等：《辽上京地区出土的辽代碑刻汇辑》，社会科学文献出版社，2009年，第77页。
39　《旧唐书》卷83，中华书局，1975年，第2783页。

此建升天殿，至是分置两县，黄龙县和龙化县。龙化县域有辽太祖升天殿、东楼、大部落凤州、龙庭遗址、龙化州城及后设降圣州。南城子石刻群到楼上村遗址相距35千米，凤凰岭上凤州居其间。辽太祖升天殿和东楼的确位，为考察降圣州、龙化州城提供了参照坐标。

（郑福贵　内蒙古通辽一中　郑宏达　农业发展银行通辽市分行）

历史研究

《辽史·地理志》上京临潢府记载辨析

邱靖嘉

内容提要：今本《辽史·地理志》是我们了解辽上京临潢府建置沿革、城市形制和空间布局的主要文献资料。据史源考索可知，它应是元朝史官依据金陈大任《辽史·地理志》、赵至忠《阴山杂录》等书的记载抄撮杂糅而成，其中存在不少编纂问题，需充分结合考古发现与地理分析，对其内容加以辨析。

关键词：《辽史·地理志》 辽上京临潢府 城市形制 空间布局

辽朝先后建立了上京临潢府、东京辽阳府、南京析津府、中京大定府、西京大同府五座"京城"，实行五京体制[1]。其中，上京临潢府是神册元年（916）辽太祖耶律阿保机称帝建国后创设的首京，称为"皇都"[2]，具有特定的政治意义。关于辽上京临潢府的建置沿革、城市形制和空间布局，传世文献记载主要见于今本《辽史·地理志》（以下或简称《辽志》）。自晚清发现辽上京城址（今内蒙古赤峰市巴林左旗林东镇东南）以后，日本学者鸟居龙藏、江上波夫等及法籍天主教神甫闵宣化（J. Mullie）曾先后对该城址做过实地勘查，留下了珍贵的考察记录[3]。20世纪60年代以来，内蒙古文物考古研究所和中国社会科学院考古研究所陆续对辽上京城址进行了多次勘探发掘，取得重要成果[4]，使我们对辽上京的城制结构有了较全面的认识。近年来辽上京考古持续推进，几乎每年都有重大发现[5]，为我们深入了解辽上京的城市形态和布局提供了重要资料。

---

1 参见康鹏：《辽代五京体制研究》，北京大学博士学位论文，2007年。
2 《辽史》卷1《太祖纪上》神册三年二月癸亥，"城皇都，以礼部尚书康默记充版筑使"（中华书局点校修订本，2016年，第12页）。
3 参见董新林：《辽上京城址的发现和研究述论》，《北方文物》2006年第3期，第26、27页。
4 内蒙古文物考古研究所：《辽上京城址勘查报告》，《内蒙古文物考古文集（第1辑）》，中国大百科全书出版社，1994年，第510～536页。
5 中国社会科学院考古研究所内蒙古第二工作队、内蒙古文物考古研究所：《内蒙古巴林左旗辽上京皇城西山坡佛寺遗址考古获重大发现》，《考古》2013年第1期，第3～6页；《内蒙古巴林左旗辽上京宫城城墙2014年发掘简报》，《考古》2015年第12期，第78～97页；《内蒙古巴林左旗辽上京遗址的考古新发现》，《考古》2017年第1期，第3～8页；《内蒙古巴林左旗辽上京宫城东门遗址发掘简报》，《考古》2017年第6期，第3～27页；《内蒙古巴林左旗辽上京宫城南门遗址发掘简报》，《考古》2019年第5期，第20～44页；《内蒙古巴林左旗辽上京宫城建筑基址2019年发掘简报》，《考古》2020年第8期，第52～72页；《内蒙古巴林左旗辽上京遗址皇城南部一号街道发掘简报》，《考古》2022年第11期，第61～86页。

尽管如此，目前的考古勘查以城墙和局部建筑基址为主，尚未出土重要的文字材料，我们对于辽上京城内部格局和景观的了解依然主要依靠历史文献的记载。而《辽志》的相关记述虽较详细，但从史料来源到文本编纂上都存在不少问题，前人对此认识不足，难免产生一些误解。本文试图从文本层面梳理其史源，并充分利用考古勘查与发掘的研究成果，对《辽志》所载辽上京的形制、布局加以辨析，希望能够为我们更好地认识这座辽朝"皇都"有所帮助。

一、《辽史·地理志》上京临潢府记载的史源

今本《辽史》修成于元末，其中卷三七至四一《地理志》五卷系统记载了辽五京道的建置沿革，是研究辽代历史地理最重要的文献资料。此前学者多将其视为辽朝的原始记载加以利用，然而据苗润博《〈辽史〉探源》（以下简称《探源》）的最新研究，今本《辽史·地理志》其实应当是元朝史官以金陈大任《辽史·地理志》为主体框架与核心蓝本，并根据宋《国史·契丹传》、赵至忠《阴山杂录》及《契丹国志》等南朝文献增补若干地理信息而修成的[6]。这是我们具体讨论其中上京临潢府记载部分史料来源的基础。

《辽史·地理志》记载上京临潢府的文本内容大体可以分为三个部分[7]。首先，第一部分是上京临潢府建置沿革、山川地理和属县人户的情况：

> 上京临潢府，本汉辽东郡西安平之地。新莽曰北安平。太祖取天梯、蒙国、别鲁等三山之势，于苇甸，射金龁箭以识之，谓之龙眉宫。神册三年城之，名曰皇都。天显十三年，更名上京，府曰临潢。
>
> 涞流河自西北南流，绕京三面，东入于曲江，其北东流为按出河。又有御河、沙河、黑河、潢河、鸭子河、他鲁河、狼河、苍耳河、辋子河、胪朐河、阴凉河、猪河、鸳鸯湖、兴国惠民湖、广济湖、盐泺、百狗泺、火神淀、马盂山、兔儿山、野鹊山、盐山、凿山、松山、平地松林、大斧山、列山、屈劣山、勒得山——唐所封大贺氏勒得王有墓存焉。
>
> 户三万六千五百，辖军、府、州、城二十五，统县十：
>
> 临潢县。太祖天赞初南攻燕、蓟，以所俘人户散居潢水之北，县临潢水，故以名。地宜种植。户三千五百。
>
> 长泰县。本渤海国长平县民，太祖伐大諲譔，先得是邑，迁其人于京西北，与汉民杂居。户四千。
>
> 定霸县。本扶余府强师县民，太祖下扶余，迁其人于京西，与汉人杂处，分地耕种。统和八年，以诸宫提辖司人户置。隶长宁宫。户三千。
>
> 保和县。本渤海国富利县民，太祖破龙州，尽徙富利县人散居京南。统

6　苗润博：《〈辽史〉探源》，中华书局，2020年，第203～260页。
7　《辽史》卷37《地理志一》，中华书局，2016年，第496～500页。以下有关辽上京记载的引文均出于此，不复出注。

和八年，以诸宫提辖司人户置。隶彰愍宫。户四千。

潞县。本幽州潞县民，天赞元年，太祖破蓟州，掠潞县民，布于京东，与渤海人杂处。隶崇德宫。户三千。

易俗县。本辽东渤海之民，太平九年，大延琳结构辽东夷叛，围守经年，乃降，尽迁于京北，置县居之。是年，又徙渤海叛人家属置焉。户一千。

迁辽县。本辽东诸县渤海人，大延琳叛，择其谋勇者置之左右。后以城降，戮之，徙其家属于京东北，故名。户一千。

渤海县。本东京人，因叛，徙置。

兴仁县。开泰二年置。

宣化县。本辽东神化县民，太祖破鸭渌府，尽徙其民居京之南。统和八年，以诸宫提辖司人户置。隶彰愍宫。户四千。

以上主体内容应当源自金陈大任《辽史·地理志》（以下或简称《陈志》）。如文中谓"天显十三年，更名上京，府曰临潢"，《辽史》本纪系此事于会同元年十一月[8]，按是年本为天显十三年（938），十一月改元会同，本纪沿袭辽耶律俨《皇朝实录》的纪年体例，于当年即采用新年号，而陈大任《辽史》则惯以旧年号指称改元之年[9]。故由"天显十三年"之称可推知，这段有关上京临潢府沿革的内容当出自《陈志》。又此处所载临潢府统属十县，其中有八个县皆记有户数，而《辽史·兵卫志》又记有此八县的丁数[10]，其实《兵卫志》所记五京丁数乃是根据《陈志》之户数折算出来的[11]。且临潢府各县俱因迁徙汉人、渤海人而设，有迹象表明，《陈志》对于州县人户迁徙安置的情况多有记载。《金史·地理志》所记辽时州县沿革系采自《陈志》[12]，其中提到如咸平府庆云县，"辽祺州祐圣军，本以所俘檀州密云民建檀州，密云县后更名"；大定府神山县，"辽泽州神山县，辽太祖俘蔚州之民置"[13]。由此可见，《辽志》所记临潢府各县之人户迁置内容也应来源于《陈志》。

综合以上线索可判断，上引《辽志》有关上京临潢府沿革与统县的记载当出自陈大任《辽史·地理志》。不过，中间有一段关于辽上京境内山川地理的内容，除《陈志》外，还混杂有其他来源的史料。例如，"淶流河自西北南流，绕京三面，东入于曲江，其北东流为按出河"句，这里提到的淶流河、按出河实为金上京会宁府附近水道，曲江为金上京属县名，元朝史官误将其与辽上京混淆，以致编入《辽志》[14]。又其后出现的

---

8 《辽史》卷4《太宗纪下》，中华书局，2016年，第48页。
9 苗润博：《〈辽史〉探源》，中华书局，2020年，第45、46页。
10 《辽史》卷36《兵卫志下》，中华书局，2016年，第474页。
11 苗润博：《〈辽史〉探源》，中华书局，2020年，第195~197页。
12 苗润博：《〈辽史〉探源》，中华书局，2020年，第214~237页。
13 《金史》卷24《地理志上》，中华书局，1997年，第554、558页。按《辽史·地理志》祺州、泽州条亦有相关记载，与《金志》具有同源关系。
14 《辽史》卷37《地理志一》校勘记五，中华书局，2016年，第511页；详参冯永谦：《辽上京附近水道辨误——兼考金上京之曲江县故址》，《辽金史论集（第2辑）》，书目文献出版社，1987年，第105~119页。

"鸭子河"似为金上京区域内的混同江（今松花江）[15]，盖亦为元人混入。此外，"户三万六千五百，辖军、府、州、城二十五"句，此处统计的上京道户数和军、府、州、城数皆与下文记载实数不符[16]，系元朝史官概述不确，可知上引《辽志》记载亦间有一些元人撰述之语。

其次，第二部分记述上京临潢府的建置过程、城市形制和空间布局：

> 上京，太祖创业之地。负山抱海，天险足以为固。地沃宜耕植，水草便畜牧。金龁一箭，二百年之基，壮矣。天显元年，平渤海归，乃展郛郭，建宫室，名以天赞。起三大殿：曰开皇、安德、五銮。中有历代帝王御容，每月朔望、节辰、忌日，在京文武百官并赴致祭。又于内城东南隅建天雄寺，奉安烈考宣简皇帝遗像。是岁太祖崩，应天皇后于义节寺断腕，置太祖陵，即寺建断腕楼，树碑焉。太宗援立晋，遣宰相冯道、刘昫等持节，具卤簿、法服至此，册上太宗及应天皇后尊号。太宗诏蕃部并依汉制，御开皇殿，辟承天门受礼，因改皇都为上京。
>
> 城高二丈，不设敌楼，幅员二十七里。门，东曰迎春，曰雁儿；南曰顺阳；西曰金凤，曰西雁儿，曰南福。
>
> 其北谓之皇城，高三丈，有楼橹。门，东曰安东，南曰大顺，西曰乾德，北曰拱辰。中有大内。内南门曰承天，有楼阁；东门曰东华，西曰西华。此通内出入之所。正南街东，留守司衙，次盐铁司，次南门，龙寺街。南曰临潢府，其侧临潢县。县西南崇孝寺，承天皇后建。寺西长泰县，又西天长观。西南国子监，监北孔子庙，庙东节义寺。又西北安国寺，太宗所建。寺东齐天皇后故宅，宅东有元妃宅，即法天皇后所建也。其南具圣尼寺，绫锦院、内省司、曲院、赡国、省司二仓，皆在大内西南。八作司与天雄寺对。
>
> 南城谓之汉城，南当横街，各有楼对峙，下列井肆。东门之北潞县，又东南兴仁县。南门之东回鹘营，回鹘商贩留居上京，置营居之。西南同文驿，诸国信使居之。驿西南临潢驿，以待夏国使。驿西福先寺。寺西宣化县，西南定霸县，县西保和县。西门之北易俗县，县东迁辽县。

引文第一段落总叙辽上京的建置过程，《〈辽史〉探源》已指明实乃元朝史官抄撮辽耶律俨《皇朝实录》或金陈大任《辽史》旧史本纪以及赵至忠《阴山杂录》《契丹国志》等书而成，其文字叙述十分混乱，谬误颇多[17]。至于其下内容的史料来源，《〈辽史〉探源》并未细究，其实这一大段文字是目前所见有关辽上京城市形制和空间布局最详细

---

15 按，尽管鸭子河可泛指雁鸭汇聚之水，但辽上京附近未能证实有鸭子河，而金上京有混同江，即鸭子河之异名，参见贾敬颜：《东北古代民族古代地理丛考》，中国社会科学出版社，1994年，第30～37页。

16 《辽史》卷37《地理志一》校勘记一一、一二，中华书局，2016年，第511页。

17 苗润博：《〈辽史〉探源》，中华书局，2020年，第239～242页。

的文献记载，某些内容多已为今考古勘查所证实（说详下文），具有非常重要的史料价值，理应对其史源加以讨论。

如上所述，既然《辽志》整体是以陈大任《辽史·地理志》为蓝本，那么我们首先需要考虑的就是，以上关于上京城的具体记载是否也源出《陈志》呢？通观今本《辽史·地理志》各卷在叙述辽五京城市规制和布局时详略很不一致，其中以上京最详，东京、南京次之[18]，西京更简略[19]，而中京则仅有"皇城中有祖庙，景宗、承天皇后御容殿"一句介绍[20]，竟连基本的城周里数、城门名号都没有。且上京、东京、南京、西京城制的叙述体例亦有所不同，如记城墙之制，上京、东京谓"高×丈""幅员××里"，而南京作"城方三十六里，崇三丈，衡广一丈五尺"，西京则简称"广袤二十里"；四京城制记载的插叙位置也有出入，上京置于统县记述之后，而其余三京皆置于地理沿革与统县之间。如果《陈志》原本就详细记有上京城制的话，那么这当是金陈大任修史的基本体例，辽五京皆应有相关记载，且叙述方式和插叙位置应一致。尤其是辽中京大定府于辽中后期的地位甚至在某种程度上还超过上京[21]，金代又沿用其城建号北京，故陈大任若要详载辽中京城制，无论是文献资料还是实地勘查，想必都不难获得，至元修《辽史》时，元人恐不至于全部删落，以致与其余四京的记述情况产生如此大的差异。而且上引文中的某些表述也不大符合陈大任《辽史》的称法。如其谓上京皇城中有"齐天皇后故宅"，此人系辽圣宗皇后萧氏，统和十九年（1001），册为齐天皇后[22]；太平十一年（1031）兴宗继位后，齐天皇后被诬获罪，迁于上京圈禁，次年

---

18 《辽史》卷38《地理志二》："城名天福，高三丈，有楼橹，幅员三十里。八门：东曰迎阳，东南曰韶阳，南曰龙原，西南曰显德，西曰大顺，西北曰大辽，北曰怀远，东北曰安远。宫城在东北隅，高三丈，具敌楼，南为三门，壮以楼观，四隅有角楼，相去各二里。宫墙北有让国皇帝御容殿。大内建二殿，不置宫嫔，唯以内省使副、判官守之。《大东丹国新建南京碑铭》，在宫门之南。外城谓之汉城，分南北市，中为看楼；晨集南市，夕集北市。街西有金德寺；大悲寺；驸马寺，铁幡竿在焉；赵头陀寺；留守衙；户部司；军巡院，归化营军千余人，河、朔亡命，皆籍于此。"（第518页）卷40《地理志四》："城方三十六里，崇三丈，衡广一丈五尺。敌楼、战橹具。八门：东曰安东、迎春，南曰开阳、丹凤，西曰显西、清晋，北曰通天、拱辰。大内在西南隅。皇城内有景宗、圣宗御容殿二，东曰宣和，南曰大内。内门曰宣教，改元和；外三门曰南端、左掖、右掖。左掖改万春，右掖改千秋。门有楼阁，球场在其南，东为永平馆。皇城西门曰显西，设而不开；北曰子北。西城颠有凉殿，东北隅有燕角楼。坊市、廨舍、寺观，盖不胜书。"（第562页）

19 《辽史》卷41《地理志五》："敌楼、棚橹具。广袤二十里。门，东曰迎春，南曰朝阳，西曰定西，北曰拱极。元魏宫垣占城之北面，双阙尚在。辽既建都，用为重地，非亲王不得主之。清宁八年建华严寺，奉安诸帝石像、铜像。又有天王寺、留守司衙。南曰西省。北门之东曰大同府，北门之西曰大同驿。"（第578页）

20 《辽史》卷39《地理志三》，中华书局，2016年，第546页。

21 按辽中京建于圣宗统和二十五年（1007），谭其骧先生关注到中京城的重要性，认为辽朝后期事实上已迁都中京（《辽后期迁都中京考实》，《长水集》下册，人民出版社，2011年，第296~308页）。

22 《辽史》卷14《圣宗纪五》，中华书局，2016年，第170页。

死于上京[23]；重熙二十一年（1052），追谥为仁德皇后[24]。今本《辽史》除本纪于重熙二十一年以前称齐天皇后外，志、表、传作为后人追叙之文本则均称作仁德皇后。特别是《后妃传》的史源为"耶律俨、陈大任《辽史·后妃传》"，这两部旧史内容"大同小异"[25]，今《后妃传》记"圣宗仁德皇后萧氏"[26]，径称"仁德"，当是耶律俨《皇朝实录》与陈大任《辽史》之《后妃传》皆是如此。而上引《辽志》称"齐天皇后故宅"，称号与陈大任书不同，故恐非出于《陈志》。

据笔者所见，《陈志》可能并未系统记录辽五京的城市规制和布局，元末修史依据其他文献资料增入了相关内容，但由于史料来源不一，详略不同，或许未见到有关辽中京城的记载，致使今本《辽志》对于五京城制的叙述很不均衡，中京城况更是付之阙如。那么，《辽志》所载上京城制究竟源出哪种文献呢？笔者认为有可能来自赵至忠《阴山杂录》。据《〈辽史〉探源》考证，元修《辽史》除主要依据耶律俨《皇朝实录》和陈大任《辽史》两部辽金旧史之外，还从南朝文献中大量取材，其中一部重要史籍就是归明人赵至忠的《阴山杂录》。赵至忠本名赵英，在辽朝尝中进士，官至中书舍人，因得罪辽兴宗，于北宋庆历元年（辽重熙十年，1041）投归宋朝，改名至忠（又记作志忠）[27]，此后多次著书进献，"言契丹事甚详"[28]。《阴山杂录》（有的流传版本又名《虏廷杂记》）乃是其集大成之著作，内容包括"虏廷伪主宗族、蕃汉仪制、文物宪章、命将出师、攻城野战次第、兵众户口、州城钱粟都数、四至邻国远近、地里山河、古迹等"[29]。此书一直流传至元末明初，故元修《辽史》多有采用[30]。赵至忠书既记有契丹"地里山河"，有可能就会涉及辽上京的城市形制。又《辽志》提到"齐天皇后故宅，宅东有元妃宅，即法天皇后所建也"，按齐天皇后和元妃乃辽圣宗之后、妃，元妃为兴宗生母，重熙元年上尊号曰"法天应运仁德章圣皇太后"[31]，此二人在宋代史籍和《契丹国志》中多有提及，其史源皆为赵至忠书[32]。且上文指出，"齐天皇后"之

---

23 《辽史》卷18《兴宗纪一》，中华书局，2016年，第239～242页。
24 《辽史》卷20《兴宗纪三》，中华书局，2016年，第279页。
25 《辽史》卷71《后妃传序》，中华书局，2016年，第1318页。
26 《辽史》卷71《后妃传·圣宗仁德皇后萧氏》，中华书局，2016年，第1323、1324页。同卷《圣宗钦哀皇后萧氏传》亦多次提及"仁德皇后"（第1324页）。
27 李焘：《续资治通鉴长编》卷133庆历元年八月乙未，中华书局，2004年，第3169页。欧阳修：《归田录》卷2："赵志忠者，本华人也，自幼陷虏，为人明敏，在虏中举进士，至显官。既而脱身归国，能述虏中君臣世次、山川风物甚详。"（李伟国点校，中华书局，2006年，第22页）
28 晁公武撰，孙猛校证：《郡斋读书志校证》卷7伪史类《虏廷杂记》提要，上海古籍出版社，2006年，第294页。
29 徐松辑：《宋会要辑稿》崇儒五之二六，中华书局，2012年，第3册，第2259页下栏。
30 苗润博：《〈辽史〉探源》，中华书局，2020年，第126～131页。
31 《辽史》卷18《兴宗纪一》，中华书局，2016年，第242页。
32 如《续资治通鉴长编》卷110天圣九年六月丁丑于辽圣宗死事下详载辽事，称"其妻号齐天皇后，妾号顺圣元妃"，并记元妃如何陷害齐天皇后，加号"法天皇太后"，其后又记载契丹捺钵、北南面官、斡鲁朵、柴册礼、四楼等制度风俗（第2559～2562页），从整体来看当皆源自赵至忠书的记载。

称与《陈志》不符，而赵至忠于辽重熙十年归宋，在追改"仁德皇后"谥号之前，故仍称"齐天皇后"，若合符契。此外，上引文中提到的"节义寺"和"天雄寺"，在赵至忠书他处亦有记载（详见下文）[33]。鉴于以上这些线索，我们有理由推断，《辽志》有关上京城具体形制和内部格局的记载或即源出于赵至忠《阴山杂录》一书，具有独特的史料价值，容下文再对其内容进行详细讨论。

至于《辽志》记上京城的第三部内容，乃是转引后周广顺中胡峤的《陷虏记》和北宋大中祥符九年（1016）薛映出使辽朝的行程录。《〈辽史〉探源》已指明，胡峤《记》当抄自《新五代史·四夷附录》，而薛映《记》则取自《宋会要》，《辽志》有所删节，并无史料价值[34]。

二、辽上京城的形制与建置过程

在明晰《辽志》有关上京临潢府记载的史源状况之后，接下来要重点考察疑似出自赵至忠《阴山杂录》的那一大段文字内容对于辽上京城制、布局的描述是否可靠，存在什么样的问题，又当如何解释。这需要充分结合考古发现与地理分析来讨论。

从城市形制来看，《辽志》谓上京城由北皇城、南汉城两部分构成，今考古勘查已证实，辽上京城址确有北、南两城，平面略呈"日"字形（图一）。其中，北部皇城的形制保存较完整，呈不规则方形，东、南、北三面城墙为直线，西墙则两端向内斜折。四面城墙现高出地面6~9米，外侧每隔百米左右皆设有马面，与《辽志》"皇城，高三丈，有楼橹"的记载基本吻合。南部汉城的形制保存较差，大部分已被今沙力河冲毁，现地表仅在东、南、西三面各残存一段墙垣，残高2~4米，其平面亦呈不规则方形[35]。这条沙力河（亦作沙里河，又名白音高洛河，或作白音戈洛河）即上京临潢府所临之潢水，原流经城南，向东汇入乌力吉木伦河（辽代称狼河），后因河流改道，故殃及汉城[36]。据地表调查和考古发掘可知，皇城四面城墙各辟有一城门，除南门已遭沙力河破坏外，其余三座门址遗迹清晰，均有瓮城。宫城（即大内）位于皇城中部偏东，约占皇城五分之一，确认于东、南、西三面墙各有一门，北墙无城门。这与《辽志》所载皇城"门，东曰安东，南曰大顺，西曰乾德，北曰拱辰。中有大内。内南门曰承天，有楼阁；东门曰东华，西曰西华"的城门制度完全一致，由此可知各门之名（图一）[37]。

不过，《辽志》所谓"城高二丈，不设敌楼，幅员二十七里。门，东曰迎春，曰雁儿；南曰顺阳；西曰金凤，曰西雁儿，曰南福"这段记载，则存在一些问题，考古学者的看法尚有分歧。首先需要指出的是，此处可能存有文字舛误，"顺阳"，《永

---

33 参见苗润博：《〈辽史〉探源》，中华书局，2020年，第241、242页。
34 苗润博：《〈辽史〉探源》，中华书局，2020年，第243~247页。
35 董新林：《辽上京规制和北宋东京模式》，《考古》2019年第5期，第5~8页。
36 葛华廷：《辽上京临潢府所临之潢水考辨》，《北方文物》1990年第1期，第77~80页。
37 汪盈、董新林：《辽上京皇城和宫城城门遗址浅析》，《华夏考古》2018年第6期，第36~42页。

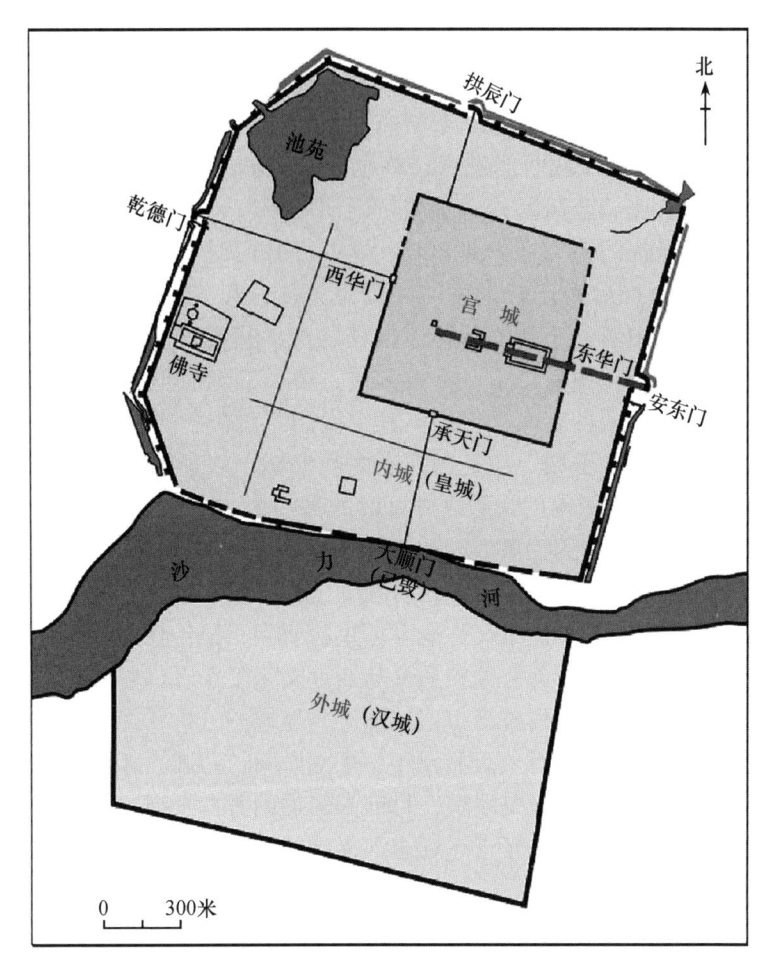

图一　辽上京城平面复原图
（采自董新林《辽上京规制和北宋东京模式》，第6页）

乐大典》引《辽史》作"顺归"，"曰南福"三字疑当在"南曰顺阳"后[38]，这样东、南、西三面应各有两个城门。照理说，这段话置于具体叙述皇城和汉城形制之前，本当为总括性地介绍上京城制，但实际上，此处仅"幅员二十七里"似指上京总的城周里数，而"城高二丈，不设敌楼"及三面城门则更像是就南部汉城而言。据现存南城残墙推断，其原始高度约二丈，无马面等防御设施，且北面与皇城南墙相接，故只有东、南、西三面开城门，与《辽志》此处所述相符[39]。然而其中又存在两个疑问：第一，1962年经内蒙古文物工作队全面勘查，辽上京皇城东、北、西三墙加上汉城东、南、西三墙的总长度为8916.9米，折算成唐代里数约为17里，与《辽志》不合，李逸

38　《辽史》卷37《地理志一》校勘记一七、一八，中华书局，2016年，第512页。
39　早在20世纪初，法国神甫闵宣化在调查辽上京城址时便作如此理解，见冯承钧译：《东蒙古辽代旧城探考记（外二种）》，中华书局，2004年，第31~33页。

友遂判断所谓"幅员二十七里"应是"幅员一十七里"之误[40]。第二，北宋大中祥符九年（辽开泰五年，1016）薛映使辽，亲至辽上京临潢府，其行程录记载进城路线为"入西门，门曰金德。内有临潢馆。子城东门曰顺阳。入门北行至景福门。又至承天门"[41]，推测薛映似应自汉城西门进入，终至北边宫城南门入宫，但这里提到的西门"金德"，《辽志》作"金凤"；"子城东门曰顺阳"，《辽志》作汉城南门曰"顺阳"；至于北面的景福门，《辽志》未载。这就使我们对《辽志》的上述记载产生了不小的困惑。对此，在后来正式发表的《辽上京城址勘查报告》（以下或简称《报告》）中，研究者做出了一个新的解释，据其勘查，其实在皇城与汉城之外还有一重郭郛（即外城），所谓"城高二丈，不设敌楼，幅员二十七里"云云系针对此郭郛城而言，其东、南、西三面各有两个城门，其中南门"顺阳"当据《永乐大典》更正为"顺归"，而薛映所记"子城"应是郭郛之内的汉城，"金德""顺阳"乃是汉城的东西门，"景福"则为皇城南门大顺之外开辟的另一个城门[42]。如此一来，则有关《辽志》记载的疑问似乎皆可迎刃而解。

按上述解释的主要依据是，考古工作者在辽上京皇城北墙外发现了一道壕堑，环抱城垣，壕外有土垄微微凸起，后来又在老乡那里打听到，早年在皇城东、北两面曾见有断续垄起的土垣，遂怀疑与郭郛有关；后又从当地文化工作者口中得知，在皇、汉两城之间的西城外约半千米处，曾发现石板建筑遗迹，经挖掘分析，疑似为一处壕堑、桥梁或门阙遗址；且《辽志》中也有"天显元年，平渤海归，乃展郭郛，建宫室"的记载。但他们提到皇城外的土垄是否就是墙垣，目前尚未得到考古发掘的证实，考古学界大多并不认同《报告》的上述说法。至于《辽志》提到的"郭郛"，《报告》亦有误解，这就需要说到辽上京的建置过程。

辽上京的全面建设始于神册三年（918）二月，辽太祖下令"城皇都，以礼部尚书康默记充版筑使"；五月，诏于城内"建孔子庙、佛寺、道观"[43]。此番初次营建甚为迅速，《辽史·康默记传》载"神册三年，始建都，默记董役，人咸劝趋，百日而讫事"[44]，实际落成时间在当年七月[45]，所建成者当为上京之皇城。有学者认为《辽志》言"天显元年，平渤海归，乃展郭郛，建宫室"，始在皇城之南建汉城，从而形成北、

---

40 李逸友：《辽代城郭营建制度初探》，《辽金史论集（第3辑）》，书目文献出版社，1987年，第53、54页。董新林《辽上京城址的发现和研究述论》给出的辽上京皇城加汉城总周长为8838.63米，约合唐制17里，亦与《辽志》不合（第28页）。此外，另有人计算两城总长为12173米，约合24.34里（巴林左旗文化馆：《辽上京遗址》，《文物》1979年第5期，第79、80页）。

41 贾敬颜：《五代宋金元人边疆行记十三种疏证稿》之薛映《辽中境界》疏证稿，中华书局，2004年，第107、108页。

42 内蒙古文物考古研究所：《辽上京城址勘查报告》，《内蒙古文物考古文集（第1辑）》，中国大百科全书出版社，1994年，第510~536页；张郁：《辽上京城址勘查琐议》，《内蒙古文物考古文集（第2辑）》，中国大百科全书出版社，1997年，第525~530页。

43 《辽史》卷1《太祖纪上》，中华书局，2016年，第12、13页。

44 《辽史》卷74《康默记传》，中华书局，2016年，第1356页。

45 《辽史》卷73《耶律曷鲁传》："（神册）三年七月，皇都既成，燕群臣以落之。"（第1348页）

南二城（又称内、外二城）的形制，此处所谓"郛郭"即指南城[46]。笔者基本赞同此观点，但需要指正的是，天显元年（926）并非建南城之始。上文引《辽志》记临潢县云："太祖天赞初南攻燕、蓟，以所俘人户散居潢水之北，县临潢水，故以名。地宜种植。"本纪谓天赞元年（922）二月"复徇幽、蓟地"，这场战争一直持续到天赞三年五月[47]，辽太祖陆续将俘虏的燕蓟汉人民户迁徙至潢水之北宜耕植之地，设临潢县和潞县，其中临潢县在皇城之南，此为建汉城之始，后上京临潢府即以之为倚郭。是故天显元年平渤海后称"展郛郭"，乃扩展已有之临潢县城，将其纳为皇都的外城[48]。由此可见，辽上京北、南两城系先后营建，并非一次规划而成。至天显六年九月，"诏修京城"[49]，再次对皇都进行了较大规模的营建，从而奠定了基本的城市格局。十三年十一月，后晋遣使向辽太宗耶律德光奉上尊号，并进献燕云十六州之地，辽遂改皇都为上京，府曰临潢[50]。

据考古勘查，北部皇城形制清晰，建成后并无扩展城垣的迹象，天显年间辽上京的两次营建除修筑宫室外，应当主要针对的是南部汉城的扩建。今汉城遭沙力河破坏严重，其形制已难以完全弄清，学者仅据现存的几段墙垣推测其城墙长度，是否准确尚存疑问。《辽志》载辽东京"幅员三十里"，南京"城方三十六里"（宋人记载作"二十五里"或"二十七里"）[51]，西京"广袤二十里"，中京宋路振《乘轺录》谓"幅员三十里"[52]。上京作为辽朝"皇都"，其城周似应与前四京大致相当，不至于小于二十里，故《辽志》称上京"幅员二十七里"盖不误，今实测与之不符，恐怕应考虑汉城的实际范围或许比我们目前了解得更广大，亦不排除汉城中另有一子城的可能，薛映的记载或可信据，这还有待于今后考古发掘的验证。

三、辽上京城内布局记述考

除整体形制和城门外，《辽志》还详细记述了上京城的内部格局与建筑景观。《辽

---

46 李作智：《论辽上京的形制》，《中国考古学会第五次年会论文集》，文物出版社，1985年，后收入《中国考古集成·东北卷·辽》第2册，北京出版社，1997年，第1085~1088页。杨宽先生《中国古代都城制度史研究》认为辽上京皇城之南的汉城具有外郭城性质（上海古籍出版社，1993年，第428页）。

47 《辽史》卷2《太祖纪下》，中华书局，2016年，第20、21页。

48 苗润博《〈辽史〉探源》以本纪仅有天显元年六月"辛未，卫送大諲譔于皇都西，筑城以居之"的记载，而认为是年实无扩建皇都之举（第241页）。按，此说恐属武断，《辽志》天显元年的这条记载盖源出耶律俨或陈大任之旧史，与迁大諲譔为两码事，只不过今本《辽史》本纪删落未载罢了。

49 《辽史》卷3《太宗纪上》，中华书局，2016年，第35页。

50 《辽史》卷4《太宗纪下》，中华书局，2016年，第48、49页。

51 许亢宗：《宣和乙巳奉使金国行程录》谓燕山府"城周围二十七里"，赵永春辑注：《奉使辽金行程录（增订本）》，商务印书馆，2017年，第212页；贾敬颜：《五代宋金元人边疆行记十三种疏证稿》之路振《乘轺录》疏证稿，称"幽州幅员二十五里"（第47页）。

52 贾敬颜：《五代宋金元人边疆行记十三种疏证稿》之路振《乘轺录》疏证稿，第60页。

上京城址勘查报告》曾将《辽志》所记皇城内建筑在复原图上加以标识[53]，后来冯珊珊又对汉城内的布局做了复原展示[54]，但二者的定点方位多可商榷，且未注意到文献记载中的若干问题，有待重新梳理。笔者按照自己的理解，另绘了一幅示意图（图二），以供下文讨论时参考。

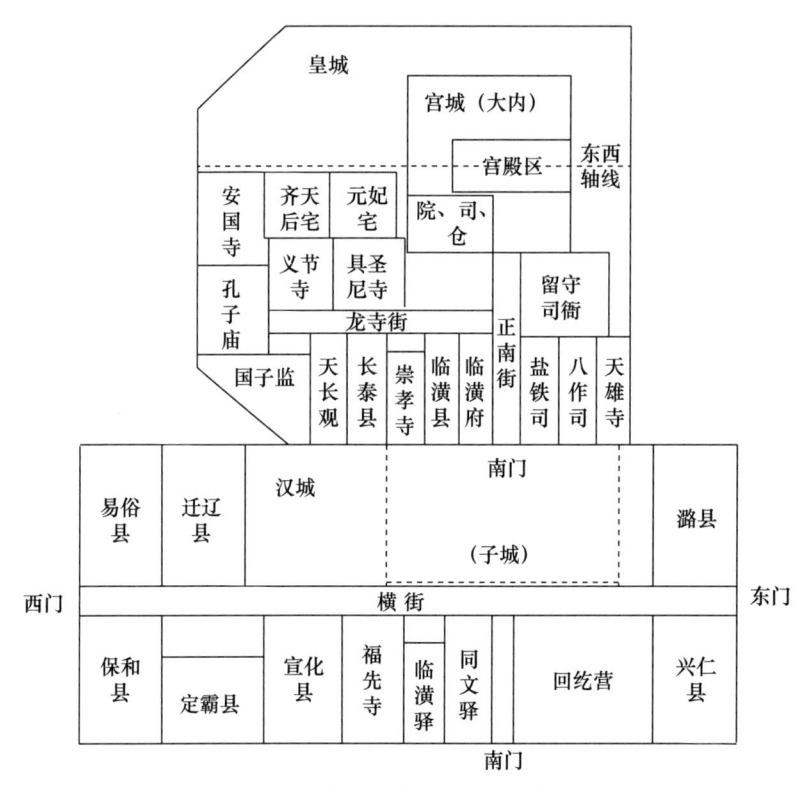

图二　辽上京城内布局示意图（自绘）

皇城部分，《辽志》谓"正南街东，留守司廨，次盐铁司，次南门，龙寺街"。这条"正南街"应是从宫城南门承天门直通皇城南门大顺门的主街，街东为上京留守司和盐铁司廨署，上京留守是日常掌管上京道军政事务的最高长官，其重要性自不待言，故其司廨密迩宫城。上京盐铁使司是主管本道财赋的机构，报告将其位置定在留守司廨之东，但揣度原文，似是自北向南依次介绍沿街东面建筑，所谓"次盐铁司"，盖应居留守司廨之南。而"次南门，龙寺街"，报告理解为南门街和龙寺街两条横街，然笔者认为此处标点恐误，"次南门"是指盐铁司之南即为皇城南门，其下当作句号，"龙寺街"应从下句。

从"次南门"转到"龙寺街南曰临潢府，其侧临潢县"，其间语义衔接不大通畅，《辽志》或有删节。从前后描述来看，这条龙寺街应是东西向的横街，上京城外有著

53　内蒙古文物考古研究所：《辽上京城址勘查报告》，《内蒙古文物考古文集（第1辑）》，中国大百科全书出版社，1994年，第534页。

54　冯珊珊：《辽上京城市形态研究》，西安建筑科技大学硕士学位论文，2013年，第93页。冯文对辽上京皇城部分的复原承袭《辽上京城址勘查报告》的说法，第86、87页。

名的开龙寺[55]，此街或据以命名。在龙寺街南有临潢府及临潢县的官署，"县西南崇孝寺，承天皇后建"，《辽史·耶律唐古传》载兴宗重熙中，"乞勒其父屋质功于石，帝命耶律庶成制文，勒石上京崇孝寺"[56]，即指此寺。接着"寺西长泰县，又西天长观。西南国子监"，大概国子监在皇城西南角，故下面转换方向称"监北孔子庙，庙东节义寺"。这里出现的天长观、孔子庙应建于辽太祖神册三年五月"诏建孔子庙、佛寺、道观"之时[57]，至于上京国子监，有记载谓亦"太祖置"[58]。《辽志》上文提到，太祖阿保机死后"应天皇后于义节寺断腕，置太祖陵。即寺建断腕楼，树碑焉"，此条史源盖为赵至忠《阴山杂录》，其同源记事见于《契丹国志》[59]，称乃因应天皇后断腕而于"上京置义节寺"，此处"义节寺"应该就是位于孔庙之东的"节义寺"，二者名称当有一误。

节义寺之西北为"安国寺，太宗所建"。然《太祖纪》载天赞四年"十一月丁酉，幸安国寺，饭僧"[60]，此安国寺地点不明，有可能为皇都寺院，点校本遂据此谓"知太祖时已有安国寺"，故"太宗所建"疑当作"太祖所建"[61]，可备一说。从地理位置来看，安国寺应在孔庙以北、宫城以西，是一处重要的皇家寺院，今在皇城西南部的高地上发现一处大型佛寺遗址，规模宏大，原建有巍峨的佛塔，应是当时辽上京城内的标志性建筑之一[62]，可能就是安国寺。"寺东齐天皇后故宅，宅东有元妃宅"，上文已有论述，盖即太平十一年齐天皇后获罪因于上京时的居所，"元妃宅"可能是法天皇太后在圣宗朝为元妃时的旧居。两座宅邸之南是"具圣尼寺"，此处"具"字，中华书局原点校本据南监本、北监本及乾隆殿本改作"贝"[63]，今修订本从底本（百衲本）及《永乐大典》引《辽史》作"具"，按，这是一座尼寺，寺名恐当作"具圣寺"。

其后《辽志》云："绫锦院、内省司、曲院、赡国、省司二仓，皆在大内西南。"报告把这里的方位理解为大内宫城之外的西南方，所以在复原图上将绫锦院、内省司、

---

55 《辽史》卷11《圣宗纪二》统和四年七月辛巳，"以杀敌多，诏上京开龙寺建佛事一月，饭僧万人"（第131页）。20世纪80年代，在巴林左旗林东镇北山出土了上京开龙寺鲜演大师墓碑和刻有"上京""开龙寺"文字的经幢残块（向南：《辽代石刻文编》，河北教育出版社，1995年，第667~669、714页），知开龙寺在上京城外北山。
56 《辽史》卷91《耶律唐古传》，中华书局，2016年，第1501页。
57 徐梦莘：《三朝北盟会编》卷182绍兴七年九月十八日引张汇《金房节要》记载伪齐刘豫被金朝废黜后，被发配到辽上京"给夫子庙以居之"（《中华再造善本》影印国家图书馆藏明抄本，国家图书馆出版社，2013年），可证辽上京确有孔子庙。
58 《辽史》卷47《百官志三》，中华书局，2016年，第880页。
59 叶隆礼撰：《契丹国志》卷13《后妃传·太祖述律皇后》："太祖之崩也，后屡欲以身为殉，诸子泣告，惟截其右腕，置太祖柩中，朝野因号为'断腕太后'，上京置义节寺，立断腕楼，且为树碑。"（贾敬颜、林荣贵点校，中华书局，2014年，第158页）
60 《辽史》卷2《太祖纪下》，中华书局，2016年，第23页。
61 《辽史》卷37《地理志一》校勘记一九，中华书局，2016年，第512页。
62 中国社会科学院考古研究所内蒙古第二工作队、内蒙古文物考古研究所：《内蒙古巴林左旗辽上京皇城西山坡佛寺遗址考古获重大发现》，《考古》2013年第1期，第3~6页。
63 《辽史》卷37《地理志一》校勘记一三，中华书局原点校本，1974年，第441~453页。

曲院三个内廷机构和赡国、省司二仓皆置于皇城西部。但其实，此段本就是在描述皇城内的建筑布局，如这些院、司、仓在皇城内，似无必要刻意强调其"皆在大内西南"。从这一表述上来看，应是特指绫锦院、内省司、曲院及赡国、省司二仓均在宫城内的西南部，故"绫锦院"前当为句号，以与前句"其南具圣尼寺"有所区分。怀疑这两句之间亦有删略，以致语义跳跃。

至于末句"八作司与天雄寺对"也很突兀，不知其城内方位。不过，《辽志》前文有提到天显元年于皇都"展郛郭，建宫室"，"又于内城东南隅建天雄寺，奉安烈考宣简皇帝遗像"，此处"内城"即指皇城，可知天雄寺当在东南角，则负责京城修缮事务的八作司盖在其侧[64]。然而关于天雄寺的建置年代尚存疑问，《辽史·太祖纪》载太祖六年（912）"是岁，以兵讨两冶，以所获僧崇文等五十人归西楼，建天雄寺以居之，以示天助雄武"[65]。所谓"西楼"是辽上京所在地的地名，该地区是契丹耶律氏的传统驻牧地，早在阿保机称帝之前即已迁汉僧至西楼建天雄寺，《〈辽史〉探源》据此认为《辽志》所记天显元年建寺有误，且阿保机死于归途，亦无暇奉安其父遗像[66]。笔者以为此事恐有他解。太祖七年三月阿保机之弟剌葛叛乱，"其党神速姑复劫西楼，焚明王楼"[67]，可能同时也焚毁了天雄寺。至天显元年七月平渤海后，阿保机虽死于扶余之变，但其妻述律后临朝称制一年有余，直至次年十一月次子耶律德光继承帝位[68]，故天显元年皇都的扩建应是在述律后执政期间进行的，此时于皇城东南隅重建天雄寺。《契丹国志》云："渤海既平，乃制契丹文字三千余言。因于所居大部落置寺，名曰天雄寺（小注：今寺内有契丹太祖遗像。）"[69]这条记载的史源也是赵至忠《阴山杂录》，"大部落"是赵氏对契丹西楼的特称[70]，他也明确说天雄寺建于平渤海之后。不过据赵氏所知，寺内供奉的是辽太祖遗像，而非其父宣简皇帝像。按天雄寺本为阿保机初建，天显元年阿保机亡，随后重建天雄寺供奉其遗像，合乎情理，至于奉安宣简皇帝遗像当是后来追附的。圣宗统和元年九月有"谒宣简皇帝庙"的记载[71]，可见辽朝对太祖之父的尊奉早已有之，兴宗重熙二十一年七月追尊先祖，正式追封"太祖之考为宣简皇帝，庙号德祖"[72]。或许在重熙十年赵至忠归宋前，上京天雄寺一直供奉的是太祖遗像，至兴宗追尊之后遂改为以"奉安烈考宣简皇帝遗像"为主。《辽志》的这条记载不会是元人编造，当源出辽金旧史，盖后世追述误将奉安宣简皇帝径系于天雄寺重建之时，有所不确。

---

64 按，八作司《辽史》他处未载，辽重熙八年《张思忠墓志》记载思忠曾任"知上京南中作使"（《辽代石刻文编》，第216页），盖为八作司属官。

65 《辽史》卷1《太祖纪上》，中华书局，2016年，第6页。

66 苗润博：《〈辽史〉探源》，中华书局，2020年，第241页。

67 《辽史》卷1《太祖纪上》，中华书局，2016年，第7页。

68 《辽史》卷3《太宗纪上》，中华书局，2016年，第30页；卷71《后妃传·太祖淳钦皇后述律氏》，中华书局，2016年，第1320页。

69 《契丹国志》卷1《太祖大圣皇帝》，中华书局，2014年，第8页。

70 苗润博：《〈辽史〉探源》，中华书局，2020年，第241页。

71 《辽史》卷10《圣宗纪一》，中华书局，2016年，第119页。

72 《辽史》卷20《兴宗纪三》，中华书局，2016年，第278页。

再来看汉城内的情况。《辽志》谓其"南当横街,各有楼对峙,下列井肆"。揣度其意,似指在城南有一条东西向的横街,两旁各有楼屋建筑,下为市肆,《报告》称今辽上京南城尚可见横街两端和街道两侧的建筑台基凸出地表[73],这条横街可能与汉城的东西城门有对应关系,故冯珊珊复原图如此标识,可做参考。我们知道,从封闭性坊市制向开放性街市制的转变是唐宋之间城市的重大变革[74],此前研究者多关注中原地区的城市演变,而辽上京作为仿汉制建立的都城级城市,已打破里坊格局,沿街开市,可为晚唐五代以后中古城市制度的变化提供新的观察视角。

其下叙述以东、南、西三座城门为地标,分别交代了各区的建筑景观。如上所述,据《辽志》,汉城东、南、西三面应各有两个城门,"东曰迎春,曰雁儿;南曰顺阳(疑当作顺归),曰南福;西曰金凤,曰西雁儿",其中迎春、顺阳(归)、金凤似为主门,而东、西两面的"雁儿"和南面的"南福"应为偏门[75],城内描述当以三座主门为准。东门之北为潞县,东南为兴仁县;南门之东应是一片毡帐区,称"回纥营",供西域商贩居住;南门以西依次有诸国使臣下榻的同文驿,专待西夏使者的临潢驿[76],以及福先寺、宣化县、定霸县、保和县;西门之北为易俗县、迁辽县(相对位置参见图二)。此处提到潞、兴仁、宣化、定霸、保和、易俗、迁辽七个县,再加上见于皇城内的临潢、长泰二县(冯珊珊复原图误在汉城东北亦标一长泰县),共计九县,它们都是临潢府的属县,《辽志》此段记载给人的最大疑惑就是这些县难道都在上京城内吗?[77]

上文指出,《辽志》前文已记述了临潢府所统十县的建置情况,史源为金陈大任《辽史·地理志》。其中,言及各县之于辽上京城的地理方位:长泰县在"京西北",定霸县在"京西",保和县在"京南"[78],潞县在"京东",易俗县在"京北",迁辽县在"京东北",宣化县在"京之南",此外临潢县即上京汉城,而渤海县和兴仁县的位置未载。据此可知,临潢府所统十县大体应是在上京城四周环绕分布的(图三),这与《辽志》所记九县皆在上京城内的说法截然不同。已有学者指出,其实这应是县境和县治的区别,在上京城外的是这些县的实际区域范围和民户住地,

---

73 内蒙古文物考古研究所:《辽上京城址勘查报告》,《内蒙古文物考古文集(第1辑)》,中国大百科全书出版社,1994年,第531页。

74 加藤繁著,吴杰译:《宋代都市的发展》《唐宋时代的市》,《中国经济史考证》第一卷,商务印书馆,1959年,第239~303页;宁欣:《街:城市社会的舞台——以唐长安城为中心》,《文史哲》2006年第4期,第79~86页。

75 辽末,女真人攻克辽上京后,金太祖完颜阿骨打邀宋使赵良嗣入上京城,"由西偏门入"(《三朝北盟会编》卷4宣和二年三月六日引赵良嗣《燕云奉使录》,第4b页),当即"西雁儿"。

76 上文引宋使薛映行程录,称辽上京"内有临潢馆",当即此临潢驿。

77 法国人闵宣化即表示难以置信:"《辽史》卷37云:临潢府所统十县,九县在府城中。临潢府城之中,宫殿庙观衙署固多,然决不能容一万九千五百户之居民。"〔《东蒙古辽代旧城探考记(外二种)》,第21页〕

78 1987年,在辽上京遗址以南5千米的南塔山山头东麓发现了一座辽墓,出土一方乾统二年《王士方墓志》,记载墓主的"高祖翁王兆是南人,入国系保和县",知王兆本为宋人,入辽后系籍于上京临潢府保和县,世代居住于此,王士方"卒于京南之别墅",又葬于"临潢府南石盆山之下"(王未想:《内蒙古巴林左旗发现辽代王士方墓志》,《考古》2000年第1期,第92~94页),可以印证保和县确在辽上京南。

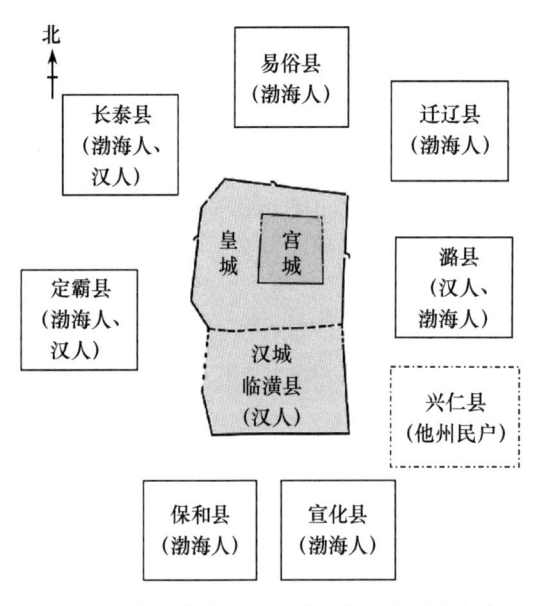

图三 辽上京临潢府属县县域方位示意图（自绘）

但其县治官署则设在城内[79]。其中临潢县和长泰县的治所在皇城内，余蔚教授认为两者皆为辽上京的倚郭县，这大概是效仿唐长安城以万年、长安两县分治东西城区之制，与北宋东京开封府也有开封、祥符两个附郭县类同。不过也有人提出异议，称长泰县治不在城内，而应是上京西北约1.5千米处的渤海小城[80]。按长泰县的县境今可确认在今巴林左旗十三敖包乡地区[81]，位于辽上京西北约20千米处，然所谓渤海小城是否为长泰县治，实缺乏明确证据，笔者以为目前《辽志》记载尚不能否定，余蔚所说两附郭县制有一定道理，临潢县与长泰县分治皇城，同时临潢县还领有汉城，长泰县的辖境亦兼包城外本县区域。

辽上京皇城内的临潢、长泰两县能够解释得通，但汉城内另设有七个县的衙署则着实有些怪异。按中原州县之制，府（州）城内有两个县治尚属常见，但绝无多达七个的情况。或许辽朝如此设置，有其他政治因素的考量，姑且存疑。值得注意的是，城内县治与城外县境可能存在大致的方位对应关系。如潞县在"京东"，其县治在汉城东北；宣化、定霸、保和三县位于"京南"或"京西"，故三县县治也被安设在汉城的西南部；易俗县在"京北"，迁辽县在"京东北"，两县县治在汉城中亦设于北面，位置关系相仿。由此推断，兴仁县治在汉城东南，则其县境可能也在"京东南"（见图三虚线标识部分），或可补《辽志》之阙。至于临潢府下的渤海县，不管是县境还是县治，《辽志》均未提及，无从判断。

此外，关于宫城大内的建筑，《辽志》记云："天显元年，平渤海归，乃展郛郭，建宫室，名以天赞。起三大殿：曰开皇、安德、五鸾。中有历代帝王御容，每月朔望、节辰、忌日，在京文武百官并赴致祭。"此处叙述亦有舛误，《〈辽史〉探源》已指出，"天赞"为辽太祖第二个年号，非宫室名，三大殿中开皇殿建于太祖八年，所谓奉"历代帝王御容"云云估计是兴宗以后的事情[82]。但这里提到的三大殿是辽太祖、太

---

79 魏孔：《内蒙古辽代城址初步研究》，内蒙古师范大学硕士学位论文，2010年，第7、8页；余蔚：《中国行政区划通史·辽金卷》，复旦大学出版社，2017年，第143～146页。

80 高雅辉、葛华廷：《辽长泰县考》，《辽金历史与考古（第6辑）》，辽宁教育出版社，2015年，第32～40页。作者猜测这座渤海小城可能原本是安置渤海王大諲譔之地。

81 20世纪60年代，在巴林左旗十三敖包乡敖包古城附近的西兴隆庄村发现了一通金代《明堂碑》，题刻"大金贞元三年五月卅日""临潢府长泰县黄贞建"之文［王晴、旺沁：《大金明堂碑》，《巴林左旗文史资料》第2集《临潢史迹》（内部资料），1988年，第101、102页］，可以说明长泰县的县域位置。

82 苗润博：《〈辽史〉探源》，中华书局，2020年，第241页。

宗时期相继建造的大内主殿,当无问题,《报告》称在辽上京宫城区发现三处宫殿遗址,推断可能就是这三大殿[83]。又宋使薛映尝至辽上京,见到宫城"内有昭德、宣政二殿"[84],《辽史》未见昭德殿,但多次提及宣政殿,应该也是天显元年扩建皇都时所造,辽太宗继位时群臣于此殿上尊号[85]。辽末女真人攻克辽上京后,金太祖完颜阿骨打邀宋使赵良嗣入城,"看契丹大内居室,相与上马并辔,由西偏门入,并乘马过五銮、宣政等殿,遂置酒于延和楼"[86],知大内还有延和楼。另五銮殿《辽志》底本亦作"五銮",点校本据《辽史》本纪其他几处记载改为"五鸾"[87],然宋人所记皆作"五銮"[88],《辽志》底本恐不误。至于这些殿宇的位置,则尚不能确定,《报告》根据初步勘查结果做了一些位置推断,并不准确。

以上对《辽志》所述上京城内布局做了仔细梳理,当然《辽志》记载的仅仅是一些比较重要的宫殿庙堂、官署机构、佛寺道观等建筑景观,此外还有许多宫室府衙、寺院宅邸以及民居瓦肆等都没有记录。例如,中原人尝至辽上京者谓其"城南别作一城,以实汉人,名曰汉城,城中有佛寺三,僧尼千人"[89],知上京汉城亦有三座佛寺,《辽志》未载。另外,上文提到汉城中不排除有子城的可能,起到类似皇城南门瓮城的作用。薛映称其进上京时"入西门,门曰金德",而《辽志》作"金凤",此门可能有过名称改动,随后他从"子城东门曰顺阳"进入北行,"至景福门",前人多以其为皇城南面的侧门,但目前考古勘查尚未证实皇城南墙有两座城门,且从薛映的叙述来看,此门与宫城南门承天门似乎是贯通的,也有可能皇城南门初名"景福",后来改为"大顺",故薛映与《辽志》所记不同。

综上所述,尽管辽上京考古已取得重要进展,但若要全面了解辽上京的城市形制和空间布局仍离不开历史文献的记载。不过,今本《辽史·地理志》的相关记载存在一些编纂问题,需要对其史料来源与文本内容详加辨析,而考古发现无疑又为验证文献提供了一手资料。

(邱靖嘉　中国人民大学历史学院)

83　内蒙古文物考古研究所:《辽上京城址勘查报告》,《内蒙古文物考古文集(第1辑)》,中国大百科全书出版社,1994年,第523页。

84　贾敬颜:《五代宋金元人边疆行记十三种疏证稿》之薛映《辽中境界》疏证稿,第108页。

85　《辽史》卷3《太宗纪上》天显二年十一月,"戊辰,还都。壬申,御宣政殿,群臣上尊号曰嗣圣皇帝"(第30页)。

86　《三朝北盟会编》卷4宣和二年三月六日引赵良嗣《燕云奉使录》,第4b页。

87　《辽史》卷37《地理志一》校勘记一六,中华书局,2016年,第512页。

88　除《三朝北盟会编》外,如岳珂《桯史》卷5"赵良嗣随军诗"条(吴企明点校,中华书局,2005年,第63页)、张端义《贵耳集》卷上(《全宋笔记》第六编,许沛藻、刘宁点校,大象出版社,2013年,第10册,第298页)记载皆作"五銮"。

89　《旧五代史》卷137《契丹传》,中华书局,2016年,第2132页。

历史研究

辽代中京大定府建城考述

刘思佳　王胜斌

内容提要：辽圣宗在完全降服奚人部众后，建立辽中京，使其位列五京之一，设大定府及下辖州县。中京大定府的设置与宋朝紧密相关，无论是岁币还是汉人俘户，乃至汉人工匠，对于大定府的兴起与发展，都起到了至关重要的作用。以《辽史·地理志》为中心，对辽中京州县的设置时间、居民族别、府州县治所地点等因素进行梳理与考证十分必要。

关键词：辽中京　大定府　契丹　大宁

辽代实行五京制，中京为五京之一，置大定府。辽代有两中京，一为镇州，另一为大定府，本文所讨论的是中京大定府[1]。辽中京素来不乏前贤的关注，相关研究成果已经十分丰富[2]。本文将从背景、原因、城内形制和所辖州县四个方面来考察辽代中大

1　钱大昕《廿二史考异》云："案辽有两中京，一为镇州，一为大定府。镇州自太宗北还，其地仍入中国，《辽史》所称中京，皆大定府也（惟赵延寿、耶律拔里得传之'中京'，乃是镇州）。"参看钱大昕著，方诗铭、周殿杰校点：《廿二史考异》卷83《辽史》，上海古籍出版社，2014年，第1139页。

2　国内学者的研究成果有李逸友：《辽代城郭营建制度初探》，《辽金史论集（第3辑）》，书目文献出版社，1987年；王睿：《辽代都城制度研究》，山东大学硕士学位论文，2009年；李冬楠：《辽金元都城制度研究》，中国人民大学博士学位论文，2009年；魏孔：《内蒙古辽代城址研究》；《辽金历史与考古（第4辑）》，辽宁教育出版社，2013年；李宇峰：《辽〈王说墓志铭〉考释——兼论辽中京为中晚期首都》；《辽宁省博物馆馆刊（2016）》，辽海出版社，2018年；张吉、李义等：《辽中京遗址采集细白瓷的成分分析及年代问题研究》，《文物保护与考古科学》2017年第5期；吴凤霞：《辽圣宗与辽上京》，《中国古都研究（第三十三辑）》，陕西师范大学出版总社，2017年；杨学军：《从辽上京、辽中京的选址和规划建制看中华建筑文化的传承与融合》，《中国古都研究（第三十三辑）》，陕西师范大学出版社，2017年；任冠：《考古学视角下的辽中京道建置考补》，《故宫博物院院刊》2018年第2期；李松阳等：《以小型低成本无人机进行大型考古遗址航测的新探索——以赤峰辽中京遗址为例》，《遗产与保护研究》2018年第11期；孙晨《试论辽代都城之朝向——以辽上京和辽中京为例》，《文物鉴定与鉴赏》2019年第6期；常钰熙：《宋使所记辽中京形制小考》，《文物》2020年第3期；张景明：《辽代京城两种形制的形成与民族交往交流交融——以辽上京、中京城为中心》，《宁夏社会科学》2022年第6期。国外学者的研究成果有河上洋：《辽五京の外交の机能》，《东洋史研究》52卷2号，1993年；久保田和男：《辽中京大定府的建设与空间构造》，原载《东方学（第133辑）》，（转下页）

定府的建城情况。

一、辽中京营建历史背景与原因

（一）中京城营建的历史背景

在考察大定府建置之前，有必要先交代奚人的基本情况。奚，《魏书》称库莫奚，是生活在今河北省东北部、辽宁省西部、内蒙古东南部西拉木伦河和老哈河流域的民族，与契丹同源，系鲜卑宇文部后裔。"契丹国，在库莫奚东，异种同类，俱窜于松漠之间。"[3] 奚人活动在契丹人之西，即今西拉木伦河上游地区。唐末，势力日益壮大的契丹人持续开疆拓土，而毗邻契丹的奚人首当其冲，被迫从阴凉川移居至琵琶川一带，即自今天的老哈河支流锡伯河流域转移到大凌河上游地区。五代时，奚人西迁至妫州（今张家口怀来县），分化为东、西二部。

契丹建国后，对东奚不断征伐。最终，奚族被迫举族臣属。西奚随后晋石敬瑭所割燕云十六州，一并划归契丹。辽太宗天显十二年（937）正月癸亥，"遣国舅安端发奚西部民各还本土"[4]。但此时并未建城。至圣宗朝，辽宋两国签订"澶渊之盟"，结束了两国的战时对峙状态。且根据澶渊之盟所签订的条约，北宋须向辽国输岁币，这恰好为营建中京提供了巨额财富。在对奚人有效控制之后，契丹开始考虑在这一地区营建新都。

（二）中京城营建的原因

辽中京城营建的原因较为复杂，本文将其归纳为自然与政治两方面的因素。

中京城营建的自然原因。历代王朝建都优先考虑地理条件，辽中京地区即拥有良好的自然环境，适宜建都。从地理位置上看，中京大定府位于华北平原与蒙古高原的过渡地带，大致处于上京临潢府与南京析津府的中间位置。从地形条件上看，西部为七老图山，东部为低山区，中部为低矮丘陵区，较为平坦、广阔；且东西两侧皆有河流穿过，能够为居民生活与农业生产提供充足的水源，适宜建城。此外，两条绕城河流水量平稳，洪涝等自然灾害较少，对居民自然灾害威胁较小，这也是在此地建立中京大定府的重要原因之一。明盼盼提到风水因素对于建城的影响，"在中京城北部屹立着由火山灰组成的九头山（古之七金山），经老哈河河水的冲刷，在河流中下游、中京城的南部形成土层厚、肥力足的冲积平原。属于风水学中所讲'前有照，后有靠'的风水宝地"[5]。

（接上页）2017年，后收入余蔚等主编：《十至十三世纪东亚史的新可能性——首届中日青年学者辽宋西夏金元史研讨会论文集》，中西书局，2018年，第29~45页。

3 《魏书》卷100《契丹传》，中华书局，2018年，第2408页。
4 《辽史》卷3《太宗纪上》，中华书局，2017年，第42页。
5 明盼盼：《辽中京兴衰研究》，东北师范大学硕士学位论文，2010年，第8~9页。

中京城营建的政治原因。辽上京临潢府、东京辽阳府与南京析津府三地相去甚远，联系不便。而中京"临近中原，南接南京，北连上京，无论军事、外交、政治、经济等多方面都十分有利"[6]。《契丹国志》即云："奚地居上、东、燕三京之中，土肥人旷，西临马盂山六十里，其山南北一千里，东西八百里，连亘燕京西山，遂以其地建城，号曰中京。"[7]奚地一带在辽中前期一直是独立的疆土，并未成为契丹直辖区。奚王有自己的政府机构，其政府与辽廷是臣属关系，并非完全是地方隶属中央之关系。为对奚人及其地区实施有效控制，契丹选择在奚地选址建都。史载"圣宗尝过七金山土河之滨，南望云气，有郛郭楼阙之状，因议建都"[8]。这当然只是附会的借口，但设立新都是对该地区加强控制的必然趋势。

实际上，承天太后在其执政时期，将奚六部脱离奚王的直接管辖，划归到北南府的北府，改隶于中央。此时，奚王政府已经处于有名无实的状态，故而奚王献土亦仅为形式而已[9]。统和二十年（1002）以降，奚王不得不向契丹献七金山土河川地。如此一来，奚人对于契丹朝廷的威胁不复存在，该地区自此受到辽廷的直接控制。奚人问题基本解决。杨若薇认为："辽政权在真正获得奚地、控制奚民之际，就其地建置中京，是与获得渤海地后置东京、获得幽云十六州地后置南京之旨意大致相同，即以京城之设来加强对新得地区人民的统治，加强此地与中央的联系。"[10]笔者认为此说符合当时的情况。高桥学而与明盼盼等认为："辽建立中京原因之一便是便于同北宋交往。"[11]这一看法得到《辽史》的验证，《辽史·地理志三》载："大同驿以待宋使，朝天馆待新罗使，来宾馆待夏使。"[12]城内设大同驿，用以接待宋朝派来的使节。此外，据苏颂等多位北宋使臣记载，宋使多由雄州出关，北行至辽中京。

总体而言，中京城的营建是契丹统治集团综合考虑了优越的自然条件与政治因素的结果。中京城的兴建，大大加强了契丹对奚地的有效控制。

二、中京城的营建

《辽史·地理志》记载，营建中京时，"择良工于燕、蓟"[13]。《王说墓志》载：

---

6 张艳秋、清白音：《奚王牙帐、辽中京、元北京》，《中国古都研究（第18辑）》，厦门：国际华文出版社，2001年，第234～244页。

7 （宋）叶隆礼撰，贾敬颜、林荣贵点校：《契丹国志》卷22《四京本末》，上海古籍出版社，1985年，第216页。

8 《辽史》卷39《地理志三》，中华书局，2017年，第545页。

9 杨若薇：《契丹王朝政治军事制度研究》，中国社会科学出版社，1991年，第181、182页。

10 杨若薇：《契丹王朝政治军事制度研究》，中国社会科学出版社，1991年，第182页。

11 〔日〕高桥学而、武田和哉：《草原の王朝・契丹国（辽朝）の遗迹と文物：内蒙古自治区赤峰市域の契丹遗迹・文物の调查概要报告书2004—2003》，勉诚出版，2006年；明盼盼：《辽中京兴衰研究》，东北师范大学硕士学位论文，2010年，第7页。

12 《辽史》卷39《地理志三》，中华书局，2017年，第546页。

13 《辽史》卷39《地理志三》，中华书局，2017年，第545页。

加四字而□□□□□□□□□□□□□□□□□宣为板筑都部署。宣差中京大内□□□□□居国内节□□权掌□皆在指呼[14]。

可见墓主王说为中京大内的"板筑都部署",系营建中京工程的重要负责人。对于缺乏良匠的契丹地区而言,营建城郭确实令人为难。因此,契丹朝廷不得不征用大量的燕、蓟工匠。故燕、蓟工匠在中京城的营建过程中,应该起到了重要的作用。

中京城是中京道规模最大的城市,三重城,由皇城、内城和外城组成。外城南北长约3500米,东西宽约4200米[15],其面积约1470万平方米。路振《乘轺录》载:"自朱夏门入,街道阔百余步,东西有廊舍,约三百间,居民列廛肆庑下。街东西各三坊。"[16]考古发掘还发现了廊舍和官署遗址。其中廊舍遗迹由十三排夯土台基组成,每排四个楔形土台,台上有石柱础,当年这里有南北向的长廊建筑,为百姓从事贸易活动的地方[17]。韩茂莉指出:"由此看来,外城的百姓只能居住在坊内,而坊的数量又有限,故人口不会太多。……居于城外的人口规模难以确定,但从中京城的营建规模来看,中京城内的人口不会少于上京临潢府,也应在二万户左右。"[18]根据韩茂莉的推测,中京道各县人口的平均户数约为3000户。中京道共含40县,依每县3000户计,共有户120000户,以五口之家计合人口60万[19]。如果此项推测成立的话,那么中京道大定府共含22个县,依照每县3000户计,共有户66000户。

中京道下辖州县人口较为稀少,可从苏颂的使辽诗中印证。"封域虽长编户少,隔山才见两三家"[20];"白草悠悠千嶂路,青烟袅袅数家村"[21]。其诗《奚山路》云:"入中京界,道旁店舍颇多,人物甚众。"下文又说:"行尽奚山路更赊,路旁时见百余家。"[22]从苏颂诗中看,进中京界后,人烟渐多,偶尔在路旁能看到百余户人家。路振《乘轺录》载:"常欲迁幽蓟八军及沿灵河之民,以实中京,民不堪命。虏知其

---

14 陈述辑校:《全辽文》卷5,中华书局,1982年,第111页;北京图书馆金石组编:《北京图书馆藏中国历代石刻拓本汇编》第45册,中州古籍出版社,1990年,第16页。

15 李逸友:《辽中京城址发掘的重要收获》,《文物》1961年第9期,第35页。

16 (宋)路振撰,黄宝华整理:《乘轺录》,上海师范大学古籍整理研究所编:《全宋笔记》第5册,大象出版社,2019年,第111页。

17 李逸友:《辽中京城址发掘的重要收获》,《文物》1961年第9期,第36页。

18 韩茂莉:《辽中京地区农业生产的发展》,《中国史研究》1999年第3期,第120、121页。

19 对于中京道各县户口数量,以五口之家计算,笔者以为似有不妥。从传统上看,五口之家多指汉人家庭。但大定府22个县中,我们已知县中以汉人为主体者仅有富庶、劝农、文定、升平和金源五县,均为开泰二年"析京民置"。而大定县为诸国俘户,长兴县为诸部人,惠和县为惠州民与诸宫院落帐户,恩化县为渤海人户,三韩县为高丽俘户;其他县情况待考。从已知民族情况来看,此十县中,仅有五县以汉人为主体,其余五县之主体民族皆非汉人。汉人与非汉人家庭的每户人口数不同,故笔者认为不应一致按照五口之家计算。

20 (宋)苏颂著,王同策等点校:《苏魏公文集》卷13《过新馆罕见居人》,中华书局,1988年,第170页。

21 (宋)苏颂著,王同策等点校:《苏魏公文集》卷13《过土河》,中华书局,1988年,第172页。

22 (宋)苏颂著,王同策等点校:《苏魏公文集》卷13《奚山路》,中华书局,1988年,第171页。

不可，遽止。"[23]可见，在欲迁幽蓟之民实中京未果的情况下，中京人口必然不多。路氏又云："里民言：汉使岁至，虏必尽驱山中奚民就道而居，欲其人烟相接也。"[24]如此一来，苏颂所见辽中京道人户分布与实际情况，便有所差别；很可能苏颂所见到的中京沿路百余家的密集聚落是辽政府有意安排的。但笔者认为即便是政府有意安排，也并非全部。在汉使来临之际，若想将奚人从山中迁至驿道一带，就需要在驿道附近另建房屋居住；而汉使离开之后，奚人就要离开驿道临时住所，回到山里居住，类似于季节性迁徙。

关于大定府总人口的具体数字，已很难考察清楚。但仍可在《辽史·兵卫志》中探寻到蛛丝马迹。《辽史·兵卫志》载："辽建五京：临潢……辽阳……中京……三京丁籍可纪者二十二万六千一百，蕃汉转户为多。"[25]由此可知，临潢府、辽阳府与中京大定府三府的乡丁总数为二十二万六千一百人。下文又云："太祖建皇都于临潢府……有丁一十六万七千二百……东京……有丁四万一千四百。"[26]现已知三府乡丁数总和，减去已知临潢府与辽阳府的乡丁数，则为中京大定府的乡丁数，为一万七千五百。若获知辽国乡丁与总人口大致比例，则可获知中京大定府的大致人口数。然此比例目前未知，则总人口数存疑待考。

从中京道驿路南段来看，即从今河北平泉至内蒙古宁城一带的驿道，基本是相对平坦的山间小盆地，或者山间河谷地带。这种地形条件能够满足奚人及其他当地民族的农耕需求。"岁借边民荒地种穄，秋熟则来获，窖之山下，人莫知其处"[27]，"来"字乃点睛之笔，证明当地居民并非居住在驿路旁较为平坦的农耕区，而是采用类似于"依北山射猎，常采北山麝香、仁参"的生活方式。因为这一带的山中是不适合农耕的，但在山中、溪谷中可进行狩猎活动。如此一来，本在山中居住的奚人，在宋使使辽之际，有可能被当地政府迁至驿道一带。韩茂莉也认为："奚人虽是中京地区的土著居民，但自奚王献'七金山土河川地'后，随着中京的营建，一部分奚民迫于辽廷的政治压力，不得不从河谷川地向周边山区迁移。山区环境自然使那里的人们形成了相应的生产与生活特点。"[28]

时至今日，河北平泉至内蒙古宁城段的宋辽驿道，仍然是自北京至宁城的距离最短、最为便捷的重要交通路线，大量的村镇与地方行政中心分布在这条路上。

三、中京道下辖州县设置情况

自辽大定府建城后，中京道曾存在过京府一，即中京大定府；其他府一，即兴中府（原霸州）；方州二十八，分别为恩、惠、高、武安（原杏堝新城、新州）、利、

---

23 （宋）路振撰，黄宝华整理：《乘轺录》，《全宋笔记》第5册，大象出版社，2019年，第114页。
24 （宋）路振撰，黄宝华整理：《乘轺录》，《全宋笔记》第5册，大象出版社，2019年，第111页。
25 《辽史》卷36《兵卫志下》，中华书局，2017年，第473页。
26 《辽史》卷36《兵卫志下》，中华书局，2017年，第473、477页。
27 《新五代史》卷73《四夷附录第三》，中华书局，2016年，第1029页。
28 韩茂莉：《辽中京地区农业生产的发展》，《中国史研究》1999年第3期，第123页。

榆、泽、北安、潭、松山、成、兰、南和、安德、黔、顺圣、祥、济、宜、锦、严、川（原白川州）、建、来、隰、迁、润和招燕[29]。直辖大定、长兴、富庶、劝农、文定、升平、归化、神水和金源九县。诸多州县并非同时存在，本节则选择其中部分州县进行考述。

（一）大定府直辖县

大定府直辖九县，现以长兴、富庶、劝农和金源四县为例分别进行考述。

1. 长兴县

《辽史·地理志三》载："本汉宾从县。以诸部人居之。"[30]厉鹗《辽史拾遗》云："顾炎武《京东考古录》曰：《汉书》，辽西郡宾从县，莽曰勉武，今本亦有作宾徒者。《后汉书》，辽东属国宾徒，故属辽西。《通鉴》，晋赵王伦贬吴王晏为宾徒县王，秦苻坚封慕容垂为宾徒侯，并取此为名。《晋书·载记》作宾都侯，'都'之与'徒'，以音相近而转，尤为明证。而《辽史》则云中京大定府长安〔兴〕县，本汉宾从县地；劝农县，本汉宾从县地。此承《汉志》传写之讹，而未考后汉、晋二书也。"[31]按，宾从县之"从"字，繁体作"從"，与"徒"字形近，很容易写错，故《汉志》将"徒"字讹写为"從"字。《辽史·地理志》云："以诸部人居之。"[32]《大元大一统志辑本》载："辽既建中京，置长兴为赤县。番汉流民杂居其间，故其习俗不同。"[33]由此看来，长兴县居民民族互异，习俗不同。关于其地理位置，《钦定大清一统志》载："《九边图》县在马盂山西。"[34]据此可知，长兴县位于马盂山西侧，今内蒙古宁城县西。

2. 富庶县

《辽史·地理志三》载："本汉新安平地。开泰二年析京民置。"[35]关于富庶县的地理位置，《辽史·圣宗纪》云："（开泰二年）二月丙子，诏以……山子川为富庶县。"[36]我们可以得知，富庶县设于辽圣宗开泰二年二月，地点为山子川。《钦定大清一统志》云："在故大宁城东。"[37]陈汉章认为，"案金因明废，故城在故大宁卫东，

29　余蔚：《中国行政区划通史（辽金卷）》，复旦大学出版社，2021年，第259页。
30　《辽史》卷39《地理志三》，中华书局，2017年，第546页。
31　（清）厉鹗：《辽史拾遗》卷13《地理志三》，景印文渊阁《四库全书》本，台湾商务印书馆，1986年，第289册，第948页。
32　《辽史》卷39《地理志三》，中华书局，2017年，第546页。
33　金毓黼、安文溥辑：《大元大一统志辑本》卷2《辽阳等处行中书省》，辽海丛书影印本，辽沈书社，1985年，第3589页。
34　（清）和珅：（乾隆）《钦定大清一统志》卷406《喀喇沁》，景印文渊阁《四库全书》本，台湾商务印书馆，1986年，第483册，第448页。
35　《辽史》卷39《地理志三》，中华书局，2017年，第546页。
36　《辽史》卷15《圣宗纪六》，中华书局，2017年，第189页。
37　（清）和坤：（乾隆）《钦定大清一统志》卷406《喀喇沁》，景印文渊阁《四库全书》本，台湾商务印书馆，1986年，第483册，第448页。

亦在故平泉州东北，地名公营子"[38]。张修桂与赖青寿亦持相同看法，其治所在今辽宁建平县东公营子古城，即辽宁喀左北公营子镇。亦有学者认为治所在内蒙古宁城甸子乡黑城[39]。

3. 劝农县

《辽史·地理志三》载："本汉宾从县地。开泰二年析京民置。"[40]张修桂和赖青寿认为，劝农县治所在今内蒙古宁城西南二台子村。

1956年内蒙古文物工作组的调查报告显示："古城在黑城子村的西面，四面的城垣，除了南墙西端一段因当地老乡取土挖去了一部分外，其余各城墙还能大体上看出它的原有规模。城址东西815米，南北486米；四面各有城门，门宽约九米多；门各有瓮城，瓮城长36米，宽26米，城墙高8米，宽约8.5米，城墙夯土，每层在13—15厘米。部分城墙看不出夯土迹象，似经后人增修。……古城的北门外，隔一道城壕，有一个小方城，长宽各有二百多米，没有南墙，也看不出城门。"[41]

冯永谦和姜念思在《宁城县黑城古城址调查》中说，宁城县西南的黑城古城址，共有大、中、小三城，当地人俗称其为"外罗城"、"黑城"和"花城"。花城应是战国燕所修筑的一座军事防御城堡；外罗城约为历秦、西汉至新莽时期的一座城址，是右北平郡及其治所平刚县的所在地。黑城建于辽，又历元、明两代，为辽劝农县、元富峪驿、明富峪卫的所在地[42]。张、赖二人认为："如冯、姜二人所证不误，则劝农县本汉右北平郡平刚县，长兴县与劝农县相去不远，亦当在其地。是则《地理志》长兴县下当云'本汉平刚县地'，劝农县下则云'本汉平刚县'。又，《中国历史地图集》中的劝农、归化两县今地亦当互易。"[43]

4. 金源县

《辽史·地理志》载："本唐青山县境。开泰二年析京民置。"[44]考《新唐书·地理志》："青山州，景云元年析玄州置。侨治范阳之水门村，县一：青山。"[45]但关于青山县的具体信息，存疑待考。《辽史·圣宗纪》载："（开泰二年）二月丙子，诏以……金甸子为金原县。"[46]此《圣宗纪》写为金原县，与《地理志》之"源"字异。《金史·地理志》载北京路大定府下辖县为"金源"，与《辽史·地理志》同。《金史·地理志》载："金源，唐青山县，辽开泰二年置，以地有金甸为名。有骆驼

---

38 陈汉章：《辽史索引》卷4《地理志·中京道》，《缀书堂丛稿》，民国二十五年排印本，第24页a。

39 李逸友：《辽代城郭营建制度初探》，《辽金史论集（第3辑）》，书目文献出版社，1987年，第45~94页。

40 《辽史》卷39《地理志三》，中华书局，2017年，第546页。

41 张郁：《内蒙宁城县古城址的调查》，《考古简讯》1958年第4期，第61页。

42 冯永谦、姜念思：《宁城县黑城古城址调查》，《考古》1982年第2期，第155~164页。

43 张修桂、赖青寿编著：《〈辽史·地理志〉汇释》，安徽教育出版社，2001年，第134页。

44 《辽史》卷39《地理志三》，中华书局，2017年，第546页。

45 《新唐书》卷43下，中华书局，1975年，第1127页。

46 《辽史》卷15《圣宗纪六》，中华书局，2017年，第189页。

山。"④

张、赖认为，金源县治所在今辽宁朝阳西北喀喇沁[47]。《辽史索引》云："《一统志》引《九边考》，金源县在大青山西，大青山在喀喇沁右翼南百五十里……盖其县境西及此尔。"[48]

（二）中京道下辖州

中京道在不同时期所辖州有所不同，下文以惠州、高州、利州、榆州及其部分下辖县为例分别进行讨论。

1. 惠州

惠州为刺史州，"本唐归义州地。太祖俘汉民数百户兔麛山下，创城居之，置州"[49]。李慎儒认为，唐归义州治所在良乡东北，辽惠州故城在建昌县北三百四十里。二者相去一千余里，此处记载错误[50]。李氏又推断，"或唐时归义州未侨治良乡之前，本在博罗科，则未可料，而《唐志》无明文也"[51]。陈汉章持同样看法，"案《唐志》，为奚九州之一，又曰归德郡，侨治良乡之广阳郡。其未侨迁之前，为辽惠州"[52]。

惠州下辖惠和一县。"圣宗迁上京惠州民，括诸宫院落帐户置。"[53]则太祖在兔麛山下建惠州，以汉民数百俘户居之，隶属上京临潢府；至圣宗朝，迁惠州民居惠和县，惠州改隶中京大定府。李慎儒考证出兔麛山在内蒙古翁牛特旗境内，此即惠州初隶上京时之治所。苏辙诗《惠州》云："传闻南朝逃叛者多在其间。"[54]此"南朝逃叛者"，盖《辽志》所谓"汉民"也，或为"逃叛者"，或为"俘户"。

张、赖二人认为，惠州与惠和县治所在今辽宁建平县北建平镇北，然不知其确切位置[55]。陈汉章《辽史索引》云："故城在建昌县北三百四十里敖汉旗境，地名博啰科，有废城，周四里，城北山上，有浮图，高五丈。"[56]

2. 高州

高州为观察州。唐代为信州，李慎儒认为此处记载错误，高州断不在此[57]。《武

---

47 张修桂、赖青寿编著：《〈辽史·地理志〉汇释》，安徽教育出版社，2001年，第135页。
48 陈汉章：《辽史索引》卷4《地理志》，《缀书堂丛稿》，民国二十五年排印本，第24页b。
49 《辽史》卷39《地理志三》，中华书局，2017年，第547页。
50 （清）李慎儒：《辽史地理志考》卷3《中京道》，光绪二十八年丹徒李氏刻本，第5页b。
51 《金史》卷二四《地理志上》，中华书局，2013年，第558页；李慎儒：《辽史地理志考》卷3《中京道》，光绪二十八年丹徒李氏刻本，第5页b。
52 陈汉章：《辽史索引》卷4《地理志》，《缀书堂丛稿》，民国二十五年排印本，第24页b。
53 《辽史》卷39《地理志三》，中华书局，2017年，第547页。
54 （宋）苏辙著，曾枣庄、马德富校点：《栾城集》卷16《惠州》，上海古籍出版社，2009年，第398页。
55 张修桂、赖青寿编著：《〈辽史·地理志〉汇释》，安徽教育出版社，2001年，第136页。
56 陈汉章：《辽史索引》卷4《地理志》，《缀书堂丛稿》，民国二十五年排印本，第24页b。
57 （清）李慎儒：《辽史地理志考》卷3《中京道》，光绪二十八年丹徒李氏刻本，第6页a。

经总要前集》载："高州，契丹收新罗诸国俘虏人民，置州以居之。"[58]《辽史·地理志》载："开泰中，圣宗伐高丽，以俘户置高州。"[59]按据《武经总要前集》《辽史·地理志》之记载，开泰年间，圣宗伐高丽，以高丽俘虏置高州，那么高州之名的设置是否与高丽相关？即高州之"高"，意为高丽人之州。此处《地理志》云高州设置于圣宗开泰年间，然《辽史·圣宗纪》却云："（统和）七年春正月……甲辰……以东京骑将夏贞显之子仙寿先登，授高州刺史。"[60]《圣宗纪》所记为圣宗统和七年，与《地理志》异，未知孰是。如若《圣宗纪》所言不误，那么高州至晚设置于统和七年，则高州之名与高丽俘户无关。

高州境内有平顶山与乐河。滦，原作"乐"，1974年中华书局点校本改为"滦"。然张、赖二人在其《〈辽史·地理志〉平议》一文中认为："按校勘记的依据有问题。泽州去高州甚远，显然在高州下不会记载泽州境内的河流；王曾《行程录》是否能据以改本文，依据也并不充分。"[61]

关于高州地理位置，陈汉章认为在中京北百四十里[62]。张、赖二人则认为，高州与三韩县治所在今内蒙古赤峰市东偏北[63]。根据二人的判断，此治所当在赤峰东偏北方向的元宝山一带。

高州下辖一县，为三韩县，在故大宁城西北[64]。开泰年间，辽圣宗讨伐高丽，"俘三国之遗人置县。户五千"[65]。《辽史·兵卫志》载："圣宗统和二十三年，城七金山，建大定府，号中京。……草创未定，丁籍莫考，可见者一县：高州三韩县丁一万。"[66]依照仅存两条记载，三韩县置县时，户五千，丁一万。

3. 利州

利州为观察州，中。"本中京阜俗县，统和二十六年置刺史州，开泰元年升。"[67]中华书局1974年点校本校勘记，根据《辽文汇续编·王悦墓志》记载，统和二十三年已有利州。《武经总要前集》云："利州，虏（即契丹——笔者注）承天太后所建。"[68]又按纪，统和二十九年六月升。《大元大一统志辑本》云："利州，统和十六

---

58 （宋）曾公亮等著，郑诚整理：《武经总要前集》卷16下《边防》，湖南科学技术出版社，2017年，第994页。

59 《辽史》卷39《地理志三》，中华书局，2017年，第547页。

60 《辽史》卷12《圣宗纪三》，中华书局，2017年，第143页。

61 张修桂、赖青寿：《〈辽史·地理志〉平议》，《历史地理》1999年第1期，第317～347页。

62 陈汉章：《辽史索引》卷4《地理志》，《缀书堂丛稿》，民国二十五年排印本，第24页b。

63 张修桂、赖青寿编著：《〈辽史·地理志〉汇释》，安徽教育出版社，2001年，第137页。

64 （清）和珅：（乾隆）《钦定大清一统志》卷406《喀喇沁》，景印文渊阁《四库全书》本，台湾商务印书馆，1986年，第483册，第448页。

65 《辽史》卷39《地理志三》，中华书局，2017年，第547页。

66 《辽史》卷36《兵卫志下》，中华书局，2017年，第484页。

67 《辽史》卷39《地理志三》，中华书局，2017年，第547页。

68 （宋）曾公亮等著，郑诚整理：《武经总要前集》卷16下《边防一下》，湖南科学技术出版社，2017年，第988页。

年置。"[69]

利州下辖一县，为阜俗县。统和四年置县。"初隶彰愍宫，更隶中京。后置州，仍属中京。"[70]《大元大一统志辑本》载："利州，军名曰永昌，开泰元年置，领阜俗县。"[71]《钦定热河志》则云："利州，辽统和十六年置县二、镇一、寨一。"此记载有误，龙山县本为潭州广润军下辖县，金熙宗皇统三年废潭州，龙山县就近来属。故辽代设利州，近置一县。此外，据张、赖二人考证，利州下的"二十六年"应该据《金史·地理志》更作"十六年"[72]。《读史方舆纪要》云："统和四年，置阜俗县。二十六年，置利州治焉，属大定府。"[73]《读史方舆纪要》与《辽史·地理志》记载相同，即阜俗县设置于辽统和四年。再据张、赖二人考证，"二十六年"应更作"十六年"，那么，阜俗县于统和十六年置为利州州治，当属无误。

由此得知，利州最早设置于辽统和十六年；开泰元年置军，名永昌；利州下辖一县，为阜俗县，阜俗县设置时间为统和四年，于十六年设为利州州治。《辽史·兵卫志》记载："彰愍宫：正丁一万六千，蕃汉转丁二万，骑军一万。"[74]似乎可以用丁籍人数来推测州县户口数。据《辽史·地理志》记载："唐末，契丹渐炽，役使奚人，迁居琵琶川。"[75]琵琶川当在辽利州境，为今喀左北百里之牤牛河[76]。可见，利州阜俗县的主体民族是当地的奚人。

关于利州的地理位置，陈汉章认为，此州在中京东南百五十里，今建昌县东大城子[77]。张、赖认为，利州与阜俗县的治所在今辽宁喀喇沁左翼蒙古族自治县[78]。

4. 榆州

榆州为刺史州。"本汉临渝县地，后隶右北平骊城县。唐载初二年，析慎州置黎州，处靺鞨部落，后为奚人所据。太宗南征，横帐解里以所俘镇州民置州。开泰中没入。"[79]李慎儒考证，"骊城之'城'，《汉书》作'成'，此作'城'，误"[80]。李氏亦认为，"《辽志》以临渝、骊成、黎州与辽榆州牵合一处，谬误特甚。又改慎

---

69 金毓黻、安文溥辑：《大元大一统志辑本》卷2《辽阳等处行中书省》，辽海丛书影印本，辽沈书社，1985年，第3580页。
70 《辽史》卷39《地理志三》，中华书局，2017年，第548页。
71 金毓黻、安文溥辑：《大元大一统志辑本》卷2《辽阳等处行中书省》，辽海丛书影印本，辽沈书社，1985年，第3580页。
72 张修桂、赖青寿：《〈辽史·地理志〉平议》，《历史地理》1999年第1期，第317～347页。
73 （清）顾祖禹撰，贺次君、施和金点校：《读史方舆纪要》卷18《北直九》，中华书局，2005年，第839页。
74 《辽史》卷35《兵卫志中》，中华书局，2017年，第460页。
75 《辽史》卷39《地理志三》，中华书局，2017年，第548页。
76 孙进己、冯永谦：《东北历史地理》，黑龙江人民出版社，1989年，第227页。
77 陈汉章：《辽史索引》卷4《地理志·中京道》，《缀书堂丛稿》，民国二十五年排印本，第25页b。
78 张修桂、赖青寿编著：《〈辽史·地理志〉汇释》，安徽教育出版社，2001年，第139页。
79 《辽史》卷39《地理志三》，中华书局，2017年，第548页。
80 （清）李慎儒：《辽史地理志考》卷3《中京道》，光绪二十八年丹徒李氏刻本，第7页b。

州作镇州，唐镇州亦属河北道，今为直隶正定府正定县，尤与榆州无涉，则误中之误也"[81]。陈汉章在《辽史索引》中称，"案此镇州字不误，即上京道镇州"[82]。照此说，此镇州乃辽上京道边防城镇州也。《辽史·地理志一》载："镇州……本古可敦城……渤海、女直、汉人配流之家七百余户，分居镇、防、维三州。东南至上京三千余里。"[83]按，镇州，本古可敦城，位于今蒙古国乌兰巴托西布尔干省青托罗盖古城，此地位于临潢府西北三千余里处，若太宗征伐此镇州，则何以写为"南征"？《辽史·太宗纪》载：

  （会同六年）十二月丁未，如南京，议伐晋。命赵延寿、赵延昭、安端、解里等由沧、恒、易、定分道而进，大军继之[84]。
  （会同九年）冬十一月戊子朔，进围镇州[85]。
  （大同元年）二月丁巳朔……升镇州为中京。以赵延寿为大丞相兼政事令、枢密使、中京留守，中外官僚将士爵赏有差[86]。
  （大同元年三月）壬寅，晋诸司僚吏、嫔御、宦寺、方技、百工、图籍、历象、石经、铜人、明堂刻漏、太常乐谱、诸宫县、卤簿、法物及铠仗，悉送上京[87]。

会同六年，太宗伐晋，诸将之中有解里，由定州进军。九年冬，进围镇州，在镇州发生大战，攻克镇州后，于次年即大同元年二月，升镇州为中京。三月将石晋的官僚、嫔妃、宦官、工匠以及图籍、卤簿等悉送上京。《太宗纪》中俘获石晋汉人之记载正与《地理志》中"太宗南征，横帐解里以所俘镇州民置州"的记载吻合。据此，我们可以断定，《地理志》所载"太宗南征，横帐解里以所俘镇州民置州"不误，陈汉章"上京道镇州说"是错误的，实为今河北省正定。

  辖县有二，分别为和众县和永和县。和众县，本新黎县地。《钦定大清一统志》载："在故大宁城东南……太宗南征横帐解里，以所俘镇州民置州……《九边图》在白狼山北。"[88]由此得知，和众县为辽太宗时期设置，其民为南征镇州所掳来的百姓。其地在白狼山北。《钦定热河志》载："和众……按县在今建昌县南境之西北，本与平泉州接壤。"[89]那么和众县在今辽宁省葫芦岛市建昌县西北。陈汉章又云："《一统志》

---

81 （清）李慎儒：《辽史地理志考》卷3《中京道》，光绪二十八年丹徒李氏刻本，第8页a。
82 陈汉章：《辽史索引》卷4《地理志》，《缀书堂丛稿》，民国二十五年排印本，第26页a。
83 《辽史》卷37《地理志一》，中华书局，2017年，第509页。
84 《辽史》卷4《太宗纪下》，中华书局，2017年，第57页。
85 《辽史》卷4《太宗纪下》，中华书局，2017年，第62页。
86 《辽史》卷4《太宗纪下》，中华书局，2017年，第64页。
87 《辽史》卷4《太宗纪下》，中华书局，2017年，第64页。
88 （清）和珅：（乾隆）《钦定大清一统志》卷406《喀喇沁》，景印文渊阁《四库全书》本，第483册，第448页。
89 （清）和珅、梁国治：（乾隆）《钦定热河志》卷61《建制沿革七》，景印文渊阁《四库全书》本，台湾商务印书馆，1986年，第496册，第54页。

和众故城在今建昌县西北二十五里，周三里，有奇土，人称土城子。又引《九边志》在白狼山北，今考《水经注》，白鹿山即白狼山，喀喇沁右翼西北三十里，布虎图山即白鹿山。"[90]永和县在此不论。

四、结　　语

辽圣宗在完全确立对奚人的掌控之后，顺势营建中京，建大定府。由于现存辽代中京大定府相关史料尚显不足，许多论题难以深入考察，有待于新史料的补充。对于州县建制，仍有部分州县的建城时间、聚居民族以及城治所在地尚未明晰，笔者将另撰文进行考察。

中京城兴建以后，"辽代是从行国政权走向行国政权特色与城国政治特点兼具的一个朝代，二者相互结合、互为补充，这也是辽统治者因俗而治的统治思想的体现"[91]。辽中京城与汉地都城的功能虽不完全一致，但中京城的营建，意味着圣宗在辽国腹地建立了另一政治中心，大大加强了对奚地的统治。而将汉、高丽俘户以及其他民族居民迁入中京地区定居建城，加速了该地区的全面开发，使之成为契丹本土重要的经济区。

（刘思佳　武汉大学历史学院　王胜斌　南开大学历史学院）

90　陈汉章：《辽史索引》卷4《地理志》，《缀书堂丛稿》，民国二十五年排印本，第26页b。
91　孙危、戎天佑：《辽中京建立原因探析》，《史志学刊》2016年第3期，第14页。

历史研究

辽祖州建城时间与功能浅考

葛华廷

内容提要：辽祖州为辽代最早建立的州城之一，当为太祖所建。建城之初是为太祖的私城。太祖死后葬于祖州附近，太宗即以祖州为奉陵邑。辽太祖称帝、建元、置都，作为都城的皇都（辽上京的前身）应有太庙之设，但《辽史》却无记载，截至目前的辽上京考古调查挖掘亦不曾发现。当是辽之太庙未设在京城，而是设在辽太祖耶律阿保机四代先人出生之地的祖州。这体现了辽朝礼制方面的独特性。

关键词：辽祖 州城 太庙

辽祖州为辽朝一极为重要之州，它在辽朝的历史上有着特殊的地位。辽祖州何时建城？又有何功用？史书记载不够明确。本文试作探讨，以求专家学者指教。

一、辽祖州建城时间

辽祖州建城的时间，史无明确记载。《辽史·本纪》云：天显"二年八月丁酉，葬太祖皇帝于祖陵，置祖州天城军节度使以奉陵寝"[1]。而《辽史·地理志》则谓：祖州天成军"本辽右八部世没里地。……后因建城，号祖州。以高祖昭烈皇帝、曾祖庄敬皇帝、祖考简献皇帝、皇考宣简皇帝所生之地，故名"[2]。对于辽祖州城的建城时间，一些专家、学者都曾做过探讨。

日本人岛田正郎《祖州城》一书称："祖州是辽初作为供奉开国太祖耶律阿保机陵寝之奉陵邑而营建起来的城池，城内建造了以太祖御容殿为首的诸多殿宇。"[3]孙进己、冯永谦总纂的《东北历史地理》一书亦持与岛田正郎类似的观点，其云："祖州系阿保机祖陵的奉陵邑，建于辽天显初年。"[4]《东北历代疆域史》一书亦谓：祖州城

---

1 《辽史》卷2《太祖纪下》，中华书局，1974年，第24页。
2 《辽史》卷37《地理志一·上京道·祖州》，中华书局，1974年，第442页。
3 〔日〕岛田正郎著，李彦朴、鞠冰梅等译：《祖州城：内蒙古满其格山辽代古城址的考古学历史学发掘调查报告》，内蒙古大学出版社，2016年，第4页。
4 孙进己、冯永谦总纂：《东北历史地理》（下），黑龙江人民出版社，2013年，第76页。

"因是辽高祖、曾祖等的出生地，故名之为祖州，天显中辽太宗建"[5]。以上诸书，将祖州城的建城时间定为"天显中""天显初年"，无疑都是认定祖州城系辽太宗所建。笔者以为此认定当有误，是错误理解《辽史·太祖纪下》所云天显二年"葬太祖皇帝于祖陵，置祖州天城军节度使以奉陵寝"的记载而造成的。《辽史·太祖纪下》此云，并未涉及祖州城建城时间，而是点明葬太祖于祖陵之际设立"祖州天城军节度使"这一职官来管辖这一奉陵邑。《辽史·地理志一·祖州》一节所云祖州建城并"号祖州"，是因其地乃辽太祖的四代先人的出生地，或说是其家族的老营所在而得名，与太祖的死葬并无直接联系。由此可以断定，祖州城当为太祖时期就已建城，当时的祖州城应为耶律阿保机的私城。在安葬阿保机于祖州附近之后，太宗即以祖州为太祖陵的奉陵邑。成书于北宋的《武经总要》卷22《北蕃地理·上京四面州军》"祖州"条云："阿保机既创西楼，又于西南筑一城，以贮汉人，今名祖州。"此即载明了祖州城为辽太祖创建。《武经总要》一书虽系北宋官方所修，但其关于辽祖州建城时间的记述，当非空穴来风，而应是有所本的。此载也与《辽史·地理志一》《辽史·太祖纪下》关于祖州的记载基本相吻合。辽祖州城即为辽太祖生前创建。在辽太祖葬于祖州附近的祖陵之后，辽祖州城即从耶律阿保机的私城转变为辽太祖陵寝——祖陵的奉陵邑。其后，辽怀州又重演了这种由私城到奉陵邑的角色的转换。

《辽史》载：天显"十年春正月戊申，皇后崩于行在"，同年五月"丙午，葬于奉陵"[6]。又载，天显十二年秋七月"癸丑，幸怀州，谒奉陵"[7]。此即说明后来被作为辽太宗耶律德光怀陵的奉陵邑怀州，在太宗生前就已建立。是时的怀州，无疑是太宗的私城。但《辽史》卷37《地理志一》"怀州"条谓："太宗崩，葬西山，曰怀陵。大同元年，世宗置州以奉焉。"这里，世宗置怀州仅是指以怀州作为怀陵的奉陵邑而言，"置"字不包含建城之意。而怀州作为太宗的私城早已建立，辽太宗死后即葬于怀州附近，世宗即以怀州为太宗怀陵的奉陵邑，怀州遂由太宗的私城转化为国家行政州。

二、辽祖州城的功能

辽祖州城在辽太祖之时就已建立。其具体建城时间，当在辽上京南城即汉城建城的前后，因为只有大量汉民来到这一带，筑城的技术和劳动力条件才具备。祖州一带，本为耶律阿保机四代先人出生之地，是其家族长期经营的老营所在。祖州距西楼（辽上京的前身）仅20千米。辽上京为耶律阿保机龙兴之地，《耶律隆祐墓志》即有"宜守龙兴之地"，加"上京留守、同政事门下平章事、临潢尹"之语[8]。那此"龙兴之地"亦当包括祖州在内。

耶律阿保机驾崩之后，葬于距祖州约2.5千米的祖陵，即以祖州为奉陵邑，置祖州

5　张博泉、苏金源等：《东北历代疆域史》，吉林人民出版社，1981年，第44页。
6　《辽史》卷3《太宗纪上》，中华书局，1974年，第36、37页。
7　《辽史》卷3《太宗纪上》，中华书局，1974年，第41页。
8　向南、张国庆等辑注：《辽代石刻文编续编·耶律隆祐墓志》，辽宁人民出版社，2010年，第53页。

天城军节度使这样高级别的官员来主管。祖州作为祖陵的奉陵邑，已非原来阿保机私城的属性，为国家建制州，且其地位要高于一般的行政州。

辽祖州城，还有一重要功能，就是辽朝祖庙即太庙的所在。太庙，即帝王的祖庙、宗庙。契丹民族也是一个祖先崇拜传统深厚的民族，我们可以从《辽史·礼志》所载的"柴册仪""再生仪"及《契丹国志》所载的"焚骨咒"等带有浓厚的祖先崇拜色彩的仪式，窥得一二。916年，耶律阿保机即皇帝位，建元神册，并上大圣大明天皇帝尊号。阿保机此为，基本上是依照中原王朝的礼制而行。因而，辽王朝的太庙最迟亦当在神册初年就已出现，或是早在耶律阿保机即契丹大汗之位时即已有雏形。《礼记》载："天下有王，分地建国，置都立邑，设庙祧坛墠而祭之。"[9] 又云："建国之神位，右社稷而左宗庙。"[10]《左传·庄公二十八年》亦云："凡邑有宗庙先君之主曰都，无曰邑。"《礼记》《左传》为我国古代儒家经典著作，是研究中国古代哲学、历史、文学及古代社会制度的基本典籍。在漫长的中国封建社会，《礼记》《左传》的许多思想及规范，都为封建帝王所遵循。唐长安城、北宋东都汴京城，基本上都遵循"右社稷而左宗庙"的规制。如汴京城的宋朝宗庙——太庙，据《东京梦华录注》引苏天爵《元文类》27杨奂《汴故宫记》所载：皇城"丹凤（门）北曰州桥。桥少北曰文武楼。遵御路而北。横街也。东曰太庙。西曰郊社。正北曰承天门"[11]。辽朝当很早就有宗庙——太庙。《辽史·太祖纪下》载：神册六年（921），南宰相府请任宗室为南府宰相，以解决因诸弟之乱而导致的南府宰相位长期空缺的问题，"上以旧制不可辄变；请不已，乃告于宗庙而后授之"[12]。《辽史·耶律欲稳传》载："太祖始置宫分以自卫，欲稳率门客首附宫籍。帝益嘉其忠，诏以（其祖）台押配享庙廷。"[13] 辽朝在建国之初即有太庙当是毫无疑问的。但我们检视《辽史·地理志一》，其中记载上京皇城内主要建筑物有天雄寺、断腕楼、留守司、盐铁司、国子监、齐天皇后宅，等等；其中又引宋人薛映使辽行程记所载：承天门"内有昭德、宣政二殿"[14]。但却不见上京皇城内有太庙、太社这样顶级重要的皇家礼仪场所。辽太祖仿效中原王朝，称帝建元，又于称帝的第三年城皇都。依照中原王朝礼制，此际就应在皇都城内建有太庙、太社。而《辽史》中，恰恰未见皇都以致后来的上京城有宗庙、社稷等相关设施。虽然学界有辽袭唐制之说，但并不是说辽朝对唐制是全部照搬，而是有选择的，或是对唐制加以改造。辽朝在都城礼仪空间的设置上，就有自己的独特之处。如《辽史》所云："终辽之世，郊丘不建。"[15] 就与中原王朝明显不同。辽朝的太庙不在都城，也不足为怪。辽朝的太庙如果不在上京城而在他处，此他处，则非祖州莫属。社稷之祀，是祭土地神和谷神。契丹族传统经济

9　陈澔注：《礼记》，上海古籍出版社，1987年，第253页。

10　陈澔注：《礼记》，上海古籍出版社，1987年，第265页。

11　（宋）孟元老撰，邓之诚注：《东京梦华录》，中华书局，1982年，第34页。

12　《辽史》卷2《太祖纪下》，中华书局，1974年，第16页。

13　《辽史》卷73《耶律欲稳传》，中华书局，1974年，第1226页。

14　《辽史》卷37《地理志一·上京临潢府》，中华书局，1974年，第440~442页。

15　《辽史》卷56《仪卫志二·汉服》，中华书局，1974年，第908页。

为畜牧、狩猎业，特别是在辽初太祖时期，皇家不祭祀谷神是可以理解的。而辽帝祭祀地神，一般是天地同祭，且多是在山野进行。

《辽史·地理志一》"祖州"一节，虽未明载辽朝太庙就在祖州城，但却详细记载了祖州内城中用作奉祀辽太祖及其诸先祖的宫殿：祖州城的"西北隅有内城。殿曰两明，奉安祖考御容；曰二仪，以白金铸太祖像；曰黑龙，曰清秘，各有太祖微时兵仗器物及服御皮毳之类，存之以示后嗣，使勿忘本"[16]。由此载我们可以清楚地看到，祖州城内城的二仪殿及黑龙、清秘等殿，就是专门用来供奉、祭祀辽太祖的，也可称为太祖庙；而两明殿"奉安祖考御容"的"祖考"二字，《辞海》"祖考"条下则有两解：①已故的祖父。②远祖。《辞海》之"祖"字条谓：祖，"父母以上的尊长。如：祖父；祖母；曾祖；祖先。《诗·大雅·生民》序：'尊祖也。'孔颖达疏：'祖者，始也，己所从始也。自父之父以上皆得称焉'"[17]。祖州"奉安祖考御容"的二仪殿，当就是阿保机生前即有的太庙。祖州的二仪殿及两明、黑龙、清秘等殿当即为阿保机逝世后的辽之太庙。

《辽史·礼志一》载有"告庙仪""谒庙仪"。其"告庙仪"："至日，臣僚昧爽朝服，诣太祖庙。次引臣僚，合班，先见御容……左右举告庙祝版于御容前跪捧。"同卷又引旧志云："告庙、谒庙，皆曰拜容，以先帝、先后生辰及忌辰行礼，自太宗始也。……凡柴册、亲征则告；幸诸京则谒。四时有荐新。"[18]告庙之仪，历史悠久，为中原帝王重要礼仪。《辞海》"告庙"条谓："古时皇帝及诸侯外出或遇有大事，例须向祖庙祭告，称'告庙'。《左传·桓公二年》：'凡公行告于宗庙'。"[19]《辽史》记载的辽朝告庙仪，尽管十分简略，具体事例几乎没有，但其告庙仪应是学习、仿效中原此类礼仪而来，这一点当不致有误。辽朝柴册、亲征等重大事项之际的告庙，所告之庙即当如《辞海》"告庙"条所称的遇有大事"例须向祖庙祭告"的祖庙——太庙。

《辽史》载，辽天庆五年（1115）9月，女真军攻下黄龙府，天祚帝率军亲征女真。作为先锋都监的耶律章奴与萧敌里等谋立魏国王耶律淳，事败。于是章奴率众攻掠上京，以及庆、饶、怀、祖等州。章奴"至祖州，率僚属告太祖庙云：'我大辽基业，由太祖百战而成。今天下土崩，窃见兴宗皇帝孙魏国王淳道德隆厚，能理世安民，臣等欲立以主社稷。会淳适好草甸，大事未遂。……臣等忝预族属，世蒙恩渥，上欲安九庙之灵，下欲救万民之命，乃有此举。实出至诚，冀累圣垂祐'"[20]。耶律章奴告庙词中提到"上欲安九庙之灵"的"九庙"，《辞海》"九庙"条即云："古时帝王立庙祭祀祖先，有太祖庙及三昭庙、三穆庙，共七庙。见《礼记·王制》。王莽地皇元年，增为祖庙五，亲庙四，共九庙。"[21]《新唐书》载："开元十年，诏宣皇帝复祔于（太庙）

---

16 《辽史》卷37《地理志一·祖州》，中华书局，1974年，第442页。
17 《辞海》（缩印本）"祖"字条，上海辞书出版社，1989年，第1788页。
18 《辽史》卷49《礼志一·吉仪》，中华书局，1974年，第837页。
19 《辞海》（缩印本）"告庙"条，上海辞书出版社，1989年，第828页。
20 《辽史》卷100《耶律章奴传》，中华书局，1974年，第1430页。
21 《辞海》（缩影本）"九庙"条，上海辞书出版社，1989年，第71页。

正室，谥为献祖……于是太庙为九室。……宝应二年……自是之后，常为九室矣。"[22]看来，唐中期之后太庙即九室，亦称九庙。辽建国后，在官方礼仪上多遵唐制。可见，章奴在祖州告祭庙时所告祭的并不只是太祖一位先帝之庙，而是"九庙"，即辽之太庙。这在《辽史·本纪》中得到了间接的证实：天庆五年"耶律章奴反……率麾下掠庆、饶、怀、祖等州……顺国女直阿鹘产以三百骑一战而胜……章奴诈为使者，欲奔女直，为逻者所获，缚送行在，腰斩于市，剖其心以献祖庙，肢解以徇五路。"[23]章奴兵败被擒，剖其心献祖庙，此祖庙无疑就是太庙。朝廷此为，也是一种祭告。由于章奴曾在祖州告庙以明反叛之心迹，所以章奴被擒斩杀后，朝廷又以其心献祖庙，当有在祖州一带消除影响，以镇服反叛苗头之用意。可见，章奴在祖州祭告之庙，即朝廷献章奴之心的祖庙——太庙。辽朝太庙在祖州当是毫无疑问的。《辽史》载，辽开泰十年（1021）圣宗幸中京，"上升玉辂自内三门入万寿殿，进七庙御容酒"[24]。就此，一些研究文章即认为辽朝实行了中原王朝的"天子'七庙'制度"[25]。但中京万寿殿七庙并非辽之太庙，其当为史书上所称的在正庙以外另立的宗庙——原庙。太庙，在本朝当为唯一的。辽朝的移动太庙可以说是正式太庙的派出。而至辽末天祚帝时，耶律章奴在祖州告祭祖庙之际，辽之太庙即为九庙了。当是辽之太庙制度也经历了一个变化的过程，由辽中期圣宗时的七庙至辽末时增为九庙，与唐王朝中后期的太庙九室相一致。

祖州城遗址中出土的遗物，亦当证明了祖州城为辽王朝太庙之所在。1943年，由日本人岛田正郎、岛诚一等组成的调查队，对辽祖州城址进行了调查、发掘。据岛田正郎《祖州城》一书介绍，当年岛田正郎等在祖州城遗址发掘时，在内城第一建筑址出土了"可能是封册"的大理石残块。这个出土残册的"第一建筑址坐落于东西长六十五米、南北宽三十米、高四米的雄伟台基之上。此建筑址面阔四十三点七米、进深二十米，面朝祖州城所谓的'正南方'。……粗略计算出建筑址的面阔和进深：面阔九间，每间宽约五米；进深四间，每间宽约四点五米"[26]。第一建筑址出土的"六件大理石册，均为残片，整体形状不明"[27]。此即该书第58页所称的"可能是封册的残片"。书中对此6件册石分别做了介绍，归纳起来，基本情况是：宽度在2.5～3.3厘米；厚度在1.6～2.2厘米；残长最短的为3厘米，最长的为4.7厘米；有3件字口有涂金粉的痕迹[28]。这种石质的"册"，当即所谓的玉册。而出土这些玉册残块的建立在宽大、高耸的高台之上的建筑物，面阔九间，进深四间，堪比皇宫御殿。建在祖州的这样宏伟壮观的建筑物，则非太

---

22 《新唐书》卷13《志第三·礼乐三》，中华书局，1975年，第340页。

23 《辽史》卷28《天祚皇帝二》，中华书局，1974年，第332、333页。

24 《辽史》卷55《仪卫志一·汉舆》，中华书局，1974年，第901页。

25 孔维京：《辽代"七庙"与皇家宗庙祭祀考论》，《史学月刊》，2021年第6期。

26 〔日〕岛田正郎著，李彦朴等译，李俊义等校注：《祖州城》，内蒙古大学出版社，2016年，第52、58页。

27 〔日〕岛田正郎著，李彦朴等译，李俊义等校注：《祖州城》，内蒙古大学出版社，2016年，第87页。

28 〔日〕岛田正郎著，李彦朴等译，李俊义等校注：《祖州城》，内蒙古大学出版社，2016年，第87页。

庙莫属。

《辽史·嘉仪上》载有"皇帝受册仪":"前期一日,尚舍奉御设幄于正殿北墉下,南面设御座;奉礼郎设官僚、客使幕次于东西朝堂;太乐令设宫悬于殿庭……至日,押册官引册自西便门入,置册案西阶上。……宣徽使押内诸司班起居,引皇帝至阁,服衮冕。……通事舍人引押册官押册自西阶下,至丹墀,当殿置香案册案。……读册官出班……侍中取册,捧册官捧册匣至读册官前跪……读册官俯伏跪;读讫,俯伏兴。捧册官……以册授侍中。侍中受册,以册授执事者……赞再拜,三呼'万岁'。"[29] 整个仪式,隆重、繁缛,体现了皇帝受册仪的庄严、神圣。《辽史》"皇帝受册仪"一节后,引旧志云:"太平元年,行此仪,大略遵唐、晋旧仪。……又有《上汉册仪》。"[30] 岛田正郎书中所记的祖州内城第一建筑址出土的6件玉册残块,很可能与辽帝的册仪有关。这种玉册,当就是由狭长形的玉质简编缀而成,其上刻有册文。辽代帝后封册的式样、规格,《辽史》不载,形制不清。辽代在礼制方面多袭唐制,我们通过出土的唐代玉册可以窥见辽代玉册的大致形制。《唐惠陵出土哀册与谥册校勘》一文介绍:唐惠陵(让皇帝李宪夫妇合葬墓)出土皇帝哀册残简63件,"玉质白净细腻,正反两面打磨光滑。完整玉简全长28.6—28.8厘米,宽2.8厘米,厚1.2厘米,满行9字。……字迹描金,现大部分金粉已脱落"[31]。辽代帝陵哀册为方形墓志状,与唐惠陵出土的哀册形制不同。另一不同点是,辽帝陵(庆陵)不见出土谥册,辽帝后的谥册当藏于太庙之中。在辽祖州第一建筑址中出土的玉册残片,不排除为谥册的可能。这些玉册残片出土于祖州宫殿址,更充分说明辽祖州为辽朝太庙之所在。

按中原王朝礼制,太庙应建于都城,而辽朝太庙却建于距上京城约20千米的祖州。辽朝太庙之所以建于祖州,当是有以下原因。

第一,祖州为阿保机家族长期经营的老营,是地当早就置有祭祀祖先的设施,后来即发展为太庙。北宋的沈括熙宁八年(1075)使辽时在上京北的捺钵地见到:"又东,毡庐一,旁驻毡车六,前植纛,曰太庙。"[32] 沈括所见即流动的太庙。这种流动的太庙根据需要从祖州太庙派出,在回到老营地,或在极为重要时期皇帝谒庙、告庙时,仍旧置于太庙的宫殿之中。辽朝政治的两元性,体现在太庙的设立上,当就是祖州城汉式格局的太庙与游动式太庙的结合。

第二,辽建国后,统治上层虽然大力学习汉文化,引进中原王朝的一些典章制度,建有京城和许多宫殿,但辽朝统治上层基本上仍然保持着传统的生活和理政方式,即如《辽史·营卫志中》所云的契丹人"畜牧畋渔以食,皮毛以衣,转徙随时,车马为家",而辽帝"秋冬违寒,春夏避暑,随水草就畋渔,岁以为常。四时各有行在之所,谓之'捺钵'"[33]。傅乐焕先生也指出:"有辽一代诸帝,终年盘桓在四时捺钵之间,

---

29　《辽史》卷52《礼志五·嘉仪上》,中华书局,1974年,第857~859页。
30　《辽史》卷52《礼志五·嘉仪上》,中华书局,1974年,第859页。
31　鹏宇:《唐惠陵出土哀册与谥册校勘》,《文物春秋》2011年第4期。
32　(宋)沈括:《熙宁使虏图抄》,《奉使辽金行程录》(增订本),商务印书馆,2017年,第102页。
33　《辽史》卷32《营卫志中·行营》,中华书局,1974年,第73页。

虽别有五京，而临幸甚少。"[34]路振使辽行程录亦云："虏（指辽帝——笔者注）所止之处，官属皆从。城中无馆舍，但于城外就车帐而居焉。"[35]辽帝不像中原王朝的皇帝那样主要是居于都城的皇宫之内，而是长期活动于草原、山野之中。皇家宗庙——太庙设于京城之外，正是出于适应辽帝不常住京城的生活习俗，又便于皇帝进行祭告活动的考量。出土的辽代文物证实，著名的辽代皇家寺庙上京弘福寺，就建于北距上京近20千米的今哈巴气山谷；另一皇家寺庙上京大开龙寺，也未建于上京城中，而是建于上京皇城北约3千米远的山坡之上[36]。此两座辽代皇家寺庙的选址，当同辽代太庙不建于上京城内是出于同一机理。

（葛华廷　内蒙古赤峰巴林左旗公安局）

34　傅乐焕：《辽史丛考·广平淀考》，中华书局，1984年，第94页。
35　（宋）路振撰：《乘轺录》，《奉使辽金行程录》（增订本），商务印书馆，2017年，第18页。
36　政协巴林左旗委员会编：《临潢史迹·上京寺庙》，内蒙古人民出版社，1999年，第80~82页。

历史研究

辽朝对河西地区的经略研究

陈德洋

内容提要：河西走廊是丝路的重要通道，唐中期以后，吐蕃控制河西地区，之后，河西地区陷入诸政权纷争的局面。10世纪初，契丹开始崛起于辽西地区，对外开疆拓土，太祖时兵锋西指，开始经略河西，建立朝贡体制。到辽圣宗时，与宋和议，国力鼎盛，扶持夏州党项，又屡次直接兵临河西，建立以镇州为枢纽草原到河西向辽朝的朝贡通道。兴、道宗之时，党项统辖河西，辽朝不得已三征西夏，外和吐蕃，试图影响河西，但效果甚微。

关键词：辽朝　河西地区　草原丝路　朝贡

历史上的河西地区是指黄河以西地区，但通常是指河西走廊。辽朝的建立者契丹族长期生活在辽西地区，与河西地区距离较远，直接联系不多。10世纪初，唐朝衰亡和蒙古高原回鹘政权衰落，使契丹族开始崛起，并建立大契丹国，后改为大辽。不断对外扩张的契丹族，出于国家安全及丝路贸易的考虑，建国后开始与河西地区产生联系，并且开始积极经略河西地区。学界对于河西地区与辽朝关系的探索，主要集中于河西诸分裂政权与辽朝关系方面[1]，尚没有专门从辽朝的角度研究对河西地区的经略。本文拟从辽朝建国后，对河西地区的政策着手，综合研究辽朝对河西地区的经略，不当之处，敬请方家指正。

一、契丹建国时的河西态势

河西地区位于我国西北地区，地理位置极为重要，其地东连关陇，西通西域，北挡漠北，南接众羌，是丝绸之路重要交通要道，同时也是北方民族进入中原、西域、河湟、青藏的重要枢纽。汉武帝时期，河西归汉，汉设"河西四郡"。此后，河西地区时而属中原政权统辖，时而割据一方。逮至隋唐，视河西地区为"心腹"而大力经营，使得河西地区出现农桑兴旺、粮储丰盈、商贸发达，"夷夏和睦"的景象。755年，"安史之乱"爆发后，唐朝开始走向衰落，对于河西地区的控制能力减弱。兴起于青藏高

---

[1] 学界涉及辽与河西地区关系的论文主要有陆庆夫：《归义军与辽及甘州回鹘关系考》，《兰州大学学报》1998年第3期；彭向前：《试论辽圣宗遣军远征甘州回鹘的战略意图》《内蒙古社会科学》2003年第2期。

原的吐蕃人，开始控制河西地区，并且向河西地区大量迁移，河西地区出现吐蕃化的趋势，至848年沙州人张议潮骑兵推翻吐蕃统治，光复河西，奉唐正朔，恢复唐家制度，但实际为一割据政权，控制河西地区瓜沙一隅。其后，回鹘人在迁入甘州之后，迅速发展强大起来，控制了以甘州为中心的河西大片地区，而河西东部地区凉州则为吐蕃六谷部控制。也就是说到辽朝崛起之时，河西地区处于分裂状态。

907年，朱温废唐，建立后梁，历史进入五代时期，与此同时阿保机成为契丹族的可汗，率领契丹族开始了东征西讨的建国之路。五代时期，中原政权忙于互相争斗，无暇顾及河西地区，河西地区处于分裂态势，其中瓜、沙、肃、甘、凉州分处不同的势力范围下。当时的河西地区主要有三个政权：一是凉州以潘罗支为首的蕃汉联合政权，二是甘州回鹘政权，三是沙州归义军政权。其中，凉州的蕃汉联合政权，是在五代、后唐时期形成的以六谷吐蕃部为核心，与汉族上层统治者联合执政的政权；甘州回鹘政权是840年漠北回鹘汗国崩溃后，回鹘人分三支向西南迁徙，其中一支南下迁入河西走廊，役属于吐蕃，并散处在甘、良、瓜、沙诸州间，各立君长，分领族帐，这些回鹘人，后以甘州为中心，建立甘州回鹘政权，成为河西地区一支重要力量，在甘州回鹘亡国后，这部分回鹘人又曾经建立沙州回鹘政权；沙州归义军政权是唐宣宗大中二年（848），张议潮率领民众在沙州起义，推翻吐蕃统治，在沙州设置归义军，唐授张议潮为归义军节度使，到北宋皇祐（1049～1053），曹贤顺领归义军事，前后百余年间，沙州可以分为张氏归义军、张承奉西汉金山国、曹氏归义军政权三个时期；辽朝立国后，这三个政权分别控制丝路河西各段，既相互交往，又时有战争，又同时和宋、辽分别交往，加上河西地区本就是汉、回鹘、吐蕃、铁勒、突厥等多民族共存地区，多种势力在此交汇。多个政权的并立共存，使得辽朝立国后，所面对的河西地区复杂多变。

二、太祖西征与河西地区朝贡体制建立

907年耶律阿保机燔柴告天，成为契丹族的新可汗，开始了东征西讨的拓疆之路。909年征服周边黑车子室韦，接着在911年吞并奚族，史称："上亲征西部奚。奚阻险，叛服不常，数招谕弗听。是役所向辄下，遂分兵讨东部奚，亦平之。于是尽有奚、霫之地。东际海，南暨白檀，西逾松漠，北抵潢水，凡五部，咸入版籍。"[2]此后，又先后镇压3次诸弟之乱，基本稳定了其作为契丹最高统治者的地位。916年阿保机建元神册，称帝，开启向西北部开疆的序幕，"七月壬申，亲征突厥、吐浑、党项、小蕃、沙陀诸部，皆平之。俘其酋长及其户万五千六百，铠甲、兵仗、器服九十余万，宝货、驼马、牛羊不可胜算"[3]。又十一月，"攻蔚、新、武、妫、儒五州，斩首万四千七百余级。自代北至河曲逾阴山，尽有其地"[4]。辽朝西部边疆到达阴山、黄河附近区域。919年阿保机开始向东北地区进军，九月，"亲征乌古部"，冬十月，"次乌古部，天

---

2 《辽史》卷1《太祖纪上》，中华书局，2016年，第5页。
3 《辽史》卷1《太祖纪上》，中华书局，2016年，第11页。
4 《辽史》卷1《太祖纪上》，中华书局，2016年，第11页。

大风雪，兵不能进，上祷于天，俄顷而霁。命皇太子将先锋军进击，破之，俘获生口万四千二百，牛马、车乘、庐帐、器物二十余万。自是举部来附"[5]。至此，阿保机将势力拓展到蒙古高原的东部地区，为阿保机进军漠北，经略河西奠定了基础。

阿保机在东西征讨中，所向披靡，唯南下中原，屡屡受挫，开始把视角伸向漠北地区和东北渤海国。924年阿保机召皇后、皇太子、大元帅及二宰相诸部头，下诏曰："上天降监，惠及烝民。圣主明王，万载一遇。朕既上承天命，下统群生，每有征行，皆奉天意……然未终两事，岂负亲诚？日月非遥，戒严是速。"[6]开始进军漠北，大举征讨吐浑、党项、阻卜等部。到九月，深入漠北腹地，征服了阻卜诸部，军至阿尔泰山，"是月，破胡母思山诸蕃部，次业得思山，以赤牛青马祭天地"。十月之时，辽军越过阿尔泰山，进入西域地区，"丙寅朔，猎寓乐山，获野兽数千，以充军食"；"丁卯，军于霸离思山。遣兵逾流沙，拔浮图城，尽取西鄙诸部"。之后，在十一月，辽朝东向，军至河西地区，"乙未朔，获甘州回鹘都督毕离遏，因遣使谕其主乌母主可汗。射虎于乌剌邪里山，抵霸室山。六百余里且行且猎，日有鲜食，军士皆给"。之后，辽军应该是沿河西地区东归，到次年秋九月之时，完成本次西征。可见，辽太祖的此次西征，主要是针对漠北地区，在完成对漠北地区的征服之后，率军进入西域东部的高昌回鹘区域，迫使"回鹘霸里遣使来贡"，建立了朝贡体制。辽军在东回之时，进入河西地区，打败甘州回鹘军队，并遣使者诏谕甘州回鹘可汗，估计是威胁建立了朝贡关系。辽朝此时对于河西地区的影响可能也仅仅是甘州地区，史料中不见辽朝此次西征，没有针对沙州、瓜州、凉州、肃州的行动的记载。

辽朝在924～925年的西征，影响颇大，"及太祖西征，至于流沙，阻卜望风悉降，西域诸国皆愿入贡"[7]。太祖西征使得河西地区开始和辽朝建立联系，应该说这种联系是比较松散的羁縻属国、属部体制。《辽史》卷46《百官志二》的"北面属国官"中称："辽制，属国、属部官，大者拟王封，小者准部使。命其酋长与契丹人区别而用，恩威兼制，得柔远之道。"在这条目下有"沙洲回鹘敦煌郡王府""甘州回鹘大王府"[8]，说明辽朝也通过羁縻的形式影响河西地区。这些羁縻属国属部，主要通过朝贡形式，附属于辽朝，据《契丹国志》卷21《诸小国进贡物件》载有"高昌国、龟兹国、于阗国、甘州、沙州、凉州，以上诸国三年一次遣使，约四百余人，至契丹贡献"[9]。应该来讲建立了比较定期的朝贡体制，恐怕实际情况并非如此。这在《辽史》中多次见到河西地区诸势力向辽朝朝贡的记载，如太宗天显十二年，"庚辰朔，皇太后永宁节，晋及回鹘、燉煌诸国皆遣使来贺"[10]。再如会同二年十一月，"丁亥，铁骊、燉煌并遣

---

5 《辽史》卷2《太祖纪下》，中华书局，2016年，第17页。
6 《辽史》卷2《太祖纪下》，中华书局，2016年，第21、22页。
7 《辽史》卷130，中华书局，2016年，第21、22页。
8 《辽史》卷46《百官志二》，中华书局，2016年，第845、848页。
9 （宋）叶隆礼撰，贾敬颜、林荣贵校：《契丹国志》卷21《诸小国进贡物件》，上海古籍出版社，1985年，第205页。
10 《辽史》卷3《太宗纪上》，中华书局，2016年，第44页。

使来贡"[11]。又如会同三年五月，"庚午，以端午宴群臣及诸国使，命回鹘、燉煌二使作本俗舞，俾诸使观之"[12]。这里敦煌无疑是沙州曹氏政权，回鹘则被认为高昌回鹘[13]。说明太祖西征所建立的朝贡体制，在太宗时有所体现，但应该讲，这种朝贡体制受国家实力和外部条件的影响，并不十分稳妥。之后，太祖东征渤海，病死扶余城，继位的辽太宗，经略中心在中原地区，对于河西地区无暇顾及，而此后世宗在位时间较短，穆宗皇帝又嗜酒，基本无所作为，景宗皇帝面临大宋收复幽云的压力，基本上目光不在河西地区。

三、圣宗经略河西与党项崛起

960年赵匡胤"黄袍加身"建立大宋，先南后北，979年宋太宗灭北汉，剑指幽云，高梁一败，守内虚外。982年圣宗继位，国政由其母萧绰把持，萧绰南战大宋，西和党项，国势蒸蒸日上。党项一族，原处西南，后迁内地，占有夏州，迅速崛起，特别是占灵州以后，也开始图占河西地区。河西地区由于其独特的地理位置和丝路交通要道，自然成为辽、宋、党项、吐蕃多方势力角逐之地。

辽圣宗时期对于河西地区的经略以辽宋"澶渊之盟"（1004）为界限分为前、后两期。圣宗继位之初，母寡子弱，面对南面大宋的咄咄逼人，采取守势，其经略河西主要是维系太祖时代所建立的朝贡贸易和以西南面招讨使为中心开展工作。辽朝在建国之初，就兵及阴山、河套地区，"太祖平党项，遂破天德，尽掠吏民以东"[14]。掠民以东建立西南面招讨使，"西南招讨掌河西边事"[15]，辽朝就以此为中心经略河西地区。统和年间担任西南面招讨使的韩德威，就曾经率军进入河西地区，史称"以西南面招讨使韩德威讨河湟路违命诸蕃"[16]，这里诸蕃自然包括河西部分地区部落。此外，辽朝还通过扶植夏州党项，与宋争夺河西。982年李继迁揭开反宋大旗，屡遭挫折，而此时，宋辽对抗加剧，宋攻辽守，便不失时机地转向附辽。986年，二月，"癸卯，西夏李继迁叛宋来降，以为定难军节度使、银夏绥宥等州观察处置等使、特进检校太师、都督夏州诸军事"[17]。接着，在989年，"以王子帐耶律襄之女封义成公主，下嫁李继迁"[18]。进一步稳定辽与党项的关系。辽朝善待党项的主要目的是从西面制约和抗衡大宋，但此举也通过夏州党项来加大其在河西地区的影响力，"既得继迁，诸夷皆从"[19]这种状态一

---

11 《辽史》卷4《太宗纪下》，中华书局，2016年，第50页。
12 《辽史》卷4《太宗纪下》，中华书局，2016年，第52页。
13 陆庆夫：《归义军与辽及甘州回鹘关系考》，《兰州大学学报》1998年第3期，第73～79页。
14 《辽史》卷41《地理志五》，中华书局，2016年，第581页。
15 （宋）余靖：《武溪集》卷18《契丹官仪式》，《北京图书馆古籍珍本丛刊》影音明刻本，书目文献出版社，1998年，第175、176页。
16 《辽史》卷10《圣宗一》，中华书局，2016年，第121页。
17 《辽史》卷11《圣宗二》，中华书局，2016年，第127页。
18 《辽史》卷12《圣宗二》，中华书局，2016年，第145页。
19 《辽史》卷82《韩德威传》，中华书局，2016年，第1423页。

直维系到澶渊之盟前。

1004年，辽宋澶渊之盟，实现了由战争到和平的转变，辽朝就有更多的精力去经略河西地区。此时，辽朝已经控制漠北地区，并且在统和二十二年（1004）设置镇州城，用以控驭漠北地区，同时可以连接漠北与甘州的回鹘路，直接经略河西甘州地区。从统和末年开始，辽朝为了直接统治甘州地区，派西北路招讨使萧图玉，对甘州回鹘发动进攻。统和二十六年（1008）十二月，"萧图玉奏讨甘州回鹘，降其王耶剌里，抚慰而还"[20]。接着统和二十八年（1010）五月，"西北部招讨使萧图玉奏伐甘州回鹘，破肃州，尽俘其民，诏修土隗口故城以实之"[21]。可见，辽朝直接把军队指向位于贸易通道的甘州和肃州地区。之后，又在太平六年（1026）五月，"遣西北路招讨使萧惠将兵伐甘州回鹘"，八月，"萧惠攻甘州不克，师还"。看来，此次攻击效果并不明显，相反引起漠北阻卜的叛乱，"自是阻卜诸部皆叛，辽军与战皆为所败"[22]。但应该指出的是，辽朝在镇州建立之后，频繁可以利用西北路招讨使，南下河西地区，施加影响力，这一点也可以从统和二十四年（1006）九月，"是月，沙州燉煌王曹寿遣使进大食国马及美玉，以对衣、银器等物赐之"[23]看到。从镇州到甘州回鹘的古回鹘道，也成为河西地区朝贡辽朝的主要通道。这点可以从担任西北路招讨使的韩涤鲁身上看到，他"以私取回鹘使者獭毛裘，及私取阻卜贡物，事觉，决大杖，削爵免官"[24]。显然，镇州成为河西朝贡辽朝的通道，涤鲁才能从中获利。辽在向甘州、肃州进军的同时，积极拉拢沙州归义军，辽在开泰八年（1019），封沙州节度使曹顺为敦煌郡王，并派使者进行册封，出使者为韩橁，"明年奉使沙州，册主帅曹恭顺为燉煌王"[25]，还"遣使赐沙州回鹘燉煌郡王曹（恭）顺衣物"[26]册封和优遇沙州曹氏政权，无疑加大了辽朝在河西地区的影响力，所以，沙州曹氏政权，多次遣使朝贡辽朝。如开泰三年（1014）夏四月，"乙亥，沙州回鹘曹顺遣使来贡"[27]。又开泰九年（1020）九月，"乙亥，沙州回鹘燉煌郡王曹顺遣使来贡"[28]。

四、西夏占领河西与兴、道宗的河西经略

西夏的建立者是党项人，鉴于河西地区优越地理位置和亦农亦牧的自然条件，早已觊觎已久，只是自身实力不够。李继迁臣辽之后，辽册其为夏国王，又娶契丹公主，之后又向宋称臣，宋授其为夏州刺史，定南军节度使，可以说是首鼠两端，左右逢源，

---

20 《辽史》卷14《圣宗五》，中华书局，2016年，第178页。
21 《辽史》卷15《圣宗六》，中华书局，2016年，第184页。
22 《辽史》卷17《圣宗八》，中华书局，2016年，第225页。
23 《辽史》卷14《圣宗五》，中华书局，2016年，第177页。
24 《辽史》卷82《韩涤鲁传》，中华书局，2016年，第1424页。
25 （辽）李万撰：《韩橁墓志》，《辽代石刻文编》，河北教育出版社，1995年，第205页。
26 《辽史》卷16《圣宗七》，中华书局，2016年，第208页。
27 《辽史》卷15《圣宗六》，中华书局，2016年，第191页。
28 《辽史》卷16《圣宗七》，中华书局，2016年，第209页。

因此坐大。1002年，党项借宋辽战争胶着之际，攻陷灵州，打开西进河西的道路。1003年，党项以灵州大本营，顺利攻占凉州，"继迁攻西蕃，遂入西凉府，知州丁惟清陷没"[29]。攻陷凉州之后，李继迁遭遇暗算，中流矢而死。继任的李德明，更是垂涎河西地区，"今来李德明以父仇为名，志在通甘、伊、瓜、沙道路"[30]。先后七次对河西的甘州地区用兵，但实际效果并不明显。从上文中辽朝在圣宗朝后期对于河西的经略，恰恰帮助党项攻占河西地区，萧惠两次攻击甘州，也间接导致1028年李元昊攻占甘州。之后，元昊"再举并攻回鹘，陷瓜、沙、肃三州，尽有河西之地"[31]。至此，党项人占据河西地区，实力大增，终于在1038年李元昊建国称帝。

党项人控制河西，建国称帝后，河西地区的利益为西夏所控制，这是辽朝不想看到的。从1038年开始，辽夏矛盾越演越烈，此时辽朝是兴宗皇帝在位，"时天下无事，户口蕃息，上富于春秋"[32]。鼎盛时期的辽朝，自然不容西夏驾驭河西，控制丝路贸易通道，出于多种因素的考虑，辽朝分别在重熙十三年（1044）、重熙十八年（1049）、重熙十九年（1050）三次攻入西夏境内，其中前两次是兴宗皇帝亲征，但基本是大败而归，只有第三次，辽朝深入西夏境内大掠而回。辽朝在第二次攻西夏战争中，曾经打到西夏河西地区凉州，史称，"北路兵至西凉府，获羊百万，橐驼二十万，牛五百，俘老幼甚多"[33]，辽朝的北路军则有，"西北路招讨使敌鲁古率蕃部诸军由北路趋凉州，获谅祚亲属"[34]。可见，辽朝军队从北面南下，攻打西夏凉州，大获全胜，虏获甚多。三次攻夏战争，辽朝虽有掠获，但也是损兵折将，西夏虽有损失，但在河西地区的影响力加大，基本稳定其在河西地区的统治。

攻夏战争的失败，使得辽朝在河西地区的影响力下降，辽朝为加大其在河西地区的影响力，便把目光指向河西地区吐蕃集团。吐蕃曾经攻占河西地区，之后大量吐蕃部落散居河西地区，"自灵州渡黄河至于阗，往往见吐蕃族帐"[35]。之后，吐蕃部落大量聚集在凉州地区，"凉州郭外数十里尚有汉民陷没者耕作，余皆吐蕃"[36]。吐蕃很早就和辽朝建立朝贡关系，在辽太宗、穆宗、圣宗朝皆见吐蕃朝贡辽朝，尤其值得注意的是在圣宗开泰七年（1018）闰四月，"戊午，吐蕃王并里尊奏，凡朝贡，乞假道夏国，从之"[37]。这里并里尊，据长泽和俊的研究，认为是凉州吐蕃，其朝贡辽朝的目的是依靠强大的辽朝获得西夏领域内的交通安全[38]。这也迎合了辽朝在党项崛起后，对于河西地区影响力急需加强的要求。因此，辽朝开始积极拉拢河西的吐蕃。凉州吐蕃在天圣六年

---

29 《宋史》卷492《吐蕃传》，中华书局，1975年，第14157页。

30 （宋）李焘：《续资治通鉴长编》卷68，大中祥符元年四月乙未，中华书局，1995年，第1537页。

31 （宋）李焘：《续资治通鉴长编》卷119，景祐三年十二月辛未条，中华书局，1995年，第2813页。

32 《辽史》，卷87《萧孝穆传》，中华书局，2016年，第1466页。

33 （宋）李焘：《续资治通鉴长编》卷168，皇祐二年三月庚子条，中华书局，1995年，第4035页。

34 《辽史》卷93《萧惠传附子慈氏奴传》，中华书局，2016年，第1514页。

35 （宋）欧阳修：《新五代史》卷74《四夷附录·于阗传》，中华书局，1974年，第919页

36 《宋会要辑稿》第195册，方域二一之一四。

37 《辽史》卷16《圣宗七》，中华书局，2016年，第206页。

38 〔日〕长泽和俊著，钟美珠译：《丝绸之路史研究》，天津古籍出版社，1990年，第359页。

到七年（1028~1029）遭受党项李元昊的攻击，与甘州回鹘逃到青海一带。辽朝为了制约河西的西夏，向吐蕃派遣使节，据《辽史》卷89《耶律庶成传》载："耶律庶成，字喜隐，小字陈六，季父房之后……庶成方进用，为妻胡笃所诬，以罪夺官，绌为'庶耶律'。使吐蕃凡十二年，清宁间始归。"辽的清宁年间是道宗时，在1055~1063年，朝前推20年，应该在兴宗重熙十五年之后，估计应该是辽三次攻击西夏之后，显然，这次出使就是联络吐蕃，制约河西的西夏。除派使者外，辽朝还和吐蕃进行和亲，嫁公主于吐蕃，据《续资治通鉴长编》卷188"嘉祐三年九月乙亥条"载："秦凤经略司言西番唃厮啰与契丹通姻。先是，唃厮啰捺罗部阿作等叛归夏国，谅祚乘此引兵攻掠境上，唃厮啰与战败之，获酋豪六人，收橐驼、战马颇众，因降陇逋、立功、马颇三族。会契丹遣使送女妻其少子董毡，乃罢兵归。契丹既与唃厮啰通姻，数遣使由回鹘路至河湟间，与唃厮啰约举兵取河西，河西谓夏国也，欲徙董毡凉州，与之相近。唃厮啰辞以道远兵难合，乃止。"可见，辽朝的确曾经通过和亲形式，联结吐蕃，图取河西。辽朝的这种远交近攻，结好吐蕃的策略，在兴、道宗朝多次见到吐蕃朝贡辽朝，如兴宗2次、道宗3次，甚至到辽末天祚帝时还有2次吐蕃的进贡[39]，综上所述，在西夏统辖河西后，辽朝已经不能直接经略河西地区，而是通过拉拢吐蕃，进而影响河西地区，但效果恐怕不是太好。

五、结　　语

崛起于辽西地区的契丹族，建立大契丹国后，疆域不断对外拓展，开始经略河西地区。辽太祖西征，兵锋达到河西的甘州、肃州，建立起朝贡体制。随后的辽太宗、世宗、穆宗、景宗由于辽朝主要精力在南下和与宋幽云争夺方面，对于河西地区的经略，相对减少。逮到圣宗，辽朝国力逐渐发展，特别是"澶渊之盟"后，辽朝在漠北统治地位稳固，辽朝又以漠北为基地，向河西地区派兵，扩大影响。夏州党项的崛起以及后来在辽朝扶植之下，占领河西，辽朝不得已又改变策略，联合河西地区的吐蕃，甚至青海的吐蕃，以图制约西夏，影响河西。辽朝立国200余年，对于河西地区的经略，可以说并不是其国家的根本，但作为维系朝贡体制和丝路贸易及国家安全的需要，辽朝也可谓殚心积虑。

附记：本文系国家社科基金西部项目"金朝乡村社会研究"（2018XZS013）阶段性成果。

（陈德洋　曲阜师范大学历史文化学院）

39　据《辽史》的《兴宗纪》《道宗纪》《天祚纪》载，吐蕃分别在兴宗重熙二十年、重熙二十三年，道宗咸雍五年、咸雍七年、大康元年，天祚帝乾统三年、乾统四年朝贡辽朝。

历史研究

辽代节镇的军事职能研究

陈俊达 王 征

内容提要：辽代节镇的军事职能上承唐五代，节度使下辖军队，同时拥有统兵权与指挥权。节镇内设置的军队分为衙军与州军两类。衙军为节度使招募来的雇佣军，州军为通过兵役征调来的乡兵，节镇中募兵制与征兵制并存。衙军由衙内都指挥使、指挥使负责管理，州军由马步军都指挥使等负责管理。和平时期，衙军与乡兵共同维护地方治安。战时，衙军为作战部队，乡兵负责后勤辎重等事务。辽代节镇自成军区，遍布战略要地，对辽朝边防以及地方军事网络体系的形成具有重要作用。

关键词：辽代 节镇 节度使 军事职能

鉴于节镇自唐代初设之时即出于军事目的，前贤在研究辽代节镇的职能时亦多关注其军事职能。林荣贵注意到节镇在辽代边疆治理上发挥的军事作用[1]。任仲书注意到节镇在职官设置上体现出的军事特点[2]。同时，学界对镇州建安军[3]、丰州天德军[4]、平州辽兴军[5]等节镇的战略地位、军事职能等方面也做了个案考察。然关于节镇的军队设置与军队管理，节度使的统兵权与指挥权等问题，学界尚无专文进行讨论，使得关于节镇军事职能的相关研究在立论上存在缺欠。王曾瑜先生指出，辽代各节镇皆可视为一个小军区[6]。学界多赞同王曾瑜先生的观点。然岛田正郎提出："在辽制中的州县长官的任务主要是在民政事务方面，在兵事上没有重要的地位。"对于史料中出现的"节度—刺史"体系官员领兵的记载，解释为因人而异或战时实行[7]。直至近日，亦有学者表示

---

1 林荣贵：《北宋与辽的边疆经略》，《中国边疆史地研究》2000年第1期，第39、43、44页。
2 任仲书：《辽朝的地方制度建设与机构设置》，《内蒙古社会科学（汉文版）》2010年第6期，第50页。
3 陈得芝：《辽代的西北路招讨司》，《宋辽金史论丛（第一辑）》，中华书局，1985年，第271、272页。
4 樊文礼：《辽代的丰州、天德军和西南面招讨司》，《内蒙古大学学报（哲学社会科学版）》1993年第3期，第75页。
5 吴凤霞：《辽朝经略平州考》，《社会科学辑刊》2015年第4期，第114、115页。
6 王曾瑜：《辽金军制》，河北大学出版社，2011年，第57～60页。
7 〔日〕岛田正郎著，何天明译：《大契丹国——辽代社会史研究》，内蒙古人民出版社，2007年，第165、166页。

赞同[8]。

有鉴于此，本文拟在前贤研究的基础上，考察辽代节度使在和平时期与战时的军事职掌，厘清辽代节镇的军队设置，并通过考察节度使的武职僚佐，以探讨节镇内部的军队管理。并在此基础上，探讨辽代节镇军事职能的意义与作用。权为引玉之砖，以求正史界方家。

一、辽代节度使的军事职掌

据《文献通考》记载，唐后期，"一道兵政属之节度使，民事属之观察使，然节度多兼观察；又各道虽有度支、营田、招讨、经略等使，然亦多以节度使兼之。盖使名虽多，而主其事者，每道一人而已"[9]。辽代节度使与唐代相似，其所带"节度使"衔，即赋予其掌管节镇兵政的权力，又兼"巡检使"衔负责辖区内治安事务。如太平七年（1027）《耶律遂正墓志》记载耶律遂正的结衔为："大契丹国故忠勤守节功臣、辽兴军节度、平、滦、营等州观察、处置、巡检、屯田、劝农等使，崇禄大夫、检校太师、同政事门下平章事、使持节平州诸军事、平州刺史、上柱国、漆水郡开国侯、食邑一千户、食实封壹伯户。"[10]辽代节度使承袭唐五代节度使的军事职掌，下辖军队，负责军队管理，拥有统兵权与指挥权。战时或守土有责，或领兵出征，和平时期保境安民，维护地方治安。

战时，节度使守土有责，需保障辖区安全。如《辽史》记载，会同七年（944）八月，"晋镇州兵来袭飞狐，大同军节度使耶律孔阿战败之"[11]。辽宋战争期间，统和四年（986）三月，辽朝得知北宋分三路来侵时，令平州节度使迪里姑遣人趣行，"马乏则括民马，铠甲阙则取于显州之甲坊"，先行负责平州辖境内的海岸防御任务[12]。当彰国军节度使耶律学古面对"宋将潘美率兵分道来侵"时，"学古以军少，虚张旗帜，杂丁黄为疑兵。是夜，适独虎峪举烽火，遣人侦视，见敌俘掠村野，击之，悉获所掠物，擒其将领"[13]。挫败了北宋进攻应州（彰国军治州）的计划。

节度使战时领兵出征、指挥作战，亦体现出节度使拥有统兵权与指挥权。如应历四年（954）二月，辽朝派遣武定军节度使杨衮将万骑赶赴晋阳，会合北汉军队一同进攻后周[14]。咸雍八年（1072）《耶律宗福墓志》提供了一个实例。据墓志记载，太平八

---

8 如温海清认为，相较于宋代州长官领有兵权，辽代"节度—刺史"体系官员的兵权趋于式微（温海清：《画境中州：金元之际华北行政建置考》，上海古籍出版社，2012年，第192页）。

9 （宋）马端临著，上海师范大学古籍研究所、华东师范大学古籍研究所点校：《文献通考》卷61《职官考十五》，中华书局，2011年，第1843页。

10 《耶律遂正墓志》，向南、张国庆、李宇峰辑注：《辽代石刻文续编》，辽宁人民出版社，2010年，第68页。

11 《辽史》卷4《太宗纪下》，中华书局，2016年，第59页。

12 《辽史》卷11《圣宗纪二》，中华书局，2016年，第128页。

13 《辽史》卷83《耶律学古传》，中华书局，2016年，第1436页。

14 （宋）叶隆礼撰，贾敬颜、林荣贵点校：《契丹国志》卷5《穆宗天顺皇帝》，中华书局，2014年，第59页。

年（1028）大延琳叛乱时，时任贵德州宁远军节度使的耶律宗福，"因率部兵，直抵边口，狞虬之凭水势，鸷鹗之乘风力。怒而一激，乱党随败。仆尸□□，流血波委"[15]。耶律宗福率"部兵"出征，此处"部兵"指节度使辖区（节镇）内的军队。古人将政区之内称为"部"，辽代亦如是[16]。耶律宗福率领节镇军队平叛，是节度使拥有统兵权与指挥权最直接的体现。

和平时期，首先，节度使负责战备工作。据清宁八年（1062）《耶律宗政墓志》记载，耶律宗政担任辽兴军节度使期间，"军政戒之而后备"[17]。重熙六年（1037）《韩橁墓志》亦提供了一个实例。据墓志记载，大延琳叛乱被平定后，韩橁移镇沈州（昭德军），面对叛乱后的混乱残破局面，韩橁"指画方略，奋发雄图。截玄菟之要冲，贯紫蒙之扼束。筑垒一十七所。宿兵捍城，贼不西寇，公之力也"[18]。此处"玄菟"指高丽，"紫蒙"指紫蒙川。紫蒙川位于老哈河中上游的宁城地区。由此可知，韩橁任沈州昭德军节度使期间，修筑防御工事十七所，贯通辽丽边境至辽中京一线的防御战线。并分兵驻守，成功粉碎了女真、高丽借大延琳叛乱、圣宗去世之机，趁火打劫，侵占辽朝疆土的企图[19]。

其次，节度使需要防范间谍渗透。如会同八年（945）十二月，云州节度使耶律孔阿获晋谍者[20]。统和元年（983）十一月，应州（彰国军）奏，"获宋谍者，言宋除道五台山，将入灵丘界"[21]。

再次，节度使负责维护辽朝疆土的完整。如《辽史·耶律颇的传》记载，咸雍八年（1072），耶律颇的任彰国军节度使（治应州）。"上（道宗）猎大牢古山，颇的谒于行宫。帝问边事，对曰：'自应州南境至天池，皆我耕牧之地。清宁间，边将不谨，为宋所侵，烽堠内移，似非所宜。'道宗然之。"后辽朝遣人使宋，得其侵地，命颇的往定疆界，收回被北宋侵占的辽朝领土[22]。

---

15 《耶律宗福墓志》，向南、张国庆、李宇峰辑注：《辽代石刻文续编》，辽宁人民出版社，2010年，第142页。

16 如《辽史》卷84《耶律抹只传》载，耶律抹只担任开远军节度使期间，提高钱粮兑换比率，"部民便之"。（中华书局，2016年，第1440页）此处"部"指节镇。卷86《耶律颇的传》载耶律颇的任易州刺史秩满后，"部民请留"（中华书局，2016年，第1462页）。此处"部"指刺史州易州。卷105《大公鼎传》载大公鼎担任良乡令，"省徭役，务农桑，建孔子庙学，部民服化"（中华书局，2016年，第1608页）此处"部"指良乡县。

17 《耶律宗政墓志》，向南：《辽代石刻文编》，河北教育出版社，1995年，第307页。

18 《韩橁墓志》，向南：《辽代石刻文编》，河北教育出版社，1995年，第206页。

19 据《辽史》卷17《圣宗纪八》记载，大延琳叛乱时，"时南、北女直皆从延琳，高丽亦稽其贡"（第230页）《高丽史》卷94《郭元传》记载，太平九年（1029），"兴辽反契丹，遣使求援。元密奏王曰：'鸭江东畔，契丹保障，今可乘机取之'。崔士威、徐讷、金猛等皆上书言其不可，元固执遣兵攻之，不克"〔（朝鲜王朝）郑麟趾等：《高丽史》，国书刊行会株式会社，昭和五十二年（1977），第89页〕。

20 《辽史》卷4《太宗纪下》，中华书局，2016年，第61页。

21 《辽史》卷10《圣宗纪一》，中华书局，2016年，第120页。

22 《辽史》卷86《耶律颇的传》，中华书局，2016年，第1462页。

最后，节度使负责维护地方治安。由出土墓志记载辽代节度使的结衔，知辽代节度使兼任巡检使。如太平七年（1027）《耶律遂正墓志》记载志主的部分结衔为"辽兴军节度、平、滦、营等州观察、处置、巡检、屯田、劝农等使"[23]；清宁八年（1062）《耶律宗政墓志》记载志主的部分结衔为"判武定军节度、奉圣、归化、儒、可汗等州观察、处置、巡检、屯田、劝农等使"[24]。辽代巡检使上承五代，其职掌为维护社会治安。最直接的体现为统和二十六年（1008）《常遵化墓志》记载常遵化于统和十九年（1001）担任"上京军巡使、京内巡检使"后，"顿得盗贼并迹，豪户洗心。巷陌宽而舞手行，辰夜静而启门卧"[25]。知辽代巡检使负责维护地方治安。辽代节度使通过兼任巡检使，负责地方治安事务。需要指出的是，古代军警不分，辽代节度使拥有军事职掌的同时，已具有负责地方治安的职掌，故墓志所见节度使结衔中不带巡检使者，亦不影响其负责地方治安事务。

二、辽代节镇的军队设置与军队管理

关于辽代节镇的军队设置，由《辽史·百官志》可知，节度使下马步军都指挥使、马军指挥使、步军指挥使等职官一应俱全[26]。又由石刻资料可知，节镇内部还设有衙内都指挥使、指挥使等武职僚佐，而《辽史·百官志》不载。如统和二十四年（1006）《王邻墓志》载王俊"启圣军衙内都指挥使"，王守琢"兴国军衙内都指挥使"[27]；太平七年（1027）《耿知新墓志》载耿知新"昭德军节度衙内都指挥使"[28]；乾统十年（1110）《高为裘墓志》记载，高为裘的孙子高永肩曾担任"蔚州长清军指挥使"[29]。

辽承晚唐五代节镇体制，节度使下辖的军队分为两个系统：衙军系统与州军系统[30]。故余靖在《契丹官仪》中，将"云、应、蔚、朔、奉圣等五节度营兵"和逐州所置"乡兵"分别予以记述[31]。"五节度营兵"指节度使的直属武装"衙军"（亦称"衙

---

23 《耶律遂正墓志》，向南、张国庆、李宇峰辑注：《辽代石刻文续编》，辽宁人民出版社，2010年，第68页。
24 《耶律宗政墓志》，向南：《辽代石刻文编》，河北教育出版社，1995年，第305页。
25 《常遵化墓志》，向南：《辽代石刻文编》，河北教育出版社，1995年，第128页。
26 《辽史》卷48《百官志四》，中华书局，2016年，第907页。
27 《王邻墓志》，向南：《辽代石刻文编》，河北教育出版社，1995年，第122页。
28 《耿知新墓志》，向南：《辽代石刻文编》，河北教育出版社，1995年，第184页。
29 《高为裘墓志》，向南：《辽代石刻文编》，河北教育出版社，1995年，第610页。
30 高井康典行考证辽南京的兵制，认为南京留守司继承了唐五代以来的卢龙军节度使，其率领的士兵即南京留守（幽州卢龙军节度使）的衙队。南京侍卫亲军马步军都指挥使司继承了五代的侍卫亲军制度，与斡鲁朵制度一样，是为了强化禁军力量，达到强干弱枝的目的。南京统军司的兵源为契丹人与渤海人，是监视汉军的重要力量。辽南京的军事机构元帅府、侍卫亲军、统军司三足鼎立，相互牵制，共同负责南京的防卫［〔日〕高井康典行：《渤海と藩鎮——遼代地方統治の研究》，汲古书院，2016年，第137～160页］。
31 （宋）余靖撰，黄志辉校笺：《武溪集校笺》卷18《杂文·契丹官仪》，天津古籍出版社，2000年，第540页。

兵"或"衙队"）；逐州所置"乡兵"遍布辽朝各府州，为各府州长官（包括节度使、刺史等）的下属部队，来源为服兵役的"五京乡丁"。

节镇衙军由衙内都指挥使、指挥使负责管理。衙内都指挥使，全名衙内马步军都指挥使，又作衙内都将，《辽史·百官志》不载，见于墓志记载。如统和三年（985）《韩匡嗣墓志》载韩匡嗣兄韩匡图"彰国军衙内都将"[32]；统和二十四年（1006）《王邻墓志》载王俊"启圣军衙内都指挥使"，王守琢"兴国军衙内都指挥使"[33]；太平七年（1027）《耿知新墓志》载耿知新"昭德军节度衙内都指挥使"[34]。

衙内都指挥使掌节镇内亲从、禁卫事务。如乾亨三年（981）《王裕墓志》载志主担任卢龙军节度衙内马步军都指挥使后，"内定不战之□，外骋必胜之容。宏规绩度，师律肃□。六军长□，高冠□尽资乎二府。功立戎□，名勋□□"[35]。统和二十三年（1005）《王悦墓志》载志主担任辽兴军节度衙内都指挥使后，"欲趋禁掖，预佐藩垣。既负干勤，遂隆渥泽"[36]。

由于衙内都指挥使掌节镇衙军，具有负责节度使宿卫、安保事务的特殊地位，辽代节度使多以其子担任衙内都指挥使。如乾亨三年（981）《王裕墓志》载王裕为宜州崇义军节度使，三子王琢担任崇义军衙内都将[37]；乾亨四年（982）《许从赟暨妻康氏墓志》载许从赟担任大同军节度使，其长子许守伦为衙内都指挥使[38]；统和二十九年（1011）《耶律隆祐墓志》载耶律隆祐担任云州大同军节度使，次子耶律遂成为衙内都指挥使[39]；开泰六年（1017）《韩相墓志》载韩相为辽兴军衙内马步军都指挥使，而其父韩琬则担任辽兴军节度使[40]。凡此种种，体现出辽代衙内都指挥使地位的特殊性。

衙内都指挥使下，又设指挥使具体负责衙军管理。如乾统十年（1110）《高为裘墓志》记载，高为裘的孙子高永肩曾担任"蔚州长清军指挥使"[41]。长清军应为此时忠顺军节度使（治蔚州）衙军的番号，设指挥使加以管理。

需要指出的是，衙军为职业雇佣兵[42]，为节镇的常备军以及核心军事力量。辽朝虽

---

32 《韩匡嗣墓志》，向南、张国庆、李宇峰辑注：《辽代石刻文续编》，辽宁人民出版社，2010年，第24页。
33 《王邻墓志》，向南：《辽代石刻文编》，河北教育出版社，1995年，第122页。
34 《耿知新墓志》，向南：《辽代石刻文编》，河北教育出版社，1995年，第184页。
35 《王裕墓志》，向南：《辽代石刻文编》，河北教育出版社，1995年，第63页。
36 《王悦墓志》，向南：《辽代石刻文编》，河北教育出版社，1995年，第113页。
37 《王裕墓志》，向南：《辽代石刻文编》，河北教育出版社，1995年，第62、64页。
38 《许从赟暨妻康氏墓志》，向南、张国庆、李宇峰辑注：《辽代石刻文续编》，辽宁人民出版社，2010年，第19、20页。
39 《耶律隆祐墓志》，向南、张国庆、李宇峰辑注：《辽代石刻文续编》，辽宁人民出版社，2010年，第51、52页。
40 《韩相墓志》，向南：《辽代石刻文编》，河北教育出版社，1995年，第151页。
41 《高为裘墓志》，向南：《辽代石刻文编》，河北教育出版社，1995年，第610页。
42 张国刚：《唐代藩镇类型及其动乱特点》，《历史研究》1983年第4期，第108页。

保留了节镇的衙军建制，但限制其发展。一方面表现在衙军的换防上。如统和十三年（995）七月，"诏蔚、朔等州龙卫、威胜军更戍"[43]。龙卫军、威胜军应为此时蔚、朔二州节度使的衙军，辽朝为防止节度使拥兵自重，通过换防调动将节度使与其直属部队衙军相分离。然而由于衙军为节度使招募而来的雇佣军，与节度使之间存在紧密的依附关系，辽朝换防衙军，引起衙军不满，导致衙军叛乱。次年（996）五月，"朔州威胜军一百七人叛入宋"[44]。另一方面辽朝削弱节镇衙军的规模，直接体现在圣宗以后，衙内都指挥使不见于记载。推测圣宗以前，辽代节镇衙军由多个指挥使分别统领，故设有衙内都指挥使一职。如上引忠顺军节度使（治蔚州）的衙军，早期可能分为"龙卫军""长清军"等多支，后随着辽朝换防调动、削减规模，至辽末，只剩下"长清军"一支，故辽末只设有指挥使一人管理，无须再设置衙内都指挥使一职。由此体现出辽朝中央对地方节镇控制力的不断加强。

除衙军外，辽代节镇内部还设有其他雇佣军。如统和十年（992）《清水院陀罗尼幢题记》中有"（武定军）义军副兵马使颜承嗣"[45]；统和十二年（994）《姜承义墓志》记载，姜承义的长子姜守规曾担任"武定军节度义军指挥使"[46]。此处"义军"应为武定军节度使下辖的除衙军以外的另一支雇佣军。

节度使除直属部队衙军外，另下辖"乡兵"。马步军都指挥使（副指挥使）、马军指挥使（副指挥使）、步军指挥使（副指挥使）、左右厢指挥使等即为节镇州军系统中管理"乡兵"的军事长官。

辽代马步军都指挥使（副指挥使）频繁见于记载。如《辽史·圣宗纪二》载：统和四年（986）三月，"武定军马步军都指挥使、郓州防御使吕行德、副都指挥使张继从、马军都指挥使刘知进等以飞狐叛，附于宋"[47]；统和二十九年（1011）《韩佚妻王氏墓志》载：子韩绍英"前辽兴军节度马步军都指挥使"[48]；乾统十年（1110）《高为裘墓志》《高泽墓志》载清宁二年（1056）六月，高为裘担任朔州（顺义军）马步军都指挥使[49]。马步军都指挥使（副指挥使）应为辽代通制。

马步军都指挥使（副指挥使）的前身为唐代的都知兵马使（兵马使）。都知兵马使为唐代节镇使府中最重要的军将之一[50]，然而都知兵马使在晚唐五代以来的地位越来

---

43 《辽史》卷13《圣宗纪四》，中华书局，2016年，第159页。
44 《辽史》卷13《圣宗纪四》，中华书局，2016年，第160页。
45 《清水院陀罗尼幢题记》，向南、张国庆、李宇峰辑注：《辽代石刻文续编》，辽宁人民出版社，2010年，第349页。
46 《姜承义墓志》，向南：《辽代石刻文编》，河北教育出版社，1995年，第748页。按，向南作"武定军节度、义军指挥使"，实误。
47 《辽史》卷11《圣宗纪二》，中华书局，2016年，第128页。
48 《韩佚妻王氏墓志》，向南：《辽代石刻文编》，河北教育出版社，1995年，第140页。
49 《高为裘墓志》《高泽墓志》，向南：《辽代石刻文编》，河北教育出版社，1995年，第609、611页。
50 严耕望：《唐代方镇使府僚佐考》，《严耕望史学论文集》，上海古籍出版社，2009年，第451页。

低，逐渐被都指挥使、指挥使代替[51]。辽代继承了都知兵马使（兵马使）自晚唐五代以来的发展趋势，都知兵马使（兵马使）在辽代成为一般衙前职[52]，马步军都指挥使成为辽代节镇中节度使之下管理乡兵的最高军事长官。

马步军都指挥使下设马军指挥使（副指挥使）、步军指挥使（副指挥使），分掌节镇马步军。如《辽史·圣宗纪二》载：统和四年（986）三月，"武定军马步军都指挥使、郧州防御使吕行德、副都指挥使张继从、马军都指挥使刘知进等以飞狐叛，附于宋"；"步军都指挥使穆超以灵丘叛，附于宋"[53]。马步军都指挥使下除分设马军指挥使、步军指挥使外，亦分左右厢。马步军都指挥使下分设左右厢指挥使，《辽史·百官志》不载，见于墓志记载。如重熙十四年（1045）《沈州卓望山无垢净光塔石棺记》载"马步军右厢都指挥使、银青崇禄大夫、兼监察史、武骑尉霍庆"[54]。

与通过募兵制招募而来的雇佣兵衙军不同，乡兵的来源为《辽史·兵卫志》记载的"五京乡丁"。乡丁作为辽朝的一种兵役，"辽国兵制，凡民年十五以上，五十以下，隶兵籍"[55]。乡兵为辽朝从乡丁中通过兵役征调来的军队。由《兵卫志》记载可知，辽代征兵制规定，十五岁至五十岁称为"丁"，隶兵籍。

由此可知，辽代节镇内设置的军队分为衙军与州军两类。衙军为节度使招募来的雇佣军，州军为通过兵役征调来的乡兵，辽代节镇中募兵制与征兵制并存。和平时期，衙军与乡兵同为维护地方治安的军事力量。战争时期，据《辽史·耶律学古传》记载，耶律学古时任彰国军节度使（治应州），面对北宋来侵时，"学古以军少，虚张旗帜，杂丁黄为疑兵"[56]。"杂丁黄为疑兵"，此处"丁"指十五岁至五十岁之间的成年男性，"黄"指十五岁以下的未成年人。"学古以军少"中的"军"，应指彰国军节度使的衙军。故节度使率军出战时，作战部队为衙军。而"乡兵"正如《兵卫志》记载，战时"于本国州县起汉人乡兵万人，随军专伐园林，填道路"[57]。乡兵的职责为负责开路，或为主力部队提供后勤辎重等。

三、辽代节度使的其他武职僚佐

辽代节度使的武职僚佐除衙军系统与乡兵系统的僚佐外，还有节院使、押衙，以及衙前兵马使、山河使、教练等一般衙前职。

51　张国刚：《唐代藩镇研究》（增订版），中国人民大学出版社，2010年，第101页。
52　如统和二十六年（1008）《常遵化墓志》载：常遵化三子"广德军节度都知使"常守麟，次女"适彰武军节度都军使安信"。此处"都知使""都军使"为一般衙前职（向南：《辽代石刻文编》，河北教育出版社，1995年，第128～130页），推测应为辽代衙前兵马使的别称。
53　《辽史》卷11《圣宗纪二》，中华书局，2016年，第128、129页。
54　《沈州卓望山无垢净光塔石棺记》，向南：《辽代石刻文编》，河北教育出版社，1995年，第239页。
55　《辽史》卷34《兵卫志上》，中华书局，2016年，第451页。
56　《辽史》卷83《耶律学古传》，中华书局，2016年，第1436页。
57　《辽史》卷34《兵卫志上》，中华书局，2016年，第453页。

（一）节院使

节院使，《辽史·百官志》不载，见于墓志记载。如统和二十六年（1008）《常遵化墓志》载常遵化三女"适保安军节度节院使窦昌懿"[58]。

辽代节院使上承唐五代。据《新唐书·百官志四下》记载："节度使掌总军旅，颛诛杀。初授，具帑抹兵仗诣兵部辞见，观察使亦如之。辞日，赐双旌双节。行则建节、树六纛，中官祖送，次一驿辄上闻。入境，州县筑节楼，迎以鼓角，衙仗居前，旌幢居中，大将鸣珂，金钲鼓角居后，州县赍印迎于道左……罢秩则交厅，以节度使印自随，留观察使、营田等印，以郎官主之。锁节楼、节堂，以节院使主之，祭奠以时。入朝未见，不入私第。"[59]唐五代时期，节度使辖区内各州县筑有节楼、节堂，设立节院，以迎接新任节度使的旌节，属于节度使旌节礼仪制度的内容之一。节度使离任，则闭锁节院，不时祭奠，以尽礼节。主掌各州县节楼、节堂的专门官员，即为节院使[60]。

辽代节院使的职掌亦为负责节度使的旌节礼仪。据统和三年（985）《韩德昌墓志》记载，"尚父、秦王统帅于燕也，以□□旌旄节钺之重，非干蛊之子孙不足司厥职，乃署公为卢龙军节院使"[61]。尚父秦王指韩匡嗣，韩德昌为韩匡嗣第九子[62]。韩匡嗣在保宁三年（971）至乾亨元年（979）间担任南京留守[63]。此时南京尚未"落军额"[64]，仍为节镇建制，故韩匡嗣令韩德昌担任卢龙军节院使，掌节度使"旌旄节钺"。同时由于节度使旌节的重要性，象征着朝廷给予节度使的权力，旌以专赏，节以专杀，"非干蛊之子孙不足司厥职"，故韩匡嗣令其子担任节院使。又据乾亨三年（981）《王裕墓志》记载王裕担任宜州崇义军节度使，其五子王玉为崇义军节院使[65]；乾亨三年（981）《张正嵩墓志》载志主为朔州顺义军节院使，其父张谏为朔州顺义军节度使[66]。节院使多由节度使之子担任，亦体现出节院使掌管节度使旌节礼仪的重要地位。

兴宗朝以后，节院使不见于史料记载，推测辽朝受宋制影响，或废置节院使，或节院使转变为一般衙前职。

58　《常遵化墓志》，向南：《辽代石刻文编》，河北教育出版社，1995年，第128页。
59　（宋）欧阳修、宋祁撰：《新唐书》卷49下《百官志四下》，中华书局，1975年，第1309、1310页。
60　冯培红：《唐五代归义军节院与节院使略考》，《敦煌学辑刊》2000年第1期，第48、49页。
61　《韩德昌墓志》，向南、张国庆、李宇峰辑注：《辽代石刻文续编》，辽宁人民出版社，2010年，第28页。
62　《韩匡嗣墓志》，向南、张国庆、李宇峰辑注：《辽代石刻文续编》，辽宁人民出版社，2010年，第23、24页。
63　王旭东：《辽代五京留守研究》，吉林大学博士学位论文，2014年，第147页。
64　《辽史》卷40《地理志四》，中华书局，2016年，第562页。
65　《王裕墓志》，向南：《辽代石刻文编》，河北教育出版社，1995年，第62、64页。
66　《张正嵩墓志》，向南：《辽代石刻文编》，河北教育出版社，1995年，第68页。

（二）押衙

押衙，《辽史·百官志》不载，见于墓志记载。据严耕望先生研究，唐代节度使府大抵有都押衙一人，左右都押衙各一人，押衙若干人。押衙职在亲从、禁卫[67]。辽代押衙的发展分为前、后期两个阶段，前期（太祖至圣宗朝）继承唐五代制度，押衙为亲信之任；后期（兴宗朝以后）则与宋制类似，成为一般衙前职。

唐代押衙为节度使随从亲信，节度使多以押衙兼充都虞候、都孔目、都知兵马使等重职，或兼任知客、作坊、财富、仓储等职，有时甚至外知州、县、镇事[68]。押衙在辽代前期亦具有此特点。据保宁二年（970）《耿崇美墓志》记载，耿崇美之侄耿绍勋，武定军节度押衙，充利和军使[69]。利和军军号不见他处，应为武定军节度使下属军队。耿崇美为武定军节度使，命其侄耿绍勋为节度押衙，并兼任下属军队军使，体现出节度押衙作为节度使亲信的特点。又保宁十年（978）《李内贞墓志》记载，南京留守燕王耶律牒蜡以李内贞为"随使左都押衙、中门使、兼知厅勾"，后令其"摄蓟州刺史"[70]。蓟州为南京属州，此时南京尚未"落军额"[71]，仍保留节镇建制。李内贞以随使左都押衙摄蓟州刺史，体现出辽前期仍存在唐五代节度使任命僚佐担任属州官员，进一步增强对属州管控的情况。与此相类似的例子还有应历五年（955）《北郑院邑人起建陀罗尼幢记》记载：刘彦钦"卢龙军随使押衙、兼衙前兵马使、充营田使"[72]。刘彦钦以卢龙军随使押衙的身份兼任衙前兵马使，并充任营田使，亦体现出押衙的随从亲信地位。

此外，从名称上看，辽前期押衙前多带"随使"字样，如上引"卢龙军随使押衙"，统和十年（992）《清水院陀罗尼幢题记》中有"武定军节度随使押衙张重荣"[73]。"随使"即"亲从"之意，体现出押衙为节度使亲信之任[74]。辽前期（太祖至圣宗朝），节镇内除设有随使押衙（都押衙）一人外，另设有左右都押衙各一人。如《辽史·圣宗纪二》载：统和四年（986）四月，"蔚州左右都押衙李存璋、许彦钦等

---

67 严耕望：《唐代方镇使府僚佐考》，《严耕望史学论文集》，上海古籍出版社，2009年，第446、451页。

68 严耕望：《唐代方镇使府僚佐考》，《严耕望史学论文集》，上海古籍出版社，2009年，第449页。

69 《耿崇美墓志》，向南、张国庆、李宇峰辑注：《辽代石刻文续编》，辽宁人民出版社，2010年，第15页。

70 《李内贞墓志》，向南：《辽代石刻文编》，河北教育出版社，1995年，第53页。

71 《辽史》卷40《地理志四》，中华书局，2016年，第562、567页。

72 《北郑院邑人起建陀罗尼幢记》，向南：《辽代石刻文编》，河北教育出版社，1995年，第11页。

73 《清水院陀罗尼幢题记》，向南、张国庆、李宇峰辑注：《辽代石刻文续编》，辽宁人民出版社，2010年，第349页。

74 严耕望：《唐代方镇使府僚佐考》，《严耕望史学论文集》，上海古籍出版社，2009年，第447页。

杀节度使萧啜里，执监城使、铜州节度使耿绍忠，以城叛，附于宋"[75]。

辽后期（兴宗朝以后），随使押衙（都押衙）应被辽朝废置，不见于史料记载。辽朝学习宋制，押衙一职转变为一般衙前职。据《宋会要辑稿》记载："衙前置都知兵马使、左右都押衙、都教练使、（押）左右教练使、散教练使、押衙军将……又客司置知客、副知客、军将，又通引司置行首、副行首、通引官。"[76]然重熙十二年（1043）《朝阳北塔今聊记石匣内题记》载："左都押衙韩德均，右都押衙贾藉，押衙知客蔡炅，押衙副知客刘若惊，通引官行首赵节用，通引官副行首刘纪。"[77]辽霸州彰武军，治今辽宁朝阳，重熙十年（1041），兴宗升霸州彰武军为兴中府[78]。《朝阳北塔今聊记石匣内题记》反映的正是霸州彰武军初升为兴中府的情况。参考幽州早在太宗时期即已升府，然而直到圣宗开泰元年（1012）才"落军额"，故霸州升府后，其节镇建制亦应保留一段时间。由《朝阳北塔今聊记石匣内题记》可知，彰武军节度使下设左右都押衙、押衙知客、押衙副知客、通引官行首、通引官副行首，与《宋会要辑稿》记载完全吻合，知此时辽朝学习宋制。

押衙不仅设置于节镇内部，亦设置于刺史州中。如寿昌四年（1098）《易州兴国寺太子诞圣邑碑》中见"左都押衙李照，右都押衙王文信"[79]；天庆八年（1118）《郑士安实录铭记》中见"大辽国燕京涿州前左都押衙郑公"[80]。

需要指出的是，押衙除负责节镇内部一般衙前事务外，还负责节镇向辽朝中央"附奏起居"事务。据《辽史·礼志六》记载，庆贺皇后生辰时，其中一个重要环节便是"诸道押衙附奏起居"[81]。此处诸"道"指各节度使辖区（节镇）。节镇派遣押衙向辽朝中央进奏、问起居，并庆贺皇后生辰，体现出押衙一职的重要性。

（三）其他衙前职

唐代节镇军将，历经晚唐五代发展，都知兵马使、兵马使等被都指挥使、指挥使代替，押衙、教练使等在北宋成为地方衙前差役名目[82]。据《宋会要辑稿》记载："衙前置都知兵马使、左右都押衙、都教练使、（押）左右教练使、散教练使、押衙军将，又有中军、子城、鼓角、宴设、作院、山河等使，或不备置。又客司置知客、副知客、军将，又通引司置行首、副行首、通引官。其防御、团练等州使院衙职，悉约节镇而差减

---

75 《辽史》卷11《圣宗纪二》，中华书局，2016年，第129、130页。

76 （清）徐松辑，刘琳等校点：《宋会要辑稿》职官四七《判知州府军监》，上海古籍出版社，2014年，第4265页。

77 《朝阳北塔今聊记石匣内题记》，向南、张国庆、李宇峰辑注：《辽代石刻文续编》，辽宁人民出版社，2010年，第79页。

78 《辽史》卷39《地理志三》，中华书局，2016年，第550页。

79 《易州兴国寺太子诞圣邑碑》，向南：《辽代石刻文编》，河北教育出版社，1995年，第487页。

80 《郑士安实录铭记》，向南：《辽代石刻文编》，河北教育出版社，1995年，第674页。

81 《辽史》卷53《礼志六》，中华书局，2016年，第966页。

82 张国刚：《唐代藩镇研究》（增订版），中国人民大学出版社，2010年，第101页。

焉。"[83]兵马使、押衙、教练使等在辽代亦逐渐发展为一般衙前职，上文已就押衙一职在辽代的发展演变历程进行分析，限于史料记载，其他衙前职只能稍作叙述，待日后新史料出现再进行深入探讨。

衙前兵马使，《辽史·百官志》不载，见于应历五年（955）《北郑院邑人起建陀罗尼幢记》："卢龙军随使押衙、兼衙前兵马使、充营田使刘彦钦。"[84]

教练，《辽史·百官志》不载，见于统和十年（992）《清水院陀罗尼幢题记》："摄武定军节度教练焦直密。"[85]重熙十三年（1044）《沈阳塔湾无垢净光舍利塔石函记》："节度教练刘匡遂。"[86]

中军使，《辽史·百官志》不载，见于统和三年（985）《韩匡嗣墓志》："彰武军中军使图育氏"。[87]

山河（指挥）使，《辽史·百官志》不载，见于应历五年（955）《刘存规墓志》：子刘继昭，"山河都指挥使"[88]；乾亨三年（981）《王裕墓志》：子王珏，"崇义军山河指挥使"[89]；统和二十三年（1005）《王悦墓志》载其次兄为"辽兴军节度山河使"[90]；统和二十四年（1006）《王邻墓志》：王操，"武定军山河指挥使"，王守□，"临海军山河指挥使"[91]；统和二十六年（1008）《常遵化墓志》：长女"适广德军节度山河使耿阮"[92]；重熙六年（1037）《耶律遂忠墓志》：子耶律□信，蔚州忠顺军山河指挥使[93]。

四、余论：辽代节镇军事职能的意义与作用

综上所述，辽承晚唐五代节镇体制，节度使下辖军队，负责衙军与乡兵的日常管

---

83 （清）徐松辑，刘琳等校点：《宋会要辑稿》职官四七《判知州府军监》，上海古籍出版社，2014年，第4265页。

84 《北郑院邑人起建陀罗尼幢记》，向南：《辽代石刻文编》，河北教育出版社，1995年，第11页。

85 《清水院陀罗尼幢题记》，向南、张国庆、李宇峰辑注：《辽代石刻文续编》，辽宁人民出版社，2010年，第349页。

86 《沈阳塔湾无垢净光舍利塔石函记》，向南、张国庆、李宇峰辑注：《辽代石刻文续编》，辽宁人民出版社，2010年，第352页。

87 《韩匡嗣墓志》，向南、张国庆、李宇峰辑注：《辽代石刻文续编》，辽宁人民出版社，2010年，第24页。

88 《刘存规墓志》，向南：《辽代石刻文编》，河北教育出版社，1995年，第9页。

89 《王裕墓志》，向南：《辽代石刻文编》，河北教育出版社，1995年，第64页。

90 《王悦墓志》，向南：《辽代石刻文编》，河北教育出版社，1995年，第113页。

91 《王邻墓志》，向南：《辽代石刻文编》，河北教育出版社，1995年，第121、122页。

92 《常遵化墓志》，向南：《辽代石刻文编》，河北教育出版社，1995年，第128页。

93 《耶律遂忠墓志》，向南、张国庆、李宇峰辑注：《辽代石刻文续编》，辽宁人民出版社，2010年，第74页。

理。节镇内设置常备军,节度使拥有统兵权与指挥权,由此再一次印证王曾瑜先生认为辽代各节镇皆自成一个小军区的观点,而非岛田正郎所言辽代州县长官"在兵事上没有重要地位"。辽代节镇遍布战略要地与交通要道,为辽朝"雄长二百余年"[94]做出重要贡献。

一方面,节镇的军事力量是辽朝边防的重要组成部分。唐朝最初设置节镇的目的是加强对边疆的管控。《新唐书·兵志》谓:"夫所谓方镇者,节度使之兵也。原其始,起于边将之屯防者。"[95]唐朝最初设置节镇即出于军事目的考虑,辽代节镇亦不例外。辽朝的南面边疆防务,正是以节镇为核心构建。我们通过辽朝幽云地区节镇防备北宋的实例,来进一步认识节镇在辽朝边防体系中的地位。

辽朝幽云地区节镇相当于今北京市和天津市的大部,以及河北省北部及山西省北部的部分地区,具有重要战略意义。外长城(边墙)绵亘于幽云十六州的北部,内长城(次墙)与太行山北支将幽云十六州在地形地貌上分为山前与山后两个地区。幽州镇位于山前地区,多平原;奉圣州、蔚州、云州、应州和朔州位于山后地区,多山地。内长城在山脉缺口处设置了内三关(居庸关、紫荆关、倒马关)与外三关(偏关、宁武关、雁门关)。获得幽州镇,使辽朝获得了内三关上的居庸关与紫荆关,使得中原政权在华北平原上无险可守。获得奉圣、云、朔等州,由于山后地区位于黄土高原东北部,多山脉、盆地,海拔较高,又使得中原政权即使从外三关出兵,因山后地区地势险要,也不利于大规模军队的展开。

如此,相比于中原政权"自定州西山东至沧海,千里之地,皆须应敌"[96]的防守区域,辽朝在战略上处于绝对优势。宋人对幽云十六州的战略地位有着深刻认识,如许亢宗在《宣和乙巳奉使金国行程录》中写道:"幽州之地沃野千里。北限大山,重峦复岭,中有五关。居庸可以行大车,通转粮饷;松亭、金坡、古北口止通人马,不可行车。外有十八小路,尽兔径鸟道,止能通人,不可走马……夷狄自古为寇,则多自云中雁门,未尝有自渔阳、上谷而至者。昔自石晋割弃,契丹以此控制我朝……愚谓天下视燕为北门,失幽、蓟五州之地,则天下常不安。"[97]深刻反映出辽朝在获得幽州镇后,控制了居庸关、古北口等关隘,可以直接出兵华北平原,而宋朝的北境则无险可守。

作为幽州镇东部"藩篱"[98]的平州镇,处于辽西陆路与海路的交通咽喉部位,既是东北与中原陆上交通的重要门户,也是海防前沿,辖区内南有渝(榆)关,北有卢龙

---

94 《辽史》卷46《百官志二》,中华书局,2016年,第825页。

95 (宋)欧阳修、宋祁撰:《新唐书》卷50《兵志》,中华书局,1975年,第1328页。

96 (宋)李焘撰,上海师范大学古籍整理研究所、华东师范大学古籍整理研究所点校:《续资治通鉴长编》卷46,真宗咸平三年(1000)三月,中华书局,2004年,第999页。

97 (北宋)许亢宗:《宣和乙巳奉使金国行程录》,《奉使辽金行程录》(增订本),商务印书馆,2017年,第214、215页。

98 (清)顾祖禹撰,贺次君、施和金点校:《读史方舆纪要》卷17《北直八》,中华书局,2005年,第750页。

塞，宋金以前东北与中原之间的三条道路中有两条都经过平州[99]。关于平州镇的军事价值，早在清代，顾祖禹在《读史方舆纪要》中已经进行总结。认为平州"西接蓟门，东达渝关，负山阻海，四塞险固"。认为五代诸政权由于失去平州所以不敌契丹，北宋的灭亡也是由于平州被金人获得。失去营州，还可以凭借渝关抵抗契丹；而失去平州，则幽州以东"无复藩篱"，无险可守。契丹在攻取平州至获得幽云十六州之前，皆由平州出兵，向西进攻涿、易等州[100]。

根据辽朝幽云地区节镇的战略地位，我们可以更好地理解辽朝面对北宋来伐时的对策。辽朝获得了幽云十六州与平州，使得北宋出兵只剩下北出瓦桥关、飞狐口、雁门关三条路线。以北宋雍熙北伐为例，统和四年（986）三月，当圣宗面对"宋遣曹彬、崔彦进、米信由雄州道[101]，田重进飞狐道，潘美、杨继业雁门道来侵"时，辽廷命"林牙勤德以兵守平州之海岸以备宋。仍报平州节度使迪里姑，若勤德未至，遣人趣行；马乏则括民马，铠甲阙则取于显州之甲坊"[102]。先守住平州镇，防止宋军由海路来袭。面对潘美、杨继业连下朔州、应州、云州等镇，辽朝并未在山后地区与宋军决战，而是发挥山后地区多山的特点，利用战略纵深与宋军周旋。相反，集中优势兵力与曹彬率领的东路军决战，利用华北平原平坦广阔的有利地形，发挥辽军骑兵的长处。五月，辽军大破曹彬、米信率领的东路军于岐沟关。此后，宋军被各个击破，雍熙北伐以失败告终。

另外，辽代节镇遍布各战略要地，推动地方军事网络体系的形成。辽代交通路线中，东西向由东京辽阳府前往中京大定府的交通路线，据《武经总要》记载，存在南、北两条。其中北路由东京西行，历经乾州（今辽宁北镇观音阁街道观音洞）、显州（今辽宁北镇北镇街道北镇庙）、宜州（今辽宁义县）和霸州（今辽宁朝阳）诸州，抵达中京。宜州位于大凌河谷道，是由乾、显诸州去往霸州（兴中府）的必经之路[103]。霸州不仅是辽西地区的交通枢纽，同时还是"草原丝绸之路"的东端，具有举足轻重的战略地位[104]。

辽代南北向交通路线，据两《五代史》关于后晋末帝石重贵于会同六年（943）北

---

99 辛德勇认为，宋金以前东北与中原之间有三条主要交通路线，分别为经山海关走辽西走廊的"傍海道"、由今喜峰口通过燕山的"卢龙道"和由今古北口通过燕山的"古北道"（辛德勇：《论宋金以前东北与中原之间的交通》，《陕西师大学报（哲学社会科学版）》1984年第2期，第105页）"傍海道"与"卢龙道"皆途经平州。
100 （清）顾祖禹撰，贺次君、施和金点校：《读史方舆纪要》卷17《北直八》，中华书局，2005年，第749、750页。
101 据《太平寰宇记》卷67《河北道十六》雄州条记载："雄州，本涿州归义县之瓦子济桥，在涿州南，易州东，当九河之末，旧置瓦桥关，周显德六年收复三关，以其地控扼幽、蓟，建为雄州"〔（宋）乐史撰，王文楚等点校：《太平寰宇记》，中华书局，2007年，第1363页〕。
102 《辽史》卷11《圣宗纪二》，中华书局，2016年，第128页。
103 （宋）曾公亮等撰，郑诚整理：《武经总要前集》卷16下《北番地理》，湖南科学技术出版社，2017年，第995、996页；王绵厚、朴文英：《中国东北与东北亚古代交通史》，辽宁人民出版社，2016年，第328页。
104 杜晓勤：《"草原丝绸之路"兴盛的历史过程考述》，《西南民族大学学报（人文社科版）》2017年第12期，第5页。

迁黄龙府的行程路线记载可知，石重贵一行由幽州（今北京）东北行，由平州（今河北卢龙）傍海路出榆关，经锦州（今辽宁锦州），东出辽阳府（今辽宁辽阳），北行至黄龙府（今吉林四平）[105]。这条交通路线经过有辽一代的不断发展完善，逐渐成为贯通辽代东北地区南北方向的通衢干线，途经的节镇有平州—锦州—海州（今辽宁海城）—沈州（今辽宁沈阳）—兴州（今辽宁铁岭西南53里新台子镇懿路村）—同州（今辽宁开原南24里中固镇）—咸州（今辽宁开原东北17里老城街道）—信州（今吉林公主岭西北73里秦家屯镇）—祥州（今吉林农安东北55里万金塔乡）—宾州（今吉林农安东北110里靠山镇广元店），这条南北向交通路线，奠定了今天京哈铁路的基础。

附记：本文系2023年度吉林省教育厅科学研究项目"古代东北亚监察制度与廉政文化研究"（JJKH20231120SK）、教育部人文社会科学研究青年基金项目"辽朝驻防体系研究"（22YJC770025）的阶段性成果。

（陈俊达　王　征　吉林大学文学院中国史系）

105　按：辽朝前后期龙州黄龙府的位置发生变化。前期龙州黄龙府在原渤海国扶余府地，治今吉林四平。保宁七年（975）因燕颇之乱而废府，于原址附近置通州。开泰九年（1020），于原黄龙府（即保宁七年后之通州）东北，异地恢复龙州黄龙府建置。开泰九年后，龙州黄龙府治今吉林农安（余蔚：《中国行政区划通史·辽金卷》，复旦大学出版社，2017年，第233页）。

历史研究

南京儒士群体与辽代政治研究

陈晓敏

内容提要： 辽南京地区儒家文化历来被封建统治者所重视，儒士是古代社会的一个重要群体，他们往往通过参与政治，跻身决策层，对国家的政治、经济、文化、教育、军事外交等方面都能产生重要影响。有辽一代，南京地区儒士群体始终扮演着重要角色。

关键词： 南京　儒士　辽代　政治

南京地区在辽代以前一直属于中原王朝管辖，因而在思想文化领域儒家文化一直占据着主导地位。儒家文化历来被封建统治者所重视。自汉武帝"罢黜百家，独尊儒术"以来，儒学就成为历代王朝的官方哲学。儒学是以孔子及其学说为主体的文化体系。儒士即崇奉孔子及其学说的人，汉以后泛称读书人、学者。"儒士"一词最早出现在《墨子·非儒下》中，"今孔子某之行如此，儒士则可以矣"。"士"是中国古代社会的一个重要群体，他们往往通过参与政治，跻身决策层，对国家的政治、经济、文化、教育、军事、外交等方面产生重要影响。因此，本文所要论述的儒士群体，即为修习儒家经典，对国家大政方针的制定或对文化教育发挥重要作用的人群。有辽一代，南京地区儒士群体始终扮演着重要角色。

一、立　国

耶律阿保机崛起后，经过长时间的斗争统一契丹各部，进而于907年建立契丹王朝。阿保机虽然建立起了统一的政权，但是这个脱胎于游牧民族的政权，可谓是诸事草创，百业待兴。这种局面促使契丹统治者急需大批的治世人才。南京地区的儒士以深厚的儒学功底、对各种典章礼仪的精通，得到了契丹统治者的赏识。其中具有代表性的有韩延徽、康默记、韩知古三人。

韩延徽，字藏明，幽州安次人，出身于官宦之家，他的父亲韩梦殷曾经担任过蓟州（今北京市区西南部）、儒州（今北京延庆城区）、顺州（今北京顺义）的刺史。韩延徽自幼聪敏，刘仁恭割据幽州时，韩延徽任幽都府文学、幽州观察度支使等职，具有很高的儒学素养。刘守光在幽州称帝，建号大燕。由于刘守光连年征战，实力渐趋衰弱，为此要结交契丹，派韩延徽出使契丹，阿保机怒其不屈，令其牧羊。后因述律后举荐才得到阿保机的赏识"立命参军事"。后来，在契丹攻伐党项、室韦、收复诸部等战争中，韩延徽充当谋士发挥了很大的作用。韩延徽出仕契丹期间最大的功绩应是"一国两制"最早的倡导者，他向耶律阿保机提出："请树城郭、分市里，以居汉人之降者。又为定配偶，教垦艺，以生养之，以故逃亡者少。"[1]也就是说，对契丹统治区域内被俘或主动来降的汉人和原住民分别管理，不改变汉人原有的生活模式，仍然以定居农耕的方式生活。韩延徽的这种新的管理方式，不仅使被俘的汉人得到了一定程度的休养生息，而且使契丹政权获得了大批具有一定生产技能的人口，他们不仅可以耕种，还能够从事纺织等其他手工业生产，这对刚刚起步的契丹政权来说意义十分重大，成为推动契丹社会发展最积极的因素。为此后人也给予韩延徽极高的评价，《辽史》载："太祖初年，庶事草创，凡营都邑，建宫殿，正君臣，定名分，法度井井，延徽力也。"这些内容说明韩延徽不仅奠定了契丹"一国两制"的政治格局，还将都邑、宫殿、君臣名分等引入契丹政权的统治，为辽王朝向封建制度转化奠定了基础。

康默记，本名照，蓟州人，少为衙校。耶律阿保机侵蓟州时俘之，爱其才，隶之麾下，负责蕃汉事务。《辽史》载："一切蕃、汉相涉事，属康默记折衷之，悉合上意。""时诸部新附，文法未备，默记推析律意，论决重轻，不差毫厘。罹禁网者，人人自以为不冤。顷之，拜左尚书。神册三年（918），始建都，默记董役，人咸劝趋，百日而讫事。五年，为皇都夷离毕。"[2]此时，阿保机肇建政权之初，法律很不完备。他所推析的"律"当是草原的习惯法和唐律，康默记将两者糅合参照，能将蕃汉纠纷处理得"不差毫厘"，可见其对草原习惯法和唐律相当精通。

韩知古，蓟州玉田人。韩知古与上述两位儒士不同，他虽出生在南京地区，但却是在契丹腹地长大成人。据《辽史》载："太祖平蓟时，知古六岁，为淳钦皇后兄欲稳所得。后来嫔，知古从焉。"[3]可知，韩知古幼龄进入契丹腹地，因而他得以受到儒家文化和契丹文化双重影响。由于其汉、契丹两种文化背景和教育经历得到阿保机的信任和赏识。韩知古最初的职责便是帮助辽太祖管理汉人事务，即"总知汉儿司事"。其时，契丹政权初建，各项礼仪非常简陋，若是直接按照唐朝的礼制不仅太繁，而且无法适应当时的社会生活。因此，辽太祖令韩知古"兼主诸国礼仪"，韩知古援据典故、参酌国俗，将中原礼制与草原习俗相糅合，制定了新的仪法，"使国人易知而行"[4]。由此可以说，韩知古是辽初契丹国家制度方面的创始人也不为过，成功跻身于辽太祖佐命功臣之列。

综上所述，在契丹政权建立初期，能够在短时间内完善国家机构、法律体系，确定政治格局，稳定统治秩序，南京地区的儒士发挥了重要作用。

---

1 《辽史·韩延徽传》卷74，中华书局，1974年。
2 《辽史·康默记传》卷74，中华书局，1974年。
3 《辽史·韩知古传》卷74，中华书局，1974年。
4 《辽史·韩知古传》卷74，中华书局，1974年。

二、治 国

自926年辽太宗耶律德光继帝位,辽会同元年(938)后晋石敬瑭割让燕云十六州予契丹,947年契丹灭后晋,将国号改为大辽,自此,辽朝的统治疆域才趋于稳定。此时辽朝统治范围内,无论是辽东渤海人地区,还是燕云十六州,都是人口稠密的农耕区。统治者不得不寻求一种更为有效的方式来治理国家。辽太宗接管燕云十六州后,进一步推行"一国两制"政策,将原来的汉儿司发展成南面官体系,其主体官员多为汉族,并且在南京地区推行科举制度,这为南京地区的儒士进入决策层创造了有利的条件。大批南京籍儒士在辽朝治国理政方面发挥了重要作用。本文择取政绩突出者进行论述。

"室昉,字梦奇,南京人。幼谨厚笃学,不出外户者二十年,虽里人莫识。其精如此。会同初,登进士第,为卢龙巡捕官。太宗入汴受册礼,诏昉知制语,总礼仪事。天禄中,为南京留守判官。应历间,累迁翰林学士,出入禁闼十余年。"[5]室昉在任职政事舍人时,辽景宗"数延问古今治乱得失,奏对称旨"[6],景宗对于室昉的回答非常满意,将室昉调任为南京副留守。任职南京副留守期间,凭其出色的治世才能"决讼平允,人皆便之"[7],因其卓越的政绩迁为工部尚书,寻改枢密副使,参知政事。顷之拜枢密使,兼北府宰相,加同政事门下平章政事。可见其在辽朝政治事务中有着举足轻重的作用,因而也得到了统治者的信任,甚至在室昉年老时不仅享受乘辇入朝、入朝免跪拜的权利,还派专人慰问,"上以昉年老苦寒,赐貂皮衾褥,许乘辇入朝","诏入朝免拜,赐几杖,太后遣合门使李从训持诏劳问"[8]。元末史家也给予室昉很高的评价:"是时,昉与韩德让、耶律斜轸相友善,同心辅政,整析蠹弊,知无不言,务在息民薄赋,以故法度修明,朝无异议。"[9]

张俭,字仲宝,南京宛平人。辽圣宗统和十四年(996)"一举冠进士甲科"[10]。《辽史·圣宗纪》载:统和十四"是年,放进士张俭等三人"。科举考试的成功,开启了张俭在辽朝的政治生涯,并以其卓越的治世之才,迅速得到了辽朝统治者的重用。张俭出仕为云州府幕僚。开泰四年(1015)春,迁枢密副使。六月,授宣政殿学士、守刑部尚书,参知政事、同知枢密院事。十月,授枢密使,加崇禄大夫、尚书左仆射、兼门下侍郎、平章事、监修国史[11]。太平五年(1025),出为武定军节度使,移镇大同。六年(1026),入为南院枢密使,拜俭右丞相,封韩王。张俭从政期间,不仅历官三十一次,官至宰相,甚至屡次被赐功臣名号。开泰四年十月,特赐翊圣佐理功臣;五年秋,加赐竭节功臣;太平元年,改赐推忠匡时守节功臣;五年春,赐佐时全节功臣;六年

---

5 《辽史·室昉传》卷79,中华书局,1974年。
6 《辽史·室昉传》卷79,中华书局,1974年。
7 《辽史·室昉传》卷79,中华书局,1974年。
8 《辽史·室昉传》卷79,中华书局,1974年。
9 《辽史·室昉传》卷79,中华书局,1974年。
10 向南编:《辽代石刻文编·张俭墓志》,河北教育出版社,1995年。
11 向南编:《辽代石刻文编·张俭墓志》,河北教育出版社,1995年。

三月，改赐推忠翊圣保义守节功臣；景福元年六月，加赐同德功臣；重熙四年春，改赐贞亮弘靖耆德功臣；六年，封韩王；十一年，进封陈王[12]。《张俭墓志》中将张俭的一生概括为："王（张俭）历官三十一次，作相二十一考，功臣至一十字，食邑户至二万五千。阶官勋宪，事任职秩。兀极人臣，夐越今昔。"可见，辽代功臣加至十字者，应是无比之荣耀之事。同时也充分说明了，张俭为辽代的兴盛做出了重大贡献。

杨佶，字正叔，南京人。统和二十四年（1006）举进士第一。《辽史·圣宗纪》统和二十四年"是年，放进士杨佶等二十三人及第"。历校书郎、大理正。开泰六年（1017），转仪曹郎，典掌书命，加谏议大夫。杨佶任南京留守事期间，开泰八年（1019），燕地闹饥荒和瘟疫，百姓中很多人沦为饥民，不少流落他乡。此时任南京留守的杨佶，打开粮仓，赈济缺粮或断粮的百姓。重熙元年（1032），升翰林学士承旨。丁母忧，起复工部尚书。历忠顺军节度使，朔、武等州观察、处置使，天德军节度使，加特进检校太师、同中书门下平章事，复拜参知政事，兼知南院枢密使。十五年（1046），出为武定军节度使，任职武定军节度使时："漯阳水失故道，岁为民害，以己俸创长桥，人不病涉。及被召，郡民攀辕泣送。"[13]后除吏部尚书，兼门下侍郎、同中书门下平章事[14]。居相位期间，"以进贤为己任，事总大纲，责成百司，人人乐为之用"[15]。后来，杨佶三次请求辞官回乡，皇帝许之，每月拨给钱粮。《辽史》载："三请致政，许之。月给钱粟兼隶，四时遣使存问。"后人评价杨佶为：得爱民治国之要，其杨佶哉！

韩德让，韩知古之孙，韩匡嗣之四子。辅佐景宗耶律贤、圣宗耶律隆运两朝。景宗时期，初仕东头承奉官，补枢密院通事，转任上京皇城使，执掌皇都大内的行政事务，因政绩突出代其父为南京留守，后因军功拜辽兴军节度使。乾亨三年（981），升任南院枢密使。圣宗耶律隆时期，韩德让在承天太后的支持下，为了防止手握兵权的诸王互串联阴谋作乱，提出了"易置大臣敕诸王各归私第，不得私自燕会，随时应变，夺其兵权"的策略。他不仅强制让拥有兵权的诸王回到封地，而且严禁诸王之间相互聚会，从而断绝了诸王之间的联系。随后，韩德让借征伐部族和对北宋用兵之由，将诸王的兵权收归中央，从根本上解决了诸王对中央政权的威胁。统和元年（983）加开府仪同三司兼政事令。

统和四年（986），韩德让随承天太后抗宋，大败宋将曹彬、米信十万大军，因功而加守司空，封楚国公，并与北府宰相室昉共执国政。《辽史》载："四年，宋遣曹彬、米信将十万众来侵，隆运从太后出师，败之。加守司空，封楚国公。师还，与北府宰相室昉共执国政。"

韩德让在承天太后的支持下，积极推进辽政权封建化改革。辽代契丹贵族、后族自恃身份，他们没有治国之才，又压制贤能，对国家治理毫无裨补。针对此种情况，韩德让着手整顿吏治。首先对地方官设置了严格的考核制度。该制度的设立，使没有才能

---

12 向南编：《辽代石刻文编·张俭墓志》，河北教育出版社，1995年。
13 《辽史·杨佶传》卷89，中华书局，1974年。
14 《辽史·杨佶传》卷89，中华书局，1974年。
15 《辽史·杨佶传》卷89，中华书局，1974年。

的贵族受到了严厉的惩罚，不仅削弱了他们的官爵，而且"官其子孙"[16]，同时大批有才干的官员得到了奖励。赏罚分明的地方官考核制度的实行，不仅整肃了吏治，也为有才能的官员一展所长创造了良好的政治环境。其次，整顿地方滞狱，将知法懂法的官员派往各地，清理辽世宗以来积压的案件。再次，在官员的选拔管理方面，韩德让坚持用人唯贤，不分蕃汉贵贱的原则。"诸道令佐如遇州官及朝使非礼征求，毋或畏徇。"[17]在这方面韩德让突出贡献是在科举制度的确定上，针对契丹贵族的世选特权，韩德让建议在全国范围内推行曾在南京试行的科举，为更多有才能的人晋升到统治阶层开辟了通道。可见韩德让在推进封建化改革过程中充分发挥了固国安邦的才智，得到了承天太后和圣宗皇帝的赏识，称其为"进贤辅政，真大臣之职"。统和十二年（994）任北府宰相，仍领枢密使，监修国史，赐兴化功臣。后拜大丞相，总管南、北二枢密院事，总揽辽军政大权。统和二十二年（1004）赐姓耶律，二十三年（1005）出宫籍，隶横帐季父房，置宫卫。韩德让成了仅次于皇帝、皇后的显贵人物。

有辽一代在治国理政方面南京籍儒士应该不仅仅只有上述几位，关于辽朝进士的记载，在《中国科举制度史（辽金卷）》一书中，具有确切籍贯地的进士为69名，南京地区为48名。笔者通过梳理《辽史》《金史》《辽代石刻文编》《契丹国志》《辽史失遗》等辽代史料发现，辽代有明确出生地的宰执群体的32人中，其中有17位是南京籍，26位（不包括官至宰执行）有释褐记载。因论文篇幅所限，笔者只选取了其中具有代表性的儒士进行了详细的阐述。

表一　官至宰执群体南京儒士统计表（一）

序号	姓名	籍贯	及第时间	官称与职事
1	室昉	南京人	太宗会同元年（938）	初为卢龙巡捕官。天禄中为南京留守判官。应历间，累迁翰林学士。保宁间，兼政事舍人，改南京副留守。迁工部尚书，寻改枢密副使，参知政事。顷之，拜枢密使，兼北府宰相，加同政事门下平章事。乾亨初，监修国史。统和八年，封郑国公，加政事令（《辽史》卷79，第1271页）
2	张俭	南京宛平人	圣宗统和十四年（996）	开泰四年春，迁枢密副使。六月，授宣政殿学士、守刑部尚书、参知政事、同知枢密院事。十月，授枢密使，加崇禄大夫、尚书左仆射、兼门下侍郎、平章事、监修国史，特赐翊圣佐理功臣。五年秋，加开府仪同三司、守司空，加赐竭节功臣。七年冬，加政事令（《张俭墓志》《辽金史迹图志》第149页）

16　《辽史·圣宗纪四》卷13，中华书局，1974年。
17　《辽史·圣宗纪一》卷10，中华书局，1974年。

续表

序号	姓名	籍贯	及第时间	官称与职事
3	杨佶	南京人	统和二十四年（1006）	历校书郎、大理正。开泰六年，转仪曹郎，典掌书命，加谏议大夫。出知易州，入为大理寺卿，累迁翰林学士。开泰八年，同知南京留守。重熙元年，升翰林学士承旨，工部尚书。历忠顺军节度使，朔、武等州观察、处置使，天德军节度使，加特进检校太师、同中书门下平章事，复拜参知政事，兼知南院枢密使。十五年，出为武定军节度使，后除吏部尚书，兼门下侍郎、同中书门下平章事。其居相位，以进贤为己任，事总大纲，责成百司，人人乐为之用（《辽史》卷80《杨佶传》，第1353页）
4	杨晳	南京安次人	圣宗太平十一年（1031）	清宁初，入知南院枢密使，封赵国公。咸雍初，徙封齐，召赐同德功臣、尚书左仆射，兼中书令，拜枢密使，改封晋，给宰相、枢密使两厅兼从，封赵王（《辽史》卷89《杨晳传》，第1351页）
5	赵徽	南京人	兴宗重熙五年（1036）	累迁大理正。清宁二年，累迁翰林学士承旨。咸雍初，为度支使。三年，拜参知政事，后拜同知枢密院事，兼南府宰相、门下侍郎、平章事（《辽史》卷97《赵徽传》，第1410页）
6	刘伸	南京宛平县	兴宗重熙五年（1036）	重熙五年，登进士第，历彰武军节度使掌书记、大理正。后擢枢密都承旨，权中京副留守。拜南院枢密副使。拜参知政事（《辽史》卷98《刘伸传》，第1416页）
7	王观	南京	兴宗重熙七年（1038）	咸雍初，迁翰林学士。五年，兼乾文阁学士。七年，改南院枢密副使，参知政事，兼知南院枢密使（《辽史》卷97《王观传》，第1411页）
8	王棠	南京涿州新城	兴宗重熙十五年（1046）	乡贡、礼部、廷试对皆第一。累迁上京盐铁史，后迁东京户部使。大康三年为枢密副使，拜南府宰相（《辽史》卷150《王棠传》，第1465页）
9	杨遵勖	南京范阳	兴宗重熙十九年（1050）	咸雍三年，迁枢密院都承旨。拜枢密院直学士，改枢密院副使。大康初，参知政事，徙知枢密院事，兼门下侍郎、平章事，拜南府宰相。后拜北府宰相（《辽史》卷150《杨遵勖传》，第1464页）

续表

序号	姓名	籍贯	及第时间	官称与职事
10	杜防	南京涿州	圣宗开泰五年（1016）	太平中，迁政事舍人，拜枢密副使。重熙九年，拜参知政事。十三年，拜南府宰相。十七年，复召为南府宰相。清宁二年，拜右丞相，加尚父（《辽史》卷86《杜防传》，第1326页）
11	梁援	南京	道宗清宁五年（1059）	寿昌五年，赐号忠亮功臣，特进检校太尉，同中书门下平章事，判辽兴军节度使事。六年夏，拜枢密副使，加号同德功臣，修国史，韩国公、签中书省事。冬十月，正授兼中书侍郎、同中书门下平章事，监修国史、知枢密院事，加开府仪同三司，进封赵国公。仍赐经邦二字（《梁援墓志》，《辽代石刻文编》，第521、522页）
12	王师儒	南京范阳	道宗咸雍二年（1066）	大安八年，加尚书刑部侍郎，知枢密副使。是冬，正授枢密副使，阶升，崇禄大夫，爵封开国公。十年，改授参知政事、签枢密院事。仍加散骑常侍，特赐佐理功臣。寿昌初，超拜同中书门下平章事，再知枢密副使，签中书省事（《王师儒墓志》，《辽代石刻文编》第1415页）
13	耶律俨	南京析津	道宗咸雍中（1065~1074）	登咸雍进士第。守著作佐郎、补中书省令史。大康初，历都部署判官，将作少监，改少府少监，知大理正，赐紫。六年，迁大理少卿。明年，升大理卿。寿隆初，拜参知政事。迁知枢密院事，赐经邦佐运功臣，封越国公（《辽史》卷98，第1415页）
14	牛温舒	南京范阳	道宗咸雍中（1065~1074）	大安初，累迁户部使，转给事中，知三司使事。寿隆中，拜参知政事，兼同知枢密院事，摄中京留守。乾统初，复参知政事，知南院枢密使事。五年，加中京令，卒（《辽史》卷86《牛温舒传》，第1325页）
15	左企弓	南京蓟县	辽末进士	天庆末，拜广陵军节度使，同中书门下平章事、知枢密院事。拜中书侍郎平章事，监修国史，封燕国公（《金史》卷75《左企弓传》，第1723页）
16	康公弼	南京宛平	辽末进士	拜参知政事。签枢密院事，赐号"忠烈翊圣功臣"（《金史》卷75《康公弼传》，第1725页）

续表

序号	姓名	籍贯	及第时间	官称与职事
17	杜悆	燕京		乾统六年，覃左散骑常侍、签枢密院事、加上柱国。十年超授枢密院副使，加户部尚书，特赐忠亮二字功臣。天庆元年六月，改任参知政事、签枢密院事，迁太子少傅、加赐佐理功臣（《杜悆墓志》，《辽金史迹图志》，第176页）

表一所统计的17位官至宰执级的南京籍儒士可能是辽朝宰执群体中南京籍的一部分，还有一些进入了宰执群体中的南京籍儒士有待新出土资料才有可能被发现。如表中杜悆，仅从墓志铭中得到少许信息推断出，他出身为南京，"天庆七年十二月屡抗表章，恳意求退，皇上不得已而从之，加太子太傅，归于燕京衣锦坊之旧第"[18]。

表二 辽朝南京地区非宰执群体表（二）

序号	姓名	籍贯地	及第时间	官称与职事
1	宋琪	幽州蓟县	太宗会同元年（938）	契丹岁开贡部，琪举进士中第。天福六年，署寿安王侍读（《宋史》卷264《宋琪传》，第9121页）
2	王纲	燕京	兴宗重熙五年（1036）	重熙十年，任光禄少卿崇文馆直学士，重熙十五年，任枢密直学士、中书舍人、史馆修撰，重熙十九年，任翰林学士、泽州刺史，为其父撰写墓志时职官为正议大夫、尚书、兵部侍郎知制诰兼秘书监（《王泽妻李氏墓志》，《王泽墓志》，《辽金史迹图志》下，第142、144页）
3	王祁	南京范阳	兴宗重熙七年（1038）	二十一岁举进士状元，□□□中少监，枢密都副承旨（《王师儒墓志》，《辽金史迹图志》下，第170页）
4	王鼎	南京涿州	道宗清宁五年（1059）	清宁五年，擢进士，调易州观察判官，改涞水县令。累迁翰林学士。寿隆初，升观书殿学士（《辽史》卷104《王鼎传》，第1453页）
5	王安裔	南京宛平县	道宗大康五年（1079）	大康五年，擢进士第，签书涿州军卒公事。九年，移授中京内省判官。大安二年，改除泽州神山县令（《王安裔墓志》，《辽代石刻文编》，第687页）

18　向南编：《辽代石刻文编·杜悆墓志》，河北教育出版社，1995年。

续表

序号	姓名	籍贯地	及第时间	官称与职事
6	时立爱	南京涿州新城	道宗大康九年（1083）	大康九年，中进士第，调泰州幕官。调同知春州事，迁云内县令，再除文德令。枢密院选为吏房副都承旨，转都承旨。累迁御史中丞，除燕京副留守，迁辽兴军节度使兼汉军都统（《金史》卷78《时立爱传》，第1775、1776页）
7	冯唐卿	南京滦州	道宗大安元年（1085）	《辽史拾遗》第297页
8	韩企先	燕京	天祚皇帝乾统（1101~1110）	乾统年间，中进士第，擢枢密副都承旨，稍迁转运使（《金史》卷78《韩企先传》，第1777页）
9	韩昉	燕京	天祚皇帝天庆二年（1112）	天庆二年，中进士第一。补右拾遗，转史馆修撰（《金史》卷125《韩昉传》，第2714页）
10	张通古	南京易县	天祚皇帝天庆二年（1112）	天庆二年，中进士第，补枢密院令史（《金史》卷83《张通古传》，第1859页）
11	李瞻	南京玉田县	天祚皇帝天庆二年（1112）	天庆二年进士，为平州望云令（《金史》卷128《李瞻传》，第2762页）
12	王吉甫	南京涿州	天祚皇帝天庆二年（1112）	《辽史拾遗》卷16，第331页
13	赵元	南京范阳	天祚皇帝天庆八年（1118）	天庆八年，登进士第，仕至尚书金部员外郎（《金史》卷90《赵元传》，第1993页）
14	任熊祥	燕京	天祚皇帝天庆八年（1118）	天庆八年进士第，为枢密院令史（《金史》卷105《任熊祥传》，第2310页）
15	刘彦宗	南京宛平	辽朝后期	秦晋国王耶律捏里自立于燕，擢彦宗留守判官。萧妃摄政，迁签书枢密院事（《金史》卷78《刘彦宗传》，第1769页）
16	程寀	燕京析津	辽朝后期	累迁殿中丞（《金史》卷105《程寀传》，第2307页）
17	程冀	燕京析津	辽朝后期	广德军节度使（《金史》卷105《程寀传》，第2307页）
18	程四穆	燕京析津	辽朝后期	崇义军节度使（《金史》卷105《程寀传》，第2307页）
19	宁的	南京涿州固安县	不详	明经登第，终于鄱阳县（朔州附郭县）主簿（《辽代石刻文编》，《宁鉴墓志》，第606页）

续表

序号	姓名	籍贯地	及第时间	官称与职事
20	宁鉴	南京涿州固安县	不详	著作佐郎、顺州军事判官，大理评事，中京内省判官、秘书郎、泰乐康令，平州掌书记，枢密院试验，后除朔州观察判官，改授敦睦弘义延昌宫判官、加太子洗马，后改授西京留守推官、加殿中丞，特旨枢密院令，后加尚书户部郎中，授枢密户部房主事，迁左司郎中，转兵房承旨，加少府少监，后为忠顺军节度使（《辽代石刻文编》，《宁鉴墓志》，第606页）
21	宁郑九	南京涿州固安县	不详	《辽代石刻文编》，《宁鉴墓志》，第607页
22	孟浩	南京滦州	辽末进士	保大五年（天会三年）为枢密院令史，除平州观察判官（《金史》卷89《孟浩传》，第1978页）
23	王枢	南京良乡县	辽末进士	仕国朝（金）直史馆（《中州集》，第556页）
24	梁济世	南京涿州	不详	《契丹国志》第89页
25	张觉	南京平州义丰县	在辽第进士	仕至辽兴军节度 副使（《金史》卷133《张觉传》，第2843页）
26	王滋	燕京	不详	右司郎中，史馆修撰（《王泽墓志》，《辽金史迹图志》下，第144页）
27	王纪	燕京	不详	前知延庆宫提辖（《王泽妻李氏墓志》，《王泽墓志》，《辽金史迹图志》下，第142、144页）
28	张嗣宗	南京宛平县	不详	朝议大夫，守卫尉少卿，上轻车都尉（《全辽金文》，《张俭墓志》，第234页）
29	梁拣	南京	不详	授秘书省校书郎（《辽代石刻文编》，《梁援墓志》，第522页）
30	梁抃	南京	不详	长庆令（《辽代石刻文编》，《梁援墓志》，第522页）

表二所统计的30位中下层官员中的南京籍儒士，可能只是辽朝中下层官员中南京籍的一部分。由于辽代史料记载的缺失，很多中下层官员职官流转没有记载，如表中的冯唐卿、王言甫、宁郑九、梁世济。另外，通过表二登第时间可以看出，他们大部分都为辽朝后期。依据表一、表二的材料可知，上到官至宰执下到中下层官员，南京籍儒士的

人数都占据已知人数的50%以上，可见在辽朝统治区域内的各类政治事务中，南京籍儒士发挥了重要的作用。

三、结　　语

从以上两个方面的论述可以看出，辽代南京地区的儒士群体对于契丹统治者来说意义非同一般，他们无论是在辽代政权的建立初期完善国家机构、法律体系，确定政治格局，稳定统治秩序方面，还是在促进辽代社会封建化进程方面都起了举足轻重的作用。从会同元年（938）契丹统治者取得燕云十六州的统治权，并将幽州改为南京，到保大二年（1122）金人入主南京，前后长180多年，在这段时间里，南京地区已经成为契丹政权培养治世人才的基地，南京地区率先实行的科举制度，使得南京地区大量的儒士通过考试进入政界、学术界，为辽代社会发展做出了重要贡献，甚至对后来金朝也产生了重要影响。

（陈晓敏　北京考古遗址博物馆）

历史研究

银州建城及得名时间考

刘文革

内容提要：辽代银州是一座宫隶城，属辽太祖的弘义宫，应为太祖所建并为太祖私有。其建城时间史料并无记载，但可根据一些历史事件找到一些线索。神册六年十一月，辽太祖率兵南下古北口，掠13城居民北迁，筑城居之不改其名。南下之时为十一月，正是冬天，北方不宜筑城，筑城时间应该在来年即天赞元年（922）。而"银州"之名显然是从渤海国南迁来的。渤海国南迁发生在天显三年（928），但是，天显三年南迁之时，所谓的东丹国北界至挹娄县和范河一线，银州所在地并不在东丹国内。所以银州之建置必先迁到辽南，后因事再迁辽北。最有可能是在开泰八年左右迁入辽北地区的。

关键词：银州　弘义宫　下古北口　渤海国南迁　开泰八年

银州亦称嚚州，城址位于今铁岭市银州区银冈小区内，具体规模不详。"银州"因辽代曾于此设立银州而得名。《辽史·地理志》载："银州，富国军，下，刺史。本渤海富州，太祖以银冶更名。隶弘义宫，兵事属北女直兵马司。统县三：延津县，本渤海富寿县，境有延津故城，更名。新兴县，本故越喜国地，渤海置银冶，尝置银州。永平县，本渤海优富县地，太祖以俘户置，旧有永平寨。"《辽史》中的这段记载可分以下几点解读：

1）辽代银州为刺史州，是东京道四十个刺史州之一。辽代根据州城所处的地理位置把州城分节度、观察、团练、防御、刺史五个级别。刺史州是级别较低的州城。

2）辽代银州在军事上，为富国军，隶属"北女直兵马司"。北女直兵马司是辽东京道所属的九个军分区之一。《辽史·地理志》记载属于女直兵马司的军州有十个，即辽州始平军、祺州佑圣军、韩州东平军、双州保安军、银州富国军、同州镇安军、咸州安东军、郢州彰圣军、肃州信陵军、安州。这些军州大部分都在今铁岭境内或铁岭周围。之所以叫"北女直兵马司"盖因这里在渤海末期为女真人居住区。相对还有南女直汤河司，辖区大致在大连和营口地区。

3）银州之称谓是从渤海国舶来的。《辽史》中凡标有"本渤海……"都是从渤海迁来的建置名称。银州本渤海的富州，在今天的黑龙江绥滨河、同江一带。辽太祖灭渤海后，在富州治银，改富州为银州。

4）辽代银州还是一座宫隶州，隶属弘义宫。弘义宫是辽太祖的宫帐名，全称为

"算斡鲁朵"。"算"是"心腹"之意，"斡鲁朵"即宫帐。"算斡鲁朵"译成汉语即为"弘义宫"。属于弘义宫的州城共有五个，即锦、祖、严、祺、银。在辽北地区有两个，一个是银州，另一个是祺州。也就是说，银州是辽太祖的私有城邑。

5）银州下辖三个县：延津县，与州同治，即银州城内。原本为渤海富寿县，后随银州迁来，因唐代在境内设延津州而得名。新兴县，本渤海国新兴县，在富州未改称银州前，新兴县曾置银州，后废，改建新兴县。永平县本渤海国优富县，迁到了本地辽太祖所建的永平寨，改名为永平县。

一、银州城建城的具体时间

契丹为游牧民族，车马为家，不惯城居。建城始于唐天复二年。《辽史·太祖本纪》载："明年（天复二年，即902）秋七月，率众四十万进击河东代北，攻下九郡，获得生口九万五千，驼马牛羊不可胜纪。九月，筑龙化州城于潢河之南，始建开教寺。"此乃契丹筑城之始。筑城的目的是让汉人居住。直到神册三年才开始筑皇城并修葺辽阳故城。真正大量筑城发生在神册七年即天赞元年。这主要是源于神册六年发生了一件重要的事。《辽史·太祖本纪》载："（神册六年）十一月癸卯，下古北口。丁未，分兵略檀、顺、安远、三河、良乡、望都、潞、满城、遂城等十余城，俘其民徙内地。"神册六年十一月即921年12月份，辽太祖掠檀顺等十几城之民，迁内地。12月份的东北地区非常寒冷，是无法筑城的，筑城的时间应该在第二年即天赞元年，亦即922年。城筑好后，迁民入住，为安抚掠来的民众，不改其名。

辽太祖掠来十余城之民，迁到辽北后也应建十余城，可考者如下：

檀州，后改为祺州，即康平小塔子古城。（《辽史·地理志》载："祺州，佑圣军，下，刺史。本渤海蒙州地。太祖以檀州俘于此建檀州，后更名。隶弘义宫，兵事属北女直兵马司。统县一：庆云县。太祖俘密云民，于此建密云县，后更名。"）辽代祺州城本是辽太祖以俘虏檀州之民所建的檀州，辖密云一县。天显十三年，燕云十六州归属大辽，为避免重复，于是将后建之檀州改为祺州。

顺州，后仍为顺州（《辽史·地理志》：顺州。本辽队县地。横帐南王府俘掠燕、蓟、顺州之民，建城居之。在显州东北一百二十里，西北至上京九百里。户一千），位于今阜新市火车站正东。

安远县，仍为安远县，并入渤海显义、鹊川二县（《辽史·地理志》：安远县。本渤海显义县，并鹊川县置），后归通州管辖，通州废后为安州。

三河县，后更名为乐郊县（《辽史·地理志》：乐郊县。太祖俘蓟州三河民，建三河县，后更名），即今天的沈阳。

潞县，仍为潞县（《辽史·地理志》：潞县。本幽州潞县民，天赞元年，太祖破蓟州，掠潞县民，布于京东，与渤海人杂处。隶崇德宫。户三千）。

遂城，升为遂州（《辽史·地理志》：遂州，刺史。本渤海美州地，采访使耶律颇德以部下汉民置），即今天昌图县七家子古城。

自神册六年南下之后，也有几次南下，也发生过"迁蓟州民户填充辽州地"等事，但规模较小，并没有大量迁民并筑城的记载。也就是说，神册六年的迁民是当时规模最大的一次迁民事件。

银州隶属弘义宫，弘义宫有五座宫隶城。祖州为太祖奉陵邑；祺州和锦州为太祖所建；严州是为安置太祖所俘汉民所建（太祖平渤海时带去一批汉民，安置在渤海兴州，后迁回至今兴城一带，圣祖为之建严州并兴城县）；而银州也应与太祖有关系，但绝不会因太祖更名便为太祖所有，极有可能也是辽太祖所建，而且早在征渤海之前便已建成。

银州距祺州仅45千米，同为辽太祖宫隶城，一为"佑圣军"一为"富国军"，显然是一对城邑，应该同是神册六年下古北口时所掠州县之民所建，并且建成后也仍不改其名。辽史记载的十余城中仅有良乡、望都、满城三城没有具体归宿，也许，其一便是银州之前的名字。

关于辽银州城的具体位置，应该在今天银州区银冈小区内。这里正是明代铁岭卫城所在地。从地势上还能看出这里比周围地区略高出半米左右。《全辽志》上记载："铁岭卫城即辽金时嚚州故城，城四里六十步，高二丈，池深一丈五尺，进阔三丈。周围五里有奇。"明城是依旧城所建，辽城就应该在明城的下面。由于辽银州城是一座刺史城，规模不会太大，参照辽祺州的规模，辽银州平面应为正方形或长方形，边长在250~400米。要比铁岭卫城小得多（铁岭卫城的边长在700米左右）。因为城比较小，在现在施工中没有发现辽代的城址也很正常。

二、银州是从渤海国迁来的建置

辽银州城是阿保机建的，但银州之名却是渤海旧州南迁过来的。"本渤海富州，太祖以银冶更名。"这里的"太祖"肯定是指辽太祖耶律阿保机了。也就是说，银州在迁来之前，曾是渤海国的怀远府富州（约在今黑龙江省绥滨县东端到同江市市区一带）。辽太祖灭了渤海国后，因富州有银冶才改为银州的。《辽史》不仅说明了富州与银州的关系，同时也说明了将富州更名为银州的原因，即"太祖以银冶更名"。渤海富州本为越喜国故地，产银，渤海国时期也曾治银并一度设立银州。《辽史·地理志》云："新兴县，本故越喜国地，渤海置银冶，尝置银州。"但是，查渤海国并无银州之名，盖先设后废了吧！不然何以言"尝置"。大概应该是渤海国撤了银州后改为新兴县了。辽太祖灭渤海国后，因富州所辖新兴县曾置银州，遂将富州改为银州。如此说来，渤海富州之地曾两度置银州，即渤海国所设之银州和辽太祖更名之银州。东北史学家金毓黻先生在《东北通史》中说："辽志所称银冶仍在渤海富州故地，银州亦富州之一名，迨富州南移，遂以银州名之，然与银冶无关矣。"这句话算是说对了一半，即银冶仍在渤海富州故地，银州也是富州之一名，但并不是富州南迁后才改为银州的，是在未南迁之前就已经改为银州了。因为南迁的是银州而非富州。也就是说银州是辽将原渤海国设于越喜故地的富州更名后南迁过来的，现今铁岭这个地方，历史上从未有过富州。

《全辽志》"铁岭卫"条上有关于辽银州的记载："铁岭卫，在辽阳城北二百四十里……二十六年徙今治，即辽金时嚚州故城，在辽河之东。古挹娄之北。"嚚州即银州之异称。说位于辽河之东没错，而云"古挹娄之北"值得商榷。"挹娄"本是汉晋时期一个小方国，位于今黑龙江省东部，因时间久远，称"古挹娄"。渤海国于其地置定理府，治挹娄县。辽初南迁渤海州县时，定理府及挹娄县迁至今铁岭县新台子懿路村，府县仍同治。不久，定理府废，挹娄县撤，复置兴州于此，金代又改为挹娄县。所以，将挹娄县称为"古挹娄"并不准确，容易误导读者。

康熙二十二年《铁岭县志》记载："铁岭县系周时肃慎氏地，秦因之，汉晋为挹娄国，至隋为越喜地，唐时渤海大氏取越喜地，改为富州，属怀远府，迨辽改为银州富国军，领延津、新兴、永平三县，金时改为新兴县，隶咸平府，元省县，仍隶咸平府。明洪武二十一年置铁岭卫，在今县治东南五百里，地接高丽界，后，二十六年徙此，仍名铁岭卫。领中左右三千户所，至皇清康熙三年，改设铁岭县，隶奉天府。"这条记载有可能是受《全辽志》的影响，也许是对《辽史·地理志》的误解，不知辽代有渤海旧州县南迁之事，误将渤海国旧银州与南迁之后的银州混为一谈，更将渤海国在古越喜故地所置之富州当作铁岭之始。在此后的几百年里，铁岭地方的各种史书、文章，皆承袭这一现成说法，未做考证，陈陈相因，使这一历史错误一直延续了几百年。

辽银州下辖三个县，即延津、新兴、永平。这三县原本是渤海富州下属的富寿县、新兴县和优富县，后也随银州一起迁到辽北地区。三座县城的具体位置一直存在争议，其具体情况如下。

延津县，本渤海富寿县，迁来时因新辖区内有延津故城改为延津县。延津县为倚郭县，当与州同治，即在今之银州区内。所谓延津故城是指唐代于本地所设置的延津州。唐总章元年（668）九月，唐政府"分高丽地为九都督府四十二州一百县，置安东都护府于平壤以统之"。后所存州仅十四，为安东都护府之羁縻州，新旧两唐书地理志均详载此十四州名谓，"延津州"为其中之一。延津州，即张楼子山城，亦即康熙十六年《铁岭县志》所谓唐王营者，为高句丽时期所筑，城墙遗迹清晰可辨。城下有延水河汇汎河于此可以佐证。

永平县，本渤海优富县，因辽太祖曾于此建永平寨遂改为永平县。李慎儒《辽史地理志考》谓："永平废县，在铁岭县东北。"冯永谦也赞同这种说法，他在《辽代失考州县辩证》（《首届辽上京契丹·辽文化学术研讨会论文集》，内蒙古文化出版社，2009年）一文中写道："按永平县今地，经笔者考古调查，在铁岭县乔家沟村发现一座辽代城址。此城址位于今铁岭市旧城区辽代银州东北，相距三十五里，城址在该村之西，由于处于农田地中，城址内已被耕种，但现在城墙还较明显，城内遗物很多，均为辽金时期。此城址为过去所不知，系笔者在辽北地区调查秦汉长城时发现。根据城址结构、遗物年代和所处地理位置，笔者初步考证永平县为今辽宁省铁岭县平顶堡镇乔家沟村辽城址。"冯先生发现的古城城址距银州三十五里，而距辽同州只有十余里，或许是辽志记载的同州的那个支郡，不可能是永平县。笔者认为，永平县应该向银州西面去寻找。银州西面是广阔的平原，土地肥沃，适合耕种。在法库境内就有二十几座辽金时期的古城遗址。法库和铁岭之间有四十几千米，在辽代不可能没有建置。在银州西面有两座明代之前的古城，一座是阿吉古城子，一座是西营盘古城。阿吉古城子位于铁岭县阿吉镇古城子村中，在城址内采集到大量辽代遗物，可以证明此城为辽代古城。笔者认为阿吉古城为辽后期双城县（原双城县属双州，位于沈北石佛寺，后废，不久复设于此）。西营盘古城在史料中有记载，《开原图说》中的《镇西堡图说》中记载镇西堡沿边九座墩台中，竟然有五座墩台以古城命名：古城墩台、古城南空台、古城北空台、古城北中空台、古城北新台。这五座烽火台位于铁岭县大台山以南西营盘附近，说明古城也在这一带，但至今为止也没能发现古城遗址。笔者认为该古城位于西营盘村中，明代辟为营盘，后聚落成村，古城为民宅所覆盖。这座古城既然建于明代以前，极有可能是辽金时期的，不排除是永平县的可能性。

新兴县，名字没有改变，被保留下来。清顾祖禹《读史方舆纪要》中记载："又有故新兴城，在今卫东。《辽志》云：故越喜国地，勃海置银冶于此，因置银州。辽改富州为银州，以故银州置新兴县属焉。是也。金并入延津县，又改延津为新兴县。"[1]顾祖禹老夫子认为故新兴县在铁岭城东，可是铁岭城东几十里内却未发现辽金时期的古城遗址。"在今卫东"会不会也是一种猜测呢？康熙十六年《铁岭县志·古迹志》："古新兴县，辽置，隶银州，金废州为县，属咸平路。元废。旧址无考。"笔者认为辽新兴县城当在今铁岭南凡河镇之新兴堡村。康熙十六年《铁岭县志·城池志》记载："新兴铺，城西南十五里，周围一里，南一门。"这本县志中关于古城的记载多"周围一里，南一门"，实际调查，这些古城的规模比这要大得多。大概编写县志时未做详细调查所致。20世纪20年代，日本人曾踏察新兴堡，而且根据中国史籍的相关记载，对新兴堡给予了相当的注意，在他们编写的记载中，我们见到了新兴堡城墙的模样：

> 新兴堡位于铁岭的下一个驿站得胜台东北方向，我在那个驿站下车，雇了马车引导我，道路靠近线路的东方，但因为经常下雨之后泥泞淹没了车辙，仅仅数里的距离却花了很长时间。主要因为这一代全部都是土和沙砾混合的路，是故在雨雪融化时基本没法步行。特别是由于地势较低，还多了一层更潮湿的土。不过在村地较高的部分，为了方便交通而建设了道路，因此相对好一些。我进村之后先打听有没有能够看见城址的地方，但都说没有。只是找到了关帝庙里引起兴趣的石碑，记载为光绪十七年。但没有记载此地的由来，而只有一些粗糙的神像，因此我就离开了村子往西边去。基本可以认定这里多少有些旧时的城址犹存。城墙遗址类似一面大堤，近来的很多坟墓都建在上面，现状跟开原的土城。东西延伸大概残存三四丁的长度，南北宽接近20间。最高的地方大概高6、7尺，在村子西边大概五丁远的地方。南北呈曲折状，有一些土手。是否划分东西，以及是否连续，远观更看不出来。旧城郭确认在土手的北边，这一带的旱田相对较高，而南边地势较低成了水地。高地部分表面是白砂，底下是黑土。如上所述，新兴堡的旧城址令人意外的广阔，现在的村落不过是其一部分而已。所以精确考察的话还会发现很多有趣的结果，当天仅止于在大堤部分的考察，然后就往太安寺去了[2]。

1　（清）顾祖禹：《读史方舆纪要》卷37《山东八》，中华书局，2005年，第1739页。
2　〔日〕八木奘三郎：《满洲旧迹志·下》，大正十五年（1926），南满洲铁道株式会社庶务部调查课，第167、168页。

从日本人八木奘三郎的调查报告中可以看出，新兴堡村是有古城的，而且古城还"令人意外的广阔"，所谓的意外大概是因为看了《铁岭县志》以为新兴城周围只有一里的缘故吧！这里的"丁"通町，日本的一种长度单位，一丁相当于109米，三四丁就是三四百米。间也是日本的长度单位，1间等于1.818米，20间就是三十六七米。如此宽大的颓墙，正是辽金时期古城的特征！如铁岭境内的八棵树古城村古城、开原南城子古城、昌图的偏城子、土城子等，颓墙的底宽都有三十几米。既有古城遗迹又有名称沿用，把辽新兴县城定在这里不应有错。

三、银州得名的具体时间

银州是从渤海迁来的建置，这一点前文已经证实。渤海旧建置南迁多发生在天显三年。

天显三年之前，辽东地区建置不多。辽东京道大部分地区在唐代归安东都护府管辖，唐末不能远略，此地成为渤海国和契丹争夺之地。经过几十年争夺，最后，契丹占了上风。契丹在此地建筑或修复了一些城池，如东平郡（《辽史·地理志》："神册四年，葺辽阳故城，以渤海、汉户建东平郡。"）、辽州（《辽史·地理志》："太祖改为州，军曰东平，太宗更为始平军。"）、祺州（《辽史·地理志》："太祖以檀州俘于此建檀州，后更名。"）、密云县（《辽史·地理志》："太祖俘密云民，于此建密云县，后更名。"）、银州（原有名称无考。《辽史·地理志》："隶弘义宫。"）、永平寨（《辽史·地理志》："太祖以俘户置。"）等。天显三年前，辽东地区之所以建置少，是因为契丹建国之初，还没有一个完整的行政规划。不过天显三年之后就不一样了，主要是发生了一件大事，那就是东丹国南迁。东丹国南迁几乎将原渤海国五京、十五府、六十二州全部迁到今天辽宁地区。东平郡升为南京，作为东丹国新都城。管辖范围为"东至北乌鲁虎克四百里，南至海边铁山八百六十里，西至望平县海口三百六十里，北至挹娄县、范河二百七十里"（《辽史·地理志》）。迁过来的渤海州县大部分保留了原来的名称。从《辽史·地理志》关于东丹国国界的记载得知，东丹国北面边界在挹娄县、范河（凡河）一线，距东京（今辽阳）二百七十里。也就是说东丹国的北界只到今天的铁岭南部地区，银州区所在地不在东丹国境内。同样说明，天显三年渤海银州南迁之时并没有直接落在今天的银州地区，是先落在其他地区后迁过来的。至于渤海银州先落在哪里已经无从查证了。迁到辽北地区的时间也不好确定。辽东京道建置除了渤海旧州县南迁之外还有几次较大的变动，兹介绍如下。

1. 幽云十六州归属辽朝后，部分州县改名

辽天册六年辽兵南下，掠夺部分州县居民北迁，建城不改其名。天显十三年，幽云十六州归属辽朝，这样就造成了部分州县重名，于是改了部分东京道地区的州县之名，檀州即其一也。银州城最初也是同檀州一起建的城，其名已经无从知道，是否在这一时期改动了名称也无从知晓。

2. 燕颇叛辽之后部分州县北迁

辽景宗保宁七年（975）七月，黄龙府卫将燕颇率部举兵杀黄龙府都监张琚，据地起义。后遭辽北院大王耶律曷里必军攻击，突围出黄龙府，向北退走投奔了兀惹国。黄龙府原为渤海扶余府，辽太祖驾崩于此，因有黄龙现，故改为黄龙府。天显三年，随东丹国南迁至辽南扶州（扶州即今之复州），并入原渤海龙州诸县。保宁七年七月，燕颇叛辽，黄龙府废，后以叛军残部于今辽北地区另立通州，原黄龙府诸县也迁辽北地区。

3. 开泰年间部分州县北迁

辽圣宗在位期间，辽朝实力大增。尤其是"澶渊之盟"之后，辽宋两朝各守旧界。此后一百多年，辽宋未大战。这样使辽朝解除了南面的威胁，于是辽圣宗得以向东北发展。开泰年间，辽朝实际控制边界已经由辽河流域扩大到松花江流域。原东丹国北面出现了同州、咸州、肃州、安州、韩州、信州、黄龙府、泰州、长春州等，这些州基本上都是开泰年间随着势力的扩充而北迁的。

4. 大延琳叛乱部分州县外迁

大延琳叛乱发生在辽圣宗太平九年八月，渤海人后裔大延琳起兵占领东京，杀了户都使韩绍勋、副使王嘉、四捷军都指挥使萧颇得，囚禁了东京留守驸马萧孝先及其妻南阳公主，并自立为帝，国号兴辽，年号天庆。大延琳叛乱得到了南北女真的支持，叛乱持续了整整一年，终于被剿灭。之后，辽廷为削弱原渤海居民的势力，将辽南地区部分州县外迁。如上京道的易谷县、迁辽县、渤海县等，都是这个时候迁出辽南的。

辽银州也应该是上述四次事件中迁入辽北的，具体因哪次事件迁入的，目前还不好确定。笔者认为开泰八年左右迁入辽北地区的可能性较大，开泰八年，即1019年。

总之，辽代银州城建城时间应该在922年，距今1101年。而得名时间很有可能在开泰八年，即1019年，距今1004年。

（刘文革　铁岭市历史学会副会长）

历史研究

《辽代佛教文化》序

王绵厚

辛丑年（2021）端午节前，先后接到辽宁省博物馆党委书记刘宁研究员和辽宁大学历史学院齐伟教授电话，欣告北大学兄姜念思的遗作《辽代佛教文化》整理将讫，请撰一小序。听到这一消息，我的心情既高兴又沉重。高兴的是，几年前已获悉念思的这本遗作已由省博物馆刘宁、齐伟等同人热心组织整理补充，如今终有结果，念思兄有知应含笑九泉。沉重的是，瞬时间念思离去已快五年。2017年1月15日他仙逝时，我正在澳大利亚墨尔本女儿家探亲。惊闻后曾在澳草撰《五载同窗、半纪情缘》，传回国内发表在《中国文物报》上。回忆我与念思半个多世纪中的三个"同一天"：同一天到北京大学报到、同一天一节车厢毕业分配到辽宁、同一天一纸调令选调辽宁省博物馆等半世奇缘。正如北大中文系学兄孙丕任在纪念文章中说："他们苔岑半世，切磋砥砺，业绩卓著，成为辽宁历史考古界的佳话。"此言"业绩卓著"不敢自诩，但互相砥砺却是实情。回忆五十年前我们同住博物馆一间单身宿舍，在那间既无电话又无电视的不到10平方米的斗室里，两张床外只能放一张书桌。我们各坐一端，昏灯下互抄从资料室借来的《契丹国志》和《大金国志》，这是我们习读辽金史的开始。今天当我重翻齐伟寄来的近十四万字的书稿，往事历历，恍如昨日。尽管从20世纪80年代后，我把主要业务精力转向交通史、秦汉史和高句丽史等，对辽史再未如念思更深入下去，但通阅书稿后，还是为姜兄的执着敬业精神所感佩。故此不避疏浅，权作此续貂弁言。

念思对辽代佛教文化的关注，我早有所闻。20多年前的1998年秋，当时我在辽博馆长任上，念思则调任沈阳故宫博物院党委书记兼副院长。我在陈述先生的《全辽文》中偶然看到辽代圣宗统和年间的《龙龛手镜》一书。早年在研究室听阎万章先生提起此书，这次翻看感到对辽代圣宗时期礼佛，特别是蔚县小五台山佛寺和书中的辽代佛学字书的流传，耳目一新，遂想撰一篇有关介绍文章。适逢陪客人去沈阳故宫参观，于是在念思办公室谈起此事并将手写初稿给他看（当时我不会电脑打字）。念思看了看说："绵厚，没想到你除历史地理和高句丽外，近年还关心辽代佛教。我关注辽代佛教文化至少十年，无奈这些年工作岗位屡变，不像你一直在省博。几乎每一个岗位连续都不超过五年，这不又到故宫了，原想到各地看看辽塔资料，也没机会了，现在转到沈阳城市史。"听了念思的话，我方深悟他对辽史和佛教文化心仪已久和无奈的苦衷。21世纪初，我与他同为辽宁省考古专家组成员。他比我更多参与了辽代史迹的调查，特别是省内辽塔工程维修论证等工作，数年间潜心辽代佛教史迹和文化研究，成就了这样一部可传世的著作。通读全稿我感佩他辽代佛教文化的深厚功力，对我多年疏离的辽代佛学研究，无疑是重新学习的机会。

回归书稿的本身。因自故宫见面后再未与念思讨论过辽代佛教，所以拿到书稿拜读后，方感悟该书有如下特点：

1）全书结构合理、层次分明、章目清晰。全书共列五章，分别以概述、佛教宗派、高僧、名刹、佛塔立章目，系统介绍和分析了辽代五京地区的佛教史迹。我在拜读和书序中曾和校勘补证者齐伟通过手机短信沟通，达成共识，如果再补充五京中的东京高僧史迹和部分佛寺，以及佛教石刻造像和经典（如僧行钧《龙龛手镜》等），这将是一部完整的辽代佛教文化的集成之著。

2）全书收集辽代佛教文化资料系统、内容丰富。据笔者陋见，这是以考古和史迹为主，专门系统介绍和研究辽代佛教文化的第一本专著。它将为辽代佛教文化的专题研究，起到开篇铺路的作用。

3）全书对历史文献、佛教石刻和现存史迹综合考察，使所介绍的内容具有更大的可靠性和学术价值。如第四章名刹篇，共介绍上京十九座、中京三十四座、南京八十八座、西京十五座、东京九座。为学界在此基础上深入研究辽代佛教寺院的分布及源流提供了系统的第一手资料。

4）作为辽代佛教文化的专著，作者注重了研究的力度，如概论部分对辽代佛教的发展阶段和宗派流传、分布等，做了系统梳理钩沉。书稿认为，前燕慕容皝龙城（今朝阳市）东凤凰山所建之龙翔寺，是佛教传入辽土的第一寺院。以及唐天复二年（902）龙化州开教寺的建立，是辽代最早传入佛教的标志。诸如此类，都是据信史和考古史迹结合做出的可靠结论。作者对辽代佛教文化的见地，反映了其多年潜心研究的结晶。由于笔者对辽代佛教文化所涉甚浅，对该书的学术价值可能属隔靴搔痒之论，方家学人当会有更深邃的评论。

当我用三天时间通读了这部书稿后，虽然多年疏离了辽代佛教文化的深入研究，但在作者的启发下，愈感到佛教史迹和佛教文化，于辽代历史考古，特别是文化研究关系尤重。以往研究辽代契丹的汉化过程多偏重版筑城垣技术、草原城市崛起、金属工艺、南北官制等方面，这无疑是重要的。但在人文领域我认为佛教的传入为第一要素。该书认定的唐天复二年辽太祖于龙化州建开教寺为辽代传入中土佛文化之始，但只作为一种背景叙述，未深究其意义。其实这一举措与"西楼"始建、版筑上京和鸭绿江垂钓等行为一样，反映了辽太祖时代对中原文化接受的深度。一个兴起在二河之间的草原民族，在进入汉人郡县区后，在建国的早期封地龙化州，先以崇佛兴寺为本，这一举动，超出以往东胡、鲜卑等草原民族，后者多在建国后方引入佛教（如前燕最早接受佛教不在慕容廆时代而在慕容皝于凤凰山建龙翔寺时）。这一点在研究辽代早期文化历史上应引为关注。诸如此类，如果该书在佛教流传的重点和节点上更集中分析讨论，如对圣宗礼佛的深入记述，对义县奉国寺本质内涵的解读，对北京房山辽代石经展开的研究，以及闾山辽陵与辽地佛教文化的诸多深入讨论，必将使辽代佛教文化研究上一个新台阶。我深悉念思兄在晚年病体不支中完成此作的艰辛和毅力。

在介绍和评论这部专著时，这里还不能不提到为该书的校勘补证做出了贡献的齐伟女士。齐伟同志也是我在专业上交识多年的中青年学者。早在念思刚过世、她供职在辽宁省博物馆研究部，最早受刘宁馆长等委托，承担该书的整理补充工作。调入辽大后，她不改初心，认真对书稿做了大量文献校补和内容补证工作。我在接过书稿后，细阅内容并与她沟通方知，几年中她对全书几百处注释和行文进行勘校、补充。而且提出了许多修改建议。如第一章关于辽代佛教概述中，原稿记"辽代南塔和北塔都建于辽代"，她在补注中指出，现存朝阳南塔和北塔建于辽代，"但并非始建于辽"，详情可见她为该书所写的后记，凡此不胜枚举。难能可贵的是，她翻阅大量文献和参考资料将辽代寺塔和高僧做了一个较为详尽的统计，可作为该书的一个重要补充，使之更加完善。齐伟女士对该书顺利出版付出的辛劳，识者可见于大量补注校勘中。也希望齐伟同志等后继学者，在辽代佛教文化的深入研究中能百尺竿头、更进一步。

当我通读这部书稿并构思短序时，窗外正下着淅淅沥沥的细雨。睹物思人，感念油生。我仿佛看到念思在青灯昏照下，拖着病体为校订书稿呕心沥血。从齐伟标注的大量未检索出处的引据文献中，窥知他在生命的最后岁月殚心竭力的心境。回忆去澳大利亚前在他家道别时，他生前的两件憾事，一是当年没报考宿白先生的研究生，否则可终身以研究佛教考古为业；二是没能看到《函可传》和《辽代佛教文化》的出版。每忆及此，我愈感到这篇薄序的沉重和铭心，不禁想起彭定安先生赠余书中记其与故友范敬宜先生的往事。人称"彭范"，"彭范"如今只剩下"彭"，而"范"已驾鹤。面对窗外此情此景，我与彭老的心情相通。近两年来，我由于腰椎病手术后很难坐姿打字，故很少应承朋友们的类似盛情。我在感谢刘宁、齐伟等同人为念思兄遗作出版奔劳的同时，此次所以勉力用手机靠在沙发上完成这篇陋序，主要是以此缅怀半个世纪同窗、同业的学兄，以告慰他于天国。

在结束这篇短序时，正当2021年端午节将至。端午时节，国人的传统是悼念屈原的汨罗江之沉，祭先祖灵位。此刻当我放下书稿，站在自家阳台上北望沈水浑河，不免想起与念思生前分居浑河南北相望，油然而生悼怀屈子与念思的不同心境。虽然不宜将姜兄与先贤比肩，但我的"汨罗江情结"却难以释怀。值此姜兄遗作即将付梓之际，以即兴七言咏之以为序结：

端阳流火沈水潮，
姜兄遗作付梓告。
君在黄泉闻喜讯，
后学襄助树新标。

2021年仲夏书于沈阳盛京三古斋

（王绵厚　辽宁省博物馆）

历史研究

德音昭昭，仰之弥高

——读武玉环教授《辽金职官管理制度研究》

郑美蒙

内容提要：辽金王朝的职官管理制度在中国古代政治制度史上具有承上启下的重要地位，然而国内外对于这一课题的研究内容和研究深度仍有待丰富与拓展。2019年，武玉环教授所著《辽金职官管理制度研究》首次将辽金职官管理制度作为一个整体研究对象，依循历史发展进程，系统考证了辽金职官管理制度的发生发展与演变，并对其规律、特点、经验和教训进行了总结。该著独辟蹊径、张本继末、引古筹今，是对中国古代职官管理制度研究的有益补充。笔者将按照论证范围、论证结构和论证方法对该专著稍作评介。德音昭昭，仰之弥高，谨以此文深切缅怀武玉环教授。

关键词：《辽金职官管理制度研究》 政治制度 职官管理 评介

职官管理制度是中国古代政治制度的重要内容。辽金王朝作为承前启后的重要历史时期，其职官管理制度在承袭唐宋旧制的基础上又具有各自特点，并且对元明清的政治制度产生了重要影响。学界关于辽金职官管理制度的研究成果在中国古代政治制度的研究领域内较为丰富，但多呈专题性。2019年8月，武玉环教授所著《辽金职官管理制度研究》作为依托国家社会科学基金项目"辽金时期的职官管理制度研究"（12BZS034）基础上潜心研究多年的最终成果，正式由人民出版社出版。该书首次将辽金职官管理制度作为一个整体进行研究，灼灼30余万言，极大地推进了该问题的研究进程。不幸的是，武玉环教授于2022年2月15日在长春与世长辞，享年73岁。武玉环教授治学之博大精深，深深影响了几代人，给辽金史学界留下了许多珍贵的学术遗产。拜读《辽金职官管理制度研究》，受益良多。下文将从论证角度、论证结构和论证方法三个方面对此著略作评述。笔者不揣简陋，以此拙作，遥寄哀思。

一、独辟蹊径、面面俱到

职官是指国家机构中担任一定职务的官吏，是国家行政权力的制定者、执行者和监管者，对于维护政权稳定的重要性不言而喻。职官管理制度则是国家政治制度的重要组成部分，以职官为主要管理对象，管理的方法和手段包含选官、考课、监察、奖惩、俸禄、致仕等内容[1]。虽然学界对于辽金职官管理制度的研究起步时间较早，如清代史学家赵翼《廿二史札记》第27卷中指出辽代职官世选制度不同于世袭官制之处在于"世袭则听其子孙自为袭承，世选则于其子孙内量才授之"[2]。第28卷中曾对金朝职官考察制度做出评价："初设此制，上下皆以吏治为重，故举劾足以示劝惩也。"[3]但在《辽金职官管理制度研究》之前，国内外对于辽金职官管理制度的整体性研究较为缺乏，多数研究成果呈专题性，研究内容较为分散。例如，辽金选官制度方面有姚从吾《说辽朝契丹人的世选制度》[4]、周腊生《金代贡举考略》[5]、都兴智《辽金史研究》[6]、武玉环《论金朝县级官吏的选任与考核》[7]等丰富的研究成果；职官监察制度方面有徐松巍《金代监察制度初论》[8]、武玉环《辽代监察制度考述》[9]、程妮娜《金代监察制度探析》[10]等文章；考课奖惩制度的研究成果有袁庭栋《中国古代官吏的考核与奖惩》[11]、徐松巍《金代监察官员的任选、奖罚及其作用——金代监察制度研究之四》[12]、武玉环《辽代职官考核制度探析》[13]和《金代职官犯罪与刑罚述论》[14]等内容；职官俸禄制度方面有武玉环《辽代职官俸禄制度初探》[15]等研究成果；职官致仕制度的研究领域有张创新《金朝致仕制度浅议》[16]以及武玉环《金代职官致仕制度考述》[17]等文章。综观此前辽金职官管理制度的相关研究成果，多数是单独对某类职官管理制度进行考证论述，

1　武玉环：《辽金职官管理制度研究·绪论》，人民出版社，2019年，第1、2页。
2　（清）赵翼著，王树民校证：《廿二史札记校证》卷27《辽官世选之例》，中华书局，1984年，第590页。
3　（清）赵翼著，王树民校证：《廿二史札记校证》卷28《金考察官吏》，中华书局，1984年，第626页。
4　姚从吾：《说辽朝契丹人的世选制度》，《台湾大学文史哲学报》1954年第6期，第91～135页。
5　周腊生：《金代贡举考略》，《四川大学学报（哲学社会科学版）》1997年第3期，第80～90页。
6　都兴智：《辽金史研究》，人民出版社，2004年。
7　武玉环：《论金朝县级官吏的选任与考核》，《吉林大学社会科学学报》2012年第4期，第87～93页。
8　徐松巍：《金代监察制度初论》，《民族研究》1992年第2期，第68～74页。
9　武玉环：《辽代监察制度考述》，《北方文物》2000年第3期，第72～74页。
10　程妮娜：《金代监察制度探析》，《中国史研究》2000年第1期，第108～115页。
11　袁庭栋：《中国古代官吏的考核与奖惩》，《社会科学研究》1988年第2期，第56～59页。
12　徐松巍：《金代监察官员的任选、奖罚及其作用——金代监察制度研究之四》，《北方文物》1990年第2期，第66～70页。
13　武玉环：《辽代职官考核制度探析》，《史学集刊》2014年第3期，第83～88页。
14　武玉环：《金代职官犯罪与刑罚述论》，《辽金历史与考古（第九辑）》，科学出版社，2018年，第149～160页。
15　武玉环：《辽代职官俸禄制度初探》，《学习与探索》2017年第3期，第167～173页。
16　张创新：《金朝致仕制度浅议》，《史学集刊》1986年第3期，第27、28、63页。
17　武玉环：《金代职官致仕制度考述》，《吉林大学社会科学学报》2016年第1期，第105～112、189、190页。

缺乏对职官管理问题的全面探讨与总结归纳。然而，"职官管理制度的诸方面内容，一环套一环，环环相扣，他们之间有着密切的联系，缺一不可"[18]。因此，从整体的角度出发，辽金职官管理制度的研究领域内仍留有较大可期探索的空间。

武玉环教授所著《辽金职官管理制度研究》钩沉史海、独辟蹊径，论述范围全面，有机结合了辽金职官管理制度的各方面内容，将其视作一个整体，对辽金两朝职官管理制度的运行机制、运行规律、特点与作用等方面进行了综合性的整合与论述，并且"从统一的多民族国家这一点出发，从中探寻中国古代职官管理制度带有普遍性的内容与特点，以及与中原政权不同的内容与特点，以期反映这一历史时期多元一体的时代特色"[19]。该著立足于宏观角度，将辽代职官管理制度分成了三个阶段：第一阶段为辽太祖至辽穆宗时期，是职官管理制度的创立时期；第二阶段为辽景宗至辽兴宗时期，是职官管理制度的调整与完善时期；第三阶段为辽道宗至天祚帝时期，是职官管理制度的逐渐衰落时期[20]。将金代职官管理制度也分成三个阶段：第一阶段为金太祖至金太宗时期，为职官管理制度的萌芽与创立时期；第二阶段为金熙宗至金章宗时期，是职官管理制度的充实与完善时期；第三阶段为卫绍王至金哀宗时期，是金代职官管理制度的逐渐衰落时期[21]。辽金王朝的职官管理制度具有承上启下的重要作用，它"贯穿于辽金王朝的始终，并随着辽金王朝的灭亡而废止。但是，作为制度的传承，它并没有消失，而是被元明清各朝所承袭"[22]。这样对辽金职官管理制度的演变过程进行划分，能够更加清晰地把握其总体发展脉络以及与中原王朝职官管理制度的异同之处，进而有助于考察辽金职官管理制度在中国古代政治制度史上的重要地位。

《辽金职官管理制度研究》一书是武玉环教授对于多年来研究成果的高度汇订与总结，首次将辽金职官管理制度作为一个整体进行考述，基本上涵盖了各方面内容——选官、考课、监察、赏罚、俸禄、致仕，使辽金职官管理制度的研究摆脱了单一性、专题性的特点，为后续对辽金职官管理制度的研究提供了新思路与新方向，推进了辽金政治制度研究的深度与广度，而总览民族政权下政治制度的融合与流变在一定程度上也有利于理解中华民族多元一体格局的形成。

二、张本继末、结构清晰

论证结构是否清晰是评定一部史学著作成功与否的重要标准。史学家何炳松教授曾说："明定范围，揭示纲领。然后分述详情，表明特点。务使览者如振衣得领，张网挈纲。""即至著作之时，亦应毋忘纲要。学问之道，纲领为先。研究进程，此为关

---

18 武玉环：《辽金职官管理制度研究》，人民出版社，2019年，第323页。
19 武玉环：《辽金职官管理制度研究·绪论》，人民出版社，2019年，第1页。
20 武玉环：《辽金职官管理制度研究》，人民出版社，2019年，第3页。
21 武玉环：《辽金职官管理制度研究》，人民出版社，2019年，第153页。
22 武玉环：《辽金职官管理制度研究》，人民出版社，2019年，第323页。

键。若书无纲领，则纵有心裁别识，亦将如用武无地之英雄。"[23]《辽金职官管理制度研究》逻辑清晰、结构精巧，全书除绪论和余论外，分为上、下两编共14章，辽金两朝职官管理制度的内容分而撰述，各占一半篇幅。该著"以历史发展为纵线，论述辽金时期的职官管理制度的发生、发展及演变。以职官管理制度的六项内容为横线，论述职官管理制度的具体内容及其特点"[24]。上编论述了辽代职官管理制度的相关内容，包括辽代职官管理制度概述、选官制度、考核制度、监察制度、奖惩制度、俸禄制度、致仕制度七章，下编有关金代职官管理制度的论述格式与上编体例层层呼应、相得益彰。由于辽朝与金朝农耕文明地区有所不同，"相比辽国整合中国北部，金国则整合了中国北方"[25]，其政治制度必然存在差异。这样按照清晰醒目的脉络对职官管理制度进行梳理，有便于厘清辽金王朝职官管理制度的内在联系与差异以及两朝政治制度的沿袭程度。除了全文的纲领结构，在探讨具体问题时作者也构建了清晰的论述逻辑。例如，第五章《辽代职官奖惩制度》中依据《辽史·刑法志》中的定罪原则，按照现代刑法标准将辽代犯罪行为划分成"政治犯罪、刑事犯罪、经济犯罪、军事犯罪、其他方面的犯罪"这五类，在各个小专题中又将犯罪行为做出细化，如军事犯罪包括临阵脱逃罪和指挥不力罪两方面。诸如此类，每个细微问题的讨论都不乏合理的论述逻辑，可见作者著述能力之强、学术功底之深。《辽金职官管理制度研究》一书的理论构建模式便于将同时代不同政权的职官管理制度进行比较研究，逻辑严谨，述无遗漏，同时有助于从整体上认识辽金职官管理制度与中国古代政治制度发展间的密切联系，进而提高了辽金两朝政治制度研究的学术地位。

该著不仅便于横向对比辽金两朝职官管理制度的特点，也对其在历史进程中的纵向发展进行了详细考证。中国古代各政权下的职官管理制度都具有内在一贯性，概因多承前代旧制。同时，由于不同民族政权都具有独特之处，其职官管理制度也必然存在区别于其他民族的特殊性。张博泉教授认为："平等地对待我国历史上的民族，是马克思主义史学的一条重要原则。正确对待我国多民族的历史，揭示其在统一的多民族国家中发展的过程与规律，研究他们无论是在民族统一还是分裂时与整个中国不可分割的关系，是史学研究的基本出发点和历史所赋予的任务。"[26] 因此，辽金历史研究在中国古代历史研究领域内的重要程度不可小觑。辽金王朝分别由契丹族和女真族建立，两朝在发展过程中不但继承和发扬了中原王朝的政治体系，还在一定程度上保留了具有民族特色的传统理念，形成了辽金王朝独特的职官管理制度。恰如书中所说："辽金职官管理制度，既有承袭，也有创新。辽金职官管理制度是在汉族士人的帮助下，建章立制，其制度沿袭了中原汉制，又融入本民族的传统制度。其制度的创新，体现在职官管理制度的各个方面。"[27] 行文中多次对这一观点进行了佐证，

---

23 何炳松：《通史新义·历史研究法》，时代文艺出版社，2009年，第213页。
24 武玉环：《辽金职官管理制度研究·绪论》，人民出版社，2019年，第2页。
25 廖寅：《10—13世纪中国历史走向的深度分析》，《吉林大学社会科学学报》2017年第4期，第138页。
26 张博泉：《金史论稿》卷1，吉林文史出版社，1986年，第15页。
27 武玉环：《辽金职官管理制度研究》，人民出版社，2019年，第334页。

如"辽代世选制是沿袭契丹族建国前的古老传统,又有新的发展,扩大了世选制的范围。不仅局限在契丹族之中,世选制也扩大到汉族、奚族之中"[28]。"金朝以武立国,在与辽、宋长期的战争环境中,金朝军队中人才辈出,军功入仕成为金初的主要入仕途径。"[29]"荫补制度始于汉朝,完善于唐朝。金朝荫补制度来源于辽宋。"[30]等。不仅如此,辽金王朝对元明清的职官管理制度也产生了难以忽视的影响,在选官制度方面表现得尤为明显。书中认为:"金朝选官制度对元清二朝有重要影响。在蒙金战争中,大量金朝儒士进入蒙古,协助蒙古贵族建章立制,形成了元承金制的局面。……这些都有利于元清两朝在总体上提高统治民族官员的文化素质和保持统治民族的统治地位。"[31]"金朝统治者为统治民族女真族创设女真进士科,元清两朝设置蒙古进士科和满蒙进士科即渊源于此。金朝选官制度在总体上实行优遇统治民族的政策也为元清两朝所继承。"[32]综上所述,《辽金职官管理制度研究》一书张本继末,从职官管理制度的整体研究角度出发,考察了不同民族之间制度、文化的交流交往与交融,按照清晰的逻辑结构把握了中国古代职官管理制度的演变,对于客观评价辽金职官管理制度在中国古代政治制度史上的地位具有重要作用。

三、引古筹今、史论结合

　　史料乃治史之要,辽金史料缺乏是学界共识,更是辽金史学研究一直面临的困难之一。诚如刘浦江教授所说:"辽金史的困窘和萧条,最根本的症结在于史料太少。"[33]然而,"我国古代是'多元一体与一体多元'构成的国家,其发展的总趋势是走向统一的中国和华夏,只有抓住薄弱环节才能改变发展不平衡的面貌,从整体发展的进程中掌握规律和特点。"[34]武玉环教授对于辽金职官管理制度的研究并没有因为史料的短缺而束之高阁,在书中利用有限的史料系统全面地考察了辽金两朝各个阶段职官管理制度的演进,将职官管理制度与朝代兴衰嬗变之间的密切关系论证得详而易览。刘浦江教授提出:"就辽金史目前的状况而言,在资料极度匮乏且现有材料又尚未得到充分利用的情况下,'穷尽史料'理应是当务之急。"[35]高福顺教授也认为:"在史料不足证的情况下,更需要研究者具备深厚的文献功底和解读史料的超强能力,在汲取直接史料的同

28　武玉环:《辽金职官管理制度研究》,人民出版社,2019年,第334页。
29　武玉环:《辽金职官管理制度研究》,人民出版社,2019年,第153页。
30　武玉环:《辽金职官管理制度研究》,人民出版社,2019年,第184页。
31　武玉环:《辽金职官管理制度研究》,人民出版社,2019年,第201页。
32　武玉环:《辽金职官管理制度研究》,人民出版社,2019年,第334页。
33　刘浦江:《穷尽·旁通·预流:辽金史研究的困厄与出路》,《历史研究》2009年第6期,第26页。
34　张博泉:《论史学研究的特色》,《长白论丛》1997年第2期,第55页。
35　刘浦江:《穷尽·旁通·预流:辽金史研究的困厄与出路》,《历史研究》2009年第6期,第26页。

时，还应注意间接史料的应用，在史料搜取范围上应更宽更广。"[36]因此，面对史料匮乏的困境，辽金史学者应该迎难而上、"穷尽史料"，利用有限史料挖掘无限可能。遵循着这样的历史研究精神，《辽金职官管理制度研究》一书旁征博引，参考了大量的古籍资料与文章著作，其中包含由唐至清的古代文献20余种、近现代文献近60种、考古类文献与国外文献各十余种、论文50余篇，充分展现了武玉环教授优秀的搜集史料、运用史料的学术能力和学术素养，《辽金职官管理制度研究》也成为辽金史研究以及中国古代政治制度研究成果中的一大亮点。

如何将史料运用和理论探讨适当结合，是困扰辽金史研究已久的重点与难点。景爱教授指出："辽金史研究既是断代史，又是民族史。新世纪以来，研究趋热，成果众多，但整体研究水平尚有待提高。未来辽金史的研究要注重新观点、新材料、新方法；要彻底走出正统观的阴影；要慎读宋人著作；要广泛读书，更要注重思考。"[37]邓小南教授也认为："'材料（史料）'与'议题（问题）'，是历史学家终日涵泳于其间、终生面对且尽心竭力处理的对象。从某种程度上说，研究水平的高下，正是取决于论著者对于'材料'与'议题'的把握方式。"[38]《辽金职官管理制度研究》一书将"材料"与"议题"巧妙结合起来，对辽金职官管理制度的各方面提出了深刻的见解。例如，在《辽代职官考核制度》一章，书中参考《辽史》《新唐书》《宋史》等正史以及《李内贞墓志铭》《王守谦墓志》等墓志材料，以史为据，详细论证了职官考核制度对于"提高辽朝职官的执政水平与行政效率，巩固辽朝政权"所起的作用，并提出辽代职官考核制度"对金元时期政治制度产生了较大的影响"[39]。在《辽代职官监察制度》一章，作者除了引用《辽史》《新唐书》与《常遵化墓志铭》《刘日泳墓志铭》等此类正史与墓志资料，还参考了《中国监察制度史》等今人的研究成果，围绕"职官监察制度对于监察百官，肃正朝纲，整顿官僚队伍起到重要的作用"做出系统阐释，展现了"辽代监察制度中监、刑合一的特点"[40]。由此可见，《辽金职官管理制度研究》在广泛参考、引用史料的基础之上，提纲挈领，使"论据"与"论点"相辅相成，将史料与观点并重，真正做到了史论结合、论从史出。除了古籍史料，文章还运用大量表格对"论点"进行了辅证。例如，第七章《辽代职官致仕制度》将辽代职官致仕及逝于任上的官员与逝于任上未及致仕的官员列举在表格中，以此来归纳辽代职官致仕的普遍年龄条件[41]。第十三章《金代职官俸禄制度》中，作者将朝官与外官具体俸禄的发放数额、正俸之外的补贴数额、诸军军官俸禄以及诸招军月给例物等内容在表格中均做出记录，以此为凭对金朝职官俸禄制度做出相关研究结论[42]。这种将史料与表格相结合的著述方

---

36 高福顺：《北方民族政权历史文化认同的典型案例——〈辽金元史学研究〉评价》，《辽宁工程技术大学学报（社会科学版）》2011年第1期，第3页。

37 景爱：《辽金史研究的理论方法与实践》，《东北史地》2012年第1期，第39页。

38 邓小南：《永远的挑战：略谈历史研究中的材料与议题》，《史学月刊》2009年第1期，第50页。

39 武玉环：《辽金职官管理制度研究》，人民出版社，2019年，第45~58页。

40 武玉环：《辽金职官管理制度研究》，人民出版社，2019年，第59~66页。

41 武玉环：《辽金职官管理制度研究》，人民出版社，2019年，第123~138页。

42 武玉环：《辽金职官管理制度研究》，人民出版社，2019年，第283~301页。

式，可以更加直观、准确地论证作者所持观点。

对于学界存在争议的一些问题，该著没有采取回避的态度，而是认真吸取相关学者的前期成果，并直面分歧提出了自己的观点。例如，在论述金代科举取士的篇幅中，书中将关于金朝设立科举的时间与次数的不同研究结论一一列举在正文和注释中，并表示："金朝首设科举的时间，在学界有着不同的意见。……我们同意第二种意见，即金朝在天会二年（1124）二月首次开科。"[43]"关于金朝开科次数的问题，历来有各种观点，我们同意金朝开科次数为38次。"[44]接下来文章参考了《金史》《中州集》《金文最》《大金国志校证》《燕云录》等诸多文献，对于"金朝统治者通过科举制度选拔了大量人才，充实了官僚队伍，提高了职官队伍的整体文化素质"这一观点进行了详细论证[45]。在第十章《金代职官考课制度》中，作者将关于金朝职官考核制度的不同分期观点也都在注释中进行了介绍，并认为"关于金朝职官考核制度的分期，太祖太宗时期应为萌芽期；熙宗至章宗时期为确立与成熟期；卫绍王至金哀宗时期为衰落期"[46]。这样的治史原则十分契合张博泉教授所说："编写历史书不应完全停止在史料的编纂上，应当是史论结合，总结历史上的一些经验，提出一些带有规律的问题，并对当前史学界争论的问题应有所涉及。"[47]故此，《辽金职官管理制度研究》将正史、编年史、墓志材料、石刻材料等史料融会贯通，这种古籍史料与学术观点相结合的研究准则与论证方法，使得此著兼具历史的厚重感与现实的延展性，足以体现武玉环教授严谨的治学精神、扎实的学术功底以及深厚的历史底蕴，极大补充了辽金政治制度领域的研究内容，对于推进中国古代职官管理制度研究具有积极的意义。

四、结　　语

武玉环教授以辽金制度史为主要研究方向，发表了一系列学术论文，成绩斐然，晚年时仍笔耕不辍，出版了《辽金职官管理制度研究》这一著述。该著乃先生集大成之作，从整体上论证了辽金职官管理制度的发生、发展和演变，并总结了这些制度的规律、特点、经验和教训，治史有据、思辨缜密，极大丰富了辽金政治制度史乃至中国政治制度史的研究内容，对于开拓中国古代职官管理制度的研究领域具有积极作用，在民族政权下政治制度的继承与革新如何推进中华民族多元一体形成的研究方面也具有极为重要的学术参考价值。

师者匠心，止于至善；师者如光，微以致远。《论语·子罕》有载，颜渊以"仰之弥高"表示对孔子的敬重："仰之弥高，钻之弥坚。瞻之在前，忽焉在后。夫子循循然善诱人，博我以文，约我以礼，欲罢不能。既竭吾才，如有所立，卓尔。虽欲从之，

43　武玉环：《辽金职官管理制度研究》，人民出版社，2019年，第178页。
44　武玉环：《辽金职官管理制度研究》，人民出版社，2019年，第179页。
45　武玉环：《辽金职官管理制度研究》，人民出版社，2019年，第178～184页。
46　武玉环：《辽金职官管理制度研究》，人民出版社，2019年，第203页。
47　张博泉：《金史简编·前言》，辽宁人民出版社，1984年，第1页。

末由也已。"[48]良师已逝,芳馨犹存,德音昭昭,仰之弥高,谨以此篇深切缅怀武玉环教授。

附记:本文系2018年度国家社科基金青年项目"后族与辽代社会研究"(18CZS018)的阶段性成果。

(郑美蒙 辽宁大学历史学院)

---

48 杨伯峻:《论语译注》,中华书局,2016年,第89页。

历史研究

四十多年来鲜演及其思想研究述评

谭　睿

内容提要：辽代佛教发展繁盛，涌现了一批有代表性的学僧。作为辽代佛教义学中"显学"之一的华严学，其代表性学僧鲜演即以弘扬华严闻名，著有《华严经玄谈决择记》六卷。受限于时代背景、学术环境、资料不足等因素的影响，四十多年来学界以鲜演为课题的相关研究总体上呈现出研究成果数量较少、研究时间跨度较长的特点。中日两国学者是这一研究领域的主要力量，近年来，韩国学者也显露头角。未来研究的着力点要继续放在对《华严经玄谈决择记》文本的解读与分析上，不断深化研究议题，拓宽研究视角，加强多学科合作，而这也是辽代佛教义学研究的题中之义。

关键词：辽代佛教　鲜演　华严思想　研究述评

本文以辽代华严学僧鲜演作为考察对象，通过对四十多年来有关鲜演及其思想研究的文献梳理，厘清研究现状，总结研究成果和研究不足，进而提出未来研究方向。由于可供查阅的资料有限，遗漏之处在所难免，敬请不吝批评指正。

一、基础性研究

在有学者开始有针对性地研究辽代华严学僧鲜演以前，尽管学界普遍认为华严学是辽代佛学的主流，但在各种有关涉及辽代佛教的著作中，对华严宗着墨的部分大多是寥寥数行或数段的简单介绍。这显示出学界对辽代华严学这一领域的掌握和研究尚不充分，很多地方还有待补充和完善。有鉴于此，在对有关鲜演生平及著述研究、鲜演思想研究做文献梳理之前，仍有必要通过学界相关著作中所提到的介绍性文字，来了解之前学界对辽代华严学僧鲜演的认识达到何种程度。

在1980年由中国佛教协会编纂的《中国佛教》第一辑中的"中国佛教史略"部分，由游侠撰写的《辽代佛教》一文提到"辽代最发达的教学是华严。如上京开龙寺圆通悟理大师鲜演，即以专攻《华严》著名，撰《华严悬谈抉择》六卷以阐扬澄观之说"[1]。根据该书前言所说，这些文稿撰于二十年前。因此，这可能是最早可知的中国学者对辽

---

[1] 中国佛教协会编：《中国佛教（第一辑）》，知识出版社，1980年，第91页。

代华严学僧鲜演的介绍。

在2010年由赖永海主编的《中国佛教通史》第十卷中的"辽代佛教"部分，有"鲜演与《华严悬谈抉择》"一节内容，主要从心性论、禅教一致、台贤一致、性相圆融四个方面对鲜演的华严思想做了相关说明[2]。这部分文字虽曾收录于《中国·朝阳第二届佛教文化论坛论文集》中，但将其作为辽代佛教史的一个重要组成部分而编入《中国佛教通史》中，这对于较大范围内增进人们对辽代华严学僧鲜演的了解仍具有重要意义，这也是中国学者第一次较为全面地在通史类著作中介绍鲜演的华严思想。

日本学者对辽代佛教的研究早于中国学者，在20世纪20年代就已经发表了相关论文并出版了一些重要成果。其中，最具代表性的学术著作是1920年出版的胁谷撝谦《华严经要义》、1937年出版的神尾弌春《契丹佛教文化史考》以及1953年出版的野上俊静《辽金的佛教》。

胁谷撝谦《华严经要义》不仅在作为《华严经》的新注释方面具有重要价值，而且此书附录部分的内容也很有参考意义。作为辽金佛教研究的开拓者之一，胁谷撝谦认为辽金的佛教是以华严为中心的。此书附录有"鲜演的《华严玄谈决择》"一节内容，其中提到"《华严玄谈决择》六卷（《日本续藏》第一辑十一之五）是对《清凉玄谈》的重要部分附加详细解释的著作。六卷中第一卷全部缺失，第二卷以下保存下来。通过第二卷文末的写本记云，可以看出鲜演等学僧应是活跃于辽道宗时期的人物"[3]。

神尾弌春《契丹佛教文化史考》第五章"契丹高僧小传及其教学倾向"中也对鲜演做了相关介绍，其中提到"作为有关《华严经》的现存文献，有上京开龙寺僧人鲜演所撰的《华严经谈玄决择》六卷。作者鲜演的生平不详，值得注意的是，他是上京临潢府开龙寺的僧人"[4]。

野上俊静《辽金的佛教》收有《关于辽代佛教研究》一文，其中提到"《华严玄谈决择》六卷现收于续藏，因缺第一卷而不得见其序文，其制作由来亦不明了。著者的传记仍不详，由其头衔，可断定他是辽首都上京临潢府开龙寺的沙门。此外，根据第二卷文末的备忘，可以窥知此书由高丽传来"[5]。

此外，高峰了州《华严思想史》第十九章部分提及了鲜演的思想。文中提到："鲜演的思想虽然希迪也有所注意，但引用最多的是湛睿。鲜演不仅对《华严经》的题名分别从十个方面加以解释，对澄观序文中的'往复无际'等五句话也分别从十个方面加以解释。他继承了澄观和宗密的思想，从五教的立场来看一心"[6]。这表明高峰了州对《卍续藏》所缺的《华严经谈玄决择》卷一已有了解，而这得益于从金泽文库新发现的全六卷完整本。

2　赖永海主编：《中国佛教通史》（第十卷），江苏人民出版社，2010年，第330~338页。
3　〔日〕胁谷撝谦：《华严经要义》，兴教书院，1920年，第373页。
4　〔日〕神尾弌春：《契丹佛教文化史考》，第一书房，1982年，第106页。
5　〔日〕野上俊静：《辽金的佛教》，平乐寺书店，1953年，第49、50页。
6　〔日〕高峰了州：《华严思想史》，百华苑，1976年，第345页。

龟川教信在《龙谷学报》311号编有《金泽文库新出华严经谈玄决择第一》[7]及撰有《关于华严经谈玄决择的完本》[8]两文,对此有详细的介绍。

镰田茂雄《华严学研究资料集成》第五章第四节提到:"辽代鲜演现存《华严经谈玄决择》六卷,本书是辽金佛教的代表著作。日僧凝然在其《华严宗经论章疏目录》中有'花严疏玄谈决择、六卷、鲜演述'的记载,而根据所发现的金泽文库本可知,本书的正确题名是《华严经谈玄决择》。"[9]

二、鲜演生平及著述研究

鲜演作为辽代华严宗的知名学僧曾经享誉一时,然而无论《辽史》还是后朝历代诸史均无其生平的相关记载,过去对他事迹的了解十分有限。直到1986年6月在内蒙古自治区巴林左旗林东镇北山出土了鲜演墓碑,才使得学界对其生平及著述有了基本了解。该墓碑原石现收藏于内蒙古赤峰市巴林左旗辽上京博物馆。鲜演墓碑作为了解鲜演的原始资料具有极高的史料价值,墓碑记载了鲜演生平的主要事迹和成就,提及了他的多种著述。

王未想和朱子方是最早对鲜演墓碑做介绍的中国学者。王未想《辽上京发现辽代鲜演墓碑》介绍了该墓碑的形制和碑文内容,并就碑中所提到的同乡太师大师、白霅、秦楚国大长公主、通赞疏主、开龙寺、鲜演著述、高丽外邦、乡系析津等八个问题做了相关考释[10]。

朱子方《关于辽代鲜演大师的几个问题》在王未想前文的基础上,另做了补充考释。在鲜演著述部分,对碑文所列举的八种著作的内容也做了简要探索。此外,鲜演墓碑还记载了鲜演父母的追封和弟侄等的承荫,这对于研究辽代官制中的承荫制度甚为重要[11]。

朱子方《辽代佛学著译考》也有类似介绍,并认为"除《抉择》一种外,其余七种撰述俱载于《鲜演墓碑》,而不见于其他经录,当早已佚亡不存"[12]。

朱子方、王承礼《辽代佛教的主要宗派和学僧》依鲜演墓碑碑文对其生平及著述亦有概括考论[13]。

王巍《辽代著述研究》按经、史、子、集四部分类法将鲜演著述列于子部项,他认

---

7 〔日〕龟川教信编:《金泽文库新出华严经谈玄决择第一》,《龙谷学报》第311号,1935年,第173～201页。
8 〔日〕龟川教信:《关于华严经谈玄决择的完本》,《龙谷学报》第311号,1935年,第54～75页。
9 〔日〕镰田茂雄:《华严学研究数据集成》,大藏出版,1993年,第336、337页。
10 王未想:《辽上京发现辽代鲜演墓碑》,《辽海文物学刊》1987年第1期,第51～54页。
11 朱子方:《关于辽代鲜演大师的几个问题》,《辽海文物学刊》1987年第1期,第55～59页。
12 朱子方:《辽代佛学著译考》,《辽金史论集(第二辑)》,书目文献出版社,1987年,第190、191页。
13 朱子方、王承礼:《辽代佛教的主要宗派和学僧》,《世界宗教研究》1990年第1期,第123～125页。

为"子部书籍中佛教注疏、科文大量出现,并翻译出新的经文,显示了佛教和佛学在辽代的兴盛发展"[14]。

王承礼、李亚泉《从高丽义天大师的著述考察辽和高丽的佛教文化交流》介绍了义天著述中的辽人佚文《大辽御史中丞耶律思齐书(三首)》。文章认为,"鲜演墓碑说'高丽外邦,僧统倾心',耶律思齐这封信就是最好的证明"[15]。

孙伯君《鲜演大师〈华严经玄谈决择记〉的西夏文译本》介绍了内蒙古黑水城出土的西夏文佛经残片经考证是鲜演《华严经玄谈决择记》卷四的相关内容,并将西夏文和汉文本进行了对译。他认为"由于佛教史料的缺乏,鲜演大师《华严经玄谈决择记》何时传入西夏以及传入的途径等情况,目前尚不清楚。可以肯定的是,华严宗以及《华严经》疏注在西夏曾广为传行"[16]。

王玉亭、王燕赵《辽文化与辽上京》的"辽代佛教文化"部分,有《有关鲜演大师的资料分析》和《鲜演大师对于周边地区佛教的影响》两文。前文从出身、出家、受戒、游学、遇帝、还京、著述、圆寂八个方面对鲜演大师的宣法事迹分时段做了小结,并就鲜演大师祖籍、受具足戒、游学所见人物、与道宗论道、年龄问题五个方面补充了几点个人看法。后文从鲜演与高丽义天大师的交往信息、鲜演思想对于周边国家的影响两方面介绍了前辈学者的相关成果[17]。

在鲜演墓碑未被发现以前,日本学者对鲜演生平的考察主要是基于《华严经玄谈决择》中所提到的相关内容来把握的,胁谷挠谦、神尾弋春、野上俊静等对此都有简单介绍。此后,木村清孝也有类似说明。在鲜演墓碑发现之后,日本学者对鲜演生平及著述的考察做了更为细致的研究,主要学者有竺沙雅章、藤原崇人。

木村清孝《鲜演的性恶论》认为,"鲜演大概是辽道宗时代,以辽五京之一的上京(临潢府,兴安西省林来县)开龙寺为主要活动场所宣扬华严宗的学僧。从其头衔可知,他被赐予大师之号及赐紫,当可认为他是其时屈指可数的有影响力的佛教人物之一"[18]。

竺沙雅章《辽代佛教及其影响》在有关鲜演的部分谈道"《玄谈》作于何时并不知晓,应是作于1070~1080年。编入高丽续藏的时间是1096年,其后流传到宋、日本,其间经历了长达200年的时间,也就是到1285年。相较于之前《演义钞》很快就从高丽传来日本而言,这种传播年代的差异是显而易见的"[19]。

藤原崇人《通过鲜演的事例看契丹(辽)后期政权下的学僧和佛教》一方面通过对

---

14 王巍:《辽代著述研究》,《辽金史论集(第六辑)》,社会科学文献出版社,2001年,第184页。

15 王承礼、李亚泉:《从高丽义天大师的著述考察辽和高丽的佛教文化交流》,《辽金史论集(第六辑)》,社会科学文献出版社,2001年,第59~62页。类似论述还见于王承礼、李亚泉:《高丽义天大师著述中的辽人文献》,《社会科学战线》1993年第2期,第182~189页。

16 孙伯君:《鲜演大师〈华严经玄谈决择记〉的西夏文译本》,《西夏研究》2013年第1期,第27~34页。

17 王玉亭、王燕赵:《辽文化与辽上京》,内蒙古文化出版社,2013年,第205~224页。

18 〔日〕木村清孝:《鲜演的性恶论》,《宗教研究》第238号,1979年,第168~169页。

19 〔日〕竺沙雅章:《辽代佛教及其影响》,《驹泽大学佛教学部论集》第31号,2000年,第67~68页。

鲜演墓碑的分析，考察了契丹后期学僧的存在方式。另一方面，通过义天《大觉国师外集》中收录的书信，考察了高丽与契丹之间佛典的流通方式。他认为"鲜演在上京开龙寺和黄龙府都曾任讲主，反映了当时学僧和游牧民族统治阶级间的特殊关系，而这一关系表现在游牧民族全年流动的生活方式中。鲜演《记文》两重流通过程的特殊方式，反映了契丹与高丽在佛教文化交流中的多面性，使人们再次认识到高丽，特别是义天，在这种交流中所起的作用"[20]。

三、鲜演思想研究

通过《鲜演墓碑文》的记载可知，鲜演的著述涵盖了经、律、论各藏教典。令人遗憾的是，除《华严经玄谈决择记》一种现存外，其余著述的文本皆无从得知。对鲜演思想的研究是通过揭示鲜演在其著述中所展现的学说面貌得以体现的，而《华严经玄谈决择记》是目前研究鲜演思想最直接的材料。因此，要把握鲜演思想的内容及价值，就必须研究《华严经玄谈决择记》文本本身。此著弘扬华严学说，阐发华严义理，代表了鲜演对华严思想的认识，反映了鲜演的华严教学。

对鲜演思想最早关注的是日本学者，在胁谷揭谦所著《华严经要义》附录部分，除收录有关鲜演的介绍资料外，还从性恶说、发心即佛论和顿渐分别三方面选取了《清凉玄谈》的部分内容，对《玄谈决择》所做的注释做了简要说明[21]。此后，对鲜演思想研究撰有专文发表的学者主要是木村清孝、吉川太一郎二人。木村清孝分别于1979年、1980年共发表了两篇论文，吉川太一郎分别于2004年、2007年、2012年共发表了三篇论文。

木村清孝《鲜演的性恶论》认为"鲜演的思想主要来源于澄观的华严教学，且持禅教一致、顿悟渐修的立场。他的思想中导入了天台教学，对法相学亦有很高的评价，而这些都是在其独自的性恶论的基础上展开的。鲜演的性恶论显示了鲜演对华严教学的完整把握"[22]。

木村清孝《鲜演思想史的位置》在前文的基础上，更为详尽地说明了鲜演思想的基本立场，后又从天台教学的导入、法相教学的援用及禅思想之应对三方面阐述了其与诸学的关联，展现了鲜演融合思想的样态。文章结论认为，"在中国佛教思想以中唐为界限而开始朝着全佛教的总和与融合变动的趋势中，鲜演《决择》中的思想，使我们能够看出有关中国融合佛教的一个典型"[23]。

---

20 〔日〕藤原崇人：《通过鲜演的事迹看契丹（辽）后期政权下的学僧和佛教》，《史林》第93卷6号，2010年，第748～780页。此文后作为其博士论文《作为北方佛教国家的契丹（辽）》第二章内容。此文后由姚义田译于辽宁省博物馆、辽宁省辽金契丹女真史研究会编：《辽金历史与考古（第五辑）》，辽宁教育出版社，2014年，第223～241页。

21 〔日〕胁谷揭谦：《华严经要义》，兴教书院，1920年，第374～377页。

22 〔日〕木村清孝：《鲜演的性恶论》，《宗教研究》第238号，1979年，第169页。

23 〔日〕木村清孝：《鲜演思想史的位置》，《佛教的历史与文化》，同朋舍出版，1980年，第308～319页。此文后收录于京都平乐寺书店出版的木村清孝《中国华严思想史》第八章，亦有台湾东大出版的李惠英中译本。

吉川太一郎《鲜演的真妄论》以华严教学对真妄交彻说的注解为中心，考察了鲜演对真妄交彻说的再解释，进一步探讨了终教的性恶说。他认为"鲜演接受继承了澄观把真妄论导入华严教学的做法，而且有新的展开。他的性恶说扩大到了小、始、终、顿、圆五教全体，'如来（真）不断性恶（妄）'命题在五教全体的普遍化，使得真妄交彻说之真通过妄这一侧面而被进一步强化了"[24]。

吉川太一郎《关于鲜演比喻的使用》在假设鲜演大量使用比喻是受到宗密影响的背景下，以《华严经谈玄决择》中具体的例子来验证此假设，并主要从信满成佛论、断惑论和顿渐分别三方面来检讨。他认为"宗密'法喻一一相照'的叙述风格在鲜演'以喻对法'的叙述手法中被基本继承下来，但鲜演使用比喻的情况却与宗密不同，存在着给人更复杂难解的印象"[25]。

吉川太一郎《关于鲜演的断惑说》从华严教学的信满成佛论着手，进一步探讨了鲜演两种断惑说的内容，并以此考察了其断惑说的特征。他认为"鲜演对信满位断惑没有充分的论述，而是显示了十住以后诸位断惑的必要性。他将惑区分为体和相两方面。就体而言，其继承了初期华严宗的无可断说。仅就相而言断惑，也是其特征"[26]。

中国学者有关鲜演思想研究的论文同样为数不多，而发表时间则晚于日本学者近三十年。其中，将其作为辽代佛教或华严宗的一部分而论的学者主要有李勇、陈永革，撰写专文研究鲜演思想的学者主要有张文良、邱高兴、袁志伟。

李勇《辽代佛学的圆融思想》从禅教一致、台贤一致和性相圆融三方面阐述了鲜演的佛学思想，他认为"圆融精神可以说是整个辽代佛学最突出的特点，辽代佛学对整个佛法的会通是以心性论为基础的"[27]。

陈永革《论辽代的华严宗弘传及其影响》从诸教圆融的角度论述了鲜演与辽代华严学的阐释。他认为"通过鲜演对于清凉澄观的圆宗阐释，反映了澄观思想在辽代佛教界的强势影响。这种情形与北宋华严中兴过程中比较关注宗密教学的阐释大有不同，更异于南宋华严转向智俨、法藏的教义阐释"[28]。

张文良《鲜演的性具善恶说》通过追溯有关华严教学中的性恶说，来阐明鲜演性恶说的内容和特点。他认为"鲜演的性恶说是通过对'如来不断性恶'命题的再解释而展

24　〔日〕吉川太一郎：《鲜演的真妄论》，《印度学佛教学研究》第104号，2004年，第163~165页。

25　〔日〕吉川太一郎：《关于鲜演比喻的使用》，《印度哲学佛教学研究》第14号，2007年，第73~85页。此文后作为其博士论文《辽代佛教思想研究》第五章内容。

26　〔日〕吉川太一郎：《关于鲜演的断惑说》，《论集华严文化的潮流》第10号，2012年，第58~68页。

27　李勇：《辽代佛学的圆融思想》，《中国佛教的佛舍利崇奉和朝阳辽代北塔》，宗教文化出版社，2009年，第76~79页。

28　陈永革：《论辽代的华严宗弘传及其影响》，《辽金佛教研究》，金城出版社，2012年，第61~67页。相同或类似论述还见于陈永革：《论辽元时期的华严禅思想之推展及其效应》，《辽金元佛教研究》，大象出版社，2012年，第181~204页；陈永革：《论辽代华严的禅教融通思想》，《华严学报》2012年第4期，第77~96页；陈永革：《论辽代佛教的华严思想》，《西夏研究》2013年第3期，第3~11页。

开的,其一大特点是与教判说联系起来说明性恶"[29]。

邱高兴《辽代华严学与鲜演大师》从因分与果分、五重中道的思想、五教与性恶三方面阐释了鲜演的华严思想。他认为"鲜演对因分和果分的论述更突出强调其相对性和灵活性,而五重中道思想和以五教论性恶则是他的独创"[30]。

袁志伟《辽朝鲜演的华严思想》从真心与法界、性恶与止观、性相合一、顿悟与一心四方面分别论述了鲜演对华严宗、天台宗、唯识宗、禅宗各宗思想的融会。文章结论认为,"鲜演的思想是辽代华严思想的代表,反映了唐代华严学在辽代的传承与复兴"[31]。

四、新近研究

此外值得关注的是韩国学者朴银英在2016—2020年发表的一系列最新研究,其中三篇从文献学的角度对鲜演《华严经玄谈决择记》文本进行了考察,另一篇对《华严经谈玄决择记》中的鲜演思想进行了分析。

朴银英《金泽文库所藏鲜演〈华严经谈玄决择〉手稿的文献学意义》介绍了1975年出版的印刷本与未收入《大藏经》的鲜演《华严经谈玄决择》卷一手稿的对比分析结果,认为这对明确其手稿的价值以及校勘此类著作具有重要意义[32]。

朴银英《〈华严经谈玄决择记〉文本比较研究——基于〈卍续藏本〉和〈金泽写本〉的互文分析》通过比较金泽文库手稿,将《卍续藏本》(卷二至卷四)文本中可与《金泽写本》替换或补充的数百个可能项的参考全部列在表中,介绍了比较研究结果,并揭示《续藏经》文本与金泽文库手稿的互文性价值[33]。

朴银英《辽代鲜演〈华严经谈玄决择记〉文本比较研究——以〈藏经书院本〉和〈卍续藏本〉为中心》在已有研究成果的基础上增加了《藏经书院本》与《卍续藏本》、《金泽写本》进行文本比较,将《卍续藏本》中可与《藏经书院本》替换或补充的文字列表与分析,认为可以确认《藏经书院本》是《卍续藏本》的底本,《卍续藏本》中的若干错字都是在《藏经书院本》出版为《卍续藏本》的过程中因编辑失误而产

29　张文良:《鲜演的性具善恶说》,《印度学佛教学研究》第119号,2009年,第56~59页。

30　邱高兴:《辽代华严学与鲜演大师》,《中国佛教的佛舍利崇奉和朝阳辽代北塔》,宗教文化出版社,2009年,第80~86页。类似论述还见于邱高兴:《辽代鲜演大师的华严思想》,《释迦塔与中国佛教》,宗教文化出版社,2009年,第310~322页。

31　袁志伟:《辽朝鲜演的华严思想》,《湖南大学学报(社会科学版)》2013年第5期,第41~44页。相同或类似论述还见于袁志伟:《辽代华严思想研究》,西北大学硕士学位论文,2011年,第34~48页;袁志伟:《10—12世纪中国北方民族的佛教思想与文化认同》,西北大学博士学位论文,2014年,第23~35页。

32　〔韩〕朴银英:《金泽文库所藏鲜演〈华严经谈玄决择〉手稿的文献学意义》,《韩国佛教学(第79辑)》,2016年,第7~36页。

33　〔韩〕朴银英:《〈华严经谈玄决择记〉文本比较研究——基于〈卍续藏本〉和〈金泽写本〉的互文分析》,《佛教研究(第48辑)》,2018年,第237~276页。

生的[34]。

朴银英《辽代鲜演对法藏华严思想的接受》通过对《华严经玄谈决择记》文本的分析，认为鲜演独特的注释方式有其自身特点，不仅使澄观《华严玄谈》的文字清晰明了，而且文本中广泛可见的对法藏思想学说的引用也反映了法藏华严思想的精髓已被鲜演所接受[35]。

朴银英的博士论文《辽代鲜演〈华严经谈玄决择记〉译注研究》也是在其文献学研究的基础上进行的，对《华严经谈玄决择记》文本做了韩文翻译，并附有相关注释[36]。

五、文献总评

通过上述文献回顾可以看出，中日两国学者是这一研究领域的主要力量。近年来，韩国学者也崭露头角。以鲜演为课题的相关研究总体上呈现出研究成果数量较少、研究时间跨度较长的特点。

就基础性研究而言，日本学者最早介绍了辽代华严学僧鲜演的有关情况。尽管当时的研究并不具体，但是这些具有开创性意义的成果仍然普遍受到后来学者的重视。中国学者对辽代佛教的研究起步较晚，对鲜演也没有特别关注，主要将其作为辽代佛教的一部分略有提及。

就鲜演生平及著述研究而言，鲜演墓碑的出土，在较大程度上填补了之前学界对这一领域了解的不足。中国学者最早掌握了这一新出史料并迅速展开考证研究，使学界大致了解了鲜演一生的主要事迹和成就，其代表学者是朱子方，而且这些研究成果至今仍常为学界所参考和引用。另据《鲜演墓碑文》和《华严经玄谈决择记》各卷末的相关记载可知，鲜演与高丽曾有某种程度的交流和联系。中日两国学者通过高丽义天著述中记载的辽人文献，考察了契丹与高丽之间佛教文化交流的情况。其中，日本学者藤原崇人的研究成果较为突出，他详细分析了以前研究没有关注的鲜演著作《记文》在契丹与高丽间的流通问题。由于上述研究成果已经比较充分地利用了各种资料，此后在这一领域的研究基本没有进展，相关议题的深化仍有待新史料的发掘。

就鲜演思想研究而言，从时间上看，日本学者的研究早于中国学者近三十年。木村清孝是最早对鲜演思想进行综合性研究的学者，其《鲜演思想史的位置》一文从鲜演传记的事实、鲜演思想的立场和融合思维的样态三方面展开讨论，比较全面地阐述了鲜演思想的主要内容和特点，也在一定程度上展现了辽代华严教学的基本面貌。他的上述成果具有重要的学术价值和标志性意义，以致后来研究鲜演思想的学者常有借鉴。吉川太一郎是日本研究辽代佛教思想的优秀学者，他上述有关鲜演思想的三篇论文不同以往把

---

34 〔韩〕朴银英：《辽代鲜演〈华严经玄谈决择记〉文本比较研究——以〈藏经书院本〉和〈卍续藏本〉为中心》，《佛教研究（第53辑）》，2020年，第137~178页。

35 〔韩〕朴银英：《辽代鲜演对法藏华严思想的接受》，《佛教学报（第85辑）》，2018年，第61~81页。

36 〔韩〕朴银英：《辽代鲜演〈华严经玄谈决择记〉翻译研究》，东国大学博士学位论文，2017年，第1~962页。

鲜演"和会诸宗"为特征的华严思想作为考察重点，而是选取了鲜演思想中有代表性的真妄论、断惑说进行系统研究。其《关于鲜演比喻的使用》一文更是选题新颖、视角独特，在假设鲜演大量使用比喻是受到宗密影响的背景下，以《华严经谈玄决择》中具体的例子来验证这种假设，并分析了鲜演与宗密在使用比喻上的联系与差别。这为研究鲜演思想提供了新的思路和可能，可惜学界鲜有关注。反观中国学者在鲜演思想方面的研究，不仅起步较晚，而且在研究水平和研究质量上也与日本学者存在着一定的差距。不少学者的文章存在重复研究和发表，对于新的议题往往浅尝辄止不能深入，缺乏有创见和新意的高水平论文，能在前辈学者研究成果的基础上向前推进者可谓寥寥。

就新近研究而言，韩国学者朴银英从文献学的角度对《华严经谈玄决择》三种文本的比较分析，首先显示了《金泽写本》在校勘《卍续藏本》方面的独特价值，这对目前存在大量误、衍、脱、倒等问题的《卍续藏本》的研究具有启发意义。其次，增加《藏经书院本》的互文比较，使《华严经谈玄决择记》文本的正本化已最大化，《华严经谈玄决择记》所具有的注释价值也进一步提高了。朴银英的博士论文将《华严经谈玄决择记》逐段对译成韩文，并在两种底本记载不同之处附有注释，向学界较为全面地展示了未公开出版的金泽文库所藏《华严经谈玄决择》卷二至卷六的内容，为今后探索文本细节、把握关键信息提供了重要参考。

基于上述思考，未来研究的着力点要继续放在对《华严经玄谈决择记》文本的解读与分析上，不断深化研究议题，拓宽研究视角，加强多学科合作。除了上述文献所提到的鲜演思想外，仍然有大量可供挖掘的思想资源散落在文本各处。鲜演对自宗思想的继承与发展、对他宗思想特立新义的改造与诠释等，都是需要进一步探讨与研究的。只有弄清鲜演华严思想的各种面向，才能对其思想全貌乃至辽代华严义学的全貌有更完整准确的把握。通过审视以鲜演为代表的辽代华严义学，进而科学地评估辽代佛教在中国佛教史上的历史地位和历史贡献，从中发现辽代佛教义学的时代特色与思想价值，这正是辽代佛教义学研究的意义所在。

辽代佛教研究长期以来是中国佛教研究中的冷门，除了受限于时代背景、学术环境、资料不足等因素外，研究人才的青黄不接也是其重要原因。这不仅需要前辈专家学者对青年研究者给予指导和帮助，鼓励并支持他们投入到研究中去，而且青年研究者自身也要坚定信心，勇于探索、勤于钻研，持之以恒。学界在辽代佛教研究上既需要下苦功，更值得练硬功。

（谭　睿　台湾政治大学哲学系）

历史研究

试探辽金时期的鼻骨德部族

赵文生

内容提要：本文从辽金史籍中的鼻骨德、鼻骨德部族的地理位置、鼻骨德部族的经济形态、鼻骨德部族的文化习俗、辽金两朝在鼻骨德部族内的行政建置、鼻骨德部族对辽金两朝的义务六个方面论述了鼻骨德部族的分布、源流、经济文化及其与辽金两朝的关系。

关键词：鼻骨德　辽金

一、辽金史籍中的鼻骨德

鼻骨德，《辽史》中作"鼻骨德""鼻古德""鼻骨"，《金史》中作"鳖故德""鳖古"，为辽金时期生活在黑龙江流域的一大部族。

除了《辽史·本纪第三十·天祚皇帝四》卷30作"鼻古德"、《辽史·志第十六·百官志二》卷46作"鼻国德国王府"（"国"字必为"骨"或"古"字之音讹和笔误）和《辽史·表第七·部族表》卷69作"鼻骨"外，在《辽史》其他卷中均作"鼻骨德"。《金史·本纪第一·世纪·穆宗》卷1和《金史·列传第五·阿疏》卷67均有"鳖故德部节度使"。《金史·本纪第二·太祖》卷2和《金史·列传第五十九·仆忽得附：酬斡》卷121均作"鳖古"，《金史·列传第五十九·仆忽得附：酬斡》卷121中有"鳖古河""鳖古酋长""鳖古城邑"，《金史·本纪第二·太祖》卷2中有"鳖古孛堇酬斡"。

鼻骨德部见之于史，始于辽太宗天显三年十一月丙子（公历928年12月19日）朝贡。

在《辽史》中，鼻骨德诸部除鼻骨德部外，尚有从鼻骨德部分出的伯斯鼻骨德[1]和达马鼻骨德[2]两个设有节度使并隶属东北路统军司的小部族，属国建制中有鼻骨德国王府，属国军中有鼻骨德部之军。

1　此为《辽史·志第三·营卫志下》卷33所书，而《辽史·志第十六·百官志二》卷46误作"伯斯鼻骨部"。
2　此为《辽史·志第三·营卫志下》卷33所书，而《辽史·志第十六·百官志二》卷46误作"达马鼻骨部"。

二、鼻骨德部族的地理位置

鼻骨德部族在《辽史》中记载较多，但没有明确其地理位置，基本上是其与辽廷之间的贡属关系。《金史》中与之有关的则是"鹰路"及鳖故德部节度使、鳖古酋长、鳖古城邑、鳖古河、鳖古字堇。

1. 从有关辽代史籍中推定鼻骨德部族的地理位置

辽太宗会同五年秋七月辛卯（公历942年8月23日），阻卜、鼻骨德、乌古来贡（《辽史·本纪第四·太宗下》卷4）。同年七月，鼻骨德、乌古来贡。术不姑、鼻骨德、于厥里来贡（《辽史·表第七·部族表》卷69）。

辽太宗会同八年六月辛未（公历945年7月18日），吐谷浑、鼻骨德来贡（《辽史·本纪第四·太宗下》卷4）。

辽穆宗应历元年十二月壬子（公历952年1月24日），铁骊、鼻骨德来贡（《辽史·本纪第六·穆宗上》卷6）。

辽穆宗应历三年八月己未（公历953年9月22日），三河乌古、吐蕃、吐谷浑、鼻骨德遣使来贡（《辽史·本纪第六·穆宗上》卷6）。

辽景宗保宁三年冬十月丙戌（公历971年11月22日），鼻骨德、吐谷浑来贡（《辽史·本纪第八·景宗上》卷八）。

辽兴宗重熙二十一年（1052）七月，遣使诣五国及鼻骨德、乌古、敌烈四部捕海东青鹘（《辽史·表第七·部族表》卷69）。

上述史料中，鼻骨德与吐谷浑同时来贡三次，与乌古同时来贡两次，与阻卜、术不姑、于厥里、铁骊、三河乌古、吐蕃同时来贡各一次。《辽史·本纪第四·太宗下》卷4记载的辽太宗会同五年秋七月辛卯（公历942年8月23日）阻卜、鼻骨德、乌古来贡，《辽史·表第七·部族表》卷69记载的同年七月鼻骨德、乌古来贡及术不姑、鼻骨德、于厥里来贡。这里的阻卜和术不姑为同一个部族。乌古指三河乌古，三河乌古即于厥里。这两条史料，经过仔细对比，可以看出实际上说的是一件事。两条史料在年月上完全相同，只是卷4有具体日期，卷69忽略了具体日期；这样在朝贡部族上，均是三个部族记在一起，只是名称不尽相同。两条史料中，鼻骨德均在中间。排在其前面的，一条记为阻卜，一条记为术不姑，这是把一个部族写成两个名称，阻卜即术不姑。排在其后面的，一条记为于厥里，一条记为乌古，据此得出这里的乌古即厥里。乌古部族非常庞大，孙进己认为于厥里即三河乌古。从《辽史·本纪第六·穆宗上》卷6记载的穆宗应历三年八月己未（公历953年9月22日）三河乌古、吐蕃、吐谷浑、鼻骨德皆遣使朝贡来看，三河乌古是有朝贡历史的，这里所记的乌古显系三河乌古而言的，证实了孙进己所说是正确的。实际上，鼻骨德与吐谷浑、乌古（这里指三河乌古、于厥里）同时来贡各三次、与阻卜（术不姑）同时来贡两次、与铁骊、吐蕃同时来贡各一次。

吐谷浑和吐蕃分别生活在今日中国的西北和西南地区，与鼻骨德等部族的生活地域远隔千山万水，不能把这两个民族的分布范围作为考察鼻骨德部族分布的依据。由此可见，鼻骨德与乌古（这里指三河乌古、于厥里）、阻卜（术不姑）、铁骊的关系密切，尤其是与乌古（这里指三河乌古、于厥里）和阻卜（术不姑）的关系更为紧密。

乌古又作乌古里，南至曷剌河（今乌尔逊河和哈拉哈河，这里指今哈拉哈河）以南与上京临潢府（今内蒙古自治区巴林左旗南波罗城）辖区相接，北至海勒水（今海拉尔河）以北，西北与于厥里、茶札剌部［位于斡难河（今鄂嫩河）中下游西部至胪朐河（今克鲁伦河和额尔古纳河，这里指额尔古纳河）之间］为邻，西至曷剌河（今乌尔逊河和哈拉哈河，这里指乌尔逊河）与敌烈八部相望，西南与阻卜接壤，东与室韦诸部相接，东南和纳水（今嫩江）下游之黄头室韦相邻[1]。三河乌古，孙进己认为即于厥里。于厥里在《辽代》还被称作羽厥里、羽厥律或突举部，即《新五代史》之姬厥律、《金史》之突鞠部，"《辽史》之三河乌古，《金史》之广吉剌，《元史》之弘吉剌均即此部。此部在乌古部之北，与蒙古部为邻。位于辽皮被河（石勒喀河）与胪朐河（今额尔古纳河）之间的于谐里河（今加集木河）一带，所以被称为三河乌古"[2]。该部最早见于史是在辽太宗天显十一年（936），在辽末金初已被契丹化了，故被认为是契丹突鞠部。对于乌古等部族的考证，孙进己的观点比较精确得当，这里以其为是。

阻卜，又作达旦、鞑靼、达怛、达靼、塔坦、塔靼、达打、挞笪、塔塔、达妒、哒（□）、塔塔尔（塔塔儿），在《辽史》中亦作敌烈、北阻卜。阻卜即达旦，最早由清朝人高宝铨首倡此说，王国维作《鞑靼考》主张阻卜即鞑靼，蔡美彪根据辽陵石刻对此做过补证，周良霄《鞑靼杂考》亦支持此说。冯承钧推想"阻卜"一词是契丹语，"或为漠北诸强大部落之总称"。但是，徐炳昶在王国维文章发表之际就此做过反驳，王静如也另持异议[3]。当时的阻卜是有很多部族的。术不姑在《辽史》中亦称述不姑、直不姑，国内外学者早就指出术不姑即阻卜[4]。笔者根据《辽史·本纪第四·太宗下》卷4和《辽史·表第七·部族表》卷69的有关记述，认为这里的阻卜与术不姑实为一部，"术不姑"是"阻卜"的慢读。周良霄认为，术不姑Shu—pu—ku与阻卜Tsu—pu音近，也是苏轼《请修弓箭社第二状》中的"术保"、《宋朝事实》中的"珠尔布固番"、《册府元龟》中的"背阴达勒"、《辽史·太祖纪》中的"背阴国"，其住地在古和林川之西南近地，阻卜即术不姑，一为统称，一为专部[5]。有人考证，锡伯传萨满教祖女神喜里妈妈的神话传说中有今日位于甘河镇南、高146米的疏夫喀山，疏夫喀是jofuka的译音，其中ka与gu通，疏夫喀即术不。假如此说不误，那么，此山便是阻卜部族的发源地或术不姑部生活中心区域。从辽太祖亲征术不姑的进军路线和拙作《辽代对蒙古高原东部地区的农业经营及镇、防、维三州的设置》[6]一文考证的可敦城方位上看，也有这种可能。

铁骊，孙进己认为活动于呼兰河流域[7]，从有关史籍上看，过于偏狭。谭其骧主编的《〈中国历史地图集〉释文汇编·东北卷》第163页认为其位于"今黑龙江省呼兰河上游南至松花江北岸地区"，笔者从之。

由此观之，乌古部北至海勒水（今海拉尔河）以北，西北与于厥里等部为邻，西与敌烈八部相望，西南与阻卜接壤。东与室韦诸部相接，东南为黄头室韦；三河乌古（于厥里），位于皮被河（今石勒喀河）、于谐里河（今加集木河）、胪朐河（今克鲁伦河和额尔古纳河，这里指额尔古纳河）一带；阻卜生活地域辽阔，东达曷剌河（今乌尔逊河和哈拉哈河，这里指乌尔逊河）与乌古部相邻；作为阻卜的一支，术不姑活动在以今日甘河镇南的疏夫喀山为中心的地区；铁骊位于呼兰河上游南至混同江（今松花江）北岸地区。

《契丹国志·四至邻国地里远近》卷22所载的鳌古里国常与契丹征战且辽廷无法控制及其生活习俗、经济贸易等情形，是《辽史》上所没有的。从该书同卷的记载上看，鳌古里国在于厥国西部、达打国东部，该书卷首《契丹地理之图》中，亦将鳌古里置于于厥与鞑靼之间。应当看到，《契丹国志》对许多部族和民族的地理定位都是不准确的，有的甚至谬之千里。加上该书中没有其他具体资料说明鳌古里的地理位置，在这里不能据此认定鳌古里完全等同于鼻骨德，只是有这种可能。若是据此把鼻骨德置于于厥里和鞑靼之间，就会出现错误。

如此看来，在辽代，胪朐河（今石勒喀河和额尔古纳河）以北、海勒水（今海拉尔河）以东和纳水（今嫩江）以北、以东及呼兰河（今名）和混同江（今松花江）以北就空旷起来了，大致生活在今日依兰县以下的松花江下游及其以东地区的是五国部，鼻骨德既与三河乌古（于厥里）、阻卜（术不姑）、铁骊有一定关联，就有可能生活在上述地区以北，因为在这个地区以南的部族、民族和行政建置历来是明确的。余大钧认为辽代"鼻古德，分布于黑龙江、松花江一带"[8]。至于具体在此两江流域的什么位置，则没有说明。

鼻骨德与三河乌古（于厥里）、阻卜（术不姑）、铁骊均有过同时朝贡的情形，有可能是鼻骨德与他们地域相连，也有可能是鼻骨德假道于一个地域并不相连的部族之地时而一同过来的，还有可能是直到他们来朝之时才偶然相聚的（比如吐谷浑、吐蕃），更有可能是史籍不分月份日期把他们笼统地记在一起。这四种可能中都会存在，但不能否定他们之间直接或间接的地域关系，不能否定我们对于鼻骨德地理位置的基本判断。

辽末，生女直部节度使完颜阿骨打起兵建立金朝。在金军兵锋的威逼下，林牙耶律大石于辽天祚帝保大四年（1124）七月率众西走。后西至可敦城，驻北庭都护府，会合鼻骨德部等十八部王众[3]，于翌年二月甲午（公历2月27日）大举西进，建立西辽。追随耶律大石的鼻骨德部，当是鼻骨德部的一部分。可见在辽金交替之际，一部分鼻骨德部民（这些人很可能是卷入后面将要提及的实里古达之乱的鼻骨德部民）西迁至今日新疆和中亚等地，最终融入当地民族之中。

2. 从《金史》中推定鼻骨德部族的地理位置

辽道宗寿昌六年（1100），生女直部节度使完颜盈哥为索取阿疏并阻止辽使干预其攻打阿疏城等事，乃令主隈（今黑龙江省嘉荫县境内的嘉荫河[4]）、秃答（今黑龙江省

---

3 此为《辽史·本纪第三十·天祚帝四》卷30所书。《辽史·表第七·部族表》卷69则作"所历诸部"为鼻骨德等二十一部、一城、两地，其中，鼻骨德等十八部与《辽史·本纪第三十·天祚帝四》卷30相同。由此看来，鼻骨德等十八部系耶律大石所会诸部，其余三部、一城、两地才是耶律大石西征所历之地，《辽史·表第七·部族表》卷69实为把两者混为一谈。

4 《金史》又作主偎、烛偎。黄维翰撰的《黑水先民传·辽传》卷2作"今汤原县东乌尔河"，屠寄的《黑龙江舆图》，张博泉、苏金源、董玉瑛合著的《东北历代疆域史》一书，冯继钦的《室韦民族共同体类型》一文，张向凌主编的《黑龙江古代历史编年》一书均认为是清代之札伊芬河，又名札伊河、札温河，即谭其骧主编的《〈中国历史地图集〉释文汇编·东北卷》一书，吴义衔、张泰湘、魏国忠合著的《黑龙江古代简史》（该处为张泰湘执笔）一书认为是今日黑龙江省嘉荫县嘉荫河。

汤原与萝北两县交界处的都鲁河[5])两水之民佯阻鹰路,又让鳖故德部节度使上奏非他不能开辟鹰路。辽廷果然命令完颜盈哥讨伐阻绝鹰路者,阿疏城之事也就搁置起来了。这时,完颜盈哥声言平定鹰路并狩猎于土温水(即屯河、吞水、桃温水、涛温水、陶温水,今汤旺河),摆出讨伐架势。翌年,辽廷遣使赏赐平定鹰路者。辽天祚帝乾统二年(1102)壬午,完颜盈哥派遣蒲家奴将辽廷赐物赏给主隈、秃答之民,且修鹰路而归。完颜盈哥先令主隈、秃答两水之民佯阻鹰路,再让鳖故德部节度使向上请命,按此可得出两点:一是主隈、秃答两水属于鼻骨德部地域,鳖故德部节度使作为管理鼻骨德部的朝廷命官,有义务向上报请有关事宜;二是主隈、秃答两水不属鼻骨德部地域,鳖故德部节度使只是充作完颜盈哥的代言人向上报告该两水之民阻断鹰路并请求由完颜盈哥解决此事。从《金史·本纪第一·世纪》卷1"自景祖以来,两世四主,志业相因,卒定离析,一切治以本部法令,东南至于乙离骨、曷懒、耶懒、土骨论,东北至于五国、主隈、秃答,金盖盛于此"的记述中,主隈、秃答已被完颜盈哥控制,可能不属于鼻骨德部族。但从后面发生的一系列事件看,主隈、秃答亦有属于鼻骨德部族的可能。贾敬颜认为:"一般的叙事法则,先内后外,由近及远,主隈、秃答既与五国并列而居其后,则主隈、秃答理所当然地居于五国部的外方。而五国部的分布范围,可以从今黑龙江的依兰县以西扩展到伯力以东的广大地区。主隈、秃答不可能更在伯力以东,那么,它的方向,只能是汤旺河中上游以外之地。"[9]因此,无论哪种说法,地域相连的可能性较大,今日嘉荫县、萝北县境内的一些地方属于鼻骨德部族,当无异议。

辽天祚帝天庆四年(1114),完颜阿骨打在率军攻占辽朝重镇宁江州(多数学者认为即今吉林省松原市他虎城遗址)后,派遣完颜酬斡率涛温路兵招抚三坦(《金史》又作逊谋[6],今俄罗斯联邦哈巴罗夫斯克边疆区比罗比詹犹太自治州比罗河[7])、石里很(今俄罗斯联邦比罗河、比詹河、乌米尔河之一河[8])、跋苦(《金史》又作鳖古,清译拜格、巴噶,当为孛苦之音转,今俄罗斯联邦哈巴罗夫斯克边疆区比罗比詹犹太自治

---

5 屠寄在《黑龙江舆图》中认为是都尔河(又称都鲁河、图勒河、推河),吴文衔、张泰湘、魏国忠合著的《黑龙江古代简史》(该处为张泰湘执笔)一书、马翰英的《固木纳城沿革考略——省级文物保护单位之一》一文中也认为是今日黑龙江省汤原与萝北两县交界处的都鲁河。

6 中华书局1975年版《金史》卷2《校勘记》曰:"酬斡等抚定逊谋水女直,'谋'疑当作'坦',形似而误。按本书卷一二一忽得传,'酬斡率涛温路兵招抚三坦、石里很、跋苦三水鳖古城邑,皆降之'。'逊坦'即三坦。"

7 贾敬颜在蔡美彪主编的《中国历史大辞典·辽夏金元卷》中的"鳖古部"条、谭其骧主编的《〈中国历史地图集〉释文汇编·东北卷》将其断定为今日俄罗斯联邦哈巴罗夫斯克边疆区比罗比詹犹太自治州比罗河。清末学者屠寄将其比定于松花江、黑龙江二江汇流处以西的斐尔法河、斐尔法湖与黑龙江相连的一条小水集达河。笔者认为应是今日俄罗斯联邦哈巴罗夫斯克边疆区比罗比詹犹太自治州比詹河。

8 黄维翰撰的《黑水先民传·辽传》卷2认为《金史》又作石里罕,为黑龙江上源之一的石勒喀河。贾敬颜在《东北古地理古民族丛考》一文中认为石里很河"必为今苏联阿穆尔州之比吕河、比腊河、乌米尔河之一河",笔者从之。

州比罗河[9]）三水鳖古城邑，皆降之。同年十月，宁江州战后，完颜酬斡等抚定诱谋水女直（即女真），鳖古酋长胡苏鲁献城投降。由此可见，鼻骨德部辖有三坦、石里很、跋苦三水。

金太祖天辅三年正月"丙辰（笔者注：公历1119年2月20日），诏鳖古孛堇酬斡曰：'胡鲁古、迭八合二部来送款，若等先时不无交恶，自今勿相侵扰。'"[10]鳖古孛堇完颜酬斡是管理鼻骨德部族的最高官吏，前来送款的胡鲁古、迭八合二部"当是鳖古中两个部落的名称"[11]，非鼻骨德部族的可能性不大。除非特殊情况，否则他们是不会向鳖古孛堇送款的。

在辽天祚帝乾统二年（1102）冬完颜盈哥奉命讨伐萧海里之战后和金太祖收国元年（1115）正月金军进攻黄龙府前夜，完颜酬斡和完颜仆忽得受命招降了烛偎水部，完颜酬斡为谋克、完颜仆忽得领行军千户。金太祖天辅四年（1120）[10]九月，完颜酬斡与完颜仆忽得前往鳖古河（又作跋苦水，今俄罗斯联邦哈巴罗夫斯克边疆区比罗比詹犹太自治州比罗河），对当地军马进行登记造册，被烛偎水部实里古达等七人拿下处死，投尸于水中。十月戊寅（公历11月3日），金太祖命完颜斡鲁分胡刺古、乌春之兵以讨实里古达。兵至石里罕河，实里古达早已遁去。翌年正月，完颜斡鲁追击实里古达至合挞刺山，诛首恶四人，余悉抚定。金太祖"诏曰：'汝讨平叛乱，不劳师众，朕甚嘉之。酬斡等死于国事，闻其尸弃于河，俟冰释，必求以葬。其民可三百户为一谋克，以众所推服者领之，仍以其子弟等为质。'"[12]烛偎水部即前面提到的主偎之民，完颜酬斡和完颜仆忽得招降他们，说明该部在完颜盈哥令其伴阻鹰路之后曾经背叛完颜部。这与辽天祚帝天庆四年（1114）十月"酬斡等抚定诱谋水女直。鳖古酋长胡苏鲁以城降"[13]的记载在时间上大致吻合，从而说明烛偎水部有可能属于鼻骨德部族。前面提到的"送款的胡鲁古、迭八合二部即由斡鲁分帅的胡刺古、乌春之兵，又称胡刺古、乌蠢之兵，当是鳖古中两个部落的名称。""实里古达是烛偎水部的酋长，而烛偎水正是《世纪》及《阿疏传》主偎、秃答两水之一的主偎水，此水又必与秃答水毗邻，故得连称。"[14]《金史·本纪第二·太祖》卷2作"胡刺古、乌春之兵"，《金史·列传第九·斡鲁》卷71作"胡刺古、乌蠢之兵"，"乌春"与"乌蠢"显系同名异写。

金军自"出河之战兵始满万，而辽莫敌矣！及来流、鸭水、铁骊、鳖古之民皆附，东京既平，山西继定，内收辽、汉之降卒，外籍部族之健士"[15]。贾敬颜认为："来流，水名，今拉林河。鸭水、鸭子河，指今北流松花江北段及东流松花江西段。铁骊、鳖古，皆指人，而前两者谓地。"[16]这是贾敬颜仅就"及来流、鸭水、铁骊、鳖古之

---

9 谭其骧主编的《〈中国历史地图集〉释文汇编·东北卷》中认为其为今日俄罗斯联邦哈巴罗夫斯克边疆区比罗比詹犹太自治州比詹河，张博泉、苏金源、董玉瑛合著的《东北历代疆域史》，张向凌主编的《黑龙江历史编年》均作今日黑龙江省萝北县集达河，贾敬颜《东北古地理古民族丛考》一文"鳖古河（或跋苦水）极有可能是现今的喀勒达河，此河又名富克锦河，在今富锦县附近"。笔者认为应是今日俄罗斯联邦哈巴罗夫斯克边疆区比罗比詹犹太自治州比罗河。

10 此为《金史·本纪第二·太祖》卷2上的说法，《金史·列传第五十九·仆忽得附：醉斡》卷121作金太祖天辅五年（1121）。

民皆附"而得出的结论。其实不然,结合前面的出河,后面的东京、山西,这三者皆是地名,来流、鸭水、鳖古的河流名称均见于《金史》,铁骊亦应为河流名称而非专指铁骊部。

贾敬颜认为:"鳖古河之名似源于鳖古部,其城曰鳖古城,而鳖古河与跋苦水又必为一水的同名异译,就是说,河流、城镇的名称乃因于部族的名称。"元代的孛苦江即是鳖古河[11]。并说:"欲到达鳖古地区,必须先经土温水,或者说是该水流经的地方涛温路。土温水,今汤旺河;涛温路,今汤旺河流域。上述的五水——主隈(烛偎)、秃答、三坦(谗坦)、石里很(石里罕)、跋苦(鳖古),一山——合挞刺,都必须在今汤旺河以东或东北方向去寻求。"[17]

谭其骧主编的《中国历史地图集》第六册《宋·辽·金时期》,将辽代鼻骨德部的分布范围置于今日黑龙江以北的比罗、比詹两河流域。张博泉、苏金源、董玉瑛合著的《东北历代疆域史》一书,将鳖古部的分布范围置于布伦河流域至今日黑龙江省萝北县集达河一带,冯继钦在《室韦民族共同体类型》一文中亦认可此说。贾敬颜在蔡美彪主编的《中国历史大辞典·辽夏金元卷》"鳖古部"条中认为:"鳖古部的最东端达到合挞刺山,即今苏联哈巴罗夫斯克以北的万丹山(旧称完达山)。"张泰湘在《黑龙江古代简史》一书中认为,元代孛苦江军民万户府"故址在今苏联远东博朗湖畔的古城,即辽代的鳖古部,也称'鼻骨德'部"。上述诸说过于偏狭。当代齐齐哈尔人士王振超认为,"据金元史料考证,蒲与路是辽末鳖古部地"[18],此说范围过于宽广,不够确切。

综合《金史》记载,最晚在辽末金初,鼻骨德地域有三坦(应为谗坦,谗谋)、石里很(石里罕)、跋苦(鳖古)三条河流。对于这三条河流及主隈、秃答两水的地理位置,目前学术界众说纷纭,范围纵贯今日俄罗斯联邦境内的比罗河、比詹河、石勒喀河及我国境内的萝北县集达河、富锦市的富克锦河。从完颜盈哥狩猎于土温水(今汤旺河)的情形看,把主隈、秃答两水置于今日汤旺河以东是正确的。贾敬颜对于三坦、石里很、跋苦三水的考证是有一定道理的,但不能简单地把完颜酬斡进军的三水之一的石里很和完颜斡鲁进军的石里罕河完全等同起来。"石里很"与"石里罕"发音很近,"石里罕河"与"石勒喀河"的发音也比较接近。张伯英总纂的《黑龙江志稿·人物志·传一》卷51也认为石里罕河即今石勒喀河。黄维翰的石勒喀河说和贾敬颜的"必为今苏联阿穆尔州之比吕河、比腊河、乌米尔河之一河"说,均把"石里很"和"石里罕"视作同一条河流,一个从语音上判断,一个从完颜酬斡的进军路线上判断,得出了截然相反、相差千里的两说。其实,它们可能是同名异译,也可能石里很水如贾敬颜所说、石里罕河如黄维翰所说,而且后一种可能性较大。对于合挞刺山,屠寄《黑龙江舆地图》把完达山(又称王达岭)即今俄罗斯联邦哈巴罗夫斯克边疆区哈巴罗夫斯克(伯力)以北的万丹山当作《金史》中的完睹路(亦作桓笃、完都鲁),完都鲁山见于《金

---

11 贾敬颜《东北古地理古民族丛考》,《黑龙江文物丛刊》1983年第2期;吴文衔、张泰湘、魏国忠合著的《黑龙江古代简史》(该处为张泰湘执笔)亦作"元代称孛苦江,清代地图作布库河,此水注入苏联远东的保伦湖后,流入黑龙江"。

史·志第五·地理上》卷24，贾敬颜认为其与合挞剌山或是一山。黄维翰撰的《黑水先民传·辽传》卷2、张伯英总纂的《黑龙江志稿·人物志·传一》卷51均作"今兴东道江东之那拉丹哈达拉"。笔者认为，完颜斡鲁追击实里古达所到的合挞剌山也有可能是今日俄罗斯联邦哈巴罗夫斯克边疆区境内的布列亚山脉，还有可能是今日俄罗斯联邦赤塔州境内的博尔晓沃奇内山脉，更有可能是今日俄罗斯联邦赤塔州境内的亚布洛诺夫山脉。不然的话，金朝如何设置位于今日俄罗斯联邦境内的斯塔诺夫山脉（外兴安岭）南北地区的火鲁火疃谋克和修建位于今日中俄蒙三国交界处的边墙？正是由于完颜酬斡和完颜斡鲁的两次军事行动，尤其是完颜斡鲁的军事行动，才使这一地区纳入了金朝的版图。由此得出，辽末金初的鼻骨德部族分布区域大体是，包括今日俄罗斯联邦石勒喀河流域至比罗比詹犹太自治州和我国的萝北县、富锦市一带在内的黑龙江沿岸至斯塔诺夫山脉（外兴安岭）南北地区，是当时中国领土的最北端。

综上所述，辽代鼻骨德部族大体分布在今日石勒喀河和额尔古纳河以北、海拉尔河以北、嫩江流域以北以东及呼兰河和松花江以北的广大地域，辽末金初的鼻骨德部族大体分布在包括今日俄罗斯联邦石勒喀河流域至比罗比詹犹太自治州和我国的萝北县、富锦市一带在内的黑龙江沿岸至斯塔诺夫山脉（外兴安岭）南北地区。

但必须看到，鼻骨德部族的分布地域不是一成不变的。鼻骨德、鳖古河与今日俄罗斯联邦哈巴罗夫斯克边疆区比罗比詹犹太自治州比罗河音近，比罗河是鼻骨德和鳖古河的音转。该河流域应是鼻骨德部的发源地和最早生活的区域。从贾敬颜认为的鼻骨德被误认为女直（即《金史·本纪第二·太祖纪》卷2上的"谏谋水女直"）上看，鼻骨德部与生女真习俗相近，生女真是从李唐黑水靺鞨演变而来，鼻骨德有可能是黑水靺鞨之一部，在唐末由于黑水靺鞨内部的分化及其与室韦等部族交往渗透，逐渐在辽初形成了鼻骨德部，并乘室韦西迁的机会，进入比詹河流域。原先居住在黑龙江上中游流域的北室韦，到辽代，"原北室韦现仍称室韦，居住于今嫩江流域"[19]。如此看来，也证实了笔者认为某些学者的看法是值得商榷的[12]。假如按谭其骧主编的《简明中国历史地图集》（中国地理丛书）所示，鼻骨德西邻室韦、西南接铁骊、东南及东部与五国部交的话，那么，鼻骨德与辽廷的往来不仅同铁骊和五国部有关，而且与该图所示的不相邻的乌古、阻卜有关，却偏偏没有记载其与室韦有关。恰恰反证了此时的黑龙江上中游地区已经是鼻骨德部族的生活区域。这里的鼻骨德诸部应是与留居于此的北室韦诸部相互融合逐渐形成的，伯斯鼻骨德、达马鼻骨德就是生活于此的众多鼻骨德部族中的两个部族。对于伯斯鼻骨德，魏毓兰的《龙城旧闻》认为："辽上京路伯斯鼻骨德部，南长春

---

12 谭其骧主编的《简明中国历史地图集》（中国地理丛书）"辽 北宋时期全图"将室韦置于黑龙江上中游地区，干志耿、李士良合著的《乌洛侯与黑龙江历史地理诸问题》一文（载自《求是学刊》1981年第4期）认为辽代室韦的分布区是在今日嫩江上游以北及外兴安岭以南、黑龙江中上游一带（转引自冯继钦：《室韦民族共同体类型》，《黑龙江文物丛刊》1983年第1期），张博泉、苏金源、董玉瑛合著的《东北历代疆域史》认为的金代室韦各部落仍然分布在嫩江上游、黑龙江上中游及外兴安岭以南的广大地区（转引自冯继钦：《室韦民族共同体类型》，《黑龙江文物丛刊》1983年第1期），冯继钦同意干志耿、李士良、张博泉、苏金源、董玉瑛诸人的观点（冯继钦：《室韦民族共同体类型》，《黑龙江文物丛刊》1983年第1期）。

路北境，西泰州东北境。""考辽之伯斯鼻骨德部，疑即隋之靺鞨伯咄部，唐之靺鞨泊咄部遗人在粟末之北者，金人谓之鳌古德，省称鳌古，盖以女真音译变耳……若鳌古德节度使所治，当在今吉林伯都讷左右。其戍户所居则北抵齐齐哈尔，所谓戍境内境外也。"然而，音译之间差异很大，此说不足取。再从辽金时期乌古、敌烈两部的三次大规模迁徙来分析，辽道宗寿昌二年九月丙午（公历1096年10月8日），乌古、敌烈两部被朝廷迁徙至乌纳水[13]以控扼北边要冲，也间接地证明了这一点。从地理上看，鼻骨德与内地之间南隔乌古、术不姑、铁骊，其赴内地朝贡等活动必经该地，故有《辽史》中记载其与上述诸部一同朝贡之事。至晚在辽道宗寿昌六年（1100）完颜盈哥佯阻鹰路之事以前，作为鼻骨德部族的主体鼻骨德部就已生活在比罗河和比詹河流域，有可能属于鼻骨德部族的主隈、秃答两水之民生活在今日黑龙江省嘉荫县和萝北县境内。辽天祚帝天庆四年（1114），完颜酬斡率涛温路兵招抚三坦、石里很、跋苦三水鳌古城邑，鳌古酋长胡苏鲁投降，这是《金史》上最后一次出现鼻骨德的名字，表明当时鼻骨德部仍旧生活在今日俄罗斯联邦哈巴罗夫斯克边疆区比罗比詹犹太自治州境内及其附近地区。金太祖天辅三年正月丙辰（公历1119年2月20日）见之于史的胡鲁古、迭八合二部有可能是鼻骨德部族的两个部落，其分布区应离鼻骨德部不远。金太祖天辅年间，完颜斡鲁分胡刺古、乌春之兵追击烛偎水部实里古达至石里罕河，最终在合挞剌山将其歼灭。表明这里也是鼻骨德部族的分布区，生活在这里的鼻骨德部落应是在辽道宗寿昌二年（1096）乌古、敌烈两部被朝廷迁徙至乌纳水后南下西进至此的。迁徙至此的部族不是伯斯鼻骨德，就是达马鼻骨德，或者是不见于史的其他鼻骨德部族。

三、鼻骨德部族的经济形态

《契丹国志》中的"鳌古里国"，无论从地理位置，还是从其与契丹的关系上，均与前已考订的"鼻骨德"有较大的差异。但贾敬颜虽否定了其地理位置，却从"鳌古里"上考证"鼻骨德"的语言[20]。按此，我们不妨看看《契丹国志·四至邻国地里远近》卷22中的有关"鳌古里"的记述。

"鳌古里国"与"达打国""各无君长，每部族多者三二百家，少者五七十家，以

---

13 出自《辽史·本纪第二十六·道宗六》卷26、《金史·列传第十九·耶律怀义》卷81亦作"乌纳水"，《金史·列传第五十九·粘割韩奴》卷121则作"兀纳水"。对于其地理位置，清末民初的屠寄认为是今日海拉尔河上源之一的乌纳尔河（扎敦河）（屠寄：《黑龙江舆图》），清末民初的王国维推断其为今日内蒙古自治区兴安盟境内的桂勒尔河（归流河）（王国维：《观堂集林·金界壕考》），日本人松井等推断其为今日嫩江（松井等：《满洲辽代的疆域》，《满洲历史地理》第二卷），孟广耀认为辽代的乌纳水不会超出今日阴山西段范围（孟广耀：《乌古敌烈变迁考》，《蒙古史研究论文集》，中国社会科学出版社，1995年），李丕华认为是今日内蒙古自治区锡林郭勒盟东乌珠穆沁旗境内的乌拉盖河（又称"乌拉盖郭勒"，系蒙古语"宽河"之意，在金代称"兀鲁灰河"，在元代其上游地段称作"失连真河"，其下游地段称作"兀鲁回河"，在明代称作"兀鲁骨河"，在清代称作"芦河"）（李丕华：《辽代兀纳水考》，《辽金契丹女真史研究》2004年总第34期）。

部族内最富豪者为首领。不常厥居，逐水草，以弋猎为业。其妇人皆精于骑射。常与契丹争战，前后契丹屡为国人所败，契丹主命亲近为西北路兵马都统，率番部兵马十余万防讨，亦制御不下。自契丹建国已来，惟此二国为害，无奈何，番兵困之。契丹常为所攻，如暂安静，以牛、羊、驼、马、皮、毳为交易，不过半年，又欲为盗。东南至上京六千余里。"

鳖古里部族过着逐水草以居的游牧生活，畜牧业在经济中是支柱产业，出产牛、羊、驼、马等牲畜，在与契丹短暂的和平时期，以牛、羊、驼、马、皮、毳与契丹交易。

笔者已经确定或暂时确定的位于今日俄罗斯联邦阿穆尔州境内的辽金时期遗址及其出土文物有：伊凡诺夫斯克区切列姆霍沃村遗址（笔者暂定，一块陶器碎片等器物）、鲍戈罗茨科耶辽金城址（笔者暂定，陶器碎片等器物）、七湖村附近的七湖城城址（笔者暂定，两个骨箭头、一块长圆形的薄铁片、几块陶器碎片、一块猪獠牙断片、两颗熊牙、人骨、铜镯、"十字牌"、用铜丝串在一起的中国制钱、一枚破的中国硬币"制钱"）、马赞诺夫斯克区普拉克季奇城址（笔者暂定，铁器等）、普拉克季奇第二城址（笔者暂定，一块石臼、铁矛）、西林木迪河口采石场辽金及清代遗址（一件铁铧、几把刀、一些深蓝色串珠、一些小帽徽、刀、镩、剪刀、一个奇形怪状的锤子、有银色刻纹的铁垂饰的五个小牌、一百多个玻璃串珠、两条刻有银龙的透花的铁肩饰、一个用几张薄铁片铆合的秤盘，在其附近还发现铁铧、犁耕、头顶尖盔的铁零件、一把刀、一个镩、折为两段的半把剪刀、几个完整的和破碎的串珠、一种带有银色刻纹的铁饰物残片、几节铁环和铜环、许多铁器残片和白铜碗碎片等）、布拉戈维申斯克区新波克罗夫卡墓葬址（骨头、瓦盆、铁环、马镫、箭头等）、谢尔盖耶夫卡墓葬址（笔者暂定，人骨、铁器和一只银镯）、伊格纳提耶夫卡村北3.5千米处的"谢苗诺夫冈"墓葬址（陶器碎片、燧石碎片和公鸡头形状的铜牌）、米洛瓦诺夫卡墓葬群址（用薄铁片做的头盔即球顶尖盔、一把锈坏了的大军刀即剑）、布拉戈维申斯克以上20千米的克柳切瓦亚河口附近的遗址、斯捷潘尼哈谷遗址，康斯坦丁诺夫斯克区科夫里任斯克村城址（满洲小型陶器、一枚野猪牙齿和一条大鲤鱼的腮壳）、科夫里任斯克村墓葬址（在墓地的山坡上发现了几块碎燧石、一小块陶器残片）、康斯坦丁诺夫卡村遗址（陶器碎片、黏土制的带土的小杯、铁镩）、新彼得罗夫卡村北端的"中国城"城址，米哈伊洛夫斯克区波雅尔科沃村附近的几座辽金时期的遗址和土堡遗址、扎维塔亚河口附近的古墓地（若干骨箭头、陶器碎片和一个布满原始图案的瓦罐），兴安——阿尔哈拉区英诺森耶夫卡遗址（笔者暂定，石臼和鲤鱼、鲫鱼、鲇鱼的鱼骨）、斯沃博德内斯克区诺夫戈罗德卡城址（方形和圆形的两个石臼、石杵、小磨）、斯皮奇诺村附近的墓葬址（人的骨架、许多生锈的铁块和铁片——残损盔甲、一小节项链、一颗像蒙古燧石箭头的铜扣、一把骨刀、一个带有丝扣和扣盘的椭圆形铜珠、马镫、马爵、梭镖、剑）。

上述地点出土的器物计有陶片、白铜碗碎片、瓦盆、布满原始图案的瓦罐、黏土制的小杯、铁镩、梭镖、剑、刀、铁矛、球顶尖盔、残损盔甲、马镫、马爵、铁环、铜环、公鸡头形状的铜牌、有银色刻纹的铁垂饰的五个小牌、猪獠牙断片、野猪牙齿、熊牙、鱼骨（鲤鱼、鲫鱼、鲇鱼）、剪刀、奇形怪状的锤子、铁铧、犁耕、锛、石臼、石杵、小磨、银镯、铜镯、项链、串珠、刻有银龙的透花的铁肩饰、带有银色刻纹的铁饰物残片、铜扣、铜珠等，器物质地多样。

黑龙江流域适于生物生存的气候、肥沃黝黑的土地、水草丰美的草原为畜牧业和农业的发展提供了优越的自然条件。茂密的森林、纵横交错的河湖，为渔猎业的发展提供了前提条件。前面已经考证，鼻骨德部族是个游牧部族，畜牧业是其重要的经济部门，这是由其所处的自然地理区域决定的。其地出产牛、羊、驼、马及名鹰海东青等珍稀物种，尤以海东青和军马闻名于世。从辽廷勒索土产海东青和金廷征集军马上看，其畜牧业比较发达，特别是其军马品种优良，为金廷所重视，成为金军骑兵装备的主要来源。海东青是野生鸟类，只是作为狩猎对象而已，而军马的培养需要一定的畜养水准。从已经出土的文物上看，畜牧业比重也是比较大的。器物质地坚硬，铁镞、梭镖、剑、刀、铁矛既是武器装备，又是狩猎工具。马镫、马爵、铁环、铜环等均是马匹用具，表明当地已经有了相当规模的马匹畜养，并用之于征战、狩猎、交通运输等。猪獠牙断片、野猪牙齿、熊牙、鱼骨（鲤鱼、鲫鱼、鲇鱼）等表明当时此地已有了大规模的狩猎、渔猎活动，以及少量的生猪饲养。无论从文献上还是从文物上，都可以看出马匹的数量是非常多的。这是因为马在这里可以终年饱食牧草，甚至在冬天也可以在积雪下面吃到牧草。因而，马既可以充当人们的食物，又可以作为军事征战的装备——骑兵的战马，还可以充当交通工具，同时还能协助人们使用铁镞、梭镖、剑、刀、铁矛猎获海东青、野猪、熊等禽兽和击溃野兽对家畜的侵袭，文献记载的海东青和上述出土文物中的野猪牙齿、熊牙即是明证。牛、羊、驼、马的饲养，也反映了当地居民对肉、奶、皮、骨和角制品的需求。杰烈维扬科在其专著《黑龙江沿岸的部落》一书中，记述了黑龙江沿岸地区古代房址中出土了大量的猪骨及少量的牛骨、羊骨，也证明了鼻骨德部族饲养牛羊。从前述出土文物中仅有的一枚猪獠牙断片上分析，鼻骨德部族已经有了少量的生猪饲养，这很有可能是在女真人的影响下产生的。由此可见，鼻骨德部族已经饲养了马、猪、牛、羊、驼。前述出土文物中的鲤鱼、鲫鱼、鲇鱼鱼骨，证明了鼻骨德部族已经产生了渔猎业。在黑龙江流域，"鱼类竟达六十种之多"。"阿穆尔河（黑龙江）口的鱼汛于六月初开始，一直延续到秋天结冻为止（其间略有间歇）。""这里的大规模捕鱼是在八至九月份进行。村落里的所有居民都在这一季节出来捕鱼。他们用渔网打捞，用鱼叉捕获，在水浅的地方用鱼叉或其他器具捕捉大马哈鱼。""女真人和现代那乃人仍然保留着一些原始的捕鲑方法。古代部落在一些流入黑龙江与结雅河的小河上，设有一道道鱼卡。有许多当地鱼种：狗鱼、圆腹鲦鱼、切巴克鱼、鲈鱼等，都到这些小河里来产卵。""在过去，捕鱼业不仅是可靠的食物来源，也是衣着、鞋履和室内照明的来源。"[21] 畜牧业的发展，使部落内的某些氏族逐渐富裕起来，于是加剧了社会阶层的分化。一些人开始占有战俘和他人的劳动，另一部分人实际上已经沦为奴隶。

虽然出土了铁制农具和加工粮食的工具，根据当时的鼻骨德部族及辽代和金初的黑龙江流域的社会生产力状况，尽管笔者没有见到实物，这些铁制农具也应该是金代中后期遗留，而非鼻骨德部族所有。同时，在这些遗址附近没有发现陶冶遗址，说明这些物品非当地加工生产，而主要是从内地交换而来。这样，鼻骨德部族及其生活区域内没有专门的农业和手工业生产活动,其生产、生活用品都是以自己的土畜产(即马匹等畜产品和海东青等捕猎物)与周边部族和内地实物交易来获取。

既然有了商业贸易,就需要向朝廷交纳赋税,其缴纳形式用自己的土特产入朝缴纳实物税——朝贡。朝贡不仅具有政治意义,而且具有经济意义,交纳赋税是朝贡的一项重要内容。辽代,鼻骨德部朝贡频繁,尤其是在辽太宗至辽圣宗朝,更是史不绝书,证明此时的鼻骨德经济贸易正处于繁盛阶段。但有时朝廷也派员去鼻骨德部直接征收海东青,比如辽兴宗重熙二十一年(1052)七月,遣使诣五国及鼻骨德、乌古、敌烈四部捕海东青鹘。

鼻骨德部族与内地之间南隔乌古、术不姑、铁骊,其赴内地朝贡等活动必经该地,并有一同朝贡的经历。后来,鼻骨德部族与"鹰路"、生女真关系密切。据此得出,鼻骨德与内地的交通路线,前期主要有途经乌古和途经铁骊两条路线,以后又增加了与生女真等周边部族相通的路线及直达内地的"鹰路"。今日黑龙江及其两岸是沟通其内部各部族间联系的水陆交通要道。

总而言之,辽金时期的鼻骨德部族已经有了畜牧业和商业,其中以马匹的饲养和海东青的捕猎所占比重最大。

四、鼻骨德部族的文化习俗

1. 语言文化

鼻骨德部族的语言流传下来的仅有已经汉译的鼻骨德(鼻古德)、伯斯鼻骨德、达马鼻骨德、鼻国德国王府(应为鼻骨德国王府之误)、鼻骨德部长曷鲁挞览、鼻骨德酋长撒保特、赛剌、鳖故德部节度使、鳖古酋长胡苏鲁、鳖古河(跋苦水)、鳖古孛堇、三坦水(谗谋水)、石里很水、石里罕河,还有可能属于鼻骨德部族的主隈、秃答两水之民,实里古达、胡鲁古部、迭八合部,剔除其官制成分名称重复者,实际上是鼻骨德、伯斯鼻骨德、达马鼻骨德、曷鲁挞览、撒保特、赛剌、鳖古、鳖古河(跋苦水)、胡苏鲁、三坦水(谗谋水)、石里很水(石里罕河)等,即族名、人名、地名。

贾敬颜认为,《契丹国志》中的"鳖古里"保留了这个部落的本来名称,它是以"里"(L)收尾的词,而鼻骨德以"德"(d)收尾的词表示其复数。鼻骨德是个复数词的表现形式,鳖古里是它的单数词表现形式。

鼻骨德既与"海东青鹘"和"鹰路"相关,我们不妨从"鹰"的字义入手研究。古突厥语称鹰为bürküt[22],今日柯尔克孜语bürküt、哈萨克语bürkit为鹫与雄鹰,蒙古语、达斡尔语则作bergua、durgua。洪武本《华夷译语》"不鲁骨惕"(burogot)黑鹰,此词在丙种本《华夷译语》则易以"不鲁谷"的单数形式,《卢龙塞略》所收蒙古语汇又作"不鲁兀惕"的复数形式,《至元译语》称雕为"不鲁昆"。据此,我们认为,《辽史》中的鼻骨德,《金史》中的鳖故德、鳖古、跋苦这些不同的译名,皆取义于nicuyi,其义为金鹰,又为黑鳖、雕、鹫之义,盖因这里盛产这种名禽而当地部族又善于捕捉而获此殊称[23]。也有人认为,鼻骨德系女真语"黑鹰"之意[24]。看来,辽代在这里开辟"鹰路",是以索取金鹰为主。

鼻骨德源自黑水靺鞨之一部，后又融合北室韦一些部族。从"谗谋水女直"上分析，鼻骨德因与生女真居地相邻及语言、种族相近而被当作"女直"。吴文衔、张泰湘、魏国忠合著的《黑龙江古代简史》（此处为张泰湘执笔）一书将主隈部、秃答部、鼻骨德部列入生女真之一部，但未说明缘由。东部和北部的室韦，其语言属于勿吉——靺鞨系统[25]，但冯继钦据《隋书》和《北史》的记载，北室韦中的大室韦，其语言可能属于原始突厥语族[26]。据此认为，鼻骨德的语言，尤其是鼻骨德部的语言近似生女真，属于肃慎——勿吉——靺鞨系统。而生活在黑龙江上中游地区原室韦人区域内的鼻骨德一些部族语言有可能近似或属于突厥语族，吴树国认为伯斯鼻骨德部属于突厥族[27]。

2. 生活习俗

根据《契丹国志·四至邻国地里远近》卷22记载，鳖古里拥有许多部族，每个部族多者二三百家、少者五十至七十家，以其首富为首领。过着逐水草以居的游牧生活，就连妇女也精于骑射。由此说明，鳖古里是个游牧部族。

此外，从《辽史·表第七·部族表》卷69中记述辽兴宗重熙二十一年（1052）七月遣使诣五国及鼻骨德、乌古、敌烈四部捕海东青鹘、《金史·本纪第二·太祖》卷2和《金史·列传第五十九·仆忽得附：醉斡》卷121中记载完颜酬斡和完颜仆忽得在鳖古河登记军马上看，鼻骨德部族的生活习俗也是游牧性质的。

然而，从完颜酬斡率涛温路兵招抚三坦、石里很、跋苦三水鳖古城邑及随后的鳖古酋长胡苏鲁献城投降的情形来看，鼻骨德部族是建有城池过着定居生活的。再征之以考古资料，根据苏联学者诺维科夫-达斡尔斯基等著《阿穆尔州地志博物馆与方志学会论丛》（选辑）一书，在当年鼻骨德部族主要生活区的今日俄罗斯联邦阿穆尔州境内，笔者已经确定或暂时确定的辽金时期的遗址有伊凡诺夫斯克区切列姆霍沃村遗址（笔者暂定）、鲍戈罗茨科耶辽金城址（笔者暂定）、七湖村附近的七湖城城址（笔者暂定），马赞诺夫斯克区普拉克季奇城址（笔者暂定）、普拉克季奇第二城址（笔者暂定）、西林木迪河口采石场辽金及清代遗址，布拉戈维申斯克区新波克罗夫卡墓葬址、谢尔盖耶夫卡墓葬址（笔者暂定）、伊格纳提耶夫卡村北3.5千米处的"谢苗诺夫冈"墓葬址、米洛瓦诺夫卡墓葬群址、布拉戈维申斯克以上20千米的克柳切瓦亚河口附近的遗址、斯捷潘尼哈谷遗址、康斯坦丁诺夫斯克区科夫里任斯克村城址、科夫里任斯克村墓葬址、康斯坦丁诺夫卡村遗址、新彼得罗夫卡村北端的"中国城"城址，米哈伊洛夫斯克区波雅尔科沃村附近的几座辽金时期的遗址和土堡遗址、扎维塔亚河口附近的古墓地，兴安——阿尔哈拉区英诺森耶夫卡遗址（笔者暂定），斯沃博德内斯克区诺夫戈罗德卡城址、斯皮奇诺村附近的墓葬址。此外，在该州境内还有大量无法确定年代归属的遗址和遗迹。这些村落址、城址不会全是辽金时期的遗留，也不会全是鼻骨德部族的遗留，但肯定有一些是鼻骨德部族的遗留。养猪的出现，也是定居生活的可靠标志。如此看来，鼻骨德部族在后期已经开始定居生活，并且逐渐由游牧生活转向以定居生活为主。

其地出产牛、羊、驼、马及名鹰海东青等珍稀物种，尤其是海东青和军马在鼻骨德人的日常生活中占有极其重要地位。

五、辽金两朝在鼻骨德部族内的军政建置

在《辽史》中，诸部中除鼻骨德部外，尚有伯斯鼻骨德、达马鼻骨德两个设有节度使并隶属东北路统军司的小部族，诸国中有鼻国德国王府（"国"字必为"骨"或"古"字之音讹和笔误），属国军中有鼻骨德军。据此，辽廷在鼻骨德部族聚居区内设置了鼻骨德国王府和伯斯鼻骨德部节度使司、达马鼻骨德部节度使司。

鼻骨德国王府，按《辽史·志第十六·百官志二》卷46"北面属国官"，设有大王、于越、左相、右相、惕隐（司徒）、太师、太保、司空（本名闼林），下设建置有某国某部节度使司、某国详稳司，某国某部节度使司置有某国某部节度使、某国某部节度副使，某国详稳司置有某国详稳、某国都监、某国将军、某国小将军。又按同卷"北面部族官""部族职名总目"中的"大部族"，设有某部大王（本名夷离堇）、某部左宰相、某部右宰相、某部太师、某部太保、某部太尉、某部司徒（本名惕隐），下设建置有某部节度使司、某部族详稳司、某石烈、某弥里，某部节度使司置有某部节度使、某部节度副使、某部节度判官，某部族详稳司置有某部族详稳、某部族都监、某部族将军、某部族小将军，某石烈置有某石烈夷离堇、某石烈麻普（亦曰马步，本名石烈达剌干）、某石烈牙书，某弥里置有辛衮（本曰马特木）。依据该卷"大部职名""并同属国"的记载，大部族和属国的职官设有大王、于越、左相、右相、惕隐（司徒）、太师、太保、太尉、司空，由大王统之，它们均隶属东京道。又据同卷诸部中有鼻骨德部、诸国中有鼻骨德国，可见鼻骨德国是建在大部族鼻骨德部中，鼻骨德国大王可能就是由出自鼻骨德部的首领人物担任。依据辽制，鼻骨德部和鼻骨德国王府下面亦应有相应的军政建置和职官设置，鼻骨德部的基层建置较鼻骨德国王府多出了某石烈、某弥里，在节度使司中又多出了节度判官之设。据此，还可推测出鼻骨德国是由鼻骨德部改置而来的。那么，鼻骨德国王府设置于什么时候呢？据《辽史·志第三·营卫志下》卷33记载："伯斯鼻骨德部。本鼻骨德户。初隶诸宫，圣宗以户口蕃息置部。""达马鼻骨德部。圣宗以鼻骨德户置。"辽圣宗时期（982～1031），从鼻骨德部分出伯斯鼻骨德部和达马鼻骨德部两个小部族，重新设置了军政机构。可不可以这样认为，早在此前就已经在鼻骨德部设置了鼻骨德国王府。再从《辽史·本纪第四·太宗下》卷4观之，"（笔者注：会同）三年（笔者注：940）……八月……。辛亥（笔者注：公历9月22日），鼻骨德使乞赐爵，以其国相授之。"辽廷在鼻骨德国置有左相和右相，这里所授鼻骨德使节的"国相"，虽未明言是左相还是右相，但却证明此时已设立了鼻骨德国王府。再者，东辽属国军中有鼻骨德[28]，此鼻骨德即鼻骨德部，就是鼻骨德部的军队。既然是属国军，当然就是鼻骨德国王府治下的军队。辽太宗会同九年二月戊辰（公历946年3月17日），鼻骨德奏军籍。此次奏报军籍的鼻骨德就是指鼻骨德国王府而言。这又是此时已置鼻骨德国王府的又一明证。由此可见，鼻骨德国设置于辽太宗会同三年（940）八月以前。再就是鼻骨德国王府设于何处？魏毓兰的《龙城旧闻》认为："若鳖古德节度使所治，当在今吉林伯都讷左右。"不过，他既没有考证，也没有说明理由，只是一种主观臆测。谭其骧主编的《〈中国历史地图集〉释文汇编·东北卷》

"兹定孛苦江为今之比占河，该河下游右岸有居民点，今名比占，或即辽鼻国德国王府（《辽史》卷46）及元孛苦江军民万户府所在之地，金代鳖故德部亦当在此。"把鼻骨德国王府定在比占，但该地并未见有辽代遗址及出土文物，此说还不能令人完全信服，只能作为一说有待将来证实。笔者认为，前面已经确定或暂时确定的位于今日俄罗斯联邦阿穆尔州境内的辽金时期城址中，康斯坦丁诺夫斯克区新彼得罗夫卡村北端的"中国城"城址，距鼻骨德部族聚居区中心地带最近，最有可能是辽代鼻骨德国王府所在地。这是因为该城址是笔者目前所知的俄罗斯联邦阿穆尔州境内规模较大的城址之一，城址呈四方形，环以高2～5米、底宽六七米的厚土墙，在土墙上面可以看到高约1米、呈锥形丘阜状的滑秸泥塔楼的残迹，有四门。内城靠近外城北墙，被一堵之字形的不高的土墙横隔开，从建筑形式和饰件保存完好的程度来看，要晚于外城墙。在城址上还发现一堵用未烧成的大砖砌成的砖墙。城址南北长1千多米、东西长近1千米。在其附近，还有一座古墓葬址。在城址和墓址的发掘中，发现了一面直径半俄尺的铜镜，在墓穴里只发现了骨头[29]。砖墙和铜镜是金代文物的象征，这样规模的城址，辽代鼻骨德部族也不大可能修建的。不过，应该想到，金代的城址是在继承辽代鼻骨德国王府驻地的基础上发展起来的。要不是有辽代鼻骨德国王府的基础，也就不会有规模较大的金代城址的出现。故而，暂把"中国城"城址作为辽代鼻骨德国王府所在地。辽道宗寿昌六年（1100），生女直节度使完颜盈哥让鳖故德部节度使上奏欲开鹰路非他莫属。辽天祚帝天庆四年（1114）十月，鳖古酋长胡苏鲁献城投降完颜酬斡。可见，鼻骨德部节度使的设置直到辽末仍旧存在。但在此前，鼻骨德国已被辽廷撤销，不然的话，怎不见有鼻骨德国大王的记述？尤其是涉及"鹰路"和鼻骨德部族生死存亡的重大问题上，怎会没有鼻骨德国大王的出现？

《辽史·本纪第八·景宗上》卷8中有"鼻骨德部长曷鲁挞览"、《辽史·本纪第十四·圣宗五》卷14中有"鼻骨德酋长"、《辽史·表第七·部族表》卷69中有"鼻骨德酋长撒保特、赛剌等"、《金史·本纪第一·世纪·穆宗》卷1中有"鳖故德节度使"、《金史·本纪第二·太祖》卷2中有"鳖古酋长胡苏鲁"的记述，可以得出鼻骨德部首领尚有部长、酋长、鳖故德节度使、鳖古酋长这样正式或非正式称谓。鳖故德部节度使自不待言，其他如部长、酋长即是鼻骨德部节度使之习惯称谓。据此，史籍中有可能担任鼻骨德部节度使的仅有曷鲁挞览、撒保特、赛剌、胡苏鲁四人。黄维翰在其撰写的《黑水先民传·辽传》卷2中，把言于辽廷的鳖故德部节度使与投降完颜阿骨打的鳖古酋长胡苏鲁视为一人是值得商榷的。

"伯斯鼻骨德部。本鼻骨德户。初隶诸宫，圣宗以户口蕃息置部。隶北府，节度使属东北路统军司，戍境内，居境外。""达马鼻骨德部。圣宗以鼻骨德户置。隶南府，节度使属东北路统军司。"[30]到辽圣宗时期，因为鼻骨德部繁衍生息而致人户众多。为了便于统治，辽圣宗从鼻骨德部中析出伯斯鼻骨德部和达马鼻骨德部两个小部族，各设节度使，分属北府和南府，均隶属东北路统军司。依据辽制，小部族的军政建置为某部族司徒府、某部族节度使司、某部族详稳司、某石烈、某弥里，某部族司徒府置有某部族司徒、某部族司空，某石烈置有令稳、麻普、牙书，某弥里置有辛衮。伯斯鼻骨德部和达马鼻骨德部的节度使司应分别称为"伯斯鼻骨德部节度使司"和"达马鼻骨德部节度使司"，小部族的其他建置在这两个小部族中也应该设置。其中，伯斯鼻骨德部兵马戍守于辽朝直辖区内，而部族居住于辽朝直辖区外。

在军事编制上，属国军中有鼻骨德，众部族军中有东北路统军司治下的隶属南府的达马鼻骨德部[31]。"辽国兵制，凡民年十五以上，五十以下，隶兵籍。"[32]鼻骨德部族的军事体制估计与之大同小异。

前面已述，辽太宗会同九年（946）正月鼻骨德奏报军籍，说明鼻骨德军队是受朝廷严格控制的。

金太祖天辅三年正月丙辰（公历1119年2月20日），金廷曾诏令鳌古孛堇完颜酬斡。说明金廷在这以前就在鼻骨德部族聚居区内设置了军政机构，由担任鳌古孛堇的完颜酬斡管理。鳌古孛堇犹言治理鳌古的孛堇，是金廷管理鼻骨德部族的最高官员。

烛偎水部实里古达叛乱平定后，金太祖诏令其民以三百户为一谋克，以众所推服者担任首领，仍以其子弟等为人质。

六、鼻骨德部族对辽金两朝的义务

1. 朝贡

《辽史·本纪第三·太宗上》卷3、《辽史·本纪第四·太宗下》卷4、《辽史·本纪第六·穆宗上》卷6、《辽史·本纪第八·景宗上》卷8、《辽史·本纪第十三·圣宗四》卷13、《辽史·本纪第十四·圣宗五》卷14、《辽史·本纪第十五·圣宗六》卷15、《辽史·本纪第二十七·天祚皇帝一》卷27、《辽史·表第七·部族表》卷69记载了鼻骨德部族朝贡的基本情况，兹列举如下：

辽太宗天显三年十一月丙子（公历928年12月19日），鼻骨德来贡。

辽太宗天显六年八月辛巳（公历931年10月10日），鼻骨德来贡。

辽太宗天显九年六月己巳（公历934年9月1日），鼻骨德来贡。

辽太宗天显十一年六月戊午（公历936年6月22日）朔，鼻骨德来贡。

辽太宗天显十二年九月壬子（公历937年10月9日），鼻骨德来贡。

辽太宗会同三年八月辛亥（公历940年9月22日），鼻骨德使乞赐爵，以其国相授之。

辽太宗会同五年（942）二月，鼻骨德来贡。同年秋七月辛卯（公历8月23日），阻卜、鼻骨德、乌古来贡（《辽史·本纪第四·太宗下》卷4）。同年七月，鼻骨德、乌古来贡。术不姑、鼻骨德、于厥里来贡（《辽史·表第七·部族表》卷69）。

辽太宗会同七年冬十月丁未（公历944年10月27日），鼻骨德来贡。

辽太宗会同八年六月辛未（公历945年7月18日），吐谷浑、鼻骨德皆来贡。

辽太宗会同九年（946）正月，鼻骨德奏军籍。此为《辽史·表第七·部族表》卷69所书，而《辽史·本纪第四·太宗下》卷4则作同年"二月戊辰（笔者注：公历3月17日），鼻骨德奏军籍"，鼻骨德部族不可能在一年内连续两个月两次奏报军籍，况且所记二月日期明确，正月实乃笔误，应以二月为是。

辽穆宗应历元年十二月壬子（公历952年1月24日），铁骊、鼻骨德来贡。

辽穆宗应历三年八月己未（公历953年9月22日），三河乌古、吐蕃、吐谷浑、鼻骨德遣使来贡。

辽穆宗应历五年春正月辛未（公历955年1月27日）朔，鼻骨德来贡。

辽穆宗应历六年（956）十月，鼻骨德来贡。

辽穆宗应历六年冬十一月壬寅（公历956年12月18日），鼻骨德来贡。

辽穆宗应历七年春正月庚子（公历957年2月14日），鼻骨德来贡。

辽景宗保宁三年冬十月丙戌（公历971年11月22日），鼻骨德、吐谷浑来贡。

辽景宗保宁四年秋七月。丁丑（公历972年8月31日），鼻骨德来贡。

辽景宗保宁五年九月壬子（公历973年9月30日），鼻骨德部长曷鲁挞览来贡。

辽景宗保宁八年九月乙亥（公历976年10月7日），鼻骨德来贡。

辽圣宗统和九年九月庚子（公历991年10月14日），鼻骨德来贡。

辽圣宗统和十三年冬十月庚子（公历995年11月23日），鼻骨德来贡。

辽圣宗统和十六年三月乙亥（公历998年4月15日），鼻骨德酋长来贡。

辽圣宗统和十九年闰（十一）月己酉（公历1001年12月29日），鼻骨德来贡。

辽圣宗统和二十三年冬十月丙子（公历1005年11月5日）朔，鼻骨德来贡。

辽圣宗开泰五年三月乙卯（公历1016年4月20日），鼻骨德酋长撒保特、赛剌等来贡。

辽天祚帝乾统四年二月丁丑（公历1104年4月20日），鼻骨德遣使来贡。

仅史籍所载，自辽太宗天显三年（928）至辽天祚帝乾统四年（1104）的176年间，鼻骨德朝贡28次、使节乞赐爵1次、奏军籍1次，计30次，平均不到六年一次。自辽太宗天显三年（928）至圣宗开泰五年（1016）的88年间，来朝29次（包括使节乞赐爵和奏军籍），平均每三年多来一次，对于远隔千山万水的鼻骨德部族而言可谓忠心耿耿。有辽一代，鼻骨德部族，一直忠心事上，不曾反叛。

在28次朝贡中，鼻骨德单独朝贡21次、与其他部族共同朝贡7次。在辽九帝中，仅在太宗、穆宗、景宗、圣宗、天祚帝五朝来贡，并且集中在太宗、穆宗、景宗、圣宗四朝，关系最为密切。其中，在太宗会同五年（942）二月和七月三次来朝贡，七月竟两次来贡，说明其一部是鼻骨德部，另一部为鼻骨德部族之一小部，否则鼻骨德部不可能在同一月内两次来贡。扣除来贡前的太祖朝，竟有三朝未来朝贡，但兴宗、道宗两朝并未中断联系，只有在位仅五年的世宗朝未曾有任何联系。圣宗以后，仅有天祚帝朝一次朝贡。朝贡次数的多少，反映了辽廷对鼻骨德部族的控制程度和民族关系状况。

2. 其他

除了朝贡以外，《辽史·本纪第三·太宗上》卷3、《辽史·表第七·部族表》卷69、《金史·本纪第一·世纪·穆宗》卷1还记载了一些鼻骨德部族与辽廷的其他方面联系及对于辽廷的其他义务，《金史·列传第五十九·忠义一·仆忽得附: 醉斡》卷121也有其对于金廷的类似记载，兹列举如下：

辽太宗会同三年八月辛亥（公历940年9月22日），鼻骨德使乞赐爵，以其国相授之。

辽太宗会同九年二月戊辰（公历946年3月17日），鼻骨德奏军籍。

辽兴宗重熙二十一年（1052）七月，遣使诣五国及鼻骨德、乌古、敌烈四部捕海东青鹘。

辽道宗大安四年（1088）十月，诏诸部官长亲鞫诉讼。

辽道宗寿昌六年（1100），生女直节度使完颜盈哥让鳖故德部节度使上奏："欲开鹰路，非生女直节度使不可。"[33]

金太祖天辅四年（1120）或五年（1121）九月，完颜酬斡、完颜仆忽得前往鳖古河登记军马，被烛偎水部实里古达等杀死。

鼻骨德使乞赐爵并得封国相，反映了鼻骨德与辽廷的政治隶属关系是非常紧密的，鼻骨德部族的官职、爵位都是由辽廷封赏、任命的。鼻骨德使节请求赐予爵位，辽廷未予应允，改而任命其担任国相，说明其职位是由朝廷的意愿决定的。鼻骨德部向朝廷奏报军籍，说明其有驻戍、从征的义务。上述两事均是鼻骨德使节或官吏入朝发生的。遣使诣鼻骨德等部捕海东青，说明鼻骨德部有向朝廷进献海东青的义务。辽道宗诏令诸部官长亲鞫诉讼，说明朝廷对于各部族内部的官司和纠纷是能够过问的，明令规定各部族内部司法事务由有关官长亲自审理解决，当然，鼻骨德部族不会置身其外。鼻骨德部节度使向上司奏报地方事宜，这是下级应尽的职责。完颜酬斡、完颜仆忽得前往鳖古河登记军马，说明这一带的部族有向金廷进献军马的义务。

参 考 书 目

[1] 谭其骧. 简明中国历史地图集 [Z]. 北京：中国地图出版社，1991：51，52；孙进己. 东北各民族文化交流史 [M]. 沈阳：春风文艺出版社，1992：221，222.

[2] 孙进己. 东北各民族文化交流史 [M]. 沈阳：春风文艺出版社，1992：227.

[3] 周良霄. 鞑靼杂考 [C]. 文史（第八辑）. 北京：中华书局，1980：73~84.

[4] 周良霄. 鞑靼杂考 [C]. 文史（第八辑）. 北京：中华书局，1980：73~84.

[5] 周良霄. 鞑靼杂考 [C]. 文史（第八辑）. 北京：中华书局，1980：73~84.

[6] 赵文生. 辽代对蒙古高原东部地区的农业经营及镇、防、维三州的设置 [J]. 农业考古，2019（4）：33.

[7] 孙进己. 东北亚民族史论研究 [M]. 郑州：中州古籍出版社，1994：183.

[8] 余大钧. 耶律大石创建西辽帝国过程及纪年新探 [C]. 辽金史论集（一）. 上海：上海古籍出版社，1987：251.

[9] 贾敬颜. 东北古地理古民族丛考（续）[J]. 黑龙江文物丛刊，1983（2）：14.

[10] 脱脱等. 金史·本纪第二·太祖 [M]. 北京：中华书局，1975.

[11] 贾敬颜. 东北古地理古民族丛考（续）[J]. 黑龙江文物丛刊，1983（2）：13~15.

[12] 脱脱等. 金史·列传第九·斡鲁 [M]. 北京：中华书局，1975.

[13] 脱脱等. 金史·本纪第二·太祖 [M]. 北京：中华书局，1975.

[14] 贾敬颜. 东北古地理古民族丛考（续）[J]. 黑龙江文物丛刊，1983（2）：13~15.

[15] 脱脱等. 金史·志第二十五·兵 [M]. 北京：中华书局，1975.

[16] 贾敬颜. 东北古地理古民族丛考（续）[J]. 黑龙江文物丛刊，1983（2）：13，14.

[17] 贾敬颜. 东北古地理古民族丛考（续）[J]. 黑龙江文物丛刊, 1983（2）: 14.
[18] 王振超. 克东金城质疑[J]. 齐齐哈尔社会科学, 1986（3）: 82.
[19] 孙进己. 东北亚民族史论研究[M]. 中州古籍出版社, 1994: 182.
[20] 贾敬颜. 东北古地理古民族丛考（续）[J]. 黑龙江文物丛刊, 1983（2）: 14.
[21] Е·И·杰烈维扬科著, 林树山、姚凤译. 黑龙江沿岸的部落[M]. 长春: 吉林文史出版社, 1987: 57.
[22] 贾敬颜. 东北古地理古民族丛考（续）[J]. 黑龙江文物丛刊, 1983（2）: 14.
[23] 贾敬颜. 东北古地理古民族丛考（续）[J]. 黑龙江文物丛刊, 1983（2）: 14.
[24] 吴文衔, 张泰湘, 魏国忠. 黑龙江古代简史[M]. 哈尔滨: 北方文物杂志社, 1987: 210.
[25] 干志耿, 孙秀仁. 黑龙江古代民族史纲[M]. 黑龙江人民出版社, 1987.
[26] 冯继钦. 室韦民族共同体类型[J]. 黑龙江文物丛刊, 1983（1）: 77.
[27] 吴树国. 金代蒲与路军事问题探析[J]. 北方文物, 2013（2）: 73.
[28] 脱脱等. 辽史·志第六·兵卫志下[M]. 北京: 中华书局, 1974.
[29] 诺维科夫-达斡尔斯基等著, 黑龙江省哲学社会科学研究所历史研究室译. 阿穆尔州地志博物馆与方志学会论丛（选辑）[M]. 哈尔滨: 黑龙江人民出版社, 1978: 69, 70.
[30] 脱脱等. 辽史·志第三·营卫志下[M]. 北京: 中华书局, 1074.
[31] 脱脱等. 辽史·志第五·兵卫志中[M]. 北京: 中华书局, 1974.
[32] 脱脱等. 辽史·志第四·兵卫志上[M]. 北京: 中华书局, 1974.
[33] 脱脱等. 金史·本纪第一·世纪·穆宗[M]. 北京: 中华书局, 1975.

（赵文生　黑龙江省克山县社会科学界联合会）

历史研究

户籍视野下的金代富民阶层浅探

王 雷 赵少军

内容提要：金代的富民阶层，主要由从事农业活动的中小地主，有一定资产的自耕农、士人阶层，从事商业活动的市民、手工业者，以及僧侣集团、吏员集团中有一定经济实力者构成。了解金代的社会阶层结构，首先要了解金代的户口。金代对户籍的管理，主要通过通检推排的方式推行，《金史》中所记载的户等制度，划分的标准不唯一，除经济角度之外，其等级的确定又往往按照土地、资产、丁口、奴婢的多少综合排定，借助这些不同的划分方法管窥金代社会结构的整体面貌，依托于户口通检推排结果和总体数量变化，亦可管窥富民阶层数量变化情况。这种变化导致金代富民阶层向两个不同方向演化，即向上转化为特权阶层，向下转化为贫民阶层。

关键词：金代 富民阶层 分类 数量 构成

金代存在着两种等级结构，一是民族等级结构，一是社会等级结构[1]。民族等级与社会等级之间有千丝万缕的联系，在一定程度上，民族等级的差别也体现在金代社会等级差别中。社会等级中还可以细化出很多阶层，"富民"阶层作为唐宋以来中国社会内部新兴的一个社会阶层，对金代社会产生了广泛而巨大的影响。本文所述之金代"富民"阶层，主要指金代社会中受到过良好教育，并占有一定财富的人群[2]。

关于金代富民问题，鲜有学者涉及。目前学界关于富民问题的讨论集中于唐宋时期，这一时期，中国社会发生了巨大的变化，富民作为一个阶层成长为社会的中坚力量，并形成了与之前汉唐社会不同的历史特征。以林文勋为代表的学者自20世纪90年代以来致力于富民问题的研究[3]，围绕"富民社会"开展的延伸性研究还包括"富民"群

---

1 宋立恒：《金代社会等级结构研究》，中央民族大学博士学位论文，2005年，第5页。
2 "富民"阶层的学术概念由林文勋教授提出。参见林文勋：《论题：中国古代的"富民"阶层》，《历史教学问题》2005年第2期，第38、39页；林文勋：《中国古代的"富民"阶层》，《中国古代"富民"阶层研究》，云南大学出版社，2008年，第17~20页。
3 相关研究以林文勋、谷更有《唐宋乡村社会力量与基层控制》（云南大学出版社，2005年）、林文勋《中国古代"富民社会"的形成及其历史地位》（《中国经济史研究》2006年第2期）、林文勋《唐宋"富民"阶层概论》（《宋史研究论丛（第9辑）》，河北大学出版社，2008年）、林文勋等《中国古代"富民"阶层研究》（云南大学出版社，2008年）、林文勋、杨瑞璟（转下页）

体构成及特征、"富民"与国家的关系、"富民"与其他群体的关系、"富民"的社会角色塑造、"富民"阶层成长与社会思潮变迁、"富民社会"发展的历史阶段等方面[4]，逐步搭建起富民社会的理论框架。通过前辈学者的研究，唐宋以来富民阶层的面貌逐渐清晰，也为我们探讨金代富民阶层提供了理论基础和研究手段。

了解金代的社会阶层结构，首先要了解金代的户口。金代对户籍的管理，主要通过通检推排的方式推行，《金史》中所记载的户等制度，划分的标准不唯一，除以经济角度，"推贫富，验土地牛具奴婢之数，分为上中下三等"之外，其等级的确定又往往按照土地、资产、丁口、奴婢的多少综合排定，借助这些不同的划分方法管窥金代社会结构的整体面貌，其中有关金代富民阶层的数量变化情况，依托于户口通检推排结果和总体数量变化，亦可管窥一二，并可借以观察金代富民阶层的构成及向不同方向的演化。不当之处，敬请方家指正。

一、金代户口总体变化趋势

金代对户口的管理非常严格，特别是从世宗时期开始，进行了多次通检推排，据《金史》记载：

> 凡户口计帐，三年一籍。自正月初，州县以里正、主首，猛安谋克则以寨使，诣编户家责手实，具男女老幼年与姓名，生者增之，死者除之。正月二十日以实数报县，二月二十日申州，以十日内达上司，无远近皆以四月二十日到部呈省[5]。

虽不能避免有所遗漏，所得统计结果大抵还是接近实际情况的。宣宗南渡以后，"死徙之余，所在为虚矣。户口日耗，军费日急，赋敛繁重，皆仰给于河南，民不堪命，率弃庐田，相继亡去"[6]，深陷战争旋涡的金朝政府无暇顾及户籍管理，再无准确的统计。

金代户口分为不同的等级，《金史》记载，

> 其为户有数等，有课役户、不课役户、本户、杂户、正户、监户、官

（接上页）《宋元明清的"富民"阶层与社会结构》，（《思想战线》2014年第6期），林文勋、薛政超《富民与宋元社会的新发展》（《思想战线》2017年第6期），林文勋《中国古代"富民社会"研究的由来与旨归》（《湖北大学学报（哲学社会科学版）》2020年第1期）等著作、文章为代表。

4　张锦鹏、武婷婷：《"富民社会"理论的学术研究回顾及展望》，《思想战线》2018年第6期，第91～93页。

5　《金史》卷46《食货志一》，中华书局，1975年，第1032页。

6　《金史》卷46《食货志一》，中华书局，1975年，第1036页。

户、奴婢户、二税户[7]。

学界普遍认为此史料真实反映了金代户籍的基本状况[8]，而刘浦江的研究则表明，只有课役户、不课役户、监户、官户属金代户籍制度中的法定户类，二税户则是以非法形式而实际存在的一种户类，至于本户、杂户、正户、奴婢户四种户名，在当时只是泛称或习称，既非金朝实际存在的户类，亦非户籍制度中的正式户名[9]。户的等级，往往按照土地、资产、丁口、奴婢的多少综合排定。

有金一朝的人口，经历了太祖至太宗前期急剧下降、太宗后期至海陵王时期缓慢恢复、世宗至卫绍王大安二年（1210）迅速增长，卫绍王大安三年（1211）至金亡再次急剧下降四个阶段[10]。

太祖初年至太宗天会八年（1130），由于经历宋金之际的战乱，金代人口数量急剧下降。宋辽、宋金之间的战争持续十余年，战火波及整个中原地区。金灭宋前后，"纵兵四掠，东及沂、密，西至曹、濮、兖、郓，南至陈、蔡、汝、颍，北至河朔，皆被其害，杀人如刈麻，臭闻数百里，淮、泗之间亦荡然矣"[11]。战火还导致北方人民大规模南迁，在绍兴和议签订前后，有500万左右的北方移民迁入并定居在南方[12]。

太宗天会九年（1131）以后至海陵时期，随着金宋之间逐渐进入和平局面，人口和经济开始缓慢恢复。尽管在这一时期由于自然灾害和社会动荡，导致局部地区人口锐减，但总体而言，整个北方处于人口缓慢恢复的阶段[13]。

大定年间（1161～1189），由于世宗时期社会安定，社会经济恢复发展，金朝户口回升[14]。大定初年，天下户数才300余万[15]，有研究者认为当在500万户左右，3000余万人[16]。随着金代社会统治趋于稳定，人口进入快速增长阶段，大定二十七年（1187）统

---

7 《金史》卷46《食货志一》，中华书局，1975年，第1028页。
8 相关观点以张博泉、武玉环、王曾瑜等学者为代表。参见张博泉、武玉环：《金代的人口与户籍》，《学习与探索》1989年第2期，第135～140页；王曾瑜：《金朝户口分类制度和阶级结构》，《历史研究》1993年第6期，第46～62页。
9 刘浦江：《金代户籍制度刍论》，《民族研究》1995年第3期，第69～78页。
10 吴松弟著：《中国人口史》第三卷，复旦大学出版社，2000年，第372～383页。
11 （宋）李心传：《建炎以来朝野杂记》卷4《建炎元年四月庚申朔》，中华书局，2000年。
12 葛剑雄、吴松弟、曹树基著：《中国移民史》第四卷，福建人民出版社，1997年，第414页。
13 与吴松弟的观点不同，刘浦江认为从金初到海陵王末年的四十余年均处于全国人口数量急剧下降和停滞不前的同一阶段。参见刘浦江：《金代户口研究》，《辽金史论》，辽宁大学出版社，1999年，第154～162页。
14 刘浦江认为，世宗时期促使人口激增的因素中，还有两点是值得注意的，即流民的复籍和人口迁移因素的影响。参见刘浦江：《金代户口研究》，《辽金史论》，辽宁大学出版社，1999年，第167～169页。
15 《金史》卷46《食货志一》，中华书局，1975年，第1035页。
16 据吴松弟估计，大定初的全国户数当在500万户左右，《中国人口通史》一书认为是550万户，3625万口。参见吴松弟著：《中国人口史》第三卷，复旦大学出版社，2000年，第378页；路遇、滕泽之著：《中国人口通史》，山东人民出版社，2000年，第543页。

计，户数6789449，口数44705086[17]，到明昌六年（1195）时，

> 奏天下女直、契丹、汉户七百二十二万三千四百，口四千八百四十九万四百，物力钱二百六十万四千七百四十二贯[18]。

泰和七年时，

> 奏天下户七百六十八万四千四百三十八，口四千五百八十一万六千七十九。……此金版籍之极盛也[19]。

有关泰和七年的人口数，《中国人口通史》统计为五千三百多万，在这一时期（泰和七年，一说为大安二年），金朝的人口达到了有史以来北方人口的最高峰[20]。

卫绍王大安三年以后，随着蒙金之间的战争拉开序幕，金朝的人口总数急剧下降，宣宗贞祐元年冬蒙古的军事行动，造成"两河、山东数千里，人民杀戮几尽，金帛、子女、牛羊、马畜皆席卷而去，屋庐焚毁，城郭丘墟矣"[21]。泰和七年时，泽州有户59416，金亡次年时只剩973户[22]；兴定二年（1218）时，原有三万余户的海州不满百户，原有二万七千余户的邳州仅余八百余户[23]。这种情况比比皆是。蒙古灭金之后，对原金国范围的人口进行了统计，

> 太宗六年甲午，灭金，得中原州郡。七年乙未，下诏籍民，自燕京、顺天等三十六路，户八十七万三千七百八十一，口四百七十五万四千九百七十五。

17　《金史》卷46《食货志一》，中华书局，1975年，第1035页。
18　《金史》卷46《食货志一》，中华书局，1975年，第1036页。
19　《金史》卷46《食货志一》，中华书局，1975年，第1036页。
20　《中国人口通史》一书对金代泰和七年的户口数进行了详细的考证，得出泰和七年户数8413164，口数53532151。而吴松弟认为，泰和七年的金国人口数在5600万上下，且人口峰值应出现在三年后的大安二年。参见路遇、滕泽之著：《中国人口通史》，山东人民出版社，2000年，第526～557页；吴松弟著：《中国人口史》第三卷，复旦大学出版社，2000年，第380、381页。
21　（宋）李心传：《建炎以来朝野杂记》乙集卷19《鞑靼款塞》，中华书局，2000年。
22　《泽州图记》载："乙未遣使诣诸路料民。本州司县共得九百七十三户。司候司六十八户。晋城二百五十五。高平二百九十。陵州六十五。阳城一百四十八。端氏一百一十七。沁水三十。"即便是在壬寅年，"续括漏籍。通前实在一千八百十有三户"。参见（元）李俊民：《泽州图记》，（清）张金吾编纂：《金文最》卷29，中华书局，1990年，第409页。
23　史载，海州……户三万六百九十一。参见《金史》卷24《地理志上》，第610页。邳州，户二万七千二百三十二。参见《金史》卷25《地理志中》，第615页。兴定二年九月，侯挚上言，"东平以东累经残毁，至于邳、海尤甚，海之民户曾不满百而屯军五千，邳户仅及八百，军以万计"。参见《金史》卷108《侯挚传》，中华书局，1975年，第2388页。

宪宗二年壬子，又籍之，增户二十余万。世祖至元七年，又籍之，又增三十余万[24]。

因此，金亡时人口只剩下110万余户，是鼎盛时期人口的13%，短短二十余年间，金朝人口急剧下降了87%[25]。

二、金代富民阶层的数量

金代户口划分的标准不是单一的。刘浦江从国家户籍管理体系的角度，将金代的户口分为州县民户、猛安谋克户、乣户，并认为这种划法最能反映金代社会结构的整体面貌[26]。金大定二十二年（1182）：

> 始诏令集耆老，推贫富，验土地牛具奴婢之数，分为上中下三等[27]。

实际上是从经济角度对金代的复杂社会结构进行了等级划分。

1. 路府州县的人口数量

路府州县的人口，包括城市人口和农村人口。城市人口的统计对于观察金代的社会阶层也有帮助，一般而言，城市中居住居民主要为非农业人口，工商业和服务业是城市经济的主体。金中都作为金代的政治中心，在章宗末年，城市人口达到极盛，居民区由26坊增加到62坊，约60000户，据估算总人口约40万[28]，金中都的户数占所在地区大兴府总户数225592户[29]的比重为26.6%。而就其他地区而言，城市化的水平一般相较都城要有一定的差距，即大多居住在农村，从事农业等生产活动。金代的城镇状况，据王明荪[30]推估，金代城市有显著发展，数量约为辽代之二倍，金代人口亦有明显增长，恰又为辽代数量之二倍。

吴松弟推算全南宋的城市人口占全部人口比重的12%[31]，而这一时期，南宋的经济整体上已经超越了北方。缺乏相关数据统计的金朝，可依此数据作为参照。就总体而言，城市人口在金代所占的比例应该是非常小的，绝大多数还应该是从事农业生产的农村人口。

金代州县民户主要由汉人和渤海人构成，据估计，金代州县的人口约占全国总人口

---

24 《元史》卷58《地理志一》，中华书局，1976年，第1345页。
25 吴松弟著：《中国人口史》第三卷，复旦大学出版社，2000年，第383页。
26 刘浦江：《金代户籍制度刍论》，《民族研究》1995年第3期，第72~74页。
27 《金史》卷46《食货志一》，中华书局，1975年，第1038页。
28 吴松弟著：《中国人口史》第三卷，复旦大学出版社，2000年，第586页。
29 《金史》卷24《地理志上》，中华书局，1975年，第573页。
30 王明荪：《东北内蒙地区金代政区及其城市发展》，《史学集刊》，2005年第3期。
31 吴松弟著：《中国人口史》第三卷，复旦大学出版社，2000年，第619页。

的80%[32]。其中，大部分为平民百姓，还有为数众多的奴婢。

2. 猛安谋克户的数量

大定前后在中原的猛安谋克户，据《大金国志》所载，为130余猛安[33]。大定二十三年（1183）时，猛安谋克户数为615624，总口数为6158636，其中正口数4812669，奴婢口1345967[34]，其中猛安数量达到202个，较大定初年有明显的增长。奴婢占到猛安谋克总口数的21.85%。大定二十三年的总人口数可参考大定二十七年统计，这两个年份仅相差四年，且天下承平日久，口数不会有太大的差距，在四千万以上当无疑义。可见，猛安谋克、在都宗室将军司、迭剌、唐西二部五撩的正口数仅占当时金朝总口数十分之一略强。据估算，金代的猛安谋克人口占全国总人口的14%左右[35]。

猛安谋克户内迁过程中，仅河北军户数量就一度多达百万口[36]，这也导致很多农田被其强占，"山东、河北猛安谋克与百姓杂处，民多失业"[37]，并非所有的猛安谋克户都生活富裕，"猛安谋克多新强旧弱"[38]，猛安谋克户之间也存在着显著的贫富分化。其中的贫困户，"家贫辄卖所种屯地"[39]。这一点，连金世宗本人也认识到，"山东、大名等路猛安谋克户之民，往往骄纵，不亲稼穑，不令家人农作，尽令汉人佃莳，取租而已。富家尽服纨绮，酒食游宴，贫者争慕效之，欲望家给人足"[40]。乔幼梅认为，猛安谋克内部，除了受奴役的大批奴婢口之外，正口中也有贵族和平民之分，许多猛安谋克贵族权要，不惜一切手段占夺官田和民田，成为军人大地主，而多数猛安谋克户则转化为贫困无地之户[41]。猛安谋克在中原地区的括地，严重激化了金末的阶级矛盾。

3. 乣户的数量

金代的乣户，也称"乣人"，是生活在金朝北境和西北边境地区的诸游牧部落。蔡

---

32 刘浦江：《金代户籍制度刍论》，《民族研究》1995年第3期。
33 《大金国志》卷36屯田条载："今屯田之处，大名府、山东、河北、关西诸路皆有之，约一百三十余千户，每千户止三四百人。"参见（宋）宇文懋昭撰，崔文印校证：《大金国志校证》，中华书局，1986年，第520页。
34 据《金史》记载："是年八月，奏猛安谋克户口、垦地、牛具之数。猛安二百二，谋克千八百七十八，户六十一万五千六百二十四，口六百一十五万八千六百三十六，内正口四百八十一万二千六百六十九，奴婢口一百三十四万五千九百六十七。垦田一百六十九万三千三百八十顷有奇，牛具三十八万四千七百七十一。"参见《金史》卷46《食货志一》，中华书局，1975年，第1034页。
35 刘浦江：《金代猛安谋兑人口状况研究》，《民族研究》1994年第2期。
36 据《金史》载，贞祐三年，高汝砺在上疏中提到"今河北军户徙河南者几百万口"。参见《金史》卷107《高汝砺传》，中华书局，1975年，第2355页。
37 《金史》卷92《曹望之传》，中华书局，1975年，第2037页。
38 《金史》卷46《食货志一》，中华书局，1975年，第1038页。
39 《金史》卷90《张九思传》，中华书局，1975年，第2004页。
40 《金史》卷47《食货志二》，中华书局，1975年，第1046页。
41 乔幼梅：《猛安谋克土地占有制的蜕变与女真族的封建化》，《宋辽夏金经济史研究》，齐鲁书社，1995年，第52~56页。

美彪认为，金代的乣主要是指归附于金朝的北方各游牧部落，意为"杂户""杂类"，与汉语的"蕃""夷""杂胡"类似[42]。由于乣户为游牧人口，迁徙无常，大定十七年（1177）和贞祐四年都有乣户改为猛安谋克户的记载，因此，金代的乣户缺乏完整的户口统计数字。目前可知大定二十三年迭剌、唐古二部五乣的户口数字，据《金史》记载，

> 是年八月，奏猛安谋克户口、垦地、牛具之数。……迭剌、唐古二部五乣，户五千五百八十五，口十三万七千五百四十四，内正口十一万九千四百六十三，奴婢口一万八千八十一。垦田万六千二十四顷一十七亩，牛具五千六十六[43]。

可知，大定二十三年时，金东北路所属的二部五乣，人口达137544人（内含奴婢口18081人）。据估算，乣户的总人口当不少于100万，约占全国总人口的2%[44]。

总的来说，占全国总人口的80%的路府州县人口中，绝大多数为平民百姓，还有为数众多的军户和奴隶，以及二税户。猛安谋克户的经济状况相对较好，并占有较多数量的奴隶。在占全国总人口的14%左右的猛安谋克户中，除一部分较为富裕外，还有一部分相对比较贫穷，此外还有占猛安谋克总口数21.85%、占全国总人口3%左右的猛安谋克户奴婢。约占全国总人口的2%的乣户中，以迭剌、唐古二部五乣的户口情况观察，奴隶占乣户总口数的比重更是低至13.15%，金代乣户整体经济状况及社会地位相较猛安谋克户而言，存在一定的差距。

另外，探讨金代的社会阶层结构，除了探讨其户口问题外，金代的户等制度也同样不能忽视。如刘浦江所言，金代的户等目的是为征发赋役，只针对课役户，金代赋役中的某些内容，如差役、杂役、租税与户等有密切联系[45]。《金史》中有关户等的问题缺乏明确记载，根据《金史》记载，知州县民实行三等户制[46]。早在熙宗皇统五年（1145）时已将猛安谋克分为上、中、下三等，"宗室为上，余次之"[47]。大定二十二年后开始实行三等户制，"推贫富，验土地、牛具、奴婢之数，分为上中下三等"[48]。熙宗时的三等制是以身份作为划分的标准，政治地位在划分中起到决定作用，到大定年间，三等户制是以土地、牛具、奴婢之数，即财产作为划分的标准，经济地位是划分的主要依据。因此，户等制度从另一个侧面反映出征发赋役时的社会分层状况。

---

42 蔡美彪：《乣与乣军之演变》，《元史论丛（第二辑）》，中华书局，1983年，第6页。
43 《金史》卷46《食货志一》，中华书局，1975年，第1034、1035页。
44 刘浦江：《金代户籍制度刍论》，《民族研究》1995年第3期。
45 刘浦江：《金代户籍制度刍论》，《民族研究》1995年第3期。
46 宣宗兴定四年（1220），大臣温迪罕思敬上书提到，"今民输税，其法大抵有三，上户输远仓，中户次之，下户最近"。参见《金史》卷47《食货志二》，中华书局，1975年，第1062页。
47 《金史》卷44《兵志》，中华书局，1975年，第993页。
48 《金史》卷46《食货志一》，中华书局，1975年，第1038页。

三、金代富民阶层的构成及演化

（一）金代富民阶层的构成

金代的社会阶层，大致可分为上层特权阶层、中间富民阶层、底层贫民阶层三个阶层。上层特权阶层主要由宗室、王公大臣为代表的官僚集团、吏员集团上层（主要包括中央政府吏员、宫廷吏员）、猛安谋克上层、大地主、大商人等组成。底层贫民阶层，大致包括小自耕农和猛安谋克下层居民、奴婢、二税户、城市普通市民、普通牧民、下层吏员、普通僧侣等各式各样的群体。富民阶层是社会贫富分化的结果。唐宋以后的社会贫富分化处于经常状态，所以，对单个富民来说，地位不太稳定，但由于在有的富民衰败时，又有人上升为富民，因此，作为一个阶层，富民又是稳定的[49]。关于富民，林文勋[50]定义为富民是按照占有财富多少进行划分的五等户中的上三等户，具有三个特征：一是国家控制乡村的主要力量；二是拥有良好的文化教育背景；三是利用经济手段对乡村下等户进行剥削，并提出富民是唐宋社会中比较稳定的阶层，是中国社会发展中比较强大的内部推动力量。在《唐宋乡村社会力量与基层控制》一书中，林氏系统地比较了富民阶层与官僚阶层的异同，共同点是都占有大量社会财富，不同点则是官僚阶层拥有政治特权，而富民阶层只有财富而没有特权[51]。

《金史》中对于富民的记载，既有富民、富者、富有之家、上户、有物力家等统称，又有以身份或职业，如缙绅、士、工匠、生员等作为区别。限于史料，金代富民人数缺乏精确统计，只能从零散的文献记载中管窥一二。金代的富民阶层，主要由从事农业活动的中小地主、有一定资产的自耕农（或可称之富农）、士人阶层、从事商业活动的市民、手工业者（包括官府工匠和民间手工业者）、僧侣集团，以及部分吏员等组成[52]。

金代的农业生产中，中小地主、富农占据了一定的比例。金在立国之前，农业已经有了一定的发展，在"农本"思想的影响下，统治者非常重视农业的发展，充分利用了原有的农业民族汉族和渤海的居民发展农业生产。因此，金代具有数量巨大的农业人口，其中一部分为中小地主、富农，具有一定的经济实力，家资殷实，占有少量奴婢，成为金代富民的重要力量。这部分人有能力接受一定的教育，逐渐演变为士人阶层。

---

49 林文勋：《中国古代"富民社会"的形成及其历史地位》，《中国经济史研究》2006年第2期，第31页。
50 林文勋：《唐宋"富民"阶层概论》，《宋史研究论丛（第9辑）》，河北大学出版社，2008年，第462~477页。
51 林文勋、谷更有：《唐宋乡村社会力量与基层控制》，云南大学出版社，2005年，第39页。
52 本部分关于金代富民阶层的划分、界定，主要参考乔幼梅《宋辽夏金经济史研究》一书中关于农业、手工业的相关文章和宋立恒《金代社会等级结构研究》等研究成果。参见乔幼梅：《宋辽夏金经济史研究》，齐鲁书社，1995年；宋立恒：《金代社会等级结构研究》，中央民族大学博士学位论文，2005年。

金代的士人阶层，主要是在金代各级、各类官学中的读书人，包括国子学、太学、府学、州学、县学、乡学、私学等，除针对汉人的学校外，还有专门针对女真人的各级学校。金代的士人阶层在金中期以前处于不断增长的状况，到明昌年间（1190~1195）达到全盛[53]。海陵天德三年（1151）置国子监，"后定制，词赋、经义生百人，小学生百人……大定六年（1166）始置太学，初养士百六十人，后定五品以上官兄弟子孙百五十人，曾得府荐及终场人二百五十人，凡四百人。府学亦大定十六年（1176）置，凡十七处，共千人"[54]。大定二十九年（1189）时，各类学生有1800余人[55]。而州、县、乡、私学的人数，虽然无准确数字记载，推定当不在少数。女真学，"自大定四年（1164），以女直大小字译经书颁行之。后择猛安谋克内良家子弟为学生，诸路至三千人"[56]。士人阶层由国家供养，泰和元年（1201）更定赡学养士法规定，"生员，给民佃官田人六十亩，岁支粟三十石；国子生，人百八亩，岁给以所入，官为掌其数"[57]。相较而言，金朝士人阶层的待遇是相当优厚的。科举是士人阶层进入上层统治阶层的重要途径。士人阶层通过科举考试入仕，进入金代的统治阶层，成为统治阶层的重要组成部分。而科举失意的人士，不得不选择其他的生业模式：充当小吏、力田为业、行医济世、教授生徒、隐居读书、游于方外[58]。

金代的商业市民，是金代富民阶层的重要组成部分，伴随着金代商业的发展而产生。商人虽然有一定的经济实力，但除一些大商人外，受自古以来农业经济中"农本"思想的影响，处于"士、农、工、商"的末等，社会地位普遍不高。金初，市易以物博易，商业市民的力量极其薄弱，直到金占据辽、北宋旧地后，商业才开始繁荣起来，到金代中期，商业已经扩展到城镇和乡村，到处都能见到商人的活动踪迹，"独轮车重汗如浆，蒲秸芒鞋亦贩商"[59]"川平佛塔层层见，浪稳商舟尾尾行"[60]便是生动的写照。

---

53 《遗山先生文集》载："大定、明昌间，文治为盛，教养既久，人物辈出。"参见（金）元好问：《遗山先生文集》卷18《嘉议大夫陕西东路转运使刚敏王公神道碑铭》，四部丛刊初编辑部，上海商务印书馆缩印，第190页；山西人民出版社，1990年，第506页。
54 《金史》卷51《选举志一》，中华书局，1975年，第1131页。
55 据《金史》载，大定二十九年，"增养士之数，于大定旧制京府十七处千人之外，置节镇、防御州学六十处，增养千人。各设教授一员，选五举终场或进士年五十以上者为之。府学二十有四，学生九百五人。（大兴、开封、平阳、真定、东平府各六十人，太原、益都府各五十人，大定、河间、济南、大名、京兆府各四十人，辽阳、彰德府各三十人，河中、庆阳、临洮、河南府各二十五人，凤翔、平凉、延安、咸平、广宁、兴中府各二十人。）节镇学三十九，共六百一十五人。（绛、定、卫、怀、沧州各三十人，莱、密、潞、汾、冀、邢、兖州各二十五人，代、同、邠州各二十人，奉圣州十五人，余二十三节镇皆十人。）防御州学二十一，共二百三十五人。（博、德、洺、棣、亳各十五人，余十六州各十人。）凡千八百人。"参见《金史》卷51《选举志一》，中华书局，1975年，第1133页。
56 《金史》卷51《选举志一》，中华书局，1975年，第1133页。
57 《金史》卷11《章宗本纪三》，中华书局，1975年，第257页。
58 宋立恒：《金代社会等级结构研究》，中央民族大学博士学位论文，2005年，第71、72页。
59 （金）蔡珪：《燕山道中三首》，《中州集》（上册）卷1，中华书局，1959年，第40页。
60 （金）朱自牧：《清河道中暮归》，《中州集》（上册）卷3，中华书局，1959年，第74页。

商人的贸易包括跨国贸易和国内贸易。跨国贸易主要是与周边国家之间的贸易，尤其是与宋的贸易。金代通过榷场与他国互市，根据金制，"榷货之目有十，曰酒、曲、茶、醋、香、矾、丹、锡、铁"[61]。而实际的贸易中，还包括粮食、丝、棉、绢、药材、羊、马、兵器等。国内贸易中，商人经营以食盐、粟、手工业制品如绢、布等，以日常生产、生活用品为主。

金代的手工业者分为两类：一类是官府的工匠，从金初开始逐渐发展壮大，尤其是在金灭北宋的战争中，俘获大量的手工业人口，在靖康之役后，"达赉押工役三千家"[62]北归。大量原北宋手工业者的进入，极大促进了金代手工业的发展，金代官府的手工业逐渐齐备。官府工匠为官府生产所需产品，并获得相应的报酬。二是民间的小手工业者。随着金代社会趋于繁荣，民间的手工业也有了较大的发展。蒙金战争末年，"国初从兵破汴，俘匠千人"[63]，表明手工业者也已逐渐成长为金代社会的一个重要群体和阶层。

金代还有其他各种可称之为富民阶层的群体，如僧侣集团、吏员集团中有一定经济实力的人群[64]，但并非金代富民阶层中的主流人群，此不赘言。

（二）金代富民阶层的演化

有金一朝的人口，经历了太祖至太宗前期急剧下降、太宗后期至海陵王时期缓慢恢复、世宗至卫绍王大安二年（1210）迅速增长，卫绍王大安三年（1211）至金亡再次急剧下降四个阶段。金代富民阶层的数量变化包括绝对数量的变化和相对数量的变化。绝对数量即金代富民阶层的人口数，虽然缺乏精确的统计数字，但可观察其发展的趋势。金代富民阶层绝对数量与金代人口的变化趋势基本一致，一般而言，在金代人口急剧下降的时期，经常伴随着战争、灾害等不可抗拒的因素，人口基数减少，因此富民阶层绝对数量往往随之减少，甚至由于社会财富大量流失，较之人口减少的趋势更加明显，即这一时期富民阶层的相对数量减少亦更加明显。当人口迅速增加时，人口基数增加，金代富民阶层的绝对数量也随之增加，而且在大定、泰和年间等社会承平日久、生产生活稳定提高的时期，富民阶层增加的趋势往往较人口增加的趋势更为明显，亦即这一时期富民阶层的相对数量增加更加明显。早在大定年间，金代统治者已经认识到强大的富民群体对于国家的重要性，并且明确提出了"藏富于民"的思想。大定十五年（1175）时世宗针对反对鼓铸的看法，曾对宰臣说，"或言铸钱无益，所得不偿所费。朕谓不然。天下如一家，何公私之间，公家之费私家得之，但新币日增，公私俱

---

61 《金史》卷49《食货志四》，中华书局，1975年，第1093页。
62 （宋）确庵著，崔文印笺证：《靖康稗史笺证·南征录汇》增订本，中华书局，2010年，第173、174页。
63 （元）苏天爵著：《滋溪文稿》卷10《故河东山西道肃政廉访使赠礼部尚书王正肃侯墓志铭》，中华书局，1997年。
64 宋立恒：《金代社会等级结构研究》，中央民族大学博士学位论文，2005年，第122~129页；王雷：《金代吏员研究》，社会科学文献出版社，2018年，第201~230页。

便也"⁶⁵，作为有道明君，世宗很明白，天下俱为帝王家，天下如一家，对帝王来说是不分公私的，藏富于民，也即藏富于官。因此，世宗对户部尚书张仲愈说，"天子富藏天下，何必独在府库也"⁶⁶。正是在金世宗"富民"思想的引导下，开创了大定盛世。

金朝的通检推排与贫富变更也有一定的关系，金世宗上台以后，认识到"金自国初占籍之后，至大定四年，承正隆师旅之余，民之贫富变更，赋役不均"的情况，于是下诏，"粤自国初，有司常行大比，于今四十年矣。正隆时，兵役并兴，调发无度，富者今贫不能自存，版籍所无者今为富室而犹幸免。是用遣信臣泰宁军节度使张弘信等十三人，分路通检天下物力而差定之，以革前弊，俾元元无不均之叹，以称朕意。凡规措条理，命尚书省画一以行"⁶⁷。大定十五年九月，"上以天下物力，自通检以来十余年，贫富变易，赋调轻重不均，遣济南尹梁肃等二十六人，分路推排"⁶⁸，再次对民间贫富状况进行摸排。其后至章宗年间，金朝政府通过多次通检推排，初步摸清了民间贫富状况。

富民阶层不是一成不变的，具体而言，有两个不同的演化方向，即向上转化为特权阶层，向下转化为贫民阶层。

一是向特权阶层转化。金代上层特权阶层和中间富民阶层虽然在财富占有等方面有相似点，但在参与国家政权建设和权力等方面有明确的界限，金代上层特权阶层是国家政权建设的主体，处于权力的中心，并享有各种特权，而富民阶层则主要参与基层政权建设，处于权力的边缘，从本质上来讲，两者属于完全不同的阶层。富民阶层中的一小部分，通过科举入仕或财富积累等途径，成为官员或大地主、大商人等，其政治地位或资本发生质的变化，从而实现向特权阶层的转变。文献记载的金代在仕官员数目就有大幅度的变化。金代的官员，包括官僚和吏员集团中的上层，都有一定的品级⁶⁹。即金代在仕官的数目，有明确的记载可作为参考。大定二十八年，"在仕官一万九千七百员"⁷⁰，泰和元年（1201）时，"方今在仕者三万七千余员"⁷¹，到泰和七年，"在仕官四万七千余"⁷²，按照这个数字来看，金代在仕官所占比例仍然很小，即便是泰和七年时，也不过1‰左右。这个记载，对于直观了解金代的社会结构，尤其是特权阶层中的官僚集团的情况是有帮助的。宋立恒认为，金代的官员作为一个特权阶层，三品以上官员官居要职、掌握重权，四到六级官员职务渐轻，仍有

---

65 《金史》卷48《食货志三》，中华书局，1975年，第1071页。
66 《金史》卷19《世纪补显宗允恭纪》，中华书局，1975年，第412页。
67 《金史》卷46《食货志一》，中华书局，1975年，第1037页。
68 《金史》卷46《食货志一》，中华书局，1975年，第1037页。
69 有关金代吏员的情况，拙作《金代吏员研究》中有详细论述。参见王雷：《金代吏员研究》，社会科学文献出版社，2018年，第38~65页。
70 《金史》卷55《百官志一》，中华书局，1975年，第1216页。
71 《金史》卷11《章宗本纪三》，中华书局，1975年，第255页。
72 《金史》卷55《百官志一》，中华书局，1975年，第1216页。

相当权力，六品以下官员职权较微[73]。而金代的猛安谋克上层，实际上主要为女真人户，汉人和渤海人都被排除在外，"凡汉人、渤海人不得充猛安谋克户。猛安谋克之奴婢免为良者，止隶本部为正户。"[74]猛安谋克户迁入内地以后，发生了严重分化，少数蜕变为大地主，强占土地，巧取豪夺，坐收田租。女真猛安谋克由于金朝的优恤，往往身兼数任，既当官，又经商，同时出租土地，而且倚仗权势，贪赃枉法，贿赂公行[75]。承安四年，有身犯私盐者，"与私酒曲、杀牛者，皆世袭权贵之家"[76]。乔幼梅认为，猛安谋克不是一个阶级集团，而是一个与汉族等其他民族相区别的民族集团。猛安谋克户作为居于统治地位的少数民族的成员，又有特殊的地位[77]。此外，金代采取优恤大商人的政策，形成了一个大商人阶层，这个阶层又与国家政权结合在一起，与官僚、猛安谋克、高利贷者勾结为一体，压榨、剥削农民、手工业者和中小商人，激化了社会矛盾，对金代社会起到了瓦解和破坏的作用[78]。因此，富民阶层向特权阶层的转变，一方面打开了阶层通道，为富民阶层进入上一级阶层，从而谋取更高的政治诉求、广泛参与金代政权建设提供了途径，同时社会财富向小部分人集中，又激化了金代社会矛盾。

二是向贫民阶层转化。财富是衡量富民和贫民的主要标准，就个体而言，富民失去所占有的社会财富，原有的社会地位也随之下降，这种动态变化贯穿有金一代。而群体性的变化则与金代的政治、经济、社会变化有密切的关系。金初战乱以及北民南迁，导致金代人口数量急剧下降，战火波及之处，人民生产生活停滞，大量社会财富蒸发，许多富民失去财富而返贫。金朝南渡以后，国力日衰，蒙金之间的战争进一步加快了金朝衰亡的步伐，在严重的通货膨胀下，原本属于富民阶层的百姓，因其财富大量缩水而返贫。哀宗天兴元年，由于大元兵围汴京，"时汴京内外不通，米升银二两。百姓粮尽，殍者相望，缙绅士女多行乞于市，至有自食其妻子者，至于诸皮器物皆煮食之，贵家第宅、市楼肆馆皆撤以爨"[79]。这一时期，金朝实行了第五次限钱法，金末的社会阶层结构的变化，以第五次限钱法的推行为标志。第五次限钱法出台之后，政府以强制的手段取消了铜钱货币支付的职能，金代社会阶层结构也发生了巨变，"富家内困藏镪之限，外弊交钞屡变，皆至窘败，谓之'坐化'。商人往往舟运贸易于江淮，钱多入于宋矣"[80]。第五次限钱法对金代中产阶层造成毁灭性的打击，导致了金代富民阶层的崩溃，富民失去了经济基础，同时也失去了跻身上层社会的希望和途径，沦落到社会底

---

73 宋立恒：《金代社会等级结构研究》，中央民族大学博士学位论文，2005年，第38~42页。

74 《金史》卷46《食货志一》，中华书局，1975年，第1032页。

75 武玉环：《金代商业述论》，《吉林大学社会科学学报》1992年第4期。

76 《金史》卷49《食货志四》，中华书局，1975年，第1101页。

77 乔幼梅：《猛安谋克土地占有制的蜕变与女真族的封建化》，《宋辽夏金经济史研究》，齐鲁书社，1995年，第52页。

78 武玉环：《金代商业述论》，《吉林大学社会科学学报》1992年第4期，第93~97页。

79 《金史》卷115《完颜奴申传》，中华书局，1975年，第2524页。

80 《金史》卷48《食货志三》，中华书局，1975年，第1083页。

层,逐步演变为社会的不稳定因素之一[81]。

附记:本文系国家社会科学基金西部项目"金代货币制度与货币政策研究"(19XZS005)资助。

(王 雷 沈阳师范大学旅游管理学院 赵少军 辽宁省文物局)

---

81 王雷、赵少军:《金代限钱法及相关问题研究》,《中国经济发展道路的历史探索——首届中国经济史博士后论坛论文精选集》,九州出版社,2015年,第104~109页。

历史研究

俄罗斯阿穆尔河（黑龙江）沿岸地区的女真国家体制[1]

麦德维杰夫·维塔利·叶戈罗维奇　著　　王俊铮　译

内容提要：本文考察了在由女真族建立的金帝国和东夏国时期，阿穆尔河（黑龙江）中游和下游沿岸地区（今阿穆尔州、犹太自治州、哈巴罗夫斯克边疆区）修筑城址的布局、筑城学、居址与手工业综合体，展现了大量带有封土的墓地、丰富的陪葬器物、祭祀建筑，对阿穆尔地区早期女真文字遗迹给予了评价，并对其他考古材料所反映的史实进行了首次阐释。

关键词：女真　祭祀建筑　古城　封土　墓地　陪葬品

译者按：本文最早以会议主题报告的形式发表于2020年9月由阿穆尔国立大学主办的第13届"在远东地区的俄罗斯与中国"国际学术研讨会上，后以论文形式完整发表于由扎比亚科·安德烈·帕夫洛维奇、扎比亚科·安娜·阿纳托利耶夫娜主编的《"在远东地区的俄罗斯与中国"国际学术研讨会论文集（第13辑）》（布拉戈维申斯克：阿穆尔国立大学出版社，2020年）。本文作者麦德维杰夫先生系俄罗斯著名女真学家，长期从事和主持黑龙江中下游地区女真遗址的考古发掘工作，掌握了大量一手材料。本文即在充分吸收俄罗斯境内女真考古最新发掘成果的基础上，对阿穆尔州南部、黑龙江下游、乌苏里江流域等区域的女真遗存做了系统梳理，建构起黑龙江流域阿穆尔女真从前国家体制时期迈向国家体制时期的历史脉络。本文部分考古材料为首次公开发表。

一、引　　言

本文并未对阿穆尔河（黑龙江）沿岸地区女真国家体制时期各个方面的史实予以考察，而主要论证了在该研究范畴内，一些目前已知的女真国家，即金朝和东夏国时期

---

[1] 原文载于扎比亚科·安德烈·帕夫洛维奇、扎比亚科·安娜·阿纳托利耶夫娜主编：《"在远东地区的俄罗斯与中国"国际学术研讨会论文集（第13辑）》（Сборник материалов XIV Международной научно-практической конференция «Россия и Китай на дальневосточных рубежах. Народы и культуры Северо-Восточного Китая»），布拉戈维申斯克：阿穆尔国立大学出版社，2020年。

的物质和精神文化遗存。这一时期的考古遗迹占据了广阔的区域，囊括了小兴安岭以西的结雅-布列亚平原、小兴安岭以东的阿穆尔-乌苏里江［下阿穆尔河（黑龙江）沿岸地区[2]］地区，即几乎在整个黑龙江中游沿岸平原的范围内。根据考古学材料和文献资料，可知这一地理和民族历史范围被很多学者视为女真文化兴起、繁荣和衰落的重要的北方策源地。阿穆尔河（黑龙江）沿岸地区不同女真遗迹的数量令人震撼，这些女真遗迹属于两个变体类型——纳杰日金斯科耶、科尔萨科沃，它们可分为三个时间阶段，涵盖了从7世纪至13世纪上半叶[3]。其遗迹数量不亚于俄罗斯远东地区目前已知的任何一种考古学文化。学术界对这些遗迹的研究程度并不一致，发掘研究和材料发表最充分的研究对象位于这一区域的东部。

学界致力于研究的遗址主要包括城址、墓葬、公共（祭祀）建筑遗迹[4]，它们提供了女真文献材料所记载的在阿穆尔河（黑龙江）沿岸地区的信息。

二、阿穆尔河（黑龙江）沿岸地区女真国家体制时期的城址

目前已知的遗址在研究所覆盖区域西部（结雅-布列亚平原或西阿穆尔地区[5]）的中世纪城址总体上要比下阿穆尔地区更多，尽管在女真国家体制时期，二者的上述类型遗址在数量差异上并不是十分明显。在涉及定期发掘的考古研究对象中，东部遗址的发掘远远多于西部。

阿穆尔州新彼得罗夫卡平原城址是阿穆尔河（黑龙江）沿岸地区西部最大的城址聚

---

2 译者注：所谓 "下阿穆尔河沿岸地区"（Нижнеамурский регион, Нижнее Приамурье），在地域上涵盖了整个阿穆尔河（黑龙江）下游沿岸地区，以及乌苏里江流域。在俄罗斯学界又被统称为 "阿穆尔（黑龙江）-乌苏里江地区"。

3 Медведев В. Е. Приамурье в конце I – начале II тысячелетия (чжурчжэньская эпоха). Новосибирск, 1986. С.175-178.

4 译者注：所谓 "公共（祭祀）建筑遗迹"，即指与宗教信仰有关的公共活动建筑或场所，亦可转译为 "宗教性建筑遗迹"。

5 译者注：所谓 "阿穆尔地区"，即可理解为阿穆尔河（黑龙江）沿岸地区（Приамурье），亦可理解为阿穆尔州（Амурская область）地区。广义的 "阿穆尔河（黑龙江）沿岸地区" 可以约等于阿穆尔河（黑龙江）（干流）流域的概念，即在地域上涵盖了阿穆尔河（黑龙江）上、中、下游沿岸的区域。如 А. П. 奥克拉德尼科夫、А. П. 杰列维扬科合著的《滨海地区和阿穆尔沿岸地区遥远的过去》（Окладников А. П., Деревянко А. П. Далекое прошлое Приморья и Приамурья. Владивосток: Дальневосточное книжное изд-во. 1973）便是以阿穆尔河（黑龙江）流域为空间范围，探究了整个阿穆尔河（黑龙江）沿岸地区古代文化的起源与发展。从狭义上说，"阿穆尔河（黑龙江）沿岸地区" 也常用来特指阿穆尔河（黑龙江）左岸的俄罗斯阿穆尔州地区，如 А. П.扎比亚科主编的《阿尔穆河沿岸地区的民族与宗教》（Народы и религии Приамурья / Под ред. Забияко. А. П., Благовещенск, 2017）等，主要以阿穆尔州地区为研究对象。近年来，为了在地域表述上更加准确、避免歧义，一些俄罗斯学者逐渐开始使用 "阿穆尔河（黑龙江）沿岸地区西部" 或 "西阿穆尔地区"（Западное Приамурье）的地域概念，用以指代广义上的阿穆尔河（黑龙江）沿岸地区的西部，在地形地貌上主要表现为结雅河和布列亚河共同冲积的 "结雅-布列亚平原"。

落之一。古城防御墙体由土筑和半成品的砖修建[6]。城址平面接近矩形，城墙总长度大约为2千米，高6米。在城墙上保留有马面和角楼遗址，在城墙外侧还修建有壕沟。城址内部被分隔成两个区域，在其地表发现了32处不同大小的穴坑。推测古城建筑修建于不同时期，但其主体结构在类型上接近12～13世纪滨海地区和中国东北地区的金代平原城址。

属于大型遗址的山地城址位于距波亚尔科沃镇不远处的帽子山[7]上。修建于阿穆尔河（黑龙江）河滩台地残丘地形之上的土筑城垣长度超过1.5千米，形成了复杂的筑城系统。墙体高3米，墙外修有壕沟。在古城西区地表发现了大量穴坑。该遗址在19世纪即已为人所知，许多对阿穆尔河（黑龙江）流域古代历史感兴趣的人都对其进行了多次调查和著录[8]。1981年、1983年对该城址进行了定期发掘，清理了若干座房址，房址中修建有石砌取暖系统——Π形火炕，还清理了金属冶炼作坊。根据这些房址及其内部布置、火炕的特征可以确认，它们与12～13世纪滨海地区女真房址特征极为相似[9]。2009～2011年继续开展了对城址的发掘，特别是确认了在城区内有一处混有木构和黏土墙体的土筑建筑。其内部为一Γ形土坯木构的火炕。发掘者将该城址与位于滨海地区，作为贸易、手工业、行政和军事中心的金朝和东夏国中心城址进行比较，认为这座女真城址显然也具有相同的职能。帽子山古城的年代为女真时代的第二和第三阶段（11～13世纪）。

自布拉戈维申斯克市沿结雅河上溯15千米，在乌杰斯（陡崖之意）湖的高岸之上，坐落着一座平面呈梯形的古城，属于大型山地城址。古城为周长4341、高4米的土筑城墙和壕沟所防护，角楼与马面基址尚存。根据放射性碳元素分析，这座被称为乌杰斯的古城年代为13世纪中叶[10]。在东夏国时期及其灭亡后不久，该城址很可能在国家西北边界地区发挥作用。

下一座古城被称为库丘古雷古城，目前已被破坏。根据以往的记载，古城位于马尔科沃镇附近。古城平面呈方形，边长390米。古城围以高3米的土筑城墙和壕沟，城角修有角楼，每个方向的墙体均修有两座马面，有一座门址和防御横墙[11]。Д.П.鲍罗金、Е.И.杰列维扬科将这种筑城建筑年代定为女真国家体制时期[12]。

距格罗杰科沃村不远处已知有一座大型平原城址。古城延伸呈近似长方椭圆形，长度大约1千米，宽150～250米。城址有一条沿阿穆尔河（黑龙江）滩涂沿岸、呈西南—

6　Новиков-Даурский Г. С. Приамурье в древности // Записки Амурского областного музея краеведения и Общества краеведения. Благовещенск, 1953. Т. 2. С.8.

7　译者注：又可音译为沙普卡（Шапка）古城。

8　参见Гонсович Е. Гора Шапка на р. Амуре // Сибирский архив. 1913. № 12. С. 505–522.

9　Деревянко Е. И. Древние жилища Приамурья. Новосибирск, 1991. С.94–101, 106–110.

10　Зайцев Н. Н., Шумкова А. Л., Волков Д. П. Городища Амурской области // Традиционная культура Востока Азии. Благовещенск, 2008. Вып. 5. С. 199–223.

11　Зайцев Н. Н., Шумкова А. Л., Волков Д. П. Городища Амурской области // Традиционная культура Востока Азии. Благовещенск, 2008. Вып. 5. С. 203.

12　История Амурской области с древнейших времен до начала XX века / Под ред. А.П. Деревянко, А.П. Забияко. Благовещенск, 2008. С. 108.

东北走向的轴线。其内部空间被四道城墙围护，沿河岸断崖处还修建有一道墙体。城墙周长的总长度约为3千米，高5~6米。在内城墙基处建有塔楼平台。古城有两座城门，在西南墙体尾部及其中部。门址中央被建于城墙上的塔楼所防护。根据对女真轮制陶等采集陶片的初步研究，推断古城年代为1千纪和2千纪之交[13]。根据笔者的观点，格罗杰科沃古城的使用时间与女真时代的第二、第三阶段有关，也就是说包括了金帝国和东夏国时期。要搞清这一问题，还有待于对遗址进行针对性的发掘。

在阿穆尔-乌苏里江流域也发掘和研究了若干座属于女真国家体制时期的城址。

其一，扎里古城。古城于1946年被获知，当时它被错误地命名为"Е.П.哈巴罗夫的城镇"，仿佛古城是17世纪中叶所建。1968年，А.П.奥克拉德尼科夫和В.Е.麦德维杰夫调查了古城，并将其确认为女真古城[14]。从1977年到1985年，笔者主持了对遗址的发掘，工作面积大约1000平方米。

由于是山地筑城，因此城址坐落在扎里村边界的阿穆尔河（黑龙江）右岸多石的岬角状外凸地形上，逼近河岸断崖的边缘。沿断崖延伸的北墙是城址四面墙体中最长的一段（大约200米），这些城墙在平面上形成了面积约18000平方米的近似长方形古城（图一、图二）。西墙上有一豁口门址，被横墙所阻隔。在其外侧还有壕沟。南墙（长170米）中央存留有第二座豁口门址，同样被横墙所防护。可以确认的是，在这一区域存在预先营建的建筑，显然，这是出于对门址和整座城市的防御。城墙宽3.5~7米，高1~2米。

位于古城西门处有一座被发掘的半地穴式小型建筑，总的来看，应是守卫居所。遗址中生活遗迹的外表痕迹因长期耕种已经残存无几。即使存在个别的半地穴式，其房址几乎全部是地上类型。已对1号半地穴式房址骨架立柱基础进行了研究，可知房址深入黏土质土层，部分深及多石岩层（图三）。房址基坑阶梯墙体的高度在1米有余。房址

图一　扎里古城远景

13　Зайцев Н. Н., Шумкова А. Л., Волков Д. П. Городища Амурской области // Традиционная культура Востока Азии. Благовещенск, 2008. Вып. 5. С. 212–213.

14　Медведев В. Е. Культура амурских чжурчжэней. Конец X – XI век. Новосибирск: Наука, 1977. С. 16.

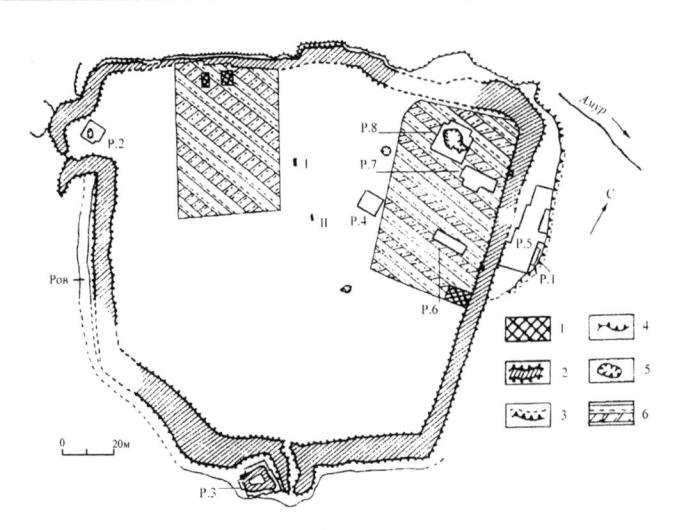

图二　扎里古城发掘平面图

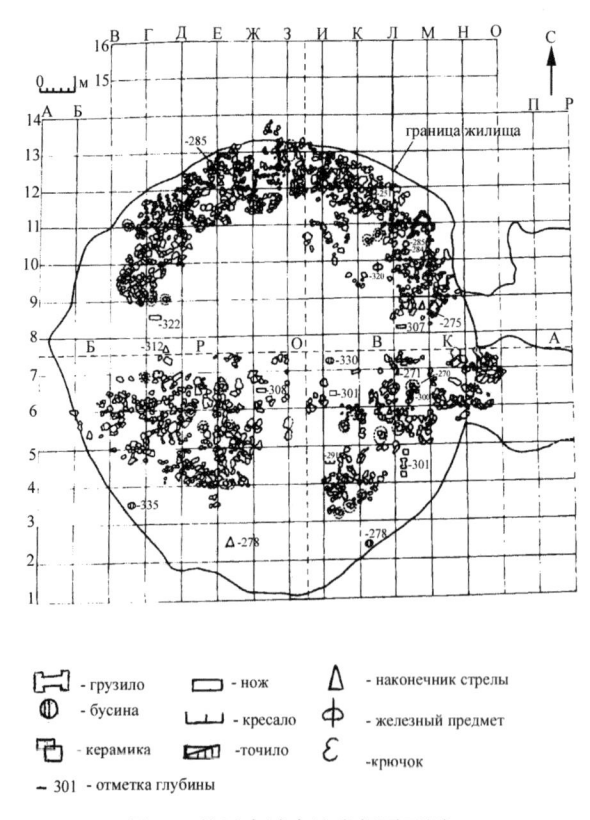

图三　扎里古城房址发掘平面图

外部规格为12.25米×12米。在土层中挖有灶坑，埋藏着大量马的牙齿和其他不同的器物（图四）。在地面上沿墙体修砌有"炕台-'通铺（нары）'"[15]，这种炕台由修砌

15　译者注：нары指沙俄时期士兵所住的板床或通铺。

在其内部的取暖系统——Π形火炕的石堆积共同构成。

在1号房址入口东侧附近发现了一处简易结构的矿石冶炼炉，炉灶底部是一个经过煅烧的坑，平面接近圆形，坑内堆积着碎渣和红烧土。另外两处不大的坑穴彼此接近，显然是构成了一个整体，其内堆积有炭渣。

在东墙外侧挖有宽1~3、深1.5米的防御性壕沟。距该段墙体不远处，在古城内清理了两座墓葬和被破坏的半地穴式房址遗迹。墓坑呈长方形，大小分别为2.7米×2.1米、3米×2.2米，深50厘米。在墓坑底部发现了几乎已腐烂的骨骼和人的牙齿。在墓葬填土中发现了女真文化的轮制灰陶。墓葬总体来看是同时形成于某个特别紧急的情形下。不可排除的是，墓葬埋葬的是古城居民。也有可能是古城处于被敌人包围期间，居民在保卫要塞时阵亡，墓葬用于埋葬死者。

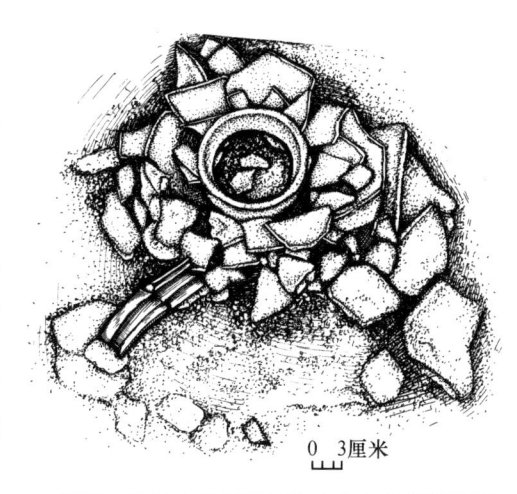

图四 扎里古城房址灶坑内出土陶器线描图

房址的浅基坑属于铁器时代早期的波尔采文化，被上述一处墓葬和其他中世纪时代的穴坑明显打破。

考古发掘表明，与已知骨架立柱类型的地面房址建筑同时期的其他房址留存稀少。古城的建造者们修建了半地穴式房屋。还有与古城内金属熔炼有关的重要材料，这些遗存是扎里聚落作为自给自足群体的证据之一，它生产了所有必需品，包括铁制劳动工具、军用品、生活和建筑用具（图五）。

除了这些铁器制品，在发掘中，特别是在1号房址中发现了大量陶制品——生活器皿、纺轮、坩埚、渔网坠、长方形小盒状的砚台，这种器物与滨海地区的阿纳尼耶夫卡古城出土物相似[16]；以及青铜、石质、玻璃装饰品，青铜历法护身符和守护神的拟人形象青铜饰（图六）。

古城与滨海地区女真古城十分相似，虽然也具有一些自身特点（如城门处建有守卫居所）。该城址被使用于12世纪中叶，在13世纪上半叶后期，古城可能属于东夏国。在13世纪30年代，蒙古人全面占领了女真在今中国和当代俄罗斯滨海地区的土地，他们顺阿穆尔河（黑龙江）下游直抵萨哈林。最有可能的是，扎里古城曾遭受来自蒙古方面的攻击，古城居民进行了防御并大量阵亡（值得注意的是，在遗址所有发掘地点都发现了箭镞，该器物是金属类文物中最常见的），直接在古城内埋葬了死者。

其二，瓦西里耶夫卡古城（图七）。古城于1887年在出版物中第一次被提及。1963年，由 А. П. 奥克拉德尼科夫领导的考察队对古城进行了调查。2000年，哈巴罗夫斯克的考古学家对古城进行了大规模发掘。古城位于比金河右岸，瓦西里耶夫卡村东南3.5

16　Хорев В. А. Ананьевское городище. Владивосток, 2012.

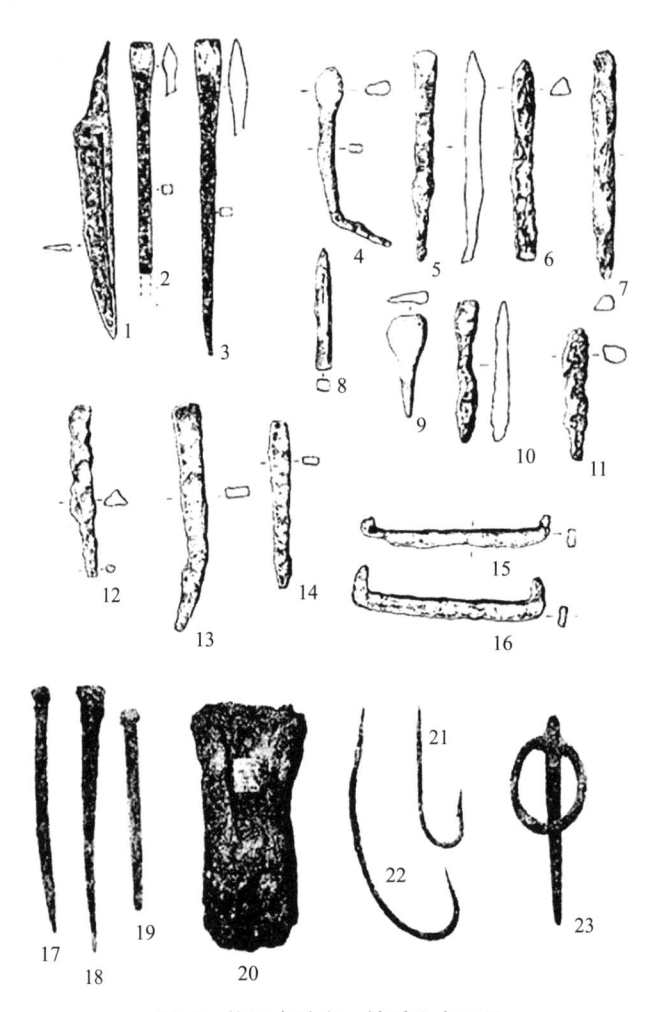

图五　扎里古城出土铁质生产工具

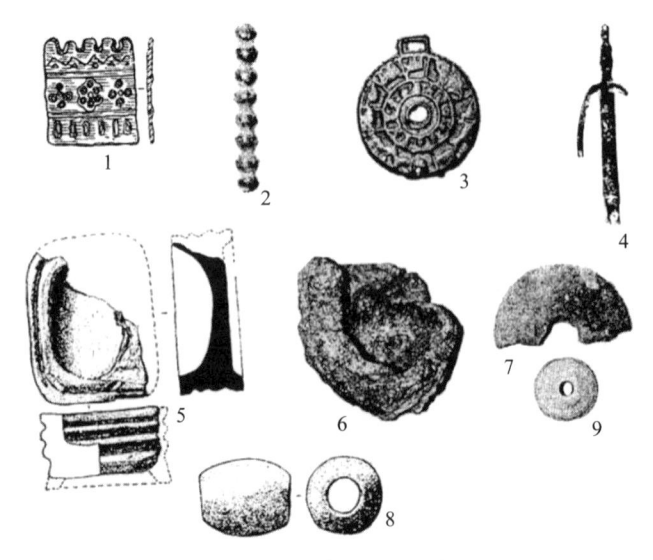

图六　扎里古城出土器物

千米处一座40~50米高的小山冈上。这座漫圆的近方形古城规模为185米×185米。土石混筑的主墙宽15米，高3~3.5米。东北和西北方向被两道"附属墙"所围护。两道城垣（墙体）上分别有城门豁口。在古城地势最高处修建了两道不大的城墙。在发掘过程中发现了女真文化的轮制陶，同时清理了这一文化的半地下房址。取样于灶坑中的放射性碳的分析，表明其年代为775年±45年前（西伯利亚分院-4357）。古城还有两个年代值：1120年±85年前（西伯利亚分院-4358）和1920年±40年前（西伯利亚分院-4359）。据此推测，最初是波尔采文化居民在山冈上修建了城墙。之后，在金帝国的最后阶段，女真人修建了城池[17]。但不能排除东夏国时期修建或重建了瓦西里耶夫卡古城的可能性。

还有一座该时期的古城——新波克罗夫卡1号古城，虽然该古城在行政上属于当代滨海边疆区，然而在地理和历史文化上则更加靠近乌苏里江下游区域，古城附近的大乌苏尔卡河从靠近下阿穆尔地区的左岸注入乌苏里江。古城在文献中最早见于19世纪末，记载了新波克罗夫卡村附近坐落着一座大型古城。古城面积大约175000平方米，占据了沿河岸北部、东部断崖延伸的山地，断崖处以规模不大的城墙防御。在城址西部和南部则环绕两道城墙——外墙高1.5米，主墙高6米，其上修建有15座马面。城墙之间修有壕沟，有两道门址，其中一座带有高大的横墙。门址处有一条宽阔的道路（图八）。

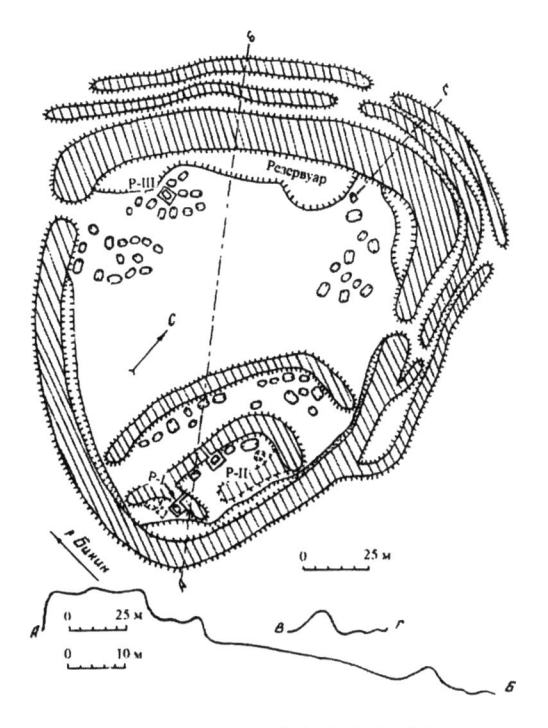

图七　瓦西里耶夫卡古城平面图 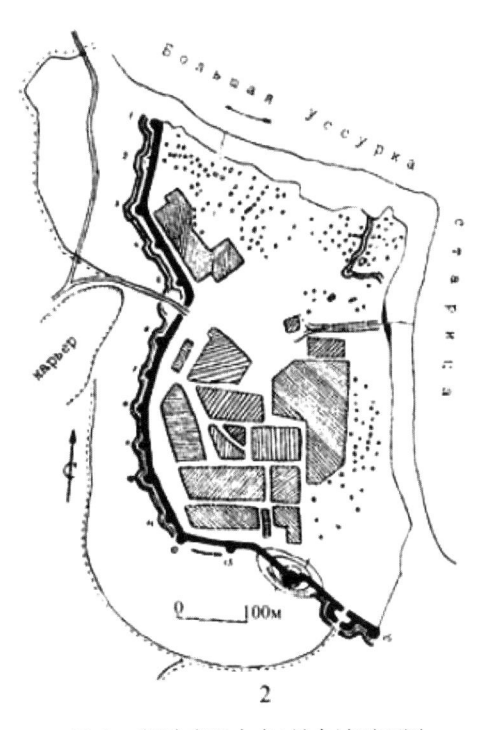　　　图八　新波克罗夫卡1号古城平面图

17　Краминцев В. А. Васильевское городище // Археология и культурная антропология Дальн. Востока и Центральной Азии. Владивосток, 2002. С. 130-139.

在遗址上保存着142处穴坑和平坦的广场。最主要的采集遗物为灰色泥质陶,与阿穆尔河(黑龙江)沿岸地区女真文化相似,某种程度上也与滨海地区的女真文化相似[18]。据此,有学者提出了大乌苏尔卡河河谷中女真边界所在的假设[19]。但这与考古学材料并不相符,因为正如上文所述及的那样,女真金帝国和东夏国时期的城址分布在远在该流域更北的地区。新波克罗夫卡1号古城应被包含在东夏国建筑者们修筑的(以及部分未建成的)筑城范围内,这座城址整合了自南部而来的金人和当地的阿穆尔女真。

其他一些相当大的城址,如位于比金河扎格列宾湖流域的比金3号古城(扎格列宾古城)、位于伊恩河附近的别斯恰那耶1号古城(伊恩河古城),也可以包含在阿穆尔-乌苏里江流域女真的国家体制中。

三、阿穆尔河(黑龙江)沿岸地区的其他女真遗迹 (墓葬、公共建筑、墨书题记等)

在阿穆尔河(黑龙江)沿岸地区还发现和发掘了大量女真时代的墓葬(土圹墓、封土墓),大部分是女真文化早期阶段。大型墓葬中最重要的是科尔萨科沃墓地、纳杰日金斯基墓地、鲁达尼科娃丘地墓地等,现已清理了数百个拥有大量陪葬品的墓葬。国家时代的墓地发掘规模较小,尽管它们在东阿穆尔地区广为人知,特别是库尔河流域的克拉斯诺库罗夫墓地(Краснокуровский)、乌尔米河流域的巴尔苏奇依洞穴(Барсучьи Норы)、伊恩河流域奥利村附近的奥利墓地(Оль)。由358座封土组成的尤克塔坎1号墓地(Юктакан-1),位于比拉坎河和支流库拉河流域。在同一处地点,还发现了12~13世纪的哈伊尔墓地(Хаил)以及未经调查的古城。阿纽依河口处有一座保存完好的普罗托卡·斯韦特拉亚(Протока Светлая)墓地。笔者和 Ю. М. 瓦西里耶夫对上述墓地进行了研究。

关于这一区域内公共(祭祀)建筑可以通过12~13世纪上半叶、带有柱础石的寺庙建筑遗址来考察,这座寺庙遗址位于通古斯卡河河口处右岸。础石由花岗岩板雕刻而成,其上部饰以莲花形态的浮雕(图九)。村落佛寺墙体为木骨泥墙,屋顶覆以瓦件[20]。除此之外,还有若干关涉某些女真公共建筑的信息,如阿穆尔河(黑龙江)下游达达村(Дада)带有瓦顶的建筑、阿穆尔-结雅河平原弗拉基米洛夫卡村的建筑等。

还有一处不可忽视的对女真文字、文化和历史遗迹研究具有重要价值的遗迹,即位于阿穆尔河(黑龙江)支流阿尔哈拉河上游河岸、由扎比亚科·安德烈·帕夫洛维奇

---

18 Мезенцев А. Л. Крупнейший памятник северного Приморья // Археология северной Пасифики. Владивосток, 1996. С. 109–112.

19 Мезенцев А. Л. Крупнейший памятник северного Приморья // Археология северной Пасифики. Владивосток, 1996. С. 113.

20 Медведев В. Е. О буддизме на территории Приамурья // Интеграция археологических и этнографических исследований. Сб. научн. трудов. Одесса; Омск, 2007. С. 366–370.

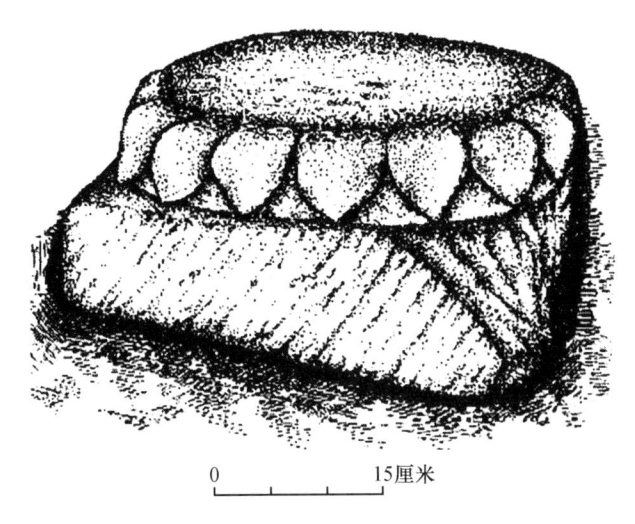

图九　通古斯卡河河口寺庙址柱础石

主导研究的阿尔哈拉河女真文题记。书写于崖壁之上的红色字书表明，题记创作于1127年10月，位于被女真人称作塔里安朵的军事化或区域社群组织（谋克）辖境内。阿尔哈拉岩壁题记揭示了金帝国初期重要的信息。它被公正地认定为迄今已知最早的女真文字[21]。关于阿穆尔河（黑龙江）沿岸地区女真文化范围内文字的传播还可通过扎里古城、达达村落遗址出土的泥质砚台得到证明。

四、阿穆尔河（黑龙江）沿岸地区的女真社会

综上所述，可以认定，阿穆尔河（黑龙江）沿岸地区的大多数区域不仅位于金帝国和东夏国影响的范围内，还是其行政区的组成部分。笔者不能同意 H. H. 克拉金关于阿穆尔河（黑龙江）沿岸地区、主要是下游地区（阿穆尔女真的文化长期被错误地更名为波克罗夫卡文化）女真居民的观点。他认为这一地区缺乏积累了大量财富、精英阶层墓地以及行政和祭祀建筑的大型城址[22]。除此之外，他还否定了在阿穆尔河（黑龙江）沿岸地区的女真人领土上存在过文字[23]。

21　Забияко А. П. Ранний чжурчжэньский текст наскальных изображений на реке Архаре в Приамурье (история, результаты исследования и новые данные // Археология, этнография и антропология Евразии. Т. 47, № 3. 2019. С. 94-103.

22　Крадин Н. Н. Существовала ли государственность в Приамурье в средние века? // Вторая Дальневосточная конференция молодых ученых. Тез. докладов. Владивосток, 1992. С. 7-9; Крадин Н. Н. Становление и эволюция средневековой государственности // Российский Дальний Восток в древности и средневековье: открытия, проблемы, гипотезы. Владивосток, 2005. С. 439-446.

23　Крадин Н. Н. Существовала ли государственность в Приамурье в средние века? // Вторая Дальневосточная конференция молодых ученых. Тез. докладов. Владивосток, 1992. С. 9.

首先，研究者将滨海边疆区已知的大约30座东夏国城址分为三组：大型古城克拉斯诺亚尔斯克古城属于第一组，被认定为东夏国上京开元城。赛加古城属于第二组，被视为州或县一级城址。第三组包括拉佐、阿纳尼耶夫卡、叶卡捷林诺夫卡、柞树岗（Дубовая Сопка）等城址，发挥着军事卫戍的要塞职能[24]。在阿穆尔河（黑龙江）沿岸地区，则可区分出新彼得罗夫卡、乌杰斯、帽子山、格罗杰科沃、新波克罗夫卡1号古城等，它们可能为州或县一级城市。更多的小型城址（扎里、瓦西里耶夫卡、库丘古雷等）可能为要塞服务的军事聚落。总之，阿穆尔周边地区的古城并不属于京城类城址，且很少作为州和县。正如上文提到的那样，扮演着边境要塞的作用，不需要很大的规模。

其次，"精英墓地"的缺失被女真前国家和国家时期的阿穆尔墓葬所取代，特别是堆筑有封土和带有丰富甚至奢华陪葬品的墓葬，陪葬品包括攻防武器和马匹装备。这是典型的首领和军事领导人的墓地（纳杰日金斯基墓地、阿纽依-波罗维纳墓地等）。我想指出的是，滨海边疆区几乎没有"精英墓地"。

至于行政和宗教建筑，首先，通常不能建在要塞中，它们被营建在都城和府州中心。而12～13世纪初的女真祭祀建筑，例如，在阿穆尔河（黑龙江）沿岸地区建有乌斯季-通古斯卡佛寺。不仅如此，阿穆尔女真人显然已使用了文字，创作于1127年的阿尔哈拉女真题记令我们对此深信不疑。

还有必要简要说明一个与所探究的主题直接相关，但以前在考古学研究中没有解释过的根本性的重要问题。该问题是关乎11～12世纪初封土墓葬在库尔河、乌尔米河、伊恩河、通古斯卡河高度集中的原因。这些地区为水淹沼泽区，且远离阿穆尔河（黑龙江）、主要水路交通道路和统一女真帝国的中心——通常被认为的松花江流域。

关于11世纪上半叶和早于12世纪初，表现为军事亲缘部落组织和长老机构的前金代国家女真人存在的文字史料证据至关重要[25]。11世纪下半叶可以被确定为女真部落联盟建立和首领权力提升的时期[26]。但显然，并不是所有亲缘部落都被纳入了统一化进程，这在历史编年史中也有所反映。其中部分人群从松花江口向东北迁徙到阿穆尔河（黑龙江）流域的边远地区，这不仅体现在大量封土墓群（移民通常依附于这种类型的墓地），而且也体现在墓地附近的村落和少数城址。

在阿纽依河口区的一小片淹没区也可看到类似的具有大量封土墓和聚落的情况，其年代为女真国家体制初期（11～12世纪初）。

值得注意的是，对于女真国家体制繁荣期（金代、东夏国）库尔-乌尔米河和阿纽伊河流域的局部区域，则不能作此解释。如前所述，这些区域遗址所反映的时间比国家体制时期早得多。根据编年史的记载，这是由于应金代政权的要求，周边女真居民被大

24　Артемьева Н. Г. Характерные особенности городищ государства Восточное Ся (1215-1233 годы) на территории Приморья // Интеграция археологических и этнографических исследований. Омск, 2005. С. 82-86.

25　Кычанов Е. И. К вопросу о ранней государственности у чжурчжэней // Народы советского Дальн. Востока в дооктябрьский период истории СССР. Владивосток, 1968. С. 182.

26　Воробьев М. В. Чжурчжэни и государство Цзинь (Х в.-1234 г.). Москва, 1975. С.63.

量迁徙至中国北方被征服的土地上。总之，这些从松花江流域中下游迁徙至上述流域、未参与金代国家体制建设的居民，更确切地说是他们的后代，在大于一个世纪后，回到了松花江流域南部和西南部的地区。

（麦德维杰夫·维塔利·叶戈罗维奇　俄罗斯科学院西伯利亚分院 考古学与民族学研究所

王俊铮　阿穆尔国立大学 宗教学与历史教研室）

辽金历史与考古・第十三辑

文物研究

文物研究

建平县博物馆藏辽代白瓷器

张　微

内容提要：在建平县博物馆藏历代陶瓷器中，以辽代陶瓷数量最多，而在辽代瓷器中，以白瓷器为大宗，不仅数量多，品类齐全，计有47件，并分属不同的窑场。现从其中遴选出34件精品简述，以供研究辽瓷的同人参考利用。

关键词：建平县　博物馆　辽代　白瓷器

建平县博物馆藏的辽代陶瓷中，尤以白瓷器为大宗，计有47件，不仅数量多，在中国北方诸省区的县（区）级博物馆中当首屈一指，并且品类齐全，有鸡冠壶、注壶、执壶、双系葫芦壶、长颈瓶、双系瓶、葫芦瓶、罐、洗、碗、盘、盏托、唾盂、狻猊（狮子）炉等，并分属不同的窑场。现从其中遴选出34件精品按发现年代顺序简述，年代不详的放在最后，以供研究辽瓷的同人参考利用。

一、辽墓出土的白瓷器

1. 白瓷执壶

1966年在建平县青松岭公社辽墓出土。乳白胎、通体施白釉泛青，釉色均匀，圈足部位未施釉露胎，有流釉痕。狮形短流，执柄扁平，外侧起棱，管状口，折肩，折肩处饰一匝凹弦纹。折肩下至底部腹壁凸雕双层仰莲纹，圈足。口径3.6、高20、底径9.5厘米（图一）。

2. 白瓷洗

1970年在建平县五十家子公社石匠沟辽墓出土。青灰色粗胎，通体施白釉，釉色均匀，釉不至底，近底处露胎。敞口，圆唇，深腹，腹内壁划三只大鸟，底部划一朵牡丹花，平底。口径28.9、高7.3、底径21.8厘米（图二）。

3. 白瓷长颈瓶

1970年在建平县五十家子公社石匠沟辽墓出土。灰白胎、胎质较粗，通体施白釉泛青，釉色均匀，施釉不及底部，有流釉痕，近底部露胎。喇叭口，圆唇，长颈，广肩，斜长腹，肩上部有一匝凸弦纹，上腹部有一匝凹弦纹，平底。口径10、高34.6、底径7.8厘米（图三）。

4. 白瓷盏托

1970年在建平县五十家子公社石匠沟辽墓出土。胎质较白，细密坚实，釉色乳白，

图一 白瓷执壶 　　　　　　　　　　图二 白瓷洗

釉层薄而均匀，口沿和圈足下半部未施釉，有流釉痕。托座为盅形，尖唇，敛口，弧腹，无底与圈足相通。盏托为钵形，侈口，圆唇，深腹，斜壁，素面。盏托口径7.6、通高6.9、托座底径6.3厘米（图四）。

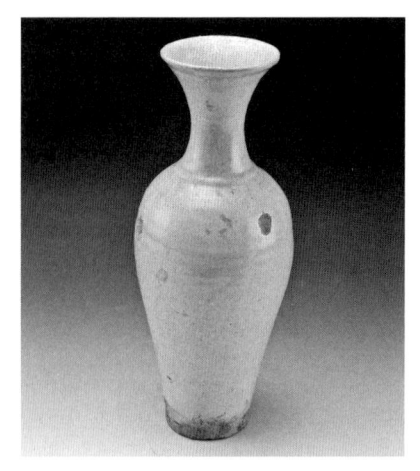

图三 白瓷长颈瓶 　　　　　　　　　图四 白瓷盏托

5. 白瓷注壶

1993年在建平县沙海镇新胜喇嘛营子村辽墓出土。乳白胎、胎质细腻，通体施白釉，釉层薄且均匀，白中泛青，半圆桥状绳索式提梁前分三股做花叶状，管状短流，平口内凹，无盖，体呈六瓣瓜棱形，壶口外侧饰两匝凹弦纹，深腹，圈足，平底。口径4.7、高14.8、底径5.1厘米（图五）。

6. 白瓷唾盂

1973年在建平县三家公社西胡台村水泉沟辽墓出土。灰褐胎质较粗，施乳白釉，釉色均匀，白中泛青，腹下部及圈足部位未施釉，有流釉痕。敞口，圆唇，折肩，弧腹，圈足。口径18.7、高13.9、底径7厘米（图六）。

图五　白瓷注壶 　　　　　　　　　图六　白瓷唾盂

7. 白瓷折肩壶

1973年在建平县沙海公社小河南辽墓出土。灰白胎，胎质较粗，施乳白釉，釉色均匀，腹下部近底处及圈足未施釉露胎，有流釉痕。喇叭口，竹节状细长颈广肩，弧腹，肩部有一匝折棱，圈足底。口径2.6、高11.5、底径3.8厘米（图七）。

8. 白瓷盘

1983年在建平县深井乡辽墓出土。乳白胎，胎质细腻，通体施白釉，釉层薄且均匀，敞口，口呈十二花瓣式，浅腹，圈足底。口径15.8、高3.9、底径5.7厘米（图八）。

图七　白瓷折肩壶 　　　　　　　　图八　白瓷盘

9. 白瓷执壶

1983年在建平县深井乡三元井村辽墓出土。灰白胎，胎质细腻，通体施白釉，釉色均匀，白中泛青，晶莹光亮。管状直口，溜肩，圆腹，矮圈足，龙首流，扁柄，肩腹界凸起一棱。口径3.5、高22.9、底径8.5厘米（图九）。

10. 白瓷碗

1983年在建平县深井乡三元井村辽墓出土。灰白胎较粗，腹部有数匝拉坯痕，通体施乳白釉，釉色不匀。侈口，圆唇，深腹，圈足底，内底有四处渣垫痕。口径17.8、高14.9、底径7.5厘米（图一〇）。

图九 白瓷执壶　　　　　　　　图一〇 白瓷碗

11. 白瓷双系葫芦壶

1985年在建平县三家乡嘎岔村辽墓出土。灰白胎,通体施白釉泛青,釉色不匀,施釉未至底,有流釉痕,圈足部位露胎,体呈葫芦形,小口微敛,折颈内收,圆腹,双系,圈足,平底。口径2.9、高12.5、底径6厘米(图一一)。

12. 白瓷葫芦瓶

1986年在建平县三家乡嘎岔村辽墓出土。灰白胎,通体施白釉泛青,釉色均匀,晶莹光亮。施釉未及底部,有流釉痕。小口,体呈葫芦形,圆腹,圈足,平底。口径2.9、高24.7、底径8.9厘米(图一二)。

图一一 白瓷双系葫芦壶　　　　　　图一二 白瓷葫芦瓶

13. 白瓷盘

1992年在建平县老官地乡嘎吉哈达辽墓出土。灰白胎,胎质细腻。通体施白釉,釉色均匀,晶莹光亮。平口折沿,斜折腹,矮圈足,平底,内底有四个支钉疤痕。口径15.3、高3.5、5.1厘米(图一三)。

14. 白瓷提梁鸡冠壶

1994年在建平县孤山子乡辽墓出土。灰白胎较粗，通体施白釉，釉色均匀，施釉未及底部，圈足部位露胎，有流釉痕。管状直口，环状提梁捏成鸡冠形，器身呈扁圆形，圈足。口径3.1、高26.7、底径8厘米（图一四）。

图一三 白瓷盘

图一四 白瓷提梁鸡冠壶

15. 白瓷执壶

1996年在建平县烧锅营子乡霍家地辽墓出土。灰白胎，胎质细腻，通体施白釉泛青，釉色均匀，晶莹光亮。施釉未至圈足底，有流釉痕。平口微侈，执柄扁平边缘起棱，短流，广肩，圆腹，圈足，有盖，盖呈塔形。口径5.5、高21.9、底径9厘米（图一五）。

16. 白瓷长颈瓶

1996年在建平县烧锅营子乡霍家地辽墓出土。灰白胎，通体施白釉泛青，釉色均匀，施釉未至圈足底，有流釉痕。喇叭口，细长颈，广肩，斜腹内收，平底。口径2.7、高9、底径4.4厘米（图一六）。

图一五 白瓷执壶

图一六 白瓷长颈瓶

17. 白瓷葫芦瓶

1996年在建平县烧锅营子霍家地辽墓出土。灰白胎，通体施白釉泛青，釉色均匀，施釉及圈足底，有流釉痕。小口内凹，体呈葫芦形，圈足。口径1、高7.3、底径2.9厘米（图一七）。

18. 白瓷罐

建平县五十家子乡房申地辽墓出土，时间不详。灰白胎，质较粗，通体施白釉泛青，釉色均匀。圆唇，直口，广肩，圆腹，平底。口径12.4、高15.4、底径9.5厘米（图一八）。

图一七　白瓷葫芦瓶　　　　　　　图一八　白瓷罐

19. 白瓷狻猊炉

建平县义成功乡老四家子村出土，时间不详，狻猊为狮子的别称。灰白胎，胎质细腻，釉色均匀，晶莹光亮。狮子蹲在覆莲圆座上，昂首张口，怒目前视，颈系串铃，造型端正，神态威猛。右前足抬起，足下有一幼狮。炉体缺失。高5.8厘米（图一九）。

20. 白瓷盏托

建平县烧锅营子乡霍家地辽墓出土，时间不详，灰白胎，胎质细腻，通体白釉，釉色晶莹光亮。盏为五曲花式口，圆唇，深腹，腹体亦为五曲形，短圈足，小平底。盏呈高足盘形，盏中部雕莲花座，凸弦纹盏托，底微凸，足外撇。盏口径8.7、高3.7、底径3.5厘米，盏口径15、高3.8、底径8.5厘米（图二〇）。此件白瓷盏托应是辽白瓷中的上品。

21. 白瓷执壶

建平县白家洼乡扣乌素村小木鸣素屯辽墓出土，时间不详。灰白胎，通体施白釉至圈足底外侧，底露胎，有流釉痕。侈口，圆唇，长颈，短直流，扁平环形柄外侧凸包饰坚道草叶纹并有绿色窑变。弧腹，下腹内收，圈足外撇，底外凸。口径7.5、高23、底径6.1厘米（图二一）。

图一九　白瓷狻猊炉　　　　　　　图二〇　白瓷盏托

22. 白瓷提梁鸡冠壶

建平县老官地乡嘎吉哈达村辽墓出土，时间不详。灰白胎，胎质较粗。挂白粉衣，通体施白釉泛青，釉色不匀，有流釉痕。管状口，高鸡冠形环梁，两侧各饰7个乳钉。扁圆腹，口沿及腹下部两面均饰"流苏状"条纹，另一侧则饰"猎叉形"纹饰。圆足外撇，平底外凸。口径2.2、高32.8、底径9.8厘米（图二二）。

图二一　白瓷执壶　　　　　　　图二二　白瓷提梁鸡冠壶

23. 白瓷盘

建平县惠州乡辽墓出土，时间不详。灰白胎，胎质细腻，晶莹光亮。通体施白釉泛青。敞口，内曲壁，折腹，矮圈足，平底。内底剔划两只水鸟戏水及花草图案。口径21.2、高4.5、底径7厘米（图二三）。

24. 白瓷碗

建平县惠州乡辽墓出土，时间不详。灰白胎，胎较薄，胎质细腻。通体施乳白釉泛青，晶莹光亮。五曲花式口，敞口，斜腹，矮圈足，平底。碗内底刻花草图案，外壁有轮制弦纹数道。口径22.4、高7.3、底径7.1厘米（图二四）。

图二三　白瓷盘　　　　　　　　图二四　白瓷碗

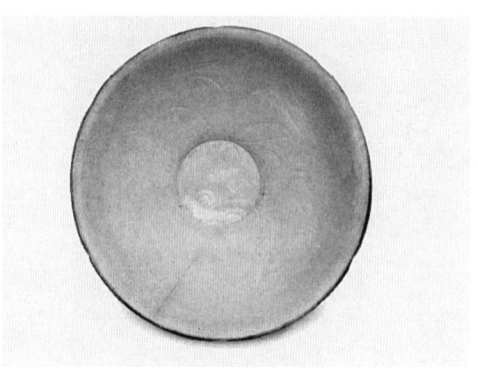

25. 白瓷碗

建平县三家乡嘎岔村辽墓出土，时间不详。灰白胎，胎质细腻。通体施乳白釉，足根露胎，有流釉痕。敞口呈五曲花瓣形，深腹，圈足，平底。内划折枝荷花，外壁刻划两朵对称荷花。口径24.5、高9、底径10.5厘米（图二五）。

二、征集的辽代白瓷器

1. 白瓷长颈瓶

1985年在建平县万寿乡征集入藏，出土时间与地点不详。灰白胎，通体施白釉泛青，釉色不匀，有流釉痕，近圈足底均未施釉。敞口，圆唇，细长颈，广肩，肩部饰两匝凹弦纹，椭圆形长腹，圈足底。口径8.8、高34.1、底径7.7厘米（图二六）。

图二五　白瓷碗　　　　　　　　图二六　白瓷长颈瓶

2. 白瓷碗

1985年建平县万寿乡大坤沟征集入藏，出土时间与地点不详。灰白胎，通体施白釉泛青，釉色均匀，施釉不及圈足底，有流釉痕，敞口呈十二曲花瓣，深腹，内底有四点支钉痕，圈足。口径20.1、高8.7、底径8.2厘米（图二七）。

3. 白瓷葫芦形执壶

2012年建平县万寿乡大阪沟征集入藏，出土时间与地点不详。灰白胎，胎质细腻，通体施白釉泛青，釉色均匀，晶莹光亮。施釉未及圈足底，有流釉痕。小口圆唇，短流，扁平执柄，圆腹，圈足底。口径3、高20.8、底径5.5厘米（图二八）。

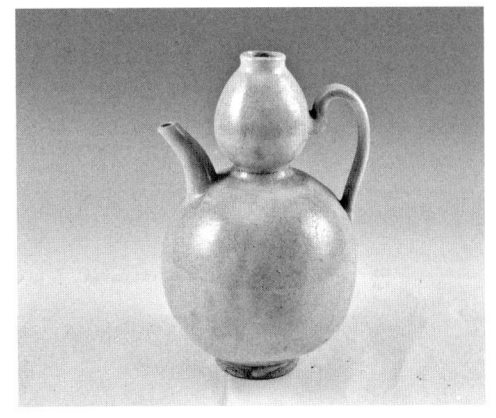

图二七　白瓷碗

图二八　白瓷葫芦形执壶

4. 白瓷提梁鸡冠壶

建平县八家农场征集入藏，出土时间与地点不详。灰白胎，通体施白釉泛青，釉色均匀，圈足底未施釉。有流釉痕。管状口，环提梁，扁平腹，从管状口到底部有一匝凸棱，分别绕壶体引起两条棱线，并于管状口侧面中间引起一条竖直棱线，圈足底。口径3.1、高25.4、底径8厘米（图二九）。

5. 白瓷双系壶

建平县青松岭乡派出所移交入藏，出土时间与地点不详。灰白胎较粗，器壁较厚，通体施白釉泛青，腹下部及圈足未施釉，有流釉痕。小口略侈，肩部有两个对称小桥状耳，圆腹，圈足外侈。口径3.5、高17.2、底径5.8厘米（图三〇）。

图二九　白瓷提梁鸡冠壶

图三〇　白瓷双系壶

6. 白瓷长颈瓶

建平县老建平镇惠州村征集入藏，出土时间与地点不详。灰白胎，胎质细腻，通体施釉，釉色白中泛青，晶莹光亮，侈口卷唇，细长颈，椭圆形腹，圈足。口径5、高25.4、底径5.8厘米（图三一）。

7. 白瓷提梁鸡冠壶

建平县老建平镇征集入藏，出土时间与地点不详。灰白胎，胎质较粗，挂白粉衣。通体施白釉泛青，釉色不匀，有流釉痕。管状口，高鸡冠形环梁，两侧各饰有5个乳钉。扁圆腹，口沿及腹下部两面均饰"流苏状"条纹，另一侧饰"猎叉形"纹饰，圈足外撇，平底外凸。口径4.2、高3.8、底径10.8厘米（图三二）。

图三一 白瓷长颈瓶

图三二 白瓷提梁鸡冠壶

8. 白瓷折肩罐

建平县青松岭乡派出所移交入藏，出土时间与地点不详。灰白胎，胎质粗厚，通体施白釉泛青，釉色均匀，施釉未及圈足底，有流釉痕。直口，圆唇，短颈，折肩，椭圆形腹，圈足。口径4.5、高7.2、底径2.4厘米（图三三）。

9. 白瓷注壶

建平县三家乡五十家子村征集入藏，出土时间与地点不详。灰白胎，通体施白釉，釉色不匀。侈口，圆唇，长颈，短直流，扁平环形柄，弧腹，下腹内收，圈足外撇，底外凸。口径5.6、高8.5、底径5.5厘米（图三四）。

三、几点认识

1）建平县博物馆藏的辽代白瓷器，不仅数量多。而且品种齐全，这在中国北方诸省区中的县（区）级博物馆的藏品中是首屈一指的。我们遴选出了34件白瓷精品发表，以供辽瓷研究者参考利用，以期推动有关辽代白瓷研究的进一步深入。

2）建平县博物馆藏辽代白瓷器的窑口，基本上可以分为两类，一类诸如图二〇的

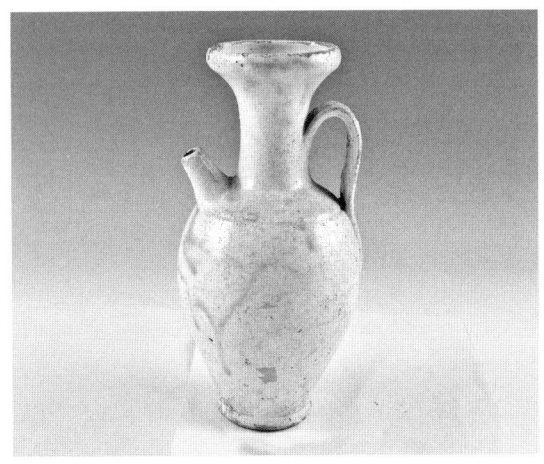

图三三　白瓷折肩罐　　　　　　图三四　白瓷注壶

白瓷盏托、图二三的白瓷盘等少数几件可能是定窑白瓷，其他绝大多数应当是内蒙古自治区赤峰市缸瓦窑的产品。

3）馆藏的一件白瓷狻猊炉比较重要，与朝阳北塔出土的一件白瓷狻猊炉相似[1]。狻猊是狮子的别称，是佛教用品，流行于晚唐五代及宋辽时期。这件白瓷狻猊炉或许是在辽塔地塔地宫里和寺庙遗址中出土的。

4）馆藏的一件白瓷龙首执壶（图九），弥足珍贵，目前所知，仅在内蒙古自治区赤峰敖汉旗出土过相似的一件[2]，为辽白瓷研究增加了新资料。

5）有关白瓷唾盂的命名目前有两种名称，一为唾盂[3]，一为渣斗[4]，笔者认为还是称唾盂较为贴切。

6）在查阅对比资料时，笔者注意到，关于壶与瓶的定名，还有执壶与注壶的界定，都存在含混不清的现象，例子很多，恕不详举。笔者认为，器物定名，应科学规范，不可随意为之。

（张　微　建平县博物馆）

1　张海莉：《浅析朝阳北塔出土辽代白瓷器》，《辽金历史与考古（第十一辑）》，科学出版社，2020年，第301页图1。
2　邵国田主编：《敖汉文物精华》，内蒙古文化出版社，2004年，第135页。
3　刘冰主编：《赤峰博物馆文物典藏》，远方出版社，2007年，第145页。
4　刘增军主编：《翁牛特旗文物选粹》，内蒙古出版集团、内蒙古文化出版社，2012年，第110、111页。

文物研究

阜新地区出土的鸡冠壶

刘 梓

内容提要：定居在辽朝境内的契丹族、汉族和其他民族的工匠共同创造了独具特色的草原文化。作为辽瓷中的鸡冠壶，其造型与生活息息相关，反映出契丹人的文化特点，鸡冠壶作为代表性器物成为辽瓷中的特色。相信随着对鸡冠壶研究的更加深入，必将使我们对辽代契丹族的社会生活和文化面貌的认识有一个全新的提高。

关键词：鸡冠壶　类型　演变

契丹族是生活在我国北方草原上的古老民族，4～9世纪在辽河上游西拉木伦河和老哈河流域过着游牧生活，它所建立的辽朝在中国历史上占有重要地位。契丹族和中国历史上许多骑马民族建立的政权一样，吸纳和融合了周边地区的艺术和文化，916年开始到1125年灭亡，辽朝历时二百多年，定居在辽朝境内的契丹族、汉族和其他民族的工匠共同创造了独具特色的草原文化，作为辽瓷中的鸡冠壶，其造型与生活息息相关，实用性较强。

一、鸡冠壶的命名及类型

鸡冠壶的名称于20世纪30年代在我国北方逐渐见于文字报道。辽代鸡冠壶，又称皮囊壶。因置于器物顶端用以穿绳的系部酷似雄鸡的羽冠，20世纪30年代著名考古学者李文信先生形象地命名其为鸡冠壶，这种造型来源于草原上骑马民族所使用的皮囊器。当时的契丹民族过着"转徙为时，车马为家"的生活，就地取材，用皮革来制作贮水、蓄酒的容器，由皮囊容器转化到仿皮囊器的鸡冠壶经历了一个较为复杂的演变过程，有着皮囊器诸多装饰特征的鸡冠壶，自身模式也是有很多变化的。李文信和朱子方两位先生曾撰文进行研究，他们将鸡冠壶分为五种类型，至今仍是进一步研究鸡冠壶的重要基础。近些年来，国内外有大批专家学者对鸡冠壶的类型及分期提出了许多独到见解，出版多种研究和介绍鸡冠壶的专著，但都没有突破李文信先生的观点。本文在原有研究的基础上，以历年来发表的考古发掘资料作为依据，对阜新地区出土的鸡冠壶进行一次初步的探讨。

对出土的考古资料中鸡冠壶的形制和纹饰等特点进行分析，可以把鸡冠壶分为六大类型。

第一个类型是矮身横梁式。它的基本特征是矮身、平底、管口，壶体圆形，上有横曲梁，形似马镫，也称马镫壶。壶身上有仿皮袋的缝合线，有贴皮条花状装饰，瓷胎挂白釉。

第二个类型是扁身单孔式。它的基本特征是壶身上扁下圆，肥身，有平底、圈足两种，管状口，上有鸡冠状单孔耳，身上有凸起状缝合线，有陶、瓷胎及挂各种釉色。

第三个类型是扁身双孔式。它的基本特征是扁身，壶体较高而上宽，有平底、圈足两种，短管口，上有双孔，有的有壶盖，上部为马鞍状双孔耳，有的贴浮起牡丹花纹或云龙纹，在上端双孔加塑人物小像，周围有仿皮袋缝线针迹，多陶质挂黄、绿釉。

第四个类型是扁身圆环梁式。它的特征是壶身上部较宽扁，下近圆，圈足，管状口，半环式圆提梁，有仿皮条形缝合装饰，有的刻划花纹，陶质挂白釉。

第五个类型是扁身环梁式。特点是壶身上部扁长，下圆，圈足，管状口，多皮绳或皮环状提梁，两侧有多条下垂的皮条、皮扣装饰，陶质挂白釉。

第六个类型是圆身环梁式。壶身高而下圆，圈足，管状口细高，提梁上多加指捏纹，多为单色釉陶器，无任何装饰，陶质挂黄、绿釉（图一）。

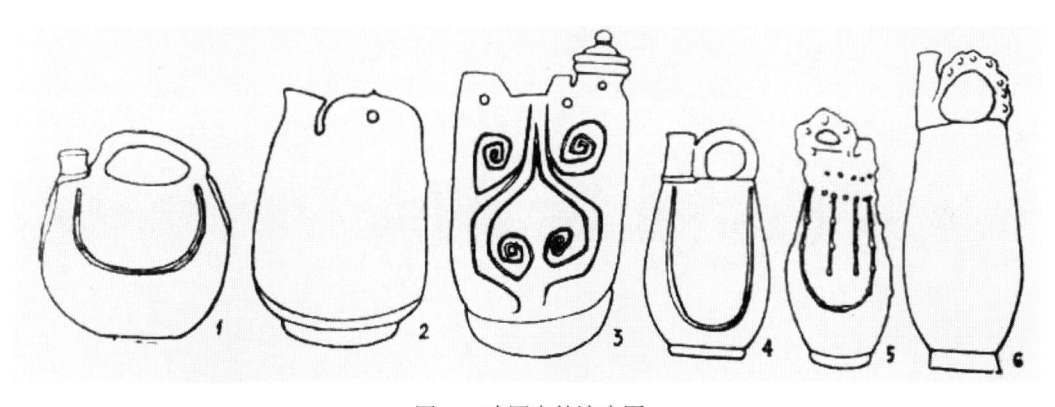

图一 鸡冠壶的演变图

二、阜新地区出土的鸡冠壶

据史料记载，阜新地区是契丹族的故地，在辽代曾隶属上京道、东京道和中京道管辖，是契丹族主要活动区域，保存着丰富的辽代遗存，近半个世纪以来，阜新地区现已发掘了数十座辽墓，有阜蒙县白玉都辽墓、七家子辽墓、海力板辽墓、彰武县朝阳沟辽墓、大四家子乡辽墓、细河区水泉乡五家子辽墓、清河门西山辽墓等。辽墓中出土了大量文物，其中鸡冠壶为代表性器物，是辽瓷中最具特色的器物。这些鸡冠壶的出土，为研究阜新地区辽代的历史文化提供了翔实的资料。鸡冠壶的年代判断是依据现有考古发掘整理资料中鸡冠壶的埋葬年代和同期中其他出土文物年代。事物的发展是有一定演变过程的，各类鸡冠壶之间的变化也是相互影响的。阜新地区出土的鸡冠壶涵盖了辽代鸡冠壶的各个时期各种类型，早期器型敦实，中期壶身增高，晚期挺拔俊秀。

矮身横梁式鸡冠壶。1980年阜蒙县白玉都辽墓[1]出土，高17.9、口径3.6、腹径14.8、底径8.3厘米。通体施白釉，釉中泛青。管状口，上腹扁平，下腹鼓胀，呈皮囊状，平底。在管状注口的基部绕以棱线，由此引起一根凸棱线，分别在器腹两侧呈皮带条装饰，连接到弓形横梁的末端（图二）。该墓结构与辽宁法库前山发现有纪年的辽代砖墓的结构形式有相似之处，随葬品中生活用具比较多，明器较少，该墓的年代为辽代早期。

1987年阜蒙县旧庙镇海力板村辽墓[2]出土，高28、口径4.3、底径9.6厘米。瓷胎显乳黄色，釉中泛青，制作粗陋，管状口，环提梁，上腹扁平，下腹鼓胀，呈皮囊状，在管状口的基部绕以印有圆圈纹的棱线，底部刻划"同心"二字（图三）。该墓的相对年代与1954年前热河省赤峰县大营子村发掘的辽穆宗应历九年驸马赠卫国王墓[3]的年代相当，或许略早。这两件鸡冠壶略晚于白玉都辽墓出土的鸡冠壶，环梁弧度变大，为界定辽代早期提梁鸡冠壶提供了实物范例。

图二　矮身横梁式鸡冠壶　　　　图三　矮身环梁式鸡冠壶

矮身横梁式鸡冠壶为辽代早期鸡冠壶。造型特点适合马背民族的游牧生活，器体矮扁敦厚，制作规整，形态原始，装饰朴素，肩部有弧形提梁方便执握，腹部有装饰仿皮条缝合的痕迹。

扁身单孔式鸡冠壶。1982年阜蒙县卧凤沟乡七家子辽墓[4]出土，高29、底径12.3、腹围22.9厘米，灰白色胎，乳白釉，椭圆形小直口，周围有十二枚针脚纹，中间有一

1　袁海波：《阜新辽金史研究（第一辑）》，新天出版社，1992年，第118页。
2　辽宁省文物考古研究所：《阜新海力板辽墓》，《阜新辽金史研究（第一辑）》，新天出版社，1992年，第138页。
3　前热河省博物馆筹备组：《赤峰县大营子辽墓发掘报告》，《考古学报》1956年第3期，第1页。
4　赵振生、白洁：《辽宁阜新地区契丹辽墓的清理》，《阜新辽金史研究（第三辑）》，新天出版社，1997年，第151页。

穿孔，壶身上扁下圆，肥身平底，从管状口引出一条凸棱线，分左右环绕腹下，一面颈部和腹下各有一扁环状鼻（图四）。七家子辽墓出土的鸡冠壶与1954年原热河省赤峰县大营子村发掘的辽穆宗应历九年驸马赠卫国王墓的鸡冠壶相似，七家子辽墓时间应在辽穆宗时期。

1999年彰武朝阳沟辽墓出土，高24、口径3.8、底径11.2厘米，为单孔扁身式。粉红胎，胎土较细，火候低。通体施绿釉，仅圈足底显露粉白胎，有细开片，釉色不一，有的部位显黄绿色或绿中泛黄。管状口，舌状单孔，上腹扁平，下腹圆鼓，具备皮囊的形态，有四个较大的平面。从管状注口引出一条凸棱线在近底处分左右两条环绕腹下，表现出皮革缝结的原始形态。

图四 白釉扁身单孔鸡冠壶

穿孔式鸡冠壶是契丹族固有的样式，属于鸡冠壶的另一个序列。扁身单孔式鸡冠壶为辽代早期鸡冠壶。头部像雄鸡的羽冠而得名，中间有一圆穿孔，腹身为等腰三角形，不同于矮身横梁鸡冠壶，它更加适于马背上，便于固定。

扁身双孔式鸡冠壶。1989年彰武县后新秋镇东平村辽墓[5]出土，高28、口径6.4、腹径18.4、底径10.4厘米。红陶胎，挂白粉，通体施绿釉，短管口，腹扁圆，凹底，壶上马鞍部有两孔，腹两侧划卷草纹，器身外侧有皮条饰痕。这件鸡冠壶与朝阳辽代耿延毅墓所随葬的鸡冠壶相似。此墓出土的鸡冠壶，源于皮囊式，为双孔驼峰马鞍形，身划卷草纹，有辽中期的特点[6]。彰武后新秋镇东平村辽墓入葬的时间在辽圣宗之际。该墓为辽代中期墓葬。

1995年彰武大四家子乡胜利村高成窝堡辽墓[7]出土，高29.4、口径5.5厘米，红陶胎，胎质细腻，卷唇，短管口，马鞍状双孔鼻，椭圆形微内凹底，体侧塑贴皮条状饰，壶身两面划卷草纹，构图自然，线条简练。通体施绿釉，莹润光亮（图五）。这件鸡冠壶与建平县张家辽墓出土的扁身双穿鸡冠壶形制相同，属辽中期器物。

图五 绿釉双孔鸡冠壶
（图片来源 彰武县博物馆提供）

扁身双孔式鸡冠壶为辽代中期器物。鸡冠壶由单

---

5 刘俊玉、孙刚：《辽宁彰武县东平村辽墓发掘简报》，《阜新辽金史研究（第四辑）》，中国出版社，2000年，第191页。

6 冯恩学：《辽代鸡冠壶类型学探索》，《阜新辽金史研究（第三辑）》，中国出版社，1997年，第193页。

7 彰武县文物管理所：《彰武高成辽墓清理简报》，《阜新辽金史研究（第四辑）》，中国出版社，2000年，第193页。

孔向双孔转变，壶口一侧的小孔不断加大，和肩部另一侧的孔系大小相同，形状由鸡冠形向方形转变，壶身加长为长方体，侧面由之前的等腰三角形变成长方形。

扁身圆环梁式鸡冠壶。1949年清河门西山村辽墓一号墓"佐移离毕肖相公"墓[8]出土两件白瓷鸡冠壶，上部宽扁，下近圆，有仿皮条形缝合装饰，圈足，管状注，半圆式圆提梁。瓷质，挂白釉。墓内遗物经人捣毁零乱满地，墓志铭亦被击成数块，瓷器均碎，但可复原。

辽代中期契丹人的生活方式发生变化，高身提梁壶适合放在家中供人们使用，扁身圆环梁式鸡冠壶随之出现，提梁发生了改变。

扁身环梁式鸡冠壶。1993年彰武福兴地乡大沙力土辽墓[9]出土，高31.4、腹径16.4、底径9.8厘米。壶身加长，绳状提梁，管状口，扁颈，鼓腹，矮圈足。

同时出土一件白釉绿彩捏环提梁鸡冠壶，高29.5、腹径14.2、底径10厘米。皮环状扁提梁，管状口。扁颈、鼓腹、矮圈足、乳白釉，釉不到底。通体对称，壶身饰六道皮条式垂饰，提梁和壶颈上贴塑圆形扣饰，皮条与扣饰上加施绿彩。

1983年阜蒙县佛寺镇出土。高29.7、口径3、腹径14.1、底径9.5厘米。绳状环梁，垂腹，圈足，器身做仿皮条装饰，施绿釉不及底（图六）。

图六　绿釉绳索式提梁鸡冠壶

辽代中晚期，扁身环梁鸡冠壶大量出现。提梁发生了很大的变化，出现了折梁式和绳梁式鸡冠壶。折梁式鸡冠壶的肩部平扁，腹部丰圆，壶身多贴塑仿皮条、皮页和皮扣的痕迹。绳梁式鸡冠壶的壶体造型和折梁式基本一致，也有仿皮条、皮扣等装饰，弧形绳梁是其最突出的特征。

圆身环梁鸡冠壶。1998年阜新市细河区水泉乡五家子辽墓[10]出土。高23.6、腹径11.1、底径7.4厘米。管状直口，环状提梁，垂腹，圈足，施墨绿釉不及底，釉色不均匀，有气泡（图七）。此壶与锦西西孤山辽大安五年（1089）辽肖孝忠墓[11]出土的鸡冠壶相似，五家子辽墓是辽代道宗时期的墓葬。

1949年清河门西山村辽墓二号墓[12]出土两件绿釉鸡冠壶。

图七　圆身环梁鸡冠壶

8　李文信：《清河门西山村辽墓发掘报告》，《阜新辽金史研究（第一辑）》，新天出版社，1992年，第111页。

9　张春宇、刘俊玉、孙杰著：《彰武县文物志》，辽宁民族出版社，1996年，第217页。

10　赵振生、白洁：《辽宁阜新地区契丹辽墓的清理》，《阜新辽金史研究（第三辑）》，中国出版社，2000年，第153页。

11　赵振生、白洁：《辽宁阜新地区契丹辽墓的清理》，《阜新辽金史研究（第三辑）》，中国出版社，2000年，第154页。

12　李文信：《清河门西山村辽墓发掘报告》，《阜新辽金史研究（第一辑）》，新天出版社，1992年，第112页。

壶身高而下圆，圈足，管状注细高，提梁为指捏纹，壶身无任何花纹装饰，挂黄、绿釉。墓内遗物经人为破坏，遗物散乱不全，瓷器均碎，但可复原。

辽代晚期，提梁上出现指捏纹饰，高身提梁式鸡冠壶仍然在契丹族日常饮食生活中占据主流地位，甚至在辽王朝灭亡以后，这种壶式并没有骤然消亡。

三、鸡冠壶的样式变化

吸附皮囊器诸多特征的鸡冠壶，其自身的样式也是变化不一，按其造型的演变大体可以分为提梁和穿孔两个序列。结合阜新地区出土的鸡冠壶，探讨各式鸡冠壶的序列变化过程。

矮身横梁式、扁身环梁式、圆身环梁式三者都有一个横梁，称为提梁壶更为贴切，它们应为一个序列。目前，辽代最早的纪年墓是葬于辽太宗会同四年（941）的耶律羽之墓[13]，墓葬中出土了两件白釉和两件褐釉鸡冠壶，为界定辽代早期提梁鸡冠壶的样式提供了典型范例。提梁式鸡冠壶序列最早起源可以追溯到唐代的皮囊壶。从造型、胎质、釉色等多方面观察，矮身横梁式鸡冠壶极具唐白瓷的特点。矮身横梁鸡冠壶是最早的一种类型，阎万章先生指出："此种器式的渊源较早，辽墓虽无明确的出土例，其年代确定于早期似无疑问。"近年来，在辽宁阜新海力板辽墓出土的矮身横梁鸡冠壶成为珍贵的实物资料，有力地佐证了这一观点。

扁身环梁式多为中晚期，这个序列从扁身环梁式到圆身环梁式演变迹象较为清晰。此式整体仍为扁体，壶体变高，管状的壶口及提梁均有加长，器腹也由早期的扁形演变为圆形，器物底部增加了圈足。提梁由半环状变为皮绳或皮环状，这是由扁身圆环梁式演变的痕迹。在纹饰方面，它不再是墨守仿皮条的缝合装饰，而发展成全身从颈到腹饰以多条下垂的皮条带扣装饰。扁身环梁鸡冠壶。1993年彰武福兴地乡大沙力土辽墓出土白釉绳状提梁鸡冠壶，同时出土白釉绿彩捏环提梁鸡冠壶。

圆身环梁式年代最晚，壶身逐渐变高，环梁把手变长加高，出现手捏或雕塑环梁装饰手法等。《辽瓷选集》一书收录的一件及由日本平凡出版社出版的《辽宁陶瓷》一书中的图版35收录的一件。其管状口及提梁几乎等高，通体修长。上腹呈扁平，下腹渐圆鼓，矮圈足。壶体上的仿皮条缝合装饰已消失。清河门第二号墓出土的鸡冠壶为此式代表[14]。根据纪年辽墓所知，在锦西西孤山发现的辽道宗大安五年（1089）的萧孝忠墓出土两件黄釉圆身环梁式鸡冠壶，该墓距辽亡1125年仅差36年[15]。这时期的鸡冠壶已经接近尾声。

与提梁式鸡冠壶并行的另一种形式是穿孔鸡冠壶。纪年辽墓里单孔扁身鸡冠壶最早

---

13 齐晓光：《内蒙古发现契丹皇族耶律羽之墓》，《中国文物报》1993年。

14 梁淑琴：《辽代鸡冠壶的类型、编年及演变》，《辽宁省博物馆学术论文集（第一辑）》，辽宁省博物馆出版，1985年，第596页。

15 赵振生、白洁：《辽宁阜新地区契丹辽墓的清理》，《阜新辽金史研究（第三辑）》，新天出版社，1997年，第153页。

见于赤峰大营子辽驸马墓[16]。早年流传到日本的两件，在鸡冠状单孔外侧鸡嘴形凸瘤，惟妙惟肖十分逼真，最能反映出鸡冠壶的特点。单孔鸡冠壶为早期，腹部丰满，底部平坦为椭圆，壶体的曲线依附于马背，细高的管状口防止液体外流，壶身上的单孔用于穿绳便于固定在马背上，这是辽代早期的一种形式。1999年彰武朝阳沟辽墓出土单孔绿釉鸡冠壶，高23.5、口径3.3、底径10厘米。管状口，舌状单孔，上腹扁平，下腹圆鼓，具备皮囊的形态，有四个较大的平面。从管状注口处引出一条凸棱线在近底处分左右两条环绕腹下，表现出皮革缝结的原始形态。

之后出现双孔鸡冠壶，即在细高壶流一侧增加一个孔系，用于穿入锁链，其中一端扎系在壶盖上，起到加固的作用。在由单孔向双孔过渡阶段的鸡冠壶的壶体有所改变，即扁身周面是四个面，侧面由等腰三角形过渡到长方形，壶身的近底部由扁方渐变成圆形，耳孔由一个变成两个。壶身前后由素面变为加划纹饰，也有加塑贴的。这就是辽中期鸡冠壶的形式。在已知考古发掘资料中，在彰武大四家子乡胜利村高成窝堡辽墓出土绿釉划卷草纹鸡冠壶是年代最晚的一例[17]，自此以后，这个序列的鸡冠壶在辽墓里逐渐销声匿迹。

辽代早期契丹人是以游牧生活为主，辽代中期是鸡冠壶的繁盛阶段，形式变化活跃，注重装饰，各部位造型富于变化。壶体变高，管状口及提梁加长，器物的腹部也由早期的扁形演变成圆形，器物的底部增加了圈足。这种造型的转变同契丹人生活方式有关，辽代晚期是鸡冠壶的衰落阶段，整个鸡冠壶式样的尾声是圆身环梁式鸡冠壶，提梁为指捏纹，管状注口和提梁等高，壶体上仿皮条缝合装饰完全消失，由于契丹人的游牧生活日益减少，鸡冠壶也随之消失，最终退出历史舞台。

四、结　语

综上所述，六类鸡冠壶既有自身特点，也兼容并举，一种新式样的出现并不能说明旧样式的消失，关系是复杂错综的。

鸡冠壶是辽瓷中最具代表性又最重要的品种，外施透明釉，经历几百年仍靓丽如初，让人赞叹。成双成对保存下来，殊为难得，它是民族文化之传承的代言，是中华文化又一丰富的体现，它反映出契丹人的文化特点，使之成为我国古代丰富多彩的陶瓷领域中的一个面，相信随着对鸡冠壶研究的深入，必将会使我们对于辽代契丹族的社会生活和文化面貌的认识有一个全新的提高。辽瓷不仅在中国陶瓷史上占有重要的地位，也因其凝聚着马背民族独特的创造力，为北方骑马文化的综合研究提供重要资料。

（刘　梓　阜新市博物馆）

16　前热河省博物馆筹备组：《赤峰县大营子辽墓发掘报告》，《考古学报》1956年第3期，第15页。
17　张春宇、刘俊玉、孙杰著：《彰武县文物志》，辽宁民族出版社，1996年，第220页。

渊源有自

——浅谈"鸡冠壶"的器型

王亚平　赵　科

内容提要："鸡冠壶"是辽代最具特色的器物，有"单孔式"、"双孔式"和"提梁式"三种造型。统称为"鸡冠壶"的同时，三种造型又各称"马盂"、"皮囊壶"和"马镫壶"，表明三种器型各有渊源。本文认为单孔式鸡冠壶源于东胡民族使用木器的传统，应为契丹人创造的器型；双孔式鸡冠壶源于包括契丹人在内的北方游牧民族皮制品传统；"马镫壶"应源于波斯，唐代由西亚传入中原，再辗转传入辽地。三种造型的鸡冠壶曾在辽地长期流行并相互交叉影响。

关键词：辽代　鸡冠壶　造型

"鸡冠壶"是辽代最具契丹民族特色的陶瓷器。"鸡冠壶"一名是研究者对"单孔式"、"双孔式"和"提梁式"三种造型各异，但功能相近器物的统称。自1908年鸟居龙藏在林西县发现第一件鸡冠壶开始，很长一段时间三种器型各得其名，当时称出土的黄绿提梁式鸡冠壶为"提瓶"[1]。1937年岛田贞彦在《满洲国出土的所谓鸡冠壶》中注意到了器型差异，将单孔式和提梁式分别称为鸡冠壶和马镫壶[2]，其"鸡冠壶"一名即采用民间对"壶体上端突出的鸡冠装饰正中留单系孔，一侧有管状流"的壶体造型的称谓。1958年李文信在《辽瓷简述》一文中首次将单孔、双孔、提梁三种造型器物统称为"鸡冠壶"[3]。自此，"鸡冠壶"作为约定俗成的器名被普遍采用。

从器型来看，鸡冠壶三种器形均不规整，不适于陶瓷器轮制，更适于手工或分两半模制后再拼合，显而易见是对其他材质器物的模仿，这一点也是鸡冠壶研究者的共识。本文尝试从三种器型与所仿器物原型的比较入手，浅析三种器型的不同来源。

1　鸟居龙藏：《石面雕刻之渤海人风俗与萨珊式胡瓶》，《燕京学报》1946年第30期；鳥居君子：《土俗学上より観たる蒙古》，東京：大鐙閣，1927年。
2　島田貞彦：《滿洲國出土の所謂雞冠壺に就いて》，《考古学》8卷1号，1937年第1期。
3　李文信：《辽瓷简述》，《文物参考资料》1958年第2期，第20页。

一、单孔式鸡冠壶的来源

单孔式鸡冠壶是最名副其实的造型，也是鸡冠壶所以得名的器型。单孔式鸡冠壶的基本形制为壶身下部浑圆，向上逐渐变得扁平，上部一侧为管状流，一侧为捏塑或磨制的鸡冠形装饰，鸡冠正中留单孔，应是作为穿绳携带的系孔。整体造型浑圆、挺拔，正面观察，器物宽度自下而上略有收分，但不明显。多位学者依据单孔式鸡冠壶的造型、功能及使用方式与《辽史·兵卫志》所载"马盂"的共性，称此造型鸡冠壶为"马盂"[4]，是颇有见地的。

考古发现的单孔鸡冠壶除陈国公主墓的木鸡冠壶外，均为陶或瓷制。因本文着力于讨论单孔鸡冠壶的器型来源，讨论对象自然仅涉及较早和器型较原始的器物。据信时代最早的单孔式鸡冠壶，当属科左后旗呼斯淖契丹墓出土的磨光黑陶鸡冠壶[5]，时代约为晚唐时期或契丹建国前后。稍晚的有属于契丹早期的赤峰市大营子辽驸马赠卫国王墓出土的白瓷鸡冠壶[6]。此外，可以纳入关于单孔式鸡冠壶器型来源讨论的，还有陈国公主墓出土的木质鸡冠壶。

呼斯淖墓出土3件手制磨光黑陶鸡冠壶，形制相同，壶体俯视呈椭圆形，侧面看上扁下圆，正面看下宽上窄，凹底，鸡冠中间有一穿孔。壶身一侧有一凹槽，槽上下各有一穿纽，另一侧只有凹槽，无纽（图一）。该器的形制很适合穿绳提系，安置在马上携带。

驸马墓出土了4件白瓷鸡冠壶，两两成对，一对平底，另一对有圈足。壶体俯视呈椭圆形，正面看平底的两件上下近于等宽（图二），圈足的两件下宽上窄（图三）。4件皆一侧为管状流，一侧装饰曲边鸡冠，中间留单孔。该组鸡冠壶据认为存在对呼斯淖墓出土黑陶磨光鸡冠壶的承袭关系[7]。

一种器物造型的产生受制于材料加工工艺的影响。就上述的陶瓷鸡冠壶来讲，创造一种陶瓷器型，以可以轮制为最优选择，所以陶瓷鸡冠壶定然是对其他材质"原型"器物的模仿，而非陶瓷工匠的创造。单孔鸡冠壶仿自何种"原型"，陈国公主墓出土的木质鸡冠壶给出了重要启示。

辽陈国公主墓中出土鸡冠壶仅存半面，复原可知形制为单孔，流呈方口，平底（图四），是先将木材破半挖成，再将两个半边黏结而成。壶身有打磨的痕迹，外表光洁[8]。更重要的是，陈国公主墓的鸡冠壶和呼斯淖墓的磨光黑陶鸡冠壶，形制近似，正面看下宽上窄，收分近似树木的自然收分率。陈国公主墓年代为辽代中期，虽然晚于呼斯淖墓的鸡冠壶，但从这件鸡冠壶的形状、收分率上都可以看出是保留了木材的原始状态，可以代表

---

4 玛希、张松柏：《马盂考》，《松州学刊》1987年第4-5期合刊；吉平：《浅说辽代马盂山》，《内蒙古文物考古》2004年第2期，第55～59页。

5 张柏忠：《科左后旗呼斯淖契丹墓》，《文物》1983年第9期，第18页。

6 前热河省博物馆筹备组：《赤峰县大营子辽墓发掘报告》，《考古学报》1956年第3期，第15、16页。

7 马沙：《论辽代鸡冠壶的分期演变及其相关问题》，《北方文物》2001年第1期，第30页。

8 内蒙古文物考古研究所：《辽陈国公主驸马合葬墓发掘简报》，《文物》1987年第11期，第14页。

渊源有自——浅谈"鸡冠壶"的器型

图一 科左后旗呼斯淖墓出土磨光黑陶鸡冠壶

图二 赤峰驸马墓出土平底鸡冠壶

图三 赤峰驸马墓出土圈足鸡冠壶

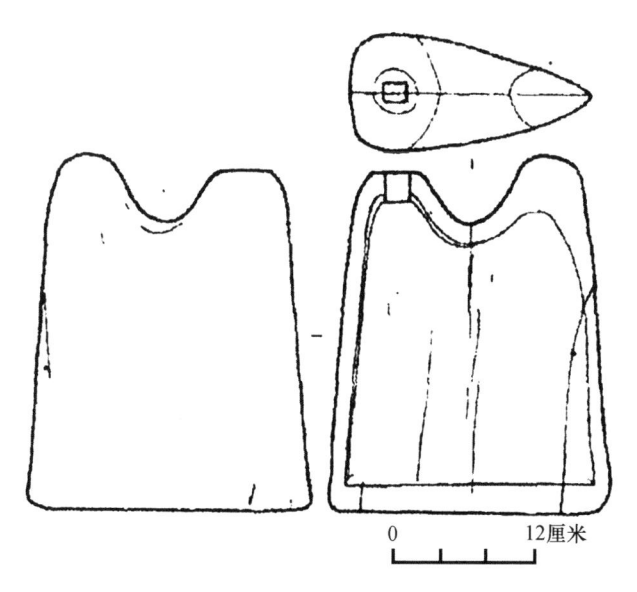

图四 陈国公主墓出土木鸡冠壶

木质鸡冠壶的更早形态。也就是说，呼斯淖墓的鸡冠壶一定是仿自器型类似的木鸡冠壶。反之，则不合器物演变规律。正如有学者认为的单孔式鸡冠壶可能脱胎于木质鸡冠壶[9]。

认识到单孔鸡冠壶的原型为木鸡冠壶，那这个原型又是哪个民族创造的呢？历史上的东胡系民族长期生活在木材资源丰富的大兴安岭边缘，自鲜卑到现在的蒙古族、达斡尔族人，素有用木材或桦树皮制作容器的传统。考虑到单孔式鸡冠壶只出现于晚唐和辽代契丹墓中，再结合随葬木鸡冠壶的陈国公主夫妇即为契丹人，综合分析，木质鸡冠壶最可能是由契丹人发明创造的。此外，据尚未发表的资料，察右后旗红格尔图乡和乌兰哈达乡契丹石板墓中也出土桦皮制的鸡冠壶[10]，皆为扁身单孔，也可视为契丹人创造此

---

9 冯恩学：《辽代鸡冠壶类型学探索》，《北方文物》1996年第4期，第40页。
10 杜承武：《契丹与阴山——读史札记》，《辽金史论集（第二辑）》，书目文献出版社，1987年，第134页。

二、双孔式鸡冠壶的来源

双孔式鸡冠壶仅见陶瓷制品，基本形制为壶体侧视上窄下宽，近等腰三角形。早期壶体丰满一些，后期趋向扁身。上部一侧紧靠流口有一孔，另一侧弧形凸起正中留一孔，故称为双孔式鸡冠壶。出土的双孔式鸡冠壶有内蒙古翁牛特旗广德公墓的绿釉鸡冠壶[11]（图五）、辽宁法库叶茂台M7的酱釉鸡冠壶[12]（图六）等，皆鼓腹平底，后者壶还饰有仿皮囊缝合线的痕迹，周边有针脚似的纹饰。上芦村墓还出土带圈足的双孔式鸡冠壶[13]。

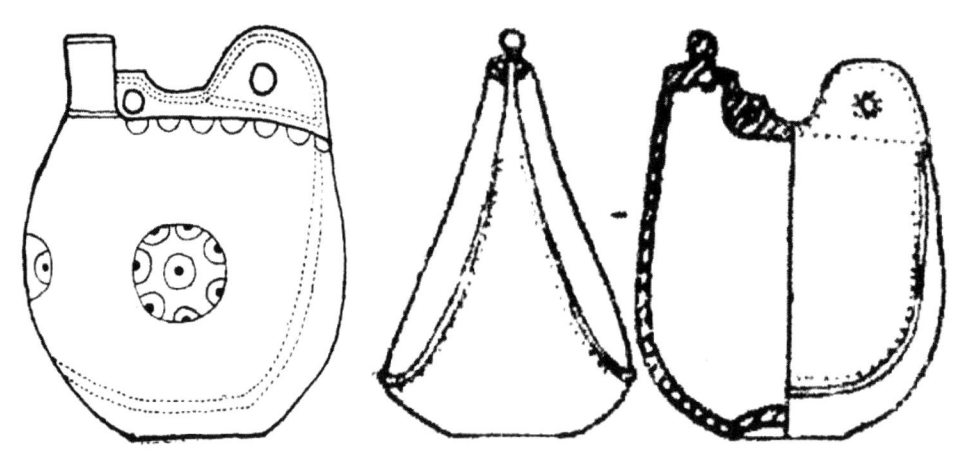

图五　翁牛特旗广德公墓出土双孔式鸡冠壶　　图六　叶茂台M7出土双孔式鸡冠壶

因为双孔鸡冠壶不仅造型类似皮囊，部分器物还有仿皮囊缝合线和针脚装饰，其仿皮制品原型的特征非常明显，又称为"皮囊壶"。双孔式仿制品是显而易见的，但究竟是哪个民族创造了这一造型，却由于皮制不易保存而没有直接证据，但线索还是有的。在哈萨克斯坦阿拉木图州扎姆贝勒地区别里克塔什Ⅰ号墓地M1中曾出土装饰有仿皮囊接缝纹的圜底陶器。该墓还伴出匈奴传统随葬品，后被认为是1～2世纪西迁的北匈奴的墓葬。这件陶器的发现反映出北方游牧区在东汉时期已出现在陶器制作中有意仿皮制品的做法，皮制容器自然早已流行。而直到晚近时期，蒙古人中仍然喜用皮囊盛装酒水，所以可以认为北方游牧民族素有使用皮囊制品的传统，只是各北方民族的"皮囊"形制未必一样。

遗憾的是，还没有直接证据展示历史上各北方游牧民族的皮囊样式，更无法确定这种双孔式皮囊形制由哪个民族创造，只能笼统地认为，双孔式鸡冠壶源于对包括契丹人

11　项春松：《内蒙古翁牛特旗辽代广德公墓》，《北方文物》1989年第4期，第43页。
12　辽宁省博物馆、辽宁铁岭地区文物组发掘小组：《法库叶茂台辽墓记略》，《文物》1975年第12期，第31页。
13　河北省博物馆、文物管理处：《河北迁安上芦村辽韩相墓》，《考古》1973年第5期，第278页。

在内的北方游牧民族使用的皮囊的模仿，而将"皮囊"陶瓷化为"皮囊壶"则毋庸置疑应归功于契丹人。

三、提梁式鸡冠壶的来源

提梁式鸡冠壶整体造型呈矮体，上扁下圆，一侧有直流，提梁多呈半环状。因半环提梁造型类似马镫的梁，又称"马镫壶"。与单孔式和双孔式的器体下宽上窄不同，提梁式鸡冠壶器型偏于浑圆。

辽地提梁式鸡冠壶最早的是出土于耶律羽之墓的白釉和褐釉器（图七），皆直流，半圆形提梁，扁圆腹，平底[14]。而形制相近的提梁式鸡冠壶早在唐代已有之，且数量还不少，比如西安开元天宝时期唐墓[15]、河北省邢窑遗址[16]、江苏南通[17]和扬州市[18]、河北省故城以及西安市东郊沙坡砖厂[19]均有发现。其中，后三件在提梁下壶体两侧还有模仿马鞍的模印幛泥巾络纹，所以也有称为"鞍形壶"的。此外，西安何家村唐代窖藏还发现银提梁壶（图八），即著名的舞马衔环仿皮囊银壶[20]。

关于提梁式鸡冠壶的起源，早有学者提出"横梁式鸡冠壶则很可能是源于中西亚或阿拉伯地区的皮囊容器"[21]。当时这一观点还没有直接证据，后来，在2002年西安南郊

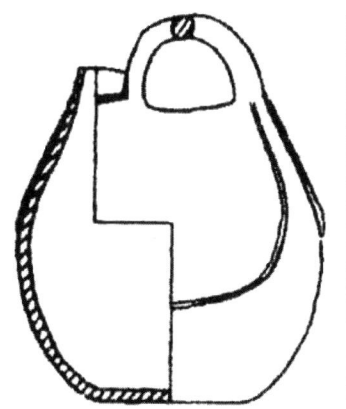

图七　耶律羽之墓出土提梁式鸡冠壶　　　图八　何家村窖藏出土银提梁壶

14　内蒙古文物考古研究所、赤峰市博物馆、阿鲁科尔沁旗文物管理所：《辽耶律羽之墓发掘简报》，《文物》1996年第1期，第24～26页。
15　李知宴：《唐代瓷窑概况与唐瓷的分期》，《文物》1972年第3期，第34～48页。
16　河北临城邢瓷研制小组：《唐代邢窑遗址调查报告》，《文物》1981年第9期，第39页。
17　李红军：《辽代陶瓷鉴定与鉴赏》，江西美术出版社，2003年，第82页。
18　中国社会科学院考古研究所、南京博物院、扬州市文化局（扬州城考古队）：《江苏扬州市文化宫唐代建筑基址发掘简报》，《考古》1994年第5期，第419页。
19　杨俊艳：《出土唐代白瓷皮囊壶》，《收藏》2018年第3期，第156、157页。
20　陕西省博物馆革委会写作小组：《西安南郊何家村发现唐代窖藏文物》，《文物》1972年第1期，第31页。
21　李红军：《辽代陶瓷鉴定与鉴赏》，江西美术出版社，2003年，第89页。

唐墓出土的一件三彩载物骆驼俑进一步证实了这一观点。该骆驼俑上即有一件马镫壶，和其他生活器具一起拴挂于驼峰之间。壶身两侧各有一条表现皮革制品缝合的凸起线（图九）[22]。当然，该俑表现的提梁壶无法判断是何种材质。但我们可以据此推测，提梁式鸡冠壶的原型应最早出现于中亚或波斯地区，也是皮制品，后又出现了金属仿制的提梁壶。经丝路胡商传入唐地以后，流行以瓷器仿制并增加了圈足，以适应中原定居生活。而辽地出土的提梁式鸡冠壶，最初形制仍是平底器，还有些仿皮制品的味道，如耶律羽之墓出土者即与唐代邢窑出土的平底"提梁壶"形近（图一〇），则反映出此器型是经由唐地辗转传入辽地的。

图九　西安南郊唐墓三彩载物骆驼俑上的提梁壶

四、结　语

三种造型各异的器物以其便携、实用、适合游牧生活而逐渐风行于辽地，成为契丹人喜爱之物。随着三种器型在辽地同时流行，交叉影响也随之产生。比如，单孔式本仿自木器，表面无装饰，后来受双孔式的影响出现仿皮条缝合线装饰；三种器型的原型都是简单实用的平底，受陶瓷工艺的影响又都发展出圈足样式。从民族交流角度看，"鸡冠壶"可算是文化传播、民族互学互鉴的一个绝好例子。

图一〇　唐代邢窑出土的提梁壶（复原）

（王亚平　辽宁省博物馆　赵　科　内蒙古大学历史与旅游文化学院）

22　西安市文物保护考古所：《西安南郊唐墓（M31）发掘简报》，《文物》2004年第1期，第43页。

文物研究

辽墓所见金属网络相关问题试析

李媛媛

内容提要： 自20世纪以来，我国境内陆续发现了数百座辽墓，其中不乏辽代贵族的墓葬。引起学者们注意的是，在许多贵族墓中发现了以金属网络殓尸的这一特殊葬俗。关于金属网络的记载唯见宋人文惟简的《虏廷事实》："惟契丹一种，特有异焉。其富贵之家……用金银为面具，铜丝络其手足。耶律德光之死，盖用此法。时人目为'帝耙'。信有之也。"对于金属网络的研究，学者们主要针对其起源和功能做了分析，虽众说纷纭，却也取得了一定的成果。金属网络的使用贯穿有辽一代，笔者拟将以现有的考古材料为基础，梳理所有出土网络的墓葬，然后对相关问题进行具体探讨，希望对进一步研究金属网络这一葬俗有所增益。

关键词： 辽代　葬俗　金属网络

一、金属网络在辽墓的出土情况

现有出土网络的墓葬数十座，根据发掘报告对墓葬年代的判断及冯恩学对辽墓的分期[1]，将墓葬按时间早晚的顺序排列如下（表一未发表资料及不清楚年代的墓葬不在列举范围）。

表一　辽代出土网络墓葬一览表

出土点	年代	材质	部位	资料来源
宝山M1辽墓	923年	银	仅见印痕	2
长白山Ⅰ区M1	早期	银	全身网络	3
陈国公主墓	1018年	银	全身网络	4

1　刘未：《辽代墓葬的考古学研究》，科学出版社，2016年，第155页。
2　内蒙古文物考古研究所、阿鲁科尔沁旗文物管理所：《内蒙古赤峰宝山辽壁画墓发掘简报》，《文物》1998年第1期。
3　史金波、宋德金主编：《中国辽夏金研究年鉴（2018）》，中国社会科学出版社，2020年，第341、342页。
4　孙建华、张郁：《辽陈国公主驸马合葬墓发掘简报》，《文物》1987年第11期。

续表

出土点	年代	材质	部位	资料来源
耿延毅墓	1020年	银	手套一副	5
萧和墓	1045年	铜	残片	6
清河门M2	1057年	铜	残手网	7
平原公主墓	中期	铜	残片	8
长白山Ⅰ区M2	中期	铜	残片	9
叶茂台M8	中期	铜	上臂骨和腿骨网络	10
东平村辽墓	中期	铜	残片	11
福峰山辽墓	中期	铜	残片	12
库伦旗M4	中期	铜	残手套网络	13
大西沟M1	中期	铜	残片	14
叶茂台M23	中期偏晚	铜	残片	15
巴图营子辽墓	中晚期	铜	全身网络	16
豪欠营M3	中晚期	铜	残片	17
豪欠营M6	中晚期	铜	全身网络	18
尖山辽墓	中晚期	铜	全身网络	19
皮匠沟M1	中晚期	铜	残片	20
萧知微墓	1069年	鎏金铜	残片	21

5 朝阳地区博物馆：《辽宁朝阳姑营子辽耿氏墓发掘报告》，《考古学集刊（第3辑）》，中国社会科学出版社，1983年。
6 万雄飞、郭天刚、海勇：《阜新辽萧和墓发掘简报》，《文物》2005年第1期。
7 李文信：《义县清河门辽墓发掘报告》，《考古学报》1954年第2期。
8 李龙彬、樊圣英、崔嵩：《辽宁阜新县辽代平原公主墓与梯子庙4号墓》，《考古》2011年第8期。
9 史金波、宋德金主编：《中国辽夏金研究年鉴2018》，中国社会科学出版社，2020年，第342页。
10 何贤武、张星德：《辽宁法库县叶茂台8、9号辽墓》，《考古》1996年第6期。
11 刘俊玉、孙刚：《辽宁彰武县东平村辽墓发掘简报》，《北方文物》1999年第1期。
12 马凤磊、周兴启、郭勇、黄露、姜仕勋、崔伟春：《赤峰宁城县福峰山辽代墓葬》，《草原文物》2018年第1期。
13 王健群、陈相伟：《库伦辽代壁画墓》，文物出版社，1989年，第63页。
14 辛岩、华玉冰：《辽宁建平县两处辽墓清理简报》，《北方文物》1991年第3期。
15 李龙彬、沈彤林：《辽宁法库县叶茂台23号辽墓发掘简报》，《考古》2010年第1期。
16 冯永谦：《辽宁省建平、新民的三座辽墓》，《考古》1960年第2期。
17 乌盟文物工作站，内蒙古文物工作队：《契丹女尸》，内蒙古人民出版社，1985年，第35页。
18 陆思贤、杜乘武：《察右前旗豪欠营第六号辽墓清理简报》，《文物》1983年第9期。
19 陈棠栋、李兴盛：《内蒙兴和尖山辽墓发掘简报》，《北方文物》1988年第4期。
20 邱国彬：《内蒙古敖汉旗皮匠沟1、2号辽墓》，《文物》1998年第9期。
21 辽宁省文物考古研究所：《关山辽墓》，文物出版社，2011年，第71页。

续表

出土点	年代	材质	部位	资料来源
萧府君墓	1072年	铜	残片	22
萧德恭墓	1073年	鎏金铜	残足网	23
萧德温墓	1075年	铜	残手足网	24
萧德让墓	公元1076年	鎏金铜	残片	25
萧孝忠墓	公元1089年	铜	残手网	26
长白山Ⅰ区M4	晚期	银	残片	27
范杖子101墓	晚期	铜	全身网络	28
朝克图M3	晚期	铜	残片	29
朝克图M4	晚期	铜	残片	30
上烧锅M5	晚期	铜	残手足网	31
阜新程沟辽墓	晚期	铜	全身网络	32
宣化下八里Ⅱ区M1	晚期	铜	全身网络	33
宣化下八里Ⅱ区M2	晚期	铜	残片	34
额如山辽墓	晚期	铜	全身网络	35
大窝铺辽墓	晚期	铜	残手足网	36

22　内蒙古文物考古研究所、赤峰市博物馆：《宁城县岳家杖子辽萧府君墓清理记》，《内蒙古文物考古文集（第一辑）》，中国大百科全书出版社，1994年。

23　辽宁省文物考古研究所：《关山辽墓》，文物出版社，2011年，第14页。

24　辽宁省文物考古研究所：《关山辽墓》，文物出版社，2011年，第9页。

25　辽宁省文物考古研究所：《关山辽墓》，文物出版社，2011年，第63页。

26　雁羽：《锦西西孤山辽萧孝忠墓清理简报》，《考古》1960年第2期。

27　史金波、宋德金主编：《中国辽夏金研究年鉴（2018）》，中国社会科学出版社，2020年，第342页。

28　内蒙古自治区文物工作队：《敖汉旗范仗子辽墓》，《内蒙古文物考古》1984年第3期。

29　刘冰、马凤磊、赵国栋：《赤峰阿旗罕苏木苏木辽墓清理简报》，《内蒙古文物考古》1998年第1期。

30　董新林：《辽代文化的历史画卷　扎鲁特辽墓》，《文明》2002年第4期。

31　项春松：《上烧锅辽墓群》，《内蒙古文物考古》1982年第2期。

32　阜新市文物工作队、彰武县文物管理所、阜新博物馆：《阜新程沟辽墓清理简报》，《北方文物》1998年第2期。

33　张家口市宣化区文物保管所：《宣化下八里Ⅱ区辽壁画墓考古发掘报告》，文物出版社，2008年，第14页。

34　张家口市宣化区文物保管所：《宣化下八里Ⅱ区辽壁画墓考古发掘报告》，文物出版社，2008年，第31页。

35　董新林：《辽代文化的历史画卷　扎鲁特辽墓》，《文明》2002年第4期。

36　郑隆：《赤峯大窝铺发现一座辽墓》，《考古》1959年第1期。

续表

出土点	年代	材质	部位	资料来源
库伦旗M5	晚期	铜	残手足网	37
梯子庙M4	晚期	鎏金铜	残手足网	38
曲家沟M2	晚期	铜	残片	39
达拉明安辽墓	晚期	铜	残片	40
叶茂台M19	晚期	铜	残片	41
小喇嘛沟M6	晚期	铜	残片	42

二、相关问题分析

（一）关于金属网络出现的契机

在我国黑龙江、辽宁等地曾发现过一些契丹建国前的墓葬，但墓中均未发现过金属网络，考古所见最早的网络年代也在契丹建国之后。金属网络出现的原因，学者们提出了不同的意见，如"萨满说""保护死者尸体说""东胡说"等。

出土金属网络年代最早的是在契丹建国以后且网络作为葬具的一部分，讨论其起源避不开对契丹葬俗的观察。契丹的原始葬俗是树葬，建国后，此种旧俗被摒弃，丧葬制度借鉴吸收了大量的中原文化，形成了一系列复杂的葬俗，权殡就是其中一环。人死后不立即下葬而要停放一段时间，时间短则几月，长达几年，尸体在下葬时已经腐坏甚至只剩骨骼。葬俗的改变使得契丹人不得不为了保持下葬时骨骼的完整而采用金属网络笼罩尸体的办法。所以这样看来"保护尸体"应是金属网络出现的最主要的原因。

除保护尸体这种主观因素外，笔者注意到，金属网络的出现同时也是多个客观因素共同作用下的结果。其一是建国后契丹统治者对矿藏资源的大量开采。换句话说，矿冶的发展在一定程度上促使了金属网络的出现。辽疆域内矿藏资源相当丰富，金、银、铜矿具备。《辽史·食货志》载："坑冶，则自太祖始并室韦，其地产铜、铁、金、银，其人善作铜、铁器。曷术部者多铁；'曷术'，国语铁也……太祖征幽、蓟，师还，次山麓，得银、铁矿，命置冶……圣宗太平间，于潢河北阴山及辽河之源，各得金、银矿，兴冶采炼。"《辽史·圣宗》载太平七年五月"西南路招讨司奏阴山中产金银，请置冶，从之。后遣使循辽河源求产金银之矿"。同时还可见到如陷河银冶[43]、银州银

37　陈永志：《契丹史若干问题研究》，内蒙古大学博士学位论文，2004年。

38　李龙彬、樊圣英、崔嵩：《辽宁阜新县辽代平原公主墓与梯子庙4号墓》，《考古》2011年第8期。

39　项春松：《赤峰市郊区发现的辽墓》，《北方文物》1991年第3期。

40　张家口市宣化区文物保管所：《宣化下八里Ⅱ区辽壁画墓考古发掘报告》，文物出版社，2008年，第14页。

41　董新林：《辽代文化的历史画卷　扎鲁特辽墓》，《文明》2002年第4期。

42　辽宁省文物考古研究所：《凌源小喇嘛沟辽墓》，文物出版社，2015年，第73页。

43　《辽史》卷39《地理志（三）》，中华书局，2016年，第548页。

冶[44]等多处矿冶地点。统治者对矿资源开采和锻冶的重视，使辽代矿产的种类和储藏量迅速增加，为制作网络提供了充足的原材料。表一中各时期出土网络墓葬的数量差距便很好地反映了该事实。早期贵族墓葬中，出土金属网络的仅有两座，占表中墓葬总数不到5%；中期时，出土网络的墓葬数量激增，占比超过了表中总数的40%；到了晚期，出土网络的墓葬数量仍在增加，超过了总数的一半。其二便是手工业的发展和相应管理机构的完善。契丹南征北战，不断对外扩张，使得辽统治范围内包含了汉、奚、渤海等多个民族，其中不乏手工匠人。太宗大同元年"壬寅，晋诸司吏、嫔御、宦侍、方技、百工、图籍……悉送上京"[45]。这些能工巧匠带来了先进的生产加工技术，为促进契丹手工业发展起到了至关重要的作用。此外，辽代还设置了专门的机构和官员。机构有"银院"和"山金司"，官职有"五冶太师""都峰银冶都监""大石银冶都监"等共同管理矿冶的采炼和置办。其三则是金属本身质地坚硬，不易腐坏，自然也就成为制作网络的不二之选。

综合来看，在权殡等葬俗、手工业和矿冶大大发展的条件下，辽代利用金属制作网络也就应运而生了。

（二）关于网络的功用

根据金属网络的出土情况，可将其主要分为两种：全身网络和手足网络。为何会出现网络仅包裹手足这种情况？陈永志认为，金属网络本就是为了聚拢尸体，手脚的骨骼更易散乱，所以会侧重于保护手脚，那么只出土手脚网络是正常现象[46]。《虏廷事实》记载辽代富贵人家死后戴面具，铜丝络手足，耶律德光也用此法。值得注意的是，作者此处写的是"络手足"而不是"络全身"，可见用网络仅络手足才应是当时的普遍做法，而使用全身网络则是个人选择。通过对已有的考古材料的梳理，发现契丹人在殓尸过程中的确更注重对手脚的保护。以豪欠营第六号辽墓为例，尸体全身被罗带裹缠，不露一点皮肉，其外穿上全套金属网络。就算是在这样层层包裹的条件下，尸体手部铜网络外仍另戴手套。无独有偶，宣化下八里Ⅱ区M1和内蒙古兴和尖山辽墓的尸体也在手部金属网络内发现了手套。契丹借鉴了中原的丧葬习俗，人死后要经过奔丧、殓尸、权殡等一系列复杂的步骤才能下葬，时间短则几月长达几年，这就对尸骨的保存有极高的要求，手掌的骨骼小而散，所以人们采用手套和手部网络的双重保险使骨骼聚拢在一起确保其完整性。

契丹人对尸体手足保护的重视在无金属网络出土的墓葬里也有迹可循。凌源小喇嘛沟辽墓是一处契丹贵族家族墓地，M8墓主手足裹丝织品，外包银片，M11墓主脚部包银片。银片虽与手足网络形式不同，但是它们都包裹着尸体手足，二者的功能应是一样的，都是为了保护手脚骨骼。银片的发现还向我们说明一个问题，辽代契丹贵族用于保护尸体的葬具可能不止金属网络一种。发掘者在M6中发现了金属网络残片，一个家族

---

44 《辽史》卷38《地理志（二）》，中华书局，2016年，第531页。
45 《辽史》卷4《本纪第四》，中华书局，2016年，第64页。
46 陈永志：《黄金面具、铜丝网络与祖州石室》，《中国历史文物》2002年第3期。

墓地中发现了两种形式的葬具。这说明当时人们在针对如何保护尸体这个问题时做的选择是灵活多变的，并不是一定非网络不可，只要能起到保护作用，用金属制作其他形式的葬具也是可能的。虽然目前仅见到这两例实例，但是辽墓绝大多数都遭盗掘，当时或许还存在更多功能类似银片之类的东西也未曾可知。

（三）关于网络使用的阶层属性

金属网络被认为是辽代契丹贵族特有的葬俗，与辽相始终。既然是葬俗，那金属网络就应该具有普遍性，但是根据目前的考古发现来看，并不是所有的贵族墓葬中都出了金属网络。经初步统计，目前发掘的辽代大小贵族墓葬超过两百座，出土金属网络的墓葬约占四分之一，因此有的学者不同意将金属网络称为葬俗。杜晓帆在《契丹族葬俗中的面具、网络与萨满教的关系》注意到金属网络数量少这个问题，提出看法"金属质地的网络可能为萨满中的贵族所用"。笔者虽不同意金属网络为萨满所用这种说法，但是作者在文中提出的另一个观点却很有见地："面具和网络成为一套葬具有过一段发展过程；而面具和网络本身的产生和发展，也会有一个较长的发展过程，其质地必定是随着时代的发展变化而变化着，只是由于某些物质不易长久保存和考古资料尚欠丰富的缘故，我们才只看到了其金属质地的制品罢了。"凌源小喇嘛沟辽墓既然出现了不同形式的金属制品，那么当时的契丹贵族墓中使用不同质地的葬具也不是不可能的，只不过金属制品才能保存到现在，而其余质地的葬具早已腐朽不见。还有一个原因就是目前考古所见到的辽墓绝大多数都曾遭过盗掘，有的还被盗多次，所以就算是墓主有使用金属网络及其他形式的葬具殓尸，我们也无法知晓。

（四）壁画"散乐图"所见网格式装束辨析

有支持"萨满说"的学者提出，河北宣化辽张世卿墓的《散乐图》中（图一），击打大鼓和腰鼓的两人双臂清楚可见网格式的装束，不远处的张文藻墓《散乐图》中（图二）

图一　张世卿墓《散乐图》局部　　　　　图二　张文藻墓《散乐图》局部

的击打腰鼓者的手臂也见到同样的装束，与考古发现的网络十分相似[47]。以此为据，认为击鼓者乃契丹巫师，网络则是巫师的法衣。赞成此观点的其他学者还进一步补充"鼓是迎神驱鬼的主要乐器，在乐队中的地位非常重要，在古代从事击鼓舞的人都属于巫的范围"[48]。

观察壁画发现击鼓者的装扮的确与旁人不同。但是，能否直接将这种装扮与金属网络联系起来还需进一步验证。纵观辽代墓葬壁画中的《散乐图》，我们可以发现几乎所有击大鼓者和腰鼓者手臂的装饰皆与其他乐者不同，击鼓者的双臂佩戴的其实是一种叫作"臂韝"的东西。根据《中国衣冠服饰大词典》："韝，亦作构、褠。是扎束在衣袖上的臂套。最初多用皮革制成，故其字从'韦'、'革'旁。后用布、帛为之，故又从'衣'、'巾'旁。穿时套于手臂，介于腕与肘之间。其制由猎人停鹰、放箭之用的射韝演变而来。多用于士庶，以便劳役。"鼓者在击鼓时，手腕及小臂运动最为剧烈，所以佩戴臂韝来固定住宽大的衣袖。臂韝有多种颜色和花纹，《宋史·乐志四》："引武舞人，武弁、绣绯鸾衫、抹额、红锦臂韝、白绢裤、金铜革带、乌皮履。"在宣化其他辽墓的散乐图中也可以见到实例，如M6（图三）和下八里Ⅱ区M1（图四）。我们可以看见M6鼓者的手臂上套着一个红色的网状物，而一旁击打大鼓的男子手臂戴的是纯黑色的。M1击大鼓者佩戴的是纯白色的，肘部还能看见露出的皮肤。

图三 宣化辽墓M6《散乐图》局部　　　　图四 下八里Ⅱ区M1《散乐图》局部

基于以上，便可以知道击鼓者并不是巫师，手臂上的网状物也不是法衣而是臂韝。网格状只不过是起到一定的装饰作用而已，据陈康《墓室壁画"散乐图"》，内蒙古巴林左旗哈拉哈拉官太沟辽墓《散乐图》中的击鼓人佩戴的臂韝上还饰有菱纹圆珠，菱纹也与网格纹相似。此外在张世古墓《散乐图》中（图五），吹横笛和吹觱篥的男子所穿裤子上也绘有类似的网格图案。那能认为这两人也是巫师吗？恐怕不能。所以，仅靠外

---

[47] 杜承武、陆思贤：《契丹女尸的网络与面具》，《契丹女尸》，内蒙古人民出版社，1985年。
[48] 陈金梅：《浅谈辽代丧葬习俗》，《辽宁省博物馆馆刊（第2辑）》，辽海出版社，2007年。

图五　M5张世古墓《散乐图》

观与金属网络相似便得出娱乐者即萨满巫师的结论尚欠妥。

（李媛媛　黑龙江大学历史文化旅游学院考古学在读研究生）

文物研究

浅析北方地区辽金时期墓葬壁画中的犬图像

周 怡

内容提要： 北方地区辽金时期墓葬壁画中常见犬的身影，这些图像在承袭游牧民族犬文化的同时，也彰显出民族融合的时代特色，然学界对此研究尚少。本文将北方地区辽金时期壁画墓中的犬图像根据其所绘内容进行分类，在此基础上对壁画中所反映的犬种进行分析，并对犬图像在辽金时期北方地区壁画墓中盛行这一现象进行浅析，笔者不揣浅陋，望对人们了解这一时期人与犬的关系有所助益。

关键词： 北方地区　辽金时期　壁画墓　犬图像

一、犬的作用

动物考古研究表明，早在旧石器时代晚期与新石器时代早期过渡期，狼便被人类驯化成了犬。我国目前公认最早发现驯化犬的遗址为南庄头遗址。为了明确所出土骨骼的绝对年代，动物考古学家采用碳、氮稳定同位素分析手段，选取该遗址出土2例家犬的骨骼进行加速器^{14}C年代测定，测得最早的年代是距今10222年，最晚的年代是距今9478年，它们可确认为新石器时代早期的家犬。根据著名动物考古学家袁靖先生的研究，与狼相比，南庄头遗址的犬已有相当大的变化：下颌缘开始呈现明显的弧度，齿列的长度要比狼小，牙齿的排列也更趋紧密[1]。此外，根据δ^{13}C值和δ^{15}N值分析，推测犬的饮食主要以人类的剩饭为主[2]，可见当时犬被人类饲养，与人生活紧密。除了南庄头遗址外，这一时期有家犬骨骼出土的遗址有十几处，主要分布在东北地区的吉林、华北地区的河北、北京和南方地区的江西、湖南、广西、广东、浙江等地。

自被人类驯养以来，犬一直为人类社会生活中不可或缺的家畜，在人们心中有着举足轻重的地位。在中国犬为六畜之一，《礼记·曲礼》中更将犬上升为"礼"的最高地位，有"效犬者，左牵之"的表述，时至今日在民间仍遵循左手牵狗的习俗。在民族关系史上，宋代是一个经济力量向民族政策和民族关系各方面渗透的时代。受宋代边疆民族政策影响，北方少数民族融入中原的步伐加快，增强了对中原王朝的向心力与认同

1 　袁靖、李君：《河北徐水南庄头遗址出土动物遗存研究报告》，《考古学报》2010年第3期。
2 　侯亮亮、李君、邓惠、郭怡：《河北徐水南庄头遗址动物骨骼的稳定同位素分析》，《考古》2021年第5期。

感，因而这一时期契丹、女真民族的墓葬中在保留民族传统与情感的基础上，吸纳了宋人的丧葬习俗，而犬作为契丹、女真民族生产生活中不可或缺的帮手进而频繁出现在墓葬壁画中。北方地区辽金时期壁画墓中出现犬图像的墓葬，多集中在内蒙古、山西北部和河北地区（表一）。根据墓葬壁画中犬所体现的作用，可分为生产生活的助手、予人欢乐的宠物、受人崇拜的神兽这三类。

表一 有犬图像出现的辽金时期北方地区墓葬统计表

序号	地区	墓葬名称	时代	墓葬形制	描述
1	内蒙古	宝山1号辽墓	辽天赞二年（923）	仿木结构砖室墓	回廊北壁门旁有一犬
2		敖汉旗下湾子1号辽墓	辽中晚期	八角形穹隆顶砖石墓	墓甬道西壁有两只蹲坐犬
3		敖汉旗喇嘛沟辽墓	辽晚期	八角形穹隆顶砖石墓	墓室东壁牵马侍从旁有一犬
4		敖汉旗康家营子辽墓	辽晚期	八角形穹隆顶砖石墓	墓甬道东壁备酒图中绘有一犬
5		库伦旗6号辽墓	辽晚期	八角形穹隆顶砖石墓	墓道北壁出行图中有一犬
6	山西	大同东风里辽代壁画墓	辽	圆形单室砖墓	墓室北壁桌底有一犬
7		大同卧虎湾辽墓	辽	单室圆锥状砖墓	3、4号墓室顶部绘有犬；5、6号墓室西壁驼车后辕有犬
8		山西汾阳东龙观5号金墓	金中期	砖砌八角形单室墓	墓室东南壁直棂窗下绘有一犬
9		长子县小关村金墓	金大定十四年（1174）	仿木结构砖室墓	墓室南壁东侧窗下辕车左右各有犬一只
10		长子南沟村1号金墓	金	仿木结构砖室墓	甬道口西侧有一只卧犬、二只立犬
11		长治李沟村壁画墓	金	仿木结构砖室墓	墓室南壁西侧桌下绘一犬
12	河北	宣化下八里辽张匡正壁画墓	辽大安九年（1093）	仿木结构双室墓	前室东壁童子身后的方桌前有两只犬
13		宣化辽张文藻壁画墓	辽大安九年（1093）	仿木结构双室墓	前室东壁童子身后食盒前方有一犬
14		宣化下八里辽韩师训墓	辽天庆元年（1111）	仿木结构双室墓	后室东南壁妇人身后有一犬
15	北京	石景山区八角金代墓葬	金皇统三年（1143）	圆形单室砖砌墓	墓室西北角绘十二生肖中的犬

犬以狩猎助手形象绘于墓葬壁画中的，有库伦旗6号辽墓，敖汉旗喇嘛沟辽墓，敖汉旗下湾子1号辽墓，宝山1号辽墓，山西大同卧虎湾5号、6号辽墓等。猎犬图像在墓葬壁画分布中位置不一，甬道、前室、后室兼有，所绘内容以出行图为主。

以库伦旗6号辽墓、敖汉旗喇嘛沟辽代壁画墓为例，库伦旗6号辽墓墓道东壁所绘出行图中出现猎犬形象，图以远山为背景，描绘出一幅山中游猎的场景，画面中最左侧绘墓主人坐骑与牵马人，画面正中绘骆驼一匹，其上驮着毡席、旌旗，驼峰上有一小猴，紧抱驼峰。牵骆驼的侍从身旁绘有犬，该犬吻部凸出，颈部系有项圈，细腰、长身、高腿，长尾卷起，并扭着脖子做回首状，望向身旁两位架鹰的侍从（图一、图二）[3]。

图一　库伦旗6号辽墓墓道东壁所绘出行图（白线图）

敖汉旗喇嘛沟辽代壁画墓墓室东壁绘出行图，画面右侧有一契丹侍者，其身后有一只猎犬紧随其后，该犬颈部系有项圈，细腰、长身、高腿，长尾下垂，目视前方，呈顺从状（图三）[4]。

除了协助人们进行狩猎活动，犬因其灵敏、忠诚的秉性，成为生产生活中营地与牲畜的守护者。宝山1号辽墓墓室北壁中部绘有一开启的门，门内有一方桌，上面摆放着花口盏、杯、盘等。门外立一黄犬，犬的脖子上有用彩带系挂着的铃，注视前方。犬后尾随双角高耸、壮硕有力白色山羊一只（图四）[5]。

图二　出行图中猎犬局部

3　哲里木盟博物馆等：《库伦5、6号辽墓》，《内蒙古文物考古》1982年第2期。
4　内蒙古文物考古研究所：《敖汉旗喇嘛沟辽代壁画墓》，《内蒙古文物考古》1999年第1期。
5　齐晓光、盖志勇、丛艳双：《内蒙古赤峰宝山辽壁画墓发掘简报》，《文物》1998年第1期。

图三　敖汉旗喇嘛沟辽代壁画墓东壁所绘出行图（白线图）

图四　宝山1号辽墓墓室北壁

图五　敖汉旗下湾子1号辽墓甬道西壁双犬图（白线图）

此外，敖汉旗下湾子1号辽墓甬道西壁绘有双犬，前一犬为白色，目前视，尾翘起，脖系红带，带前垂一圆铃。后一犬为黑花色，扬首张嘴伸舌，尾翘起，颈系白带，带上系有一铃（图五）[6]。甬道处于墓葬中独特的建筑位置，如果将甬道视为展示灵魂转化过程的一个中介空间[7]，那么出现在此处壁画上的犬，似乎可以视为在保护墓主人前往另一个世界或是保卫墓主人地下居室的门人。

作为予人欢乐的宠物，犬的形象出现在前室、后室描绘墓主人日常或是亲眷生活场景的壁画中，所绘犬体型娇小，毛色黑白相间，呈现出一副亲昵

6　内蒙古文物考古研究所：《敖汉旗下湾子辽墓清理简报》，《内蒙古文物考古》1999年第1期。
7　〔美〕巫鸿：《黄泉下的美术：宏观中国古代墓葬》，生活·读书·新知三联书店，2016年，第222页。

憨态的样子。大同东风里辽代壁画墓墓室北壁绘起居图，床前右侧绘白地黑花犬一只，颈系红带，尾巴上翘（图六）[8]。宣化下八里辽张匡正壁画墓前室东壁绘备茶图，画面前景绘有碾茶和向火炉内吹火的孩童，其旁绘白地黑花犬两只，颈系红带，呈扑咬玩耍状（图七）[9]。宣化辽张文藻壁画墓前室东壁绘童嬉图，画面中景食盒前绘白地黑花犬一只，颈系红带，呈奔跑状，奔向画面前景中两位备茶的契丹男子（图八）[10]。宣化下八里辽韩师训墓后室东南壁，高桑灯旁妇人脚前绘白地黑花犬一只，低头做寻物状（图九）[11]。

图六　大同东风里辽代壁画墓墓室北壁起居图局部

图七　宣化下八里辽张匡正壁画墓前室东壁备茶图

图八　宣化辽张文藻壁画墓前室东壁童嬉图

图九　宣化下八里辽韩师训墓后室东南壁局部（白线图）

8　刘俊喜、侯晓刚、江伟伟、兰静、马雁飞：《山西大同东风里辽代壁画墓发掘简报》，《文物》2013年第10期。
9　郝建文：《宣化下八里辽代张匡正墓壁画·备茶图》，《当代人》2019年第7期。
10　郑绍宗：《河北宣化辽张文藻壁画墓发掘简报》，《文物》1996年第9期。
11　刘海文、颜诚：《河北宣化下八里辽韩师训墓》，《文物》1992年第6期。

如果说四壁壁画是世俗人生的再现，犬在其中表现为生产生活的助手、予人欢乐的宠物，那么绘于墓室顶部宇宙苍穹之间，则是受人崇敬的神兽。山西大同卧虎湾辽墓，其中3号墓与4号墓的墓室顶部绘有天象图，其间绘有粉红色的星球，星球东侧用墨笔画鸡、犬各一，两侧绘有花与兔，表示日月[12]。北京石景山区八角金代墓葬两枋间彩绘十二生肖，位于西北方向绘有"戌狗"。此犬用黑彩勾边，内施黄彩，瘦可见骨，头向左，双耳耷拉，嘴略长，站立，尾上翘，背弓，后腿蹬地（图一〇）[13]。

图一〇　北京石景山区八角金代墓葬十二生肖中犬的形象

二、犬 的 种 类

葛承雍先生在《唐代狩猎俑中的胡人猎师形象研究》一文中，在对永泰公主墓出土彩绘胡人骑马带犬俑描述时，认为蹲坐在马臀部圆垫上的犬为波斯犬（图一一）。关于波斯犬的记述，最早见于北朝时期的北齐，波斯犬自入华便受到北齐皇室和贵族阶层的特殊宠爱，《北齐书·恩幸传·韩宝业等》中记载了南阳王高绰为其豢养的波斯犬加官晋爵的故事。唐代对波斯国出产波斯犬的文献记载很多，如《旧唐书·西戎·波斯传》中有"又多白马、骏犬。或赤，日行七百里者；骏犬，今所谓波斯犬也"[14]。《新唐书·西域下·波斯传》中有"其国多善犬"[15]。《唐会要·波斯国》中有"又多骏犬，今所谓波斯犬也"[16]等记述。波斯犬性格凶猛，奔跑速度极快，满足当时唐朝王公贵族狩猎的需要，西域各国为迎合唐王朝，将其纳入贡品范畴，进而使波斯犬在我国繁衍开来，在辽金时期见其后嗣也在常理之中。

而根据《契丹国志》"取细犬于萌骨子之疆"的记载，"萌骨子"为"蒙古"的译名之一，故而将辽金时期北方地区壁画墓中出现的犬推测为今天我们所见的蒙古细犬

12　大同市文物陈列馆：《山西大同卧虎湾四座辽代壁画墓》，《考古》1963年第8期。
13　北京市文物研究所：《北京地区辽金墓葬壁画保护研究》，科学出版社，2008年，第31页。
14　（后晋）刘昫等：《旧唐书》卷198《西戎·波斯传》，中华书局，1975年，第5312页。
15　（宋）欧阳修等：《新唐书》卷221下《西域下·波斯传》，中华书局，1975年，第6258页。
16　（宋）王溥：《唐会要》卷100《波斯国》，中华书局，2017年，第2118页。

（图一二）。蒙古细犬现分布于黑龙江、吉林、辽宁及内蒙古东部地区，这种犬从外观上给人一种流畅的运动感：头窄，嘴长，腔高，腿长而细，身腰长，腹腔宽大，腰部流畅，背微弓，这种身体结构非常适合高速奔跑。此外，蒙古细犬不仅体态轻盈奔跑速度快，且性格好勇斗狠，搏斗能力也十分出众，故而成为契丹人与女真人外出游猎的得力助手，《辽史》中更有"九月庚寅，猎，遇三虎，纵犬获之"的记载。

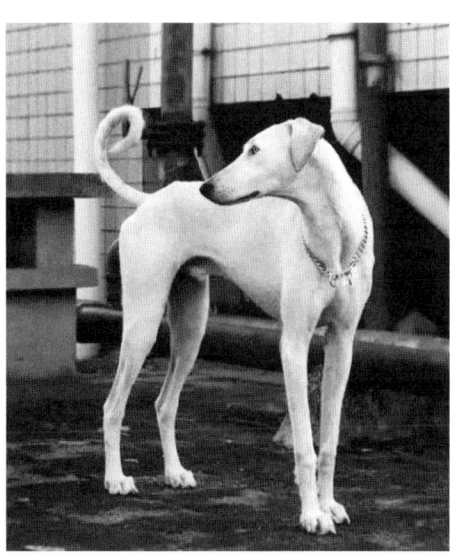

图一一　彩绘胡人骑马带犬俑　　　　图一二　蒙古细犬

基于以上分析，故而将墓葬壁画描绘生产生活场景中出现的工作犬，推测为波斯犬或是蒙古细犬。

在山西大同东风里壁画墓和河北宣化张氏家族壁画墓中出现的娇小可人的宠物犬，毛长且毛色黑白相间，品种大致推测为拂菻犬。拂菻犬因其体态娇小，极具玩赏价值，一度为皇宫内廷、皇亲国戚以及社会富裕阶层争相饲养。关于拂菻犬的记载，可追溯至唐代，据《通典》载："文泰又献狗雌雄各一，高六寸，长尺余，性甚慧，能曳马衔烛。云本出拂菻国。中国有拂菻狗，自此始也。"拂菻国即古罗马帝国，中国汉代称其为大秦，唐代称之为拂菻国。日本学者白鸟库吉认为"康国猧子"也是拂菻犬的一种[17]，那么发生在唐明皇时期的"康猧乱局"，更使拂菻犬名声大噪。此外，拂菻犬在壁画中都被描绘为黑白相间的毛色，这可能与宋代相犬术有关。相犬之术古已有之，最早可追溯到商周时期，秦汉时期颇为兴盛，在对安徽阜阳双古堆汉墓、山东银雀山汉墓进行考古发掘中，出土了《相狗方》与《相狗经》。到宋代，宋人依旧热衷于此，苏轼所著《格物粗谈》有《兽类》一卷，《宋史》中载有《相犬经》一卷。宋人依据毛色来判断犬只优良，或以此判断吉凶，并认为"黑犬白前两足，宜子孙；黑犬白耳，畜令富贵"，养黑白毛色相间的犬是宜子孙、家富贵的大吉之兆，这也体现了墓主人渴望黄泉

17　康耀仁：《〈拂菻狗〉的宫廷和院画信息》，《东方收藏》2015年第10期。

之下也能有子孙满堂、大富大贵生活的心理。

三、现象分析

作为生产生活的助手，《说文解字》有言"禽走，臭而知其迹者，犬也"。犬因拥有锋利的牙齿、敏锐的听觉与嗅觉以及较快的奔跑速度，农耕时代之前，人类以狩猎为最初目的而养犬。辽金的统治阶层契丹与女真民族"其富以马，其强以兵……马逐水草，人仰湩酪，挽强射生，以给日用"[18]，由此可见游牧狩猎传统根深蒂固下更是离不开犬。同时期汉人中，也不乏善打猎、养猎犬的士大夫、文人以及豪族，携犬打猎更是诗人关注的话题之一。苏轼在《江城子密州出猎》中描绘了"老夫聊发少年狂，左牵黄，右擎苍"。再有"秋入中山，臂隼牵卢纵长猎"。两诗中"牵黄""牵卢"二词描写的正是携犬出猎的景象。所以，辽金时期在契丹族、女真族以及汉族墓葬中出现猎犬形象，都是墓主人生前生活的体现。但作为游牧民族的契丹人与女真人，同我国古代其他北方游牧民族一样，以游牧狩猎为生，而这种经济类型与生产方式决定了犬在他们心目中的重要地位，引发对犬的依赖，进而逐渐发展为对犬的神化与崇拜，以犬为神、为图腾、为殉、为卫，都是对犬崇拜的外在表现，在其肇兴之地与主要势力范围内壁画墓中对犬加以描绘，既是对契丹人、女真人日常生活的真实写照，也是对犬崇拜的体现。

此外，犬之所以受到青睐，与契丹族与女真族的信仰观念相关。契丹、女真民族和北方其他少数民族一样，崇信原始宗教萨满教。萨满教是我国东北地区一种古老的原始宗教，在萨满教义中，犬有驱吉辟邪的作用。如契丹人八月八日的祭祀仪，根据《辽史·岁时杂仪》记载，在八月初八这天，契丹人有杀白犬的风俗。具体做法是将白犬的尸体埋在寝帐前七步远的地方，并将尸体的嘴露在外面，待到七天之后的中秋节，将寝帐搬到尸体所埋处之上，这被契丹人称为"捏褐耐"，"捏褐"是犬的意思，而"耐"则是头，这个仪式大可理解为杀白犬并将其头埋在帐篷下，这个做法也是萨满教中守护寝帐的仪式，可见犬在萨满教中驱邪避祸的作用。此外，萨满教义认为人去世后会在往生的世界中继续生活，犬作为辟邪趋吉的灵兽，与人一起埋葬，它便会像生前一样保护主人的灵魂，起到压胜的作用。

犬作为予人欢乐的宠物，在宋代逐渐突显，为宠物犬起名、装扮等行为颇为普遍，《东京梦华录》曾描绘了开封府大相国寺一带每月开放5次的牲口买卖的盛况，其中3成交易的是珍禽、猫狗等一类宠物，南宋周密《武林旧事》中更记载了当时杭州城出现的各种宠物用小商品以及为宠物洗澡、修理毛发的服务。由此可见，宋朝时饲养宠物犬已扩大到平民阶层，城市中甚至出现了专门的宠物市场与宠物服务。以宣化张氏为代表的汉族士大夫阶层，墓中壁画反映出当时官宦之家、富民阶层的日常生活，可见他们养犬的目的更多是出于赏玩与陪伴，反映出其经济富足、生活闲适的社会生活。

出现在墓室顶部的星宿图与十二生肖，其目的在于表现与天地相应，作为安顿墓主人的地下空间，在反映逝者身份的同时，也体现出希望能够灵魂升天的诉求。辽金壁

---

18 《辽史》卷59《志二十八·食货志上》，中华书局，2016年，第1056页。

画墓中出现的星象图并不是天文学家所用的星象图，而是辽、金人宇宙意识和宗教感情的表达[19]。辽金两代统治者采取尊儒崇佛重道的文化政策，特别是到了辽代晚期，汉化速度加快，这大大促进了儒、释、道三家宗教思想在普通民众间的传播，这不仅影响了当时契丹、女真人的日常生活，也影响了他们的丧葬观念。北京石景山区八角金代墓葬所绘十二生肖形象，因当自正北居中主位上方开始，经东而东南、正南、西南最后至西北，顺时针方向旋转一周，最后回到正北，意为周而复始，表达了墓主人希望"生死轮回，灵魂不灭"的愿景与寄希望于天地神灵保佑其能够生死轮回的生死观。山西大同卧虎湾3、4号辽墓墓室顶部所绘"太阳""太阴"形象，与当时墓室壁画中常出现的神仙题材，如月亮、蟾蜍、玉兔、西王母等元素一道，体现了墓主人希望往生之后能够与神仙为伍的心愿，体现了辽金时期人们对于生命能无限延长的羡慕[20]。

四、结　语

如果说墓葬壁画中所描绘丰衣足食的场景是对墓主人生前生活的写照，与对在往生世界中续享荣华生活的憧憬，那么星宿、神仙图像则是希望墓主人能够借助神仙灵怪的庇佑与帮助，早登极乐世界。无论是生产生活的助手，还是日常生活中的玩伴，抑或是受人敬仰的神兽，犬作为北方地区辽金时期墓葬壁画中常见的元素贯穿其间，因此可以说在契丹人、女真人以及当时生活在北方地区汉人的生产生活与精神世界中，犬的地位至关重要。艺术来源于生活，无论是墓葬壁画中犬温顺地跟随在狩猎队伍之中，目光望向主人仿佛在等待号令，还是家庭居室生活中围绕妇人与孩童身边嬉闹，我们都能感受到辽金时期人与犬之间相互依赖的细腻情感。

（周　怡　孔庙和国子监博物馆）

---

19 夏鼐：《从宣化辽墓的星象图论二十八星宿和黄道十二宫》，《考古学报》1976年第2期。
20 李彦颉、张玲：《大同地区辽代墓葬壁画中天象图新探》，《山西大同大学学报（社会科学版）》2019年第1期。

文物研究

辽金时期摩羯纹对比初探

刘志敏

内容提要： 摩羯纹是辽金时期盛行的纹饰，这一时期的摩羯纹在数量和载体上都有所发展，使用范围和应用范围也有所扩大。本文以辽和金两个民族政权下的摩羯纹为研究对象，结合已公开发表的考古发掘报告以及已有的辽金时期的摩羯纹研究成果，将摩羯纹器物的出土情况、主要载体进行整理与分析。并运用考古类型学将辽代摩羯纹分为平面造型和立体造型、金代摩羯纹分为双摩羯纹造型和单摩羯纹造型，同时对纹饰组合进行分析与研究，探讨了辽金摩羯纹存在异同的原因以及鱼文化和龙文化、佛教文化、辽金民族文化、唐宋文化几个因素对辽金摩羯纹发展的影响。

关键词： 辽代　金代　摩羯纹　纹饰

一、辽金时期摩羯纹出土状况

摩羯是印度神话中的一种动物，主要生活在水中。学术界一般认为摩羯的原型是印度鳄[1]，因古印度居民崇拜鳄鱼凶猛的天性和强大的力量而产生。"摩羯"一词是由梵语"摩伽罗"音译而来，而"摩伽罗"是由印地语中鳄鱼之意转变而来。也有学者认为摩羯来源于鲸鱼，或是鳄、象、鱼三种动物形象的结合物[2]。摩羯有着兽首、长鼻、尖牙利齿、鱼身鱼尾的形象，因其翻江倒海，在水中攻击船只而被佛法收服[3]。因此，摩羯常常作为装饰题材出现在与佛教相关的建筑物上用来宣传佛教教义。这种起源于古印度的动物形象也影响到了中国。摩羯纹在魏晋时随佛教传入中国，在中国文化的影响之下开始了摩羯中国化的发展进程，并在辽金时期达到了繁荣。

在现有研究辽金时期摩羯纹的文献中，齐伟《辽代摩羯形器物及其相关问题研究》对辽代的摩羯纹出土情况和造型做了说明，并研究了影响辽代摩羯纹发展的因素[4]；吴迪《辽代摩竭纹图案及其文化意义》对辽代摩羯纹器物出土情况做了概述，并分析了

1　朱狄：《原始文化研究》，生活·读书·新知三联书店，1988年，第548～559页。
2　岑蕊：《摩竭纹考略》，《文物》1983年第10期。
3　潘飚：《摩竭纹中国化研究》，西北师范大学硕士学位论文，2020年，第16页。
4　齐伟：《辽代摩竭形器物及其相关问题研究》，《辽宁省博物馆学术论文集（1999～2008）》第1册，辽海出版社，2009年，第553～564页。

摩羯纹反映的文化意义[5]；栗翠《辽代摩竭形象独特性成因》对辽代摩羯纹器物出土情况做出了概述，同时研究了与辽代摩羯纹发展的有关因素[6]；谷莉《宋辽夏金时期摩竭纹装饰与造型考》简要地描述了辽代和金代摩羯纹的造型[7]；潘飚《摩竭纹中国化研究》对辽代和金代摩羯纹的出土情况做了说明，并简要地描述了辽代和金代摩羯纹的造型[8]。以及其木格[9]、宋志刚[10]等对辽代或金代的摩羯形器物做出研究。综上所述，目前的研究现状多对辽代摩羯纹出土情况和造型做出研究，金代的摩羯纹研究成果较少。本文在已有的辽金时期摩羯纹研究成果的基础上，对辽和金两个民族政权下的摩羯纹进行了对比研究。

辽金时期的摩羯纹在数量和载体上都有所发展。发现辽代摩羯纹器物58件，金代摩羯纹器物32件。载体主要有铜器、金银器、瓷器、丝织品、玉器、琥珀、木器、石器、陶器等九类，分布于内蒙古、辽宁省、河北省、黑龙江省、吉林省、山东省、甘肃省、河南省、山西省、四川省等。

（一）辽代摩羯纹出土状况

辽代摩羯纹出土地点主要在内蒙古东部地区，其次是辽宁省。内蒙古16处地点出土饰有摩羯纹器物31件，其中金银器21件、瓷器5件、玉器2件、琥珀2件、丝织品1件[11]。辽宁省8处地点出土饰有摩羯纹器物13件，其中金银器6件、瓷器3件、铜器1件、木器1件、石器1件、丝织品1件[12]。这些出土墓葬年代多为辽代早期，墓主多上层人物或者有贵族身份。除上述外，另有因考古资料不足，其出土地点和年代都不详的摩羯纹器物14件。

（二）金代摩羯纹出土状况

金代摩羯纹出土地点较为分散。其中黑龙江省境内发现8件，辽宁省境内发现6件，河北省境内发现6件，吉林省境内发现2件，甘肃省境内发现2件，山东省境内发现2件[13]，山西省境内发现1件，河南省境内发现1件，四川省境内发现1件[14]，另有3件发现地不详。共发现金代摩羯纹32件，其中铜器30件，皆为铜镜，另有1件陶器、1件玉

---

5 吴迪：《辽代摩竭纹图案及其文化意义》，《赤峰学院学报（汉文哲学社会科学版）》2016年第10期。
6 栗翠：《辽代摩竭形象独特性成因》，《中国陶瓷》2020年第2期。
7 谷莉：《宋辽夏金时期摩竭纹装饰与造型考》，《文艺研究》2013年第12期。
8 潘飚：《摩竭纹中国化研究》，西北师范大学硕士学位论文，2020年，第44~54页。
9 其木格：《辽代缂丝荷花摩羯纹棉帽》，《内蒙古文物考古》2001年第2期。
10 宋志刚：《张家口市博物馆藏金元摩羯纹铜镜》，《文物春秋》2000年第1期。
11 内蒙古博物馆、内蒙古兴安盟文物工作站、中国丝绸博物馆：《内蒙古兴安盟代钦塔拉辽墓出土丝绸服饰》，《文物》2002年第4期。
12 袁燕、张以萱、刘冰冰：《摩竭纹"鱼龙化"的演变及其应用》，《纺织高校基础科学学报》2021年第4期。
13 刘善沂、孙怀生：《山东聊城地区出土的铜镜》，《文物》1986年第6期；怀生、宗涛、崑麟：《聊城地区出土部分古代铜镜》，《文物》1993年第4期。
14 唐翔：《会理发现金代摩羯镜》，《四川文物》1993年第2期。

器[15]。因考古资料的不足，不能确定其具体年代。

山西省晋中市介休窑出土的摩羯纹碗模表明金代平民也可以使用摩羯纹。介休窑主要面向广大平民市场，为平民生产生活用瓷，是北方民间瓷窑之一。因此，相比于辽代，金代的摩羯纹不仅仅向上层人士提供，使用范围也进一步扩大。

二、辽金时期摩羯纹造型对比分析

（一）辽代摩羯纹造型特点

辽代的原始宗教虽然是萨满教，但是辽代对中原文化和佛教文化皆采取了兼容并蓄的态度。摩羯纹造型在唐代就已经十分流行，而辽代的契丹民族又深受唐文化的影响，因此，摩羯纹也成为辽代的典型图案。辽代的摩羯纹有的装饰在碗、盘、盆等器皿的表面，也有的作为器物整体的造型出现，同时，摩羯纹的应用范围和造型相比于唐代变得更加丰富和广泛。

1. 平面造型

辽代摩羯纹的平面造型可分为四型。

A型　分二亚型。Aa型，耶律羽之墓出土鎏金摩羯纹银碗[16]（图一），银碗内底部饰有摩羯纹。摩羯头部较大，圆眼，眼睛较大，鼻子凸出，嘴大张，露出牙齿，腹部有鳍，有双爪，尾鳍宽大，为鱼身，全身饰有鳞片。Ab型，吐尔基山辽墓出土[17]，为一菱形摩羯纹银盘底部纹饰（图二）。头部较大，圆眼，嘴大张，鼻子上卷，有胸鳍、腹鳍和尾鳍。全身饰有鳞片。A型摩羯兽首肥大，眼睛凸出，继承了唐代海兽形摩羯的头部特征，且体型宽大，未出现翅膀，这样的造型与中晚唐时期的摩羯造型[18]十分相似（图三）。

B型　赤峰市温多尔敖瑞山辽墓出土鎏金摩羯冠饰[19]（图四）。此摩羯头部较小，鼻子上卷，嘴部与鱼嘴相似，背上长有翅膀，长有腹鳍，身体略直，为舟形摩羯。

C型　分二亚型。Ca型，吐尔基山辽墓出土[20]，为一银盘的底部摩羯纹饰（图五）。摩羯怒目圆睁，张嘴吐舌，两翼张开，腹部有鳍，身体做游动之态。Cb型，辽宁北票水泉一号辽墓出土鎏金摩羯纹饰板[21]（图六）。头较

15　尹钊、李根、张继超：《从摩羯纹的演变谈古玉的断代》，《东方收藏》2016年第11期。
16　齐伟：《辽代摩竭形器物及其相关问题研究》，《辽宁省博物馆学术论文集（1999～2008）》第1册，辽海出版社，2009年，第558页。
17　内蒙古文物考古研究所：《内蒙古通辽市吐尔基山辽代墓葬》，《考古》2004年第7期。
18　中国金银玻璃珐琅器全集编辑委员会：《中国金银玻璃珐琅器全集·金银器（二）》，河北美术出版社，2000年，第47页。
19　赤峰市博物馆考古队、阿鲁科尔沁旗文物管理所：《赤峰市阿鲁科尔沁旗温多尔敖瑞山辽墓清理简报》，《文物》1993年第3期。
20　张彤：《马背华器　流光溢彩——吐尔基山辽墓金银器鉴赏》，《文物鉴定与鉴赏》2017年第5期。
21　辽宁省博物馆文物队：《辽宁北票水泉一号辽墓发掘简报》，《文物》1977年第12期。

图一　Aa型摩羯纹
（采自《辽代摩羯形器物及其相关问题研究》）

图二　Ab型摩羯纹
（采自《摩羯纹饰的中国化进程及演变规律——以考古发现之文物为例》）

图三　摩羯纹四曲盆
（采自《中国金银玻璃珐琅器全集·金银器（二）》）

小，有胸鳍和腹鳍，翅膀张开，尾鳍上翘。C型摩羯从体态上看，形体变得微长。

D型　分二式。Ⅰ式：耶律羽之墓出土[22]，为一鎏金摩羯纹银碗底部纹饰（图七）。龙首，头上有角，嘴大张，双翼展开，有腹鳍。Ⅱ式：凌源八里铺村小喇嘛沟辽墓出土双摩羯纹束腰长盘（图八）。龙首，头上长有龙角，嘴大张，长有双翅，长有腹鳍。D型摩羯的突出特点是头部长出了龙角，有了龙首的特征。

图四　B型摩羯纹
（采自《赤峰市阿鲁科尔沁旗温多尔敖瑞山辽墓清理简报》）

图五　Ca型摩羯纹
（采自《马背华器　流光溢彩——吐尔基山辽墓金银器鉴赏》）

图六　Cb型摩羯纹
（采自《辽宁北票水泉一号辽墓发掘简报》）

2. 立体造型

辽代摩羯纹的立体造型可分为六型。

22　内蒙古文物考古研究所、赤峰市博物馆、阿鲁科尔沁旗文物管理所：《辽耶律羽之墓发掘简报》，《文物》1996年第1期。

图七 D型Ⅰ式摩羯纹
（采自《辽代摩竭形器物及其相关问题研究》）

图八 D型Ⅱ式摩羯纹
（采自《辽代摩竭形器物及其相关问题研究》）

A型 分二式。Ⅰ式：花根塔拉辽墓出土摩羯形金耳坠（图九）。Ⅱ式：出土于建平朱碌科辽墓[23]，为一摩羯形金耳坠（图一〇）。A型摩羯皆鱼身蜷曲为"U"形，口中衔一圆球。

图九 A型Ⅰ式摩羯纹
（采自《摩竭纹中国化研究》）

图一〇 A型Ⅱ式摩羯纹
（采自《辽代摩竭形器物及其相关问题研究》）

B型 赤峰城子公社辽墓出土[24]（图一一）。银壶壶身为两只直立的摩羯，张口，鱼身。

C型 分二式。Ⅰ式：辽宁省北票水泉一号辽墓出土摩羯形水盂（图一二）。摩羯张嘴作水盂的口，长有双翅，鱼尾上翘作柄，身体饰有鱼鳞。Ⅱ式：内蒙古库伦旗5号辽墓出土摩羯形水盂[25]（图一三）。摩羯张嘴作水盂的口，鼻子卷曲，翅膀在腹部处合拢，鱼尾上翘作柄，身体饰有鱼鳞。

D型 分二式。Ⅰ式：出土于辽宁省北票水泉一号辽墓（图一四），为石饰。嘴大

---

23 冯永谦：《辽宁省建平、新民的三座辽墓》，《考古》1960年第2期。
24 项春松：《赤峰发现的契丹鎏金银器》，《文物》1985年第2期。
25 哲里木盟博物馆、内蒙古文物工作队：《库伦旗第五、六号辽墓》，《内蒙古文物考古》1982年第2期。

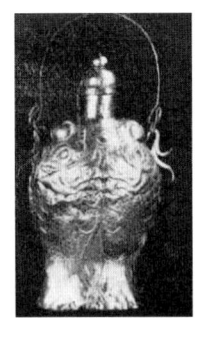

图一一　B型摩羯纹　　　　　图一二　C型Ⅰ式摩羯纹　　　　图一三　C型Ⅱ式摩羯纹
（采自《赤峰发现的契丹　　（采自《辽宁北票水泉一号辽墓发掘　　（采自《辽代摩羯形器物及其相关
鎏金银器》）　　　　　　　简报》）　　　　　　　　　　　问题研究》）

张，眼睛怒睁，翅膀张开，鱼身。Ⅱ式：出土于辽陈国公主驸马合葬墓[26]（图一五），为玉佩。嘴里衔一圆球，鼻子上卷，翅膀张开，尾鳍卷曲。

图一四　D型Ⅰ式摩羯纹　　　　　　　　图一五　D型Ⅱ式摩羯纹
（采自《辽代摩羯形器物及其相关问题　　（采自《辽代摩羯凤鱼形玉组佩》）
　　　　研究》）

　　E型　分三亚型。Ea型，出土于内蒙古宁城县榆树林辽墓[27]（图一六）。鼻子上卷，眼睛凸出，双翅紧贴鱼身。Eb型，出土于内蒙古通辽科尔沁左翼中旗宝康乡核心窝辽墓（图一七）。嘴里衔一圆球，鼻子上卷，眼睛凸出，有双翅，鱼身。Ec型，鼻子上卷，眼睛凸出，身体两侧刻羽翼纹作翅膀，鱼身[28]（图一八）。
　　F型　出土于辽陈国公主驸马合葬墓[29]（图一九）。上载人，为舟形摩羯。
　　从上述可以看出，A型摩羯，身体蜷曲呈"U"字形，较为独特。B型摩羯，与鲤鱼形象极为相似。C型摩羯，为水盂状，嘴巴宽大，尾部上翘，具有特点。D型摩羯和E型摩羯，虽特征相似，都长有兽首、鱼身、双翅，但E型摩羯身形和头部更为圆润，头

26　李毅君：《辽代摩羯凤鱼形玉组佩》，《中国博物馆》2010年第3期。
27　白俊波：《内蒙古宁城出土辽代三彩壶》，《文物》1984年第3期。
28　冯永谦：《新发现的几件辽代陶瓷》，《文物》1981年第8期。
29　内蒙古文物考古研究所：《辽陈国公主驸马合葬墓发掘简报》，《文物》1987年第11期。

图一六　Ea型摩羯纹
（采自《辽代摩竭形器物及其相关问题研究》）

图一七　Eb型摩羯纹
（采自《摩竭纹中国化研究》）

图一八　Ec型摩羯纹
（采自《新发现的几件辽代陶瓷》）

图一九　F型摩羯纹
（采自《辽陈国公主驸马合葬墓发掘简报》）

部造型也没有D型摩羯的凶猛之态。F型摩羯，身体略直，为舟形摩羯。

（二）金代摩羯纹造型特点

金是汉化程度较高的一个少数民族政权，金代摩羯纹造型借鉴了中原文化，日常生活中多用于装饰铜镜。金代的摩羯纹装饰与造型体现出了游牧民族豪爽雄迈的精神特点。

1. 双摩羯纹

金代双摩羯纹造型可分为四型。

A型　河北省隆化县八达营农场出土[30]（图二〇）。双摩羯纹，上下分布，两摩羯首尾相对。头较小，鼻子短小，嘴微微张开，圆眼，身体为鲤鱼状，浑身饰有鱼鳞，前鳍化为翅膀张开，但翅膀较小，保留了鲤鱼的背鳍、后鳍、尾鳍，尾鳍分开。

B型　甘肃省定西临洮北乡麻家坟出土[31]（图二一）。两摩羯首尾相追逐，左右分

30　河北省文物研究所：《历代铜镜纹饰》，河北美术出版社，1996年，第313页。
31　孔星祥、刘一曼：《中国铜镜图典》，文物出版社，1992年，第823页。

布，头较小，为龙头，鼻子小而上卷，身体为鲤鱼身，但较为细长，全身饰有鳞片，两前鳍变成张开的翅膀，不见背鳍和后鳍，尾鳍分开，变得较为细长而卷翘。以细密整齐的水波纹为地。

C型　辽宁省博物馆馆藏[32]（图二二）。两只摩羯，上面为一只摩羯展开翅膀在云间翱翔，下面为波涛汹涌的海水，另一只摩羯张开翅膀跃出海面。

图二〇　A型摩羯纹
（采自《历代铜镜纹饰》）

图二一　B型摩羯纹
（采自《中国铜镜图典》）

图二二　C型摩羯纹
（采自《辽宁省博物馆藏鱼龙
纹铜镜及相关问题》）

D型　金上京历史博物馆馆藏[33]（图二三）。两摩羯鼻子上卷，嘴巴张开，身体细长，尾鳍分开，形似鳗鱼，张开羽毛状双翅，呈S状飞舞。

从上述可以看出，A型摩羯，头和鱼头更为相似，身体短小，也更为接近鱼形，前鳍虽已有了化为翅膀的特征，但依然保留了鱼的背鳍和后鳍。B型摩羯，头已有了龙首的特征，身体变得较为细长，翅膀虽小，但已然没有了鱼鳍的特点，背鳍和后鳍也已消失。C型摩羯，龙首特征明显，身体同样变长，但更为强劲，翅膀变得更为宽大有力。D型摩羯，龙首特征同样明显，翅膀张开，身体也变得更加细长，身体更具龙身的灵活性。

图二三　D型摩羯纹
（采自《金代铜镜纹饰研
究——以上京地区为中心》）

2. 单摩羯纹

金代单摩羯纹造型可分为四型。

A型　分二亚型。Aa型，黑龙江省阿城出土（图二四）。头部为龙首，眼睛怒睁，嘴微张，鬃毛向上飘起，翅膀卷起，浑身饰有鳞片，排列工整，尾部为火焰状。以水纹为地。Ab型，辽宁省博物馆馆藏（图二五）。龙首，张口，头部长有须发，肩部长出卷曲的羽翼，尾部变成火焰状。

32　刘宁：《辽宁省博物馆藏鱼龙纹铜镜及相关问题》，《辽宁省博物学术论文集（1999—2008）》第3册，辽海出版社，2009年，第2120页。
33　史策：《金代铜镜纹饰研究——以上京地区为中心》，哈尔滨师范大学硕士学位论文，2017年，第75页。

图二四　Aa型摩羯纹
（采自《金代铜镜纹饰研究——以上京地区为中心》）

图二五　Ab型摩羯纹
（采自《辽宁省博物馆藏鱼龙纹铜镜及相关问题》）

B型　分二亚型。Ba型，河北省清苑县出土（图二六）。龙首，张口露出牙齿，须发向后飘，身体为鱼身，较宽，全身饰有鳞片，翅膀合拢。以云纹为地。Bb型，辽宁省博物馆馆藏（图二七）。龙首，回首张望，嘴怒张，似在咆哮，身体布满鳞片，翅膀合拢，尾鳍分开。以水纹为地。

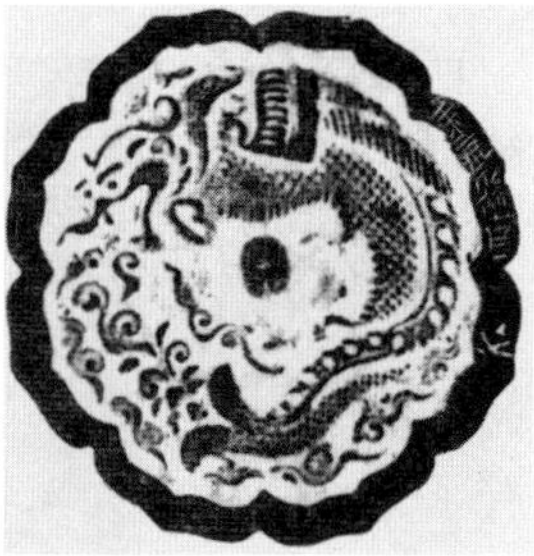

图二六　Ba型摩羯纹
（采自《历代铜镜纹饰》）

图二七　Bb型摩羯纹
（采自《辽宁省博物馆藏鱼龙纹铜镜及相关问题》）

C型　辽宁省博物馆馆藏（图二八）。龙首，回首张望，嘴怒张，似在咆哮，长有鳞片，肩部为翅膀，较小，背部长有尖刺，尾鳍分开，较宽肥。以水纹为地。

D型　分四亚型。Da型，黑龙江省阿城出土（图二九）。摩羯张开双翅飞于海面之上，张开大口，尾部卷曲。摩羯上方饰有云纹。Db型，黑龙江阿城区出土（图三〇）。摩羯展开双翅出没于海浪之中，天空上方是一轮被如意祥云托举的弯月。Dc型，馆藏于金上京历史博物馆（图三一）。摩羯飞翔在海面上，长颈，身体较细，双翅张开，抬头望向天空。云层中有两只飞翔的仙鹤。Dd型，馆藏于金上京历史博物馆（图三二）。摩羯展开双翅游浮于海面之上，身体被海浪覆盖，仰首望着祥云缭绕的天空。

图二八　C型摩羯纹
（采自《辽宁省博物馆藏鱼龙纹铜镜及相关问题》）

图二九　Da型摩羯纹（采自《金代铜镜纹饰研究——以上京地区为中心》） 　　图三〇　Db型摩羯纹（采自《金代铜镜纹饰研究——以上京地区为中心》） 　　图三一　Dc型摩羯纹（采自《金代铜镜纹饰研究——以上京地区为中心》） 　　图三二　Dd型摩羯纹（采自《金代铜镜纹饰研究——以上京地区为中心》）

从上述可以看出，A型摩羯，身体弯曲成"C"形，龙首处出现鬃毛和须发，肩部羽翼为卷曲状，尾部变成了火焰状。B型摩羯，身体虽也弯曲成"C"形，但翅膀合拢，尾鳍分开。C型摩羯，翅膀张开，且在背部长出了尖刺。D型摩羯，皆展开双翅，游浮于水面之上，昂首仰望天空。

（三）小结

辽代摩羯纹应用范围较为广泛，且用不同质地作为摩羯纹的载体，有瓷器、玉器、琥珀、金银器、石器、丝织品等，有的装饰在碗、盘底部，有的装饰在冠饰和鞍上，有的更是用于丝织品的图案。除了平面纹饰之外，摩羯纹经过创新有了立体式的发展，不再拘于平面之上，摩羯整体造型被制成了壶、耳坠、玉佩等实物。辽代摩羯造型样式繁多，各有其特点。辽代平面上的摩羯造型以长有翅膀为主，但也出现了部分未长有翅膀的摩羯。同时，摩羯保留了鱼的胸鳍和腹鳍，尾部以分开的鱼尾为主，但也有部分摩羯饰有一片鱼尾。有的摩羯还出现了爪和角。立体造型上的辽代摩羯造型独特，虽不见胸鳍和腹鳍，但其头、身、尾更接近现实生活中的鲤鱼，且翅膀多贴于身体之上。总体上看，辽代摩羯更偏向鱼形，是兽首、圆眼、鼻子上卷、鱼身、鱼尾、长有翅膀的形象。

金代摩羯纹多作为铜镜背面的装饰纹饰。与辽代相比，摩羯鱼形身体特点削弱，虽长有鱼的尾鳍，但身体变得更长，更趋向龙身，体现出了龙的强劲与灵活。龙首的特征也更为明显，多大嘴张，露出尖牙利齿，部分摩羯鼻子上卷状态不明显，且龙首有了鬃毛和须发，胸鳍、腹鳍也消失不见，翅膀虽有卷曲与合拢，但多张开做飞翔状，有的尾部也由分开的鱼尾转变为火焰尾，不见一片鱼尾。其中，展开双翅遨游于云水间的摩羯龙化形象更为突出。同时，金代摩羯虽有其自身特点，但在一定程度上继承了辽代摩羯鱼身、鱼尾、长有翅膀的部分特征。

三、辽金时期摩羯纹组合纹饰对比分析

（一）辽代摩羯纹组合纹饰

辽代摩羯纹除了本身被用于器皿表面装饰纹饰或作为器物整体的造型之外，摩羯周围还有一些辅助纹饰与摩羯形成了组合。与摩羯纹组合出现的纹饰通常有人首纹、水纹、云纹、莲花纹、火珠纹。

1. 人首纹

内蒙古巴林左旗乌兰套海公社出土一件人首摩羯形注壶，摩羯身和人首相连接（图三三）。壶前面的人首为一少女头像，五官清晰，头发成髻盘于两侧，垂于耳后，双手捧摩羯头放于胸前。人首中空，头的顶部为流。壶身为鱼形，脊背上有花冠状注水口，鱼身刻有细密鳞片和双翼，鱼尾分叉上翘，人首和鱼尾之间有提梁。辽代的工匠把佛教中人首鸟身的迦陵频伽[34]形象和摩羯形象结合在一起，创造出了独特的艺术形象。

图三三　人首摩羯形注壶
（采自《新发现的几件辽代陶瓷》）

2. 水纹

水纹包括水珠纹和水波纹。

北票水泉一号辽墓出土了一件摩羯形水盂和一件鎏金摩羯纹饰板。摩羯形水盂通体为摩羯形象，嘴巴张开，下唇前伸为流，尾巴为柄。尾部和翅膀周边装饰了水珠纹[35]（图三四）。

鎏金双摩羯纹饰板以水波纹为地，四边有铜钉与背部木板相接（图三五）。摩羯本就生活在水中，摩羯与水纹相组合，更加突出了摩羯在水中的凶猛气势。

34　王飞：《摩羯纹饰的中国化进程及演变规律——以考古发现之文物为例》，内蒙古大学硕士学位论文，第35页。
35　孙机：《摩羯灯——兼谈与其相关问题》，《文物》1986年第12期。

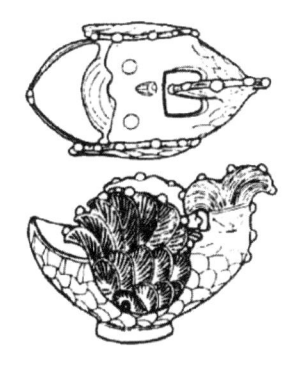

图三四　摩羯形水盂
（采自《摩羯灯——兼谈与其相关问题》）

图三五　鎏金双摩羯纹饰板
（采自《辽宁北票水泉一号辽墓发掘简报》）

3. 云纹

吐尔基山辽墓出土一件菱形摩羯纹银盘，盘底部饰有两只摩羯，边上有四朵祥云（图三六）。

图三六　菱形摩羯纹银盘
（采自《摩羯纹饰的中国化进程及演变规律——以考古发现之文物为例》）

4. 莲花纹

莲花纹是佛教中的经典纹饰。在佛教故事中，释迦牟尼步步生莲，因此，莲花象征着佛陀的涅槃重生。辽代摩羯纹与莲花纹相组合，摩羯腹部为莲花瓣，整体为一莲花托举摩羯的造型。内蒙古宁城县榆树林辽墓（图三七）、内蒙古通辽科尔沁左翼中旗宝康乡核心窝辽墓（图三八）和辽宁阜新市于寺镇[36]皆出土了这样的摩羯形注壶（图三九）。

5. 火珠纹

火珠在佛教中具有引导光明的作用。火珠通常以被摩羯含在嘴里或被摩羯环绕的形式出现在器物上。内蒙古通辽科尔沁左翼中旗宝康乡核心窝辽墓出土的三彩摩羯壶便是

36　胡健、崔松：《辽三彩鱼龙壶》，《阜新辽金史研究（第四辑）》，中国社会出版社，2000年。

图三七　摩羯形注壶
（采自《辽代摩竭形器物及其相关问题研究》）

图三八　三彩摩羯壶
（采自《摩竭纹中国化研究》）

图三九　三彩摩羯壶
（采自《辽代摩竭形器物及其相关问题研究》）

摩羯口含火珠的形象（图三八）。吐尔基山辽墓出土的一件摩羯纹银盘，盘底部饰有两只环绕火珠的摩羯（图四〇）。

图四〇　摩羯纹银盘
（采自《马背华器　流光溢彩——吐尔基山辽墓金银器鉴赏》）

（二）金代摩羯纹组合纹饰

金代摩羯纹是装饰铜镜的典型纹饰。摩羯作为主纹，常以水纹和云纹作地来突出摩羯形象。同时，金代在摩羯纹组合形式上也有了新的创新，出现了仙鹤、明月等纹饰与摩羯纹相结合。

1. 水纹

水纹样式可分为五类。

辽宁省博物馆馆藏的一件摩羯镜（图四一），以水纹为地。此镜用单层圆弧来表示水，形似鳞片。

金上京历史博物馆馆藏的一件摩羯镜（图四二），以成组的斜纹来表示水波，每组斜纹略为平行。

黑龙江省阿城出土了3件摩羯镜。其中一件以水纹为地，以按顺序排列的曲线来表示水，且线条以摩羯为中心向四周发散（图四三）。一件以多层圆弧来表示水波（图四四）。另一件以形似"，"的符号来表示水（图四五）。

图四一 摩羯镜
（采自《辽宁省博物馆藏鱼龙纹铜镜及相关问题》）

图四二 摩羯镜
（采自《金代铜镜纹饰研究——以上京地区为中心》）

图四三 摩羯镜
（采自《金代铜镜纹饰研究——以上京地区为中心》）

图四四 摩羯镜
（采自《金代铜镜纹饰研究——以上京地区为中心》）

图四五 摩羯镜
（采自《金代铜镜纹饰研究——以上京地区为中心》）

2. 云纹

河北省清苑县出土一摩羯镜（图四六），此镜以云纹为地来突出摩羯。

金上京历史博物馆馆藏的一面铜镜（图四二），一摩羯展开双翅游浮于海面之上，身体被海浪覆盖着，抬起头望着布满祥云的天空。

3. 仙鹤纹

金上京历史博物馆馆藏的一面铜镜（图四七），摩羯张开翅膀做飞翔状。空中有两只仙鹤向下俯飞，与摩羯相呼应。

图四六 摩羯镜
（采自《历代铜镜纹饰》）

图四七 摩羯镜
（采自《金代铜镜纹饰研究——以上京地区为中心》）

4. 明月纹

辽宁省博物馆馆藏的一面铜镜（图四八），摩羯展开双翅潜伏在海面之上，天空上方为一轮被如意祥云托举的明月。

黑龙江省阿城区出土一面铜镜（图四五），摩羯展开双翅出没于海浪之中，天空上方是一轮被如意祥云托举的弯月。

图四八　摩羯纹镜
（采自《辽宁省博物馆藏鱼龙纹铜镜及相关问题》）

（三）小结

辽代摩羯纹的辅助纹饰种类较多。水纹突破了传统的平面上的纹饰，出现了立体造型上的水珠纹。云纹造型与具有吉祥意义的如意相似。除了有与摩羯习性相关的水纹和云纹之外，与摩羯组合更多的纹饰是佛教中具有代表性的纹饰。在佛造像中，佛陀与菩萨弟子或站或坐莲花台，莲花在佛教中代表着涅槃重生。辽代摩羯纹与莲花纹相组合，莲花在摩羯腹部，成为莲花座托举摩羯。火珠在佛教中有着为世人指向光明的作用，辽代摩羯或口含或环绕火珠。迦陵频迦是印度神话中的乐神，在佛教中歌颂美妙的佛音，人首与摩羯的组合更是直接模仿了佛教中人首鸟身的迦陵频迦形象，辽代的摩羯纹组合纹饰继承了唐代的佛教文化。

金代的摩羯纹组合纹饰与辽相比有了巨大的改变。金代与摩羯纹组合的纹饰，多水纹和云纹。水纹种类多样，用不同形状的曲线组合表示水纹。云纹除了有团簇的如意祥云之外，还有卷云纹。摩羯与水纹和云纹组合更加突出摩羯自身的生活习性。摩羯展开双翅在水汽缭绕中一边拍着水面，一边抬头仰望着空中的明月和仙鹤，摩羯腾云驾雾、冲风破浪，将其与仙鹤、明月、祥云、海浪等极具汉文化的纹饰相结合，体现出摩羯有了龙的习性，突出了摩羯的龙化。同时，整体纹饰也更具画面感和意境感。金代摩羯纹组合纹饰受宋影响深远，更多地继承了宋代的龙文化。

四、造成辽金时期摩羯纹异同的原因分析

唐代是佛教发展的鼎盛时期。契丹民族作为游牧民族，极易受到汉文化的影响。因此，唐代盛行的佛教文化也必然会对契丹民族造成影响。辽在建国前后，为了加强对幽云地区汉人的统治，采取了大力倡导佛教的措施，使佛教在辽地广泛传播。早在唐天复二年（902），契丹"城龙化州于潢河之南，始建开教寺"[37]。摩羯纹作为佛教文化中的经典纹饰，自然也受到了契丹民族的喜爱。同时，辽代还使用莲花纹、火珠纹等佛教中具有代表性的纹饰作为摩羯纹的辅助纹饰。除此之外，契丹人还将汉人先后掳往辽地，在辽地保留下了大量的汉族手工艺人，其中不乏会制造摩羯纹器物者。唐天复二年（902），阿保机"以兵四十万伐河东代北，攻下九郡，获生口九万五千"[38]。因此，

37　《辽史》卷1《太祖纪上》，中华书局，1974年，第2页。
38　《辽史》卷1《太祖纪上》，中华书局，1974年，第2页。

辽代的摩羯纹在极大程度上继承了唐代的鱼形摩羯纹（图四九）的造型与风格。头、身、尾更接近现实生活中的鲤鱼，身体的轮廓也呈现出鱼的流线型，鱼形特征极为明显。

金代灭了辽朝建国，在一定程度上承袭了辽文化，金代摩羯纹便是在承袭了辽代的摩羯纹基础上发展而来。因此，金代摩羯纹具有辽代摩羯纹鱼身、鱼尾、长有翅膀等相似的特征。金人对周边的文化采取兼容并蓄的态度。宋代龙文化发展更加世俗化，应用范围较前代相比更为广泛。宋代的瓷器、铜镜、丝织品、石刻等载体上都饰有龙纹。同时，龙纹多与云纹、水纹相结合应用[39]。如宋代的少林寺石刻游龙[40]（图五〇），游龙腾云驾雾、冲风破浪、目露威严。金代的摩羯纹受宋代龙文化的影响深远。金代摩羯鱼形身体特点被弱化，身体变得更长，更趋向龙身，龙首的特征也更为明显，由辽代的鱼形开始向龙形转化。金代摩羯纹也多与水纹和云纹相结合应用。这个时期摩羯纹的佛教色彩已被大大削弱，出现了摩羯纹与龙纹相融合的特征。

图四九　唐鎏金摩羯纹六曲银盘
（采自《中国金银玻璃珐琅器全集·金银器（二）》）

图五〇　少林寺石刻游龙
（采自《中国图案大系（四）》）

五、影响辽金时期摩羯纹发展的因素分析

辽金时期摩羯纹造型成因是复杂的，中国的鱼文化和龙文化、佛教文化、辽金民族文化、唐宋文化等因素都对辽金摩羯纹发展有着重要影响。

（一）鱼文化与龙文化

鱼文化和龙文化在中国源远流长。中国古代社会对生殖崇拜十分流行，而鱼类繁殖力旺盛，因此，古人希望通过对鱼的崇拜来求得多子多孙。同时，人们对鱼也寄托着飞黄腾达、鱼跃龙门以及生活富足、安定和谐的美好意愿。中国古代以小农经济为主，风调雨顺对人们的生活至关重要。古人把龙奉为神兽，赋予了其呼风唤雨、辟邪消灾、祥瑞等含义。摩羯是一种生活在海里的巨兽，身体是鱼形，摩羯和鱼、龙都有着种种的

39　谷莉：《宋辽夏金装饰纹样研究》，苏州大学博士学位论文，2011年，第96页。
40　张道一：《中国图案大系（四）》，山东美术出版社，1995年，第180页。

相似性，因此，为中国鱼文化和龙文化改造摩羯纹提供了契机。辽金时期，中国鱼文化与龙文化对摩羯纹持续进行改造，鱼形摩羯和龙化摩羯数量增多，载体也十分丰富，涵盖区域也较为辽阔，其使用者不仅包含了皇族、贵族，也深入平民百姓中。辽代鱼文化对摩羯影响较大，金代以龙文化对其影响更为强势，摩羯身体部位被拉长，使其更像龙身，其吉祥含义得到进一步的强化，使摩羯纹更加被大众喜爱。

（二）佛教文化

佛教的内涵和教义在中国成功传播，纹饰作为传播手法的载体发挥了巨大的作用。佛教纹饰在我国的发展经历了从简单的模仿到高层次改造的过程，在漫长的历史演变中不断融合、汲取中国传统文化中的精华，最终和中国的文化观念合为一体，成为极有中国特色的文化元素。在印度神话中，摩羯力量强大且在水中兴风作浪，攻击来往船只，后被佛法收服之后向善，以此彰显出了佛教的慈悲和佛教的强大力量。摩羯随着佛教传入中国，带有强烈的佛教符号与佛教宣传意味。辽代摩羯纹的辅助纹有在佛教中代表涅槃重生的莲花和为世人指向光明的火珠，都是佛教文化与中国传统文化相互影响后形成的代表性纹饰。

（三）辽金民族审美

辽代和金代的摩羯纹器物造型都体现了民族特色。辽代在摩羯纹造型上有了自己的创新，摩羯纹除了作为碗、盘等底部的平面纹饰之外，摩羯也被制成了耳饰、壶等立体的实物造型。质地也由唐代的以金银器为主，发展为瓷器、玉器、丝织、铜器等多种质地。其器物造型体现出了北方草原游牧民族传统的制作器物的工艺与风格。金代摩羯纹多用于日常生活中的铜镜装饰。摩羯前鳍化为两只伸展的翅膀，脊鳍出现尖刺，尾部化为火焰状，卷曲而粗壮有力，造型颇为奔放粗犷，整体而言，金代的摩羯纹造型展现出了游牧民族的雄迈豪爽之情。

（四）唐宋摩羯的影响

辽代的工艺制造技术直接受以唐为主的汉文化影响较大。唐代盛行的鎏金工艺和錾刻工艺，在辽代金银器中也大量体现着。吐尔基山辽墓出土的鎏金摩羯纹银盆就用了此工艺。辽瓷烧造技术中的三彩烧制工艺，也是受唐三彩的影响，内蒙古宁城县榆树林辽墓、内蒙古通辽科尔沁左翼中旗宝康乡核心窝辽墓和辽宁阜新市于寺镇皆出土了三彩摩羯形注壶。辽代部分摩羯纹饰同样被用在碗、盘等器皿底部，无疑也是受唐代的影响。宋代摩羯纹对辽金摩羯纹也有着巨大影响，辽金摩羯纹保留着宋代摩羯体态的特点。宋代摩羯纹主要出现在瓷器上，宋代摩羯头部出现龙首的特征，鼻子变小，出现翅膀并且鱼鳍数量减少，尾部也更具鲤鱼尾的特点，这些特点都被辽金摩羯所保留。

六、结　　语

纹饰的发展变化与历史的更迭是密不可分的，摩羯纹的发展演变代表了外来纹饰逐渐中国化的过程。由于文化和审美的不同，摩羯纹在与不同文化的交流和碰撞之中成为具有民族特色的代表性纹饰。

摩羯纹作为辽金时期盛行的纹饰，在汲取了中原文化、佛教文化等多种文化之后，成为蕴含契丹族和女真族自身民族特点与风格的纹饰，创造出了独具特色的民族摩羯文化。辽金时期的摩羯纹在数量和载体上都有了空前的发展，使用范围和应用范围也空前扩大，使用者从上层人士扩大到下层的平民人士，铜器、金银器、瓷器、丝织品、玉器、琥珀、木器、石器、陶器等器物上都饰有摩羯图案。辽代在摩羯造型上有了新的创新，摩羯纹由平面造型向立体式造型发展，且造型样式繁多，各有特点，辽代摩羯保留了鱼的胸鳍和腹鳍，更偏向鱼形。辽代摩羯纹的辅助纹饰种类较多，除了有与摩羯习性相关的水纹和云纹之外，与摩羯组合更多的纹饰是莲花纹、火珠纹等佛教中具有代表性的纹饰。金代摩羯受宋代龙文化的影响，鲤鱼特点被弱化，身体拉长，摩羯纹由辽代的鱼形开始向龙形转化，兽首转化为龙首，有了龙的鬃毛和须发，胸鳍、腹鳍也消失不见，身体更趋向龙身，同时也蕴含着北方民族的豪迈与威武。摩羯与仙鹤、明月、祥云、海浪等纹饰相结合，更加突出了摩羯的龙化。

摩羯在中国化的过程中受到了鱼文化和龙文化、佛教文化、辽金民族文化、唐宋文化的影响。摩羯纹本身的内涵也有了改变，从最初的凶猛海兽转变为辟邪消灾的祥瑞之兽，具有了吉祥的意义，使得摩羯纹更加被大众喜爱。

附表一　辽代摩羯纹器物考古发现一览表

名称	数量	载体	发现地点	时代	文献出处
摩羯形金耳饰	2件	金银器	耶律羽之墓	辽早期	内蒙古文物考古研究所、赤峰市博物馆、阿鲁科尔沁旗文物管理所：《辽耶律羽之墓发掘简报》，《文物》1996年第1期
鎏金摩羯纹银碗	2件	金银器	耶律羽之墓	辽早期	内蒙古文物考古研究所、赤峰市博物馆、阿鲁科尔沁旗文物管理所：《辽耶律羽之墓发掘简报》，《文物》1996年第1期
摩羯形铜带饰	2件	金银器	耶律羽之墓	辽早期	内蒙古文物考古研究所、赤峰市博物馆、阿鲁科尔沁旗文物管理所：《辽耶律羽之墓发掘简报》，《文物》1996年第1期
摩羯形金耳饰	2件	金银器	吐尔基山辽墓	辽早期	内蒙古文物考古研究所：《内蒙古通辽市吐尔基山辽代墓葬》，《考古》2004年第7期
菱形摩羯纹银盘	1件	金银器	吐尔基山辽墓	辽早期	内蒙古文物考古研究所：《内蒙古通辽市吐尔基山辽代墓葬》，《考古》2004年第7期
鎏金摩羯纹银盆	1件	金银器	吐尔基山辽墓	辽早期	内蒙古文物考古研究所：《内蒙古通辽市吐尔基山辽代墓葬》，《考古》2004年第7期
鎏金摩羯形银壶	2件	金银器	赤峰城子公社辽墓	辽早期	项春松：《赤峰发现的契丹鎏金银器》，《文物》1985年第2期
摩羯形金耳饰	2件	金银器	内蒙古克什克腾旗二八地辽墓一号墓	辽早期	项春松：《克什克腾旗二八地一、二号辽墓》，《内蒙古文物考古》1984年第3期

续表

名称	数量	载体	发现地点	时代	文献出处
摩羯形金耳饰	1件	金银器	花根塔拉辽墓	辽早期	阿鲁科尔沁旗博物馆：《花根塔拉辽墓出土文物及其族属和年代》，《中国古都研究（第十八辑上册）——中国古都学会2001年年会暨赤峰辽王朝故都历史文化研讨会论文集》，国际华文出版社，2001年
摩羯形水盂	1件	瓷器	北票水泉一号辽墓	辽早期	辽宁省博物馆文物队：《辽宁北票水泉一号辽墓发掘简报》，《文物》1977年第12期
鎏金摩羯纹饰板	1件	木器	北票水泉一号辽墓	辽早期	辽宁省博物馆文物队：《辽宁北票水泉一号辽墓发掘简报》，《文物》1977年第12期
摩羯形石坠	1件	石器	北票水泉一号辽墓	辽早期	辽宁省博物馆文物队：《辽宁北票水泉一号辽墓发掘简报》，《文物》1977年第12期
摩羯形金耳饰	2件	金银器	法库叶茂台9号墓	辽早期	辽宁大学历史系考古教研室：《辽宁法库县叶茂台8、9号辽墓》，《考古》1996年第6期
摩羯纹刺绣	1件	丝织品	辽宁北票馒头沟辽墓	辽早期	袁燕、张以萱、刘冰冰：《摩羯纹"鱼龙化"的演变及其应用》，《纺织高校基础科学学报》2021年第4期
摩羯形玉佩	2件	玉器	辽陈国公主驸马合葬墓	辽中期	内蒙古文物考古研究所：《辽陈国公主驸马合葬墓发掘简报》，《文物》1987年第11期
摩羯形琥珀珍珠耳饰	2件	琥珀	辽陈国公主驸马合葬墓	辽中期	内蒙古文物考古研究所：《辽陈国公主驸马合葬墓发掘简报》，《文物》1987年第11期
摩羯形金耳饰	2件	金银器	内蒙古通辽奈林稿乡木头营子村辽墓	辽中期	潘飚：《摩羯纹中国化研究》，西北师范大学硕士学位论文，2020年
提梁注壶	1件	瓷器	乌兰察布察右旗豪欠营辽墓	辽中期	乌拉察布盟文物工作站：《察右前旗豪欠营第六号辽墓清理简报》，《文物》1983年第9期
摩羯形金耳饰	2件	金银器	科左中旗小努日木辽墓	辽中期	通辽市博物馆：《内蒙古科左中旗小努日木辽墓》，《北方文物》2000年第3期
摩羯形金耳饰	2件	金银器	建平朱碌科辽墓	辽中期	冯永谦：《辽宁省建平、新民的三座辽墓》，《考古》1960年第2期
摩羯纹五曲银碗	1件	金银期	凌源八里铺村小喇嘛沟辽墓	辽中期	齐伟：《辽代摩竭形器物及其相关问题研究》，《辽宁省博物学术论文集（1999—2008）》第1册，辽海出版社，2009年
六边形铜带饰	1件	铜器	辽宁北票白家窝铺辽代墓葬	辽中期	辽西博物馆、北票市博物馆：《辽宁北票白家窝铺辽代墓葬》，《北方文物》2008年第4期

续表

名称	数量	载体	发现地点	时代	文献出处
摩羯形注壶	1件	瓷器	内蒙古库伦旗5号辽墓	辽中晚期	哲里木盟博物馆、内蒙古文物工作队：《库伦旗第五、六号辽墓》，《内蒙古文物考古》1982年第2期
双摩羯纹束腰长盘	1件	瓷器	凌源八里铺村小喇嘛沟辽墓	辽晚期	中国考古学会：《中国考古学年鉴》，文物出版社，1997年
鎏金摩羯冠饰	1件	金银器	赤峰市温多尔敖瑞山辽墓	辽晚期	赤峰市博物馆考古队、阿鲁科尔沁旗文物管理所：《赤峰市阿鲁科尔沁旗温多尔敖瑞山辽墓清理简报》，《文物》1993年第3期
人首摩羯形注壶	1件	瓷器	内蒙古巴林左旗乌兰套海公社	年代不详	冯永谦：《新发现的几件辽代陶瓷》，《文物》1981年第8期
摩羯形注壶	1件	瓷器	内蒙古宁城县榆树林辽墓	年代不详	白俊波：《内蒙古宁城出土辽代三彩壶》，《文物》1984年第3期
摩羯纹缂丝帽	1件	丝织品	内蒙古兴安盟科右中旗代钦塔拉辽墓	年代不详	内蒙古博物馆、内蒙古兴安盟文物工作站、中国丝绸博物馆：《内蒙古兴安盟代钦塔拉辽墓出土丝绸服饰》，《文物》2002年第4期
鎏金摩羯纹银鞍饰	1件	金银器	北票西营官镇韩杖子村辽墓	年代不详	王永兰、赵志伟：《北票市发现辽代鎏金摩羯纹银鞍饰》，《辽金历史与考古》2014年第5期
三彩摩羯壶	1件	瓷器	通辽科尔沁左翼中旗宝康乡核心窝辽墓	年代不详	王飞：《摩羯纹饰的中国化进程及演变规律——以考古发现之文物为例》，内蒙古大学硕士学位论文，2013年
银盏托	1件	金银器	赤峰巴林右旗洪格尔哈鲁辽墓	年代不详	王飞：《摩羯纹饰的中国化进程及演变规律——以考古发现之文物为例》，内蒙古大学硕士学位论文，2013年
三彩摩羯壶	1件	瓷器	阜新市于寺镇	年代不详	胡健、崔松：《辽三彩鱼龙壶》，《阜新辽金史研究》2000年第4期
鎏金银冠	1件	金银器	甘肃省博物馆收藏	年代不详	李永平：《甘肃省博物馆收藏的辽代鎏金银冠》，《丝绸之路民族古文字与文化学术讨论会会议论文集》，三秦出版社，2005年
金耳坠	1件	金银器	狄安·戴狄安收藏	年代不详	朱天舒：《辽代金银器》，文物出版社，1998年
玉佩	2件	玉器	天津文物公司收藏	年代不详	于明：《如玉人生：庆祝杨伯达先生八十华诞文集》，科学出版社，2006年
玉佩	1件	玉器	故宫博物院收藏	年代不详	于明：《如玉人生：庆祝杨伯达先生八十华诞文集》，科学出版社，2006年
摩羯纹玉佩	1件	玉器	台北故宫博物院收藏	年代不详	尹钊、李根、张继超：《从摩羯纹的演变谈古玉的断代》，《东方收藏》2016年第11期

续表

名称	数量	载体	发现地点	时代	文献出处
刺绣罗靴	2件	丝织品	中国丝绸博物馆收藏	年代不详	袁燕、张以萱、刘冰冰：《摩竭纹"鱼龙化"的演变及其应用》，《纺织高校基础科学学报》2021年第4期
白瓷摩羯形注壶	1件	瓷器	不详	年代不详	冯永谦：《新发现的几件辽代陶瓷》，《文物》1981年第8期
三彩摩羯纹瓷盘	1件	瓷器	不详	年代不详	王福龙：《辽三彩摩羯纹盘》，《收藏界》2005年第5期
祥云四摩羯纹铜镜	1件	铜器	不详	年代不详	史策：《金代铜镜纹饰研究——以上京地区为中心》，哈尔滨师范大学硕士学位论文，2017年
菱花形双摩羯纹铜镜	1件	铜器	不详	年代不详	史策：《金代铜镜纹饰研究——以上京地区为中心》，哈尔滨师范大学硕士学位论文，2017年
亚字形摩羯纹铜镜	1件	铜器	不详	年代不详	史策：《金代铜镜纹饰研究——以上京地区为中心》，哈尔滨师范大学硕士学位论文，2017年
摩羯纹镂空花钱	1件	铜器	不详	年代不详	尹钊、李根、张继超：《摩羯鱼镂空花钱》，《收藏》2016年第21期

附表二　金代摩羯纹器物考古发现一览表

名称	数量	载体	发现地点	时代	文献出处
摩羯镜	1件	铜器	甘肃省定西临洮北乡麻家坟	年代不详	孔祥星、刘一曼：《中国铜镜图典》，文物出版社，1992年
摩羯镜	1件	铜器	甘肃省镇原县	年代不详	李宏斌：《金代摩羯镜》，《丝绸之路》2017年第8期
摩羯镜	1件	铜器	河北省隆化县八达营农场	年代不详	河北省文物研究所：《历代铜镜纹饰》，河北美术出版社，1996年
带柄摩羯镜	1件	铜器	河北省隆化县三道营半壁山村	年代不详	河北省文物研究所：《历代铜镜纹饰》，河北美术出版社，1996年
摩羯镜	1件	铜器	河北清苑县	年代不详	河北省文物研究所：《历代铜镜纹饰》，河北美术出版社，1996年
带柄摩羯镜	1件	铜器	河北省保定市文物拣选	年代不详	河北省文物研究所：《历代铜镜纹饰》，河北美术出版社，1996年
介休窑摩羯纹碗模	1件	陶器	山西省晋中介休市介休窑	年代不详	王飞：《摩羯纹饰的中国化进程及演变规律——以考古发现之文物为例》，内蒙古大学硕士学位论文，2013年

续表

名称	数量	载体	发现地点	时代	文献出处
摩羯镜	2件	铜器	山东省聊城市	年代不详	刘善沂、孙怀生：《山东聊城地区出土的铜镜》，《文物》1986年第6期；怀生、宗涛、崑麟：《聊城地区出土部分古代铜镜》，《文物》1993年第4期
摩羯镜	1件	铜器	河南省淇县征集	年代不详	孔星祥、刘一曼：《中国铜镜图典》，文物出版社，1992年
摩羯镜	1件	铜器	四川省会理县	年代不详	
摩羯镜	3件	铜器	黑龙江省哈尔滨市阿城区	年代不详	史策：《金代铜镜纹饰研究——以上京地区为中心》，哈尔滨师范大学硕士学位论文，2017年
摩羯镜	2件	铜器	吉林省松原市	年代不详	史策：《金代铜镜纹饰研究——以上京地区为中心》，哈尔滨师范大学硕士学位论文，2017年
摩羯镜	2件	铜器	张家口市博物馆馆藏	年代不详	宋志刚：《张家口市博物馆藏金元摩羯纹铜镜》，《文物春秋》2000年第1期
摩羯镜	5件	铜器	金上京历史博物馆藏	年代不详	史策：《金代铜镜纹饰研究——以上京地区为中心》，哈尔滨师范大学硕士学位论文，2017年
摩羯镜	6件	铜器	辽宁省博物馆馆藏	年代不详	刘宁：《辽宁省博物馆藏鱼龙纹铜镜及相关问题》，《辽宁省博物学术论文集（1999—2008）》第3册，辽海出版社，2009年
摩羯镜	2件	铜器	不详	年代不详	孔星祥、刘一曼：《中国铜镜图典》，文物出版社，1992年
摩羯玉佩	1件	玉器	不详	年代不详	尹钊、李根、张继超：《从摩羯纹的演变谈古玉的断代》，《东方收藏》2016年第11期

（刘志敏　赤峰学院）

文物研究

简述辽宁凌源金代石拱桥建造形制的显著特点及其价值意义

李飞泉

内容提要：作为我国历史上大型古代建筑遗存之一的桥梁，截至目前，在我国东北地区发现甚少，能够较完整地保存下来的更是罕见。20世纪70年代末，在辽宁省朝阳市凌源市三家子乡天盛号村发现的距今850多年前的金代石拱桥（以下称天盛号石拱桥），填补了这一地区古代桥梁遗存发现的空白。特别是此桥建造形式中的显著特点，更是金代乃至我国古代桥梁建造中极其少见的。本文就这座桥梁建造的形制特点以及价值意义作以较为详细的介绍，使人们能为我国古代民间工匠的聪明才智和高超技艺感到震撼和欣喜。

关键词：辽宁凌源　金代　石拱桥　显著特点　价值意义

　　桥梁，作为人们日常生活中交通设施的重要载体，早在商周之际即已见诸史籍，《诗经·大明》中周文王为娶妻而"亲迎于渭，造舟为梁"[1]的记载，说明了我国古代桥梁的建造，至迟已有三千多年的历史了。我国著名桥梁研究专家茅以升先生将中国古代桥梁的发展大致划分为四个阶段：①西周、春秋时期是古代桥梁的创始阶段；②秦汉时期，为古代桥梁的发展时期；③唐、宋为古代桥梁发展的全盛时期；④元、明、清时期，主要是对古桥的修缮以及桥梁艺术的发展时期[2]。从茅先生对古代桥梁发展划分的四个阶段中可以看出，我国历史上的金代应该归属于第三个阶段，处于我国古代桥梁建设史上的高峰时期，这一点，从现存古代桥梁的实际情况来看，无论是从建桥的数量、质量，还是从桥梁的艺术建造水准上，宋金时期都已超越了前代，总体上达到了一个新的高度。特别是南宋，由于其统治中心位于江浙，地处南国水乡，客观上推动了桥梁建造的热潮。据相关研究者统计，仅南宋时期新建的桥梁数量就有440余座[3]之多。而金代，虽然在客观条件和自身需求等方面都不能与宋代相比，但从现存的金代石拱桥数目与质量上看，依然可观，特别是闻名于世的北京卢沟桥，让人们叹为观止。

1　（清）阮元校刻：《十三经注疏》卷16，中华书局，1980年。
2　茅以升主编：《中国古桥技术史》，北京出版社，1986年。
3　葛金芳：《南宋手工业史》，上海古籍出版社，2008年。

一、金代桥梁建造形制概说

古代桥梁建造的基本形式，除自具独立特征的浮桥和组合形桥梁以外，无外乎梁、拱、吊三大基本体系。金代，由于其势力范围在广大的北方地区，这里的自然地理状况和气候条件则更多地适合于拱桥的建造和使用，由于拱桥既受弯力又受压力的特殊承受性，故人们会选择相对更加坚硬的石材作为拱桥建造的最佳材料，使有金一代出现了一大批石拱桥，这些石拱桥就其形制而言，虽基本相近，却又各具特色，现择几座现存石拱桥实例予以介绍。①卢沟桥，位于北京市丰台区永定河上（图一）。建于金大定二十九年（1189），桥全长266.5米，宽9.3米。有桥墩10座，11个桥孔。桥面两侧有石雕栏板共279块，望柱281根，柱头均雕大石狮。卢沟桥的丰圆拱券采用了纵联式实腹砌筑法，使11个拱券联成一体，即"为11孔厚墩联拱石桥"[4]。卢沟桥是金代在我国乃至世界建筑科学史上的一大不朽之作。②普济桥，位于山西省原平市（图二）。建于金泰和三年（1203）。桥长30米，跨度8米，矢高7米。主拱券两侧各有2小券，以分洪水用。桥面两侧设望柱、栏板。券口边缘均有造型精美的石刻浮雕。③景德桥，位于山西晋城，又名沁阳桥（图三）。建于金大定二十九年（1189）。桥全长33米，宽5.9米，主拱净跨21米，矢高9米。在拱券两肩各设一小拱券，以分流洪水用。桥面两侧设望柱、栏板、抱鼓。主拱券侧面浮雕海马、海水、螭首等精美雕刻。此桥为敞肩式单孔圆弧弓形石拱桥，其形制与隋代赵州桥相近似。④彩亭桥，位于河北省玉田县彩亭镇（图四）。桥长19.2米，宽6米，为三孔拱券石拱桥，中孔最大，孔跨3.95米，高2.83米。桥面两侧共有28根望柱，26块栏板，望柱、栏板、基石相互克卯，十分牢固。望柱、栏板雕有狮子、莲瓣、寿桃、犀牛望月、莲花荷叶等精美纹饰。"彩亭桥的建筑结构及雕刻特点也证明该桥建于金代。"[5]⑤小商桥，位于河南省漯河市临颍县。建造年代说法不一，按河南省古建所的"经过十多年多次对小商桥实施调查和清理发掘，我们认为现存小商桥为宋金之际所建，且是一座基本保持了宋金原风貌的古

图一　卢沟桥
（选自茅以升主编：《中国古桥技术史》图版）

图二　普济桥
（选自茅以升主编：《中国古桥技术史》图版）

4　罗哲文、于杰、吴梦麟、马希桂：《略谈卢沟桥的历史与建筑》，《文物》1975年第10期。
5　安春明：《河北玉田彩亭桥》，《文物春秋》2009年第3期。

图三 景德桥
（选自茅以升主编：《中国古桥技术史》图版）

图四 彩亭桥
（选自安春明：《河北玉田彩亭桥》，《文物春秋》2009年第3期）

桥"[6]之说，应建于宋金时期。桥长21.3米，宽6.45米。是一座单拱敞肩石拱桥。主拱券净跨度为12.14米，矢高3.06米。主拱券两肩各有一小拱券，净跨2.83米，矢高1.02米。桥面两侧共有28根望柱，26块栏板，望柱、栏板及券脸等部位均有精美雕刻（图五）。从上述列举的几座金代石拱桥的介绍中我们得知。石筑、拱券、望柱、栏板、雕刻，尤其是敞肩结构等几个主要特征，构成了金代石拱桥主体建造的基本形式。正如茅以升先生认为的"金代是遗留至今敞肩石拱桥数量较多，技术精湛的一个朝代"[7]。不言而喻，拱券和敞肩这两种建桥形制。最大限度地增大了桥体的过水量。在充分保障桥体使用寿命的同时。也增添了外形的大气与美观。

图五 小商桥
（选自茅以升主编：《中国古桥技术史》图版）

二、天盛号石拱桥建造的时代背景

12世纪初叶，兴起于今黑龙江省阿什河流流域的女真人灭辽，逐渐统一了中国北方，建立了金朝。金太宗天会三年（1125），金灭辽后继续攻宋。宋高宗绍兴十一年（1141）宋、金缔和，并以淮水和大散关（今陕西宝鸡西南）为南北分界，至此，女真人建立了比辽的疆域更为广阔的版图。在金代广袤万里的版图之内，能否开辟陆路交通

---

6 河南省古代建筑保护研究所：《河南临颍小商桥调查报告》，《文物》1997年第1期。
7 茅以升主编：《中国古桥技术史》，北京出版社，1986年。

网,是其驾驭宇内的关键,所以金人十分重视交通地理的开拓以及驿站等交通之设的建立。《金史·太宗本纪》天会二年(1124)春正月丁丑,"始自京师至南京,每50里置驿"[8]。金太宗时的"京师",在今黑龙江省阿城白城"上京"。南京又称"燕京",即指今北京。这条长近三千里的驿道,纵贯东北松辽直至幽燕,成为金代东北的陆路干线。而由当时的兴中府(今朝阳市)南行大凌河古道,经建洲(朝阳县大平房镇黄花滩古城)、利洲(喀左大城子)、龙山县(喀左县白城子镇白塔子村),可循大凌河南源,进入燕京诸州县。20世纪70年代末,发现于古龙山县境,今凌源市三家子乡天盛号村附近的金代石拱桥(图六)便是在这种历史背景下建造的,它也是东北地区现存最早、保存最好的金代交通设施桥梁遗构。

图六 天盛号石拱桥全景

三、天盛号石拱桥建造的基本形制和显著特点

天盛号石拱桥是当地村民于1997年秋季搞农田基本建设时发现的,当时石桥已遭不同程度的损坏,后经有关部门及时制止才得以保存下来。1979年10月,正值辽宁省进行文物普查时,由凌源队派员对桥址进行了发掘清理[9]。据发现于桥体上的桥志(图七)记载得知,此桥建于金世宗(完颜雍)大定十年(1170)。

(一)基本形制

桥体全部为石料砌筑,用白灰灌浆勾缝。是一座桥面两侧为五柱头、四栏板的单孔石拱桥。桥体通长5米,宽4.7米,高4.36米,跨度4米。下面按该桥的主体结构进行分述。①桥体路石是以一层横向交错、长短不一的长方形石条平铺而成(图八),每块路石之间采用将束腰形铁块以榫卯结构形式嵌入两块石条之间接缝处,进而加强石与石之间的紧密性和牢固性,之后再将白灰浆灌注至石条间的缝隙之中,如此,不仅使各石条之间能够紧密黏合,又能使路面更加平整,从而为过往行人和车辆带来方便。②望柱与栏板,桥面上两侧各置高0.83米的五根石质望柱,望柱为方柱形,边长0.2米,四角倒

---

8 《金史》卷3《本纪》,中华书局,1975年。
9 韩宝兴:《辽宁凌源天盛号金代石拱桥》,《北方文物》1987年第3期。

图七　石拱桥桥志拓片

图八　石拱桥桥面铺路石

棱，望柱顶端为胡桃形柱头，柱头雕成四瓣形，似花蕾状。每侧望柱间又镶置四块凿刻而成的护栏板，栏板长0.92米，高0.57米，宽0.1米。每块栏板顶端均凿刻成倒棱墙帽形式。望柱与栏板间亦以榫槽结构形式嵌固。每侧望柱与栏板之下，是各以五块长方形厚石板作为桥栏的地栿。由此，桥上便形成了桥面两侧各为五柱头四栏板的建构形式（图九、图一〇）。③拱券的砌筑，沿袭了古代桥梁传统的筑桥技法，即在桥拱两边基石上同时起筑，自下而上以每行长短不等的长方形条石逐层内弧、错缝、叠砌成跨度为2.9米，拱矢高2.5米的扇形单孔桥拱，桥拱正视呈半月形（图一一）。砌拱券条石共计十三行，每行用石三至八块不等，拱石长0.6~1.3米，宽0.4~0.6米，厚0.4~0.5米。拱券砌成后，拱顶窄于拱脚0.1米，是桥拱在砌筑的过程中，采取了逐层少量收分的砌筑方法，如此充分地体现了力学原理，从而增加了拱券的横向稳定性。石拱券的两侧外缘部分，分别用七块尺寸不等、略呈扇形的石料进行镶嵌，形成券脸石。每块券脸石正中均雕刻一朵莲花，花呈八瓣五蕊圆形，直径0.28米，花瓣周围环雕30枚乳突纹。④迎水翼墙的砌筑，石拱桥上、下游的拱券外侧，是用大小不一、形状多为长方形的石块垒砌成八字迎水翼墙（图一二），墙体自下而上与桥面同高。这种翼墙的砌筑，不仅能顺畅地将水流引至拱桥之下的河槽之中，而且减弱了水流对桥体的惯性冲击，从而达到了对该桥桥体特别是引桥部分的保护作用。

图九　石拱桥东侧栏板

图一〇　石拱桥西侧栏板

图一一　石拱桥桥拱全景　　　　　图一二　石拱桥八字形迎水翼墙

（二）天盛号石拱桥的显著特点

从上述天盛号石拱桥的基本形制看，它与前面所列举的其他地区金代石古桥的石筑、拱券、望柱、栏板、雕刻等主要特征大致相同，唯一不同的是天盛号石拱桥没有其连拱、多拱和敞肩小拱等形式，这主要还是由于天盛号石桥体量较小、长度较短，其本身不适合使用多拱券的建造形式，或许这与当时此桥所处的地域水流较小、河道较窄等因素有一定关系。但是，即便如此，再小的河流也会有洪水泛滥之时，那么建桥时，正是鉴于该桥的体量较小等实际状况，该如何最大限度地增加桥体的过水量，避免洪水对桥体的冲击损害，是摆在该桥建造者面前的一个实际问题，此时，一种倒拱式石桥建造法便应运而生，它成为天盛号石拱桥建造的一个显著特征。所谓的天盛号石拱桥倒拱式的建造形式，即在石拱桥桥拱下面的河床部分采用12行长方弧形石条横向铺砌成扁圆形的倒拱，拱矢0.9米，从拱券与倒拱的侧面看，形似马蹄状（参见图一一）。这种倒拱形式的砌筑，大幅度地增加了桥下的净空，一旦遇山洪暴发，它便可有效地进行泄洪，实际上达到了多拱或敞肩小拱式桥梁的过水效果，同时也削弱了洪水对桥基的冲击力，很好地起到了保护桥梁主体的作用。另外，在铺就倒拱石时，是将拱石的最外两端直接斜撑于第一行拱券石之下，起到了顶石的作用，这在很大程度上分散了桥体在拱券底部的横向推力和纵向压力，使拱券基石减轻了负载，确保了桥基的稳定性。这种倒拱式的铺底石，还为人们随时清理河道中的淤泥提供了非常便利的条件。据笔者目前掌握的材料看，天盛号石拱桥是迄今为止我国发现的现存石拱桥中唯一一座倒拱式桥梁，可以说是我国古代石拱桥建造史上的一个突出范例，也是金代石桥高超建造水平的一个突出例证，其发现为我国古代桥梁建造史增添了浓墨重彩的一笔。

四、价 值 意 义

根据发现于石拱桥上的桥志实证，该桥是一座具有明确纪年的石拱桥，距今已有850余年的历史，是迄今为止在东北地区发现最为古老的石拱桥，它比驰名中外的北京卢沟桥（金大定二十九年建）早19年，更比建于沈阳市于洪区马三家的永安石桥（清崇德六年建）早近400年。它以悠久的历史、独特的建筑风格和具有代表性的建造技术特点录入《中国名胜词典》[10]，被誉为中国"关外第一桥"。由桥志记载中又知此桥虽具有一定规模，但却并非当时的官府所建，而是由当地民众自行建造而成。志文中所记述的刘氏三人应是当时建桥工匠中的代表性人物。从此桥建造的整体情况看，在诸多方面都能够充分地体现出当时民间工匠的聪明才智和巨大能量，其建筑中所显现的种种技术特点，代表了当时中、小型石桥的建造水平，并对后来的石桥建造产生了一定的影响。桥志中所记载的地名、河川以及纪年等，为史学者研究当时此地的社会背景、历史地理以及行政建置等都提供了宝贵的实物资料。

逢山开路，遇水搭桥。从古至今，建造桥梁的目的，毋庸置疑便是为了方便交通。凌源市天盛号石拱桥所处的地理位置正是在连接关内外的辽西古道上，是东北通往中原的一条重要道路，该桥便是这条交通要道上的一座桥梁，可想而知，它在当时的诸多方面都曾起到过重要作用。可见，天盛号石拱桥不仅仅是科学性和艺术性完美结合的统一体，更是一座极具实用意义的古代桥梁建筑。此桥自被发现至今，已经历维修，虽然部分桥体修缮一新，但绝大部分仍保留其原始风貌，并以其独特的魅力绽放异彩。

（李飞泉　朝阳博物馆）

10　《中国名胜词典》，上海辞书出版社，2001年。

文物研究

唐密曼陀罗在银山塔林中的消融

江寿国　张路南

内容提要：银山塔林是北京地区灵秀精美的密檐式塔群，本文将以银山塔林金代五佛塔背后的佛教背景，找寻唐密曼陀罗对其银山塔林金代五佛塔的影响痕迹。本文从唐代幽州地域密教的传播入手，在对唐代以来相关史料文献进行较为全面爬梳的基础上，对银山塔林五佛塔的布局与角柱进行推测性研究。进而梳理出金代五佛塔与唐密曼陀罗之间所隐现的联系，为塔寺建筑提供一个佛派宗教特征的参考。

关键词：密教　唐密　银山塔林　曼陀罗　八灵塔

银山塔林（图一）位于北京北部银山南麓，那里是辽金以东佛教圣地。一千三百年前唐朝高僧邓隐峰[1]曾在此讲经说法，当时的寺庙为华严寺，辽代时称宝岩寺[2]。金天会三年（1125）该寺又被改建为大圣延寺。明正统十三年（1448）再次重建，正统皇帝钦赐寺名"法华禅寺"，为京郊名刹。银山得名于冬季"冰雪厚积，色白如银"；又因"麓有石崖，皆呈黑色"被称为"铁壁银山"。银山塔林民间有"银山

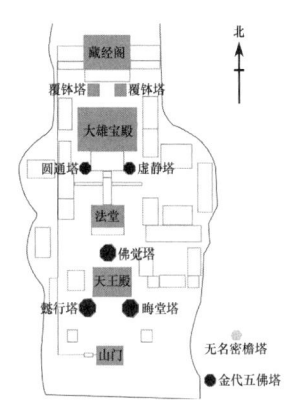

图一　银山塔林金代五佛塔平立面示意图
（图片来源：网图改绘）

---

1 康熙《昌平州志》记载，即今银山的主要寺庙法华寺故址处。此外，银山一带还有多处邓隐峰的遗迹。在前峰的半山腰有邓隐峰的说法台。
2 元代《银山宝岩禅寺上下院修殿堂记》碑文，见附录。

宝塔数不清"之说，但现在银山塔林可看出形制的墓塔仅18座。银山法华寺区域内有8座墓塔，区域外有10座。寺院中轴线上由南向北依次分布着山门、天王殿、法堂、大雄宝殿以及藏经阁。法华寺院内5座金代密檐塔保存完好，是银山塔林中最早建造的墓塔，也是建造技艺最为高超的墓塔。位于中轴线中心位置的是佛觉禅师塔，是五塔中最早的一座，佛觉禅师[3]是使金代"大圣安寺"[4]走向辉煌的奠基人物。位于天王殿遗址南中轴线东南侧的是晦堂禅师墓塔，是佛觉寺塔之后建造的第二座墓塔，塔额铭文"晦堂祐国佛觉大禅师塔"。晦堂禅师曾与佛觉禅师一同在银山传法，属于同时期禅宗大师，两塔形制建造基本一致。位于天王殿遗址南中轴线西南侧的是懿行禅师墓塔，塔额铭文"故懿行大师塔"。懿行禅师的生平只在银山塔林金大定六年碑文"隐峰十咏"[5]中有所提及。位于天王殿遗址南中轴线东北侧是虚静禅师墓塔，塔额铭文"故虚静禅师实公灵塔"，铭文右边刻有建塔年号，据记载是金代的大安元年，即1209年。这座塔是银山塔林现存的密檐塔中唯一留有建塔时间的墓塔。位于天王殿遗址南中轴线西北侧的是圆通禅师墓塔，塔额铭文"圆通大禅师善公灵塔"，圆通禅师是佛觉禅师的传弟子，法名广善，也曾出任"大圣安寺"住持。据记载耶律楚材曾称呼圆通禅师为"三朝国师"[6]，足见其在金代声望之高。

金代这五位禅师均为禅宗云门派系著名大禅师。云门宗虽然从南方传入，但"大圣安寺"是位于金中都的云门宗寺院，入乡随俗，这五位禅师的墓塔样式也就自然也采用了辽金密檐塔样式。位于中心的佛觉塔形体最大，与它前面的懿行塔、晦堂塔均为八角形十三层密檐式砖塔，其后面的圆通、虚静塔是六角形七层密檐式砖塔，略小。五座密檐塔（图二）则是多塔院式的组合，排列方式非常独特，完全不同于禅宗寺庙的布局方式。其轴线对称，中心塔高于四边塔的形式，极似密教曼陀罗的布局。

从五塔建造年代与塔形特征上，似乎说明密教影响逐渐减弱，并且与禅宗相互融合。所以，五塔曼陀罗布局（图三）形成的原因是否具有特殊的宗教含义？银山塔林金代五佛塔是不是唐密佛教文化上的直承与延续呢？但华严寺是禅宗寺院，这在宗教观念上是冲突的。那又或是曼陀罗在唐"会昌法难"[7]后的一种文化符号的延续？因此本文从辽金佛教文化背景下，初步探析在金代银山塔林五佛塔建筑中的唐密痕迹。

---

3 （明）如惺，《明高僧传》，上海古籍出版社，1996年。
4 缪荃孙：《顺天府志》，北京大学出版社，1983年，第6页。按，此文源出《元一统志》，系缪荃孙辑自《永乐大典》卷4650《顺天府七》，而非真有所谓《顺天府志》。
5 明如惺：《明高僧传》卷7。
6 引林泉从伦《林泉老人评唱投子青和尚颂古空古集》第83则《兴化军旗》（或指金世宗、章宗、卫绍王三朝）。
7 唐武宗李炎在位期间（840~846），推行一系列"灭佛"政策，以会昌五年四月颁布的敕令为高峰，这一事件使佛教在中国受到严重打击，史称"唐武宗灭佛"或"武宗灭佛"。因唐武宗年号"会昌"，故佛教徒又称之为"会昌法难"。

图二 银山塔林金代五佛塔造塔变化示意图
（绘图：首都师范大学美术学院陆雨）

一、汉传密教在幽州地域的传播及对银山塔林的影响

（一）唐代幽州密教源流

唐代时期，经济空前繁荣兴盛，文化上百家齐放。佛教文化正是在这个时期达到了巅峰。加之与中原文化相适应和融合，出现了各具特色的佛教宗系。不同的佛教义理，主要体现了佛教的八大宗派[8]，即天台宗、华严宗、唯识宗、三论宗、净土宗、禅宗、律宗和密宗[9]。这时幽州的密教也在长安的佛教政策下传播过来，表现出强劲的发展势头。

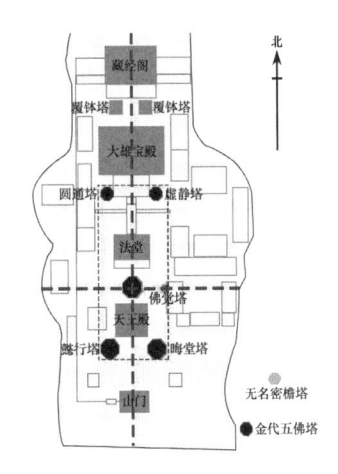

图三 银山塔林金代五佛塔平面分析图
（作者自绘）

幽州地处边镇军事重地，分管九州[10]。由于佛教具有安抚民心、稳定社会的作用，因此统治者也高度重视佛教在此地的发展，进行一系列兴建佛教建筑活动：太宗初创悯忠寺，武则天改建大云寺，玄宗大力发展刻经事业等。这些活动客观上带动了佛教文化的传播和幽州地方经济文化的发展，为幽州密教的传播与发展创造了条件。后武宗会昌灭佛时，幽州的地方官吏给予了佛教力所能及的护持，敕令未严格施行于河北藩镇割据地区，幽州佛教所遭受的损失相对较小。在这个背景下，中原各地僧尼大举涌入幽州避难，客观上为北京佛教输入了有生力量，并促进了密教在北京地区的广泛交流和传播。这时期，

8　郑凌予：《中国佛教宗派对韩国佛教寺庙空间演变的影响——以韩国通度寺为例》，西南大学硕士学位论文，2012年。
9　密宗，此宗以密法奥秘，不经灌顶，不经传授不得任意传习及显示别人，因此称为密宗。
10　唐玄宗先天二年（713）设置幽州节度使，幽州节度使负责防御奚、契丹，治幽州（范阳郡，今北京），统辖幽州、蓟州、妫州、檀州、易州、定州、恒州、莫州、沧州等9州。

寺院佛塔不一而足，幽州城外银山塔林华严寺[11]等便是其中之一。也正是在这一时期，禅宗邓隐峰禅师来银山传法，在银山地区留下了有记载的最早的佛迹。银山塔林中现存的"转腰塔"（图四），正是在密教兴起时，佛教信徒亦追寻大师邓隐峰而建的石塔。

图四　银山塔林转腰塔现状图
（摄影：张路南）

（二）辽南京（今北京）密教发展

辽代时期，辽太宗升幽州为陪都南京，幽州政治地位显著提升，佛教事业更加兴盛。辽帝王遵从儒学文化，推出"儒、释、道"合流，同时对佛教也是相当重视。最早垂顾燕京佛教的是辽太宗，但是对燕京佛教发展影响较大的主要是辽中后期的圣宗、兴宗和道宗三帝。圣宗、兴宗、道宗曾多次来到南京饭僧，对云居寺的刻经事业也大力支持，这三朝完成了《契丹藏》的刊刻。房山石经续刻于辽圣宗太平七年（1027）。首先是在圣宗、兴宗和道宗的资助下，续刻了《般若经》后80卷和《大宝积经》等佛典，而后是道宗时僧人通理发起的大规模的续刻活动。总计辽代官方和佛教徒刻造的石经，几乎占房山石经全部刻经的三分之二，刻经数量多，内容丰富，在房山石经中占有十分显著的地位。当然，最为突出的标志是佛学的高度发展，密教这时期出现新的生机。主要有两方面重要表现：一是佛学流派纷呈，人才辈出，成果丰富。当时流行的宗派有华严宗、密宗、律宗、唯识宗、净土宗、三论宗、天台宗、禅宗，以及小乘的毗奈、成实二派，几乎将隋唐建立的我国佛教八大宗派内容全部继承下来。二是形成了显密融通的佛教思想特色。在燕京各种佛学宗派中，可分为显教和密教两派，密教专指密宗一派，而密宗之外的其他大小乘宗派都属于显教，其中华严宗是显教重要代表。辽代时，这两派僧人并不是固守于自己的一宗一经，而是注重相互学习，如显教各派僧人大多能

11　《帝京景物略》记载：唐朝时，银山已建有华严寺等寺院，唐宪宗元和年间（806～820），邓隐峰曾在此山修行。

诵持密咒，而密教僧人也精通显教[12]。

其中辽道宗佛教事业达到最盛时期，也正是在辽道宗朝，满公禅师[13]在银山创立了"宝岩禅寺"，这就是现在银山塔林主寺庙法华寺发展历史的开端。辽代"宝岩禅寺"曾为"通理、通圆、寂照三师继席之道场也"[14]。至此幽州佛教成为五京之首，有"僧居佛寺，冠于北方"[15]之称，成为辽朝佛教发展的中心。华严宗和密宗也是在这时期蓬勃发展，在这时期盛行一时。

（三）金中都（今北京）密教发展

在辽南京基础上，金中都的确立使北京正式成为全国的政治中心。在海陵王的励精图治下，中都成为当时世界上最繁华的商业大都市。金代统治者对佛教采取的是一种限制政策，所以金代中都佛教明显不如辽代兴盛，密教也在这时期衰落消融。但中都佛教宗派也有一定传播和影响，密檐塔和密宗经幢是这时期显著特色。值得一提的是，金章宗时期是皇家园林建设的全盛时期，御苑一部分利用了辽南京的旧苑，这些寺院与园林结合形成独特的寺庙园林景观。如北海、香山、钓鱼台、玉泉山、陶然亭、玉渊潭等。至此，塔院结合的新的布局形式，也迎来了佛教文化包括密教在内的新的融合发展。密宗的弘传有蓟州遵化宝塔山龟镜寺的演秘大德义秉、橙辉和感化寺的知玲等。相传密宗传人法冲于大定三年（1163）和道士萧守真角力获胜，所习教法未详。知玲从嵩山少林寺英公传总持法，后于皇统中（1141~1149）住河北盘山感化寺专弘密教。从现存五家子砖塔遗构推测，似金刚界曼陀罗法仍在流行，如《华梵加句灵验佛顶尊胜陀罗尼》《大准提陀罗尼》《佛顶准提咒》等，在民间亦极流行。又在河北房山云居寺附近的金代石刻遗物上，发现和密教有关的文献也占大多数，这主要是受辽代佛教的影响。

金统治者对于有道高僧十分尊崇，设试经度僧，尊最高僧官为国师。这时期禅宗广为流行，高僧云集于此，银山塔林也是在这时期走向兴盛。据《明高僧传》记载"金主（熙宗）偕后太子亲王百官设供五日。奉分五处建塔"，说明佛觉禅师任"大圣安寺"住持后，又北上会宁任储庆寺，圆寂后分五处建塔埋葬，其中一处就位于银山塔林之中。由此可见统治者对其重视程度，也能说明佛觉禅师是"大圣安寺"的奠基人物，墓塔位于中心位置，等级最高，被当成佛祖地位般墓葬。如大圣安寺住持就被封为"圆通善国师"；而耶律楚材曾称圆通禅师为"三朝国师"[16]，这位高僧也使得金代"宝岩禅寺"成为中都重要禅宗寺院和在山区的传法道场，圆寂后在此建塔。"宝岩禅寺"银山塔林现存五座精美的密檐塔就是建成于此时。

12　黄春和：《北京汉传佛教发展述略》，北京燕山出版社，2009年。

13　（清）周斯亿修，（清）董涛纂：《光绪重修曲阳县志》卷13《金石录下·普照禅院满公禅师塔记》，清光绪三十年，第627页。

14　元代《银山宝岩禅寺上下院修殿堂记》碑文，见附录2。

15　（宋）徐梦莘撰：《三朝北盟会编》卷20，上海古籍出版社，1987年。

16　（元）耶律楚材著，向达校注：《西游录》，《西游录 异域志》，中华书局，1981年，第18页。

二、北京银山塔林的密教痕迹

（一）银山塔林中的曼陀罗意象

银山塔林金代五佛塔（图五）位于法华寺寺院区域内，懿行塔和晦堂塔分别位于天王殿前寺院中轴线两侧，佛觉塔位于法堂前中轴线上，圆通塔、虚静塔位于大雄宝殿前寺院中轴线两侧。五塔分别埋葬五位禅宗大师，按照时间及位置先后依次为佛觉禅师墓塔、晦堂禅师墓塔、懿行禅师墓塔、虚静禅师墓塔、圆通禅师墓塔。

图五　银山塔林金代五佛塔
（摄影：张路南）

佛觉禅师墓塔则是五座佛塔最早建造的中心墓塔，塔的高度高于其他四塔。金代的这五座墓塔，不仅以寺院主要轴线为中轴对称布置，而且形成了曼陀罗式的布局模式。这正是密教中金刚界智德的化身即是五佛五智[17]，也是五佛曼陀罗的外化形式相对应。曼陀罗[18]（梵文Mandala），又称曼荼罗，意为坛、坛城、道场，是一种十字轴线对称，方圆相间的建筑形式。密教以五方佛宣扬"五佛显五智"之说，即代表法界体性智的中央大日如来、代表大圆镜智的东方阿閦佛、代表平等性智的南方宝生佛、代表妙观察智的西方阿弥陀佛、代表成所作智的北方不空成就佛。文献没有明确记载，银山塔林金代五佛塔与曼陀罗的关系。但从五佛塔整体布局方位来看，它们存在着某种必然的联系。

金章宗时期是皇家园林建设的全盛时期，在金代众多的离宫别院中，寺院与园

17　郑琦：《中国金刚宝座塔探微》，《华中建筑》2008年第12期。
18　孙林：《唐卡绘画中的曼陀罗图式与西藏宗教造像学象征的渊源》，《西藏大学学报（汉文版）》2007年第1期。

林结合形成独特的寺庙园林景观[19]。古塔作为寺庙建筑的一部分也融入其中，成为园林中重要的景观要素。银山塔林五佛墓塔建在寺院中正是受这时期塔院结合的形式所影响。

从法华寺寺院建筑布局与金代五佛塔之间的位置（图六）关系，我们可以看到，汉传密宗金刚界曼荼罗"戒定慧"三学[20]。第一重院主题是戒律的持守，为三学中的戒学，"戒"是汉传密宗修行的最初形态，只有持戒才能近佛，所以将戒区放置在寺院的入口。本院落供奉密宗以戒为主题的造像如爱染明王、军荼利明王等。或者依照《戒坛图经》所示在该院落建立戒坛，属金刚部。第二重院主题为在佛与菩萨的加持下定心摄神，为三学中的定学。第二重院落，寺院核心位置，一主殿两侧殿的格局，在文化层面可以赋予其完整的胎藏界曼荼罗形式。西侧殿供奉孔雀明王，意为胎藏界曼荼罗莲华部；东侧供奉不动明王，意为胎藏界曼荼罗金刚部。中央殿堂大雄宝殿供奉了密宗主尊大日如来佛或五方五佛，为胎藏界曼荼罗佛部，故为佛部。第三重院落，该院落看作为众生服务的"众生院"，"众生院"是游离于"三部"之外的区域。强调通过个人的修行来成就智慧，属于三学中的慧学。同时符合了金刚界曼荼罗的思想，三条南北平行的轴线，中央佛区以佛为供奉，西侧院落群则以天王阁为主导，东侧院落群以文殊阁为主导。正是胎藏界曼荼罗所绘制的"佛部""莲华部""金刚部"三部的分类方法[21]。同时，将所有院落考虑在内，则亦可呈现胎藏界曼荼罗中"佛院""菩萨院""众生院"这种由浅入深的格局。这也足以见得唐密曼陀罗在布局上对五佛塔建造布局方面的影响之深。

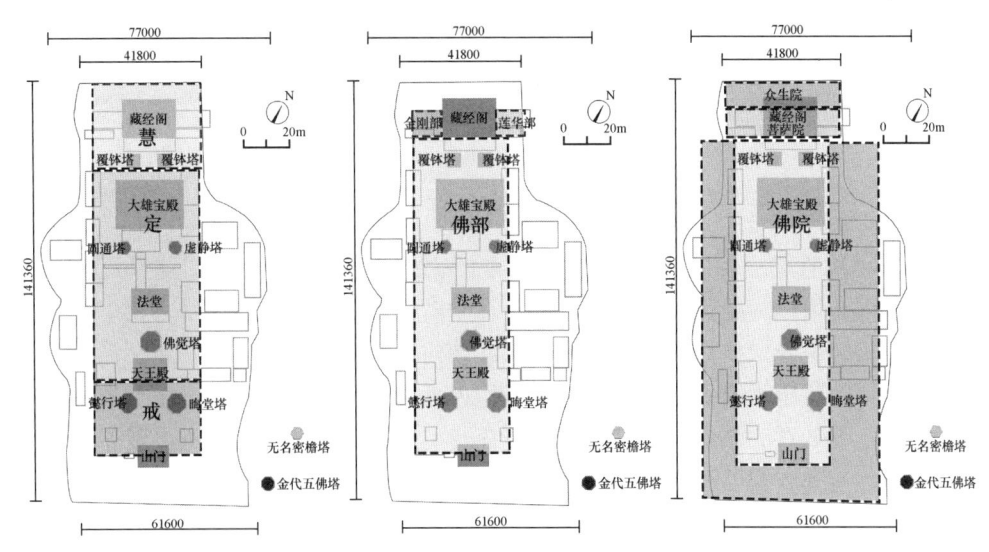

图六　银山塔林金代五佛塔密宗布局示意图
（绘图：张路南）

19　迟群：《北京古塔的建筑艺术与结构技术》，北京建筑大学硕士学位论文，2014。
20　王贵祥：《唐长安靖善坊大兴善寺大殿及寺院布局初探》，《中国建筑史论汇刊》，清华大学出版社，2014年。
21　陈思吕：《西安汉传密宗寺院建筑布局研究》，西安建筑科技大学硕士学位论文，2016年。

（二）银山塔林金代佛塔——角柱小塔曼陀罗意象

角柱八小塔是银山塔林佛觉塔塔身（图七）和晦堂塔塔身（图八）上八面八棱转角处设八小塔。角柱八小塔又叫八灵塔，这就是八塔信仰与密教金刚界曼荼罗相结合，将代表佛祖胜迹的八塔以五方佛的观念集合到一塔之上[22]。这也是辽代密教显著的特色，不难看出：金代佛觉塔与晦堂塔可能深受辽末密教建筑的影响。八灵塔是建于佛陀八处圣迹的八座塔，七八世纪，八大灵塔的概念引进中国以后，10~11世纪，八大灵塔信仰在辽、北宋、西夏等地区广为流行。辽人在大塔"上雕有八大灵塔"，而同一时期，这些八大灵塔只出现于辽朝一带，因此，这也就成为唯有辽朝佛塔具有的特征。金灭辽以后，继承了辽代社会盛行佛教的风习。根据现存佛塔和文献记载可知，辽代八大灵塔同时出现于北京和朝阳地区，且八大灵塔是以八座小塔或者八座经幢的形式在大塔上雕刻的[23]，银山塔林金代佛觉塔和晦堂塔就是辽代密教建筑深受影响的很好体现。

图七 佛觉禅师墓塔塔身
（图片来源：丁莹《北京银山塔林研究》）

图八 晦堂禅师墓塔塔身
（图片来源：丁莹《北京银山塔林研究》）

银山塔林佛觉塔、晦堂塔二塔均为八角十三级密檐式（图九），这是辽密檐塔盛行一时的特征。塔座为须弥座，塔身八面，晦堂塔与佛觉塔身形制几乎一样。相较于其他金代三佛塔，塔身最显著的特征是八棱八面转角处雕有经幢式小塔一座，砖砌成八灵塔。经幢小塔的基座为须弥座，其上为两层仰莲承托塔身，五层出檐，宝珠形塔刹，与下部仰莲和上方如意头雕刻衔接自然。八塔在造型和布局上与密教金刚界曼荼罗相结合将代表佛祖胜迹的八塔以五方佛的观念集合到这两座塔之上，这与八灵塔密教曼陀罗的理念不谋而合。

八灵塔是指为了纪念佛陀的所作所为，建立于佛陀八处圣迹的八座塔。这些塔为：阿育下王所建立的佛生处塔、菩提树塔、转法轮塔、般涅槃塔和建立于佛陀大显神通之

---

22 于博：《由八大灵塔图像管窥辽代佛教信仰》，《东北史地》2015年第5期。

23 成叙永：《辽代八大灵塔的图像特征与出现背景》，《辽金历史与考古国际学术研讨会论文集下》，辽宁教育出版社，2011年。

图九　银山塔林金代佛觉塔、晦堂塔八角十三级密檐
（摄影：张路南）

处的四座塔[24]。八大灵塔的塔名与种类，不同文献与经典上的记载有所不同，但前四座塔是必包括的。到了辽朝，人们将八大灵塔直接置于佛塔上。辽代八大灵塔显著特征主要是八座小塔或者八座经幢一同雕刻在一座佛塔上，虽然各座佛塔八大灵塔形状各自不同，但均为在一座佛塔上雕有八座灵塔。所以北京银山塔林金代两佛塔会不会是将佛觉和晦堂两位高僧比作佛陀地位的佛祖来纪念供奉，所以塔身角柱出现了八灵塔曼陀罗意象呢？

密教陀罗尼信仰盛行于辽朝，当时各类陀罗尼纷纷刻入经幢。八大灵塔信仰亦同当时的佛顶尊胜信仰紧密结合，八大灵塔以经幢形式雕在佛塔上，八大灵塔名也刻入佛塔。八大灵塔的密教特征一直传承至金元，最终作为一种墓幢雕于禅师墓塔上。这也在金代二佛塔有着很好的体现。

至此，银山塔林佛觉塔（图一〇）、晦堂塔（图一一）二塔均在角柱八小塔上有着很明显的密教曼陀罗特征意象，这也正与辽末时期整个社会密教塔寺的盛行密不可分。同时在二佛塔八面塔身，也有着金代流行的窗棂装饰：佛觉塔，塔身南面圆拱门拱券雕刻飞天，隔扇门门楣上方镌刻着铭文"故祐国佛觉大禅师塔"（图一二），隔扇门门簪为方形，隔心形式为菱形格棂。北面圆拱门拱券雕刻莲花，隔扇门损坏缺失。东面圆拱门拱券上北侧一半缺失，剩下的部分是一条龙和半个圆形雕刻，缺失部分的图案应与现存雕饰是对称关系。西面拱门拱券上对称雕刻着两只凤凰，其中间是圆球形雕刻。东面

24　成叙永：《辽代八大灵塔的图像特征与出现背景》，《辽金历史与考古国际学术研讨会论文集下》，辽宁教育出版社，2011年。

图一〇　佛觉禅师墓塔局部

图一一　晦堂禅师墓塔局部

图一二　佛觉禅师墓塔局部窗棂

和西面的隔扇门隔心形式均为三交六椀格棂形式。西南和东南两面雕刻着三交六椀格棂假窗。西北和东北两面雕刻着菱形格棂假窗。晦堂塔（图一三），南面圆拱门隔扇门门楣上方镌刻着铭文"晦堂祐国佛觉大禅师塔"，其余各面门窗形式与佛觉塔相同[25]。

辽代佛教信仰直承唐风，以密宗为主，兼信华严以及其他宗派，体现在辽塔上塔身装饰佛像上，则以密宗佛像为主，在传统辽地的佛塔塔身上，以密宗金刚界五方佛和以密宗主尊毗卢遮那佛为主尊统摄药师七佛构成的八佛形象为主要装饰题材，整个佛塔体现的是密宗的曼荼罗。其造像比例匀称，雕刻精美，手持法物及契印完全按照佛经相关仪轨雕刻。

在金塔塔身装饰上，金代不再以密宗佛造像为塔身装饰题材主流，而是以金代流行哑门和直棂窗等题材装饰塔身。这在银山塔林佛觉塔、晦堂塔二塔塔身上再次得到印证，这是否为辽代角柱八灵塔与金代装饰题材相融合的证明呢？背后实为辽金佛教显密圆通思想之明证。

25　丁莹：《北京银山塔林研究》，北京建筑大学硕士学位论文，2018年。

图一三　晦堂禅师墓塔局部窗棂
（摄影：张路南）

三、结　　论

银山塔林金代五佛塔，在整体布局及塔身角柱八小塔上，历经近千年，依然清晰地看到密教曼陀罗盛行一时的痕迹。佛教东传以来，唐密教曼陀罗更是在统治者的青睐下，留下华丽篇章。辽代更是直承唐风，辽密以开元三大士所传纯密为框架，糅合契丹萨满教成分，并吸收西域（回纥）和中原佛教涉及密教的内容加以系统化而成[26]。辽代佛教宗派的特点有二："不专一经一宗，颇有诸经皆通的倾向"，"密教振兴，显密结合"[27]。至金代，密教与其他佛教派系圆融相通，这时期唐密曼陀罗隐现于金代盛行的禅宗派系中。银山塔林金代五佛塔上也正是在宗派相融中，与八灵塔密教曼陀罗布局理念相结合，形成自己的建筑特色，是佛教寺塔演变发展的文化精粹。

26　谢继胜、常红红：《莫高窟 76 窟〈八塔变〉及相关的几个问题——十一世纪至十三世纪中国多民族美术关系史研究》，《艺术史研究（第13辑）》，中山大学出版社，2011年。

27　朱子方：《辽代佛教的宗派、学僧及其著述》，《辽金契丹女真史研究》1986 年第 1 期。

附录　银山塔林各朝碑文辑录

1.《重建大延圣寺记》碑

【位置】：现位于银山塔林圆通塔东侧，南北向。

【年代】：金大定六年（1166）（存疑）

【碑阳篆额】：重建大延圣寺记

【碑阳录文】：都城之北，相去僅百裏許，曰銀山鐵壁，景趣殊絕。其麓舊有寺曰大延聖，創建自昔。相傳大安、大定中，寺有五百善眾，傍有七十二庵。時有右國佛覺大禪師、晦堂右國大禪師、懿行大禪師、虛靜禪師、圓通大禪師、和敬大師，相繼闡教演法於其地。而中虛道人鄧隱峰有題曰：白銀峰、佛頂峰、古佛巖、說法臺、佛覺塔、懿行塔、雪堂、雲堂、茶亭、濛泉，皆其舊跡。嘗詠歌其事，至今尚存。其所由來，概可知矣。年代雖有古今之殊，而山峰基址、人心之善，則無今古之異。後之覽者，必將起敬起慕於無窮也。

隱峰十詠：

白銀峰：孤峰高出雲，上有銀色界；識得普賢身，虛空猶窄隘；悟明理性時，不作塵境界；劫火或侗然，此山無變壞。

佛頂峰：巍巍佛頂峰，妙筆莫能畫；傍列千萬層，比之無不下；毗盧頂上行，卻笑望崖怕；煙鎖碧螺紋，幽境難酬價。

古佛巖：雲鎖幽巖路，寒松映碧虛；世人都不到，古佛久安居；寂爾心常靜，凝然體自如；他年奉香火，相近結卯廬。

說法臺：松下石臺妙，山僧轉法輪；雖然長苔蘚，終不惹塵埃；自有雲為蓋，寧無草作茵；當年諦聽者，悟道是何人。

佛覺塔：示生臨濟村。示滅長慶寺；非滅亦非生，誰明佛覺意；分彼黃金骨，葬此白銀峰；寶塔聳霄漢，僧來訪靈蹤。

銀山塔林《重建大延圣寺记》石碑拓片
（图片来源：《北京图书馆藏中国历代石刻拓片汇编》第46册《延圣寺记》）

注：碑立于大定六年（1166），但碑的真实性却一直受到人们的质疑。辽代和金代都有大安年号，分别是辽道宗时期的大安（1085~1094）和金卫绍王时期的大安（1209~1211）。据元"银山宝岩禅寺上下院修殿堂记"中所说，辽代寺庙名称为宝岩禅寺，碑文中寺院已然是"大延圣寺"，所以肯定不是辽代的大安年号。但金代大安出现在立碑之后的42年，这是不符合常理的。而且根据缪荃孙所编的《顺天府志》记载，文中提到的大圣安寺大定七年才改名，所以大定六年所立石碑上是不应该出现"大圣安"寺名的。具体立碑年代还不能确定，但是时间肯定在金大安（1209~1211）到明崇祯八年（1635）之间。因为明崇祯八年刊印的《帝京景物略·银山篇》中提到了："又金大定六年碑，刻隐峰银山十咏。"

懿行塔：於其親也孝，於其師也恭；臨機答問難，諸方怖機峰；七十壹光陰，白駒之過隙；秋風振塔鈴，說盡真消息。

雪堂：冷煙藏萬壑，積雪滿千山；空谷幽深處，虛空寂寞間；庭前明月靜，窗外白雲閑；中有龐眉老，孤高不可攀。

雲堂：斯堂最虛豁，衲子來如雲；雖然凡聖混，不礙賓主分；何必習大智，何必修多聞；壹念萬年去，方為報聖君。

茶亭：西峰寒翠中。有亭虛四面；山間奇絕處，壹壹皆可見；古松八九株，秋雲三五片；共分壑源春，勝比瑤池宴。

濛泉：寂寂銀峰下，寒泉浸碧空；堪將耨池比，不與偃溪同；夜印月華自，秋風霜葉紅；蛟龍此深隱，天旱濟群蒙。

大定六年三月初三日立石。

2.《元银山宝岩禅寺上下院修殿堂记》

【年代】：元至元二年（1265）

【碑文源】：（清）麻兆庆《昌平外志》卷四《金石记》179页。

【碑文】：大聖安西巖宗師和公遣侍昔致辭於余曰："雲門之宗，因佛覺而盛。方其道之行也，四方名刹丐師主焉者相踵。師或諾或拒，皆有道在焉。隸之北有山。曰銀山，寺曰寶巖。實亡遼壽昌間滿公禪師之開創，通理、通圓，寂照三師繼席之道場也。金天會初，佛覺徇緣始居之。故歷代相仍。有元甲辰間，又得興壽村眾耆，宿服佛覺之道，之重□辭，以九聖院附寶巖。為之上下主法者，得兼領之。殿堂年深弊漏朽甚。前住持長老桂巖，上下殿壹新之。其費蓋出於管象諸官，今住持潛雲道澤，復新寶巖之法堂。皆外護檀信之力焉。吾忝主宗盟，寶巖、九聖皆聖安當派，潛雲復為吾嗣法，盛績不書，書將無聞於後。子為我記之，幸無拒焉。"余尋復命曰："曹溪自南嶽、青原而下，三派分流。於遼，於金燕，獨以三禪稱，雲門固為之首。而所謂挾刹，又皆靈蹤勝跡。主者得人宜乎外護見境。發心而成就之也，抑又聞之，道非人而莫能暢其旨；人非道而莫能匡以眾。況像設之瑯函在焉，其知恩所從，匪無攸端。余可以因陋辭哉？聊緝來言而記之，未知可乎？"至元二年十壹月住持傳法沙門潛雲道澤立。

（江寿国　首都师范大学美术学院　张路南　首都师范大学美术学院）

辽金历史与考古·第十三辑

碑志研究

碑志研究

辽代石刻研究现状与前瞻

齐 伟

内容提要：文章从辽代石刻资料的分布与特征、辽代石刻资料的整理与研究、辽代石刻资料的校勘与补正、辽代石刻资料研究前瞻四大方面，既论述了辽代石刻资料整理与研究所取得的成果，又分析了辽代石刻在纹饰、墓志义例、馆藏数据库建设等方面所具有的极大研究空间。

关键词：辽代石刻　校勘　义例　数据库

由于《辽史》编纂的粗疏简陋，"文献与考古相结合"作为历史研究的主要方法，在辽史研究方面便显得格外重要。考古所见辽代石刻资料是研究辽史的重要参考资料，石刻所记载的丰富历史信息是辽统治下各民族在经济、文化、社会、心理等方面的全方位史实展现，是辽代社会发展及其盛衰兴亡的真实记录和当时社会文化思想的集中反映。因此，辽代石刻整理和研究一直都是学界关注的重点。进入21世纪，辽史研究已经进入精耕细作阶段，多角度、多维度的辽史研究也给辽代石刻研究带来了新的问题和挑战，学界对相关辽代石刻整理和研究成果的期望和要求也越来越高，面对辽代石刻整理研究的现状，该如何利用现有整理成果进行相关问题的研究？本文试对辽代石刻整理研究情况做一归纳和回顾，并就今后的研究做一展望，敬请学界同仁指正。

一、辽代石刻资料的分布与特征

辽代石刻主要发现于中国境内的内蒙古、辽宁、黑龙江、北京、天津、河北、山西等地的原辽朝统治范围内。如果按照形制和用途划分，主要分为摩崖、碑（寺碑、塔记、神道碑、功德碑、纪事碑、佛事碑等）、幢（墓幢、塔幢、庙幢、功德幢等）、哀册、墓志、石棺和石函、造经题记、地券、石造像等；若按石刻所刻文字又可分为汉文、契丹文、梵文、汉契双语、汉梵双语石刻等。早年景爱等学者曾就辽代石刻文字的发现与著录、种类与特点、学术价值及研究现状做过全面的探讨[1]，近十年，辽代考古工作和文物普查工作得到了长足进展，取得丰富的成果，越来越多的地上和地下的辽代石刻被发现。

---

[1] 景爱、孙文政：《辽代石刻概述》，《北方文物》2008年第1期。

目前辽代石刻主要来源于三种途径：第一种是考古发掘，这是石刻获得的主要途径。第二种是馆藏征集和民间收藏石刻（拓片），这里又可分为两种情况：一是文物普查时发现，石刻往往出土时间和地点不详，后被征集入藏当地博物馆，目前在内蒙古、辽宁、山西、北京等地的多家博物馆中都藏有这类石刻；二是个人通过购买等途径获得的石刻或拓片，这类石刻数量不多，学界对网购石刻拓片的真实性尚存在分歧；三是地方志和地方文献中有记载但刻石已经佚失的石刻资料。据笔者粗略统计，目前已知发表的辽代各类石刻文将近800件，不同地区发现的石刻也各具特点。内蒙古地区是辽朝腹地，考古发掘成果丰富，帝陵、墓葬、投下州、奉陵邑、边防城等遗址分布广泛，中小聚落遗址更是不胜枚举。而辽代墓葬数量众多，经过清理和发掘的墓葬数以百计，其中包括契丹人和汉人墓葬两大系列，此外还有一些族属不明的墓葬[2]。在内蒙古地区不同等级的墓葬和其他辽代遗址当中发现和出土石刻150余件，是辽代石刻分布最集中的地区之一，以帝后哀册、大贵族、贵族契丹文和汉文墓志最为突出，族属多为契丹人。辽宁省作为辽朝的重要统治地区，辽代遗存也十分丰富。位于北镇医巫闾山的显、乾帝陵相继发掘多座陪葬墓[3]；辽宁省西部和北部的朝阳和阜新地区，是契丹皇族和后族活动的重要地区；朝阳地区也是辽代汉人世家大族和奚族活动的重要地区，又有着悠久的佛教传统，辽代佛教文化遗存十分丰富。该省发现的石刻以皇族和后族、汉人世家大族、佛教类为主要特色的辽代石刻170余件。北京、天津、河北北部和山西北部地区，即五代时期的燕云十六州，被石敬瑭作为政治筹码割让于契丹，后作为辽南京和西京之地，以汉人为主，经济文化最为发达，汉文化和佛教传统悠久，所以汉人墓志和佛教题材的刻经、碑铭、塔记、石幢等石刻最为突出，数量在410余件，而330余件石刻属于佛教题材，其余70余件墓志（包括尚未发表的刘六符家族6件墓志）中除了河北平泉秦晋国大长公主墓地出土的契丹贵族墓志以外，68件石刻均为汉人墓志。黑龙江省目前只有塔子城建塔题名（大安七年石刻）一件[4]。而吉林地区目前为止似乎并未见有辽代石刻发表。其余还有一些出土地点和时间不详的石刻四五十件。以上关于石刻数字的统计为笔者根据《全辽文》《辽代石刻文编》《辽上京地区出土的辽代石刻汇辑》《北京辽金史迹图志（下）》《古涿州佛教刻石》《内蒙古辽代石刻文研究》《辽代石刻文续编》《契丹文字研究类编》《石墨芳华：刘凤翥李春敏收藏辽金碑刻拓本集》以及2010年之后发表的分散于各类学术期刊、考古发掘报告、学术和会议论文集等处，统计难免有所疏漏，仅做参考。

与其他朝代相比，辽代石刻数量并不算多，然而其学术价值却非常高，受到辽史学界的高度重视。

二、辽代石刻资料的整理与研究

辽代石刻资料的收集整理与研究历久弥新，大体上始于清乾嘉时期，发展于20世

2　盖之庸、李权：《内蒙古辽代考古综述》，《草原文物》2019年第1期。
3　齐伟、贾雨彤：《〈耶律隆运（韩德让）墓志铭〉释考拾遗》，《辽金史论集（第十八辑）》，黑龙江人民出版社，待刊。
4　向南编：《辽代石刻文编》，河北教育出版社，1995年，第442页。

纪，深化于21世纪。作为初期阶段的乾嘉时期直至十九世纪末，由于清政府闭关自守、政治动乱等原因，没有现代意义上的考古学，石刻多为传世或私人收藏，具有传统的金石学特点。所以真正考古意义上的出土石刻的早期研究还要从20世纪初说起。

20世纪20年代，位于内蒙古赤峰市境内的辽庆陵被盗掘后，比利时传教士凯尔温将辽兴宗帝后哀册公之于众，立刻引起学界广泛关注[5]。包括辽代帝后哀册在内的石刻研究成果主要见于金毓黼辑《辽陵石刻集录》六卷（1934）、罗福颐辑《辽文续拾》二卷、《辽史续拾补遗》一卷（1935）和《满洲金石志》三卷（1937）。园田一龟、村田治郎等日本学者对个别墓志、墓碑、经幢也做了调查研究。新中国成立后到改革开放之前，辽代考古工作初步开展，主要体现在对一些寺庙塔幢的调查和初步研究，对辽墓和塔基的清理报告、纪略等。陈述在《辽文续拾》基础上，增加新见石刻辑《辽文汇》十卷[6]。1978年以后，学术科研工作逐渐步入正轨，辽代考古发掘工作迅速发展，加之文物征集工作的开展，使许多出土和征集的辽代石刻公之于众，为辽史学界整理和研究提供了丰富资料。以陈述《全辽文》[7]和向南《辽代石刻文编》[8]为代表的辽代石刻资料汇编成果为辽史研究提供了极大的便利和开拓了辽史研究的空间。

进入21世纪，辽代考古工作成绩显著，发现的石刻数量多、史料价值巨大，辽代石刻研究阶段性成果丰富。除了国家图书馆善本金石组编《辽金元石刻文献全编》三卷[9]，向南、张国庆、李宇峰辑注的《辽代石刻文续编》[10]，齐作声编著的《辽代墓志疏证》[11]之外，地域性的石刻汇编成果也很突出，由辽宁省博物馆编、文物出版社和日本中教出版株式会社联合出版的《辽宁省博物馆藏碑志精粹》，收录辽博馆藏辽代帝后哀册和重要辽代墓志26件[12]。王晶辰编的《辽宁碑志》，收录了辽宁省各市县所发现的辽代石刻资料[13]。盖之庸编著的《内蒙古辽代石刻文研究》（增订本），对内蒙古地区出土的辽代石刻资料进行了整理和研究[14]。《北京辽金史迹图志》收录北京地区辽代石刻145件[15]。杨卫东《古涿州佛教刻石》，收录古涿州（今涿州市，北京房山，河北定兴、固安、高碑店等地）佛教石刻65件[16]，而《北京辽金元拓片集》将史料价值、书法艺术、拓片清晰程度较高的辽金元石刻拓片汇辑成册，其中辽代石刻34件[17]。由刘泽

---

5 〔日〕田村实造、小林行雄著，李彦朴等译，李俊义等校注：《庆陵：内蒙古辽代帝王陵及其壁画的考古学调查报告》（第一册增订版），内蒙古大学出版社，2021年，第21页。
6 陈述辑校：《辽文汇》十卷，北京中国科学院铅印本，1953年。
7 陈述辑校：《全辽文》，中华书局，1982年。
8 向南编：《辽代石刻文编》，河北教育出版社，1995年。
9 国家图书馆善本金石组编：《辽金元石刻文献全编》（三册），北京图书馆出版社，2003年。
10 向南、张国庆、李宇峰辑注：《辽代石刻文续编》，辽宁人民出版社，2010年。
11 齐作声编著：《辽代墓志疏证》，沈阳出版社，2010年。
12 辽宁省博物馆编：《辽宁省博物馆藏碑志精粹》，文物出版社，2000年。
13 王晶辰主编：《辽宁碑志》，辽宁人民出版社，2002年。
14 盖之庸编著：《内蒙古辽代石刻文研究》（增订本），内蒙古大学出版社，2007年。
15 梅宁华主编：《北京辽金史迹图志》（下），北京燕山出版社，2004年。
16 杨卫东：《古涿州佛教刻石》，河北教育出版社，2007年。
17 北京辽金城垣博物馆编：《北京辽金元拓片集》，北京燕山出版社，2012年。

民、李玉明等主编的《三晋石刻大全》，预计125卷，全卷录文分现存石刻资料和佚失石刻资料，另附照片或拓片，目前收录辽代石刻资料的数量尚不了解，已经出版的如《三晋石刻大全·朔州市朔城区卷》等卷册所收录的辽代石刻可与其他石刻辑录成果相互对照，互通有无。杨亦武所编的《房山碑刻通志》共八卷，卷一至卷五（卷一和卷二2018年，卷三至卷五2020年）由中国社会科学文献出版社、学苑出版社完成出版发行，卷六至卷八（2022年）由学苑出版社出版发行，该书汇辑北京房山地区历代石刻共875件，从北魏、北齐、隋、唐、辽、金、元、明、清，直至民国的石刻，其中辽代石刻36件。以上这些收集整理的辽代石刻资料都是汉文资料。

契丹文石刻资料的整理和研究也取得了丰富的成果。刘凤翥、唐彩兰、青格勒编著的《辽上京地区出土的辽代碑刻汇辑》，收录了原辽上京地区（今内蒙古赤峰市巴林左旗和巴林右旗）及与之相关的辽宁朝阳、阜新等地的辽代契丹文和汉文石刻资料，并将相关契丹字石刻资料研究成果附于书内[18]。而《契丹文字研究类编》（全四册）则是契丹文资料研究的集大成者，集契丹文字资料整理、研究、契丹字释义、契丹文石刻研究、契丹文石刻拓片于一体，学术价值不言自明[19]。《石墨芳华：刘凤翥李春敏收藏辽金碑刻拓本集》，将刘凤翥及其夫人李春敏毕生所拓辽金石刻的拓片精华收录其中，为学界更好地参照拓本来校勘相关汉文和契丹文石刻提供了珍贵的图像资料，同时公布几件未曾发表的石刻，其中就包括辽代汉人张郁[20]的父母张昌龄和耿氏墓志[21]。乌拉熙春的《辽金史与契丹、女真文》[22]、《从契丹文墓志看辽史》[23]，是运用契丹大小字墓志资料全面考证辽史的代表性成果。总之最近二十年，利用契丹文字资料辅助汉文石刻研究或两种文字互校在辽朝双国号、人名、地名以及职官等一些问题的考证方面取得了一定的成果[24]。

借助契丹文石刻资料进行文字学研究的成果也非常丰富，以中日学者最为突出。早在1898年，日本学者白鸟库吉就发表了《契丹女真西夏文字考》[25]，到20世纪30～50年代，涌现了一批契丹字研究学者，鸟居龙藏、岛田好、园田一龟、岛田正郎、田村实造、山路广明等学者纷纷著书立说，重点是契丹字解读方法，即用蒙古语解读契丹字。进入21世纪，中国学者后来居上，清格尔泰、刘凤翥、陈乃雄等学者在前人王静如、罗福成、厉鼎煃等专家学者研究基础上对契丹字做了大量研究工作，1985年出版《契丹

18　刘凤翥、唐彩兰、青格勒编著：《辽上京地区出土的辽代碑刻汇辑》，社会科学文献出版社，2009年。
19　刘凤翥编著：《契丹文字研究类编》（全四册），中华书局，2014年。
20　么乃亮：《辽代张郁墓志考释》，《中国国家博物馆馆刊》2017年第10期。
21　陶建英、李俊义主编：《石墨芳华：刘凤翥李春敏收藏辽金碑刻拓本集》，文物出版社，2021年。
22　乌拉熙春：《辽金史与契丹、女真文》，日本东亚历史文化研究会，2004年。
23　乌拉熙春：《从契丹文墓志看辽史》，日本京都松香堂，2006年。
24　张少珊：《近80年来契丹大字研究综述》，《赤峰学院学报（汉文哲学社会科学版）》2014年第12期；李蕊怡：《近十年来契丹小字相关研究综述》，《泰山学院学报》2021年第6期。
25　〔日〕白鸟库吉：《契丹女真西夏文字考》，《史学杂志》，9编11、12号，1898年，转引自刘浦江编《二十世纪辽金史论著目录》，上海辞书出版社，2003年，第161页。

小字研究》，该书于2018年再版[26]。乌拉熙春的纪念金启孮先生学术丛书《契丹语言文字研究》[27]和《契丹大字研究》[28]。还有巴图（笔名即实）《谜林问径：契丹小字解读新程》[29]和《谜田耕耘：契丹小字解读续》[30]，孙伯君、聂鸿音著《契丹语研究》[31]，刘浦江、康鹏著《契丹小字词汇索引》[32]，清格尔泰、吴英喆、吉如何著《契丹小字再研究》[33]等。

丰富的辽代石刻资料整理和研究成果极大地补充了《辽史》编纂的不足，纠正了《辽史》记载的错误，也为辽史的研究提供了丰富的参考资料，使得辽史研究能够精耕细作成为可能，推进了辽史在行政建制、典章制度、地理交通、手工商贸、军事外交、思想文化、语言文字等方面的深入研究，以张国庆《辽代石刻所见辽朝史事研究》[34]为代表的学术成果可谓蔚为大观[35]。同时，近些年来利用国家和政府资助，以课题、项目的形式进行专门研究，如张明悟国家社科一般项目"辽金石刻经幢陀罗尼文字资料整理与研究"（2016），史风春国家社科西部项目"石刻资料补证辽代后族史事研究"（2019）等，是辽代石刻资料在辽史研究中起到重要作用的集中体现。

另外，学界整理辽代石刻资料的同时，由于一些来路不明石刻的出现和发表，有学者对这类石刻产生了质疑，有关石刻资料辨伪方面的研究成果见刘凤翥的《〈萧敌鲁墓志铭〉和〈耶律廉宁墓志铭〉均为赝品说》《再论〈萧敌鲁墓志铭〉为赝品说》《所谓契丹小字〈萧德里辇·胡睹堇墓志铭〉为赝品说》《契丹小字〈萧威哩辇·汗德墓志铭〉为赝品说》《〈萧旼墓志铭〉为赝品说》《〈韩宇墓志〉为赝品说》等[36]，具体亦可参见其《契丹文字辨伪录》一书[37]。

三、辽代石刻资料的校勘与补正

毋庸置疑，近年来辽代石刻资料的整理和研究取得显著成果，我们不能否认几代前辈学者筚路蓝缕、艰辛开拓所取得的成绩，但同时也要看到相关研究的不足，主要体现

26　清格尔泰、刘凤翥、陈乃雄、于宝林、邢复礼：《契丹小字研究》，中国社会科学出版社，2018年。
27　乌拉熙春：《契丹语言文字研究》，日本东亚历史文化研究会，2004年。
28　乌拉熙春：《契丹大字研究》，日本东亚历史文化研究会，2005年。
29　即实著：《谜林问径：契丹小字解读新程》，辽宁民族出版社，1996年。
30　即实著：《谜田耕耘：契丹小字解读续》，辽宁民族出版社，2012年。
31　孙伯君、聂鸿音：《契丹语研究》，中国社会科学出版社，2008年。
32　刘浦江、康鹏：《契丹小字词汇索引》，中华书局，2014年。
33　清格尔泰、吴英喆、吉如何：《契丹小字再研究》，内蒙古大学出版社，2017年。
34　张国庆：《辽代石刻所见辽朝史事研究》，辽宁教育出版社，2022年。
35　袁梦瑶：《近十年（2010—2019年）辽代石刻文研究综述》，《辽金历史与考古（第十二辑）》，科学出版社，2021年，第298~310页。
36　刘宁主编：《辽金历史与考古（第七辑）》暨《刘凤翥先生八秩华诞颂寿论文集》，辽宁教育出版社，2017年。
37　刘凤翥、张少珊、李春敏：《契丹文字辨伪录》，北京燕山出版社有限公司，2022年。

在对石刻文字的释读存在诸多错误，给辽史学者的研究带来了极大的不便。学界同人显然注意到了这个问题，进行了相关方面的补正、校勘，但疑点、错点和难点仍然很多，仍需要我们锲而不舍地求证，对已有成果进行进一步的校勘补正。

1. 石刻资料的校勘问题

辽代石刻资料校勘的问题主要体现在校勘补注石刻资料释读和录文方面。造成石刻资料释读错误的一个重要原因是石刻中大量异体字的存在，又因为作者句读石刻资料有误，同时石刻文字繁简互换的录入过程，都是容易造成错误的原因。异体字虽未对相关石刻资料的释读造成实质性的麻烦，但却有悖于石刻录入应遵循的准则，应该依石刻原貌，遵照原文录入。相对于能够识别的异体字、碑别字而言，还有一类不易释读的古体字，如乾统五年（1105）《刘文用墓志铭》中"多目琴酒自适"句，"目"字，应为"以"字的古文体[38]。该字是常见的石刻文字，类似这些问题在多数辽代石刻资料的释读和录文中普遍存在。石刻资料整理和研究时间越久，经验便越丰富，释读、断句和录入出现的错误就越少。

出现石刻录文错误的另一重要原因是辽代石刻距今时间久远，有些石刻字迹漫漶不清。在这种情况下录入者通常会根据石刻文献的上下文义来判断所缺之字，对于模棱两可的字词如果判断错误，就会导致前后语句不通，无法释读其意。墓志铭文中，撰者经常引用历史典故以颂扬墓主在郡望族属、品德修养、尊师重道、工作业绩等方面的优秀表现，或者采用一些典故或词句借以隐晦地表达一种无法言明的历史政治事件，以上现象在墓志撰写中非常普遍。《石重贵墓志考释》一文中，墓志文字中借用汉献帝的历史典故，并采用"身播国迁"一词描写石重贵的一生，但该文并未识读出"迁"字，可见对石刻文字识读尚缺乏一定的经验[39]。《大契丹国萧氏夫人墓志》志文中追溯志主族源引用"胡公满"的典故，但因石刻字迹不清，《辽代石刻文续编》中误作成"朝"字[40]。石刻资料整理出现的问题不仅仅表现文字错录，还体现在脱句、脱字等方面，经学者考证，《内蒙古辽代石刻文研究》（增订本）所录辽重熙二年（1033）《萧琳墓志铭》脱"祖讳寿，字永从，金紫崇禄大夫，检校太傅兼侍中"19字[41]。《辽金历史与考古（第八辑）》所收的乾统二年（1102）《王仲兴墓志铭》的录文脱"曰：人苟有伎，放于诡僻。厥行悖固，□于懑迫。有趋有违，咸蔽于一。贞哉"27个字[42]。《内蒙古辽代石刻文研究》（增订本）和《辽代石刻文续编》两书收录的辽咸雍八年（1072）耶律宗福墓志，所录志文出现的脱字、错字、衍字则多达39处[43]。刘凤翥对近年发表在《辽

---

38 李俊义、李义：《辽〈刘文用墓志铭〉〈刘贡墓志铭〉勘误》，《辽金历史与考古（第五辑）》，辽宁教育出版社，2014年，第281页。

39 齐伟：《辽宁省博物馆藏〈石重贵墓志铭〉考释》，《辽金历史与考古（第四辑）》，辽宁教育出版社，2013年，第299~304页。

40 葛华廷、王玉亭：《〈大契丹国萧氏夫人墓志〉再探讨》，《北方文物》2012年第3期。

41 李宇峰：《〈内蒙古辽代石刻文研究（增订本）〉补正》，《东北史地研究》2014年第4期。

42 刘凤翥：《十件辽代汉字墓志铭的录文》，《辽金历史与考古（第十辑）》，科学出版社，2019年，第12页。

43 王立华、王青煜、李宇峰：《辽〈耶律宗福墓志〉校勘补述》，《辽金历史与考古（第三辑）》，辽宁教育出版社，2011年，第300页。

金历史与考古》上面的辽太平六年（1026）《李绍俞墓志铭》、重熙二十年（1051）《杨从显墓志铭》《陈颛妻曹氏墓志铭》等九方辽代墓志重新进行校对录文，纠正之前录文众多错字[44]。还有周阿根校注的《辽代墓志校注》（上、下），对已发表的228件辽代墓志进行了校对补正[45]，但依然存在未按原录录文的遗憾（如重熙十四年（1045）《秦国太妃耶律氏墓志》、重熙十五年（1046）《秦晋国大长公主墓志》）。正是学界对辽代石刻资料持之以恒的校勘、补注，才使得辽代石刻资料整理成果不断加以更正、补充和完善，丰富了辽代石刻的研究。

2. 石刻资料基本信息有误

石刻的基本信息，是指石刻的名称、年代、出土时间、地点、经过和馆藏，石刻的形制特征、尺寸、保存状态，有关石刻的学术研究情况等。辽代石刻资料整理成果中出现石刻基本信息错误，主要是由于石刻分布广泛、收藏机构分散，加之各地行政区划变动、机构改革等原因，导致石刻基本信息不明确，甚至错误。

石刻基本信息出现的错误首先体现在石刻收藏单位有误。如阜新蒙古族自治县文物管理所（民族博物馆），民间称之为阜蒙县博物馆、阜新县博物馆，原官方又称蒙古贞博物馆、阜蒙县民族博物馆（阜蒙县文物管理所），众多的名称导致以往成果对该馆收藏的辽太平九年（1029）《萧仪墓志》、辽重熙间的《阜新懿州记事碑》、辽大安七年（1091）《耶律善庆墓志》、辽寿昌元年（1095）汉文《永清公主墓志》（背面刻契丹小字《萧太山和永清公主墓志》）、"大辽国故延昌宫副宫使耶律公"墓志盖、契丹小字横帐仲父房连宁墓志等辽代石刻资料的记载莫衷一是。辽大安五年（1089）阜新三塔沟石函的馆藏经历更加曲折，收录该石函的《辽代石刻文续编》和《辽宁碑志》两书对其收藏单位的记载不同，前者记载石函收藏于阜新市博物馆[46]，后者记载石函收藏于阜新市文物管理办公室[47]。据笔者多方联系，确认此石函原藏于阜新市文物管理办公室，该机构撤销后，原办公室所藏的一批文物由今阜蒙县民族博物馆接收，这件石函也在其中，后三塔沟地区进行旅游开发，便再次将石函调回三塔沟文物部门收藏管理。类似的情况还有《办集胜事碑》，《内蒙古辽代石刻文研究》一书记载藏于辽中京博物馆[48]，而《辽代石刻文续编》一书则说此碑藏于巴林右旗博物馆[49]，经与巴林右旗博物馆联系，确认此碑并不在该馆。辽清宁十年（1064）《王延福办佛会发愿碑》，《辽上京地区出土的辽代碑刻汇辑》记载此碑藏于巴林右旗博物馆[50]，而《辽代石刻文续编》记载

---

44 刘凤翥：《十件辽代汉字墓志铭的录文》，《辽金历史与考古（第十辑）》，科学出版社，2019年，第9~19页。
45 周阿根校注：《辽代墓志校注》，天津古籍出版社，2022年。
46 向南、张国庆、李宇峰辑注：《辽代石刻文续编》，辽宁人民出版社，2010年，第196页。
47 王晶辰主编：《辽宁碑志》，辽宁人民出版社，2002年，第211页。
48 盖之庸编著：《内蒙古辽代石刻文研究》（增订本），内蒙古大学出版社，2007年，第704页。
49 向南、张国庆、李宇峰辑注：《辽代石刻文续编》，辽宁人民出版社，2010年，第317页。
50 刘凤翥、唐彩兰、青格勒编著：《辽上京地区出土的辽代碑刻汇辑》，社会科学文献出版社，2009年，第305页。

此碑藏于辽上京博物馆[51]，经与相关人员确认，此碑确在巴林右旗博物馆。

石刻尺寸信息不准确也是辽代石刻收集整理成果中的主要问题。如《辽代石刻文编》一书所录契丹哀册及诸多石刻尺寸，与石刻的实际尺寸存在很大偏差，关于该问题笔者在《辽博馆藏辽代石刻碑志资料的整理与研究》一文中已有涉及[52]，此不赘述。而出现石刻尺寸信息不准确的原因，笔者认为还是研究机构和石刻收藏机构联系不够紧密所致，也有的是公布石刻的原始机构和作者测量失误。

以上所述诸问题再次证明，辽代石刻资料作为辽史研究的重要参考资料和研究对象一直为学界所推重，对石刻资料的收集整理还会有更多的工作要做。

四、辽代石刻资料研究前瞻

通过对辽代石刻资料出土、整理、研究、校勘情况的爬梳，可以清晰地看到，以往学者注重的是辽代石刻文字的整理、校勘，并利用石刻资料进行辽朝史事的研究，而对辽代石刻本身的种类、布局、纹饰、墓志义例，尤其石刻的收藏与保护情况鲜少措意。目前，孙勐《十二生肖、四神、盝顶形——M56石椁的意义》[53]、杨玥《辽代墓志生肖图案的考古学观察》[54]、于秀丽《辽代墓志盖概述》[55]、林栋《辽代墓志的考古学初步观察》[56]、关翔宇2015年硕士论文《辽代墓志生肖纹饰研究》等文是专门探讨这类问题的文章，这些给辽代石刻研究带来了新视角、新角度，但仍有进一步深入拓展的空间。

首先，辽代石刻纹饰的研究有进一步深入研究的必要。今天中国的东北三省（黑龙江省、吉林省、辽宁省）、内蒙古自治区、北京、天津、河北和山西部分地区，是辽朝所统治的五京地区。由于契丹人、汉人、渤海人、奚人等各族人口杂居相处，辽朝制定"以国制治契丹，以汉制待汉人"的统治方式，其政治、经济和文化皆体现了这一理念。这一统治方式和理念也影响到辽朝社会的丧葬习俗，不同地域、不同民族、不同阶级的墓葬风格和特点既体现了各自的独特性，又兼具各民族交流所带来的融合特征。墓葬中随葬刻有纹饰的墓志便是学习借鉴汉文化的典型案例。不同类型的石刻纹饰同石刻文字一样，以另一种方式传递着古人的智慧、思想和情感。关于石刻纹饰方面，学界关注较多的是十二生肖纹，对该纹饰的起源、发展、形制、分期、特点，以及在墓葬中的作用等问题做了一定的阐释。但仍有很多问题有待研究：第一，辽代石刻十二生肖纹的类型演变轨迹尚未清晰。杨玥《辽代墓志生肖图案的考古学观察》一文对墓志所刻十二

---

51 向南、张国庆、李宇峰辑注：《辽代石刻文续编》，辽宁人民出版社，2010年，第121页。

52 齐伟、尹天武：《辽博馆藏辽代石刻碑志资料的整理与研究》附表一"辽宁省博物馆藏辽代石刻碑志资料一览表"，《辽金历史与考古（第十辑）》，科学出版社，2019年，第364~374页。

53 孙勐：《十二生肖、四神、盝顶形——M56石椁的意义》，《鲁谷金代吕氏家族墓葬发掘报告》，科学出版社，2010年，第219~225页。

54 杨玥：《辽代墓志生肖图案的考古学观察》，《考古与文物》2013年第1期。

55 于秀丽：《辽代墓志盖概述》，《辽金历史与考古（第五辑）》，辽宁教育出版社，2014年，第317~322页。

56 林栋：《辽代墓志的考古学初步观察》，《沈阳故宫学刊》2018年第1期。

生肖纹的发展脉络和基本特点做了阐释，时隔多年，陆续发表的契丹文和汉文墓志志盖大多刻有生肖纹，新材料的出现必然会补充完善以往的成果。第二，对石刻本身的研究还要注重墓志在辽墓中的位置，脱离了墓葬，石刻本身就丢失了多半的信息。因为多种原因，目前学界尚未对此加以关注。十二生肖纹所代表的含义可能要远大于目前学界流行的"辟邪、保佑墓主平安"的已有观点。第三，十二生肖纹不是孤立存在的，它往往与四神纹、八卦纹、天象星座等纹饰同时出现，这种现象究竟表达了辽人怎样的生死观和宇宙观？总之，兴盛于隋唐、势衰于五代的十二生肖纹，被辽继承并有所创新，呈现流行态势，有待于我们进一步探究。

其次，辽代墓志义例问题的研究有待系统深入研究。关于中国古代墓志义例的理论研究，主要有台湾学者叶国良的《石学蠡探》[57]《石学续探》，现又再版[58]，杨向奎的《唐代墓志义例研究》[59]、《中国古代墓志义例研究》[60]，在《中国古代墓志义例研究》一书绪论中，作者论述了学界关于中国墓志义例的整体研究情况，并强调，"从义例视角切入进行研究的成果较少"，存在"时段上研究不均衡""研究内容上不系统"的问题[61]，可谓剀切。因为作者注意到之前研究集中在宋以前，宋元明清时期则关注较少，所以在该书中涉及了宋，照顾了元明清，可惜对于在中国北疆存在三个世纪之久的辽金却无措意。但该书却为学者研究辽代墓志义例提供了重要的思路和方法，《辽代奉敕撰文墓志留白探讨》[62]、李雅茹2019年硕士论文《辽代墓志撰者研究》、《辽人墓志铭与"撰述"相关问题蠡探》[63]便是较好的尝试，目前需要更加深入地对辽代墓志制作背景、志文撰写和特点、与其他时代异同等诸多义例问题进行系统理论研究。

再次，辽代石刻的分布与收藏。辽代石刻资料分布于原辽五京地区，除了吉林省，几乎涵盖了今天的内蒙古自治区、黑龙江、辽宁、北京、天津、河北、山西等地的各个角落，石刻分布极其分散。关于现存石刻的分布地区、准确数量和馆藏单位，目前还没有一个准确的研究数据，而这项工作却任重道远，尚无人进行该项工作。以内蒙古和辽宁地区为例，内蒙古地区收藏辽代石刻的单位大概有18家，辽宁地区收藏辽代石刻的单位大概有25家，而每一收藏单位的收藏数字又是一个未知数。在今黑龙江和吉林两省，辽时主要生活有女真人、渤海人，部分契丹人和汉人。虽然目前还未见到更多公开发表的石刻资料，但在黑龙江省西部泰来县塔子城古城内曾经矗立有辽代八角密檐塔，附近出土了辽大安七年刻石[64]；而在吉林省西北部白城市的城四家子古城佛寺遗址出土了写

57　叶国良：《石学蠡探》，（台北）大安出版社，1989年。
58　叶国良：《石学蠡探》，中华书局，2022年。
59　杨向奎：《唐代墓志义例研究》，岳麓书社，2013年。
60　杨向奎：《中国古代墓志义例研究》，中国社会科学院出版社，2018年。
61　杨向奎：《中国古代墓志义例研究》，中国社会科学院出版社，2018年，第6～15页。
62　王铸、唐博闻：《辽代奉敕撰文墓志留白探讨》，《白城师范学院学报》2021年第1期。
63　张国庆、齐伟：《辽人墓志铭与"撰述"相关问题蠡探》，《辽宁大学学报（哲学社会科学版）》2022年第4期。
64　景爱：《塔子城出土辽大安残刻三题》，《社会科学战线》1984年第3期。

有辽"大安八年""大安九年"等字样的建筑构件[65]，古城附近和白城市区所属的平安镇乡、大岭乡和侯家乡等地相继发现了10余处辽代寺庙遗址[66]，这些遗存无疑为以后石刻资料的搜集整理提供了重要线索和巨大动力。这些工作并非一己之力而为之，它需要多地多部门的研究者共同参与，并促成全国辽代石刻馆藏资料数据库的建设，这将功在当代、利在千秋。

最后，关于辽代石刻经幢，据笔者粗略统计，在将近800件的辽代石刻资料中，200余件为石幢资料，作为辽代佛教研究的重要参考资料，无疑具有重要的史料价值。辽代经幢的整理与研究，继张国庆《辽代经幢及其宗教功能——以石刻资料为中心》[67]一文后有了一定的深入，相关研究主要围绕辽代经幢分布、历史渊源、种类、经文版本等问题[68]。辽代立幢的流行与辽代密教的发展有很大关系，除了佛顶尊胜陀罗尼经外，其他陀罗尼和佛教经典以及版本等问题有待进一步研究，整体、系统地展现辽代经幢的学术成果。

同时，对辽代石刻资料也要审慎地加以选用。王瑞来在其《屠城了无痕——以宋末抗元事件为中心的史籍记载与历史真实例论》一文中，通过对元代文章大家姚燧所撰《参知政事贾公神道碑》的考证，发现姚燧置中国史学秉笔直书的优良传统于不顾、颠倒黑白掩盖历史真相、以致误导后世史家修史，因此他说"在日渐重视碑志这种'地下史料'的当下，也应当对以虚美隐恶为宗旨的碑志所讲述的史实抱有足够的警觉"[69]，甚是。

附记：本文系辽宁省教育厅面上项目（编号：LJKMR20220415）"辽代石刻纹饰研究"阶段性成果。

（齐　伟　辽宁大学历史学部）

65　梁会丽：《城四家子城址考古工作与再认识》，《辽金历史与考古（第十一辑）》，科学出版社，2020年，第47~54页。

66　陈项伟：《吉林省辽金考古综述》，《北方文物》1995年第4期。

67　张国庆：《辽代经幢及其宗教功能——以石刻资料为中心》，《北方文物》2011年第2期。

68　张明悟：《辽金经幢研究》，中国科学技术出版社，2013年；黄夏年：《从辽代石刻经幢考察佛教经幢的历史渊源及发展》，《佛学研究》2015年（总第24期）；朱满良：《辽代经幢的类型、内容及其对人生的终极关怀》，《西夏研究》2016年第4期；张明悟：《唐宋辽金时期经幢佛顶尊胜陀罗尼版本考》，《佛学研究》2021年第2期，等等。

69　王瑞来：《屠城了无痕——以宋末抗元事件为中心的史籍记载与历史真实例论》，《河北大学学报（哲学社会科学版）》2022年第5期。

碑志研究

辽代耶律弘仁墓志补考

王英新

内容提要：辽代耶律弘仁墓志是一篇记述内容较多的重要墓志，而《北方文物》2021年第5期发表《辽代耶律弘仁墓志考释》一文对其长达2289字的志文考释过于简略[1]。本文依据志文，并参考文献及其他辽代碑志略作补考，愿以此与作者、读者交流共勉。

关键词：辽代　耶律弘仁　墓志　补考

一、关于辽太祖尊号与谥号

关于辽太祖尊号与谥号，早有学者进行详细考辨。主要认识是辽太祖的尊号有两个，即"天皇帝"及"大圣大明天皇帝"。谥号有三个，即"升天皇帝""圣元皇帝""大圣大明神烈天皇帝"[2]。此说甚是，笔者赞同。需要补充的是辽太祖死后称其为"大圣皇帝"（或"大圣天皇帝"）的见于出土辽代墓志记载的还有以下诸条（依纪年墓志时间先后为序）。

太宗会同五年（942）的《耶律羽之墓志》："比及大圣大明升天皇帝收伏渤海，革号东丹，册皇太子为人皇王。"[3]

穆宗应历五年（955）的《陈万墓志》："年卅，奉大圣皇帝宣命□□从故国舅相公入国。"[4]

穆宗应历九年（959）的《故驸马赠卫国王墓志铭》："以大圣皇帝，应天皇后。"[5]

景宗保宁二年（970）的《耿崇美墓志》："大圣皇帝自谓得人，选为通事。"[6]

1　司伟伟：《辽代耶律弘仁墓志考释》，《北方文物》2021年第5期，第79页。
2　刘凤翥：《辽太祖尊号谥号考辨》，《社会科学辑刊》1979年创刊号。
3　内蒙古文物考古研究所、赤峰市博物馆、阿鲁科尔沁旗文物管理所：《辽耶律羽之墓发掘简报》，《文物》1996年第1期，第4页。
4　闫万章：《辽陈万墓志铭考证》，《辽金史论集（第五辑）》，文津出版社，1991年，第37页。
5　金毓黻：《辽国驸马赠卫国王墓志铭考证》，《考古学报》1956年第3期。
6　张力、韩国祥：《辽耿崇美墓志考》，《辽宁省博物馆馆刊（第1辑）》，辽海出版社，2006年，第130页。

景宗保宁年间的《耶律琮神道碑》："乃大圣皇帝之同母弟也，代推师表。"[7]

道宗大康七年（1081）的萧孝恭墓志"此三人，皆大圣皇帝亲第（弟）大内相之孙也"[8]。

道宗大安七年（1091）的《耶律善庆墓志》："而太祖大圣天皇帝之诸父。"[9]

另外，在辽太祖死后，称其为"圣元皇帝"的史料除刘凤翥先生举例外，还可举出的有：

兴宗重熙十四年（1045）的《秦国太妃墓志》："太祖圣元皇帝同母弟，守太师，兼中书令，赠许国王讳亚思，夫人，兰陵萧氏、曾王父母也。"[10]

兴宗重熙十五年（1046）的《秦晋太长公主墓志》："天命国姓曰耶律氏，太祖圣元皇帝开阶蹈运，肇基王迹。"[11]

道宗清宁四年（1058）的《萧旻墓志》："圣元皇帝吞二辽以建极，孝武皇帝降三晋以来庭。"[12]

道宗咸雍七年（1071）的《萧阄墓志》："会我太祖圣元皇帝之王天下也，立其国舅之族，封以萧氏之姓。"[13]

这些史料均可作为上述学者论点的补充。

二、关于辽太宗灭后晋之始末

据《耶律弘仁墓志》记载："洎少君嗣位，奸臣弄权，邺忘大恩。诒深感动摇我边境，拒我全师。帝指画兵谋，躬亲戎事。划渠魁而烬灭败蜂，蛋以水消中渡济师，擒生威而授酋或，赤岗入汴，降少主以执俘。"这是指辽太宗耶律德光于大同元年（947）亲率辽军攻入后晋都城汴京（今河南省开封市），俘虏后晋少帝石重贵北归之事。有关辽太宗伐晋的原因和过程，《旧五代史》、《新五代史》、《辽史》、《契丹国志》等书均有详细记载。后唐末帝清泰三年（936）五月，河东节度使石敬瑭起兵反唐，并割燕云十六州给契丹，使辽朝的南部边界扩展到京津冀晋中原地区。石敬瑭被契丹立为后晋皇帝，建元天福，是为后晋高祖，尊辽太宗耶律德光为父皇帝，甘当契丹的儿皇帝。后晋天福七年（942）六月，石敬瑭死，子石重贵继位，为后晋少帝（出帝）。石重贵继位后，"违先君之志，绝两国之欢"，与契丹失和。辽太宗亲征后晋，于开运三年（946）

---

[7] 李逸友：《辽耶律琮墓石刻及神道碑铭》，《东北考古与历史（第一辑）》，文物出版社，1982年，第174页。

[8] 向南、张国庆、李宇峰辑注：《辽代石刻文续编》，辽宁人民出版社，2010年，第169页。

[9] 胡娟、海勇：《辽〈耶律善庆墓志〉考释》，《辽金历史与考古（第九辑）》，科学出版社，2018年，第282页。

[10] 向南、张国庆、李宇峰辑注：《辽代石刻文续编》，辽宁人民出版社，2010年，第90页。

[11] 郑绍宗：《契丹秦晋国大长公主墓志铭》，《考古》1962年第8期，第429页。

[12] 穆启文、李宇峰：《辽宁省阜新县辽萧旻墓发掘简报》，《辽金历史与考古（第二辑）》，辽宁省教育出版社，2010年，第15页。

[13] 盖之庸编著：《内蒙古辽代石刻文研究》（增订本），内蒙古大学出版社，2007年，第331页。

十二月攻入后晋都城汴京，后晋灭亡，石重贵及太后李氏，生母安太妃，皇后冯氏弟重睿及子延煦、延宝沦为阶下囚，举家及随从50余人北归辽国在建州安置耕垦自赡。

诸书均记石重贵等最后不知所终。今据近年来在辽宁省朝阳县乌兰河硕蒙古族乡黄道营子村附近先后出土的石重贵墓志[14]、石延煦墓志[15]、李太后、安太妃墓志记载[16]，乌兰河硕乡黄道营子村是石重贵家族北迁后的家族墓地。而最后安置石氏家族耕垦自赡的安晋城，据学者考证目前有三种说法：第一种说法认为安晋城应是朝阳县胜利乡大王家子村南辽代遗址[17]。第二种说法认为安晋城是朝阳县波罗赤镇后营子村城子内遗址[18]。第三种说法认为安晋城是朝阳县乌兰河硕蒙古族乡黄道营子村内的"乌兰黄道遗址"[19]。笔者赞同第三种说法。

三、关于辽与回纥之关系

耶律弘仁墓志文记述辽与回纥的关系，而《辽耶律弘仁墓志考释》一文没有详述。笔者认为有必要对辽与回纥的关系予以详述。回纥作为辽朝的六十属国之一，早在唐朝就分布在西北边陲地区，有高昌回纥、甘州回纥、沙州回纥诸部，其牙帐距辽朝的西北招讨司驻地镇州相去不远。镇州今地据有学者考证，地即今蒙古国境内的青·托罗盖古城[20]。自唐辽以来，回纥商人的驼队在沟通东西方文化交流和商贸往来方面起到不可替代的作用。辽朝在上京城南城汉城的南门内建有回纥营，供回纥商人住宿与生活。据《辽史》记载，在圣宗朝内。回纥是向辽朝朝贡次数最多的属国之一。几乎每两至三年派使者赴辽朝贡，与辽朝交往频繁关系密切。圣宗统和十四年（996）十一月，回纥阿萠遗使为子求婚，圣宗未许。统和十九年（1001），回纥向辽朝进奉梵僧和名医。除文献记载以外，出土的辽代墓志也有关于辽朝与回纥关系的记述。据《韩橁墓志》记载："明年，奉使沙州，册主帅曹恭顺为燉煌王。"[21]沙州回纥地在今燉煌以西，为辽朝六十属国之一。至于墓志所记的明年即韩橁是何年出使沙州，墓志未记年份。经检《辽史》可知："（开泰）八年春正月，封沙州节度使曹顺为燉煌郡王。"[22]可知韩橁是在

---

14 齐伟：《辽宁省博物馆藏〈石重贵墓志铭〉考释》，《辽金历史与考古（第四辑）》，辽宁教育出版社，2013年，第299页。

15 张桂霞、李宇峰：《辽代石延煦墓志铭考释》，《辽金历史与考古（第六辑）》，辽宁教育出版社，2015年，第329页。

16 杜晓红、李宇峰：《辽宁朝阳县发现辽代后晋李太后，安太妃墓志》，《边疆考古研究（第16辑）》，科学出版社，2014年。

17 孙国平：《辽代后晋李太后耕垦自赡之地考》，《东北地方史研究》1991年第4期。

18 杜晓红、宋艳伟：《辽宁朝阳"安晋城"略考》，《辽金历史与考古（第十辑）》，科学出版社，2019年，第86页。

19 陈守义：《朝阳县"乌兰黄道遗址"为"安晋城"考》，《辽金历史与考古（第十一辑）》，科学出版社，2020年，第37页。

20 景爱：《辽金泰州考》，《辽金史论集（一）》，上海古籍出版社，1987年，第175页。

21 毕任庸：《辽韩瑜韩橁墓铭考证》，《人文》（7卷3期）1936年。

22 《辽史》卷16《圣宗七》，中华书局，1975年，第185页。

圣宗开泰八年（1019）春正月，出使沙州。但《辽史》未记使者姓名，今据墓志可知使者是辽朝中期著名的外交活动家韩橁，二者可以印证互补，碑志益于考史证史，此又一例证。墓志对韩橁出使沙州历尽艰辛的情景记述十分生动详细，辽代碑志及文献鲜见记载沙州的情况，其史料价值弥足珍贵，宣以回纥国信使墓志于1989年在内蒙古自治区赤峰市巴林右旗羊场乡罕大坝村西山沟一座已遭严重破坏的辽代单室砖墓里出土的。关于这方墓志的名称及墓主人的姓名及身份目前学术界有四种说法。①宣以回纥国信使，墓主人为男性名叫胡末里，是辽朝派往回纥国的使者[23]。②宣以回纥国信使墓志，墓志主人为男性名叫徒都姑，是辽朝出使回纥国的使者[24]。③徒都姑妻韩氏墓志铭墓主人为女性韩氏，乃韩知古之女[25]。④徒都太尉夫人墓志，墓主人为女性，未记姓氏[26]。笔者认为上述四种说法以第三种说法，即墓主人为韩知古之女韩氏，此说甚是。韩知古，《辽史》有传[27]，是最早归附辽朝的汉族大臣，为辽太祖佐命功臣之一。徒都姑是回纥国出使辽朝的使者，后留在辽朝做官，官至太尉并娶韩知古之女韩氏为妻，对促进辽朝与回纥国的文化交流和商贸往来做出重要贡献，成为辽国与回纥国外交史上的一段佳话。这是墓志所书，应当视为实录，具有填补文献失载的弥足珍贵的史料价值。

四、有关历史地理

1. 有关桂州静江军的地望

据志文曰耶律弘仁："超授桂州管内观察使、加检校尚书、左仆射使、持节桂州诸军事、特封漆水县开国男食邑三百户。"按，辽无桂州建置及静江军军号，此为北宋州名及军号[28]。地即今广西壮族自治区桂林市。此职为遥领虚衔。静江军节度使一职见于出土的辽代墓志还有："道宗咸雍九年（1073）的《萧德恭墓志》：长兄静江军节度使讳德温"[29]；道宗大安三年（1087）的《耶律弘世墓志》"文班太保，静江军节度使萧先同莅其事"[30]；道宗大安五年（1089）的《萧孝忠墓志》"男乣军大师，静江军节度使萧孝忠"[31]；道宗大安六年（1090）的《萧袍鲁墓志》"岁满，遥领静江军节度使"[32]；天祚帝乾统九年（1109）的《萧孝资墓志》"授延昌宫使，静江军节度使，持

23　韩仁信：《辽墓志"宣以回纥国信使"考述》，《辽金西夏史研究》，天津古籍出版社，1997年，第278页。
24　盖之庸编著：《内蒙古辽代石刻研究》（增订本），内蒙古大学出版社，2007年，第190页。
25　刘凤翥、唐彩兰、青格勒编著：《辽上京地区出土的辽代碑刻汇辑》，社会科学文献出版社，2009年，第67页。
26　向南、张国庆、李宇峰辑注：《辽代石刻文续编》，辽宁人民出版社，2010年，第40页。
27　《辽史》卷74《韩知古传》，中华书局，1975年，第1233页。
28　《宋史》卷90志第四十三，地理六：广南西路"静江府。本桂州，始安郡，静江军节度"，中华书局，1977年，第2235页。
29　向南、张国庆、李宇峰辑注：《辽代石刻文续编》，辽宁人民出版社，2010年，第153页。
30　盖之庸编著：《内蒙古辽代石刻文研究》（增订本），内蒙古大学出版社，2007年，第430页。
31　雁羽：《锦西西孤山辽萧孝忠墓清理简报》，《考古》1960年第2期，第7页。
32　冯永谦：《辽宁法库前山辽肖袍鲁墓》，《考古》1983年第7期。

节以使汴"³³天祚帝乾统十年（1110）的《萧德恭妻耶律氏墓志》："长兄静江军节度使，追赠赵王讳德温，妻燕国夫人耶律氏。"³⁴从上述墓志记载来看，静江军节度使一职虽然是遥领虚衔，但也不是随意授予的，除耶律弘仁为皇族外，其余都是辽朝后族萧氏家族的显赫人物。

2. 关于武安州的地望

据志文曰：耶律弘仁："岁次癸丑二月三日，薨于武安州东之行帐，享年四十有二。"癸丑年为辽道宗咸雍九年（1073）即耶律弘仁的卒年。古人年龄皆以虚岁计，耶律弘仁享年42岁，由此上溯，耶律弘仁的生年应是辽兴宗景福二年（1032）。而非景福元年（1031）。

武安州是隶属辽中京道所辖刺史州之一，是辽太祖耶律阿保机最早建置的头下州之一，并由此开创了头下军州制，武安州今地据有学者论及，地即今内蒙古自治区赤峰市敖汉旗南塔乡白塔子村西城址。始建于辽代早期，初名杏埚新城，后更名新州，圣宗统和八年（990），改称武安州，金、元两代降州为县，更名武平县，元末明初废弃，现存城墙有三重，外城墙仅存北墙一段，周长不详；第二重城墙略呈方形，边长约650米，其东墙与外城东墙共用，东南各设城门；内城略呈方形，边长约270米。城内有建筑基址数十处，文化层厚3~7米³⁵。城北隔验马河对岸高丘上现仍耸立砖筑八角形十三级空心密檐式辽塔一座，因塔外壁满涂白灰，俗称白塔，成为武安州的醒目标志，当地白塔子村即由塔得名。

五、关于耶律弘仁的墓志性质

耶律弘仁死后葬的北镇市富屯街道的洪家街道墓地，先后发掘耶律弘礼墓³⁶、韩德让墓³⁷，笔者认为，《辽宁北镇市辽代韩德让墓的发掘》《辽代韩德让墓志考释》两文将墓主人的名字称作韩德让均不妥³⁸，应称耶律隆运为对。因为志文首题中的耶律公即指耶律隆运。志文中亦有"王讳隆运，字致尧，本姓韩氏，初名德让"。可知耶律隆运与韩德让是同一个人两个名字，在《辽史》³⁹《契丹国志》⁴⁰均有传，都称耶律隆运。韩德让于辽圣宗统和二十八（1010）被赐名耶律隆运，并与圣宗皇帝耶律隆绪以兄弟相称，死后享受陪葬景宗乾陵亲王之礼的葬礼待遇，这在辽朝二百余年的历史上是绝无仅

---

33 盖之庸编著：《内蒙古辽代石刻文研究》（增订本），内蒙古大学出版社，2007年，第544页。
34 向南、张国庆、李宇峰辑注：《辽代石刻文续编》，辽宁人民出版社，2010年，第270页。
35 邵国田：《辽代武安州城址调查》，《内蒙古文物考古》1997年第1期。
36 辽宁省文物考古研究所、锦州市文物考古研究所、北镇市文物处：《辽宁北镇市辽代耶律弘礼墓发掘简报》，《考古》2018年第4期。
37 辽宁省文物考古研究院、锦州市博物馆、北镇市文物处：《辽宁北镇市辽代韩德让墓的发掘》，《考古》2020年第4期，第58页。
38 万雄飞、司伟伟：《辽代韩德让墓志考释》，《考古》2020年第5期，第111页。
39 《辽史》卷82《耶律隆运传》，中华书局，1974年，第1289页。
40 （宋）叶隆礼撰：《契丹国志》卷18《耶律隆运传》，上海古籍出版社，1985年，第174页。

有的。如果他未被赐名耶律隆运，还是韩德让，那么，他死后应当归葬祖陵，葬在其父韩匡嗣的家族墓地里。韩氏祖陵即韩匡嗣家族墓地在内蒙古自治区赤峰市巴林左旗境内的白音罕山[41]，至今已出土韩氏后裔子孙墓志十余方，为研究河北玉田韩知古家族世系提供了翔实的考古资料[42]。迄今为止，在辽宁省北镇市医巫闾山的显乾二陵考古发现均为辽代皇族耶律氏的陪葬墓，绝无汉族大臣陪葬的例子。因此，称洪家街墓地是韩德让家族墓地，小河北墓地是耶律隆裕的家族墓地的说法都是值得商榷的。从广义上说，他们都是辽代景宗乾陵的陪葬墓地。

六、耶律弘仁墓志的所撰者与书者

耶律弘仁墓志的撰者李中立，《辽史》不见记载，其署衔为前三司度支判官承务郎守尚书兵部员外郎云骑尉赐绯鱼袋。辽代三司即"盐铁司""度支司""户部司"的合称，其中"度支司"为辽代中央及五京财经管理机构，主掌地方财赋上送总数，计量每年之出入，以规划朝廷之用度。李中立曾任职的"度支判官"是实职，其余均为虚衔。"度支判官"是"度支使"属下的职官之一，其名曾见于《辽史》卷59《食货志上》[43]及兴宗重熙二十二年（1053）的《王泽墓志》[44]。

耶律弘仁墓志的书者赵群，《辽史》不见记载，署衔为东京提辖使一职可补史缺。另外，为萧阌撰兼书墓志的人姓名也叫赵群，署衔为前奏名进士[45]，二者同姓名，或许为一人，抑或不为一人，不敢强定。

（王英新　辽宁省文博产业发展交流中心）

41　内蒙古文物考古研究所、赤峰市博物馆、巴林左旗博物馆：《白音罕山辽代韩氏家族墓地发掘报告》，《内蒙古文物考古》2002年第2期。

42　蒋金玲：《辽代韩知古家族世系证补》，《辽金史论集（第十一辑）》，内蒙古大学出版社，2009年，第62页。

43　《辽史》卷59《食货志上》："以马人望前为南京度支判官，公私兼裕、检括户口、用法平恕，乃迁中京度支使"按文末注释⑦，卷105《马人望传》，人望为中京度支使在天祚帝时，道宗初年为误。中华书局，1974年，第925页。

44　陈述辑校：《全辽史》卷7《王泽墓志铭》："次适度支判官郑涛。"中华书局，1982年，第164页。

45　盖之庸编著：《内蒙古辽代石刻文研究》（增订本），内蒙古大学出版社，2007年，第331页。

碑志研究

辽耶律弘仁、耶律弘义墓志铭勘误

李俊义　武忠俊

内容提要：本文主要根据辽代《耶律弘仁墓志铭》《耶律弘义墓志铭》原拓本，校勘《辽代耶律弘仁墓志考释》《辽耶律弘义墓志考释》两文中的墓志录文，订正其中误植之处。

关键词：辽代　耶律弘仁墓志　耶律弘义墓志　校勘

辽耶律弘仁墓志铭（咸雍九年，以下简称《仁志》），出土于辽宁省锦州北镇市富屯街道富屯村洪家街墓地；耶律弘义墓志铭（重熙十七年，以下简称《义志》），出土于辽宁省锦州北镇市富屯街道新立村。司伟伟先生在《辽代耶律弘仁墓志考释》[1]《辽耶律弘义墓志考释》[2]二文中首次刊布墓志铭拓本照片并录文，并据《仁志》《义志》记载，旁征博引，深求细究，辨识考证，详尽备至，令笔者大受裨益。然而美中不足的是，司文中的墓志铭录文未加标点，且有数处值得商榷。职是之故，笔者不揣固陋，谨据拓本，对其中的问题缕陈如次，不妥之处，请大雅宏达批评指正。

一、《耶律弘仁墓志铭》勘误

1）《仁志》第三行至第四行，《司文》"将士倍当千之男"应为"将士负当千之勇"。

2）《仁志》第四行，《司文》"赵魏臣超"应为"赵魏臣趋"。

按：超，原墓志文作"趍"，同"趋"，《广韵·虞韵》："趍，俗趋字。"[3]

3）《仁志》第五行，《司文》"广漠比舒"应为"广漠北舒"。

按：原墓志文此句为"天街南限，距析木以经躔；广漠北舒，奠间山而作镇"。据文义，"比"应为"北"字。

4）《仁志》第五行，《司文》"有国巳来"应为"有国已来"。

按：原墓志文"巳"字，据文义应为"已"，"巳""已"因字形相近，在古文献

---

[1] 司伟伟：《辽代耶律弘仁墓志考释》，《北方文物》2021年第5期，第79～85页。
[2] 司伟伟：《辽耶律弘义墓志考释》，《文物》2021年第11期，第69、90～96页。
[3] （宋）陈彭年等：《广韵》第一册，《中华再造善本》影印宋刻本，国家图书馆出版社，2004年，第35a页。

5)《仁志》第九行，《司文》"梯山舰海"应为"梯山航海"。

按：《宋书·明帝纪》："日月所照，梯山航海；风雨所均，削衽袭带。"[4]梯山航海为登山渡海之意。

6)《仁志》第十行，《司文》"衅鼓则嵩衡并震"应为"衅鼓则嵩衡并震"。

按："釁"为"衅"的繁体字。既然用简化字录文，此处直接用简化字即可。"衅鼓"为古代战争中杀人或杀生以血涂鼓的祭祀行为，《左传·僖公三十三年》："孟明稽首曰：'君之惠，不以纍臣衅鼓，使归就戮于秦。'"杜预注："杀人以血涂鼓，谓之衅鼓。"[5]

7)《仁志》第十一行，《司文》"树幡垒上，定中夏而不私于巳"应为"树幡垒上，定中夏而不私于己"。

8)《仁志》第十二行至第十三行，《司文》"果诒深感，动摇我边境，擅拒我全师"应为"果诒深感，动摇我边境，抵拒我全师"。

9)《仁志》第十四行，《司文》"聿纂丕堈"应为"聿纂丕堈"。

10)《仁志》第十六行，《司文》"恒怀霄肝"应为"恒怀宵旰"。

11)《仁志》第十七行，《司文》"兄日妹月"应为"兄日姊月"。

12)《仁志》第二十一、二十二行，《司文》"缔构之徽猷不二"应为"缔构之徽猷不二"。

按：徽，义未详。"徽猷"为美德之意，《诗·小雅·角弓》："君子有徽猷，小人与属。"毛传："徽，美也。"郑玄笺："猷，道也。"[6]

13)《仁志》第二十四行，《司文》"定邦家不拢之堈"应为"定邦家不拔之堈"。

14)《仁志》第二十五行，《司文》"倍出人之雄藻"应为"负出人之雄藻"。

15)《仁志》第二十九行，《司文》"百姓赖之若神祇"应为"百姓赖之若神祇"。

16)《仁志》第二十九行，《司文》"主上用同两首"应为"主上用同两手"。

17)《仁志》第三十四行，《司文》"而又擐披甲胄"应为"而又擐披甲胄"。

按：擐，同"擐"。

18)《仁志》第三十五行，《司文》"欝然将相之材。方赖捍边，遽闻捐馆"应为"郁然将相之材。方赖捍边，遽闻捐馆"。

按：欝，同"欝"（"郁"之繁体字）。遽，同"遽"。

19)《仁志》第三十八行，《司文》"又崇四谛塞宗"应为"又崇四谛空宗"。

按："空宗"指佛教中以性空之理破斥妄相的宗派。

---

4 （梁）沈约：《宋书》卷8《明帝本纪》，中华书局，2013年，第153页。
5 （战国）左丘明，（西晋）杜预注：《左传》，上海古籍出版社，2015年，第254、255页。
6 （汉）毛公传，（汉）郑玄笺、（唐）孔颖达等正义：《毛诗正义》，上海古籍出版社，1990年，第503、504页。

20)《仁志》第三十九行,《司文》"尺鹖何知"应为"尺鷃何知"。

按：尺鷃指小雀，阮修《大鹏赞》："鸒鸠仰笑，尺鷃所轻。"[7]

21)《仁志》第三十九行,《司文》"🗙坠卫社之班"应为"爰升卫社之班"。

按：🗙，同"爰"。坠，原墓志文作"陞"（同"升"）。

22)《仁志》第四十四行,《司文》"依间岳以建茔"应为"依间岳以建莹"。

23)《仁志》第四十四行,《司文》"号杞天而称制"应为"号祀天而称制"。

24)《仁志》第四十六行,《司文》"神之去兮巳届西方"应为"神之去兮已届西方"。

二、《耶律弘义墓志铭》勘误

1)《义志》第四行,《司文》"巳举岱山之礼"应为"已举岱山之礼"。

2)《义志》第十三行,《司文》"监护哀事"应为"监护襄事"。

3)《义志》第十五行,《司文》"便钟鸾气"应为"便钟鷟气"。

4)《义志》第十六行,《司文》"朱玄奉颜"应为"朱邸奉颜"。

按："朱邸"泛指贵官府第,《史记》："诸侯朝天子，于天子之所立宅舍曰邸。"《汉书》："代王入代邸，诸侯王朱户，故曰朱邸。"[8]

5)《义志》第二十行,《司文》"吏曹紧鞿"应为"吏曹繁鞿"。

6)《义志》第二十一行,《司文》"驼□疏封"应为"驼剑疏封"。

7)《义志》第二十三行,《司文》"舐积摧心"应为"舐犊摧心"。

8)《义志》第二十四行,《司文》"兆域先徙于龟卜"应为"兆域先从于龟卜"。

按：徙，原墓志文作"從"（"从"之繁体字）。

9)《义志》第二十四行至第二十五行,《司文》"迁护神亲"应为"迁护神衬"。

按：亲，原墓志文作"襯"（"衬"之繁体字）。

10)《义志》第二十五行,《司文》"刎不好弄"应为"幼不好弄"。

11)《义志》第二十六行,《司文》"臣职忝忝陪"应为"臣职忝参陪"。

12)《义志》第二十七行至第二十八行,《司文》"会毫吮墨"应为"含毫吮墨"。

为了使广大读者便于参考，笔者特将《仁志》《义志》校点本附诸文末。除了电脑字库中个别没有的碑别字规范为正体字之外，其余简体字、异体字、碑别字一仍其旧。

---

[7] （唐）房玄龄：《晋书》卷49《阮修列传》，中华书局，2012年，第1366页。

[8] （梁）萧统编，（唐）李善等注：《六臣注文选》，上海古籍出版社，1993年，第705页。

附 录 1

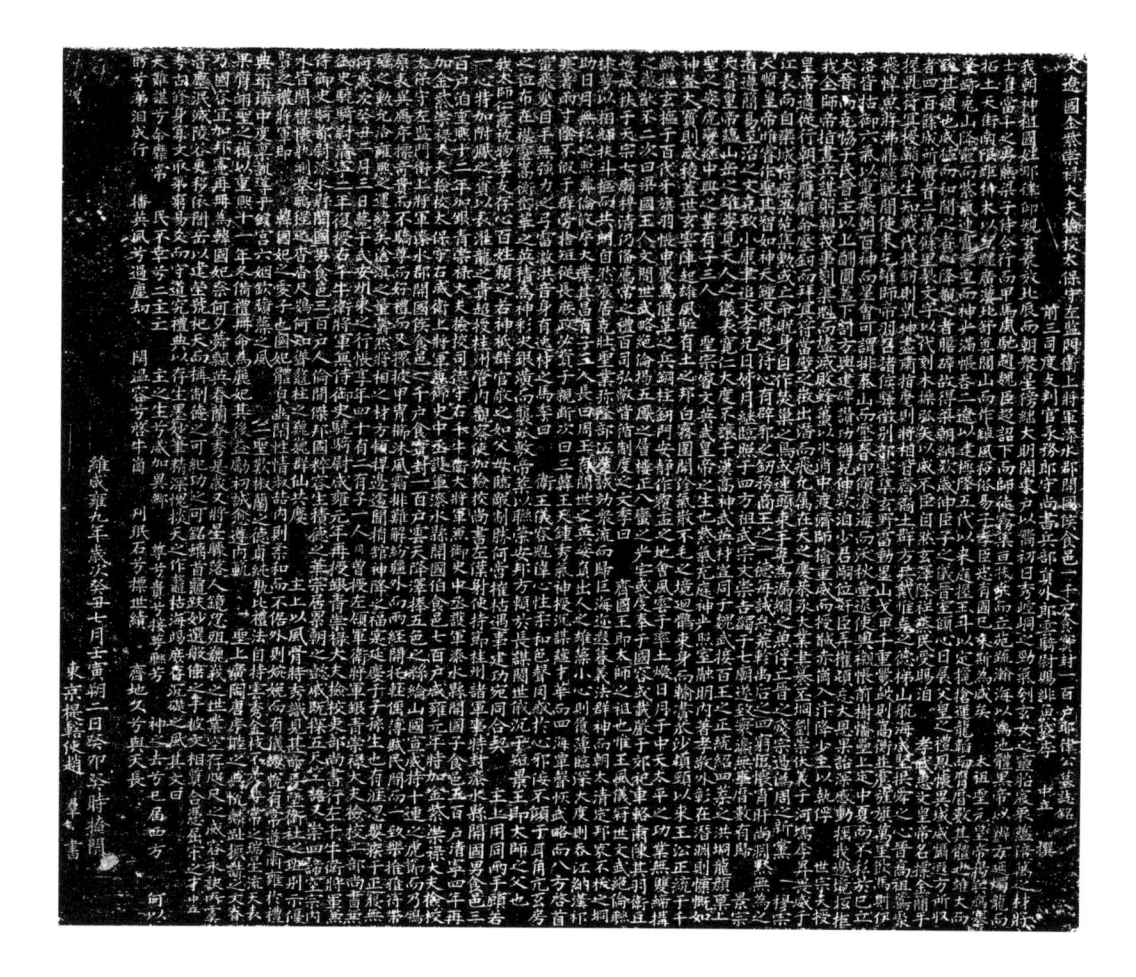

耶律弘仁墓志铭　咸雍九年

　　大遼國金紫崇禄大夫、檢校太保、守左監門衛上將軍、漆水郡開國侯、食邑一千户、食實封一百户耶律公墓志銘」

　　前三司度支判官、承務郎、守尚書兵部員外郎、雲騎尉、賜緋魚袋李中立撰」

　　我朝神祖国姓耶律，仰覘玄象，效北辰而朝衆星；傍繼大明，開東户以嚮初日。秀崆峒之勁氣，剗玄女之靈胎。宸衷藴倍萬之材，將」士負當千之勇。燕梁子侍，令行而甲馬風馳；趙魏臣趨，詔下而師徒霧集。亙扶桑而立苑，疏瀚海以爲池。體黑帝以辨方，延燭龍而」拓土。天街南限，距析木以囗（经）躔；廣漠北舒，莫間山而作鎮。風移俗易，子孝臣忠。有國巳（已）来，斯为盛矣。太祖聖元皇帝揚兵鴈塞，」肇跡兔山。降靈而紫氣連霄，誕聖而神爿滿帳。吞二遼以建極，降五代以来庭。握玉斗以定擾攘，運龍韜而膺曆數。其體也，雄大而」鋭；其顔也，威猛而和。聞之者心降；覩之者膽碎。故得梁朝納歉，歲伸臣子之儀；晉室傾心，日展父皇之禮。恩懷異域，威懾遐方。所收」者四百餘城，所廣者二萬餘里。製文字以代刻木，操弧矢以威不臣。自然玄澤，降祥蒸民。受賜洎孝武惠文皇帝，名標金簡，手握乾符。冥授韜鈐，生知戰伐。提釰則乾坤盡肅，指麾則將相皆齊。裔土群方，共戴惟堯之德；梯山航海，咸堅拱舜之心。晉高祖鷥聚飛悼，魚游沸鼎。継馳間使，来乞雄師。帝羽召諸侯，驛徵別部，雲集玄野，雷動墨山。戈甲千重，鼟皷則嵩衡並震；旌旗萬里，飲馬則伊洛皆枯。御六氣以電飛，朝百神而星會。可謂排泰山而壓春卵，傾滄海而沃秋螢。遂使輿襯帳前，樹幡壘上。定中夏而不私於巳（己），立大晉而克恊于民。晉主以上酬圓蓋，下割方輿，建碑讃功，稱兒伸歁。洎少君嗣位，奸臣弄權，頓忘大恩。果詒深感，動揺我邊境，抵拒我全師。帝指畫兵謀，躬親戎事。剗渠魁而爐滅，敗蜂薑以氷消。中渡濟師，擒重威而授馘；赤崗入汴，降少主以執俘。世宗天授皇帝適從行朝，恭膺顧命。壓釰而拜，冥符當璧之徵；出潛而飛，允屬在天之慶。恭承大業，聿纂丕垌。劉崇伏義于河堧，李昇畏威于江表。而自欒城侍疾，梁苑集勳。或亡命既身，自作焚巢之鳥；或連頭束手，免為漏綱之魚。俘亡晉之殘宗，過偽周之新黨。穆宗天順皇帝惟睿作聖，其智如神。天鍾決勝之符，心有辟邪之釰。務商王之一德，每誡怠荒；軫禹后之四窮，恆懷宵旰。尚淵默無為之道，遵簡易至治之文。克致小康，聿追大孝。兄日姊月，継臨照于四方；祖武宗文，崇吉蠲于七廟。遂致寰瀛無事，曆數有歸。景宗天贊皇帝，蘊山岳之雄姿，見天人之儀表。寬仁大度，不讓于漢高；神武英材，豈同于魏武。接百王之正統，紹四荚之洪垌。龍顏稟上聖之姿，虎變継中興之業。有子三人，聖宗睿文英武皇帝之生也，紫氣充庭，神芔照室。融明內著，孝敬外彰。在潛淵則慷慨如神，登大寶則威稜蓋世。玄雲陣起，雄風駈有土之邦；白霧圍開，沴氣散不毛之境。廻鶻束身而輸賮苁沙，頓頸以來。王泓正統于千齡，握玄樞于百代。牙旗羽帳，申嚴爲偃革之兵；銅柱釼門，安静作覆盂之地。會風雲于率土，煥日月于中天。太平之功業無雙，締搆之徽猷不二。次曰梁國王，人文間世，武略絕倫。揭五鳳之層樓，正八蠻之歩宅。或虔奉于國容，或載嚴于郊祀。車輅肅陳，其羽衛豆籩，咸秩於天宗。七廟穆清，仍佾薦常之禮；百司弘敞，皆循制度之文。季曰齊國王，即太師之祖也。惟王風儀矸世，文武絕倫。聯棣萼以相輝，扶斗樞而共朗。自然宸居克壯，聖業彌隆。部伍□誡劾，衆流而歸巨海；迹遐暮義法，群神而朝太清。定邦家不拔之垌，助日月無私之照。彝倫攸序，大業其昌。有子三人，長曰周王，有間世之英姿，負出人之雄藻。小心則履薄臨深，大度則吞江納漢。祁寒暑雨，寸陰不假于群勞；捨短從長，庶政必資于親斷。次曰三韓王，天鍾秀氣，神授沉謀。蘊才華而四海覃聲，恢武略而八方啓首。電飛雙目，手無強力之弓；雷激洪音，身有逸材之馬。季曰衛王，儀容魁偉，心性柔和。色聲冈惑扵心，邪佞不傾于耳。角亢氏房之位，布在襟靈；嵩衡岱華之英，積為神彩。決銀潢而襲派，敷帝荚以聯榮。安邦方賴於長謀，閱世俄沉于短景。王即太師之父也。我太師仁慈被物，孝友存心。百姓賴之若神祇，群官敬之如父母。臨敵制勝，何嘗摧枯；遇事建功，宛同合契。主上用同兩手，顧若一心。特加附鳳之資，以表濯龍之貴。超授桂州管內觀察使，加檢校尚書、左僕射、使持節桂州諸軍事，特封漆水縣開國男，食邑三百户。洎重熙十二年，加銀青崇禄大夫、檢校司徒、守右千牛衛大將軍、兼御史中丞、護軍、漆水縣開國子、食邑五百户。清寧四年，再加金紫崇禄大夫、檢校太保、守右威衛上將軍、兼御史中丞、護軍、漆水縣開國伯、食邑七百戶。咸雍元年，特加金紫崇祿大夫、檢校」太保、守左監門衛上將軍、漆水郡開國侯、食邑一千戶、食實封一百戶。雲天降澤，捧五色之絲綸；山國宣威，持十連之虎節。而乃鴇」原表異，鴈序摽奇，貴而不驕，尊而好禮。而又擐披甲胄，櫛沐風霜。排難解紛，疆外而兩經開拓；輕徭薄賦，民間而一致樂推。雅符帶」礪之勳，允洽雍熙之運。綽矣滄溟之量，欝然將相之材。方賴捍邊，遽聞捐館。神降之福，寔延慶于子孫；生也有涯，忽嬰疾于正寢。無」何，歲次癸丑二月三日，薨于武安州東之行帳，享年四十有二。有子一人，同曾授左領軍衛將軍、銀青崇祿大夫、檢校工部尚書兼」御史、驍騎尉。清寧二年，復授右千牛衛將軍兼侍御史、驍騎尉。咸雍元年，再授銀青崇祿大夫、檢校吏部尚書、行左千牛衛將軍兼」侍御史、騎都尉、漆水縣開國男、食邑三百戶。人倫間傑，邦國粹容。生積德之華宗，居累朝之懿戚。既探五天竺語，又崇四諦空宗。內」外皆閑，襟懷孰測？舉鵬程之杳杳，尺鷃何知；聳鼇柱之巍巍，群仙共慶。主上以風骨特秀，識見甚奇，爰陞衛社之班，別示優」賢之禮。將軍即韓國妃之愛子也。國妃體貞幽閑，性情淑詰。內則柔和而不倨，外則婉娩而有儀。緩悅有常，遵肅雍抃禮」典；珩璜中度，稟訓導于公宮。六姻欽蘋藻之風，二聖歎椒蘭之德。貞純孰比，禮法自持。雲秀金枝，不是尋常之瑞；星流天表，」果膺翊聖之禎。以重熙十一年冬，備禮冊命為麗妃。其後益勵初誠，愈遵內範。聖上廣陶唐序睦之典，悅麟趾振詵之文。眷」乃國容，宜加邦憲，再冊為韓國妃。奈何夕蕣飄英，春蘭奄秀。是歲，又將星驟落，人鏡忽徂。巍峩之世業空存，咫尺之威容永訣。所」虞」音塵泯滅，陵谷更移，依閭岳以建塋，號祀天而稱制。德之可紀，功之可銘。螭首龜趺，妙選般倕之手；披文相質，合憑屈宋之才。中立」考古修身，寡文取第。窮易爻而守道，究禮典以存生。墨妙筆精，深愧掞天之作；鼇枯海竭，庶存沉碓之風。其文曰：」

天難諶兮命靡常，民不幸兮二主亡。主之生兮威加異鄉，尊兮貴兮接萼聯芳。神之去兮已(已)屆西方，何以」盼兮涕淚成行。播英風兮過塵劫，閟溫容兮啓牛崗。刊珉石兮摽世績，齊地久兮與天長。」

維咸雍九年歲次癸丑七月壬寅朔二日癸卯癸時掩閟。」

東京提轄使趙羣書。」

附　錄　2

耶律弘义墓志铭　重熙十七年

大契丹國故龍千牛衛大將軍、漆水耶律公墓誌銘 并序」

朝議大夫、行起居知制誥、充史館修撰、上輕車都尉、汝南縣開國子、食邑」五百戶、賜紫金魚袋周宗白奉勅撰」

重熙戊子歲秋九月，國家以綿區晏靜，景業熙昌。漢武射牛，巳(已)舉岱」山之禮；周文畋鹿，尤遵滋水之風。卜玄律之淒辰，旋白登之翼邑。方期展義，」適報殲良。越二十一日，武寧軍節度、徐、宿等州觀察處置等使、開府儀同三司、檢校太」師兼侍中、行徐州大都督府長史、判西京留守、大同尹事、上柱國、齓王、食邑八千戶、食」實封捌伯戶耶律宗熙夏侯妃蕭氏遣驛騎訃，奏次子歿于館舍，即」聰文聖武英略神功睿哲仁孝皇帝季父故齊王贈太師隆裕之仲孫也。」上報朝垂涕，撫几悼心，言念懿親，豈忘□渥。乃命奉先軍節度顯、遼西、」集、歸、義等州觀察處置等使、崇祿大夫、檢[9]校太師、使持節顯州諸軍事、行顯州刺史、兼」山陵都部署、兼御史大夫、上柱國、太原郡開國公、食邑三千戶、食實封壹伯戶王惟吉，」南海節度使、撿校太尉耶律宗胤監護襄事。復詔鯫儒徵文以誌其墓。臣仰膺」嚴旨，靡敢牢辭，勉抉空懷，用申實錄。公諱烏獨剌，其三代丕烈具載于太史氏，此」不復述，務從簡也。公溫儀秀異，雅性端詳。虎子初生，便鍾鷙氣；龍駒載躍，難測靈」蹤。而自體始勝衣，謀先構室。習射激昂扵大志，觀書緣飾扵多能。朱邵奉顏，服過庭之」誼訓；藻帷摩頂，承當宁之慈憐。而屬玉牒加尊，金球在御。式覃」慶澤，爰及宗英。年始十歲，制授銀青崇祿

9　原墓志文脱"檢"字，此据文义补。

大夫、撿校龙散騎常侍、行龙千牛衛大」將軍、兼侍御史、驍騎尉。仙禁司嚴，然進繳巡之秩；戚藩就養，頗諧温清之誠。洎太」師侍中齒王之尹守雲中也，公務浩穰，吏曹繁鞅，凡厥剸裁之事，或詢禪補之言，聿使」訟平洽臻，刑措所宜。鳳函演訓，馳釵跣封。厚麟趾以篤親，分犬牙而尊」主。無何昊穹不吊，神理難諶。吁福善以無徵，療沉痾而罔及。調龜數息，壽莫等扵松喬；」舐犢摧心，悲空纏扵魯衛。纔聞易簀，奄至就棺。嗚呼哀哉！享年十有六歲。羿乃宜家未」恊扵鳳鳴，兆域先從扵龜卜。秀而不實，逝者如斯。即以其年十一月二十六日，遷護神」襯，歸葬顯陵，禮也。公王振金，相竹苞松。幼不好弄，居常寡言。弘孝謹以奉」先，弭驕矜而接下。允所謂王門之雅器，宗室之魁材者也。臣驥忝叅陪，功微涓演。雖形」容扵往行，實漏略以多慚。莫贖百身，既降瓊瑰之夢；庶經千祀，長垂琬琰之文。含毫吮」墨，謹爲銘曰：」

　　子年子月兮庚申之日，兆彼佳城，牛眠恊吉。葬藏祭奠兮禮之既畢。」齒王仲子兮營魂此室。

　　乹州觀察判官、承奉郎、試大理評事、雲騎尉甄曙書。」

（李俊义　大连民族大学中华民族共同体历史研究所副所长、教授

武忠俊　大连民族大学中华民族共同体历史研究所2020级硕士研究生）

碑志研究

辽代《萧宁墓志》《安定公主墓志》考释

么乃亮　李宇峰

内容提要:《萧宁墓志》与《安定公主墓志》是近年新出土的辽代公主和驸马合葬墓墓志,志石虽有残缺,但志文也透露出了一些重要信息,属于珍贵的辽代石刻文献。本文在墓葬清理简报基础上,参考相关历史文献和其他辽代碑志资料,对辽代驸马萧宁的家族世系和生平仕历、安定公主简况,以及撰文者董庠事略进行考释。

关键词: 辽代墓志　萧宁　安定公主　董庠

2014年6月,内蒙古赤峰市宁城县福峰山一座辽墓被盗,赤峰市博物馆和宁城县文物局于当年7~10月对该墓进行了抢救清理。清理时在扰土中发现了若干墓志残块,无法完整拼合,志文残缺不全。发掘简报依据残存志文推断志主分别是辽代的萧宁驸马和安定公主[1],笔者赞同这一推断。辽公主与驸马合葬墓此前已有发现,其一是辽陈国公主与驸马萧绍矩合葬墓[2],其二是辽平原公主与驸马萧忠合葬墓[3]。这两座公主驸马合葬墓各出土一合墓志,同时撰写公主与驸马的家世、生平事略及子女情况等,而辽安定公主与萧宁驸马合葬墓出土了两合墓志[4],分别撰述公主和驸马的家世、生平事略等,较为鲜见。《萧宁墓志》与《安定公主墓志》虽然志文残缺不全,但也透露许多信息。鉴于发掘简报仅在结语部分简要分析了志文内容,未做深入探讨,故本文依据志文,结合相关文献,并参考其他辽代碑志资料,对两志做进一步考释,以期对辽史研究有所裨益。

一、萧宁先祖及家族世系

《萧宁墓志》述其曾祖为"……北宰相、枢密使兼政事令、赠魏国王……",按《辽史·萧思温传》载:"保宁初,(萧思温)为北院枢密使,兼北府宰相……加尚

1　赤峰市博物馆、宁城县文物局:《赤峰宁城县福峰山辽代墓葬》,《草原文物》2018年第1期。
2　内蒙古文物考古研究所:《辽陈国公主驸马合葬墓发掘简报》,《文物》1987年第11期。
3　辽宁省文物考古研究所、阜新市考古队:《辽宁阜新县辽代平原公主墓与梯子庙4号墓》,《考古》2011年第8期。
4　萧宁墓志盖不存。

书令，封魏王。"[5]可知萧宁的曾祖是萧思温，即《契丹国志·外戚传》中的萧守兴[6]。关于萧思温父亲之名，史料中存在两种说法，其一是《辽史·萧思温传》载"宰相敌鲁之族弟忽没里之子"，指萧思温之父为忽没里，同音异译"胡母里""胡毛里"[7]；其二是《辽史·外戚表》载萧思温之父名为忽里没[8]，同音异译"解里钵"[9]。依契丹大字《涅邻刘家奴祥墓志铭》和《萧绍宗墓志铭》佐证，萧思温之父名为忽没里是可信的[10]。至于忽没里族属问题，学术界分歧比较大，史凤春先生通过梳理诸家观点，认为忽没里是萧敌鲁族弟，并进一步推论认为出自"母前夫"之族的忽没里属于拔里大翁帐[11]，都兴智先生赞同此说，认为"基本接近史实"[12]。

《辽史·外戚表》记载萧思温无子嗣，学界已证是误传。关于萧思温子嗣问题，学术界有三种观点，冯永谦先生认为：萧隗因是萧思温之侄，萧继先（继远、宁远）是萧思温过继之子[13]；盖之庸先生认为：萧隗因是萧思温之子，但隗因及其子被钦哀皇后所杀，造成萧思温无嗣，遂将养子萧继先过继为子[14]；向南先生认为：萧隗因是萧思温之子，而萧继远（继先）本是萧思温的侄子，后过继给萧思温为子[15]。我们赞同向南先生的说法[16]。萧思温之子隗因被钦哀皇后所害，隗因一系后裔子孙的血脉没有流传下来，继子萧继远因为避走中京，依靠秦晋国大长公主的庇护，才得以生存维系，其子孙枝繁叶茂，绵延至辽末。

萧继远是萧宁祖父，即《辽史·列传》中的萧继先[17]，《秦晋国大长公主墓志》[18]

---

5 《辽史》卷78《萧思温传》，中华书局，1974年，第1267页。
6 （宋）叶隆礼撰：《契丹国志》卷15《萧守兴传》，上海古籍出版社，1983年，第157页。
7 《辽史》卷8《景宗纪上》，中华书局，1974年，第93页，载保宁五年三月"追封（睿智）皇后祖胡母里为韩王"，睿智皇后其祖父是萧思温之父，"胡母里"即"忽没里"；《萧绍宗墓志铭》载萧思温之父名为"胡毛里"，见郭宝存、祁彦春：《辽代〈萧绍宗墓志铭〉和〈燕哥公主墓志铭〉考释》，《文史》2015年第3期。
8 《辽史》卷67《外戚表》，中华书局，1974年，第1028页。
9 《契丹国志·萧守兴传》谓萧守兴："番名喂呱，侍中解里钵长子也。""忽里没"即"解里钵"的同名异译。
10 爱新觉罗·乌拉熙春：《契丹文墓誌より見た遼史》，松香堂书店，2006年，第201页；史凤春：《辽朝后族忽没里族帐属考》，《内蒙古社会科学（汉文版）》2012年第6期；都兴智：《辽外戚萧思温事迹考述》，《关东学刊》2017年第9期。
11 史凤春：《辽朝后族忽没里族帐属考》，《内蒙古社会科学（汉文版）》2012年第6期。
12 都兴智：《辽代外戚的族帐房次问题再探讨》，《辽金历史与考古（第十一辑）》，科学出版社，2020年，第81～88页。
13 冯永谦：《辽史外戚表补证（续）》，《社会科学辑刊》1979年第4期。
14 盖之庸：《内蒙古辽代石刻文研究》（增订本），内蒙古大学出版社，2007年，第226页。
15 向南：《契丹萧思温家族》，《辽金历史与考古（第一辑）》，辽宁教育出版社，2009年，第107页。
16 李宇峰：《辽代萧继远家族墓地研究》，《辽金历史与考古（第八辑）》，科学出版社，2017年，第103～112页。
17 《辽史》卷78《萧继先传》，中华书局，1974年，第1268页。
18 郑绍宗：《契丹秦晋国大长公主墓志铭》，《考古》1962年第8期。

《萧绍宗墓志》《秦国长公主墓志》[19]均名作萧继远,三方墓志所记萧继远的官职、事迹、妻女姓名均与《萧继先传》所记相同。

萧宁的父亲萧绍宗、母亲秦国长公主(耶律燕哥)均有墓志出土,其中有关萧绍宗的生平与事略,已有详细考述[20]。关于萧宁母亲耶律燕哥的公主封号,《辽史·公主表》载:"封隋国公主,进封秦国,兴宗封宋国长公主。"[21]向南先生曾依据开泰六年(1017)《无垢净光大拖罗尼法舍利经幢》石经幢题名,推测梁国公主疑为萧绍宗之妻,并认为若梁国公主是圣宗长女燕哥的话,则《公主表》中"隋"为"梁"之误,"宋"为"秦"之误[22]。今据《秦国长公主墓志》载:"统和三十年特封梁国公主……太平改元……进封秦国。今上(兴宗重熙)……册加长字",可知《公主表》中"隋"确为"梁"之误,但随着《萧宁墓志》的发现,"宋"是否为"秦"之误,仍需探讨。理由是,《萧宁墓志》记萧宁母亲封号为"宋国长公主",理应不误,但为何在《秦国长公主墓志》中失载呢?实际上《萧宁墓志》中关于萧宁父亲萧绍宗的封号也在《萧绍宗墓志》中失载,《萧宁墓志》记萧绍宗为"晋王",也不见于《萧绍宗墓志》。我们推测,在秦国长公主及驸马萧绍宗(亦是国丈)先后去世并合葬之后,朝廷可能又分别改封为"宋国长公主"和"晋王"。

据《萧绍宗墓志》记载,萧绍宗与秦国长公主"有子五人:长曰苏速、幼曰骨里,并早殇;次曰永,左威卫将军;次曰宁,右威卫将军;次曰达勃也(《秦国长公主墓志》为'塔北也'),右监门卫将军"[23]。由于长子苏速与幼子骨里早亡,因此实际上夫妻二人共有三子成人,即《秦晋国大长公主墓志》所记"孙三人,长曰永……次曰宁……次曰安"[24]。并由此可知萧安与达勃也、塔比也是同一人。萧安为汉名,达勃也、塔北也都是契丹名。《萧宁墓志》所载"(守)左千牛卫上将军讳安"即萧安。

二、萧宁生平仕历

萧宁,《辽史》无传,但在《辽史·兴宗纪》中有一条记载,于兴宗重熙十年(1041)作为辽国使臣出使北宋,但未署衔[25]。

据《萧阐墓志》(萧阐是萧宁之侄)记载,(萧宁)"咸雍八年三月薨背"[26],咸雍八年是壬子年,《萧宁墓志》记"以其年岁次壬子闰七月……",说明是去世后当年

---

19 郭宝存、祁彦春:《辽代〈萧绍宗墓志铭〉和〈耶律燕哥墓志铭〉考释》,《文史》2015年第3辑。
20 李宇峰:《辽代萧继远家族墓地研究》,《辽金历史与考古(第八辑)》,科学出版社,2017年,第103~112页。
21 《辽史》卷65《公主表》,中华书局,1974年,第1003页。
22 向南:《辽代石刻文编》,河北教育出版社,1995年,第149页。
23 郭宝存、祁彦春:《辽代〈萧绍宗墓志铭〉和〈耶律燕哥墓志铭〉考释》,《文史》2015年第3辑。
24 郑绍宗:《契丹秦晋国大长公主墓志铭》,《考古》1962年第8期。
25 《辽史》卷19《兴宗纪二》,中华书局,1974年,第225页,载重熙十年六月"以萧宁、耶律坦、崔禹称、马世良、耶律仁先、刘六符充贺宋生辰使副"。
26 赤峰市博物馆、宁城县文物局:《赤峰宁城县福峰山辽代墓葬》,《草原文物》2018年第1期。

下葬。萧宁卒于道宗咸雍八年（1072），享年48岁，古人年龄皆以虚岁计，由此上溯，萧宁应生于圣宗太平五年（1025）。

《萧宁墓志》缺失了志主仕历，但结合其他纪年墓志记载，可列萧宁职衔如下：

重熙七年（1038）的《萧绍宗墓志》记载萧宁为右威卫将军[27]。

重熙十五年（1046）的《秦晋国大长公主墓志》记载萧宁为忠正军节度使、检校尚书、左仆射[28]。

咸雍七年（1071）的《萧闛墓志》（萧闛亦为萧宁之侄）记载萧宁为北宰相，忠亮功臣，武宁军节度使，徐、宿州观察处置等使，崇禄大夫，检校太师，同中书门下平章事，行徐州大都督府长史，上柱国，曹国公，食邑四千户，食实封四百户[29]。据此可补全《萧宁墓志》首题所缺。

咸雍八年（1072）的《萧闸墓志》记载萧宁为故北宰相、忠亮功臣、武宁军节度使、崇禄大夫、检校太师、同中书门下平章事、曹国公[30]。

此外，据《萧宁墓志》记载，萧宁曾先后历任北面枢密副使、西北路都招讨使等职。

残缺志文中的"忠正军"下缺三字。按《秦晋国大长公主墓志》记载可补为忠正军节度使。据《元丰九域志》卷五："寿州，忠正军节度，治下蔡县。"寿州地即今安徽凤台，实为北宋地，忠正军为北宋寿州军号，此职为遥领虚衔。

萧宁的武宁军节度使、徐、宿州观察处置等使、行徐州大都督府长史的署衔与《耶律宗政墓志》记载的耶律宗政于兴宗"重熙十一年（1042），……迁授武宁军节度，徐、宿等州观察处置等使，行徐州大都督府长史"的署衔基本相同[31]。按《元丰九域志》卷一："徐州，彭城郡，武宁军节度。治彭城县。"宋承唐制，仍袭武宁军为徐州军号。徐州、宿州皆为宋地，此职亦为遥领虚衔。

志文所记载萧宁所任北面枢密副使一职，亦见《耶律仁先墓志》[32]，北面枢密副使即《辽史·百官志》所载北面朝官中的北枢密院副使。北枢密院"掌兵机、武铨、群牧之政，凡契丹军马皆属焉。以其牙帐居大内帐殿之北，故名北院"[33]。

据志文记载，萧宁曾任西北路都招讨使，辽代的西北路招讨使驻地镇州。今地据景爱先生考证，即今蒙古人民共和国境内的青·托罗盖古城[34]。该城地处蒙古高原，位于鄂尔浑河与土拉河之间，历代均为交通要道，自古就是兵家必争之地。此城距唐代回纥牙帐相去不远，是中国北方草原丝绸之路必经的重要驿站。萧宁作为辽代的封疆大吏，

---

27 郭宝存、祁彦春：《辽代〈萧绍宗墓志铭〉和〈耶律燕哥墓志铭〉考释》，《文史》2015年第3辑。

28 郑绍宗：《契丹秦晋国大长公主墓志铭》，《考古》1962年第8期。

29 盖之庸：《内蒙古辽代石刻文研究》（增订本），内蒙古大学出版社，2007年，第331页。

30 赤峰市博物馆、宁城县文物局：《赤峰宁城县福峰山辽代墓葬》，《草原文物》2018年第1期。

31 陈述辑校：《全辽文》卷7，中华书局，1982年，第156页。

32 陈述辑校：《全辽文》卷7，中华书局，1982年，第197页。

33 《辽史》卷45《百官志一》，中华书局，1974年，第686页。

34 景爱：《辽金泰州考》，《辽金史论集（一）》，上海古籍出版社，1987年，第175～195页。

坐镇镇州，治军理政，成绩斐然，深得军民拥戴。可惜天不假年，任职不久，即英年早逝，令人痛惜。

除此萧宁外，在《辽史》里还两见萧宁之名，其一是《辽史·圣宗纪》所记萧宁[35]，按其北宰相、驸马及兰陵郡王的官职均与《辽史》有传的萧排押相同[36]，有学者论及，此萧宁与萧排押是同一人[37]。此外《平原公主墓志》记载驸马萧忠有一弟也叫萧宁，"圣宗朝授殿前都点检，累迁燕京统军（使）、同政事下平章事兼侍中、兰陵郡王"[38]，亦即萧排押；其二是《辽史·地理志》所记萧宁[39]，此萧宁作为国舅建上京道所属私人头下州福州，似乎又是另外一人。

三、关于安定公主

安定公主，《辽史·公主表》失载，可补史缺。其公主封号仅在辽《萧公妻耶律氏墓志》一见"……故北宰相、安定即先舅、先姑也。……以其年十二月十七日，掩葬于宰相、公主玄堂之右"[40]。志文中的北宰相即指萧宁，公主即安定公主。至于《辽代石刻文续编》中《萧公妻耶律氏墓志》的注释④中认为北宰相安定疑是萧宁，是不对的。最近又有学者认为安定为北宰相，与萧孝忠（惠）之子阿速为同一人[41]，当是失检所致。安定是公主封号，已有墓志出土，可为定论。

辽国公主册封制度基本沿袭仿用中原唐宋之制，同时又具自身特点，据《辽史》所记大致为四种：一为皇帝之女，二为皇帝同母兄弟之女，三为嫡生皇子之女，四为皇族之女嫁与和亲国国王或国王之子者。依据辽国传统，一般皇帝之女下嫁萧氏夫婿者都被封为驸马都尉，考古发现的例子有陈国公主下嫁驸马都尉萧绍矩[42]，平原公主下嫁驸马都尉萧忠[43]。而萧宁未被封为驸马都尉，说明安定公主应该不是皇帝之女。

在《安定公主墓志》中见有"平原公主"的封号，平原公主有墓志出土。乌拉熙春先生考证平原公主就是《辽史·公主表》所记的钿匿公主，其夫拔里萧双古[44]。据《平

---

35 《辽史》卷12《圣宗纪六》，中华书局，1974年，第170页，载开泰元年三月"乙酉，诏卜日行拜山、大射柳之礼，命北宰相、驸马、兰陵郡王萧宁，枢密使、司空邢抱质督有司具仪物"。

36 《辽史》卷88《萧排押传》，中华书局，1974年，第1341页。

37 都兴智：《关于萧排押家族的两个问题》，《辽金历史与考古（第十辑）》，科学出版社，2019年，第38页。

38 李龙彬、樊圣英、李宇峰：《辽代平原公主墓志考释》，《考古》2011年第8期。

39 《辽史》卷37《地理志一》，中华书局，1974年，第449页，载"福州，国舅萧宁建，南征俘掠汉民居北安平县故地"。

40 向南、张国庆、李宇峰辑注：《辽代石刻文续编》，辽宁人民出版社，2010年，第200页。

41 盖之庸：《辽萧公妻耶律氏墓志铭考证》，《契丹学研究（第一辑）》，商务印书馆，2019年，第184页。

42 内蒙古文物考古研究所：《辽陈国公主驸马合葬墓发掘简报》，《文物》1987年第11期。

43 辽宁省文物考古研究所、阜新市考古队：《辽宁阜新县辽代平原公主墓与梯子庙4号墓》，《考古》2011年第8期。

44 乌拉熙春：《双古里驸马与乌隗帐》，《爱新觉罗乌拉熙春女真契丹学研究》，日本松香堂书店，2009年。

原公主墓志》记载，平原公主下嫁的夫婿是"故威武军节度使、金紫崇禄大夫、检校太傅、左监门卫上将军、驸马都尉，讳忠，字崇骨哩，故燕京统军第三子"，可知萧忠与萧双古是同一人。有学者解释萧忠是汉名，字崇骨哩是契丹名，崇骨哩与双古里是不同的汉字音译，双古则是"双古里"略去语尾音的简译[45]，笔者赞同此说。

据《平原公主墓志》记载，平原公主与驸马萧忠的次女乌古里，嫁给了齐国王耶律隆裕（圣宗之弟，又名隆祐）的次子宗范（合禄）。《辽史·圣宗纪》太平三年十二月"以宗范为平章事，封三韩郡王"[46]，这条记载与《安定公主墓志》中出现的"门下平章事、判中京留守、三韩郡（王）"相合，当为同一人。笔者认为，安定公主可能是宗范之女，即平原公主的外孙女，《安定公主墓志》中的"（外）祖母平原公主见而异之"亦可佐证。宗范是皇侄，其女被封为公主不违辽制。另据《萧兴言墓志》记载，萧兴言嫡夫人为"永宁郡主"，亦是宗范之女[47]，"安定""永宁"两个封号的关联性也很大。

四、《萧宁墓志》撰者董庠

《萧宁墓志》撰者董庠，《辽史》不见其名。《宋会要》："治平四年（咸雍三年）九月甲午"辽遣彰信军节度使萧恭顺……副使崇禄少卿董庠来贺登极"[48]，可知董庠作为辽国的外交使臣曾出使北宋。另据向南先生考证，1957年在北京阜城门外出土的道宗咸雍五年（1069）的《董匡信及妻王氏墓志》志文中的"端公大匠"即指董庠[49]。董庠之名还见于1970年在北京西城区阜城门外出土的道宗大安三年（1087）的《董庠妻张氏墓志》："适济阴董公，讳庠……举进士第，授著作佐郎，累迁朝散大夫，守殿中少监，知惠州军州事，赐紫金鱼袋。"[50]与张氏墓志同时出土的还有刻于道宗寿昌三年（1097）的《董庠灭罪真言记》刻石："故保静军节度使，金紫崇禄大夫，檢校太傅，兼御史中丞董庠，维寿昌三年岁次丁丑六月癸未朔十四日丙申乙时记。"[51]除此之外，董庠还在道宗咸雍八年（1072）撰写《萧阐墓志》，其署衔与萧宁墓志署衔相同[52]。均为□□□□□□□□□□□□省使，中散大夫，守殿中监，上骑都尉，济阴县，开国伯、食邑七百户、赐紫金鱼袋。

从上述所列与董庠有关的碑志所记来看，董庠出身书香门第，进士中第后，以著作佐郎之职走上仕途，效忠朝廷，是道宗朝内有名的文人和才子。所历官职较多，其中作为辽朝封疆大吏的有两次：其一是知惠州军州事，惠州是辽中京道所辖州之一，地即今

---

45 韩世明、都兴智：《辽〈驸马萧公平原公主墓志〉再考释》，《文史》2013年第3辑。
46 《辽史》卷16《圣宗纪七》，中华书局，1974年，第192页。
47 盖之庸：《内蒙古辽代石刻文研究》（增订本），内蒙古大学出版社，2007年，第276～282页。
48 傅乐焕：《宋辽聘使表稿》，《辽史丛考》，中华书局，1984年，第210～213页。
49 向南：《辽代石刻文编》，河北教育出版社，1995年，第337～339页。
50 陈述辑校：《全辽文》卷9，中华书局，1982年，第231页。
51 陈述辑校：《全辽文》卷9，中华书局，1982年，第252页。
52 盖之庸：《内蒙古辽代石刻文研究》（增订书），内蒙古大学出版社，2007年，第341页。

辽宁省建平县八家子乡邹家湾城址[53]；其二是保静军节度使，保静军为辽中京道所辖建州军号，地即今辽宁省朝阳市龙城区大平房镇黄花滩城址[54]。

据出土辽代碑志材料可列济阴董氏家族五世世系表如下：

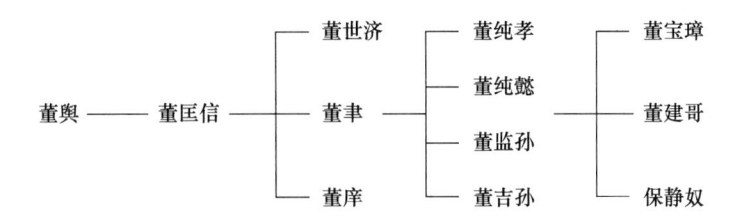

```
                    ┌─ 董世济 ─┬─ 董纯孝 ─── 董宝璋
                    │         ├─ 董纯懿
董舆 ─── 董匡信 ─┼─ 董聿 ─┼─ 董监孙 ─── 董建哥
                    │         └─ 董吉孙 ─── 保静奴
                    └─ 董庠 ─
```

济阴董氏家族五世世系表可作为罗继祖先生所辑《辽汉臣世系表》[55]的重要补充。

附记：本文系国家社会科学基金一般项目"辽西地区出土墓志的整理与研究"（21BKG042）阶段性研究成果。

（么乃亮　辽宁大学考古文博学院　李宇峰　辽宁省文物考古研究院）

53　冯永谦：《辽宁地区辽代建置考述》，《辽海文物学刊》1987年第1期，第114页。
54　冯永谦：《辽宁地区辽代建置考述》，《辽海文物学刊》1987年第1期，第119页。
55　罗继祖：《辽汉臣世系表》，愿学斋丛刊，1936年。

碑志研究

萧琳墓及其墓志铭详考

郑福贵

内容提要：通过调查和田野考察确定萧琳墓的具体位置，并发现异常葬式。对《萧琳墓志铭》详细考释后得知，萧琳是辽圣宗齐天后萧菩萨哥之侄。在"钦哀之变"中受株连致死。葬于徽、睦两州城之间。

关键词：萧琳墓　墓志铭　钦哀之变

在内蒙古通辽市奈曼旗青龙山镇，于2003年9月发现一处墓葬被盗，破案中收缴一方墓志铭。志主是辽朝中期人物萧琳。《萧琳墓志铭》现收藏于科尔沁博物馆（原通辽市博物馆）。志文由刘凤翥和向南先生等先后分别著录，两文点读略有差异，墓志撰写时间都标注为重熙二年。萧琳墓所在的具体地点都没有说明，又不见任何资料记载，墓穴的准确位置至关重要。《萧琳墓志铭》载："以（重熙）二年二月六日葬于徽、睦之间，青山之左，祔先茔之壬，礼也。……仲春邃谷扃宅窀，永从石溜结岩冰。"[1]经调查萧琳墓准确位置在青龙山镇斯布格图村西，距村1.5千米的羊圈洼。现场勘察时发现，从东南到西北在150米之内密集地排列着三座墓葬。萧琳墓南叫青山，山南靠青龙山群；东叫灰山，灰山东南坡是辽陈国公主与驸马萧绍矩合葬墓及多座墓葬，两墓葬群之间相距约2千米。萧琳墓在青山和灰山之间断续的沟谷中。在青山之左，即青山之北，契丹人故俗东向而尚左，故说左而不说北，葬山北是不吉之意。恰恰在萧琳墓东南脚下是一条流水沟，由于长期冲刷，覆盖墓圹的碎石已经暴露出来（图一）。从古堪舆学，墓地选择在不吉之地，说明死者背后有鲜为人知的因由。与墓志铭的异常描述一致。

一、萧琳的家世和职位

《萧琳墓志铭》载："公讳琳，字桂芳，其先兰陵人也。……曾讳允，字守信，金紫崇禄大夫、检校太师兼侍中。祖讳寿，字永从，金紫崇禄大夫、检校太傅兼侍中。皇考讳仲，字敬和，加尚父令公，谥赠兰陵郡王。皇妣耶律氏，国太夫人。结发齐眉，居

1　《萧琳墓志铭》，刘凤翥、唐彩兰、青格勒著：《辽上京地区出土的辽代碑刻汇辑》，社会科学文献出版社，2009年，第288页。萧琳墓志文均引自该书。

图一 萧琳墓实景图

容成礼。无严而先逝，有寿而从终。……公同气四人，皆国太夫人之胤也。孟曰琪，大通军节度使，兼侍中，驸马都尉。……仲曰琳，临海军节度使，检校左仆射。季曰琏，武定军节度使，检校太师，驸马都尉，知同州军州事。……次曰琼，平原军节度使，检校太保，知海州军州事。……帐族渐盈……盖公之戮力也。"在萧琳父、祖、曾祖及兄弟四人这一系列名字中，在《辽史》只载萧琏和萧琳的名字。太平三年："以萧琏为左夷离毕，萧琳为详稳。……（太平十年）尚书左仆射萧琳为临海军节度使。"[2] 萧琳兄弟四人，四节度两驸马，萧琪尚哪位公主无从得知，而萧琏尚圣宗第七女，名"九哥"[3]，马氏所生。然《耶律霞兹墓志》载："公之女，后弟御盏相公萧琳夫人。……御盏相公萧琳亲择卜地，以迁葬骨。"[4] 耶律霞兹和萧琳同在太平元年前后任御盏相公，所以两个墓志中的萧琳是同一个人。《耶律霞兹墓志》撰于圣宗太平元年，此皇后是圣宗仁德（齐天）皇后萧菩萨哥，依霞兹墓志，萧琳是仁德皇后之弟。萧琳葬祔先茔之壬，其先茔在灰山。由陈国公主墓志可知，"驸马都尉萧绍矩，即皇后之兄也"[5]。萧琳和齐天皇后确实是同一家族。《辽史·后妃传》载："圣宗仁德皇后萧氏，小字菩萨哥，睿智皇后弟隗因之女。"[6] 睿智皇后是景宗后萧绰，萧琳和萧绰是同一族支。《契丹国志》萧守兴传载其第三女燕燕："景宗居藩燕燕为妃；即位，册立为后。"[7] 在《辽史》中萧绰，小字燕燕，萧思温之女。故萧思温，字守兴。萧琳曾祖父萧守信和萧绰父萧守兴是同字辈兄弟。萧绰至少有两个伯父，景宗保宁五年，"追封皇后祖胡母

---

2 《辽史》卷16《圣宗纪》，中华书局，1974年，第191、206页。

3 《辽史》卷65《公主表》，中华书局，1974年，第1005页。

4 《耶律霞兹墓志》，向南、张国庆、李宇峰辑注：《辽代石刻文续编》，辽宁人民出版社，2010年，第60页。

5 《陈国公主墓志铭》，《辽上京地区出土的辽代碑刻汇辑》，社会科学文献出版社，2009年，第79页。

6 《辽史》卷71《后妃传》，中华书局，1974年，第1204页。

7 《契丹国志》卷15《外戚传》，中华书局，2014年，第178页。

里为韩王，赠伯胡鲁古兼政事令，尼古只兼侍中"[8]。由墓志知，萧守信以下三代兼侍中官，故萧守信契丹名应为尼古只。据《秦晋国大长公主墓志铭》[9]，萧思温养子萧继远，有子萧绍宗，孙萧永。萧永是萧守兴曾孙。依《萧琳墓志铭》所列辈分，萧琳是萧守信曾孙，与萧永平辈。萧琳应是绍字辈下一辈。应该是萧菩萨哥之侄。耶律霞兹无后，一女已死，部下为其迁骨再葬勒石而铭。仁德皇后比萧琳年长七岁，可能误以为后弟。但可肯定，萧琳是菩萨哥近亲。

萧琳兄弟都身居要职：兄萧琪，内庭奉职；弟萧琏，武定军节度使，掌奉圣州，统三州四县，西起涿鹿东至延庆[10]。萧琳，"自太平五年授左夷离毕……至九年，可南面诸行宫都部署……尚书左仆射，加上柱国，特封开国侯……十年，可临海军节度使，锦、严、来等州观察处置等使，检校太师、右千牛卫上将军、使持节锦州诸军事……加兼御史大夫，阶、勋、爵、邑如故"[11]。锦州临海军节度使下辖严州，今辽宁兴城市；又辖来州，统来宾县，在今辽宁绥中县。萧琳不仅军镇辽朝之沿海，而更具实权的职位是"尚书左仆射"。辽朝尚左，左仆射是实际的尚书省宰相。故墓志铭曰："帐族渐盈，盖公之戮力也。"

萧琳的妻室。"公娶耶律氏漆水郡夫人，有女药匙女，尚幼。有新妇名曷鲁把，帐族本南宰相别素之女也。公居则陪于华屋，出则从于朱轮。司百揆之端；列三台之重。魏尊硕德，非藉宠于公门；晋贵元勋，异分荣於戚里。久闲遊艺，高负公才。方著嘉谋之道；难停促景之光。增恸九族；含酸三友。永闭佳城，长迁幽谷。"漆水郡夫人是耶律霞兹之女。霞兹者"其先天朝皇帝伯"[12]，即天皇帝阿保机伯父。新妇曷鲁把是帐族，南宰相别素之女。曷鲁把出自魏尊硕德、晋贵元勋之门。"魏尊硕德"是引喻三国曹魏重臣徐宣。曹操称徐宣是清公大德之人。魏晋对称，"晋贵元勋"当指羊祜。羊祜既是曹魏名将，也是司马炎改魏为晋的功臣。曷鲁把不仅出身于横帐之族，而且生在勋门贵臣之家。

二、萧琳死于"钦哀之变"

萧琳于重熙元年十一月十八日殁于锦州公署之私第，享年四十有三。正年富力强之时而殁，他死的原因墓志如此记述："方盛门风，偶□丁疢。仆射不卒，夫人乃备物，皆陈□□而就也。岂谓生事全仪，葬之合礼。噫！功名未已，俄谢良时。作疢弥增，忽归厚土。"墓志通篇既没有染疾而救治无效，也没有因抱病沉疴寝疾而终。只有"偶□丁疢"是其死因。"偶□丁疢"是与方盛门风对偶表达家门不幸。偶字后面的字虽无

---

8 《辽史》卷8《景宗本纪》，中华书局，1974年，第95页。

9 《秦晋国大长公主墓志铭》，《辽上京地区出土的辽代碑刻汇辑》，社会科学文献出版社，2009年，第156页。

10 《辽史》卷41《地理志》，中华书局，1974年，第510页。

11 《萧琳墓志铭》，《辽上京地区出土的辽代碑刻汇辑》，社会科学文献出版社，2009年，第288页。

12 《耶律霞兹墓志》，向南、张国庆、李宇峰辑注：《辽代石刻文续编》，辽宁人民出版社，2010年，第60页。

法辨认，但一定是动词，与盛字偶对。从字面上解释，"丁疢"不是一种病症。"疢"字，除久病意之外，另有多种解释，其一可引申为："害，灾殃。"[13]故"丁疢"是化用《楚辞·九叹·惜贤》："丁时逢殃，可奈何兮。"为典故，[14]取"疢"的害、灾殃之意，化典为"丁疢"作名词用，即丁壮之年遭受灾殃之意。又由《国语集解》："设之以国家之患而不疢。"[15]疢可隐喻国家之患。故"偶□丁疢"意为突如其来遭逢国家灾殃之害，隐喻事同屈原。而且还"作疢弥增，忽归厚土"。作疢的"疢"字是"疢"字的异体字。出自《诗经·小雅·小弁》："心之忧矣，疢如疾首。"[16]常喻为祸害。"作疢弥增"是人为作害逐渐增加，生者疢如疾首之时，又要迅速埋葬，故用了一个"忽"字。在墓志中用"作疢"，等同直接说人为作害。事实证明，萧琳是仓促下葬。没有与先夫人墓合祔，故曰"永闭佳城"，也没有权厝过程。营造新墓圹正进入腊月。二月初六下葬，可见要在正月筹备丧葬之事。萧琳的葬式，不但在时间上与契丹人习俗不符，一般都是秋冬死春暖葬；墓地选择在不吉之地，说明死和葬都承上方旨意。故凄然曰："仲春邃谷扃宅兆，永从石溜结岩冰。"刚过正月的天寒地冻时，在深谷中填埋茔圹；墓前水沟永世夏经流水，冬封寒冰。墓志连续用：偶□丁疢、不卒备物、皆陈而就、俄谢良时、作疢弥增、忽归厚土，表明撰写者进士王成对萧琳无疾而终，无法直书而用尽曲笔。既然"丁疢"是指国家之患，辽朝当时发生了什么国家之患呢？

萧琳无疾而终的前一年，辽太平十一年（1031）。六月，圣宗崩，耶律宗真十六岁继皇帝位，是为辽兴宗。宗真本是元妃萧耨斤所生，齐天后萧菩萨哥生二子不育，取宗真养之。宗真继位后，立谁为皇太后摄政引起争端。元妃萧耨斤以同胞萧孝穆、萧孝先等五兄弟军政实力称皇太后摄政。耨斤称太后第19天，"赐驸马萧匹不里、萧匹敌死，围场都太师女直著骨里、右祇候郎君详稳萧延留等七人皆弃市，籍其家，迁齐天皇后于上京。……杀萧匹不里党弥勒奴、观音奴等。……（重熙元年）诬齐天皇后以罪，遣人即上京行弑。"[17]重熙三年五月，幽钦哀后于庆陵七括宫，兴宗亲政。元妃后世谥号钦哀皇后，故史称"钦哀之变"。元妃摄政三年共杀多少人呢？《契丹国志》载："元妃……自为皇太后，令人诬告齐天谋叛……缢杀之，杀其左右百余人，以庶人礼葬于祖州北白马山。"[18]另《辽史·刑法志》载："兴宗即位，钦哀皇后始得志，昆弟专权。冯家奴等希钦哀意，诬萧浞卜等谋反，连及嫡后仁德皇后。浞卜等十余人与仁德姻援，坐罪者四十余辈皆被大辟，仍籍其家。幽仁德于上京，既而遣人弑之。"[19]大辟是古代五刑之一，即都被砍头；仍要抄没家资。

13　汉语大字典编辑委员会：《汉语大字典》（缩印本），四川辞书出版社、湖北辞书出版社，1993年，第1112页。
14　周啸天编：《诗经楚辞鉴赏辞典》九叹·惜贤，商务印书馆，2012年，第1202页。
15　（三国吴）韦昭注：《国语集解》齐语第六，中华书局，2019年，第239页。
16　周啸天编：《诗经楚辞鉴赏辞典》小雅·小弁，商务印书馆，2012年，第504页。
17　《辽史》卷18《兴宗本纪》，中华书局，1974年，第214页。
18　《契丹国志》卷8《兴宗文成皇帝》，中华书局，2014年，第86页。
19　《辽史》卷62《刑法志下》，中华书局，1974年，第943页。

驸马萧钮不里、萧匹敌是何人呢？在《辽史·公主表》中，元妃萧耨斤长女严母董，下嫁萧啜不，萧啜不被赐死，公主三次改嫁。"改适萧海里，不谐，离之。又适萧胡睹，不谐，离之，乃适韩国王萧惠。"[20]萧啜不（浞卜、钮不里）汉名萧绍业，是齐天后弟，时任北府宰相，是元妃亲女婿。《萧匹敌传》载："匹敌……尚秦晋王公主，拜驸马都尉……太平四年，迁殿前都点检，出为国舅详稳。……十一年，圣宗不豫。先是，钦哀与仁德皇后有隙，以匹敌尝为后所爱，忌之。……及钦哀摄政，杀之。"[21]匹敌是圣宗外甥，皇太弟秦晋王隆庆的女婿，所尚公主乃陈国公主之姐。萧匹敌和萧浞卜都受齐天皇后牵连，坐罪赐死，萧琳是齐天皇后侄，而受株连坐罪被戮，定在姻亲四十余辈之中。重熙元年三月，钦哀后遣人加害齐天后的情形是："使至，后曰：'我实无辜，天下共知。卿待我浴，而后就死，可乎？'使者退。比反，后已崩，年五十。"[22]与同年十一月萧琳死的情形相似。故墓志曰"仆射不卒，夫人乃备物，皆陈□□而就也"。其中"而就也"是就死之意。

萧琳死时要遣使监斩和监葬。如果墓志于重熙二年与灵柩同时下葬，必无人冒险为其铭志。撰写时间，《陈国公主墓志》有载。其墓志曰："今皇帝因思同气，追怀手足之悲；俯念诸孤、特降丝纶之命。自太平进封越国公主。高开鲁馆，广启沁园。……圣上亲临顾问，愈切抚怜。……特遣使臣，速营葬事。……以当年闰四月五日迁神榇於灰山，启先太师之茔祔焉，礼也。"[23]从这段摘录可得三点结论：第一，辽圣宗三个年号，依次是统和、开泰、太平，开泰七年速营葬事，太平进封展墓扩园。若撰于开泰七年，必不知太平年间事，意指墓志撰于太平年间之后。第二，墓志撰写人马贻谋的太中大夫等六个署衔都是闲职勋爵，太平二年身份还是"翰林学士、工部侍郎、知制诰"[24]说明墓志撰于太平二年之后。第三，用"圣上"和"今皇帝"相区别。两个皇帝两种行为：圣上抚怜是圣宗对侄女陈国公主；今皇帝思同气、怀手足是指兴宗对同辈，因此今皇帝是兴宗特降丝纶之命。时间节点是幽禁钦哀后，迁葬齐天后。故萧琳墓志和陈国公主墓志都撰写于重熙三年七月以后。

三、萧琳葬于徽州城和睦州城之间

萧琳葬于徽、睦之间，即徽州和睦州城之间。徽州在《辽史》中有明确记载："徽州，宣德军，节度。景宗女秦晋大长公主所建。媵臣万户，在宜州之北二百里，因建州城。北至上京七百里。节度使以下，皆公主府署。户一万。"[25]《秦晋国大长公主墓志》载："乾亨辛巳岁，始封齐国公主。以故北宰相、上京留守……赠宋王讳继远……

---

20 《辽史》卷65《公主表》，中华书局，1974年，第1005页。
21 《辽史》卷88《萧匹敌传》，中华书局，1974年，第1343页。
22 《辽史》卷71《后妃传》，中华书局，1974年，第1202页。
23 向南：《辽代石刻文编》，河北教育出版社，1995年，第153页。
24 向南：《辽代石刻文编》，河北教育出版社，1995年，第154页。
25 《辽史》卷37《地理志》，中华书局，1974年，第448页。

诏为好述。拜驸马都尉。"[26]徽州是秦晋大长公主和驸马萧继远所建私城。该公主薨于重熙十五年（1046），享年76岁。徽州从统和元年（983）有记载始，秦晋大长公主在此城至少经营了62整年。故徽州城是座老城。

睦州在《辽史》中没有明确记载，仅见圣宗本纪。太平元年（1021）三月："庚子，驸马都尉萧绍业建私城，赐名睦州，军曰长庆。"[27]驸马都尉萧绍业所尚公主是元妃长女。据《契丹国志》记述，齐天后以元妃萧耨斤长女，"……嫁其弟萧徒姑撒，为筑城以居之，曰睦州，号长庆军，徙户一万实之，曰'从嫁户'。（校勘记：'上文萧徒姑撒即萧绍业。'）"[28]即萧绍业尚元妃长女而建睦州。在《辽史·圣宗本纪》中记为："粘米衮、萧鉏不。"[29]睦州是公主城以从嫁户置，是公主严母董（粘米衮）和驸马萧绍业（鉏不里）所建私城。圣宗概因调和元妃和齐天皇后的矛盾而赐名睦州。

四、结　语

萧琳墓的确位，为审慎考察徽、睦州城方位关系和徽州、睦州、成州城故址准其地望提供了近距离的参照坐标。从《萧琳墓志铭》详考中，管窥到"钦哀之变"所迫害的对象范围和情形细节，充实了《辽史》记载的简略和疏漏；为研究辽朝由盛转衰的历史，提供了具体案例。

（郑福贵　内蒙古通辽一中）

26　《秦晋国大长公主墓志铭》，《辽上京地区出土的辽代碑刻汇辑》，社会科学文献出版社，2009年，第156页。
27　《辽史》卷16《圣宗本纪》，中华书局，1974年，第188页。
28　《契丹国志》卷8《兴宗文成皇帝》，中华书局，2014年，第85、95页。
29　《辽史》卷17《圣宗本纪》，中华书局，1974年，第201页。

碑志研究

辽代《刘继文墓志》考

——以辽汉关系为核心

韩靖宇

内容提要：辽代《刘继文墓志》记载了北汉自建国到灭亡期间多起重大历史事件。刘继文是北汉世祖刘崇长子刘赟之子，在辽穆宗时期作为北汉质子羁旅辽朝长达七年。辽景宗继位后，为缓和两国关系，刘继文结束了质子生涯，衣锦归国。在北汉灭亡之际，刘继文逃奔辽朝，不久后病逝于辽。《刘继文墓志》是研究辽朝与北汉间关系的重要资料。

关键词：刘继文　北汉　辽朝　辽汉关系

《刘继文墓志》在1926年出土于辽宁省葫芦岛市建昌县图萨喀喇山，现藏于辽宁省博物馆。墓主刘继文是五代十国中最后一个割据政权北汉的宗室及重臣，曾出使辽朝并被扣留多年，在北汉灭亡后逃奔辽朝。《刘继文墓志》中详细记载的北汉建国、对辽外交等丰富内容，长期以来未能得到足够的重视。由于《辽代石刻文编》中对此墓志已进行了较为详细的注释，因此本文将重点考察北汉与辽朝之间的外交往来，分析两国之间既联合又提防的微妙关系。

一、墓志录文

彭城郡王劉公墓誌銘并序。

文章大德、賜紫沙門文秀撰并書。

詳夫聖凡異矣，生滅同焉。丘懷逝水之悲，耼起患身之嘆，高低貴賤孰免斯歟？察□□扵群言，□興亡扵常道者也。公諱繼文，字敏素，本太原人也。出自彭城、河南等二十五望，並自陶唐之後，相次分派，帝代絕多。降至伯翁高祖皇帝諱知遠，翊晉高祖為侍衛親軍。英才卓秀，器度恢弘。忠貞而玉石比堅，謹節而松筠讓操。親承五賊，妙善六韜。內心腹而外爪牙，上匡扶而下邕穆。晉主以忠孝推功，除授河東節度使，兼政事令。有弟彥崇，為內外馬步軍都指揮使、撿挍太保。洎嗣晉失位，倏變天機，乍展雄威，俄昇大器，改號為乹祐元年。自是家易為國，魚變成龍。玉葉遝敷，金枝迴秀。三光朗耀，四海宴清。舜日高懸，堯風遠布。崇有數子：承贇、承鈞、承錡、承鎬，贇即公之父也。元曰詔命，令坐徐州。至乾祐三年，高祖崩逝，少帝承翰才立，禍發蕭牆。逆臣郭威，僭行篡奪。徐州太子，冊而又誅。可謂日月無光，乾坤失色。崇坐河東，為北平王，一聞之而大怒，攘臂恨以發盟，切齒為讎，誓當剪滅。乃集貔貅万隊，士卒千群，振雷霆之威，吐風雲之氣。直欲生擒逆黨，活捉奸訛。其奈天數未時，攻討莫下。將謀大事，須向天朝。遣使結懽，願為子父。時天授皇帝感其義焉，遣使宣恩，冊為大漢神武皇帝。至乾祐九季，武帝崩逝。次子承鈞既立，改號天會元年。咸惜三邊，恩覃万姓，修德是務，去佞為懷。陳大業扵將來，流廣澤扵當代。此即公之叔也。至天會六年，遣公入國，淹留七載，質而未還。後十二年秋，帝染疾而逝。爰有府主繼恩，則鈞之長子也。大帝臨終之日，謂大永相郭無為等曰："朕之崩後，位付繼恩，社稷紀綱，勿令交紊。"為等奉勅，如日在懷。帝乃昇霞，臣扶長子，即公之堂兄也。嗣登九五，才滿三旬，為侯霸榮陰謀所滅。次子大內都點撿繼元，亦公之堂兄也。運機謀策，剪蘗除妖。荐位登朝，重理綱政，冊為大漢英武皇帝。公前右金吾衛將軍、金紫光祿大夫、撿校司空、上柱國，我皇開睿澤，令衣錦還鄉，勅授竭忠匡運功臣、保義軍節度、陝虢等州觀察處置等使、大漢國侍衛親軍馬步軍都指揮使、特進、撿校太尉、同政事門下平章事、陝州大都督府長史、上柱國、彭城郡開國公，食邑三千戶，食實封三百戶。過至本國，未久之間，又加推功保祚功臣、開府儀同三司、撿校太師薫五中書令、權代州防禦使，食邑五千戶，食實封五百戶。既蒙聖澤，統綰雄藩。百姓揚五袴之歌，三軍感單醪之惠。洎乎趙氏犯闕，力乏計窮，帝念生靈，甘當授首。公乃見機而變，守節而□，駈輦振纓，來歸上國。郭氏夫人并二子，並皆阻隔。吾皇一見，撫念非常。慜其順國之忠，加以真王之澤。勅授佐命功臣、北京留守、河東節度、管內觀察處置等使、薫政事令、太原尹、上柱國、彭城郡王、知昭德軍節度事，食邑八千戶、食實封七百戶，薫以昭義軍節度使、撿校太傅耿紹紀長女以妻之，即尚父秦王韓氏之甥也。方雪太原之耻，將興廣□之基。重整戈鋌，芟夷奸蘗。奈何曦霜難保，石火易銷。倏染膏肓，俄歸逝水。壽齡卅有二。帝罷朝而起嘆，市□□以興悲。百姓聞之，如喪考妣。勅下宜翼二州，共營葬礼。其耿氏夫人念以同牢義重，合卺情深。絲羅□絕□□□，琴瑟停歡扵翡帳。兩兒阻闕，一女才生。金枝冀續扵前朝，玉葉期芳扵後代。恐以時遷歲遠，骨腐名銷。□□□□，□旌不朽。文秀才非夢筆，學愧面牆。奉命援毫，乃為銘曰：

天地大兮有成壞，□□□□□□□。人至靈兮無定常，石至堅兮無恒在。既有身兮既有患，不無傷兮不無□。路樹□□□□□，宿烏暫聚而終散。武皇孫兮少皇子，朝北闕兮到扵此。受國恩兮位至王，功未成兮身先死。國之讎兮未雪殃，魂之逝兮在他鄉。七帝相承何所問，三霜孤瘞塔山陽。公長子醜哥，次子善哥。

乾亨三年歲次辛巳十一月乙未朔十五日己酉記。匠人攝彰武軍長史趙□□。[1]

相比于史料较为丰富的五代政权，十国中北汉政权的史料在五代十国史料中，尤为稀少。较为系统、详细的仅有《旧五代史·僭伪列传二》、《新五代史·东汉世家》和《九国志》辑本中保存下来的部分史料。司马光在编撰《资治通鉴》时也不禁感叹："河东刘氏有国，全无记录，唯其旧臣中书舍人、直翰林院王保衡归朝后所纂晋阳伪署见闻要录。"[2] 清人吴任臣旁搜博引，著成《十国春秋》，其中北汉部分占有五卷，已经堪称北汉史料之集大成者。刘继文身为北汉世祖刘崇嫡孙，在《十国春秋》中单独有传，然极为简略。与之相比，《刘继文墓志》（以下简称《刘志》）的内容却颇为详尽，可分为两大部分：北汉国事，如后汉及北汉建国原委；刘继文个人事迹，包括使辽被囚始末、国亡奔辽后的事迹等。可以看出，北汉的国事和刘继文的家事均与辽汉关系密切相关[3]，因此下文将对这一核心内容进行分析。

二、"两汉"建国与辽汉关系

　　《刘志》中称，刘继文家族"出自彭城、河南等二十五望，并自陶唐之后，相次分派，帝代绝多"，可上溯到彭城刘氏等汉晋望族。这一说法在五代及宋初应流传甚广，如成书时间早于《刘志》的《五代会要》《旧五代史》等中原史籍同样称刘知远先祖为汉唐贵胄之后："湍为东汉显宗第八子淮阳王昞之后。"[4] "高祖母陇西李氏，追谥明贞皇后。"[5] 然而，《新五代史》却记载刘知远"其先沙陀部人也，其后世居于太原"[6]，与后唐李氏、后晋石氏一样，均为沙陀后裔，"彭城、河南等二十五望"无疑为刘知远显贵后为掩饰出身而攀附的祖先。

---

[1] 墓志录文来自拓片照片，见陶建英、李俊义：《石墨芳华——刘凤翥李春敏收藏辽金碑刻拓本集》，文物出版社，2021年，第13页。墓志原文第三十二行、三十三行及匠人姓名部分的校勘参考闫若思、张意承：《十方辽代前期墓志校勘举误》，《西夏研究》2021年第2期。

[2] （宋）司马光：《资治通鉴》卷292《后周纪三》，中华书局，1956年，第9520页（以下简称《资治通鉴》）。

[3] 学界关于《刘继文墓志》的研究较少，且多集中于对墓志本身的释读，如奉宽：《"辽彭城郡王刘继文墓志"跋》，《燕京学报》1930年第7期；舒天民：《辽刘继文墓志铭》，《东北丛刊》1930年第12期；陈陆：《北汉刘继文墓志疏要》，《中和月刊》1941年第11期；《刘继文墓志》，向南：《辽代石刻文编》，河北教育出版社，1995年，第71~78页。师瑞青通过对《刘继文墓志》进行专门讨论，认为刘继文被执事件是辽朝对于北汉主刘承钧的惩戒，见师瑞青：《北汉"使者被执事件"述论》，《运城学院学报》2018年第2期。

[4] （宋）王溥：《五代会要》卷1《追谥皇帝》，上海古籍出版社，1978年，第11页。

[5] （宋）薛居正等撰：《旧五代史》卷1《高祖纪上》，中华书局，2015年，第1545页（以下简称《旧五代史》）。

[6] （宋）欧阳修：《新五代史》卷10《汉高祖本纪》，中华书局，2015年，第117页（以下简称《新五代史》）。

刘知远以担任石敬瑭的侍卫亲军起家，在石敬瑭起兵反叛后唐建立后晋的过程中立下了汗马功劳，因而受封北京留守、河东节度使。随着刘知远的得势，他身边形成了新的河东军事集团，刘崇也在其中扮演了重要的角色，"有弟彦崇，为内外马步军都指挥使、检校太保"，此处的"彦崇"应为刘崇原名，为其他史料所不见[7]。"彦本美名，故人多以之为名，然未有如五代时之多者"[8]，刘崇之所以去掉"彦"字，应该是因为此字使用太滥以避讳。在后晋出帝与辽朝交恶，两国连年交战之际，刘知远坐山观虎斗，暗中积蓄力量，"初，晋主与河东节度使、中书令北平王刘知远相猜忌，虽以为北面行营都统，徒尊以虚名，而诸军进止，实不得预闻。知远因之广募士卒；阳城之战，诸军散卒归之者数千人，又得吐谷浑财畜，由是河东富强冠诸镇，步骑至五万人"[9]，石晋灭亡后其已成为实力最强的藩镇。随着辽太宗经略中原失利被迫北返，刘知远趁机起兵，入主处于群龙无首状态下的中原，建立起后汉政权，"自是家易为国，鱼变成龙"。

在刘知远南下后，刘崇被授予太原尹、北京留守、同中书门下平章事等职位，将后唐、后晋、后汉三朝的龙兴之地太原纳入掌控。刘知远此举当出于巩固后方的考虑，以亲弟坐镇河东，一方面避免出现第二个石敬瑭，另一方面应为防御辽朝再次进犯，同时为自己保留退身之路。

《刘志》记载，后汉建立之后，"至乾祐三年，高祖崩逝，少帝承翰才立"。实际上，刘知远继位后仍以后晋天福十二年（947）为年号，次年改元乾祐（948），但随即去世。其子刘承祐继位，是为后汉隐帝，并沿用此年号。隐帝在位三年，于乾祐三年（950）去世，《刘志》将刘知远和刘承祐二人去世时间误作同年，以致出现纪年错误。据笔者推测，后汉一朝享国甚短，期间与辽朝往来较少。而此时的辽朝也处于太宗、世宗帝位交替的动荡时期，同样影响了对后汉政权的了解，因而墓志中才会出现这样的错误。

后汉政权仅维持了四年便宣告灭亡，其标志便如《刘志》所言："逆臣郭威，僭行篡夺。徐州太子，册而又诛。"隐帝年少，后汉朝政为郭威、史弘肇、杨邠等顾命大臣所把持。为夺回权柄，隐帝先后诛杀多位顾命大臣，但被枢密使郭威以"清君侧"之名直捣汴京，在逃亡途中遇害身亡。郭威本有自立之意，但忌惮朝中拥汉势力，便提出拥立刘知远之弟刘崇的长子——徐州节度使刘赟即位，然而不久后就将其囚禁杀害。951年，郭威称帝，五代中的最后一朝后周建立。

《刘志》称，刘赟遇害后，"崇坐河东，为北平王，一闻之而大怒，攘臂恨以发盟，切齿为雠，誓当剪灭。乃集貔狳万队，士卒千群，振雷霆之威，吐风云之气。直欲生擒逆党，活捉奸讹"。实际上，刘崇与郭威早有矛盾，"初，高祖镇河东，皇弟崇为马步都指挥使，与蕃汉都孔目官郭威争权，有隙。及威执政，崇忧之。节度判官郑珙，

---

[7] 刘知远称帝后，"帝以北京马步军都指挥使、泗州防御史、检校太保刘崇为太原尹、检校太尉"，与墓志中刘彦崇所任官职类似。见《旧五代史》卷99《汉高祖本纪上》，第1550页。

[8] （清）赵翼著，王树民校证：《廿二史札记校证》卷22《五代人多以彦为名》，中华书局，1984年，第490页。

[9] 《资治通鉴》卷286《后汉纪一》，中华书局，1956年，第9335页。

劝崇为自全计,崇然之。珙,青州人也。八月,庚辰,崇表募兵四指挥,自是选募勇士,招纳亡命,缮甲兵,实府库,罢上供财赋,皆以备契丹为名;朝廷诏令,多不禀承"[10],可见自郭威得势后,刘崇便有割据太原而不臣之意。但当郭威提出以刘赟即位后,刘崇喜出望外,甚至杀死了向自己进言的忠臣李骧,此时的刘崇应该尚未有自立之意。随着长子刘赟即位的希望破灭,刘崇便加快了自立的步伐:"戊寅,杀湘阴公于宋州。是日,刘崇即皇帝位于晋阳,仍用乾祐年号,所有者并、汾、忻、代、岚、宪、隆、蔚、沁、辽、麟、石十二州之地。"[11]北汉的建立与刘赟的遇害恰巧发生于后周广顺元年正月戊寅(951年1月16日)同一天,同时刘崇立次子刘承钧为侍卫亲军都指挥使、太原尹,作为自己的继承人。由此可见,早在刘赟即位的希望破灭后,刘崇便重新开始了割据自立的行动,《刘志》将刘崇起兵归因于郭威篡位和刘赟遇害,在一定程度上掩盖了刘崇自身的野心。

  北汉虽然建立,但偏居一隅,地狭人少,国力与中原政权不可同日而语,睿宗刘钧也承认"河东土地兵甲,不足当中国之十一"[12]。在此形势下,如果要与后周对抗,北汉就必须获得辽朝的援助。因此,虽然北汉所继承的后汉以驱逐契丹为名建国,且并未像后晋那样成为辽朝的藩属国,但刘崇此时也只能选择结欢辽朝作为基本国策。

  《刘志》云:"其奈天数未时,攻讨莫下。将谋大事,须向天朝。遣使结欢,愿为子父。时天授皇帝感其义焉,遣使宣恩,册为大汉神武皇帝。"从辽方视角记录了北汉与辽结盟之事。实际上,刘崇在登基伊始便收到了辽朝示好的橄榄枝:"初,契丹主北归,横海节度使潘聿撚弃镇随之,契丹主以聿撚为西南路招讨使。及北汉主立,契丹主使聿撚遗刘承钧书。北汉主使承钧复书,称:'本朝沦亡,绍袭帝位,欲循晋室故事,求援北朝'。"[13]刘崇迅速予以回应,宣称欲效仿后晋求援于辽。与此同时,"汉郭威弑其主自立,国号周,遣朱宪来告。即遣使致良马"[14],面对后周使者,辽朝也送马示好,可见辽世宗正在后周和北汉之间权衡。对于北汉,"契丹永康王兀欲与旻约为父子之国"[15],北汉对此要求当持暧昧态度。当年二月,刘崇遣刘承钧先后攻打后周的晋州、隰州,均以失败告终。深刻认识到自身力量的不足后,北汉不得不再次遣使求援,"北汉主遣通事舍人李巩言使于契丹,乞兵为援"[16]。此时的辽朝也未中断与后周的往来,"太祖复遣尚书左丞田敏、供奉官蒋光遂衔命往聘。其年四月,田敏等回,永康王遣使献碧玉金镀银裹鞍辔,并马四十匹。其月,太祖又命左金吾将军姚汉英、左神

---

10 《资治通鉴》卷288《后汉纪三》,中华书局,1956年,第9396页。
11 《资治通鉴》卷290《后周纪一》,中华书局,1956年,第9453页。
12 (宋)李焘:《续资治通鉴长编》卷9"开宝元年七月丙午条",中华书局,1979年,第205页(以下简称《续资治通鉴长编》)。
13 《资治通鉴》卷290《后周纪一》,中华书局,1956年,第9455页。曹流先生认为,辽朝此举过于迅速,似乎不大可能出自辽主之意,可能是西南路招讨使潘聿捻的自主行为。见曹流:《契丹与五代十国政治关系诸问题》,北京大学博士学位论文,2010年,第76页。
14 《辽史》卷5《世宗纪》,中华书局,2016年,第74页(以下简称《辽史》)。
15 《新五代史》卷70《东汉世家》,中华书局,2015年,第978页。
16 《资治通鉴》卷290《后周纪一》,中华书局,1956年,第9457页。

武将军华光裔往使"[17]，且故意通报给北汉，"契丹主遣使如北汉，告以周使田敏来，约岁输钱十万缗"[18]，大有待价而沽之意。在军事上接连失利，以及恐惧辽朝支持后周的双重刺激下，刘崇不得不做出让步，当年四月，"旻乃遣宰相郑珙致书兀欲，称侄皇帝，以叔父事之而已"[19]。虽然未能结为父子关系，但刘崇的屈服应该令辽世宗颇为满意，于是便主动断绝了与后周的交涉："周遣姚汉英、华昭胤来，以书辞抗礼，留汉英等。"[20]随后，"六月辛卯朔，刘崇为周所攻，遣使称，乞援，且求封册。即遣燕王牒葛、枢密使高勋册为大汉神武皇帝"[21]，"妃为皇后。北汉主更名旻"[22]，标志着辽汉同盟关系的正式达成。

综上所述，后汉的建立得益于辽朝灭亡后晋、辽太宗北返后形成的权力真空；北汉的建立更离不开辽朝的扶持。由此可见，辽朝的对外政策对中原政权兴废具有重大影响，"两汉"就是其中的典型代表。《刘志》对辽朝与北汉间往来的记载与其他史料大体吻合，但在辽汉结盟一事上不无粉饰，将其美化为北汉军事受挫后寻求辽朝的援助，并主动结为父子之国。实际情况则是：辽朝率先向北汉表示招揽之意，但约为父子这一条件为北汉所不能接受，故转而与后周保持外交往来，并将信息传递给北汉。在攻打后周连续失利后，又慑于辽朝支持后周的前景，北汉最终选择与辽朝结为叔侄之国。辽世宗因此断绝了与后周的往来，遣使册封刘崇为大汉神武皇帝，双方正式结盟。

三、刘继文事迹

刘崇共有十子，名字见于史书者七人，刘继文是其长子刘赟之子，故被称为"世祖嫡孙"。相比于少帝刘继恩和英武帝刘继元，刘继文与刘知远和刘崇的血缘关系更加亲近，这一身份在后来给他带来了厄运。

《刘志》记载"至乾祐九季，武帝崩逝。次子承钧既立，改号天会元年"。在刘崇去世及刘承钧改元时间上，墓志与史籍记载存在差异。《新五代史》中对此有所考证："刘旻，《九国志》云，乾祐七年十一月旻卒，享年六十，子承钧立，时年二十九。乾祐七年，乃显德元年也。而《五代旧史》《周世宗实录》《运历图》《纪年通谱》皆云显德二年冬旻卒。又有旻伪中书舍人王保衡《晋阳见闻要录》云，旻乙卯生，卒年六十一，子承钧立。承钧丙戌生，立时年二十九。……《九国志》又云，承钧立，服丧三年，至乾祐九年服除，改十年为天会元年，当是显德四年。"[23]遂采用了刘承钧于乾

---

17 《旧五代史》卷137《外国列传一》，中华书局，2015年，第2139页。
18 《资治通鉴》卷290《后周纪一》，中华书局，1956年，第9460页。岁币一事不见于后周和辽双方的史料，可能是辽朝为恐吓北汉迫使其让步而故意捏造。
19 《新五代史》卷70《东汉世家》，中华书局，2015年，第978页。
20 《辽史》卷5《世宗纪》，中华书局，2016年，第74页。
21 《辽史》卷5《世宗纪》，中华书局，2016年，第74页。
22 《资治通鉴》卷290《后周纪一》，中华书局，1956年，第9460页。
23 《新五代史》卷71《十国世家年谱》，中华书局，2015年，第997、998页。

祐七年（954）即位、乾祐十年（957）改元天会一说。然而，《辽史》记载："（应历五年，955）十一月乙未朔，汉主崇殂，子承钧遣使来告，且求嗣立。遣使吊祭，遂封册之。"[24]明确指出刘崇去世与刘承钧即位均在后汉乾祐八年（955）。综上分析，《刘志》中关于刘崇去世的记载应当有误，但却证实了《九国志》中乾祐年号直到九年的记载正确。

刘承钧即位后，辽汉两国关系出现波折，《刘志》中对此讳莫如深。刘崇在世时，与辽世宗及辽穆宗均以叔侄相称，"述律为帝，改元应历。自火神淀入幽州，遣使告于北汉，北汉主遣枢密直学士上党王得中如契丹，贺即位，复以叔父事之"[25]。到刘承钧即位后，"封表于辽，自称曰男。辽主述律答之以诏，呼为儿皇帝，遣骠骑大将军、知内侍省事刘承训册命承钧为天子，更名钧"[26]，辽与北汉已转变为父子之国。究其原因，当与北汉此时的窘境有关。在高平之战中，北汉遭遇惨败，随后又被后周围攻太原长达数月，全靠辽朝援助才得以幸存。此后北汉在后周、辽朝面前愈发弱势，对辽朝的依赖越来越大，从前期的请求军事援助发展到后来连粮食、马匹也有求于辽的地步。面对如此困境，刘承钧选择认辽穆宗为父以换取辽朝援助便可以理解了。然而刘承钧并非完全屈服于辽朝、甘作傀儡。他"事契丹者多略，不如世祖时每事必禀之"[27]。因此，"契丹遣使者责承钧改元、援李筠、杀段常不以告，承钧惶恐谢罪。使者至契丹辄见留，承钧奉之愈谨，而契丹待承钧益薄"[28]。

在辽汉两国关系陷入低谷时，墓主刘继文正式登上历史舞台。《刘志》称刘继文"至天会六年，遣公入国，淹留七载，质而未还"。墓志撰写于乾亨三年（981），刘继文终年仅32岁，若以此年倒推应出生于950年，北汉天会六年（962）出使时约13岁。刘继文此次出使的详细过程已不可考，据笔者推测，刘继文可能担任了北汉在辽的"质子"角色，以重新赢得辽朝的信任和支持，缓和两国间的关系。刘继文在辽期间，北汉曾多次面临宋朝的军事威胁，辽朝总会派兵支援，可见北汉的外交努力应当取得了一定的成效。从国防安全角度来看，北汉是辽宋之间的缓冲区，也是幽燕地区的屏障，因此即使两国交恶，辽朝也始终不曾放弃对北汉的援助。

天会十二年（968），"秋七月辛丑，汉主承钧殂，子继恩立，来告，遣使吊祭"[29]，辽朝时隔多年后终于向北汉派遣使节，标志着两国关系转暖。随后，北汉发生了政变，《刘志》记载少主刘继恩"嗣登九五，才满三旬，为侯霸荣阴谋所灭。次子大内都点检继元，亦公之堂兄也。运机谋策，剪孽除妖。荐位登朝，重理网政，册为大汉英武皇帝"。由于刘继恩和刘继元均非刘承钧的亲生儿子，因此在商议拥立人选时，"平章中书事张昭敏独曰：'少主非刘氏，故嗣位不终。今宜立宗姓以慰民望。世祖嫡

---

24 《辽史》卷6《穆宗纪上》，中华书局，2016年，第81页。
25 《资治通鉴》卷290《后周纪一》，中华书局，1956年，第9463页。
26 （清）吴任臣撰，徐敏霞、周莹点校：《十国春秋》卷105《睿宗本纪》，中华书局，1983年，第1487页（以下简称《十国春秋》）。
27 《续资治通鉴长编》卷4"乾德元年闰十二月丙子条"，中华书局，1979年，第113页。
28 《新五代史》卷70《东汉世家》，中华书局，2015年，第982页。
29 《辽史》卷7《穆宗纪下》，中华书局，2016年，第94页。

孙继文，久留契丹，历险危，宜迎立之，可以固宗社，结强援'。"[30]张昭敏的建议虽然被否决，但对于刘继文本人的影响却不可低估。从张昭敏之言中可以看出，刘继文已经被视作可结援辽朝的重要人物，是北汉国内"亲辽派"代表，侧面印证了他作为质子使辽的身份。不久之后，辽穆宗同样遇刺身亡，辽景宗继位，两国关系终于迈入了新阶段，开始全面转暖。

按《刘志》记载，刘继文在辽朝"淹留七载"，于天会十三年（969）即辽景宗保宁元年（969）归国[31]。然而，《续资治通鉴长编》将此事系于开宝三年（970）[32]，《十国春秋》也记载："天会十四年春正月，契丹归我使臣十六人，仍诏世祖孙继文为平章事。"[33]笔者认为，《刘志》所载归国时间无误。如《辽史》所载，保宁元年（969）五月，"壬寅，汉遣李匡弼、刘继文、李元素等来贺"[34]，由此可见，刘继文应在当年二月辽景宗继位后便被释归国，才能作为使者前来祝贺。

刘继文归国后不久，便因为受到谗言构陷而被外放为刺史，"继文等久驻契丹，复受其命，归秉国政，左右皆潜毁之。未几，继文为代州刺史，弼为宪州刺史"[35]，《刘志》中记载更为隐晦："适至本国，未久之间，又加推功保祚功臣、开府仪同三司、检校太师、兼中书令、权代州防御使，食邑五千户，食实封五百户。"究其原因，一方面，刘继文身为刘崇嫡孙，在血缘上比身为刘崇外孙的刘继元更加亲近。而刘继元"为人残忍而无礼"[36]，连刘崇之子刘镐、刘锴等都先后被他囚禁而死，曾对其帝位产生威胁的刘继文自然无法得到信任；另一方面，刘继文早已被视作"亲辽派"代表，受辽朝高官显爵而还，并由辽景宗亲自下诏令刘继元委任，这显然引起了刘继元的猜疑，故刘继元此举也有削弱辽朝对北汉的控制之意。因此，"契丹主闻之，下诏责北汉主曰：'朕以尔国连丧二主，僻处一隅，期于再安，必资共治。继文尔之令弟，李弼尔之旧臣，一则有同气之亲，一则有耆年之故，遂行并命，俾效纯诚，庶几辑宁，保成欢好。而席未遑暖，身已弃捐，将顺之心，于我何有！'北汉主得书恐惧，且疑继文报契丹，乃密遣使按责继文，继文以忧惧死"[37]，其中除"继文以忧惧死"明显与史实不符外，无不反映出北汉对辽朝既依赖又提防的微妙心理。

宋太宗太平兴国四年（979），宋朝发起了对北汉的第四次进攻。三月，"丁酉，耶律沙等与宋战于白马岭，不利，冀王敌烈及突吕不部节度使都敏、黄皮室详稳唐筈皆

---

30 《十国春秋》卷105《少主本纪》，中华书局，1983年，第1497页。

31 《资治通鉴》卷292《后周纪三》记载："右谏议大夫杨梦申奉敕撰大汉都统追封定王刘继颙神道碑云：天会十二年，今皇帝践阼之初年也。十七年，继颙卒。末题广运元年，岁次甲戌，九月丙午朔。"中华书局，1956年，第9520页。可知刘继元即位后仍用天会年号。

32 《续资治通鉴长编》卷11"开宝三年正月辛酉条"，中华书局，1979年，第241页。

33 《十国春秋》卷105《英武帝本纪》，中华书局，1983年，第1500页。

34 《辽史》卷8《景宗纪上》，中华书局，2016年，第98页。

35 《续资治通鉴长编》卷11"开宝三年正月辛酉条"，中华书局，1979年，第241页。

36 《十国春秋》卷105《英武帝本纪》，中华书局，1983年，第1498页。

37 《续资治通鉴长编》卷11"开宝三年正月辛酉条"，中华书局，1979年，第241页。

死之，士卒死伤甚众"[38]。辽朝援军的惨败宣判了北汉的死刑，坚守太原到五月后，刘继元奉表请降，五代十国中最后一个割据政权北汉宣告灭亡。

亡国之际，刘继文和驸马都尉卢俊逃奔辽朝，志文称"泊乎赵氏犯阙，力乏计穷，帝念生灵，甘当授首。公乃见机而变，守节而□，驱肇振缨，来归上国。郭氏夫人并二子，并皆阻隔"，仓皇之际连家眷都无暇顾及。辽景宗"憨其顺国之忠，加以真王之泽。敕授佐命功臣、北京留守、河东节度、管内观察处置等使、兼政事令、太原尹、上柱国、彭城郡王、知昭德军节度事，食邑八千户、食实封七百户，兼以昭义军节度使、检校太傅耿绍纪长女以妻之，即尚父秦王韩氏之甥也"。刘继文与耿氏夫人育有一女，不久后便猝然长逝，享年仅32岁。至于《刘志》所云"方雪太原之耻，将兴广□之基。重整戈铤，芟夷奸孽"应为虚饰之语，刘继文被授官职多为虚职，且辽朝在北汉灭亡后并无为其组建流亡政权或重新扶植其他河东割据政权的意向。此后，辽宋两国开始了前后长达二十五年的直接交锋，五代十国时期已经彻底成为历史。

四、结　语

由于元人修撰时史料稀少，加上史官敷衍塞责，导致《辽史》中史事缺漏、讹误众多，给历史研究带来极大不便，因此极富史料价值的辽代石刻便成了对《辽史》的有力补充。本文所考释的辽代《刘继文墓志》便在一定程度上对辽史和五代史研究有所裨益。一方面，它起到了补缺的作用。墓志中记载刘崇的本名可能为刘彦崇，以及刘继文先后被辽朝授予的官爵、入辽后的婚配情况等，多不见于史册。另一方面，它也有订讹之效。刘继文使辽被囚一事，以往可能被视作两国关系紧张的证明，但墓志却揭露了其身份可能为质子，肩负结援辽朝的重任。刘继文自辽朝归国的时间，众说纷纭。墓志中的"淹留七载"为辽方视角下的记录，可信度更高，与《辽史》中的文字记载相印证，很大程度上解决了这一难题。此外，对于石刻所载内容，我们也不能不加辨别便一味采信，墓志撰写者自身秉持的立场和撰写时的社会环境都会影响到墓志内容的客观性，如《刘继文墓志》中关于刘氏家族源流、辽汉结盟等部分便多有粉饰。总体而言，《刘继文墓志》的内容对于研究辽朝与北汉间的外交关系具有重要价值。

（韩靖宇　辽宁大学历史学部中国史专业研究生）

38　《辽史》卷9《景宗纪下》，中华书局，2016年，第109页。

碑志研究

新出北宋碑志所见辽朝及宋辽关系史料考

李浩楠

内容提要：《宋代墓志辑释》与《新出宋代墓志碑刻辑录（北宋卷）》二书中共有提及契丹辽朝者的北宋碑志40方，内容涉及宋人对五代及本朝与契丹对抗的历史记忆、宋辽战争、宋辽交聘、北宋边防等，可与传世宋代文献互相对照，具有一定的史料价值。

关键词：新出　北宋碑志　辽代　史料

中国古代的石刻碑志，发展到宋代，出现了一些新的变化。一是北宋经历"古文运动"后，碑志类石刻多用古文书写，不同于前代盛行的骈文。二是宋代传世史料极其丰富，出土碑志可与之对照。宋代碑志的撰写与政治有密切关系，丧家与墓志撰者的书写理念亦有冲突之处[1]。笔者翻阅《宋代墓志辑释》[2]与《新出宋代墓志碑刻辑录（北宋卷）》[3]二书，发现记载与契丹辽朝相关史事者，共40方。现将其内容分为4类，探讨其史料价值。

一、历 史 记 忆

北宋人对五代时中原政权与契丹辽朝军事对抗的历史记忆。宋朝开国诸臣与士人，多系五代入宋者，其碑志亦多述及五代时事，部分涉及五代与契丹辽朝的军事行动。建隆元年（960）下葬的药元福（884～960），其墓志述及后晋少帝时任千牛卫将军，"随驾澶渊，斗敌丑虏"[4]。仇鹿鸣先生认为，药元福的发迹，正在于其"开运年间两次随晋少帝御契丹于澶渊"，因勇敢善战获晋少帝的赏识。《宋史》《隆平集》本传叙及此次战事，远较墓志为详[5]。此类骈文墓志向以铺陈典故为能事，何不为之渲染？与药元福打通灵州等道，平定赵思绾等叛乱，既属战术上的胜利，又属战略上的胜利不同。两次澶渊之役，尽管后晋获胜，但仍亡于辽朝，在撰者看来，多少影响药氏的"光

1　仝相卿：《北宋墓志碑铭撰写研究》，中国社会科学出版社，2019年，第57～92、125～146页。
2　郭茂育、刘继保编著：《宋代墓志辑释》，中州古籍出版社，2016年。
3　何新所编著：《新出宋代墓志碑刻辑录（北宋卷）》，文物出版社，2019年。
4　张谔：《药元福墓志》，《宋代墓志辑释》，中州古籍出版社，2016年，第5页。
5　仇鹿鸣：《药元福墓志考——兼论药氏的源流与沙陀化》，《敦煌学辑刊》2014年第3期。

辉"形象，故不铺陈，属于墓志"书法"。周广顺元年（辽应历元年951），药元福任西北面都排阵使，后任晋州节度使，"北军不起，畏黑稍之威棱"[6]。"北军"，系契丹、北汉联军[7]。是役以辽、汉联军主动撤退告终，辽军之损失，非两次澶渊之役可比，但墓志仍然以四六典故渲染之。正因是役后，辽、汉联军虽有继续骚扰晋州之事，然不敢大举进犯。显德元年（辽应历四年954），周世宗继位，北汉、辽朝方大举进攻后周，然大败于高平[8]。后周河东边境安定数年之久，对于中原王朝而言，属于战略上的胜利，药氏墓志铺陈此事，其意在此。

后晋、后汉与辽朝之交锋，胜少败多。周世宗整顿军政，率军北伐，收复关南，一改中原政权与契丹对抗处于不利的局面[9]。建隆元年下葬的孙延郾（896~960），墓志云其任黎阳发运使，"世宗皇帝愤胡马之南牧，整王师而北征，深入虏庭，其众万旅，擢公为随驾都粮料使"[10]。在撰者看来，周世宗北伐，起因在于辽朝不断骚扰后周边境。世宗北伐，所攻所复，本系中原旧地，然撰者以"虏庭"称之。在其看来，凡为"北虏"统治区域，皆可以称之为"虏庭"。显德六年（959）距幽云诸州割让之天福三年（938），不过21年，部分中原士人已有如此认识。周世宗北征，高度重视后勤工作，故有任命志主之举。咸平三年（1000）下葬的魏丕（920~999），墓志载其有吏才，周世宗谓其"并、汾、吴、蜀，俱限声教，吾方经营之，藉尔之才，副吾急用"，后"世宗之亲征瓦桥关也，公留掌京城东排岸事"[11]。此段文字"书法"可留意者，一是借世宗之口强调后周有志于"并、汾、吴、蜀"，而不叙幽燕。宋真宗时，宋辽相抗，辽朝占有优势，恢复幽燕之理想遥遥无期。文字不叙述周世宗有意复幽燕，其"书法"系为本朝讳。否则，如何解释周世宗无意收复幽云，为何又有北征之举？魏丕"掌京城东排岸事"，据赵振华先生考证，该职系疏浚河道，联通漕运[12]。宋太宗雍熙北伐惨败，辽军"绝其粮道"战术的使用发挥了重要的作用，已为治史者周知[13]。撰者是否借古讽今，暗讽北宋朝野不重视后勤及护粮道，非笔者能判断，留待将来发覆之。

北宋人对于后晋"开运之乱"的历史记忆。建隆二年（961）下葬的杨信（918~961），墓志云其于晋少帝时任右羽林军统军，"属虏寇京师，汉膺历数"，入后汉后继续任官[14]。在撰者看来，非辽朝灭后晋，后汉也断无称帝建国之可能。咸平二

6　张谔：《药元福墓志》，《宋代墓志辑释》，中州古籍出版社，2016年，第5页。"黑"原作"里"，据拓片及仇鹿鸣先生录文改。

7　药元福本传载，"刘崇引契丹扰晋州"，药元福同王峻等拒之，"（刘）崇夜烧营遁"，《宋史》卷254《药元福传》，中华书局，1977年，第8896页。

8　林鹄：《南望：辽前期政治史》，生活·读书·新知三联书店，2018年，第192~193页。

9　林鹄：《南望：辽前期政治史》，生活·读书·新知三联书店，2018年，第196~201页。

10　张觌：《孙延郾墓志》，《宋代墓志辑释》，中州古籍出版社，2016年，第9页。

11　李宗谔：《魏丕墓志》，《宋代墓志辑释》，中州古籍出版社，2016年，第81页。

12　赵振华：《北宋魏丕墓志考释》，《史林》2002年第2期。

13　《辽史》卷83《耶律休哥传》，中华书局，2016年，第1432页。

14　胡汀：《杨信墓志》，《宋代墓志辑释》，中州古籍出版社，2016年，第15页。

年（999）立碑的吴岫（915~975），其神道碑载开运末年"当是时石少主播迁于丑虏，汉高祖授图于温洛，群盗蜂起，苍生鼠窜"[15]。咸平三年下葬的源崇（900~975），其墓志云后晋时"于时，皆政不修，鲁道有荡，蛮夷猾夏，臧马生郊"。"臧马"或为"戎马"之误[16]。咸平二、三年，距离后晋灭亡之947年，已有五十余年，然开运之乱的惨状，仍然见于碑志，可见后晋灭亡，于撰者系"猾夏"之重大事件，于志主，则乘此时，或守护乡里有功，或归隐避祸，系人生的重大转折，碑志撰者和志主后代，在这一事件的"书法"上，是能取得共识的。天圣二年（1024）下葬的苏昌嗣，其墓志云"属五代襄季四郊，复夷人惟弄兵士，鲜安业"[17]。直到宋朝建立，志主仕途方走上正轨。皇祐五年（1053）下葬的张子元（988~1050），系名臣张齐贤之子，其墓志叙及家族史，"其先济阴宛句人也。石晋开运中，兵旱相继，戎虏南下，少帝北狩，衣冠陷没。先人避地洛表，子孙因家焉"[18]。李湛栋先生考证，文中"先人"即张齐贤之父张守一[19]。此次迁徙系张氏家族发展史上的重大事件，故此事父子相传，记忆犹新。

宋人对本朝先人的历史记忆。葬于治平元年（1064）的赵世敞之妻李氏（1041~1063），墓志载其本籍应州金城，曾祖李彦荣，"会石晋割十六州地入契丹，应其一也，（李）彦荣遂仕契丹伪寰州刺史。彦荣生重诲，太平兴国中，挈族来归，补邓州马步军都校"[20]。在辽朝，李彦荣以应州人就任临近的寰州刺史，与辽代南京留守以燕地望族出任者较为类似[21]。辽朝对归附州县长官任用较为灵活，并未一味学习中原王朝的籍贯回避制度，充分照顾了地方大族的利益，犹有五代遗风。李重诲于宋太宗时投奔宋朝，得任邓州马步军都校，据王曾瑜先生考证，"都"为北宋指挥之下的编制，一都按照规定应有一百人[22]。与其父之任寰州刺史，不可同日而语。但李重诲入宋后，以军功晋升，孙辈有与皇族攀亲者，可谓幸运。北宋守边名将李允则（953~1028）[23]，尤以知己知彼和善于谋略，为宋人津津乐道[24]。李允则后代墓志，或有借辽人之口夸耀祖先者，绍圣三年（1096）下葬的李允则之孙李昭受（1043~1096），墓志云李允则镇守瓦桥关，"虏人迄今畏之如神"[25]。政和四年（1114）下葬的李允则曾孙李昌世（1047~

---

15 张孝隆：《吴岫神道碑》，《新出宋代墓志碑刻辑录（北宋卷）》（第5册），文物出版社，2019年，第30页。
16 李乾贞：《源崇墓志》，《宋代墓志辑释》，中州古籍出版社，2016年，第85页。
17 陈最：《苏昌嗣墓志》，《宋代墓志辑释》，中州古籍出版社，2016年，第123页。
18 张仲武：《张子元墓志》，《宋代墓志辑释》，中州古籍出版社，2016年，第171页。
19 李湛栋：《张子元、张子立墓志及相关考释》，《商丘职业技术学院学报》2019年第6期。
20 贾黯：《赵世敞夫人李氏墓志》，《宋代墓志辑释》，中州古籍出版社，2016年，第203页。
21 李谷城：《辽代南京留守研究》，中国社会科学出版社，2013年，第73~79页。
22 王曾瑜：《宋朝军制初探》（增订本），中华书局，2011年，第41~42页。
23 陈界妃：《宋初武臣李允则研究》，四川师范大学硕士学位论文，2018年。
24 参见（宋）司马光撰，邓广铭、张希清点校：《涑水记闻》卷6《李允则知雄州》，中华书局，1989年，第107页；（宋）沈括撰，胡静宜整理：《梦溪笔谈》卷13《权智》，《全宋笔记（第2编）》（第3册），大象出版社，2006年，第108、109页。
25 刘邈：《李昭受墓志》，《新出宋代墓志碑刻辑录（北宋卷）》（第6册），文物出版社，2019年，第143页。

1112），曾接伴辽使及出使辽朝，"北人见公容貌甚伟，问其世系"，后知其为李允则曾孙，李允则"余威令名，凛凛尚存。（辽人）屡以当时事问公（李昌世），公应答如响"[26]。李允则的守边功绩，得到宋、辽双方的认可，李氏子孙，与有荣焉。

二、宋辽战争

北宋对辽战争将领事迹。葬于咸平四年（1001）的李若拙（944～1001），曾随潘美攻取云州等，宋军回撤，杨业战死，李若拙"惜其勇而有谋，为众不救，虑史氏失其功实，乃撰《杨继业传》传于世"[27]。李裕民先生认为，《宋史·杨业传》记载了杨业战死前一次绝密军事会议辩论的细节，史源应是《杨继业传》，李若拙不仅是该次军事会议的参与人，"很可能参与了事后的调查工作"[28]。杨业抗辽事迹及冤案始末之流传，李氏功莫大焉。葬于同年的符昭愿（945～1001），其墓志云雍熙四年（987）秋"出师命将，以捍北戎。诏公统禁卫屯于邢台，备其后殿"[29]。仅一笔带过，并未过分铺陈，可知其对辽军功乏善可陈。符昭愿系五代时屡败契丹名将符彦卿之子，陈朝云先生认为，符昭愿军功远不及其父，其亦参与高梁河之战，以惨败收场，墓志亦略而不书。但其"处理地方时政方面却成绩斐然"，可视为宋初"崇文抑武"背景下武将为维持家族地位而向文官集团流动的一种尝试[30]。

葬于景德二年（1005）的宋太宗潜邸旧臣裴济（948～1003），曾数与辽军作战，高梁河之战后"旋改易州护兵。是岁胡马犯疆，公先突坚阵，斩获居多"，雍熙时，裴济赴威虏军，途经镇阳，"贼（辽军）驰数骑夜抵城下，促守吏启开，传呼官军至矣。主将皆信其请，公独异之不内，密使侦捕。迄明果辨其诈，我得备预，贼乃宵遁"，后镇守高阳关，"同邓公张永德拒贼于中山，军容整盛，黠虏望之奔北"。撰者称赞裴济在河北"故士致死力，人尽欢心"[31]。裴济《宋史》有传，易州之战，显指宋太宗"令监军易州，契丹攻城不能下"[32]。裴济于镇阳（镇州）识破辽军诡计，镇州守将，墓志称其为"主将"，《宋史》称其为"州将"，相关文字大概共享一个史源，颇"为尊者

---

26 许光弼：《李昌世墓志》，《新出宋代墓志碑刻辑录（北宋卷）》（第6册），文物出版社，2019年，第185页。

27 孙仅：《李若拙墓志》，《宋代墓志辑释》，中州古籍出版社，2016年，第91页。李氏墓志撰者，李伟国先生考证为孙仅，李伟国：《洛阳新出李若拙墓志读后》，《陈乐素先生诞生一百十周年纪念文集》（下册），齐鲁书社，2014年，第514页。

28 李裕民：《绝密军事会议如何会惊现于世——〈宋史·杨业传〉揭秘》，《商丘师范学院学报》2015年第1期。

29 陈舜封：《符昭愿墓志》，《宋代墓志辑释》，中州古籍出版社，2016年，第95页。

30 陈朝云：《北宋符昭愿墓志及相关问题研究》，《河南师范大学学报（哲学社会科学版）》2017年第1期。

31 舒昭远：《裴济墓志》，《新出宋代墓志碑刻辑录（北宋卷）》（第5册），文物出版社，2019年，第36页。

32 《宋史》卷308《裴济传》，中华书局，1977年，第10143页。

讳"。裴济同张永德守边，契丹"望之奔北"当有夸大其词之嫌[33]。《宋史》称裴济知定州，败辽军于徐河"斩数千级"，后参与李继隆指挥的唐河之战，"贼大败走"[34]。墓志皆不书。何冠环先生认为，唐河之战，宋将李继隆的战功有杜撰之嫌，可能只是一场小型反击战[35]。从《裴济墓志》来看，何先生的判断是很有道理的，在撰者看来，裴济定州、唐河战功，还不如辅佐张永德，吓退"黠虏"拿得出手。杨倩描先生以韩世忠为例，认为宋代将领碑传文献，按其编撰时间先后，往往有一个战功逐步被人夸大的问题[36]。景德二年的《裴济墓志》对其战功尚有保留，大中祥符年间编纂的《两朝国史》裴济传，为照顾外戚李继隆的脸面，夸大了唐河战功，该传内容又为元修《宋史》所继承。

葬于天圣二年（1024）的杨怀忠（951~1024），太平兴国时为右班殿直，"朝廷以戎王未穆，矢戟相驰，命公临边守寨，每奋锐而深攻，继获其胜"[37]。从墓志全文看，撰者对墓主参与平定西蜀兵变着墨更多，描述更为具体[38]。无疑暗示其"平内乱"更为得心应手，参与对辽战事或多为防御战。葬于元祐八年（1093）的马仲良（986~1042），墓志云其父为太宗潜邸旧臣，"从征幽州，以功迁蓟州团使，守代州，方倚以平燕"，但不幸去世[39]。马仲良之父曾参与太宗朝北征，并于代州守边，"方倚以平燕"无疑为夸大之词。

北宋对辽战争的后勤。潘美北伐，"王师取代北州县，将足兵食，诏公同河东漕运，飞蒭挽粟，智计如神。随大军入云中，登城望而叹曰：'古郡也，既得之患，失之守之者，将何人乎？'"，其人赴阙奏边事，得到宋太宗的赞赏。李氏使交趾还，因"幽蓟阻兵，镇定瀛鄚，重馈运之务。出为河北转运使"。咸平初年"奉诏出河朔，密计边事"，后知贝州，原因为"甘陵在魏北，水陆冲要，甲兵屯聚。是时单于飞骑频有侵轶"[40]。事迹皆较李氏《宋史》本传为详。从引文可知，李若拙是一位略懂军事、办事利落的干才，故屡有重用。亦可知宋辽战争中宋军后勤供应之艰难。咸平六年（1003）下葬的李昭玛（952~995），其墓志称太平兴国三年（978）"属河朔乱常，銮舆顺动，前辖蒭粟，首集城营"后"驾回"云云[41]，显指宋太宗征北汉、辽朝事，亦知后勤工作之重要。葬于咸平五年（1002）的范贻孙（960~1002），志文系名臣杨亿所撰，称"雍熙中，林胡犯边，王师致讨，飞挽之役，公实董之"，而"大足兵食。

---

33 淮建利、王清建、宋俊鹏：《新获裴济墓志与裴济事迹考辨》，《华夏考古》2014年第2期。
34 《宋史》卷308《裴济传》，中华书局，1977年，第10143页。
35 何冠环：《宋辽唐河、徐河之战新考》，（香港）《中国文化研究所学报》2003年新第12期。
36 杨倩描：《宋金镇江"金山大战"考实——宋金黄天荡之战研究之一》，《宋史研究论丛（第5辑）》，河北大学出版社，2003年，第160~178页。
37 呼延遘：《杨怀忠墓志》，《宋代墓志辑释》，中州古籍出版社，2016年，第125页。
38 王连龙：《新见北宋〈杨怀忠墓志〉考》，《史学集刊》2010年第6期。
39 张先：《马仲良墓志》，《宋代墓志辑释》，中州古籍出版社，2016年，第337页。
40 孙仅：《李若拙墓志》，《宋代墓志辑释》，中州古籍出版社，2016年，第91、92页。
41 李梦松：《李昭玛墓志》，《新出宋代墓志碑刻辑录（北宋卷）》（第5册），文物出版社，2019年，第34页。

恺旋"[42]。该志亦有传世文本，相关文字经过比对[43]，唯"实"，传世文本为"寔"，"恺旋"为"凯旋"，与杨亿描述范贻孙系范质之孙，丧家特加"相国"二字形成对比[44]。可知范贻孙供应后勤之功的书写，丧家对于撰者的文字较满意。

葬于景德二年的雷有终（947～1005），《宋史》有传，墓志称雍熙时"海县无事，财力丰富。太宗欲扬威荒外，观兵塞垣"，以雷有终为蔚州飞狐路随军转运使，志文称赞其"克成破竹之功，颇赖轻赍之力"。澶渊之盟时，雷有终为并代州管内副都部署，真宗诏其"以麾下会师塞上"，促成澶渊之盟[45]。仝相卿先生认为，北宋碑志文中的对辽战争书写，往往有一个随时间推移，忌讳文字逐渐减少，书写较为客观的过程[46]。但王曙在澶渊之盟后，宋辽交好的历史背景下，对宋太宗北征的目的归纳为"扬威荒外"，将宋太宗描述为汉武帝一类的帝王，"书法"相当大胆，亦可证刘缙先生所云雷氏墓志"未见夸大虚妄之言"之不虚[47]。雷氏转运军资有功，然志文于宋军主动后撤，避而不书，亦称曲笔。葬于天圣元年（1023）的冯拯（958～1023），《宋史》有传，墓志评价其在石州任内"离石近塞，武备为急，利兵搏粟，而师期以济"，赞扬其于军用物资保障方面的功绩。其为河北、河东宣抚副大使"阅视粮、按边琐，则进孰之计上达"，其任同知枢密院事，应付"獯狁（辽朝）南牧，羌戎（党项）内侮"而"揣摩敌情，指授将略"。后随真宗至澶渊"喻使指于兵交。讲信息民，定功弭患"[48]。墓志述及石州及宣抚副大使事，较《宋史》本传为详。"揣摩"敌情较为形象，《宋史》载望都之败后，冯拯建议"宜于唐河增屯兵至六万，控定武之北为大阵，邢州置都总管为中阵，天雄军置钤辖为后阵，罢莫州、狼山两路兵"[49]，这一意见被真宗接收，并制订了若辽军进攻的详细作战计划，诚如林鹄先生所言，该计划"完全没有料到辽军主力可能冒险南下至大名、澶渊一带"，这种忽略，是"澶渊之盟前宋朝君臣之共识"[50]。冯拯之"揣摩"远非"运筹帷幄，决胜千里"，墓志对此避而不谈，反而盛赞澶渊之盟的功绩，颇有曲笔。

葬于天圣六年（1028）的卫渎，于太宗时"典济南。先是内塞坏坊，外攘猾夏，飞挽科率郡不啻数万"，因奏"黄河、契丹，常苦民力"[51]。中国古代的封建王朝，一

---

42 杨亿：《范贻孙墓志》，《宋代墓志辑释》，中州古籍出版社，2016年，第99页。

43 （宋）杨亿：《武夷新集》卷9《宋故主客员外郎直集贤院高平范公墓志铭》，《宋集珍本丛刊》（第2册），线装书局，2004年，第275页。

44 仝相卿：《北宋墓志碑铭撰写研究》，中国社会科学出版社，2019年，第134页。

45 王曙：《雷有终墓志》，《新出宋代墓志碑刻辑录（北宋卷）》（第5册），文物出版社，2019年，第37、38页。

46 仝相卿：《北宋墓志碑铭撰写研究》，中国社会科学出版社，2019年，第63～65页。

47 刘缙、张柯：《文本书写与北宋关中雷氏家族历史形象的重建》，《宋史研究论丛（第27辑）》，科学出版社，2020年，第421页。

48 宋绶：《冯拯墓志》，《宋代墓志辑释》，中州古籍出版社，2016年，第119页。

49 《宋史》卷285《冯拯传》，中华书局，1977年，第9609、9610页。

50 林鹄：《南望：辽前期政治史》，生活·读书·新知三联书店，2018年，第262、263页。

51 李寇：《卫渎墓志》，《宋代墓志辑释》，中州古籍出版社，2016年，第127页。

般也无能力同时完成治理黄河与大规模军事征伐两项壮举[52]。北宋前期,黄河"泛决连年。但大多不久即塞决口,河复故道"[53]。宋朝定都开封,对黄河的敏感程度远高于汉、唐,黄河水患无疑成为宋朝对辽战争的"短板"。

三、宋辽交聘

详于传世文献者。葬于咸平五年的吴元载(947~1000),墓志载其于太平兴国三年(978)为契丹国正旦国信使,亦见于《宋史》《续资治通鉴长编》(以下简称《长编》)[54]。吴元载至辽庭,与辽景宗唇枪舌剑,墓志称其"辞气迈伦,情动单于,弥欲相窘。虽生睚眦,我乃不惧于临危;纵发咆哮,我乃不忘于报命"[55]。双方如此动气的原因,正因双方战略目标分歧较大,一欲灭北汉,一欲保北汉[56]。吴元载不惧辽景宗的恐吓,完成了外交使命[57]。吴元载在墓志中被描述为苏武一类的人物,除其个人才能外,也要注意到当时宋朝国力蒸蒸日上,辽、宋尚未发生大规模冲突,宋人对自己的国力有较强的自信心等。葬于熙宁五年(1072)的石用休(1004~1072),墓志称其于"换石州。代归,接伴契丹使"[58]。无准确系年,其曾知威胜军,在石州之任前,时间在嘉祐三年(1058)[59]。葬于熙宁八年(1075)的李中吉,系李允则之子,其知雄州离任时,"将行,契丹泛遣使至,留公与学士钱公明逸馆劳之。公晓虏人情伪,相接得其欢",并于玉津园宴射,战胜辽使。后知冀州"迓送虏使,始罢三番置顿,促赴治"[60]。陈朝云先生认为,李氏馆伴辽使,玉津园宴射,"体现了当时北宋与辽的友好关系",其于冀州任上,系针对宋辽交聘中"三番使臣铺张浪费,严重骚扰沿途百姓"的爱民之举[61]。后者所论,诚为允当。前者之论,或有不妥,"泛遣使"可知,明指庆

---

[52] 以汉、清两朝为例,前132年,黄河决口,夺淮入海,汉朝放任自流,至大规模出击匈奴结束后的前109年,汉武帝方亲督治理,韩昭庆:《黄淮关系及其演变过程研究》,复旦大学出版社,1999年,第18页。清朝平定三藩之乱在1673~1681年,任用靳辅治理黄河在1677~1688年,征伐准噶尔在1690~1697年,李治亭主编:《清史》上册,上海人民出版社,2002年,第572~573、681~682、702~706页。

[53] 邹逸麟:《宋代黄河下游横陇北流诸道考》,《椿庐史地论稿》,天津古籍出版社,2005年,第26页。

[54] 王慧杰:《宋朝遣辽使臣群体研究》,社会科学文献出版社,2016年,第256页。

[55] 张舜宾:《吴元载墓志》,《宋代墓志辑释》,中州古籍出版社,2016年,第101页。

[56] 林鹄:《南望:辽前期政治史》,生活·读书·新知三联书店,2018年,第230~234页。

[57] 崔文静:《北宋吴元载墓志探微》,《洛阳理工学院学报(社会科学版)》2018年第6期。

[58] 谢景初:《石用休墓志》,《新出宋代墓志碑刻辑录(北宋卷)》(第5册),文物出版社,2019年,第88页。

[59] (宋)李焘:《续资治通鉴长编》卷187,嘉祐三年五月庚午,中华书局,2004年,第4509页。

[60] 宋敏求:《李中吉墓志》,《新出宋代墓志碑刻辑录(北宋卷)》(第5册),文物出版社,2019年,第93页。

[61] 陈朝云、霍倩:《北宋李中吉夫妇墓志及相关问题研究》,《郑州大学学报(哲学社会科学版)》2019年第1期。

历二年（1042），刘六符等使宋，促成"重熙增币"之事[62]。宋人亦称庆历时"夷狄悖慢"[63]。辽朝恫吓北宋，强迫北宋在"增币"与"关南地"间二选一，绝非"友好"时期，李中吉的作为，于馆伴辽使，有搜集相关情报的使命和发出宋朝坚持宋辽友好，但不惧战争的信号，于宴射，颇有示威及长宋朝志气之意。葬于绍圣二年（1095）的王甫（1016～1070），墓志称其"命持节契丹，及还称旨"[64]。惜不知具体系年。

与传世文献详略互见者。葬于庆历元年（1041）的王随（978～1041），《宋史》有传，墓志提及其功绩，云"前后三持节，抚淮服朔陲，蜀部再将，币至虏帐；三乘轺劳，饯邻国使，一主宾馆之礼"[65]。《王随墓志》的史料价值，孙继民、谢飞先生已有研究[66]。王随使辽，《长编》载其为吊慰使，时间为天圣九年（1031）[67]。墓志除载其出使辽朝外，可知王随的对辽外交生涯，曾三次出任接送伴使（饯邻国使），一次出任馆伴使（一主宾馆之礼），弥足珍贵。葬于元丰八年（1085）的王拱辰（1012～1085），传世文献记载较为丰富，有刘敞所撰行状[68]，《宋史》本传。其墓志详于传世文献者有，庆历二年宋廷发现富弼使辽国书与诏语、口宣不同，王拱辰称"国书故事，须学士同视，草乃进乞"，后辽使萧阶至宋，王拱辰为馆伴使，得到对方私下透露"我能谕元昊使息兵，意欲邀赂中国（宋朝）"，宋廷决定增币，并欲"录诏语付（萧）阶"，王拱辰不建议用文字，"不若详谕之，无迹也"[69]。揭示了宋代在宋辽交聘中的某些习惯性运作，如撰写国书需翰林学士共同观看讨论，以便发现不妥之处。在某些重大问题交涉上，能使用口语的，尽量不使用文字，避免留下把柄，有回旋余地。葬于政和二年（1112）的石谔（1058～1112），墓志称其曾"为接伴契丹贺正旦使"，"西北虏使至中国，前此与将迎者，务夸大以相高"，石谔接伴"皆屈服，无敢忤"[70]。石谔认为，面对交聘辽使的炫耀本朝国力的行为，要坚决与之辩驳，维护宋朝的尊严。

葬于元符二年（1099）的宋良臣（1019～1099）和葬于元符四年（1101）的王冒（1049～1099）二人的墓志，均揭露了宋代地方承担宋辽交聘使者往来供给之弊，宋氏墓志称其知顺安军，"天下承平之久，边垒号为无事。守臣往往□治厨传娱使客，以

---

62 杨树森：《辽兴宗时辽宋关南地增币交涉与富弼之盟是屈辱的和议》，《辽金史论集（第13辑）》，中国社会科学出版社，2013年，第24～26页。

63 范镇：《任乃孚墓志》，《新出宋代墓志碑刻辑录（北宋卷）》（第5册），文物出版社，2019年，第89页。

64 陈振：《王甫墓志》，《宋代墓志辑释》，中州古籍出版社，2016年，第369页。

65 王举正：《王随墓志》，《宋代墓志辑释》，中州古籍出版社，2016年，第139页。

66 孙继民：《北宋王随墓志补考》，《董仲舒与河北历史文化研究论文集》，内部资料，2007年，第189～193页；谢飞、张志忠：《〈王随墓志〉〈江氏墓志〉考》，《文物》2008年第2期。

67 王慧杰著：《宋朝遣辽使臣群体研究》，社会科学文献出版社，2016年，第274页。

68 （宋）刘敞撰：《公是集》卷51《王开府行状》，《宋集珍本丛刊》（第9册），线装书局，2004年，第760～766页。

69 安焘：《王拱辰墓志》，《宋代墓志辑释》，中州古籍出版社，2016年，第307页。

70 张叔夜：《石谔墓志》，《宋代墓志辑释》，中州古籍出版社，2016年，第463、464页。

沽声誉，官资竭而民受敝矣[71]，宋氏并不循此旧例，积极整治[72]。王氏墓志称其任邯郸县令，"邑当辽使，道食息供馈，素假于民，县吏乘间骚动"。王氏同样加以整顿[73]。宋辽交好日久，为维护双方和平，交聘使者来往穿梭，地方不得不加以供应，于地方官，办好此事，一可作为政绩，二可沽名钓誉，于所经地方之百姓，无疑是额外的赋役负担。

略于传世文献者。葬于皇祐元年（1049）的石中立（972～1049），名臣宋祁为其撰《行状》[74]，赵一先生称，《石中立墓志》"又载于传世文献宋祁《景文集》"[75]，略有小误，宋祁所撰《行状》当撰于《石中立墓志》之前。石中立使辽时间，《行状》系于天圣四年（1026）之后，墓志总结其一生功绩，云其曾"使契丹"[76]。据《长编》，其出使身份为贺生辰使，时间为天圣五年（1027）[77]。《行状》《墓志》在石中立使辽的身份及时间上，均不及传世文献。在宋祁看来，出使辽朝，与宋朝士大夫与有荣焉，不写不合适，但又未有多少文字及细节描写，多少类似"鸡肋"。葬于熙宁四年（1071）的章岷（1002～1071），墓志漫漶处甚多，中有"□□□契丹为国□□使"[78]。据传世文献，可知其出使时间为治平元年（1064）[79]。葬于元丰六年（1083）的富弼（1004～1083），其墓志文字与《南阳集》录文比较，或有异文。史源当系范纯仁所做富弼行状。墓志叙及康定元年（1040），日食，富弼请求罢燕与乐，"不从"。富弼指出，如辽人罢燕，宋人当以为愧。后知辽人果罢燕[80]。《南阳集》无"不从"二字，而《行状》作"朝廷不从"[81]。三者比较，出土文本是描述最准确，同时在行文中得罪人最少者。富弼巧妙利用辽朝这一敌手，对当时日食后的措施提出异议，潜台词是，作为少数民族政权的辽朝一旦做到，被称为礼仪之邦的宋人却不能，何其丢人。葬于元丰七年（1084）的祖无择（1011～1084），墓志称其在仁宗时"命使契丹"，英宗

---

71 石谔：《宋良臣墓志》，《宋代墓志辑释》，中州古籍出版社，2016年，第385页。

72 赵爽：《北宋武臣宋良臣墓志铭考释》，《焦作师范高等专科学校学报》2021年第1期。

73 石豫：《王冒墓志》，《宋代墓志辑释》，中州古籍出版社，2016年，第401页。

74 （宋）宋祁：《景文集》卷61《石少师行状》，《文渊阁四库全书》（第1088册），台湾商务印书馆，1986年，第595～597页。

75 赵一：《北宋石中立家族墓志考释》，《安顺学院学报》2018年第5期。

76 宋祁：《石中立墓志》，《宋代墓志辑释》，中州古籍出版社，2016年，第157页。

77 王慧杰：《宋朝遣辽使臣群体研究》，社会科学文献出版社，2016年，第271页。

78 孙沫：《章岷墓志》，《新出宋代墓志碑刻辑录（北宋卷）》（第5册），文物出版社，2019年，第86页。

79 王慧杰：《宋朝遣辽使臣群体研究》，社会科学文献出版社，2016年，第299页。王先生称章岷为契丹主生辰正旦使，引文为"刑部郎中章岷等四人充贺契丹主生辰、正旦使"，《宋史》卷13《英宗本纪》，中华书局，1977年，第256页。章岷系出使辽朝贺正旦、生辰两位正使之一，并非同时出任贺生辰、正旦使。

80 韩维：《富弼墓志》，《新出宋代墓志碑刻辑录（北宋卷）》（第5册），文物出版社，2019年，第108页。

81 马玉臣：《宋代富弼家族墓志史料价值刍议》，《宋史研究论丛》（第13辑），河北大学出版社，2012年，第523页。

时"再使契丹"[82]。与传世文献对照，知其两次使辽时间为嘉祐三年（1058）和嘉祐八年（1063）[83]。墓志平叙其使辽，并未列举详细事迹，可知在丧家和撰者心目中，祖氏使辽，较为平淡，事迹绝非"特别出彩"。

四、北宋御辽备边

塘泊建设。宋朝失去燕云天险，不得不建设塘泊，防御辽军[84]。澶渊之盟后，宋朝依然重视塘泊建设。葬于熙宁四年的沈邈（1002～1047），墓志载其于仁宗时任河北都转运使，"至则广潓水，缮营田，修边备"[85]。《宋史》本传不载[86]。志文首述"广潓水"，可知其在撰者心目中的分量。李中吉任顺安军兵马监押，时议疏百济河三百余里"以注塘泊"，李中吉"集兵夫三万，区处有条，不日功就"[87]。三万余民夫，其工程量想必不小。

城池、关隘建设。葬于庆历八年（1048）的刘永，墓志记其于仁宗继位初为西头供奉官，"泊至河朔，力边画保塞"[88]。笼统述及边备建设。李中吉知忻州，曾"广石岭关，固险增陴"，又言"（忻）州枕九原冈，房可以下瞰，请拓其城"。知雄州时"契丹讲好有年，冒占银坊城地，移檄正之"[89]。在加强边备建设的同时，寸土必争。立于元丰八年（1085）的天威军石桥（位于今井陉县），记文称当地交通不便，居民多涉水溺死者，撰者感叹"脱有军旅寇盗之警"，无桥则为患甚大，故修建之[90]。石桥之建，地方官既考虑了军事道路建设，又兼顾了当地百姓的生命安全。

军队调遣及边兵整备。葬于皇祐三年（1051）的朱文郁（977～1049）在江南时，北宋征讨西夏，征发江南弓手，他提出反对，"神宗朝，伐罪御戎，举诸路调军而不及江南者，盖舟楫之人，不可陆用也"[91]。"神宗"指仁宗前诸帝，无疑说明，太宗、真

---

82 范纯仁：《祖无择墓志》，《宋代墓志辑释》，中州古籍出版社，2016年，第301页。
83 王慧杰：《宋朝遣辽使臣群体研究》，社会科学文献出版社，2016年，第295、298页。按，宋仁宗于嘉祐八年去世，祖无择使辽归，新帝为宋英宗，但未改元，扈晓霞等先生称祖无择第二次使辽在治平元年（1064），误。扈晓霞、郑卫、赵振华：《北宋官员文士祖无择生平仕履疏证（下）——以〈祖无择墓志〉和妻〈黄氏墓志〉为中心》，《洛阳考古》2017年第1期。
84 程民生：《北宋河北塘泺的国防与经济作用》，《河北学刊》1985年第5期。
85 陆经：《沈邈墓志》，《宋代墓志辑释》，中州古籍出版社，2016年，第239页。
86 冯昱渊：《关于〈宋史·沈邈传〉相关问题的补正——以〈沈邈墓志〉为中心》，《晋图学刊》2019年第4期。
87 宋敏求：《李中吉墓志》，《新出宋代墓志碑刻辑录（北宋卷）》（第5册），文物出版社，2019年，第93页。
88 茹孝标：《刘永墓志》，《宋代墓志辑释》，中州古籍出版社，2016年，第153页。
89 宋敏求：《李中吉墓志》，《新出宋代墓志碑刻辑录（北宋卷）》（第5册），文物出版社，2019年，第93页。
90 马宜之：《大宋成德军天威军石桥记》，《新出宋代墓志碑刻辑录（北宋卷）》（第5册），文物出版社，2019年，第114页。
91 孙抃：《朱文郁墓志》，《宋代墓志辑释》，中州古籍出版社，2016年，第163页。

宗朝的调集军队备辽，因江南之人不善陆战，不及调发。王甫任真定府路兵马都监，"真定一路，当北狄之冲"，王甫认为长官必须重其地位，以约束士兵，于是"奏乞骑士六十人，副以弓剑，听得出入自随"[92]。既严明军纪，又满足自己对排场等级的需求，一举两得。葬于绍圣四年（1097）的魏钧（1052～1097），哲宗时任高阳关总管"按阅将兵"[93]。指巡视"将兵法"下的边军，加强边备。

约束走私。石用休曾监霸州榷场，"北境榷易，恶民多冒没犯法"[94]。宋良臣知顺安军，当地"俯瞰界河，盗贩往来，坐及边吏"，宋氏不得不"严守备，设方略，示以威信"[95]。宋辽边境走私贸易活跃，威胁边防安全，故有识边吏，对此相当重视。

附记：本文系内蒙古哲学社会科学规划办红山文化暨契丹辽文化研究基地2020年度项目"'一带一路'视阈下的辽朝中西文化交流研究"（项目编号2020ZJD024）成果之一。

（李浩楠　赤峰学院历史文化学院）

92　陈振：《王甫墓志》，《宋代墓志辑释》，中州古籍出版社，2016年，第369页。
93　耿辙：《魏钧墓志》，《宋代墓志辑释》，中州古籍出版社，2016年，第383页。
94　谢景初：《石用休墓志》，《新出宋代墓志碑刻辑录（北宋卷）》（第5册），文物出版社，2019年，第88页。
95　石谔：《宋良臣墓志》，《宋代墓志辑释》，中州古籍出版社，2016年，第385页。

碑志研究

《耶律公迪墓志》为赝品

尹 珑

内容提要：巴林左旗契丹博物馆声称在2018年受赠一方辽代墓志。2021年发表了署名刘宪桐、葛华廷、王玉亭、王青煜、王未想的《辽耶律公迪墓志考》。笔者从墓志来源、辽代名字文化、墓主世系、行文方式、墓主仕宦履历等方面进行详细解读，通过对志文及文章内容的分析，认为《耶律公迪墓志》是赝品。

关键词：耶律公迪　赝品　耶律苏　《辽史》

2021年12月出版的《辽金历史与考古（第十二辑）》中发表了一篇署名刘宪桐、葛华廷、王玉亭、王青煜、王未想的《辽耶律公迪墓志考》的文章（以下简称为《迪考》）。文章对巴林左旗契丹博物馆收藏的《耶律公迪墓志》（以下简称为《迪志》）进行了考释。为了行文方便，特据《迪考》把《迪志》移录如下：

> 故大橫帳小父將軍耶律公墓誌銘并序
> 　夫公姓大橫帳耶律，諱公迪，字特里得。非因官而封，族本皇朝苗裔□。曾皇諱寅都姑，素，是大聖皇帝弟，時拜南宰相。祖皇□控隗蒲姑，曾任惕隱。父皇諱斡都宣烏魯，曾任統軍。咸萃餘悉帰令□嗣。藩衍四子，公次男。高格遠量，秀氣茂姿。大康六年解褐以麼處郎君之位，知宣册之任。次升護衛巡員。再命知宣册及行遣房首領。壽昌元年，改授牌印天使，當年又授大橫帳小父將軍。任處三年，眾推至仁。於壽昌三年十二月八日疾，當月十五日薨於青牛山，享年四十二。明年四月七日葬於黑河州松山前。娘子，大國舅小公帳胡都姑太師第四女。已傾誓。有男三人，皆為人風雅，秉性端貞。長男不得哥郎君；次男賢聖郎君；第三韓家奴。長男從軍西征，為翰中國。女一，名蒲鑠娘子。見娘子涅里帳涅里留守六斤娘子。有女一，名南薩娘子；兒一，名斡里野，始生。公專良忠肅，宣慈惠知。德行則顏閔不足比肩；輔弼則皋夔焉能接武。實錄幽磼，庶昭万禩。銘曰：磊磊仁公，秉義懷忠。竭誠佐國，克紹祖風。樹為國翰，坐謀万難。執心不回，臨事果斷。茂有才能，振其威稜。沒而何恨？名兮可稱。爰有封樹，松山之下，音戶黑河□□，乃公之墓。

笔者经审慎研究，认为此《迪志》为赝品。理由如下。

一、《迪志》来历不明

一件真正的文物，首先应当有明确的来历。《迪考》称："耶律公迪墓志出土地点约在巴林右旗大板镇以南。"还应当说明是"大板镇以南"多少千米的哪个乡镇及哪个村（或哪个苏木哪个嘎查）什么地点，是怎么出土的？是考古发掘还是盗墓出来的？如果是考古发掘，是哪个单位哪个人主持何时发掘的？如是盗墓，又是哪些人怎么盗的？这些问题不说，等于什么也没说。笼统地称"大板镇以南"是文物贩子的惯用语言，是来历不明的遁词。初次发表自己家藏的墓志却不放拓本照片，殊乖其例。

二、不符合辽代名字文化

辽代契丹男人的契丹语名字有"孩子名"、"第二个名"和"全名"之分。"全名"是把"第二个名"和"孩子名"叠加在一起、叠加时"第二个名"置于"孩子名"之前。凡"第二个名"均有尾音n，如"胡觌堇""查剌柅"等。汉文文献在处理契丹语名字时，把"孩子名"处理为"名"，把"第二个名"处理为"字"。例如，"耶律斜轸，字韩隐"[1]"耶律盆奴，字胡独堇……"[2]等。《迪志》称："公姓大横帐耶律，讳公迪，字特里得。"在作为"姓"的"耶律"之前加"大横帐"殊为荒唐。同时，作为"字"的"特里得"没有n的尾音，不符合辽代名字文化的规定。

《辽史》卷64《皇子表》提到辽太祖耶律阿保机幼弟的名字时作"苏，字云独昆"。"云独昆"的"昆"字有n的尾音。符合辽代名字文化的规定。而《迪志》则称："曾皇讳寅都姑·素，是大圣皇帝弟。""寅都姑·素"是全名。全名前面部分"寅都姑"应是"第二个名"，它没有n的尾音，不符合辽代名字文化的规定。这种一再违反辽代文字文化规定的物品绝不是辽代物品。仅据此就可以断定其为赝品。

三、墓主世系自相矛盾

《迪志》称耶律公迪的曾祖是耶律阿保机的弟弟耶律素（苏）。《辽史》卷2天显元年（926）条谓："九月壬辰，南府宰相苏薨。"而据《迪志》，耶律公迪卒于寿昌三年（1097），四代人之间，卒年相距171年，这是极不符合现实的。

耶律苏的孙子耶律奴瓜《辽史》有传，据其本传，耶律奴瓜卒于开泰初年[3]。如果

---

1 《辽史》卷83《耶律斜轸传》，中华书局，2017年，第1434页。
2 《辽史》卷88《耶律盆奴传》，中华书局，2017年，第1474页。
3 《辽史》卷85《耶律奴瓜传》，中华书局，2017年，第1448页。

按照《迪志》世系，耶律奴瓜应当是耶律公迪的父辈，然而二人的卒年亦相差八十余年，这也是有悖常理的。因此，《迪志》中提到的耶律公迪的父祖信息也都是凭空编造出来的，无足取信。

四、语言风格怪异

笔者认为《迪志》在语言风格上存在许多突兀怪异之处，兹举两例并简要说明。

1. 曾皇、祖皇、父皇

《迪志》用曾皇、祖皇和父皇三词来指称曾祖父、祖父与父亲，也是荒唐的。只有父亲是皇帝的情况下才可以称父亲为"父皇"。

2. 大国舅小公帐

《迪志》称耶律公迪的妻子是"大国舅小公帐胡都姑太师第四女"。在辽代，国舅拔里族分为大父、少父二帐；乙室已族分为大翁、小翁二帐。其中根本没有什么"小公帐"。这纯属作伪者瞎编的。

五、职官闻所未闻

墓主仕宦履历是古代官员墓志铭的主体内容之一，同时也是鉴定墓志真伪最有效的"试金石"。《迪志》中，墓主的仕宦履历就是其为赝品最大的证据，借用《迪考》的原话："其任'宣册''护卫巡员''知宣册''行遣房首领''牌印天使'等职官，《辽史·百官志》皆不载。"还有"大横帐小父将军"，这些官名不仅不见《辽史·百官志》，在整个中国古代史上也是闻所未闻，这都是作伪者任意胡纂的官名。凭此也可断定《迪志》是赝品。

凭上述五点，笔者认为《迪志》是近年文物贩子伪造的赝品。

上述如有不妥之处，尚乞海内外博雅不吝赐教。

（尹　珑　北京大学历史学系博士研究生）

碑志研究

金中都"玄真观弘道悟正真人本行碑"残石内容考

侯海洋

内容提要："玄真观弘道悟正真人本行碑"残石20世纪70年代初出土于北京。但因残碑碑文和拓片内容长期未公布，学术界几乎不知晓此残碑内容及其学术价值。尽管目前根据拓片仅能识读出五百余字，后半部涉及金代晚期历史与仆散道微晚年的内容完全阙如，但本文尽量根据碑文还原了下列史实：碑主仆散道微出身的显赫家族背景、父母仆散揆与韩国公主及乃兄四驸马仆散安贞等家庭关系、六王完颜永蹈谋反未遂与仆散道微入道缘由、入道经过和年龄推算、金中都玄真观开山陈守玄（元）与高守一两代住持的经营情况、仆散道微重振玄真观、仆散道微修行内容与全真道所倡导宗教实践之间的差异、金章宗李妃与仆散家族以及全真道之间关系的推断等。本文尽最大可能呈现了仆散道微与金中都玄真观尚未揭示的历史信息，并分析撰者寂照大师冯志亨与书丹者李志玄的生平，并由前者的活动时间大致判断碑主仆散道微出生于1180年之后，年寿大致在六十岁到七十岁之间。这件稀见石刻拓片资料，可谓早期全真道在金中都活动的一页吉光片羽，不仅为碑主个人的生平资料，也同时填补了金代贵族出身女冠与金中都全真教发展演进的一段的空白。

关键词： 仆散道微　本行碑　全真道　玄真观

1970年，在北京新街口豁口拆除旧城墙的过程中，曾出土若干金元时期碑刻残石。部分残石由当时的北京市文物工作队拓印了拓片。其中有一件"玄真观弘道悟正真人本行碑"（下文简称本行碑），是金中都石刻旧物，几十年来一直没有引起研究者注意。该残石内容关涉金代全真道在贵戚仆散家族中的传播情况、李妃、仆散氏与全真道关系以及金中都玄真观盛衰等问题。本行碑残石现藏地不详，但北京市文物局藏有该残石拓片。笔者不揣浅陋，根据拓片将残石碑文进行识读并对内容加以考释，希冀推进金代全真教女冠以及金中都宫观问题的研究。

一、残石拓片录文

尽管严重残缺，本行碑拓片前半部分文字保留尚可，后半部完全残毁（图一）。目前，从碑名、撰者、书丹、篆额到正文，可识读五百余字的内容。笔者现将残碑拓片中可识读文字全部转为简体字，由竖排改为横排移录于下（暂忽略转行问题）：

玄真观弘道悟正真人本行碑
　　　　　　　佐玄寂照大师玄学提举兼提举都道录院事冯志亨撰
　　　　　　　　　　　　　　　　　　洞真子李志玄书丹
　　　　　　　　　　　　　　　　　　东莱道人杨志炳篆额

玄真观弘道悟正真人，姓仆散氏，道微其名也。曾祖父金字光禄大夫蒲速路统军使，祖父左丞相、天下兵马大元帅，沂国公，父开府仪同三司，平章政事、左副元帅、上柱国、武肃公、驸马都尉。母，世宗皇帝韩国大长公主。真人即主之长女也。主有淑质，风骨不凡□□□□□京统军使。偶因六王有连及之讼，遽然叹曰：□□富贵之□□有不测，忧□富贵□□□□□主□□□□日夜孜孜，诉于父母，求出家入道。□□□□□讦自□身，维在家潜心向道，妆奁珠翠之物，□□而不御，素衣□□，缄□度日。承安间，□□令与卫□□联伉俪之亲。姑闻之泣下惶恐，罔知□□□，自谓曰："若是，则终身不能离俗。"遂入虚□□□□□□面。父母知其志不可夺。□日召而语曰："汝果欲为方外之人，吾亦无如之何。"乃令投礼玄真观葆真大师，赐紫陈守元为引度师。□□□□□□□□□五十万充陪堂作斋之费。京师豪贵交口称赞。□□之后，精心致思，禽奉香□，谦卑柔弱而无膏粱尘俗之态，道侣为□□□□□□□□□秘箓一衔，次授正一盟威，终授上清大洞。鞿邪辅正，驱使鬼□感应者多。未几，师陈守元升化，法兄高守一主持院门。□□□□□□□□□□□□后坐李妃事，守一流兴州。尔后，院门萧疎。四驸马仆散公，真人兄也，请权居本宅。月余，本观大众□请为宗主□□□□□□□□□□□□嘉，奉旨赐紫，号希真大师，提点玄真观事。数月，大众云合，修斋致供者不虚其日。住持之功□过畴昔。掌（中缺）南迁，兄驸马（后缺）

二、碑主仆散道微家世与入道经过

1. 碑主家世

碑主弘道悟正真人，即仆散道微，乃金代后期一位贵族出身的女冠。她家世显赫，来自与完颜氏皇族数代联姻的仆散家族。其祖父仆散忠义、父亲仆散揆以及兄长仆散安贞在《金史》中均有传。根据仆散忠义本传，仆散道微的高祖仆散胡阑，为金太祖宣献皇后之父。后者还是金睿宗之母。曾祖仆散背鲁为金初猛安谋克，任婆速路[1]统军使，管理当地猛安谋克户。仆散氏与金皇室完颜氏世代结姻，军事上为金国立下汗马功劳，是女真政权重要的支柱性力量。仆散揆与金世宗长女韩国公主结为伉俪。仆散揆与韩

---

[1] 本行碑文中称"蒲速路"，约今黑龙江省克山县一带。

国公主至少育有四驸马仆散安贞与仆散道微兄妹二人。《金史》中称与完颜氏皇族世代通婚的女真贵族为"恒族",包括"徒单、唐括、蒲察、拏懒、仆散、纥石烈、乌林答、乌谷论诸部部长之家"[2]。有学者通过统计世婚家族尚主者与驸马都尉人数后认为,"在特定情况下,第二、三类世婚家族势力超过了较为强盛的徒单氏、蒲察氏家族"[3]。仆散氏即属于所谓第二、三类世婚家族。

元人姚燧《牧庵集》中所收一篇神道碑文,深刻反映了女真贵族仆散氏的另一重要支脉的发展。这一支脉似乎不及本文重点阐述的仆散揆、仆散安贞一系在政治舞台上显达,而是在12世纪末与后者平行发展。更重要的是,碑文重点交代了仆散氏的早期演进:

> 布色氏始由普尔普以佐命功,位司空,生司徒巴尔图。司徒生太尉和赘。连姻帝室,生世宗(祖)母宣献皇后与金紫光禄大夫,统军巴勒。统军生世宗元妃与镇国上将军布展。镇国生昭勇上将军守道。昭勇生君讳长德……[4]

引文中的普尔普,即《金史》中的目前所知最早的仆散家族鼻祖斡鲁补,司徒巴尔图,即《金史》中的班睹,太尉和赘,即《金史》中的胡阑,婆速路统军使巴勒,即《金史》中的背鲁。以上人物都可以从他们名讳女真语的音转和他们相应的职官以及所生子嗣情况中得到对应。但背鲁(巴勒)之后,仆散氏似乎分为两支分别发展繁衍。仆散背鲁似乎不止忠义一子,根据神道碑文,仆散布展似乎为背鲁另一子,布展之子守道、其孙长德居另一支单独发展序列,且该支似乎仍与完颜氏皇族联姻。

2. "六王有连及之讼"解

本行碑文中,在述及仆散道微生母韩国公主时,称她"有淑质,风骨不凡"。金代史籍关于这位公主的记载很少。只是在仆散揆本传中提到她。下文"……京统军使",因残字较多,而无法知其详细内容,但"统军使"殆指代仆散揆无疑。接着,"偶因六王有连及之讼",殊为难解。这句话的关键词是"六王"。但六王为何许人?仆散家又如何被连及?

根据本行碑这段叙述的历史背景,不难断定"六王"应指金世宗第六子完颜允蹈。《金史》本传记载:"郑王完颜永蹈本名银术可,初名石狗儿。大定十一年,封滕王,未期月进封徐王。……章宗即位,判彰德军节度使,进封卫王。明昌二年,徙封郑王。"[5]

世宗大定年间颁布的《大定格》,金代亲王分为大国二十、次国三十、小国三十。从滕王到徐王,以至章宗年间晋封的卫王和最终被封为郑王。这样的晋封路径都在"次

---

2 《金史》卷64《后妃传下》,中华书局,1975年,第1528页。
3 程妮娜、彭赞超:《金朝驸马都尉考论》,《社会科学战线》2020年第4期。
4 姚燧:《牧庵集》卷17《南京兵马使赠正议大夫上轻车都尉陈留郡侯布色君神道碑》,丛书集成初编本,第222页。
5 《金史》卷85《完颜永蹈传》,中华书局,1975年,第1901页。

国"范围内，使得永蹈终其世未能跻身"大国"亲王之列[6]。

六王永蹈谋反时间为章宗明昌四年（1193）。其过程与结局在《金史》本传中记载较详，笔者在此摘录与仆散揆有关内容并试作分析：

> 河南统军使仆散揆尚永蹈妹韩国公主。永蹈谋取河南军以为助，与妹泽国公主长乐谋，使驸马都尉蒲刺覩致书于揆，且先请婚，以观其意。揆拒不许结婚，使者不敢复言不轨事。永蹈家奴董寿谏永蹈，不听。董寿以语同辈奴千家奴，上变。是时，永蹈在京师，诏平章政事完颜守贞、参知政事胥持国、户部尚书杨伯通、知大兴府事尼庞古鉴鞫问，连引甚众，久不能决。上怒，召守贞等问状。右丞相夹谷清臣奏曰："事贵速绝，以安人心。"于是，赐永蹈及妃下玉，二子按春、阿辛，公主长乐自尽。蒲刺覩、崔温、郭谏、马太初等皆伏诛。仆散揆虽不闻问，犹坐除名……[7]

永蹈希望借助仆散揆领导的河南军力量达到反叛成功的目的。但他心里没有十足把握，遂通过驸马蒲刺覩与泽国公主夫妇"且先请婚，以观其意"。这里永蹈所请之婚，应该是双方儿女之间的婚媾，使双方结为亲家。通过本行碑，我们知道仆散揆至少有仆散安贞与仆散道微一双儿女。据永蹈本传可知，永蹈有二子，分别为按春、阿辛。我们推测永蹈很可能通过蒲刺覩为媒，请求仆散揆将女儿道微许配其中一子。

《金史》对参与永蹈谋反相关人物的结局交代得比清楚，仆散家族的处理程度可谓最轻。仆散揆虽坚拒婚请，但仍"犹坐除名"。根据仆散揆本传记载，"明昌四年，郑王永蹈谋逆，事觉，揆坐尝私品藻诸王，独称永蹈性善，静不好事，乃免死，除名。未几，复五品阶，起为同知崇义军节度使事……"之后，章宗又以"北边之事，非卿不能办"，在结发之妻韩国公主居丧期间，命其筑垒穿堑，建起绵亘九百里的长城屏障。有学者通过研究仆散揆除名事例指出，金代官员除名后被再次叙用的官职比除名前低或者相同[8]。

六王永蹈谋反不仅牵连仆散揆，对尚在冲龄的仆散安贞也有负面影响。《金史》卷102《仆散安贞传》：

> 仆散安贞，本名阿海，以大臣子充奉御。父揆，尚韩国公主，郑王永蹈同母妹也。永蹈诛，安贞罢归，召为符宝祗候[9]。

韩国公主与谋反的永蹈为一奶同胞，亦是仆散安贞与道微兄妹之母。而永蹈为两兄妹之娘舅。尽管安贞受永蹈影响，但毕竟是其父辈造成的祸患，没过多久，他复任奉

---

6 任文彪点校（金）张暐撰：《大金集礼》卷9"亲王公主"，浙江大学出版社，2019年，第151、152页。
7 《金史》卷85《完颜永蹈传》，中华书局，1975年，第1901、1902页。
8 高云霄：《金代官员除名制度探析》，《河北北方学院学报》2019年第4期。
9 《金史》卷102《仆散安贞传》，中华书局，1975年，第2243页。

御。但也有学者相信，仆散安贞死因与当年六王永蹈谋逆有很大关系[10]。仆散道微乃安贞胞妹，娘舅之祸发生后，其母韩国公主喟叹富贵之家，难免遭遇不测，也是符合逻辑的。

总之，郑王完颜永蹈谋反案对仆散家族打击很大。仆散揆父子受到不同程度牵连，仆散道微必然会对身处皇室戚畹的出身感到恐惧与不安。而全真道在13世纪末，经过王重阳及"全真七子"等人的传播布道，不断对金代上层统治者加以渗透。仆散道微生逢全真盛期，为自己的人生道路选择了一个出世的方向。

3. 仆散道微入道

以往学界对金代女冠的研究比较松散。一方面主要缘于金祚较短；另一方面则为传世史料相对匮乏。前人较重要的研究主要为前辈学者的道教通史性著作中，列举了斡勒守坚、奥敦妙善等金元时期著名女冠生平行实。其中丘处机弟子奥敦妙善与仆散道微出身颇为相似，二者均为金代贵族出身。只是前者举家遁入道门；后者似乎只限于仆散道微一人。另外，近年学者将金元时期女性入道归结为三大类情况：①金元国家政策；②全真道内部因素；③女冠们的自身情况[11]。根据碑文内容分析，仆散道微入道原因显然是其自身家族变故与个人"潜心向道"的双重因素使然。

史载，明昌四年郑王永蹈谋逆未遂之后，韩国公主便薨逝了。那么仆散道微何时出家呢？碑文指出是在承安间。这样，我们便可推测她成年的时间。因为金代妇女的成年时间大致就是其所在家庭考虑出嫁之时。碑文云："承安间，□□令与卫□□联伉俪之亲。姑闻之泣下惶恐，罔知□□□，自谓曰：'若是，则终身不能离俗。'遂入虚□□□□□□□□面。父母知其志不可夺。□日召而语曰："汝果欲为方外之人，吾亦无如之何。"这段文字虽多处漫漶残失，但仍蕴含了关于仆散道微出家时间的宝贵信息。承安年间，是1196~1200年。仆散道微此时应已经成年，家长急于为其寻找夫家。根据以往学者对金代女性初婚年龄的统计研究，金代女性初婚年龄在13~23岁，高峰集中在18~23岁[12]。我们权且将仆散道微谈婚论嫁时间定为18岁左右。从残文看，父母似乎已经为其订婚。但是道微坚持"离俗"，父母不再强求其出嫁。但承安年间其母韩国大长公主已经离世，所以，实际上道微入道只要得到仆散揆的应允即可。总之，仆散道微弃婚入道时间大概为1200年之前18岁左右。

三、关于金中都玄真观的盛衰

1. 玄真观与陈守元

仆散道微出家之地乃金中都敕建观宇玄真观。该观并非金代新建观宇，它是在城隍大神庙及庙西道院基础上增修而成，并得到皇帝敕建的皇家宫观。据《元一统志》：

---

10 林硕：《"金朝岳飞"仆散安贞死因考辨》，《关东学刊》2017年第5期。

11 卿希泰：《中国道教史》（修订本）第三卷第八章，四川人民出版社，1996年，第45~47页；刘通：《金元全真教女冠的入道原因》，《乐山师范学院学报》2013年第7期。

12 王新英、贾淑荣：《金代家庭人口数量考略——以金代石刻文献为中心》，《黑龙江民族丛刊》2014年第6期。

旧京城通玄门路西有坊曰奉先，城隍大神庙据其中。金大定十六年正旦道录院准大兴府奉省部符文，城隍庙及庙西道院宣命女冠严奉住持。众推太清观董云洞领门弟陈守元辈三十余人住持。其后增加兴建，金明昌初敕赐观名曰玄真。承安三年内侍贵敕教授陈守元以葆真大师，增修二十余年工成。葆真大师精修炼，饵茯苓六年，啖松叶十八年。金泰和三年四月，翰林待制朱澜撰记以述创建之由，颂其功行云[13]。

这是关于中都城内玄真观最全面的记载。玄真观的前身为城隍庙西道院。《元一统志》中的陈守元即道行碑文中的葆真大师陈守元。明昌初年，玄真观正式被皇帝赐名；承安三年，"增修二十余年"完成，时间跨度之长，为金中都诸观中所仅见。这段史料中，唯"太清观董云洞领门弟"九字殊为难解。笔者怀疑"弟"之后脱一"子"，且董云洞很可能是一名女冠，指陈守元的业师。此外，金中都城内确有一太清观：

太清观，在旧城北卢龙坊。琳宫斋馆，深严整肃，兴建已旧。自国朝以来为祈福地，多有褒崇之旨[14]。

但此处的太清观是否与《元一统志》中所云"太清观董云洞"有关，笔者尚不能遽断，俟他日复考。

关于玄真观的具体方位，于杰、于光度《金中都》将该观绘制于白云观以南，天宁寺以北。今北京白云观即中都长春宫前身，天宁寺在金代尚称天王寺，两地相距大约1千米。所以，推测中都玄真观位于今天的白云桥一带。《金中都》作者依据的是《永乐大典·顺天府》引《析津志》，但今天所见辑本《析津志》与《析津志辑佚》均不见相关记载。

除住持玄真观外，这位"葆真大师"陈守元，在金中都还建有另一道观："冲微观，保真散人女冠陈守玄创建于旧都西南隅美俗坊。观额乃诚明真人之亲署，太原李鼎之和为记其兴建之本末云。"[15]创建冲微观的陈守玄，显然就是住持玄真观的陈守元。诚明真人，是丘处机之后掌教李志常的弟子张志敬[16]。

2. 高守一"坐李妃事"

本行碑残石下文载："未几，师陈守元升化，法兄高守一主持院门。……后坐李妃事，守一流兴州。尔后，院门萧疏。"我们所能获知的信息是：高守一继陈守元主持玄真观的日常宗教经营。但冯志亨所撰碑文中似接着又交代了一些高守一在任期间的一些事迹。可惜因碑文磨泐殊甚，难以识读。

高守一"坐李妃事"被流放一事，是该碑提供的一件金卫绍王大安年间发生的大事。高守一生平不详，在全真道传承系统中既没有传世文献留存，也没有其他专门的碑

---

13 （元）孛兰肹等撰，赵万里校辑：《元一统志》，中华书局，1966年，第51页。
14 （元）孛兰肹等撰，赵万里校辑：《元一统志》，中华书局，1966年，第49页。
15 徐苹芳：《永乐大典本顺天府志残本》，北京联合出版公司，2017年，第87页。
16 关于中都地区诸宫观与张志敬、李鼎等全真道羽流关系问题，笔者将另文探讨，在此恕不展开。

传、石刻资料可资了解。但可以肯定的是，高守一与李妃交往密迩，否则她不会被流放兴州。这在当时全真道如日中天的发展进程中显得并不光彩，所以没有单独的个人传记存世。

按，金代兴州前身为辽代北安州兴化军。皇统三年（1143），降军置兴化县。章宗承安五年（1200），升为兴州[17]。金代兴州大致相当于今天的河北省隆化县。该地位于金中都西北方向，较之有金一代著名的流放地冷山为近。

3. 仆散道微主持玄真观

本行碑碑文云："四驸马仆散公，真人兄也，请权居本宅。"四驸马，乃指仆散道微胞兄仆散安贞[18]。仆散安贞，尚邢国公主。在高守一流放后，暂时回娘家居住，似乎为了避李妃倒台可能引起的灾祸。其间，她大概在观察李妃死后的时政发展态势，以便待时而显。

从碑文文字的叙述经过不难感知，仆散道微入观时间不算早，但是似乎成长很快，这或许与其出身的贵族本家有一定关系。根据碑文记述时间推定，仆散道微住持大致在李元妃被赐死事件发生的大安元年（1209）之后不久。道行碑文称："奉旨赐紫，号希真大师，提点玄真观事。数月，大众云合，修斋致供者不虚其日。住持之功□过畴昔。"这段残文明确表彰仆散道微在高守一因罪流放后，肆力复兴玄真观的景象。

这也同时表明，卫绍王完颜永济对世代与完颜皇室通婚的仆散家族并无敌意。他可能只是为了清除与李元妃关系密切的高守一等道徒。如今，卫绍王处置李妃在全真道中利害关系人的过程具体详情已难知晓，但从仆散道微"住持之功"超过前辈女冠这一点来看，卫绍王并未有意将这座昔日的皇家道观彻底搞垮。

金中都城内宫观林立，其中不乏为女冠经营住持。根据《元一统志》，除陈守玄所建玄真、冲微二观外，还有王慧舒建静远观、陈慧端建玉华观、梁慧真建玉真观、移剌慧超建东阳观、赵守希建崇真观、刘慧炳与李慧休建明远庵、张守本建玉华庵，不一而足。这些女冠不乏贵族出身者，在全真道中颇有影响力。所以，有金一代，女冠群体丝毫不逊于男性道士在中都城内的道观经营活动。

4. 关于仆散道微的位阶与修行问题

本行碑中有这样一段关涉全真道与女真传统宗教关系问题的记载颇值得留意：

> 秘箓一衔，次授正一盟威，终授上清大洞。讖邪辅正，驱使鬼□感应者多。

这段记载虽短，但蕴含信息丰富。首先，涉及全真道受箓制度。道教受箓制度在唐宋臻于完善，据《三洞修道仪》称："初入道仪授正一盟威箓二十四品，大洞部道士授上清大洞宝箓。"《上清灵宝大成金书》卷24对各种箓位等级有详细阐述：

---

17 《金史》卷24《地理志》，中华书局，1975年，第562页。
18 之所以称为"四驸马"大概是仆散家族第四位与完颜氏联姻的人。四驸马的称谓还见于《宋史》卷476《李全传》。传云："壬辰，与阿海战于化陂湖。……阿海者，金所谓四驸马也。"

> 夫箓者，始于正一，演于洞神，贯于灵宝，极于上清。……进道之士，先授三五都功正一盟威，修持有渐，方可进受灵宝中盟，转加上清大洞。[19]

另外，产生于唐代的《受箓次第法仪信》中对此也有相应位阶排序，最低等即正一法位，包括清通道士、十戒弟子、箓生弟子、正一盟威弟子等；第八等为洞真法位，包括上清弟子、上清大洞弟子等名衔[20]。可见，正一盟威是最初等级，上清箓为较高等级的阶位。本行碑中道微的受箓过程，印证了金代全真道上承唐宋旧制，受箓过程都是大致从正一箓，渐次升迁到上清箓。

全真教倡导儒释道三教合一，贯彻清净、禅修、苦行、节制的宗教实践。碑文中，仆散道微这种驱鬼行动，反而与当时道教的另一教派——太一教所崇尚的"治病、求子、禳灾、驱鬼"十分接近。元好问《紫微观记》中对全真教修行特点有精辟的概括：

> 贞元、正隆以来，又有全真家之教。咸阳人王中孚倡之，谭、马、邱、刘诸人和之。本于渊静之说，而无黄冠禳禬之妄；参以禅定之习，而无头陀缚律之苦[21]。

我们知道，女真贵族在入主中原之前，主要信奉原始萨满教。本行碑中所谓"黻邪辅正，驱使鬼□"使人联想到萨满教包含的巫祝文化元素。要知道，这是与金代兴起的全真教原初思想相违背的。但仆散道微驱鬼除邪之举源自原始道教还是女真族原始萨满巫祝因素，尚不能遽断。但后者的可能性更大一些。

四、李妃、仆散家族以及全真道之间关系

李元妃虽出身寒微，但得宠于金章宗完颜璟。郭武先生注意到金章宗李元妃与早期全真道的关系。如施送道经给宫观、宠遇"全真七子"等活动。李妃与早期全真道之所以关系密切，主要在于为章宗求嗣[22]。郭先生论述精湛，毋庸笔者赘言。但本研究注意到，李妃与玄真观的直接接触在泰和二年（1202），李妃生皇子忒邻之后三月，在玄真观的祈福活动：

> 忒邻，泰和二年八月生。……十二月癸酉，生满百日，放僧道度牒三千道，设醮玄真观，宴于庆和殿[23]。

这次祈福设醮的举行应该在仆散道微入道后不久。我们知道金中都宫观林立，唯独

---

19 胡道静、陈耀庭：《藏外道书》第17册，巴蜀书社，1994年，第55页。
20 转引自张泽洪：《道教礼仪学》，宗教文化出版社，2012年，第215页。
21 陈垣编纂，陈智超、曾庆瑛增补：《道家金石略》，文物出版社，1988年，第475页。
22 郭武：《金章宗元妃与早期全真道》，《宗教学研究》2009年第4期。
23 《金史》卷93《完颜忒邻传》，中华书局，1975年，第2059页。

选取玄真观为新皇子设醮祈福，可见章宗对李妃母子与这座皇家道观的重视程度。泰和二年，正值仆散道微遁入道门初期，前文所引泰和三年翰林待制朱澜撰记一事，也说明此时玄真观超越其他中都观宇。尽管忒隣两岁便夭折，但章宗对李师儿的宠幸似乎也没有明显减弱。

李妃被卫绍王赐死时间为大安元年（1209）四月。此时仆散道微至少已经在玄真观生活了将近十年，见了不少世面，包括泰和二年忒隣百日斋醮在内等大型宗教活动。因此，无论高守一是否遭到流放，她借助"本宅"优势都可保持并提升自身影响力。所以，崇奉全真道的李妃败亡只是一个"小插曲"，并不影响完颜皇室与仆散家族各自的发展轨迹与互为利用的关系。我们做出如下判断的依据还来自仆散道微之兄——四驸马仆散安贞。

贞祐二年（1214），山东杨安儿举义，仆散安贞率军征讨。途中，安贞延请全真道掌教的丘处机出面招抚，丘处机利用全真道特有的方法，很快使叛众倒戈降伏。仆散安贞与丘处机的这次互利合作应该不是偶然的，应该与13世纪初全真教如日中天的发展势头以及仆散安贞本人对全真道循序渐进的熟悉与思想认同有关，而这种认同的形成势必受到作为方外之人的妹妹仆散道微的影响。在本行碑文记述中，李妃被赐死与玄真观高守一流放事件发生之后，四驸马仆散安贞令其妹权居本宅，也说明即便仆散道微出家，兄妹二人关系仍较为亲密，而且不排除仆散道微向乃兄输出关于全真道的思想与组织发展动态。所以，这些因素都为贞祐年间仆散安贞借助全真道之力降伏杨安儿叛众提供一定的精神准备。

五、撰者、书丹者以及仆散道微年寿问题

冯志亨，号佐玄寂照大师。其主要事迹载于《佐玄寂照大师冯公道行碑铭》[24]。碑铭作者为赵著。冯氏是全真道金元之际发展过渡过程中的一个重要人物。他协助李志常掌管教务，创立玄学教授，为全真道代替儒学行使燕京地区的文化传播的主导地位做出了贡献[25]。

笔者根据赵著为冯志亨所撰道行碑铭中"戊申，真常大宗师依恩例赐金襕紫服，迁充教门都道录、权教门事，仍赐以今号，盖嘉之也"分析认为：戊申年，即1248年。所谓"充教门都道录、权教门事"与本文所研究的弘道悟正真人本行碑中对冯志亨职务中"兼提举都道录院事"一语相呼应。所以，冯志亨为仆散道微撰写碑文的时间必在1248年之后到1254年冯志亨去世这6年之间。因此，结合前文笔者对承安年间仆散道微拒婚入道问题的分析，可粗略判断仆散道微大概出生于1180年之后。她的年寿约为60～70岁。

本行碑的书单者为洞真子李志玄。关于此人事迹，文献几不足征。但值得注意的是，中都城内距离玄真观不远处有一座清本观，大概位于玄真观的西南方向。古燕道人

---

24 陈垣编纂，陈智超、曾庆瑛校补：《道家金石略》，文物出版社，1988年，第521、522页。
25 参见申喜萍：《冯志亨与早期全真教史》，《宗教学研究》2014年第2期。

李志玄撰写碑文阐述了改观建观的缘起[26]。这个"古燕道人"极有可能与弘道悟正真人本行碑的书丹者李志玄为同一人。

六、余　　论

以往学界对北京地区金代女冠鲜有措意,"弘道悟正真人本行碑"虽然后半部几乎完全残缺,且真人仆散道微于史无征,给研究工作带来了很大困难,但我们还是可以梳理出些许认识,包括她的家族出身、入道因缘、玄真观相关史事等。最后,关于仆散道微的去世时间,通过佐玄寂照大师冯志亨的生平,大致确定了仆散道微卒年的区间,再根据残碑文中一些时间节点,推测了她的生年区间,最终推算出其享年范围。

玄真观作为女真完颜氏皇家道观,地位尊崇。虽然在卫绍王初期,因与李元妃赐死事件相牵连,玄真观经历了一个多月短暂的"院门萧疏",但经过仆散道微的复兴工作,玄真观恢复了往日的繁荣。笔者相信,文字信息残缺的后半部分会以大篇幅地继续赞咏仆散道微的功劳事迹。至于贞祐之后,燕京陷落于蒙古军,作为女真贵族出身的希真大师仆散道微,大概率会和金宣宗及其皇室南迁。但为其撰写碑文的冯志亨一直活动于燕京地区,且这件本行碑残石出土于今北京地区,说明仆散道微羽化于燕京并葬于燕京的可能性很大。

本文旨在透过石刻文物中吉光片羽般的宝贵信息,揭示全真道在兴起半个世纪后日渐步入鼎盛阶段中,完颜皇室、女真贵族与全真道之间存在的微妙关系。本研究意义在于一方面能够增益金代道教史中的某些细节;另一方面,也使我们透过仆散道微的一生,更加深刻地认识到金后期女真统治者内部互相的打击与倾轧。

致谢：本文写作得到中国社会科学院民族学与人类学研究所周峰先生、圆明园管理处尤李女士以及复旦大学历史学系陈晓伟先生的指导,谨此谢忱！

（侯海洋　北京市文物局综合事务中心）

图一　玄真观弘道悟正真人本行残碑拓片

26　（元）李兰兮等撰,赵万里校辑：《元一统志》,中华书局,1966年,第53页。
27　参见王新英辑校：《全金石刻文辑校》,吉林文史出版社,2012年,第474页。

《辽金历史与考古》征稿启事

2009年5月8日，经辽宁省辽金契丹女真史研究会常务理事会同意，本学会的学术刊物定名为《辽金历史与考古》，每年一辑，常年公开征集稿件。现将有关要求陈述如下：

一、征稿内容

1. 辽金遗迹的田野考古调查及发掘报告、简报。
2. 有关辽金文物的研究、科技保护及陈列展览等。
3. 与契丹女真史研究、辽金文物考古相关的学术论文。
4. 重点文物保护单位介绍、书评、简讯等。

二、征稿规范与要求

1. 来稿在万字以内为宜，可以采用纸版、电子版等形式，电子文本使用word文档，图片jpg格式（大小为2M以上，彩图分辨率300dp以上，黑白图分辨率600dp以上）。
2. 文章要有内容提要，200～300字，关键词4或5个。
3. 注释采用页脚注，请注明著者、著作题名、期刊或出版社名称、出版年期、卷次、页码等详细信息。

示例：

向南：《辽代石刻文编》，河北教育出版社，1995年，第××页。

〔美〕弗朗西斯·福山著，黄胜强等译：《历史的终结及最后之人》，中国社会科学出版社，2003年，第7页。

刘民权等：《地区间发展不平衡与农村地区资金外流的关系分析》，《转轨中国：审视社会公正和平等》，中国人民大学出版社，2004年，第130～132页。

黄秀纯：《辽张俭墓地辩证》，《考古》1986年第10期。

（元）脱脱等：《辽史》卷74《韩知古传》，中华书局，1974年，第××页。

杨钟羲：《雪桥诗话续集》卷5，辽沈书社1991年影印本，上册，第461页下栏。

4. 文章中凡引用他人资料和观点者请与原著认真核实，并注明出处。
5. 翻译文章需提供原文作者的译文授权许可证和原文稿件。

三、来稿请提供作者基本信息，包括姓名、工作单位、通信地址和联系方式等。

四、请勿一稿多发，如果准备在本刊发表的文章改换他处发表，请及时通知本刊编辑。本刊拥有对稿件的使用、处置权。

五、稿件一经录用发表，即付稿酬。

联系人：都惜青　马　卉
电话：024-82721166转6209
E-mail:qidan.2008@163.com